Geschichte

Friedrichs des Großen.

Franz Theodor Kugler (1808–1858) gilt als einer der Begründer der Kunstwissenschaft („Handbuch der Kunstgeschichte", 1841/42). Einem breiteren Publikum ist er aber bis heute durch seine „Geschichte Friedrichs des Großen" mit den rund 400 herrlichen Holzschnitten nach Zeichnungen von Adolph Menzel (1815–1905) bekannt geblieben. – Die Erstausgabe erschien 1841. Die vorliegende Taschenbuchausgabe ist ein Nachdruck der durchgesehenen Auflage von 1856.

Geschichte
Friedrichs des Großen.

Geschrieben von

Franz Kugler.

Gezeichnet von

Adolph Menzel.

Neue durchgesehene Auflage.

Leipzig,
Hermann Mendelssohn.
1856.

Die bibliophilen Taschenbücher

Gesamtherstellung: Proff & Co. KG, Bad Honnef
Printed in Germany

Den Freunden des Vaterlandes.

Wir legen Euch in diesem Buche die Geschichte eines Mannes vor, bei dessen Namen das Herz eines jeden Bürgers im preußischen Staate, das Herz eines jeden Deutschen höher schlägt, eines Mannes, welcher zu den Wenigen gezählt werden muß, die zu Trägern der Weltgeschichte berufen waren und hellen Geistes, scharfen Auges, starken Armes ihren Beruf zu erfüllen vermochten. Er führte einen kleinen, bis dahin nur wenig beachteten Staat in die Reihe der europäischen Mächte ein, und gab der Entwickelung dieses Staates diejenige Richtung, welche die Bürgschaft seiner stets wachsenden Bedeutung in sich einschließt. Er schuf dem deutschen Namen Ehre; er rief den National-sinn des Volkes, der länger als hundert Jahre fäst geschlummert hatte, wieder ins Leben, daß deutsche That und deutsches Wort aufs Neue, wie einst in vergangenen Zeiten, über die Lande hinausstrahlten. Er stand am

Schlusse eines abgelaufenen Zeitalters; er schob den Riegel hinweg, welcher die Pforten der neuen Zeit verschlossen hielt, und begann den Schritt auf der neuen Bahn.

Ein höheres Verhängniß waltet über den Menschen; wir Alle, sofern unsere Sinne nicht gänzlich der Erde und den irdischen Bedürfnissen zugewandt sind, vernehmen die Stimme in unserm Inneren, die uns dem Zwecke unseres Daseins entgegenführt. Ungleich mächtiger aber als bei uns, die wir der Masse angehören und deren Spur verlischt, wenn wir nicht mehr da sind, erschallt die Stimme des Inneren denen, deren Beruf es ist, in den Gang der Weltgeschichte einzugreifen. Oft werden sie dadurch den angeborenen menschlichen Kreisen entrafft; sie treten uns dann, — wie Ihr es nennen wollt: — göttlichen oder dämonischen Erscheinungen vergleichbar entgegen; wir ahnen die höhere Macht, die über ihnen waltet, aber wir verstehen sie nicht; wir können zu ihrer Größe mit staunender Bewunderung emporblicken, aber wir vermögen es nicht, uns ihnen mit derjenigen Verehrung zu nahen, welche in dem Boden des Gemüthes wurzelt: wir vermögen sie nicht zu lieben. Auch Friedrich erscheint uns von diesem höheren Verhängnisse getrieben; auch in ihm ist — wenn wir dies Wort gebrauchen dürfen — etwas Dämonisches, das uns bei der Betrachtung seiner Geschichte wie mit einer geheimen Scheu erfüllt. Dennoch bleibt er uns, wie nur wenige von denen, deren Häupter über den Gang der Geschichte hinausragen, menschlich nah, dennoch ist seine Erscheinung uns verständlich, dennoch flößt er uns zugleich eine wahrhaft gemüthliche Theilnahme ein. Nicht wie ein räthselhaft wunderbares Meteor tritt er seine Bahn an; wir sehen ihn im Gegentheil Schritt vor Schritt sich entwickeln, Schritt vor Schritt seinen erhabenen Beruf ernstlicher, fester, inniger ergreifen. Er hat eine tief bedeutsame Jugendgeschichte; eine herbe Prüfung lehrt ihn, die Willkür seines

Geistes zu beugen und sich entschlossenen Muthes das Gesetz der Nothwendigkeit zu eigen zu machen. Dann ruft ihn die Geschichte hinaus auf ihren Schauplatz, sein Recht sich zu erkämpfen; aber er tritt uns nicht als ein fertiger Held entgegen: er lernt es, Sieger zu sein. Kein Genuß geht ihm über den, welchen wissenschaftliche, künstlerische und dichterische Beschäftigung gewähren; aber er opfert Alles, um seinen Beruf zu erfüllen; er behält bis zum letzten Augenblicke des Kampfes, schon fast hoffnungslos, das Schwert in der Hand, welches die Gegner ihm aufgedrungen; er arbeitet bis zur Stunde des Todes, nur für das Wohl seines Volkes und seines Staates bedacht. Er steht auf jener einsamen Höhe, welche den Menschen leicht genug dem Gefühle für seine Mitmenschen entfremdet; aber er hat alle Lagen des Lebens kennen gelernt, und er erhält sich den Sinn, auf die Gedankenkreise und die Bedürfnisse auch des Geringsten mit liebevoller Theilnahme einzugehen. Darum, weil er das Erhabenste im Gewande wahrhafter, einfacher Menschlichkeit zur Erscheinung brachte, ist er der Mann des Volkes geworden, im umfassendsten und edelsten Sinne des Wortes. Darum zollten ihm seine Zeitgenossen nicht blos staunende Bewunderung, sondern auch innige Verehrung, hingebende Liebe. Darum wird sein Bild in dieser Weise sich auf die ferne Zukunft hin erhalten.

Wir geben Euch die Geschichte dieses seltenen Mannes anspruchlos so, wie sie uns ist überliefert worden. Es lag nicht in unserer Absicht, sie nach den Lehren einer philosophischen Schule oder nach den Grundsätzen dichterischer Behandlungsweise glänzender zu gestalten; wir glaubten, daß die Schilderung der Thatsachen, die Darstellung einer so merkwürdigen Persönlichkeit und derer, welche in ihren Kreis gezogen wurden, schon an sich genügen dürften, um Eure Theilnahme zu fesseln. Wir haben uns nur bemüht, hierin, durch Wort und durch Bild, so anschaulich wie möglich zu verfahren, auf daß der Mann und seine Zeit Euren Blicken aufs Neue gegenwärtig werde. Wir haben es auch für angemessen gehalten, über das, was man als menschliche Schwäche oder Irrthum bezeichnen möchte, keinen verhüllenden Schleier zu ziehen, um hiedurch die Wahrheit des Bildes nicht zu beeinträchtigen. Eurer Bewunderung für die Größe des Mannes wird dies keinen Abbruch thun; im Gegentheil wird dabei das wahrhaft Menschliche seiner Erscheinung, und zugleich auch das Höhere derselben, nur in ein um so helleres Licht treten.

Möge es denn diesem Buche beschieden sein, die Theilnahme für Friedrich auch heute im weitesten Kreise lebendig zu erhalten und hiedurch der Liebe zum Vaterlande neue Nahrung zu gewähren!

Historischer Nachweis

zur Verständigung einiger Illustrationen.

Im Interesse derjenigen Leser, welche von den in den Text eingeschalteten Darstellungen nähere Notiz nehmen wollen, fühle ich mich verpflichtet, zum besseren Verständniß mancher in denselben enthaltenen Einzelheiten, insofern diese nicht aus dem Texte selbst klar hervorgehen, folgende Nachweise zu geben.

Zuvörderst ist ausdrücklich zu bemerken, daß ich in Betreff der Person Friedrich's II. Portraits aus allen Altersstufen vom vierten Jahre an, sowohl von gleichzeitigen Kupferstichen als Oelgemälden, deren namentlich in den königlichen Schlössern in und um Berlin mehrere befindlich sind, benutzt habe. Dasselbe gilt von denen anderer, mehr oder weniger bedeutender Personen, welche in die Geschichte Friedrich's verflochten sind.

Alles, was der äußeren Gestaltung des Lebens, dem Zeitgeschmack und den mannigfachen Wandlungen desselben in Baulichkeiten, Geräthen, Costümen und allgemeiner Sitte angehört, beruht auf Studien charakteristischer Vorbilder, wie sich diese theils im Originale selbst, theils in Abbildungen oder in schriftlicher Ueberlieferung auf unsere Zeiten erhalten haben. Die Ansichten wichtiger Localitäten, namentlich die der königlichen Schlösser, sind fast durchgehends nach der Natur aufgenommen. Nicht mindere Sorgfalt ist auf die richtige Darstellung der militairischen Uniformen und ihrer verschiedenartigen Abstufungen verwandt, sowohl in Betreff des Militairs auswärtiger Mächte, als vornehmlich in Rücksicht auf das preußische; für das letztere bot der reichhaltige Vorrath an Originaluniformen, der noch gegenwärtig in Berlin aufbewahrt wird, eine günstige Gelegenheit zum ausgedehntesten Studium dar.

Hierbei kann ich nicht umhin, allen den verehrten Herren, sowohl hier als in Dresden, welche mir mit so freundlicher Bereitwilligkeit vorzügliche Quellen zugänglich machten, hiermit den wärmsten Dank zu sagen.

Noch ist im Einzelnen Folgendes anzumerken:

Titelbild: Friedrich unter den Fürsten auf der rechten Seite des Bildes, oberwärts Maria Theresia von Oesterreich und hinter ihr Elisabeth von Rußland, unterwärts August III. von Sachsen und hinter diesem Ludwig XV. von Frankreich.

S. 3. Das königl. Schloß in Berlin; im Vorgrund die lange Brücke mit der Reiterstatue des großen Kurfürsten Friedrich Wilhelm. Nach der Natur gezeichnet.

S. 4. Hofherold, nach dem Werke über König Friedrich I.: „Krönung und Hofhalt vom Jahre 1701."

S. 5. Portrait des großen Kurfürsten, nach einem lebensgroßen Bildnisse im königl. Schlosse von Charlottenburg.

S. 6. Die Krönungsinsignien, nach einem vergoldeten Schnitzwerk in der ehemaligen Kleinodienkammer des Berliner Schlosses.

S. 7. Taufzug: König Friedrich I. den Täufling haltend. Hinter ihm der Kronprinz Friedrich Wilhelm. Links im Hintergrunde Fürst Leopold von Dessau. Im Vorgrunde zwei Ritter vom schwarzen Adler in ihrer Ordenstracht.

S. 11. Der Hofstaat Friedrich's I., von der Hand Friedrich Wilhelm's I. beim Antritte seiner Regierung durchstrichen; nach einer Anekdote in den Memoiren des Baron Pöllnitz.

S. 12. Die Riesengarde Friedrich Wilhelm's I., nach den lebensgroßen Bildnissen der Grenadiere im königl. Schlosse von Charlottenburg.

S. 14. Frau von Rocoulles, nach einem Brustbild im königl. Schlosse zu Berlin.

S. 16. Friedrich und seine Schwester, nach dem Gemälde von A. Pesne im königl. Schlosse von Charlottenburg.

S. 22. Duhan, nach einem gleichzeitigen Portrait.

S. 26. König Georg von England, der Kopf nach einem lebensgroßen Portrait des Berliner Schlosses.

S. 27. Das Tabakscollegium Friedrich Wilhelm's I. Das Ganze der äußeren Einrichtung nach einem gleichzeitigen Bilde im königl. Schlosse zu Charlottenburg.

S. 31. Friedrich Wilhelm (nach einem lebensgroßen Portrait von Pesne im königl. Schlosse zu Berlin) zwischen Grumbkow und Seckendorf.

S. 32. Die Königin mit Friedrich und der Prinzessin Wilhelmine, nach gleichzeitigen Bildnissen.

S. 34. Professor August Hermann Francke (nach einem gleichzeitigen Portrait) an der Tafel des Königs.

S. 75. Der Ort der Scene ist ein Saal im königl. Schlosse zu Berlin.

S. 82. Die Costüme der einwandernden Salzburger; nach den Abbildungen, welche ein im Jahre 1732 erschienenes Werk über das betreffende Ereigniß enthält.

S. 84. Friedrich's Vermählung; Local und Costüm nach Vorschrift eines damals gefertigten Kupferblattes. Im Hintergrunde steht neben Friedrich Wilhelm I. Ludwig Rudolf von Braunschweig-Wolfenbüttel, der Oheim der Braut.

S. 88. Friedrich zwischen dem Herzoge von Württemberg und dem Prinzen Eugen. Der Kopf des Letzteren nach einem Bilde im königl. Schlosse zu Charlottenburg.

S. 93. Das Schloß von Rheinsberg in seinem damaligen Zustande, nach einer gleichzeitigen Abbildung und Beschreibung.

S. 98. Jordan als Vorleser, ihm gegenüber Baron Keyserling, Beide nach Bildnissen von Pesne in den königl. Schlössern; im Hintergrunde Bielfeld, gleichfalls Portrait.

S. 100. Die Embleme des Maurerthums, nach besonderer Anweisung.

S. 102. Friedrich und Beausobre, der Letztere nach einem auf der königl. Bibliothek zu Berlin befindlichen Portrait.

S. 104. Das Bildniß Voltaire's, nach einem Portrait, welches sich ebenfalls auf der königl. Bibliothek zu Berlin befindet.

S. 107. Macchiavelli's Büste, Portrait.

S. 113. Katafalk Friedrich Wilhelm's I. Nach der in Baron Bielfeld's Briefen enthaltenen Beschreibung.

S. 117. Ansicht des königl. Schlosses. Nach der Natur.

S. 119. Der Fürst Leopold von Anhalt-Dessau (Portrait) vor Friedrich.

S. 121. Friedrich seine Gemahlin dem Hofe vorstellend. Diese, sowie hinter ihr die Mutter Friedrich's, nach den großen Bildnissen von Pesne im königl. Schlosse zu Berlin.

S. 134. Friedrich's Rede an seine Offiziere vor dem Aufbruch zum Kriege. Die für diese Zeit charakteristischen Eigenthümlichkeiten des militärischen Costüms nach Bildnissen im königl. Schlosse zu Potsdam.

S. 154. Erbhuldigung zu Breslau. Wie Baron Bielfeld dieselbe in seinen Briefen als Augenzeuge schildert.

S. 155. Maria Theresia vor den ungarischen Magnaten. Die Köpfe der Königin und des einjährigen Joseph sind gleichzeitigen Medaillen entnommen, die Costüme ebenso. — Initial D. Die böhmische Krone.

S. 157. Conferenz bei König August III.; dieser sitzt hinter dem Tische; neben seinem Stuhle steht Graf Brühl. Beider Köpfe nach gleichzeitigen Portraits.

S. 160. Die Schlacht von Chotusitz. Es ist der Moment der Entscheidung, als Friedrich auf Feldmarschall Schmettau's Rath die Infanterie seines rechten Flügels dem Feinde in die linke Flanke sandte. Die preußischen Pelotons feuerten schon damals nur in drei Gliedern, von denen das erste niederkniete, obgleich dies erst in dem Reglement von 1743 als bestimmte Vorschrift aufgestellt wurde.

S. 162. Cardinal Fleury, im Vordergrunde, ist Portrait.

S. 165. Die Akademie der Wissenschaften zu Berlin. Der Vorderste auf der rechten Seite ist der berühmte Mathematiker Euler; als Dritter auf dieser Seite, zum Beschauer herausblickend, sitzt Jordan. Auf der linken Seite sieht man zuvorderst den Grafen Algarotti, als Dritten von ihm den Theologen Formey. Der stehend Vorlesende ist der Minister von Arnim; — sämmtlich Mitglieder der Akademie in den Zeiten ihrer Erneuung.

S. 166. Das Opernhaus in Berlin, nach der Natur gezeichnet.

S. 176. Die Oertlichkeit ist nach der Angabe gleichzeitiger Kreiskarten entworfen.

S. 180. Preußische Husaren, mit Panduren kämpfend. Das Costüm der letzteren nach Ansicht gleichzeitiger Quellen.

S. 183. Der siegreiche Angriff der preußischen Dragoner in der Schlacht von Hohenfriedberg.

S. 189. Kaiser Franz I. (der Kopf nach der damals erschienenen Krönungsmedaille) und Maria Theresia, nach gleichzeitigen Medaillen und Bildnissen.

S. 196. Der Fürst Leopold von Dessau vor der Schlacht von Kesselsdorf. Zu dem Kopfe ist das in dem königl. Schlosse zu Charlottenburg befindliche Portrait benutzt. Rücksichtlich seines Costüms ist zu bemerken, daß bei kaltem Wetter der Rock zugeknöpft und der Degen darüber zugeschnallt wurde; ebenso bei den Gemeinen, wie das Reglement von 1743 vorschreibt.

S. 197. Erstürmung der Felsabhänge bei Kesselsdorf. Vor diesen zog sich eine Schlucht hin, der sogenannte Zschoonengrund. Prinz Moritz von Dessau, der Sohn Leopold's, mit seiner Heeresabtheilung hier angekommen, sprang zuerst hinab in die Schlucht und zeigte dadurch den Seinigen die Möglichkeit des Durchkommens. Zwei Musketiere trugen ihn auf ihren Schultern durch den Morast. Nach den genauen Angaben des Schlachtberichtes.

S. 199. Einzug Friedrich's nach dem Frieden von Dresden in Berlin. Nach der unmittelbar darauf erschienenen Beschreibung des Einzuges entworfen.

S. 204. Friedrich und Cocceji. Für den Letzteren sind die im Kammergerichte zu Berlin befindliche Marmorbüste von Tassaert und der berühmte Kupferstich von G. F. Schmidt benutzt.

S. 208. Feier der Grundsteinlegung für den Bau der katholischen Kirche zu Berlin. Nach den Blättern, welche der Architekt Legay, der die Anordnung der Festlichkeiten leitete, hierüber selbst erscheinen ließ.

S. 211. Das Ordenscostüm der Jesuiten nach authentischen Vorbildern.

S. 213. Der Sarg des großen Kurfürsten ist so dargestellt, wie er noch gegenwärtig im Dome zu Berlin steht.

S. 214. Großes Carrousel im Lustgarten von Berlin. Nach der Beschreibung desselben in der Biographie des Generals Zieten, welcher selbst einen der ausgesetzten Preise gewonnen hatte. Eine andere Quelle war nicht zu ermitteln.

S. 216. Das Arbeitszimmer Friedrich's im königl. Schlosse zu Potsdam. Das Zimmer, in seiner ursprünglichen Beschaffenheit noch gegenwärtig erhalten, ist an Ort und Stelle gezeichnet.

S. 219. Das Schloß von Sanssouci, nach der Natur gezeichnet. — Initial B, die Mühle bei Sanssouci, gleichfalls nach der Natur.

S. 220. Die Bildsäule der Flora auf der Terrasse von Sanssouci. Ebenso.

S. 225. Abendtafel im Salon des Schlosses von Sanssouci. Derselbe an Ort und Stelle gezeichnet. Friedrich zur Linken sitzt Voltaire, dem sich Feldmarschall Keith und Marquis d'Argens anreihen. Dem Letzteren gegenüber, auf der andern Seite des Tisches, sitzt der Lord-Marschall Keith. Sämmtlich nach gleichzeitigen Portraits.

S. 227. Abendmusik im Concertzimmer des königl. Schlosses zu Potsdam. Dasselbe nach der Natur gezeichnet. In der Mitte Friedrich; das Costüm anlangend, ist zu bemerken, daß Friedrich noch während dieser ersten Hälfte seiner Regierungszeit bei öfteren Gelegenheiten in eleganten Modekleidern von den heitersten Farben erschien. Im Hintergrunde lehnt Quantz, Friedrich's alter Flötenlehrer, am Pfeiler; neben ihm steht der Kapellmeister Graun, der Componist des bekannten Oratoriums „Der Tod Jesu".

S. 228. Friedrich mit Voltaire allein. Das Local ist der Ausgang aus der Colonnade, hinter dem Schlosse von Sanssouci. Nach der Natur.

S. 235. Oesterreichische Heerschau. Maria Theresia; hinter ihr, zu ihrer Rechten, Prinz Karl von Lothringen, derselbe, der nachmals bei Leuthen geschlagen ward; zu ihrer Linken, im Vorgrund, General Serbelloni, alle nach gleichzeitigen Portraits.

S. 236. König August III. und Brühl. Der Kopf des Ersteren nach dem Pastellbildnisse von Mengs, welches sich in der königl. Gallerie zu Dresden befindet. Das Local ist dem Zwinger daselbst, welcher in jener Zeit der Schauplatz vieler Hoffeste war, entnommen.

S. 237. Russischer Staatsrath. Das Profil der Kaiserin Elisabeth ist russischen Medaillen jener Zeit entnommen. Der Sprechende ist Bestuscheff, ebenfalls nach einem gleichzeitigen Portrait.

S. 240. Ludwig XV. von Frankreich. Der Kopf nach dem Portrait im königl. Schlosse zu Berlin.

S. 247. General Winterfeldt vor der Gemahlin König August's III., Beide nach Portraits.

S. 258. Gefecht von Alt-Bunzlau zu Anfang 1757, in welchem der General Wartenberg, Chef des weiß-dunkelblauen Husarenregiments, fiel. Sein Kopf und Costüm sind nach gleichzeitigem Portrait.

S. 261. Schwerin (sein Kopf ist Portrait), sein Regiment mit der Fahne in der Hand führend. Die charakteristischen Eigenthümlichkeiten in der Montirung des genannten Regiments sind genau beobachtet.

S. 267. Friedrich's Garde, den sächsischen Dragonern bei Kollin erliegend.

S. 273. Es ist zu bemerken, daß Winterfeldt nicht auf dem Schlachtfelde starb. Er war noch lebend bis nach der Vorstadt von Görlitz in das Haus einer Wittwe Neumann gebracht worden. Hier hatte man die letzten vergeblichen Rettungsversuche angestellt.

S. 279. Pommersche Landmilizen.

S. 280. Preußische Husaren vom grünen Regiment.

S. 283. Der Reichshofrath; die Amtstracht der Räthe nach gleichzeitigen Portraits. — Plotho und der Notar April, der Erstere nach einem gleichzeitigen Portrait.

S. 287. Seydlitz vor der Schlacht von Roßbach; Kopf und Costüm nach Portrait.

S. 288. Die französische Kavallerie, von den preußischen Kürassieren gejagt. — Flucht der französischen Infanterie bei Roßbach.

S. 295. Friedrich unter den Generalen und Stabsoffizieren seiner Armee vor der Schlacht von Leuthen. Zur Rechten Friedrich's steht der General Lentulus, Chef der Leibkürassiere; links von diesem, hinter Friedrich, Prinz Franz von Braunschweig. Friedrich gegenüber, im Vorgrunde rechts, Prinz Moritz von Dessau; hinter dem Letzteren zur Rechten General Schmettau, zur Linken Zieten. Portraits der Generale Driesen und Retzow, die bei dieser Scene ebenfalls gegenwärtig waren, vermochte man nicht aufzufinden.

S. 299. Der voranschreitende Möllendorf ist Portrait.

S. 300. Gefangene durch preußische Dragoner transportirt. Aus den Schilderungen eines Augenzeugen entnommen.

S. 302. Hier, wie überall für die Zeit des siebenjährigen Krieges, ist zur Darstellung Friedrich's besonders ein Bildniß des Königs aus jener Zeit, welches sich im königl. Schlosse zu Berlin befindet, benutzt worden. Friedrich trägt auf demselben einen blauen bürgerlichen Rock mit besponnenen Knöpfen, ohne ein anderes Abzeichen als den Stern, schwarzsammtene Beinkleider und den Hut ohne Stickerei.

S. 305. Im Vorgrunde Maria Theresia, ihr zur Rechten der Staatskanzler Graf Kaunitz, nach einem gleichzeitigen Portrait.

S. 308. Rekruten, die zur Fahne schwören.

S. 317. Die hier angekommenen Preußen sind Grenadiere des Infanterieregiments Forcade, eines von denen, welche sich am Tage von Zorndorf vorzüglich auszeichneten.

S. 319. Metzelei der preußischen Gensd'armes und Garde du Corps unter der russischen Infanterie.

S. 325. Freier Abzug der preußischen Invaliden von Peitz.

S. 341. Herzog Ferdinand von Braunschweig. Die Figur des Herzogs nach einem lebensgroßen Portrait im königl. Schlosse zu Berlin. — Im Initial D ein russisches Batteriestück, sogenannter Schuwalow.

S. 345. Friedrich und der Prinz Heinrich im Lager von Schmottseifen. Der Letztere nach einem gleichzeitigen Portrait.

S. 347. Friedrich in der Schlacht von Kunersdorf; zu seiner Linken hält Seydlitz, der vorzüglich die Gründe gegen die Fortsetzung der Schlacht geltend zu machen suchte.

S. 348. Seydlitz, bei dem vergeblichen Anstürmen der preußischen Kavallerie in der Kunersdorfer Schlacht schwer verwundet.

S. 349. Bei der Rettung des Königs zeichnete sich ein Unteroffizier, Velten, der nachmals als Edelmann und Major in der Rheincampagne fiel, besonders aus. Dieser ist es, welcher, mit dem Säbel nach dem Könige hinweisend, den Rittmeister auf letzteren aufmerksam macht. Sein Kopf ist nach einem Miniaturportrait, das sich noch im Besitz seiner Familie befindet, genommen.

S. 352. Kleist, verwundet im Sumpfe. Sein Kopf nach einem gleichzeitigen Portrait.

S. 357. Das Corps der Preußen, die sich bei Maxen hatten zu Kriegsgefangenen ergeben müssen. Sie wurden bis auf Weiteres in den Großen Garten bei Dresden abgeführt. (Vgl. Tielke's „Beiträge zur Kriegskunst", 1. Stück, S. 33.)

S. 359. Die Marquise von Pompadour, nach gleichzeitigen Portraits. Vor ihr her die schottische Garde Ludwig's XV., wie ihr Costüm in dem Werke „Le sacre de Louis XV" (1722) enthalten ist.

S. 363. Das pommersche Infanterieregiment Manteuffel.

S. 364. Fouqué in der Schlacht von Landshut. Sein Kopf und sein Costüm nach gleichzeitigen Quellen.

S. 368. Tauentzien, inmitten der Offiziere der Leibgarde zu Breslau. Sein Kopf und sein Costüm nach gleichzeitigen Quellen.

S. 370. Hinter Friedrich's Pferde steht der Markgraf Karl, der neben dem Könige am Feuer gesessen.

S. 375. Im Vorgrund Feldmarschall Daun, ihm zur Rechten Feldmarschall Königseck, Beide nach gleichzeitigen Portraits.

S. 378. Colbergs Vertheidiger Heinrich Sigismund von der Heyde. Ihm und dem General Werner zu Ehren ward eine Medaille geschlagen, mit Beider Bildniß und der Umschrift: Res similis fictae. Sein Gesicht ist von da entnommen. — Colbergs Retter, der General Paul Werner, Chef des braunen Regiments. Sein Kopf und Costüm nach gleichzeitigen Quellen.

S. 379. Die durch die Straße Reitenden sind österreichische Chevauxlegers.

S. 380. Der Kaufmann Gotzkowsky vor dem feindlichen Generale. Ersterer ist Portrait.

S. 381. Der Hof des Schlosses von Charlottenburg.

S. 387. Nächtlicher Kampf um die Höhen von Torgau. Der hier Commandirende ist der General Hülsen. Er hatte während der Schlacht alle seine Pferde verloren; sein Alter erschwerte ihm das Gehen; um nicht vom Platze weichen zu müssen, bestieg er eine Kanone und ließ sich neben den Stürmenden ins Gefecht fahren.

S. 389. Im Winterquartier. Die Dargestellten sind vom Kürassierregiment Schmettau, welches noch bei Torgau gefochten hatte.

S. 390. Maria Theresia mit dem 20jährigen Joseph, ihrem Sohn. Wenn neugeworbene Truppen zur Armee abgingen, unterließ sie nicht, sich öffentlich zu zeigen, um die zuversichtliche Stimmung derselben zu erhöhen.

S. 392. Das Jagdschloß Hubertusburg, nach einem gleichzeitigen Prospect.

S. 394. Preußische Husaren vom grünen Regiment.

S. 400. General Loudon, nach einem gleichzeitigen Portrait.

S. 405. Trenck im Gefängniß, mit seinen 68 Pfund schweren Fesseln. Nach einem gleichzeitigen Portrait.

S. 407. Lord Bute, zur Seite William Pitt. Beider Köpfe und Costüm nach gleichzeitigen englischen Medaillen und Bildnissen.

S. 413. Katharina von Rußland, nach einem lebensgroßen Bildniß im königl. Schlosse zu Berlin.

S. 419. Die entscheidende Attake der preußischen Kürassiere auf die Infanterie der Reichstruppen bei Freiberg. Bei ersteren ist zu bemerken, daß die preußische Kavallerie erst 1762 Federbüsche erhielt, welches später überall nachgeahmt wurde.

S. 431. Das preußische erste Bataillon Leibgarde.

S. 441. Im Hintergrunde das Stadtschloß von Potsdam. Nach der Natur gezeichnet.

S. 446. Die Wahl des Grafen Stanislaus August Poniatowski zum polnischen Könige, auf der Wahlwiese bei Warschau. Das Scenische nach Ansicht eines gleichzeitigen Gemäldes von Canaletto, welches denselben Vorgang darstellt und sich zu Berlin im Besitz des Grafen A. Raczinski befindet.

S. 448. Friedrich mit Joseph II.; weiter zurück auf der Treppe der Prinz von Preußen und Prinz Heinrich, hinter diesem zu seiner Rechten Loudon.

S. 451. Die beiden Vordersten sind Kaunitz mit Joseph II., weiter hin Friedrich an seiner Linken, zunächst dem Fenster Prinz de Ligne, zu seiner Rechten Loudon, hinter ihm sein Bruder, Prinz Ferdinand. Sämmtlich nach gleichzeitigen Portraits.

S. 453. Katharina II., nach einem andern Portrait im Berliner Schlosse.

S. 457. Großfürst Paul, hinter ihm General Lentulus, sein ihm entgegengesandter Begleiter. Beide nach gleichzeitigen Bildnissen.

S. 459. Das Local ist der Hof des Berliner Zeughauses, in dessen Untergeschoß über den Fenstern die berühmten Schlüter'schen Masken befindlich. (Nach der Natur gezeichnet.)

S. 461. Friedrich's Anrede vor dem Ausmarsch in den bayrischen Erbfolgekrieg. Ihm gegenüber zur Rechten halten die Generale Möllendorf, Belling (Chef des dunkelrothen Regiments), Lottum und Stutterheim. Beide Erstere erwarben in diesem Feldzuge den schwarzen Adlerorden. Zur Linken General Platen, Oberst Usedom (vom gelben) und General Czetteritz (vom grünen Regiment). Sämmtlich nach gleichzeitigen Portraits.

S. 468. Gesandtenconferenz. Der Rückenfigur gegenüber steht Benjamin Franklin, diesem zunächst Thomas Jefferson, hinter diesem John Adams. Nach gleichzeitigen Quellen.

S. 471. Friedrich's Arbeitskabinet in Sanssouci. Nach der Natur gezeichnet.

S. 473. Cadetten und Offiziere (der Garde du Corps, Garde zu Fuß ꝛc.) auf dem Paradeplatz im Lustgarten zu Potsdam. Im Hintergrunde die Garnisonskirche, nach der Natur gezeichnet.

S. 479. Die Tradition nennt einen der Bäume vor dem Potsdamer Schlosse als vorzugsweise den, unter welchen die Bittsteller traten, um vom Könige bemerkt zu werden. Jener hieß daher der Baum der Gnade.

S. 480. Friedrich gegenüber der Vorderste ist der Kanzler von Fürst, nach gleichzeitigem Portrait.

S. 483. Der Freundschaftstempel im Garten von Sanssouci, nach der Natur gezeichnet.

S. 485. Das Local ist die runde Marmorcolonnade, welche in dem Hauptgange zwischen Sanssouci und dem neuen Palais stand; sie ward unter der folgenden Regierung abgebrochen und das Marmorpalais davon erbaut. Ist nach gleichzeitigem Prospect gezeichnet.

S. 486. Der alte Lord-Marschall. Gesicht und Costüm ist nach gleichzeitigen Quellen gegeben.

S. 487. Die Scene auf dem Parolesaal. Hinter Friedrich steht der Prinz von Preußen, zu dessen Linken Herzog Friedrich August von Braunschweig, unmittelbar hinter Zieten, der nächste am Pfeiler, ist General Holzendorf, diesem zur Rechten Möllendorf ꝛc. Alle nach gleichzeitigen Portraits.

S. 489. Das Local ist das Musikzimmer im Potsdamer Schlosse, in welchem jener Flügel und Notenpulte noch befindlich. Der vorderste Violinspieler ist Friedrich's Concertmeister Franz Benda, neben ihm der Erbprinz von Braunschweig, hinter diesem der Prinz von Preußen. Beide Erstere gleichfalls nach alten Portraits.

S. 490. Der Kopf der Königin nach dem Bildniß im Berliner Schloß, welches sie im Alter darstellt.

S. 492. Mirabeau's Kopf nach einem gleichzeitigen Portrait.

S. 494. Der große Saal in der Bildergallerie von Sanssouci, nach der Natur gezeichnet.

S. 499. Sanssouci, von der obersten Terrasse aus gezeichnet.

S. 502. Hinter Friedrich die Generale Pfuhl und Rohdich, welche in der letzten Zeit öfter um ihn waren. Das Local, die erste Terrasse vor der Bildergallerie, nach der Natur gezeichnet.

S. 504. Die Rampe am Potsdamer Schloß, sogenannte grüne Treppe, ist nach der Natur gezeichnet.

S. 506. Friedrich und der Minister Herzberg, welcher in jenen letzten Tagen gleichfalls in Sanssouci wohnte; er ist nach gleichzeitigem Portrait.

S. 507. Dem Gesicht des sterbenden Königs ist die Todtenmaske, welche auf der königl. Kunstkammer befindlich, zum Grunde gelegt.

S. 509. Friedrich's Leiche auf dem Wege von Sanssouci nach dem Stadtschlosse. Das Brandenburger Thor zu Potsdam nach der Natur. Der Leichenwagen nach Angabe eines noch lebenden Augenzeugen. (Ein königl. Holzwagen, mit Reifen überspannt und bis zur Erde mit schwarzem Tuch verhangen, desgleichen die acht Pferde.

S. 510. Friedrich's Gruft in der Garnisonskirche zu Potsdam. An Ort und Stelle gezeichnet.

Adolph Menzel.

Fürst Leopold von Anhalt-Dessau (gen. der alte Dessauer),

Königl. Preuss. General-Feldmarschall,

geboren 3. Juli 1676, gestorben 9. April 1747.

Kurd Christoph Graf von Schwerin,

Königl. Preuss. General-Feldmarschall,

geboren 26. Octbr. 1684, geblieben bei Prag 6. Mai 1757.

Jacob Keith,

Königl. Preuss. General-Feldmarschall,

geboren 11. Juni 1696, geblieben bei Hochkirch 14. October 1758.

Hans Joachim von Zieten,

Königl. Preuss. General der Cavallerie,

geb. 18. Mai 1699, gest. 28. Januar 1786.

Hans Carl von Winterfeldt,

Königl. Preuss. General-Lieutenant,

geboren 4. April 1707, geblieben bei Moys 8. Novbr. 1757.

Friedrich Wilhelm Freiherr von Seydlitz,

Königl. Preuss. General der Cavallerie,

geboren 3. Februar 1721, gestorben 7. November 1773.

Inhalt.

Viertes Buch.

(Alter.)

Geschichte
Friedrichs des Großen.

ERSTES BUCH
Jugend

Erstes Kapitel.

Geburt und Taufe.

Friedrich, den seine Zeitgenossen den Großen genannt haben und den die Nachwelt ebenso nennt, wurde am 24. Januar 1712 im königlichen Schlosse zu Berlin geboren. Mit großer Freude wurde seine Erscheinung begrüßt, denn die Hoffnungen der königlichen Familie beruhten auf ihm. Noch saß der Großvater des Neugebornen, König Friedrich I., auf dem preußischen Throne; aber er hatte nur *einen* Sohn, Friedrich Wilhelm, und diesem waren bereits zwei Söhne bald nach ihrer Geburt gestorben; blieb Friedrich Wilhelm ohne männliche Nachkommen, so mußte die Krone auf eine Seitenlinie des königlichen Hauses übergehen. Es wird erzählt, die frohe Nachricht sei dem Könige gerade zur Mittagsstunde, eben als die Ceremonien der Tafel beginnen sollten, überbracht worden; augenblicklich habe er die Tafel verlassen, der hohen Wöchnerin in eigner Person seine Freude zu bezeugen und den einstigen Erben seiner Krone zu begrüßen. Alsbald erhielten die Einwohner der Residenz durch das Läuten aller Glocken, durch den Donner des sämmtlichen Geschützes, welches auf den Wällen stand, Kunde von dem segensreichen Ereigniß. Mannig-

fache Gnadenbezeugungen und Beförderungen treuer Diener des Staates, die Speisung aller Armen in den Armenhäusern der Stadt erhöhten die Feier des Tages.

König Friedrich I. hatte seine Staaten als Erbe seines Vaters, des großen Kurfürsten von Brandenburg, Friedrich Wilhelm, empfangen. Der große Kurfürst war der erste, aber auch der Einzige gewesen, der nach den Gräueln des dreißigjährigen Krieges und gegen die verderbliche Uebermacht Frankreichs, den deutschen Namen mit Würde zu vertreten wußte. Er hatte sein fast vernichtetes Land zu einer achtunggebietenden Macht erhoben. Er hatte so glücklich gekämpft und so weise regiert, daß die Eifersucht des österreichischen Kaiserhofs rege ward; mit Verdruß bemerkte man in Wien, daß an den Ufern des baltischen Meeres sich ein neuer „Vandalenkönig“ emporhob; denn der kaiserlichen Majestät, die nach unabhängiger Herrschaft über Deutschland streben mochte, schien es wenig vortheilhaft, in den Händen untergeordneter Reichsfürsten eine selbständige Macht zu erblicken.

Friedrich I. hatte den Thaten seines großen Vaters eine neue hinzugefügt, die, oft kleinlich gescholten, von den großartigsten Folgen war und die auch an sich von eigenthümlichem politischem Scharfblicke zeugt. Er hatte sein nicht zum deutschen Reichsverbande gehöriges Herzogthum Preußen (Ostpreußen, — denn Westpreußen war den früheren Besitzern des Landes durch die Polen entrissen) zum Königreiche erhoben und sich zu Königsberg am 18. Januar 1701 die königliche Krone aufgesetzt. Langjähriger Widerspruch, besonders von Seiten des österreichischen Hofes,

war zu beseitigen gewesen, ehe Friedrich I. sich zu diesem Schritte entschließen durfte; aber mit standhafter Beharrlichkeit hatte er seinen Plan verfolgt, bis die politischen Verhältnisse sich der Ausführung günstig erwiesen. Wie bedeutsam dieser Schritt war, bezeugt ein ahnungsvolles Wort des Prinzen Eugen von Savoyen, des größten Feldherrn und Staatsmannes, den Oesterreich zu jener Zeit besaß; nach seiner Ansicht hätten die Minister, welche dem Kaiser zur Anerkennung der preußischen Krone gerathen, Todesstrafe verdient. Denn allerdings war der königliche Name kein leerer Titel und der königliche Hofhalt kein leerer Prunk; Beides setzte — und namentlich in einer Zeit, die Alles nach dem Richtmaß der Etikette abschätzte — den Kurfürsten von Brandenburg in eine Stellung zum deutschen Reichsverbande, die auf ein Streben nach Unabhängigkeit von dessen schon morsch gewordenen Gesetzen hindeutete: eine weitere Entwickelung des brandenburgisch-preußischen Staates mußte dies Streben zur That hinausführen.

Doch war es dem ersten Könige dieses Staates nicht verliehen, sein Werk in solcher Weise zu vollenden; äußere Verhältnisse, innere Kraft und geistige Ueberlegenheit mußten zusammenkommen, um so Großes vollbringen zu können. Friedrich I. begnügte sich, seine Krone mit demjenigen Glanze zu schmücken, der zur Behauptung ihrer Würde unerläßlich schien und es in der That für jene Zeit war. Er umgab sich mit einem prunkvollen Ceremoniel und vollzog die anstrengenden Satzungen desselben, gleich einer Pflicht, mit strenger Ausdauer. Er feierte die denkwürdigen Ereignisse seiner Regierung mit einer ausgesuchten Pracht, welche das Ausland staunen machte und sein Volk mit demüthiger Bewunderung erfüllte. Zugleich aber war er milden Sinnes und von seinen Unterthanen in Wahrheit geliebt. Auch wußte er dem äußerlichen Schaugepränge durch reiche Begünstigung der Kunst und Wissenschaft eine innere Würde zu geben. Großartige Werke der Kunst erstanden auf

sein Gebot; Andreas Schlüter, der unter ihm eine Reihe von Jahren in Berlin arbeitete, ist ein Meister der Bildhauerei und Baukunst, wie die Welt lange vor und lange nach ihm keinen zweiten gesehen hat. Eine Akademie der Wissenschaften wurde ins Leben gerufen, deren Seele der größte Philosoph seiner Zeit, Leibnitz, war, obgleich dieser nicht dauernd für Berlin gewonnen werden konnte. Berlin hieß damals allgemein das deutsche Athen.

Die Geburt des künftigen Thronerben, zumal unter den Umständen, von denen oben die Rede war, erschien als ein zu wichtiges Ereigniß, als daß sie nicht zu neuer Entwickelung der königlichen Pracht hätte Gelegenheit geben sollen. Auch betrachtete man es als eine günstige Vorbedeutung, daß der Prinz im Januar, dem Krönungsmonate, geboren war, und es ward, um dieser Vorbedeutung ein größeres Gewicht zu geben, auch das Fest der Taufe noch in demselben Monate angeordnet. Am 31. Januar fand die Taufe in der Schloßkapelle statt. Der ganze Weg von den Gemächern des Kronprinzen bis zur Kapelle war mit einer doppelten Reihe von Schweizern und Leibgarden besetzt. Die Markgräfin Albrecht, Schwägerin des Königs, trug den jungen Prinzen, unterstützt von ihrem Gemahle, einem Stiefbruder des Königs, und dem Markgrafen Ludwig, einem jüngeren Bruder; der Täufling hatte eine kleine Krone über dem Haupte und war in Silberstück, mit Diamanten besetzt, gekleidet, dessen Schleppe sechs Gräfinnen hielten. In der Kapelle wartete ihrer der König nebst seiner Gemahlin, seinem Sohne, dem Fürsten Leopold von Anhalt-Dessau, dem berühmten Befehlshaber des preußischen Heeres, und den übrigen Personen des Hofes. Der König stand unter einem prächtigen, mit Gold gestickten Baldachin, dessen vier Stangen von vier Kammerherren getragen wurden, während die vier goldenen Quasten desselben vier Ritter des schwarzen Adlerordens hielten. Vor dem Könige war ein Tisch mit goldnem Taufbecken; er selbst übernahm den Täufling, der nach ihm mit dem Namen Friedrich getauft wurde. Aufs Neue läuteten

alle Glocken der Stadt und ertönte der Donner des Geschützes, während in der Kapelle die heilige Ceremonie von rauschender Musik begleitet ward. Glänzende Festlichkeiten am Hofe und in der Stadt beschlossen den freudigen Tag.

Einige Monate nach der Geburt des Prinzen, im Frühjahr und Sommer 1712, erblühte im königlichen Lustgarten zu Köpenick, in der Nähe von Berlin, eine amerikanische Aloe, welche daselbst schon vier und vierzig Jahre ohne zu blühen gestanden hatte, zu ungemeiner Größe und Fülle. Sie trieb einen Stamm von ein und dreißig Fuß Höhe, an welchem man 7277 Blüthen zählte. Tausende strömten von nah und fern herzu, um dies Wunder der Natur zu sehen; in Druckschriften, in Gedichten und Kupferstichen wurde die Pracht der Riesenblume verkündet. Man betrachtete sie als ein Sinnbild jenes Glanzes, zu dem das preußische Königshaus emporsteige, und wußte ein solches Gedankenspiel in kunstreich gebildeten Denksprüchen durchzuführen. Den Hoffnungen, welche die Geburt des künftigen Thronerben belebt hatte, schien hier eine neue Bestätigung gegeben. Aber man ließ auch nicht unbemerkt, daß die Pflanze selbst absterbe, während die Blüthenkrone sich in vollster Pracht zeige; man deutete dies auf den bevorstehenden Tod des Königs.

Eine solche Deutung war freilich so gar verwegen nicht, da der König, überhaupt von schwächlicher Körperbeschaffenheit, schon längere Zeit kränkelte. Die Geburt seines Enkels war der letzte freudige Glanz seines Lebens gewesen. Am Geburtstage desselben im folgenden Jahre, bei dem Fest, welches der Kronprinz zur Feier des Tages veranstaltet hatte, erschien er zum letzten Male öffentlich. Bald nahm seine

Krankheit eine drohende Wendung. Schon am 13. Februar berief er seine Familie und die höheren Staatsbeamten vor sein Lager, um Abschied von ihnen zu nehmen. Er ertheilte dem Kronprinzen seinen Segen, ebenso seinen Enkeln, dem einjährigen Prinzen Friedrich und dessen Schwester, der vierjährigen Prinzessin Wilhelmine, die mit ihren Eltern am Bette kniete. Am 25. Februar verschied der König.

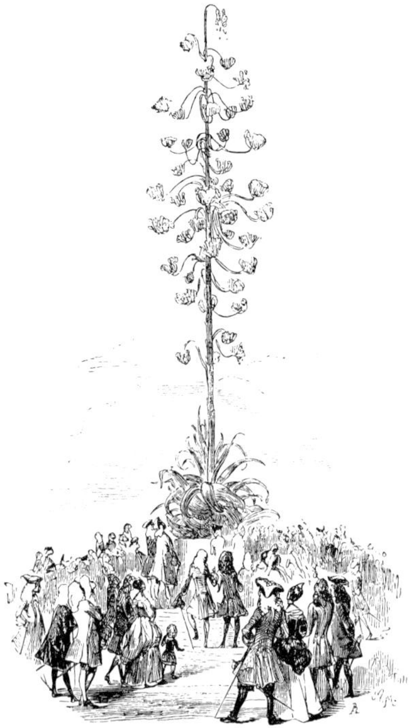

Zweites Kapitel.

Die ersten Jahre der Kindheit.

er Tod Friedrich's I. brachte eine bedeutende Veränderung in der Regierung des preußischen Staates, im Hofhalt, in der Lebensweise der königlichen Familie hervor. Friedrich Wilhelm I. war seinem Vater durchaus unähnlich. Das strenge Ceremoniel, dem er sich bis dahin hatte fügen müssen, war ihm lästig, der kostbare Prunk der Festlichkeiten verhaßt; die höhere Wissenschaft und feinere Sitte, in der ihn seine Mutter, die schon früher verstorbene hochgebildete Königin Sophie Charlotte, hatte erziehen wollen, erschien ihm als ein sehr überflüssiger, zum Theil verderblicher Schmuck des Lebens. Ihm war von der Natur eine ausschließlich praktische Richtung gegeben. Sein Bestreben ging dahin, statt der Summen, welche der glänzende Hofhalt und neben diesem auch die Willkür bevorrechteter Günstlinge fort und fort verschlungen hatte, einen wohlgefüllten Schatz herzustellen, seine Unterthanen zu ausdauerndem Fleiße anzuhalten und den Wohlstand des Landes durch die sorglichste Aufsicht zu befördern. Die Bedeutung seiner Krone sollte nicht ferner durch blendenden Schimmer, sondern durch ein zahlreiches und wohlgeübtes Kriegsheer vertreten werden. Die Festlichkeiten, welche den Schmuck seines Lebens ausmachten, bestanden in der Schaustellung kriegerischer Künste. Durch unermüdlichen Eifer brachte er es dahin,

daß bei den militairischen Uebungen seine Soldaten eine Schnelligkeit, Sicherheit und Gleichförmigkeit der Bewegungen entwickelten, welche bis dahin unerhört waren. Ebenso sehr lag es ihm am Herzen, daß seine Regimenter, besonders die ersten Glieder derselben, sich durch Schönheit und Körpergröße vor allen auszeichneten; ja, er ging hierin so weit, daß er für diesen Zweck Summen verschwendete, die mit seiner sonstigen Sparsamkeit auf keine Weise in Einklang standen; und mannigfach hat ihn gewaltthätige Werbung großer Leute mit seinen Nachbarstaaten in verdrießliche Händel verwickelt. Berlin ward unter seiner Regierung nicht mehr das deutsche Athen, sondern das deutsche Sparta genannt.

Sein Familienleben war auf einen einfach bürgerlichen Fuß eingerichtet, und er gab hierdurch — zu einer Zeit, da an den Höfen fast überall eine furchtbare Sittenverderbniß eingerissen war — ein achtbares Beispiel. Eheliche Treue galt ihm über Alles. Seine Kinder, deren Anzahl sich im Verlauf der Jahre bedeutend vermehrte, sollten, seiner schlichten Frömmigkeit gemäß, in der Furcht des Herrn erzogen werden; frühzeitig war er bemüht, sie durch Gewöhnung eines regelmäßigen Lebens, durch strengen Gehorsam und nützliche Beschäftigung zu tüchtigen Menschen nach seinem Sinne zu bilden, während Alles, was der Eleganz im Leben und Wissen angehört, entschieden aus seinem häuslichen Kreise verbannt blieb. Unter einer rauhen Hülle bewahrte er ein deutsches Gemüth, und er ließ Dem, der ihm in gemüthlicher Weise entgegenkam, Gerechtigkeit widerfahren; undeutsches Wesen aber und Widerspenstigkeit gegen seine gutgemeinten Anordnungen fanden an ihm einen unerbittlichen Richter, und er wußte, von Natur zum Jähzorn geneigt, ein solches Thun aufs Härteste zu ahnden.

In den ersten Jugendjahren seines Sohnes, des nunmehrigen Kronprinzen Friedrich, konnte es jedoch noch nicht in Frage kommen, wie weit dieser mit der Richtung und Gesinnung des Vaters übereinstimmen würde. Die erste Pflege des Knaben mußte den Händen der Frauen anvertraut bleiben. Seine Mutter, die Königin Sophie Dorothee, eine Tochter des Kurfürsten von Hannover und nachmaligen Königs von England, Georg's I., war durch eine natürliche Herzensgüte und Neigung zum Wohlthun ausgezeichnet; auch war sie der edleren Wissenschaft nicht so abhold wie ihr Gemahl. Diese Neigungen suchte sie auf ihre Kinder fortzupflanzen. Leider jedoch besaß sie nicht diejenige hingebende Liebe, welche, in Einklang mit dem Willen ihres Gemahls, zum Segen des Hauses hätte wirken können.

Eine Ehrendame der Königin, Frau von Kamecke, war mit der Oberaufsicht über die Erziehung des Kronprinzen beauftragt worden. Ein größeres Verdienst als diese erwarb sich die Untergouvernante, Frau von Rocoulles. Die Letztere hatte schon den König selbst in seiner Kindheit gepflegt; ihr fester und edler Charakter, ihre treue Anhänglichkeit an das preußische Herrscherhaus hatten sie so empfohlen, daß es nur ein gerechter Dank schien, sie aufs Neue zu einem so ehrenvollen Geschäfte zu berufen. Sie war eine geborene Französin und gehörte zu den Schaaren jener Reformirten, die ein thörichter Religionseifer, die Heimat eines Theiles seiner besten Kräfte beraubend, aus Frankreich verbannt hatte und die in den brandenburgischen Staaten Aufnahme fanden. Daß überhaupt eine Französin, selbst an dem derbdeutschen Hofe Friedrich Wilhelm's, zur Erziehung der Kinder berufen ward, darf in einer Zeit nicht auffallen, in welcher die Welt von französischer Bildung beherrscht wurde und die Kenntniß der französischen Sprache unumgänglich nöthig war, um sich in den höheren Kreisen der Gesellschaft verständlich zu machen; überdies war gerade in Berlin durch die Schaaren jener Eingewanderten, welche Kunstfertigkeiten und wissenschaftliche Bildung aus Frankreich herübergebracht hatten, die französische

Sprache nur um so mehr ausgebreitet worden. So ward auch der Kronprinz von früher Jugend an, gewiß nicht ohne Einfluß auf sein späteres Leben, vorzugsweise in der französischen Sprache gebildet. Wie treu aber seine Erzieherin ihre Pflichten an ihm erfüllt hat, beweist am besten der Umstand, daß er ihr bis an ihren Tod in unwandelbarer Anhänglichkeit zugethan blieb.

Als Friedrich vier Jahre alt war, wurde ein merkwürdiges prophetisches Wort über ihn gesprochen. Es befanden sich damals in Berlin viele schwedische Offiziere, die bei der Einnahme von Stralsund, am Weihnachstage 1715, zu Kriegsgefangenen gemacht waren. (König Friedrich Wilhelm war nämlich durch die hartnäckigen Anmaßungen des Schwedenkönigs, Karl's XII., zum Kriege genöthigt worden, dessen Folge die Erwerbung eines Theiles von Vorpommern war.) Einer von jenen Offizieren, Namens Croom, stand in dem Rufe, aus den Sternen und aus den

Lineamenten der menschlichen Hand die Zukunft lesen zu können; die ganze Stadt war voll von seinen Prophezeiungen. Die Königin und die Damen des Hofes waren begierig, durch ihn ebenfalls Einiges von ihren zukünftigen Schicksalen zu erfahren. Man berief ihn in die Gemächer der Königin. Hier untersuchte er die dargebotenen Hände und sagte Dinge voraus, die später in der That auf überraschende

Weise eintrafen. Der Königin, die sich damals in gesegneten Umständen befand, sagte er, sie würde in zwei Monaten von einer Tochter entbunden werden; der ältesten Prinzessin verkündete er, daß sie neben manchen trügerischen Hoffnungen ihr ganzes Leben hindurch viele Leiden würde zu erdulden haben; einigen Hofdamen prophezeiete er ihre baldige, wenig ehrenvolle Entfernung vom Hofe. Als ihm der Kronprinz vorgeführt ward, so wahrsagte er diesem viele Unannehmlichkeiten in seiner

Jugend: in reiferen Jahren aber würde er Kaiser und einer der größten Fürsten Europas werden. Mit Ausnahme des Kaisertitels ist auch diese Prophezeiung vollkommen in Erfüllung gegangen.

In den ersten Lebensjahren, wie auch noch mannigfach in späterer Zeit, bis kriegerische Beschäftigungen den Körper abgehärtet hatten, war die Gesundheit des Kronprinzen schwankend, und die traurigen Erfahrungen, die man bereits an zwei frühverstorbenen Prinzen gemacht hatte, ließen auch für ihn gegründete Besorgnisse entstehen. Zudem hatte dieser körperliche Zustand, vielleicht aber auch eine Gemüthsanlage, welche die äußeren Eindrücke früh mit Lebhaftigkeit aufzufassen und nachdenklich zu verarbeiten nöthigte, ein eigen schweigsames, fast schwer-

müthiges Wesen zur Folge, welches jene Besorgnisse noch mehr zu rechtfertigen schien. Um so emsiger indeß war man auf die körperliche Ausbildung des jungen Prinzen bedacht. Mit voller Zärtlichkeit hing dieser an seiner älteren Schwester, die sich in ihren Erholungsstunden nur mit dem Knaben beschäftigte. Dies innige Verhältniß hat bis an den Tod der Schwester ausgedauert.

Eine Scene aus diesen Kinderjahren ist durch ein schönes Gemälde des damaligen Hofmalers Pesne der Nachwelt überliefert worden. Der Prinz hatte eine kleine Trommel zum Geschenk erhalten, und man bemerkte mit Freude, daß es ihm, im Gegensatz gegen sein sonstiges stilles Wesen, Vergnügen gewährte, den Marsch, den man ihn gelehrt, rüstig zu üben. Einst hatte ihm die Mutter erlaubt, diese Uebung in ihrem Zimmer vorzunehmen; auch die Schwester war mit ihren Spielsachen dabei. Der letzteren wurde des Trommelns zu viel und sie bat den Bruder, lieber ihren Puppenwagen ziehen zu helfen oder mit ihren Blumen zu spielen. Aber sehr ernsthaft erwiderte der kleine Prinz, so gern er sonst jeder Bitte der Schwester willfahrte [illegible] Trommeln ist mir nützlicher als Spielen und lieber als Blumen.“ Diese Aeußerung schien der Mutter so wichtig, daß sie schleunig den König herbeirief, dem das selten geäußerte soldatische Talent des Knaben die größte Genugthuung gewährte. Dem Hofmaler mußte die Scene, ohne daß die Kinder die Absicht merkten, noch einmal vorgespielt werden; auf seinem Gemälde hat er, als zur Bedienung der königlichen Kinder gehörig, noch einen Kammermohren hinzugefügt.

Der König war gern im Kreise seiner Familie, und seine Zuneigung zu den Kindern zeigte sich häufig auch darin, daß er selbst an ihren Spielen Theil nahm. Einst trat der alte General Forcade unangemeldet in das Zimmer des Königs, als

dieser eben mit dem kleinen Prinzen Ball spielte. „Forcade“, sagte er zu ihm, „Er ist selbst Vater und weiß es, Väter müssen mit ihren Kindern zuweilen Kinder sein, müssen mit ihnen spielen und ihnen die Zeit vertreiben.“

Es ist schon bemerkt, daß die Königin ihren Wohlthätigkeitssinn auf ihre Kinder überzutragen bestrebt war. Den Kronprinzen machte sie früh zu ihrem kleinen Almosenier. Die Hülfsbedürftigen, die sich vertrauensvoll an die allgemein bekannte Milde ihres Herzens gewandt hatten, ließ sie zu sich kommen, bezeugte ihnen ihr Mitleid, und die Betrübten wurden dann durch den kleinen Almosengeber mit Geschenken entlassen. Diese schöne Sitte war von den erfreulichsten Folgen auf das Gemüth des Kronprinzen; schon früh gab er das Zeugniß, wie lebendig er die Lehre der Mutter seinem Herzen eingeprägt hatte. Die Eltern pflegten in der ersten Zeit nach ihrer Vermählung jährlich eine Reise nach Hannover zu machen, um den Vater der Königin zu besuchen; seit seinem dritten Jahre wurde der Kronprinz auf diesen Reisen mitgenommen. In Tangermünde ließ der König gewöhnlich einige Stunden anhalten, um sich dort mit den Beamten der Provinz über Gegenstände der Verwaltung zu besprechen. Bei diesen Gelegenheiten versammelte sich stets ein großer Theil der Einwohner, um den jungen Kronprinzen zu sehen; die Königin erlaubte

ihm gern, zu dem Volke hinauszugehen. Einst bat er einen der Zuschauer, ihn zu einem Bäcker zu führen; hier öffnete er schnell seine kleine Börse und schüttete seine ersparte Baarschaft in die Hand des Bäckers, mit der Bitte, ihm dafür Semmeln, Zwieback und Bretzeln zu geben. Er selbst nahm einen Theil der Eßwaaren, das Uebrige mußten seine Begleiter und ein Bedienter tragen. Dann wandte er sich zu den Einwohnern, die ihm in Schaaren gefolgt waren, und theilte seine Beute freudig an Kinder und Greise aus. Die Eltern hatten den Vorgang vom Fenster des Amthauses angesehen und ließen, als die erste Spende beendet war, noch eine zweite holen, um dem Prinzen das Vergnügen der Austheilung zu verlängern. Jährlich, bis zum zwölften Jahre, erneute der Kronprinz diese Spende in Tangermünde und legte dazu stets schon einige Zeit vor der Abreise etwas von seinem kleinen Taschengelde zurück. Die Tangermünder nannten ihn mit Entzücken nur *ihren* Kronprinzen. Nach seiner Thronbesteigung äußerte Friedrich öfters, daß er an diesem Orte zum ersten Male das Vergnügen genossen habe, sich von Unterthanen geliebt und Dankesthränen in den Augen der Kinder und Greise zu sehen.

Drittes Kapitel.

Die Knabenzeit.

Mit dem Anfange des siebenten Jahres endete die weibliche Erziehung des Kronprinzen. An die Stelle der Gouvernanten traten nunmehr der Generallieutenant Graf von Finkenstein als Oberhofmeister und der Oberst von Kalkstein als Untergouverneur. Die Söhne dieser beiden verdienten Männer, sowie die markgräflichen Prinzen des Hauses, wurden die Spielgefährten des Thronerben; das kindliche Verhältniß zu dem jungen Grafen von Finkenstein ging nachmals in eine wirkliche Freundschaft über, und Friedrich blieb diesem, der später sein Kabinetsminister wurde, fortdauernd mit hohem Vertrauen zugeneigt.

Der König gab den beiden Hofmeistern eine ausführliche Instruction, welcher gemäß sie die Erziehung des Kronprinzen leiten sollten. Als Hauptpunkt wird darin eine reine christliche Frömmigkeit, als zu welcher der Zögling vornehmlich hinzuführen sei, vorangestellt: — „und muß Er (so heißt es u. A. in der Instruction) von der Allmacht Gottes wohl und dergestalt informieret werden, daß Ihm alle Zeit eine heilige Furcht und Venerazion vor Gott beiwohne, denn dieses ist das einzige Mittel, die von menschlichen Gesetzen und Strafen befreiete souveraine Macht in den Schranken der Gebühr zu halten." Sodann sollte dem Prinzen Ehrfurcht, Hochachtung und Gehorsam gegen seine Eltern eingeprägt werden. Doch setzte der König die schönen Worte hinzu: „Gleichwie aber die allzu große Furcht nichts anders als knechtische Liebe und sklavische Effecten hervorbringen kann, so soll sowohl der Oberhofmeister als der Sousgouverneur dahin arbeiten und ihr möglichstes anwenden, Meinem Sohne wohl begreiflich zu machen, daß er keine solche Furcht, sondern nur eine wahre Liebe und vollkommen Vertrauen vor Mich haben und in Mich setzen müsse, da er denn finden und erfahren solle, daß ihm mit gleicher Liebe und Vertrauen begegnet würde." Ueberall wird in der Instruction auf strengste Sittlichkeit gedrungen; dem Stolz und Hochmuth, wenn diese sich zeigten, ebenso den Einflüsterungen der Schmeichelei, sollte aufs Eifrigste entgegengearbeitet werden. Dagegen sollte der Prinz von früh an zur Leutseligkeit und Demuth, zur Mäßigkeit, Sparsamkeit, Ordnung und bestimmtem, geregeltem Fleiße angehalten werden. Was die wissenschaftliche Bildung anbetrifft, so faßt die Instruction nur die praktisch brauchbaren Kenntnisse ins Auge. Latein sollte der Kronprinz gar nicht lernen, dagegen im Französischen und Deutschen sich eine gute Schreibart zu eigen machen. In der Geschichte sollte besonders auf die Ereignisse des eigenen Hauses und Staates, überhaupt auf diejenigen, welche zum Verständniß der damaligen Zeitverhältnisse nöthig waren, Rücksicht genommen werden u. s. w. Auf tüchtige Ausbildung und Abhärtung des Körpers sollte ebenfalls, ohne den Kronprinzen jedoch übermäßig anzustrengen, vorzüglich geachtet werden. „Absonderlich (so wird endlich den Hofmeistern vorgeschrieben) haben sie Beide sich äußerst angelegen sein zu lassen, Meinem

Sohne die wahre Liebe zum Soldatenstande einzuprägen und Ihm zu imprimiren, daß, gleichwie nichts in der Welt, was einem Prinzen Ruhm und Ehre zu geben vermag, als der Degen, Er vor der Welt ein verachteter Mensch sein würde, wenn er solchen nicht gleichfalls liebte und die einzige Gloria in demselben suchte."

Den eigentlich wissenschaftlichen Unterricht des Kronprinzen leitete ein Franzose, Duhan, der als Kind nach Berlin geflüchtet war und den der König im Jahre 1715 als Führer eines jungen Grafen in den Laufgräben vor Stralsund kennen gelernt hatte. Duhan ist ohne Zweifel von großem Einfluß auf die Bildung des Kronprinzen, auf dessen Uebung im eigenen Lesen und Denken gewesen. Ihm verdankte Friedrich die Kenntniß der Geschichte und der französischen Literatur. Die deutsche Literatur war zu jener Zeit auf der tiefsten Stufe des Verfalls, während die französische gerade ihren höchsten Gipfelpunkt erreicht hatte. An den Musterbildern der letzteren wurde der Geist Friedrich's genährt, wie ihm schon durch seine Gouvernante die französische Sprache geläufiger gemacht war als die eigene Muttersprache. Auch für Duhan hat Friedrich bis an dessen Tod eine treue Zuneigung bewahrt.

Der Unterricht in der lateinischen Sprache war, wie schon bemerkt, durch die Instruction des Königs verboten worden. Doch hat Friedrich selbst in späterer Zeit öfters erzählt, er habe in seiner ersten Jugend — ob aber mit Bewilligung des Vaters, wissen wir nicht zu sagen, — einen lateinischen Sprachmeister gehabt. Einst sei der König dazugekommen, als der Lehrer ihn aus dem berühmten Reichsgesetz der goldnen Bulle Einiges habe übersetzen lassen. Da er einige schlechte lateinische Ausdrücke gehört, so habe er den Sprachmeister gefragt: „Was machst du Schurke da mit meinem Sohn?“ — „„Ihro Majestät, ich explicire dem Prinzen auream bullam.““ — Der König aber habe den Stock aufgehoben und gesagt: „Ich will dich Schurke auream bullam“ — habe ihn weggejagt, und das Latein habe aufgehört.

Der König, wie wenig er sonst die höhere Kunstbildung zu schätzen wußte, hatte doch Wohlgefallen an der Musik, das heißt an jener strengen, tüchtigen Musik, als

deren Meister besonders der große Händel dasteht; Händel selbst soll der Lieblingscomponist des Königs gewesen sein. So wurde denn auch der musikalische Unterricht des Sohnes nicht verabsäumt; durch einen Domorganisten erhielt er Anleitung im

Klavierspiel und in den theoretischen Theilen der Musik. Doch scheint dieser Unterricht ziemlich pedantischer Art gewesen zu sein. Als in dem Kronprinzen eine selbständige musikalische Neigung erwachte, übte er sich mit Leidenschaft im Flötenspiel.

Ungleich pedantischer noch scheint der erste Religionsunterricht betrieben worden zu sein, so daß die höchsten Lehren und die tiefsinnigsten Geheimnisse des Glaubens dem Prinzen in einer Schale vorgetragen wurden, welche vielleicht wenig geeignet war, das Gemüth zu erwärmen. Auch mag es als ein sehr bedeutender Mißgriff von Seiten des Vaters gerügt werden, daß auf seinen Befehl der Sohn, wenn dieser sich einer Strafe schuldig gemacht hatte, ein Stück des Katechismus oder der Psalmen auswendig lernen mußte. Das, was auf drohenden Befehl dem Gedächtnisse eingeprägt ward, konnte schwerlich im Herzen Wurzel fassen.

Um so größere Sorgfalt aber wurde darauf verwandt, dem Kronprinzen schon von früh an eine lebhafte Neigung zum Soldatenstande einzuflößen und ihn sowohl mit allen Regeln des kleinen Dienstes als mit den kriegerischen Wissenschaften vertraut zu machen. Sobald es passend war, mußte er die Kinderkleider ausziehen und eine militairische Uniform anlegen, auch sich zu der Frisur, die damals bei der preußischen Armee eingeführt war, bequemen. Dies Letztere war freilich ein trauriges Ereigniß für den Knaben, denn er hatte bis dahin sein schönes blondes Haar in frei flatternden Locken getragen und seine Freude daran gehabt. Aber dem Willen des Vaters war nicht füglich zu widersprechen. Dieser ließ eines Tages einen Hofchirurgus kommen, dem Prinzen die Seitenhaare abzuschneiden. Ohne Weigerung mußte sich der Prinz auf einen Stuhl setzen, aber der bevorstehende Verlust trieb ihm die Thränen ins Auge. Der Chirurg indeß hatte Mitleid mit dem Armen; er begann sein Geschäft mit so großer Umständlichkeit, daß der König, der die Vollziehung seines Befehls beaufsichtigte, bald zerstreut wurde und andere Dinge vornahm. Den günstigen Moment benutzte der Chirurg, kämmte den größten Theil der Seitenhaare nach dem Hinterkopfe und schnitt nicht mehr ab, als die äußerste Nothwendigkeit erforderte. Friedrich hat später dem Chirurgen die Schonung seiner kindischen Thränen mit dankbarer Anerkennung belohnt.

Zur Uebung des Kronprinzen im kleinen Waffendienste war schon im Jahre 1717 eine kronprinzliche Cadettencompagnie, die später auf ein Bataillon vermehrt ward, eingerichtet worden. Hier war der siebenzehnjährige Cadettenunteroffizier von Rentzell der Waffenmeister des Kronprinzen; andere Eigenschaften des jungen Unteroffiziers, namentlich dessen Neigung zur Musik und zum Flötenspiel, führten bald auch ein näheres Verhältniß zwischen Beiden herbei. In seinem zwölften Jahre hatte der Kronprinz schon so bedeutende Gewandtheit in den soldatischen Künsten erlangt, daß er sein kleines Heer zur großen Zufriedenheit seines Großvaters mütterlicher Seite, des Königs von England, exerciren konnte, als dieser in Berlin zum Besuche war und, zwar durch Krankheit ans Zimmer gefesselt, vom Fenster aus die militairischen Festlichkeiten in Augenschein nahm. Auch anderweitig sorgte der König, um dem Kronprinzen das Kriegswesen interessant zu machen. So ließ er z. B. einen großen Saal des Schlosses zu Berlin zu einem kleinen Zeughause einrichten und Kanonen und allerlei kleine Gewehre in demselben aufstellen. Hier lernte der Kronprinz spielend den Gebrauch der verschiedenen, zur Kriegführung nöthigen Instrumente kennen. Im vierzehnten Jahre wurde Friedrich zum Hauptmann ernannt, im fünfzehnten zum Major, im siebenzehnten zum Oberstlieutenant; in diesen Stellen hatte er, gleich jedem Andern, die regelmäßigen Dienste zu leisten.

Bei den großen Paraden und den Generalrevüen, die in der Nähe von Berlin gehalten wurden, mußte stets die ganze königliche Familie gegenwärtig sein. So war der Kronprinz auch von dieser Seite schon frühzeitig, noch ehe er selbstthätig an den Exercitien Theil nehmen konnte, auf die Bedeutung, die der König in das ganze Militairwesen legte, hingewiesen worden. Später nahm ihn der König auch zu den Provinzialrevüen mit, in denen er die ferneren Truppenabtheilungen besichtigte. Auf diesen Reisen wurde zugleich die Verwaltung der einzelnen Theile des Staates an Ort und Stelle untersucht. Der Vater hatte die Absicht, den Prinzen so, auf einfachstem Wege, an die Erfüllung seiner künftigen königlichen Pflichten zu gewöhnen.

Ueberhaupt war der König bemüht, den Kronprinzen so viel als möglich sich selbst und seiner Gesinnung ähnlich zu machen und ihm auch an seinen Vergnügungen Geschmack einzuflößen. Der König war ein leidenschaftlicher Liebhaber der Jagd, und er widmete ihr den größten Theil seiner Muße; der Kronprinz mußte ihn auch hier begleiten. Des Abends versammelte der König gewöhnlich einen Kreis derjenigen Männer um sich, denen er sein näheres Vertrauen geschenkt hatte. In dieser Gesellschaft (die unter dem Namen des Tabakscollegiums bekannt ist) wurde nach holländischer Sitte Tabak geraucht und Bier getrunken; mit vollkommener Freiheit von der Etikette des Hofes erging sich das Gespräch über alle möglichen Gegenstände; dabei waren gelehrte Herren zur Erklärung der Zeitungen bestellt, die aber zugleich aufs Vollkommenste das Amt der Hofnarren zu vertreten hatten. Hieher kamen

gewöhnlich die königlichen Prinzen, dem Vater gute Nacht zu sagen; auch mußten sie hier zuweilen, von einem der anwesenden Offiziere commandirt, den König und seine Freunde durch militairische Exercitien unterhalten. Später mußte der Kronprinz als wirkliches Mitglied an dieser Gesellschaft Theil nehmen.

Viertes Kapitel.

Mißstimmung zwischen Vater und Sohn.

Unter solchen Verhältnissen wuchs der Knabe Friedrich zum Jüngling heran. Sein Aeußeres hatte sich zu eigenthümlicher Anmuth entwickelt; er war schlank gewachsen, sein Gesicht von edler, regelmäßiger Bildung. In seinem Auge sprach sich ein lebhafter, feuriger Geist aus, und Witz und Phantasie standen ihm zu Gebote. Aber dieser Geist wollte seine eigenen Bahnen gehen; und die Abweichung von dem Pfade, welchen der strenge Vater vorgezeichnet hatte, zerriß das trauliche Band zwischen Vater und Kind.

Schon das mußte den religiösen Sinn des Königs unangenehm berühren, daß der Religionsunterricht nicht sonderlich gefruchtet hatte, um den Prinzen in die Lehren des christlichen Glaubens genügend einzuweihen. Einige Monate vor dem zur Einsegnung des Kronprinzen bestimmten Tage wurde ihm von den Hofmeistern gemeldet, daß der Prinz schon seit geraumer Zeit im Christenthum nur geringe Fortschritte gemacht habe. Doch half diesem Uebelstande ein vermehrter Unterricht von Seiten des würdigen Hofpredigers Noltenius ab, und Friedrich konnte am 11. April 1727 nach öffentlicher Prüfung sein Glaubensbekenntniß ablegen und das heilige Abendmahl empfangen.

Aber noch in tausend andern Dingen, in bedeutenden und unbedeutenden, zeigte sich bald eine gänzliche Verschiedenheit des Charakters zwischen Sohn und Vater. Die militairischen Liebhabereien des Königs, das unaufhörliche, bis ins Kleinliche gehende Exercitium der Soldaten, die oft grausame Behandlung der letzteren machten dem Kronprinzen wenig Freude. Die rohen Jagdvergnügungen, der einfache Landaufenthalt auf dem königlichen Jagdschlosse zu Wusterhausen waren nicht nach seinem Geschmack; ebenso wenig das Tabakrauchen, die derben Späße im Tabakscollegium, die Kunststücke der Seiltänzer, die Musikaufführungen, an denen der Vater sich erfreute. Die Männer, die dieser in seine Nähe berief, zogen den Prinzen nicht immer an, und er suchte sich Umgang nach seinem Gefallen. Er war ernst, wenn der Vater lachte, ließ aber auch manch spöttelndes Wort über Dinge und Personen fallen, die dem Vater werth waren; dafür tadelte der Vater an ihm einen stolzen, hoffärtigen Sinn. Zu seiner Erholung trieb er das Schachspiel, das er von Duhan gelernt hatte, während der Vater das Toccadillespiel vorzog; ihm gewährte die Uebung auf der Flöte hohen Genuß, deren sanfter Ton wiederum dem Vater wenig zusagte. Mehr noch hing er literarischen Beschäftigungen nach; der Glanz der französischen Poesie, besonders das blitzende muthwillige Spiel, mit welchem die jugendlichen Geister Frankreichs gerade zu jener Zeit den Kampf gegen verjährte Institutionen begonnen hatten, zog ihn, der gleichen Sinn und gleiche Kraft in sich fühlte, mächtig an. Aber solche Interessen waren gar wenig nach dem Sinne des Vaters.

Dann liebte er es auch, wenn der letztere fern war, den engen Soldatenrock abzuwerfen, bequeme, französisch moderne Kleider anzuziehen, sein schönes Haar, das er aus den Händen jenes Chirurgen gerettet hatte, aufzuflechten und in zierliche Locken zu kräuseln. Dies allein war schon hinreichend, wenn der Vater davon Kunde erhielt, seinen Zorn zu erwecken. So ward manch eine böse Stunde herbeigerufen;

der König gedachte mit Strenge durchzugreifen, aber er machte sich dadurch das Herz des Sohnes nur immer mehr abwendig. „Fritz ist ein Querpfeifer und Poet", so rief der König oft im Unmuth aus; „er macht sich nichts aus den Soldaten und wird mir meine ganze Arbeit verderben."

Diese Mißstimmung war um so trauriger und sie machte um so verderblichere Fortschritte, als es an einer Mittelsperson fehlte, die zugleich das Vertrauen des Vaters und des Sohnes gehabt und nach beiden Seiten hin begütigend und abmahnend gewirkt hätte. Die Mutter hätte in solcher Stellung für den Frieden des königlichen Hauses äußerst wohlthätig sein können; leider jedoch war Alles, was sie that, nur geeignet, das Mißverhältniß immer weiter zu fördern. Die angeborene Güte ihres Herzens war nicht so stark, daß sie es über sich vermocht hätte, sich, mit Aufopferung ihrer eigenen Wünsche, dem Willen des Königs unterzuordnen. Schon in früheren Jahren, wenn sie zu bemerken glaubte, daß die Kinder dem Vater größere Liebe bewiesen als ihr, fand sich hierdurch ihr mütterliches Gefühl gekränkt, und um ihre vermeintlichen Vorrechte zu behaupten, ging sie sogar so weit, den Kindern in einzelnen Fällen Ungehorsam gegen den Vater einzuprägen. Leicht mag hierdurch der erste Same zu dem unerfreulichen Verhältniß zwischen Vater und Sohn ausgestreut worden sein. Von schlimmeren Folgen war ein Plan, den sie, zunächst zwar mit Uebereinstimmung des Königs, gefaßt hatte und den sie mit Hartnäckigkeit, trotz der widerwärtigsten Zustände, die daraus entsprangen, festzuhalten strebte. Es war der Plan, das Haus ihres Vaters durch eine Doppelheirath aufs Neue mit dem ihrigen zu verbinden, um dereinst die Krone von England auf dem Haupte ihrer ältesten Tochter zu erblicken; diese, die Prinzessin Wilhelmine, sollte nämlich dem Sohne des damaligen Kronprinzen von England (ihres Bruders) und ihrem eignen Sohne, dem Kronprinzen Friedrich, eine englische Prinzessin verlobt werden. Schon früh war von diesem Plane gesprochen worden und man hatte sich von beiden Seiten dazu bereit erklärt; auch kam es, trotz verschiedener Zögerungen, die durch unwürdige Zwischenträgereien hervorgerufen waren und die dem Könige von Preußen manchen Verdruß verursacht hatten, in der That zu einigen näheren vorläufigen Bestimmungen zwischen beiden Höfen. Ja die Folgen hiervon waren so bedeutend, daß Friedrich Wilhelm sich im Jahre 1725 zu einem Bündniß mit England und Frankreich, welches einem zwischen Oesterreich und Spanien abgeschlossenen Bündnisse die Wage halten sollte, überreden ließ, so sehr er im Grunde seines Herzens überzeugt war, daß für Deutschland nur aus dem festen Zusammenhalten seiner einzelnen Glieder Heil erstehen könne. Aber immer und immer wieder wurde von England der letzte Abschluß rücksichtlich jener beabsichtigten Doppelheirath hinausgeschoben. Es trat eine Spannung zwischen beiden Höfen ein. Das Unglück wollte endlich, daß sich die preußischen Werber, wie überall, so auch an der hannöverschen Grenze schwere Ungebührlichkeiten erlaubten, was denn keineswegs dazu diente, das schwankende Verhältniß wiederherzustellen; und bald wollte König Friedrich Wilhelm gar nichts mehr von jener Doppelheirath wissen.

Zugleich aber hatte das Bündniß Preußens mit England die Besorgniß des österreichischen Kaiserhofs erweckt; durch dasselbe war einem einzelnen Reichsfürsten, der ohnedies schon halb unabhängig dastand und dessen kriegerische Macht nicht übersehen werden konnte, ein Uebergewicht gegeben, welches der Oberherrschaft, die Oesterreich in Deutschland zu erhalten und zu vergrößern bemüht war, gefährlich werden konnte. Man sah die dringende Nothwendigkeit ein, Preußen von jenem Bündnisse wieder abzuziehen und, wenn möglich, für Oesterreich zu gewinnen. Es wurde zu diesem Zwecke der kaiserliche General Graf Seckendorf nach Berlin gesandt, und dieser wußte die eingetretene Spannung zwischen England und Preußen so klug zu benutzen und das ihm aufgetragene Werk mit solcher Geschicklichkeit auszuführen, daß schon im October 1726 zu Wusterhausen ein Tractat Preußens mit Oesterreich zu Stande kam, der indeß nicht geradezu gegen England gerichtet sein sollte. Als

Hauptbedingung dieses Tractates hatte Friedrich Wilhelm die Anforderung gemacht, daß der Kaiser seine Ansprüche auf die Erbfolge von Jülich und Berg garantiren sollte, wogegen er der sogenannten pragmatischen Sanction — die den Töchtern des Kaisers, in Ermangelung männlicher Nachkommen, die Erbfolge zu sichern bestimmt war — beizutreten versprach. Der Kaiser, Karl VI., hatte sich jener Anforderung des Königs von Preußen scheinbar gefügt; aber er war so wenig ernstlich bedacht, die preußische Macht vergrößern zu helfen, daß er gleichzeitig auch mit Kurpfalz einen Vertrag schloß, der den pfälzischen Häusern die in Anspruch genommene Erbfolge in Jülich und Berg sicherte. Durch die mannigfachsten Kunstgriffe wußte er jedoch den König von Preußen, der natürlich auf einen festen, vollkommenen Abschluß dieser Angelegenheiten drang, eine Reihe von Jahren hinzuhalten. Auch gelang dies so gut, daß Friedrich Wilhelm vor der Hand dem Kaiser treu ergeben blieb, denn sein deutsches Gemüth fühlte eine innere Genugthuung in solcher Verbindung; zugleich hatte Seckendorf dafür gesorgt, daß der vorzüglichste Günstling des Königs, der General (später Feldmarschall) von Grumbkow, durch ein stattliches Jahrgeld in das Interesse des österreichischen Hofes gezogen wurde. Dieser war nun fort und fort bemüht, den König in seiner Gesinnung zu befestigen.

So theilte sich der preußische Hof in zwei Parteien, eine österreichische und eine englische, die von beiden Seiten Alles aufwandten, um zu ihrem Ziele zu gelangen. Denn was die Königin anbetrifft, so war diese keineswegs geneigt, ihren Lieblingsplan, jene Doppelheirath betreffend, aufzugeben; im Gegentheil nahm sie jede Gelegenheit wahr, die sich ihr zum Wiederanknüpfen der Verbindungen mit England darbot. Ihre ebenso hartnäckigen wie fruchtlosen Bemühungen erbitterten aber den König so sehr, daß der häusliche Friede fast ganz entwich. Mißtrauisch belauschten die beiden königlichen Eheleute einander, und verderbliche Zwischenträger, auf gemeinen Gewinn bedacht, schürten die Flamme. Vor Allen hatten die beiden ältesten Kinder unter dem Zwiste der Eltern zu leiden, und um so mehr, als es die Königin dahin zu bringen wußte, daß Beide ihrem Plane gern Beifall schenkten; wie aber Bruder und Schwester gemeinschaftliche Kümmerniß zu tragen hatten, so schlossen sie sich Beide, indem ihre Charaktere schon ohnedies übereinstimmten, nur um so inniger aneinander. Vater und Sohn wurden durch alles Dies einander immer mehr entfremdet, und die Herstellung eines liebevollen Verhältnisses schien in weite Ferne hinausgerückt. Es sollte noch Bedeutenderes hinzukommen, die Entfremdung zu vergrößern.

Das heftige Temperament des Königs hatte oft die leidenschaftlichsten Aufwallungen zur Folge; zuweilen aber gingen diese auch, wie es überall bei großer Aufregung der Fall ist, in Abspannung und Schwermuth über. Ein solcher hypochondrischer Zustand hatte sich des Königs im Winter von 1727 zu 1728 bemächtigt. Seine religiöse Richtung nahm eine ascetische Färbung an und führte zu unbequemen Maßregeln für die weltlicher Gesinnten. Er hatte den berühmten Theologen, den Professor Francke aus Halle zu sich gerufen, einen Mann, der als Stifter des Hallischen Waisenhauses unter den Wohlthätern der Menschheit genannt wird, dessen Sinn aber so wenig frei war, daß sein unchristlicher Eifer gegen den Philosophen Wolff zu der schmachvollen Entfernung dieses ausgezeichneten Gelehrten aus Halle wesentlich beigetragen hatte. Francke war der Wortführer an der Tafel des Königs, an der jetzt nur von biblischen Dingen gesprochen wurde; alle Vergnügungen, namentlich Musik und Jagd (welche letztere freilich zur Thierquälerei geworden war und nur zur Bedrückung der Bauern diente), waren als sündlich verdammt. Der König las seiner Familie jeden Nachmittag eine Predigt vor, und der Kammerdiener stimmte einen Gesang an, den alle Anwesenden begleiten mußten. Ein solches Leben war nicht ganz nach dem Sinne des Kronprinzen und seiner ältern Schwester; der feierliche Ernst, der dem einen Theile der Gesellschaft natürlich war und den die Andern nachahmten, mochte zuweilen Erscheinungen zur Folge haben, über welche sie ihre leichtsinnigen Bemerkungen nicht immer zurückhalten konnten. Unwillkürlich drängte sich ihre Lachlust hervor; dafür aber wurden sie mit schwerem Zorne zurückgeschreckt und sie mußten die Strafe mit erkünstelter Zerknirschung hinnehmen. Der König ging in seiner Hypochondrie sogar so weit, daß er das Scepter niederzulegen und die Regierung dem Kronprinzen zu übergeben beschloß; auch begann er eine

Instruction für letzteren auszuarbeiten. Er selbst wollte sich nebst seiner Gemahlin und den Töchtern mit einem mäßigen Jahrgehalt nach Wusterhausen zurückziehen,

dort den Acker bauen und beten; die ländlichen Geschäfte waren bereits regulirt: die eine Prinzessin sollte das Leinenzeug unter sich haben, die zweite die Vorräthe verwalten, die dritte auf dem Markte Lebensmittel einkaufen u. s. w.

Den König von solchen Gedanken abzubringen, wurden mancherlei Vorstellungen versucht, doch blieb er vor der Hand hartnäckig bei seinem Plane. Endlich gelang es der österreichischen Partei des Hofes, die bei der Ausführung des Planes am meisten zu verlieren hatte, den König zu einer Zerstreuung zu bewegen. Man überredete ihn zu einer Reise nach dem benachbarten glänzenden Hofe von Dresden, indem man dort die besten Gegenmittel gegen seine Hypochondrie zu finden hoffte; man hatte ihm hierbei, falls es ihm gelänge, den König von Polen und Kurfürsten von Sachsen, August II., für die Verbindung mit Oesterreich zu gewinnen, so wichtige Vortheile zu entwickeln gewußt, daß er endlich, obgleich fast wider Willen, nachzugeben genöthigt war. Bald erfolgte die Einladung zu diesem Besuche von Seiten des Königs August, und Friedrich Wilhelm reiste in der Mitte des Januar 1728 nach Dresden ab. Der Kronprinz war zurückgeblieben, aber er war in Verzweiflung, sich von dieser Unterbrechung des einförmigen Lebens, zu welchem er zu Hause gezwungen war, ausgeschlossen zu sehen; die Schwester, die ihm gern ein Vergnügen bereitete, bewog den sächsischen Gesandten leicht, es zu veranstalten, daß auch für ihn nachträglich eine schleunige Einladung kam.

In Dresden eröffnete sich für Friedrich eine neue Welt. Von den Erscheinungen, die er zu Hause zurückgelassen hatte, von der Strenge des militairischen Lebens, von unausgesetztem Fleiße, von sparsamster Einrichtung des Haushaltes, von der Beobachtung aller Gesetze der Sittlichkeit, war hier keine Spur. Das Leben des Hofes bewegte sich Tag für Tag im glänzendsten Rausche, Feste drängten auf Feste, alle Erfindungskraft wurde aufgeboten, um Sättigung und Ueberdruß fern zu halten. Alle Künste schmückten hier das Leben, alles Schöne des Lebens war hier zum Genusse versammelt. König August, ein Mann von feiner Bildung, von ritterlicher Gesinnung und riesiger Körperkraft, hatte sein Leben einzig dem Genusse gewidmet und alle Tiefen desselben durchgekostet. Er war unablässig bemüht, seinen hohen Gästen die Wochen des Besuchs wie einen lieblichen Traum vorüberfliegen zu machen. Daß aber, um solche unausgesetzten Freuden zu unterhalten, ein edles Volk geknechtet, daß die Wohlfahrt eines ganzen Landes furchtbar zerüttet ward, mochte den Augen des preußischen Thronerben für jetzt fern bleiben.

Ueberhaupt konnten nicht leicht schärfere Gegensätze gefunden werden als König August und Friedrich Wilhelm. Jener, ein jüngerer Prinz des sächsischen Kurfürstenhauses, hatte ursprünglich keine sonderliche Aussicht auf die Thronfolge gehabt; statt auf die eine oder die andere Art auf einen solchen Beruf sich vorzubereiten, hatte er in seiner Jugend einen großen Theil der Länder Europas durchreist, war er überall nur auf romantische Abenteuer bedacht gewesen, so daß die Geschichte seiner früheren Tage nur den Eindruck eines phantastisch ausschweifenden Romans macht. Nach dem Tode seines Bruders, des Kurfürsten Johann Georg IV., der ohne einen Nachfolger starb, fiel ihm der sächsische Thron zu; aber das Kurland genügte ihm nicht; ihn lüstete nach dem höhern Glanze einer Königskrone. Dazu bot sich Gelegenheit, als König Johann Sobieski von Polen starb; er ließ kein Mittel unversucht, bis es ihm gelang, die genügende Anzahl einflußreicher Wahlstimmen für sich zu gewinnen. Gleichgültig tauschte er den alten protestantischen Glauben seines Hauses gegen den katholischen um, da nur ein katholischer König über der polnischen Republik herrschen durfte; vielleicht aber sagte ihm auch das Schaugepränge der katholischen Kirche mehr zu als der einfache protestantische Gottesdienst. Unermeßliche Summen, die das Land seiner Väter hergeben mußte, wurden verschwendet, um die polnische Krone zu erwerben und der neuen Würde gemäß hinlänglich glänzend und stattlich vor den Augen der Welt auftreten zu können; noch mehr verschlangen die nutzlosen Kriege, in die König August Polens wegen verwickelt ward, und zu deren kräftiger Durchführung ihm alles höhere Feldherrntalent mangelte, wie ritterlich auch sein persönliches Benehmen sein mochte. Dresden wurde durch ihn zu einem der prächtigsten Orte Europas umgeschaffen; wie Kaiser Augustus durfte er sich rühmen, daß er seine Residenz als eine Ziegelstadt empfangen und daß er sie als eine Stadt von Steinen (wenn auch nicht von Marmor) hinterlassen habe. Die reichsten Gebäude, welche die anmuthige Beherrscherin der Elbe noch heute schmücken, wurden durch ihn erbaut, die vielgefeierten Kunstsammlungen Dresdens durch ihn gegründet. Eine unerschöpfliche Meisterschaft besaß er in der Anordnung von Festlichkeiten, welche die kühnsten Phantasien der Dichter lebendig zu machen schienen; darin wich er keinem unter den damaligen Meistern der Lust. Man hat es berechnet, daß seine Regierung dem Lande an 100 Millionen gekostet hat.

König August zählte acht und fünfzig Jahre; fort und fort war im Laufe seines Lebens eine Geliebte der andern gefolgt, die Menge seiner Kinder war kaum zu zählen. Unter seinen Söhnen war Moritz, Graf von Sachsen, der nachmals als Marschall der französischen Heere einen so berühmten Namen erlangt hat, einer der ausgezeichnetsten; mit diesem schloß Friedrich eine innige Freundschaft, die bis an den Tod des Marschalls währte. Unter den Töchtern des Königs glänzte vor allen Anna, die den Titel einer Gräfin von Orzelska führte, hervor; sie besonders stand zu dem Könige in einem näheren Verhältnisse. Sie war einige Jahre älter als Friedrich; ihr schöner Wuchs, ihr adliger Anstand, die feine Bildung ihres Geistes, die heitere Laune, von der sie beseelt war, gaben ihr etwas unwiderstehlich Anziehendes. Nicht selten erschien sie in Mannskleidern, die aber nur dazu dienten, den Reiz ihrer Erscheinung zu erhöhen. Friedrich fühlte sich bald von glühender Leidenschaft ergriffen, und seine Wünsche fanden bei der schönen Gräfin kein abgeneigtes Gehör.

Indeß war König Friedrich Wilhelm von seiner Hypochondrie vollkommen genesen; es schien zwischen den beiden Königen eine lebhafte Freundschaft im Werke.

Doch mochte dem polnischen Könige die eheliche Treue, welche sein Freund in bürgerlicher Strenge gegen seine Gemahlin bewahrte, verwunderlich vorkommen. Die Neugier trieb ihn, sich selbst zu überzeugen, wie standhaft diese Treue sein möchte, die für seine Anschauungsweise etwas Unbegreifliches war; ohne Zweifel auch gönnte er dem Freunde sehr gern Antheil an Vergnügungen, in denen er selbst den höchsten Genuß fand. Er traf dazu seine Vorbereitungen. Eines Abends, nachdem bei der Tafel den Pokalen weidlich zugesprochen war, gingen sie zusammen im Domino auf den Maskenball; König August führte seinen Gast im Gespräch von Zimmer zu Zimmer, während der Kronprinz Friedrich und einige andere Herren ihnen nachfolgten. Endlich gelangten sie in ein reichgeschmücktes Gemach, dessen ganze Einrichtung den feinsten Geschmack zu erkennen gab. Der König von Preußen war eben im Begriff, seine Bewunderung über die Dinge, die er um sich sah, zu erkennen zu geben, als plötzlich ein Vorhang bei Seite rauschte und sich ein ganz unerwartetes Schauspiel seinen Augen darbot. Auf einem Ruhebett lag eine junge Dame hingestreckt, maskirt und mit nachlässigen Gewändern nur wenig bekleidet, so daß der Glanz der Kerzen, welcher das Gemach erfüllte, die reizendsten Formen beleuchtete. König August, scheinbar erstaunt, näherte sich ihr mit derjenigen feinen Galanterie, mit welcher er so oft ein weibliches Herz zu gewinnen gewußt hatte; er bat sie, die Maske abzunehmen, doch machte sie eine verneinende Bewegung. Er nannte hierauf seinen Namen und sagte ihr, er hoffe, sie werde zweien Königen eine so leichte Gefälligkeit nicht abschlagen. Diese Worte waren ein Befehl, und die junge Dame enthüllte alsbald ein überaus anmuthiges Gesicht. August schien ganz bezaubert und sagte zu ihr, daß er nicht zu begreifen vermöge, wie so viele Reize ihm bis jetzt hätten unbekannt bleiben können. Friedrich Wilhelm hatte indeß bemerkt, daß sein Sohn Zeuge dieses Schauspiels war; er hatte sogleich seinen Hut vor das Gesicht des Kronprinzen gehalten und ihm geboten sich zu entfernen; dazu aber war dieser vorerst wenig geneigt. Er wandte sich darauf zu dem Könige von Polen und bemerkte trocken: „Sie ist recht schön", verließ aber augenblicklich mit seinem Gefolge das Gemach und den Maskenball. In seiner Wohnung beklagte er sich bitterlich gegen seinen Günstling über das unfreundschaftliche Unternehmen des Königs von Polen, und es kostete viel Mühe, ihn wieder mit dem letzteren auszusöhnen. In das Herz des Kronprinzen aber war jener Anblick als ein zündender Brand gefallen. Vielleicht hatte König August jenes Schauspiel auch auf ihn berechnet; eifersüchtig auf das Verständniß Friedrich's mit der Gräfin Orzelska, ließ er ihm die Dame jenes verführerischen Gemaches, die mit dem Namen der schönen Formera genannt wird, anbieten, um ihn durch sie von seiner Liebe abwendig zu machen. Friedrich nahm das Anerbieten an.

Nachdem man einen Monat lang in Dresden verweilt und das Versprechen eines baldigen Gegenbesuchs erhalten hatte, kehrte König Friedrich Wilhelm nach Berlin zurück. Nun ging das frühere Leben wieder in seinem gewohnten Gange weiter. Der Kronprinz aber verfiel in eine tiefe Schwermuth, er aß wenig, ward sichtlich magerer, und es schienen drohende Anzeichen zur Schwindsucht vorhanden. Der König hatte ihn in argem Verdacht, daß das freie Leben in Dresden Schuld an seinem kränkelnden Zustande sei; eine ärztliche Untersuchung indeß bezeugte wirklich die Gefahr der Schwindsucht. Es ward dem Könige gerathen, den Kronprinzen sobald als möglich zu verheirathen; doch wollte er davon nichts wissen und meinte, ihn durch strenge Aufsicht hinlänglich vor einem unregelmäßigen Leben geschützt zu haben. In dieser Zeit dichtete der Kronprinz seine ersten Lieder, die den Reizen der Gräfin Orzelska gewidmet waren. Als im Mai desselben Jahres der Hof des Königs August seinen Gegenbesuch in Berlin machte und die Gräfin Orzelska in dessen Gefolge erschien, war Friedrich schnell von seiner schwermüthigen Krankheit geheilt; er sah die Gräfin mehrmals insgeheim. Auch dieser Besuch, zu dessen Empfang in Berlin, um gegen Dresden nicht zurückstehen zu dürfen, die prächtigsten Zurüstungen gemacht waren, währte mehrere Wochen.

Fünftes Kapitel.

Zwiespalt zwischen Vater und Sohn.

Je lebhafter das Gefühl der Selbstständigkeit in Friedrich erwacht war, um so weniger Neigung empfand er, sich den Anordnungen des Vaters zu fügen, die mit seinen Wünschen fast stets im Widerspruch standen; um so strenger aber drang auch der Vater auf genaue Befolgung seiner Befehle, so daß die unangenehmen Scenen sich zu häufen begannen. Dem Kronprinzen schien jetzt selbst die Verbindung mit einer englischen Prinzessin noch mehr wünschenswerth als früher, indem er hierdurch größere Freiheit zu gewinnen hoffte. Bereitwillig bot er jetzt der Mutter die Hand, um an der Ausführung ihres Lieblingsplans mitzuarbeiten, und er schrieb selbst in dieser Angelegenheit nach England. Aber die Verhältnisse zwischen England und Preußen hatten sich inzwischen noch weniger erfreulich gestaltet. König Georg I. war bereits im Jahr 1727 gestorben und sein Sohn, Georg II., der Bruder von Friedrich's Mutter, in der Regierung gefolgt. Zwischen diesem und König Friedrich Wilhelm waltete eine persönliche Feindschaft, die sich schon in früher Kindheit, als Beide mit einander erzogen wurden, geäußert hatte. Jetzt führten sie Spottreden gegen einander im Munde. Der österreichischen Politik konnte dies Mißverhältniß nur wünschenswerth sein und sie that das Ihrige zur Förderung desselben. Verschiedene andere Streitpunkte kamen dazu, die Ungebührlichkeiten der preußischen Werber, die von ihrem Könige in Schutz genommen wurden, gaben den Ausschlag, und es drohte im Jahre 1729 sogar ein Krieg zwischen beiden Mächten auszubrechen, der indeß durch andere Fürsten, denen die Ruhe Deutschlands am Herzen lag, im Anfange des folgenden Jahres wieder beigelegt wurde. Alles Dies machte dem Könige die fortgesetzten Pläne für die Doppelheirath mit England immer verhaßter, und auf die Theilnehmer derselben häufte sich sein Groll. Die Nachricht, die ihm insgeheim von Friedrich's Schreiben nach England zugetragen wurde, war keineswegs geeignet, seinen Groll zu mildern. Anfälle von Podagra vermehrten seine gereizte Stimmung, sodaß die beiden älteren Kinder schon rohe Behandlung zu gewärtigen hatten.

Diese suchten sich durch ihr treues Zusammenhalten zu entschädigen. Ihr Vergnügen bestand in der Beschäftigung mit französischer Literatur. Unter Anderm lasen sie zusammen Scarron's komischen Roman und bearbeiteten die satirischen Theile desselben mit Nutzanwendung auf die ihnen verhaßte österreichische Partei des Hofes; Jeder, der zu der letzteren gehörte, selbst der König, erhielt seine Stelle im Roman. Der Mutter ward das Product mitgetheilt, und diese, statt das Vergehen der Kinder gegen den Vater zu rügen, ergötzte sich an dem satirischen Talente, welches sich darin aussprach.

Im Sommer 1729, als die königliche Familie sich einige Zeit in Wusterhausen aufhielt, hatte sich der Zorn des Königs gegen das ältere Geschwisterpaar in solchem Maße erhöht, daß er sie ganz, die Mahlzeiten ausgenommen, aus seiner und der Königin Gegenwart verbannte. Nur ganz insgeheim, des Nachmittags, wenn der König seinen Spaziergang machte, durfte sich die Mutter des Umgangs mit ihren Kindern erfreuen; dabei wurden jedesmal Wachen ausgestellt, um sie von der Rückkehr des Königs zu benachrichtigen, von dem man sich, wenn er die Uebertretung seines Befehls wahrgenommen hätte, keiner glimpflichen Behandlung gewärtigen durfte. Eines Tages hatten die Wachen jedoch ihren Auftrag so schlecht befolgt, daß man plötzlich, ganz unvorbereitet, den wohlbekannten Schritt des Königs auf dem Gange hörte; das Zimmer der Königin hatte keinen zweiten Ausgang, und so blieb kein anderes Rettungsmittel, als daß der Prinz eilig in einen Wandschrank schlüpfte, während die Prinzessin sich unter dem Bette der Königin versteckte. Aber der König, ermüdet von der Hitze, setzte sich auf einen Sessel und schlief zwei lange Stunden, während welcher die Geschwister es nicht wagen durften, ihre sehr unbehaglichen Gefängnisse zu verlassen.

Andere Uebertretungen der Befehle des Königs gaben zu ähnlichen Scenen Anlaß. Der Kronprinz hatte bei jenem Besuche in Dresden den vorzüglichen Flötenspieler Quantz kennen gelernt. Er wünschte aufs Lebhafteste, durch diesen im Flöten-

spiel vervollkommnet zu werden; die Königin, die diese Neigung gern begünstigte, suchte Quantz für ihre Dienste zu gewinnen. Doch wollte ihn der König August nicht von sich lassen; er gab ihm aber die Erlaubniß, jährlich ein paar Mal nach Berlin zu gehen, um den Kronprinzen wenigstens in den Hauptbedingungen eines vorzüglicheren Flötenspiels zu unterrichten. Natürlich durfte der König von Preußen von diesen Reisen und Unterrichtsstunden gar nichts wissen. Einst saß der Kronprinz in aller Gemächlichkeit mit seinem Lehrer beisammen; statt der beklemmenden Uniform hatte er einen behaglichen Schlafrock von Goldbrokat angelegt, die steife Frisur war aufgelöst und die Haare in einen bequemen Haarbeutel gesteckt. Plötzlich sprang der Freund des Kronprinzen, der Lieutenant von Katte, herein und meldete, daß der

König, dessen Erscheinung man zu dieser Stunde gar nicht vermuthete, ganz in der Nähe sei. Die Gefahr war groß, und wie der Schlafrock des Kronprinzen, so war der rothe Rock des Flötenbläsers — eine Farbe, gegen welche der König großen Widerwillen hegte, — keineswegs geeignet, das Unwetter, das man befürchten mußte, zu

besänftigen. Katte ergriff rasch den Kasten, welcher Flöten und Musikalien enthielt, nahm den Musikmeister bei der Hand und flüchtete mit diesem in ein kleines Kämmerchen, welches zum Heizen der Oefen diente; Friedrich hatte eben nur Zeit, die Uniform anzuziehen und den Schlafrock zu verbergen. Der König wollte selbst einmal Revision im Zimmer des Sohnes halten. Daß hier nicht Alles richtig sei, ward er bald an dem Haarbeutel gewahr, der mit der Uniform des Kronprinzen in keinem reglementsmäßigen Einklange stand. Nähere Untersuchungen ließen ihn die Schränke hinter den Tapeten entdecken, in denen die Bibliothek und die Garderobe der Schlafröcke enthalten war. Die letzteren wanderten augenblicklich in den Kamin, die Bücher wurden dem Buchhändler übergeben. Der zitternde Flötenist blieb glücklicherweise unentdeckt; doch hütete er sich, solange seine Besuche heimlich fortgesetzt wurden, je wieder in einem rothen Rocke zu erscheinen.

Andere Dinge waren vielleicht noch in größerem Maße, wenn der König von ihnen Kunde erhielt, Schuld an seiner Erbitterung gegen den Kronprinzen. Der Besuch in Dresden war für Friedrich's Herz von schlimmen Folgen gewesen. Die Bilder, die dort vor seinem Auge vorübergezogen waren, die Genüsse, die er gekostet hatte, ließen ihm fortan keine Rast, und seine erwachte Natur forderte mit Ungestüm ihr Recht. Für einen Königssohn, mag er auch noch so eng bewacht sein, sind die Bande der Sitte immer leicht zu überspringen, wenn keine abmahnende Stimme des Innern ihn zurückhält; hülfreiche Hände sind für den Hochstehenden nur zu häufig bereit. Einen Vertrauten gewann sich der Kronprinz zunächst an dem Lieutenant von Keith, einem Leibpagen des Königs, dessen sanfter, theilnehmender Charakter die bedrückten Verhältnisse des Prinzen mit Kümmerniß ansah und der seine Stellung gern dazu benutzte, jenen so oft als möglich von dem Vorhaben und den Stimmungen des Königs zu unterrichten, wodurch denn mancher unangenehmen Scene vorgebeugt ward. Keith leistete auch bei den verliebten Abenteuern des Kronprinzen getreue Pagendienste. Das unregelmäßige Leben des letzteren noch mehr zu begünstigen, fügte es sich um eben diese Zeit, daß seine Hofmeister ihres bisherigen Dienstes entlassen wurden. Dies geschah auf den Rath des Generals Grumbkow, dessen österreichischen Interessen der Oberhofmeister, Graf Finkenstein, den die Königin zu jener Stelle erwählt hatte, im Wege stehen mochte; er bedeutete den König, daß der Prinz nunmehr in das Alter getreten sei, in welchem sich eine Ueberwachung solcher Art nicht mehr zieme. An die Stelle der Hofmeister traten nun zwei Gesellschafter, die aber keine nähere Aufsicht zu führen hatten: der Oberst von Rochow und der Lieutenant Freiherr von Keyserling. Letzterer, ein junger Mann von lebhaftem Geiste, anmuthiger Bildung und der heitersten Gemüthsart, wurde nachmals der innigste Freund des Kronprinzen; auch schon jetzt entwickelte sich ein näheres Verhältniß, doch wurde Keyserling nicht eigentlicher Vertrauter, wie es Keith war.

Das stete Zusammenhalten des Kronprinzen mit Keith war dem Könige aufgefallen und von ihm nicht mit günstigen Augen angesehen; Keith wurde nach einiger Zeit nach dem fernen Wesel in ein Regiment versetzt. Doch nützte diese Trennung wenig. Der Kronprinz fand bald einen zweiten Liebling an dem Lieutenant von Katte, der für ihn ungleich gefährlicher war als jener. Katte wußte ebenfalls durch seine Bildung und Anmuth des Gesprächs einzunehmen, obgleich sein Aeußeres wenig anziehend war und die zusammengewachsenen dunkeln Augenbrauen seiner

Physiognomie einen unheilverkündenden Ausdruck gaben. Dabei war er von verdorbenen Sitten und nur zu geeignet, den Kronprinzen in seinen Ausschweifungen zu bestärken; auch wußte er mit klügelnder Philosophie eine solche Lebensweise zu beschönigen, indem er sich aus halbverstandener Kathederlehre ein System der Vorherbestimmung zusammengesetzt hatte, demzufolge der Mensch sich ohne eigenen Willen, somit ohne Schuld, der über ihn verhängten Sünde zu ergeben habe. An dem Kronprinzen fand er für derartige Lehren einen theilnehmenden Schüler. Endlich besaß Katte nicht einmal die für eine so gefährliche Stellung nöthige Besonnenheit; er prahlte gern mit der Gunst, welche ihm der Kronprinz erwies; er zeigte überall dessen Briefe vor, und gar Manches hiervon mag dem Könige ohne sonderliche Schonung hinterbracht worden sein.

Schon suchte der König absichtlich die Gelegenheit auf, um den Kronprinzen empfindlich zu kränken. An schimpflichen Reden und an schimpflicher Behandlung fehlte es nicht. Der Kronprinz mußte eine Zeit lang Fähnrichsdienste thun. In öffentlicher Gesellschaft mußte er wiederholt von dem Könige die verächtlichen Worte hören, daß, wenn ihn, den König, sein Vater auf ähnliche Weise behandelt hätte, er tausendmal davongelaufen wäre; aber dazu gehöre mehr Muth, als der Kronprinz besitze. Wo der König ihm begegnete, drohte er ihm mit aufgehobenem Stocke, und schon versicherte der Kronprinz seiner älteren Schwester, daß er ein Mehreres, als bisher geschehen sei, mit der schuldigen Ehrerbietung nicht werde ertragen können; komme es je zu körperlicher Mißhandlung, so werde er in der That sein Heil in der Flucht suchen. Mehrfach und dringend verlangte der König, der Kronprinz solle dem Thronrechte entsagen, damit dasselbe auf den zehn Jahre jüngeren Sohn, August Wilhelm, der sich durchaus fügsam gegen den Vater bewies und von diesem bei jeder Gelegenheit vorgezogen wurde, übergehen könne. Aber der Kronprinz erwiderte, er wolle sich eher den Kopf abschlagen lassen, als sein gutes Recht aufgeben; endlich erklärte er sich dazu unter der Bedingung bereit, daß der König in einem öffentlichen Manifest als Ursache seiner Ausschließung von der Thronfolge bekannt mache, er sei von ihm kein leiblicher und ehelicher Sohn. Auf solche Bedingung konnte freilich der Vater seiner Gesinnung gemäß nicht eingehen.

Zu alle Dem kam endlich der Umstand, daß die Beschäftigungen und Vergnügungen, welche der Kronprinz hinter dem Rücken des Vaters trieb, ohne mehr oder weniger bedeutende Geldmittel nicht ausführbar waren. Zwar war die sogenannte kronprinzliche Kasse sehr vermögend, doch nützte ihm dies zu nichts, da er selbst nur über sehr geringe Summen zu verfügen hatte. Er sah sich also genöthigt, bei fremden Leuten Geld aufzunehmen. Der Vater erfuhr, daß er von Berliner Kaufleuten eine Summe von 7000 Thalern entliehen habe; und sogleich erschien, im Januar 1730, ein geschärftes Edict wider das Geldleihen an Minderjährige, worin es namentlich auch verboten wurde, dem Kronprinzen sowie den sämmtlichen Prinzen des königlichen Hauses Geld zu borgen, und worin gegen die Uebertreter des Gesetzes Karrenstrafe, selbst Todesstrafe verhängt wurde. Der König hatte die 7000 Thaler bezahlt und der Kronprinz auf weiteres Befragen noch eine geringe Summe genannt, als welche er außerdem schuldig sei; aber die Gesammtmasse seiner Schulden überstieg das Doppelte jener großen Summe.

Das Schuldenmachen war es ohne Zweifel, was den Charakter des Königs am empfindlichsten berührte; wenigstens hat er später, als der Gewitterstrahl auf das Haupt des Kronprinzen herabgefallen war und dem letzteren seine Vergehungen vorgehalten wurden, gerade diesen Punkt unter allem bisher Geschehenen als den bedeutendsten hervorgehoben. So konnte ihn sein aufbrausender Jähzorn, der ihm öfters alle Besinnung zu rauben schien, zu Scenen verleiten wie die, von der wir jetzt Bericht geben müssen. Wir können das Bild dieser Scene nicht übergehen, da es zum Verständniß alles Dessen, was nun erfolgte, wesentlich nöthig ist, und da man nur, wenn man auf dasselbe zurückblickt, die Größe der später eintretenden Versöhnung zu würdigen vermag. Wir geben die Scene mit den Worten, mit denen sie von Friedrich's älterer Schwester in den Memoiren ihres Lebens, aus denen wir schon so manchen bedeutsamen Zug aus Friedrich's Jugend entnommen haben, selbst erzählt wird, oder vielmehr mit Friedrich's eigenen Worten, welche die Schwester in ihren Memoiren anführt. „Man predigt mir alle Tage Geduld (so sagte Friedrich zur Schwester, als er sie einst heimlich besuchte), allein Niemand weiß, was ich ertragen muß. Täglich bekomme ich Schläge, werde behandelt wie ein Sklave und habe nicht die mindeste Erholung. Man verbietet mir das Lesen, die Musik, die Wissenschaften, ich darf fast mit Niemand mehr sprechen, bin beständig in Lebensgefahr, von lauter Aufpassern umgeben, mir fehlt es selbst an der nöthigen Kleidung, noch mehr an jedem andern Bedürfniß, und was mich endlich ganz überwältigt hat, ist der letzte Auftritt, den ich in Potsdam mit dem Könige hatte. Er läßt mich des Morgens rufen; sowie ich eintrete, faßt er mich bei den Haaren, wirft mich zu Boden, und nachdem er seine starken Fäuste auf meiner Brust und meinem ganzen Leibe erprobt hatte, schleppt er mich an das Fenster und legt mir den Vorhangstrang um den Hals. Glücklicherweise hatte ich Zeit gehabt, mich aufzuraffen und seine beiden Hände zu fassen; da er aber den Vorhangstrang aus allen Kräften zuzog und ich mich erdrosseln fühlte, rief ich endlich um Hülfe. Ein Kammerdiener eilte herbei und befreite mich mit Gewalt aus des Königs Händen. Sage nun selbst, ob mir ein anderes Mittel übrig bleibt als die Flucht? Katte und Keith sind bereit, mir bis ans Ende der Welt zu folgen; ich habe Pässe und Wechsel und habe Alles so gut eingerichtet, daß ich nicht die geringste Gefahr laufe. Ich entfliehe

nach England; dort empfängt man mich mit offenen Armen und ich habe von des Königs Zorn nichts mehr zu fürchten. Der Königin vertraue ich von allem Diesem nichts, — — weil sie, wenn der Fall eintritt, im Stande sein soll, einen Schwur abzulegen, daß sie nichts von der Sache gewußt hat. Sobald der König wieder eine Reise außer seinen Staaten macht — denn das gibt mir viel mehr Sicherheit — ist

Alles zur Ausführung bereit.“ — Die Prinzessin wandte Alles an, um ihrem Bruder das gewagte Vorhaben auszureden; aber erneute Mißhandlungen dienten nur, ihn darin zu bestärken.

Eine günstige Gelegenheit zur Ausführung dieses Vorhabens schien sich bald darzubieten, indem der König im Mai 1730 mit seinen sämmtlichen Prinzen und einer großen Menge der angesehensten Offiziere nach Sachsen ging, um an dem glänzenden Lustlager, welches König August zu Mühlberg veranstaltet hatte, Theil zu nehmen. Das phantastische Schaugepränge, mit welchem der preußische Hof hier aufgenommen wurde, übertünchte nur schlecht den drohenden Zwiespalt zwischen Vater und Sohn; auch wurde die aufgeregte Stimmung des Königs nur vermehrt, als er, nicht ohne guten Grund, wahrzunehmen glaubte, daß alle diese prunkvollen Freundschaftsbezeugungen von Seiten des polnischen Königs nur leerer Schein waren, daß König August ihn hierdurch nur sicher zu machen suchte, während er selbst insgeheim die eifrigsten Ansprüche auf jene jülich-bergische Erbfolge geltend machte. Der Kronprinz Friedrich ließ indeß den Kabinetsminister des Königs von Polen durch den Lieutenant Katte um Postpferde für zwei Offiziere bitten, welche incognito nach Leipzig zu reisen wünschten. Der Minister aber schöpfte Verdacht, theilte das Anliegen seinem Könige mit, und August, dem für jetzt das äußere gute Verhalten mit dem preußischen Könige sehr wichtig war, drang dem Kronprinzen das Versprechen ab, seinen Vater wenigstens während des Aufenthalts in Sachsen nicht zu verlassen. So war Friedrich vor der Hand zur Ruhe genöthigt, und seine Ungeduld mußte eine bessere Gelegenheit zu erhaschen suchen. Aber schon war für ihn bei längerer Zögerung größere Gefahr im Anzuge; denn unbedacht hatte er manch ein Wort über sein Vorhaben fallen lassen, und der König war gewarnt. Durch erneute Härte der Behandlung, selbst im sächsischen Lager, suchte dieser den Sinn des Kronprinzen zu beugen; natürlich aber brachte ein solches Verfahren nur die entgegengesetzte Wirkung hervor.

Inzwischen schien sich ganz plötzlich von einer andern Seite die günstigste Aussicht zur Umgestaltung von Friedrich's peinlicher Lage zu eröffnen. Es ist bereits erwähnt worden, daß die kriegerischen Verhältnisse, in denen Friedrich Wilhelm gegen England gestanden hatte, im Anfange dieses Jahres beigelegt waren. Der englische Hof meinte diesmal die Versöhnung so aufrichtig, daß ein außerordentlicher Gesandter nach Berlin geschickt wurde, jene Doppelheirath aufs Neue zu beantragen und, wenn möglich, zum festen Abschlusse zu bringen. Aber man wollte sich zugleich der wirklichen Freundschaft des Königs versichern und ihn aus den Intriguen der österreichischen Partei befreit wissen; man verlangte zu dem Ende Grumbkow's Entfernung vom Hofe, indem man durch vollgültige Zeugnisse die verrätherische Verbindung desselben mit dem österreichischen Hofe darzuthun im Stande war. Bei so dringender Gefahr wandte die österreichische Partei Alles an, um den König in seiner bisherigen Gesinnung festzuhalten, und es gelang nur zu gut. Der König vergaß sich persönlich gegen den englischen Gesandten, und dieser fand es mit seiner Würde unverträglich, die Unterhandlungen fortzusetzen. So erlosch dieser kurze Hoffnungsschimmer so schnell, wie er aufgetaucht war; dem Könige war neuer Anlaß zum Groll gegeben, und der Kronprinz sah keinen andern Ausweg aus diesem Labyrinthe vor sich als beschleunigte Flucht.

Sechstes Kapitel.

Versuch zur Flucht.

Nach wenigen Wochen bereits fand sich eine Gelegenheit, welche die Flucht des Kronprinzen besser zu begünstigen schien als der Besuch im sächsischen Lager. Der König unternahm eine Reise nach dem südlichen Deutschland, auf welcher ihn Friedrich begleiten mußte. Er hatte, bei seinem Verdachte gegen den Kronprinzen, längere Zeit geschwankt, ob es besser sei, ihn mitzunehmen oder zu Hause zu lassen; er hatte sich für das Erste entschieden, weil er ihn unter seinen Augen besser beaufsichtigt glaubte; auch hatte er, um ganz sicher zu gehen, dreien der höheren Offiziere, welche ihn begleiteten, den Befehl gegeben, die Aufsicht zu theilen, so daß stets einer im Wagen des Kronprinzen neben diesem sitzen mußte. Friedrich hatte indeß im Einverständniß mit Katte — obgleich von ihm zu Anfange mehrfach abgemahnt — seine Maßregeln genommen. Schon aus dem sächsischen Lager hatte er an den König von England geschrieben und diesen gebeten, ihm an seinem Hofe Schutz zu gewähren. Doch von dort war eine sehr ernstlich abrathende Antwort erfolgt. Nichtsdestoweniger blieb der Kronprinz bei dem Plane, über Frankreich nach England zu gehen. Katte sollte, sobald der Prinz ihm von seiner Entweichung Nachricht gegeben haben würde, voraus nach England flüchten und dort für seine Wünsche unterhandeln; er sollte zu dem Zwecke sich Urlaub unter dem Vorwande verschaffen, daß er auf Werbung gehen wolle. Zugleich waren ihm die Gelder, die Kleinodien, die Papiere des Kronprinzen anvertraut. Außer Katte war auch Keith in Wesel von dem Vorhaben des Kronprinzen unterrichtet worden, um dasselbe durch seine Theilnahme zu begünstigen.

Am 15. Juli 1730 war die Reisegesellschaft von Berlin aufgebrochen und dann über Leipzig nach Anspach gegangen, zum Besuch der zweiten Tochter des Königs, die im vorigen Jahre mit dem jungen Markgrafen von Anspach vermählt worden war. Schon hier suchte Friedrich Gelegenheit, zu entkommen; wiederholt und dringend bat er seinen Schwager, ihm eins seiner besten Pferde, angeblich zu einem Spazierritte, anzuvertrauen; aber vorsichtig wich dieser der Bitte aus, denn schon war das Gerücht von Friedrich's Vorhaben von Berlin nach Anspach gedrungen, indem Katte selbst in diesen Augenblicken es nicht über sich gewinnen konnte, seiner prahlenden Schwatzhaftigkeit Zügel anzulegen. In Anspach erhielt Friedrich einen Brief von Katte, worin dieser ihm meldete, daß er noch immer nicht den nachgesuchten Urlaub habe erhalten können; er bat ihn, seine Entweichung bis zur Ankunft in Wesel zu verschieben, von wo er ohnedies am schnellsten, über Holland, nach England würde entkommen können. Friedrich antwortete, daß er so lange nicht mehr warten könne; er sei entschlossen, in Gemäßheit des von dem Könige vorgeschriebenen Reiseplans, schon in Sinzheim, auf der Straße zwischen Heilbronn und Heidelberg, das Gefolge des Königs zu verlassen; Katte werde ihn unter dem Namen eines Grafen von Alberville im Haag treffen. Zugleich versicherte er nochmals, daß die Flucht gar nicht fehlschlagen könne und daß, wenn man ihm nachsetze, die Klöster auf dem Wege als sichere Zufluchtsörter zu betrachten seien. In der Hast aber, mit welcher Friedrich diesen Brief schrieb, vergaß er, ihn nach Berlin zu adressiren; er hatte nur darauf gesetzt: „über Nürnberg", und so ging der unselige Brief nach Erlangen, zu einem Vetter Katte's, welcher daselbst auf Werbung stand.

Von Anspach ging die Reise des Königs über Augsburg nach Ludwigsburg, wo man den Herzog von Württemberg besuchte. Von da wurde der Weg nach Mannheim eingeschlagen. Auf diesem Wege hatte man jenes von Friedrich genannte Sinzheim zu berühren. Der Zufall wollte, daß das Nachtquartier nicht an diesem Orte, sondern ein paar Stunden vor demselben, in dem Dorfe Steinfurth, genommen wurde. Hier übernachtete man in verschiedenen Scheunen, indem der König in solchen Fällen, nach weichlicher Bequemlichkeit wenig lüstern, einen luftigen Aufenthalt der Art der beklemmenden Schwüle der Wirthshausstuben vorzuziehen pflegte. Der Kronprinz, der mit dem Obersten Rochow und seinem Kammerdiener gemeinschaftlich eine Scheune zum Nachtlager erhielt, machte schnell seinen Plan, der Gelegenheit gemäß. Er benutzte die gutmüthige Leichtgläubigkeit eines königlichen Pagen — es war ein Bruder seines Freundes Keith, — indem er ihm vertraute, er habe ein verliebtes Abenteuer unfern des Ortes, wozu er ihn des andern Tages früh um vier Uhr wecken und ihm Pferde verschaffen möge. Das Letztere war leicht zu bewerkstelligen, da gerade an dem Orte Pferdemarkt war. Der Page war gern dazu bereit; anstatt aber den Prinzen zu wecken, verfehlte er das Bett und weckte den Kammerdiener. Dieser hatte die Geistesgegenwart, sich anzustellen, als ob er darin wenig Verdächtiges finde; er blieb ruhig liegen, um das Weitere abzuwarten. Er sah, wie nun der Kronprinz aufsprang und sich schnell ankleidete, aber nicht die Uniform, sondern ein französisches Kleid und einen rothen Ueberrock, den er sich heimlich auf der Reise hatte machen lassen, anlegte. Kaum hatte der Kronprinz die Scheune verlassen, so benachrichtigte der Kammerdiener den Obersten Rochow von Dem, was vorgegangen; dieser weckte eilig drei andere Offiziere aus des Königs Gefolge, und man machte sich, nichts Gutes ahnend, auf den Weg, den Kronprinzen zu suchen. Nach kurzer Zeit fanden ihn die Offiziere auf dem Pferdemarkte,

an einen Wagen gelehnt und nach dem Pagen ausschauend. Seine französische Kleidung vermehrte ihren Verdacht, doch fragten sie ihn mit schuldiger Ehrerbietung, weshalb er sich so früh aufgemacht. Der Kronprinz war über die unwillkommene Dazwischenkunft von Wuth und Verzweiflung erfüllt; er wäre des Aeußersten fähig gewesen, hätte er Waffen bei sich gehabt. Er gab ihnen eine kurze und rauhe Antwort. Rochow bemerkte, der König sei bereits aufgewacht und werde in einer halben Stunde weiter reisen; er möge aufs Schleunigste seine Kleidung verändern, damit sie dem Könige nicht zu Gesicht komme. Der Kronprinz verweigerte es und sagte, er wolle spazieren gehen; er werde zu rechter Zeit zur Abreise bereit sein. Indeß kam der Page mit den Pferden. Der Kronprinz wollte sich rasch auf das eine derselben werfen; aber die Offiziere ließen ihn nicht dazu kommen und zwangen ihn, der sich wie ein Verzweifelter wehrte, mit ihnen zur Scheune zurückzukehren und die Uniform wieder anzulegen.

Der König war von diesem Vorgange benachrichtigt worden; doch ließ er sich gegen den Kronprinzen nichts merken, indem ihm daran lag, vorerst noch bestimmtere Beweise von seinem Plane zu erhalten. Nur als die Reisegesellschaft an einem der folgenden Tage, nachdem man bereits Mannheim hinter sich hatte, in Darmstadt ankam, sagte er ihm spottender Weise, wie er sich wundere, ihn hier zu sehen, er habe ihn inzwischen schon in Paris vermuthet. Der Kronprinz erwiderte trotzig: daß, wenn er es nur gewollt, er Frankreich schon dürfte erreicht haben.

Aber schon war das Unheil näher, als er glauben mochte. Man war so eben in Frankfurt angekommen, von wo die Reise zu Wasser den Main und den Rhein abwärts bis Wesel fortgesetzt werden sollte, als der König von Katte's Vetter aus Erlangen eine Staffette erhielt, durch welche dieser jenen Brief des Kronprinzen übersandte, dessen bedrohlichen Inhalt er nicht unterschlagen zu dürfen glaubte. Der König befahl, den Kronprinzen unverzüglich auf einer der bestellten Jachten in festen Gewahrsam zu nehmen. Erst am folgenden Tage betrat er selbst das Schiff; kaum erblickte er den Kronprinzen, so übermannte ihn sein mühsam zurückgehaltener Jähzorn; er fiel über ihn her und schlug ihm mit seinem Stocke das Gesicht blutig. Mit verbissenem Schmerze rief der Kronprinz aus: „Nie hat ein brandenburgisches Gesicht solche Schmach erlitten!" Die anwesenden Offiziere entrissen ihn den Händen des Königs und brachten es durch dringendes Bitten dahin, daß der Kronprinz die Reise auf einem zweiten Schiffe machen durfte. Dieser wurde nun wie ein Staatsgefangener behandelt; Degen und Papiere wurden ihm abgefordert; doch hatte er glücklicherweise noch zuvor Gelegenheit gefunden, seine Briefe, die manch Einen bloßzustellen geeignet waren, durch seinen Kammerdiener verbrennen zu lassen.

Selten wohl ist eine Lustreise auf dem schönen Rheinstrome unter traurigeren Verhältnissen gemacht worden. Die Besuche bei den geistlichen Fürsten, welche abzustatten man nicht umhin konnte, wurden so viel wie möglich abgekürzt. Der Kronprinz war nicht um sich, sondern nur um das Schicksal der Freunde, die er mit ins Verderben gerissen, besorgt. Doch war er überzeugt, daß Katte, schon zur Flucht gerüstet, Geistesgegenwart genug haben würde, für seine Sicherheit zu sorgen. Keith empfing, ehe der König nach Wesel kam, einen mit Bleistift geschriebenen Zettel von des Kronprinzen Hand, mit den Worten: „Rette dich, Alles ist entdeckt." Er verlor die rechte Zeit nicht, setzte sich augenblicklich zu Pferde und erreichte im Gallopp die holländische Grenze. Selbst noch im Haag durch einen preußischen Offizier verfolgt, den der König zu seiner Verhaftnehmung nachsandte, entkam er glücklich auf einem Fischerboote nach England und ging von da nach Portugal, wo er Kriegsdienste nahm.

Nachdem man in Wesel angelangt war, wurde der Kronprinz gefangen gesetzt und sein Gemach durch Schildwachen mit bloßen Bajonetten verwahrt. Am folgenden Tage erhielt der Festungscommandant, Major von der Mosel, Befehl, den Prinzen vor den König zu führen. Sobald der Kronprinz zu dem Könige eintrat, fragte ihn dieser mit drohendem Tone, warum er habe desertiren wollen. „Weil Sie mich", antwortete der Prinz, „nicht wie Ihren Sohn, sondern wie einen Sklaven behandelt haben." — „Du bist ein ehrloser Deserteur", rief ihm der König entgegen, „der kein Herz und keine Ehre im Leibe hat!" — „Ich habe dessen so viel wie Sie", versetzte der Prinz, „und ich that nur, was Sie, wie Sie mir mehr als hundertmal gesagt haben, an meiner Stelle gethan haben würden!“ — Diese Worte erregten aufs Neue des Königs ganzen Ungestüm; er zog seinen Degen und würde den Prinzen durchbohrt haben, wäre ihm nicht der General Mosel in den Arm gefallen. Vor den Prinzen tretend rief dieser würdige Mann aus: „Tödten Sie mich, Sire, aber schonen Sie Ihres Sohnes!“ Die Kühnheit des Generals machte den König zaudern, und jener benutzte den Moment, den Prinzen hinauszuführen und in seinem Zimmer vorläufig in Sicherheit zu bringen. Die übrigen Generale vermochten es über den König, daß er sich entschloß, den Prinzen nicht mehr zu sehen und ihn der strengen Obhut einiger Offiziere, auf die er sich verlassen konnte, anzuvertrauen. Er selbst reiste einige Tage darauf nach Berlin ab.

Jene Offiziere hatten den Auftrag erhalten, mit dem Kronprinzen etwas später von Wesel aufzubrechen und ihn so schnell und so geheim als möglich nach Mittenwalde zu führen, wo er zunächst in Verwahrsam bleiben sollte. Es war ihnen verboten, auf der Reise das hannöversche Gebiet zu berühren, damit der Prinz nicht etwa durch englische Hülfe entführt werden möchte. Zugleich war ihnen anbefohlen, den Prinzen durchaus streng zu halten und ihn mit Niemand sprechen zu lassen. Doch fehlte wenig, daß der Kronprinz, trotz dieser Vorsicht, nicht schon in Wesel seiner Haft entkommen wäre. Er war im Volke, im Gegensatz gegen die bekannte Strenge des Königs, allgemein beliebt, und sein Unglück hatte einen förmlichen Enthusiasmus für ihn hervorgerufen. Manch Einer hätte sein Leben gewagt, um nur ihn in Freiheit zu wissen. Schon hatte er heimlich eine Strickleiter und das Kleid einer Bäuerin erhalten, schon war er in dieser Vermummung bei nächtlicher Weile aus dem Fenster gestiegen, als die Schildwache unter seinem Fenster, die er nicht bemerkt hatte, ihn anrief. Nun blieb ihm nichts übrig, als sich in sein Schicksal zu ergeben; willig ließ er sich am folgenden Tage von Wesel abführen. Auf der Reise selbst machte er keine weiteren Versuche zur Flucht, obschon der Landgraf von Hessen-Cassel und der Herzog von Sachsen-Gotha nicht abgeneigt gewesen wären, ihn vor dem Zorne des Vaters zu schützen, was er freilich vielleicht nicht wußte.

Siebentes Kapitel.

Das Gericht.

Katte war inzwischen auf keine Weise für seine Sicherheit besorgt gewesen. Schon verbreitete sich ein dumpfes Gerücht von der Verhaftung des Kronprinzen in Berlin. Von verschiedenen Seiten kamen ihm, dessen Verhältnisse zum Prinzen nur allzubekannt waren, warnende Stimmen zu Ohren; aber er wartete geduldig auf die Vollendung des schönen französischen Couriersattels, den er sich bestellt hatte, um in den verborgenen Behältnissen desselben Papiere, Geld und dergleichen um so sicherer mitnehmen zu können. Endlich erbat er sich, — es war am Abend vor der Nacht, in welcher sein Verhaftsbefehl ankam, — von einem Vorgesetzten die Erlaubniß, am nächsten Tage Berlin verlassen zu dürfen, angeblich, um einer Jagdpartie in der Nähe beiwohnen zu können. Man zögerte mit der Ausführung jenes Befehls, bis man ihn genügend entfernt glaubte; als man sich endlich in seine Wohnung verfügte, fand man ihn erst im Begriffe, das Pferd zu besteigen. Nun war sein Schicksal entschieden; er mußte sich gefangen geben. Eine versiegelte Kiste, welche die Papiere und Kleinodien des Kronprinzen enthielt, ließ er der Königin überbringen.

Gleichzeitig mit Katte's Verhaftsbefehl kam ein Schreiben des Königs an die Oberhofmeisterin der Königin, worin diese gebeten wurde, die letztere von der versuchten Desertion des Kronprinzen und von seiner Gefangennehmung zu benachrichtigen. Die Bestürzung in der königlichen Familie war groß; erhöht wurde sie durch den Empfang jener Kiste, die man nicht unterschlagen durfte, die aber sehr Bedrohliches, nicht nur für den Kronprinzen, sondern auch für die Königin selbst und

namentlich für die älteste Prinzessin, enthalten konnte. Man hatte ohne Wissen des Königs eine sehr ausgedehnte Correspondenz mit einander geführt, in welcher die Ausdrücke nicht immer mit genügender Ehrerbietung gegen den König abgewogen und namentlich auch die Angelegenheiten in Bezug auf England vielfach berührt waren. Endlich kam man zu dem Entschlusse, das Siegel abzunehmen, das Schloß der Kiste zu erbrechen, alle gefährlichen Schriften zu verbrennen und dafür eine bedeutende Anzahl neugeschriebener Briefe unschuldigen Inhalts mit verschiedenen älteren Daten hineinzulegen. Dann ward die Kiste wieder versiegelt, indem man ein dem vorigen ganz ähnliches Petschaft aufzufinden wußte.

Am 27. August kehrte der König nach Berlin zurück. Seine erste Frage war nach der Kiste. Als ihm dieselbe gebracht wurde, verlangte ihn mit solchem Ungestüm nach ihrem Inhalte, daß er sie, statt sie zuvor zu besichtigen, sogleich aufriß und die Briefe herausnahm. Er hatte den Verdacht, die beabsichtigte Flucht des Kronprinzen sei die Folge eines förmlichen Complotts gewesen, an dessen Spitze England gestanden habe und in welches seine Gemahlin und seine älteste Tochter mit verwickelt seien. Er vermuthete sogar, daß man hierbei mehr als nur jene alten Heirathspläne im Sinne gehabt. Daß er in der Kiste keine Zeugnisse fand, machte, statt ihn zu beruhigen, seinen Zorn nur um so heftiger; er argwöhnte, daß man ihm durch eine List zuvorgekommen sei. Sein ganzer Ingrimm wandte sich nun gegen seine Familie, und namentlich hatte die Prinzessin Wilhelmine aufs Schwerste zu leiden. Er schwur, daß er den Kronprinzen werde umbringen lassen und daß die Prinzessin das Schicksal ihres Bruders theilen werde. Nur die Oberhofmeisterin der Königin, Frau von Kamecke, wagte es, ihm mit heldenmüthiger Unerschrockenheit entgegenzutreten. Sie

folgte ihm in sein Zimmer und beschwor ihn, der Königin zu schonen und das Unternehmen des Kronprinzen nur als Das, was es sei, als einen Schritt jugendlicher Unbesonnenheit zu betrachten. „Bis jetzt,“ sagte sie zu ihm, „war es Ihr Stolz, ein gerechter und frommer König zu sein, und dafür segnete Sie Gott; nun wollen Sie ein Tyrann werden: — fürchten Sie sich vor Gottes Zorn! Opfern Sie Ihren Sohn

Ihrer Wuth, aber seien Sie auch dann der göttlichen Rache gewiß. Gedenken Sie Peter's des Großen und Philipp's des Zweiten: sie starben ohne Nachkommen und ihr Andenken ist den Menschen ein Gräuel!" Die Worte schienen Eindruck auf den König zu machen, aber nur auf kurze Zeit.

Inzwischen war, auf Befehl des Königs, Katte vor ihn geführt worden, um gerichtlich verhört zu werden. Die erste Begrüßung des Gefangenen bestand wiederum nur in wilder Mißhandlung. Katte beantwortete die ihm vorgelegten Fragen mit Standhaftigkeit; er erklärte, daß er allerdings an der Flucht des Kronprinzen habe Theil nehmen wollen, daß es die Absicht des letzteren gewesen sei, nach England zu gehen, um dort vor dem Zorne des Königs geschützt zu sein, daß er, Katte, den Zwischenträger zwischen dem Kronprinzen und der englischen Gesandtschaft gemacht habe, daß der Prinzessin Wilhelmine dieser Plan nicht mitgetheilt worden und daß von einem Unternehmen gegen die Person des Königs oder überhaupt gegen die Angelegenheiten desselben niemals die Rede gewesen sei. Im Uebrigen berief er sich auf die Papiere des Kronprinzen. Eine neue Durchsicht der letzteren ergab natürlich nichts, was zu weiterer Anschuldigung dienen konnte. Aber der Verdacht, daß die wichtigeren Papiere unterschlagen seien, blieb rege, und die Prinzessin wurde unausgesetzt mit Strenge behandelt. Nach beendigtem Verhör mußte Katte die Uniform ausziehen und ward in einem leinenen Kittel auf die Hauptwache geschickt. Gegen die übrigen Freunde des Kronprinzen und die sonst seinen Interessen günstig gewesen zu sein schienen, auch wenn bei ihnen gar keine Kenntniß seines letzten Vorhabens erweislich war, wurde nicht minder mit großer Strenge verfahren; so wurde z. B. sein ehemaliger Lehrer Duhan, der jetzt eine Rathsstelle bekleidete, nach Memel verwiesen. Die Bestürzung über alle diese Ereignisse war allgemein und Alles in banger Erwartung über die ferneren Schicksale des Kronprinzen.

Dieser war unterdessen in Mittenwalde eingetroffen. Hier wurde er am 2. September zuerst verhört. Man legte ihm die Aussagen Katte's vor und er erkannte dieselben an; auf alle weiteren Fragen gab er wenig genügende Antwort. Dem General Grumbkow, der mit anwesend war und die stolze Zuversicht des Prinzen herabzustimmen suchte, sagte er, er glaube über Alles, was ihm noch begegnen könne, hinaus zu sein, und er hoffe, sein Muth werde größer sein als sein Unglück. Jener kündigte ihm hierauf an, er werde auf Befehl des Königs nach Cüstrin gebracht werden, indem diese Festung für jetzt zu seinem Aufenthaltsorte bestimmt sei. „Es sei", erwiderte der Kronprinz, „ich werde dahin gehen. Wenn ich aber nicht eher wieder von dort wegkommen soll, als bis ich mich aufs Bitten lege, so dürfte ich wohl ziemlich lange da bleiben."

Am folgenden Tage wurde der Kronprinz nach Cüstrin geführt. Er erhielt ein Gemach auf dem Schlosse, wo der dortige Kammerpräsident von Münchow ihm von seiner Wohnung ein Zimmer abtreten mußte. Hier wurde er, auf bestimmten Befehl des Königs, streng gehalten. Seine Kleidung bestand aus einem schlechten blauen Rocke ohne Stern. Im Zimmer standen nur hölzerne Schemel zum Sitzen. Die Speisen, die sehr einfach waren, wurden ihm geschnitten überbracht, weil den Gefangenen in der Zeit des engsten Arrests keine Messer und Gabeln zukamen. Dinte und Papier waren ihm nicht verstattet; auch wurde ihm seine Flöte abgefordert. Das Zimmer durfte er unter keiner Bedingung verlassen; die Thür war mit Wachen besetzt und durfte nur dreimal des Tages, in Gegenwart zweier Offiziere, zur Besorgung der Bedürfnisse des Gefangenen auf kurze Zeit geöffnet werden. Alle Morgen

hatten zwei Offiziere das Zimmer zu untersuchen, ob sich nicht etwa die Spur einer verdächtigen Unternehmung zeige. Jedem war streng verboten, mit dem Kronprinzen zu sprechen; Niemand durfte zu ihm gelassen werden.

Indeß fand sich doch Gelegenheit, einige dieser strengen Anordnungen zu umgehen. Der Kammerpräsident von Münchow, der das Schicksal des unglücklichen Königssohnes mit inniger Theilnahme empfand, ließ in der Decke des Gefängnisses ein Loch machen, so daß er Gelegenheit bekam, den Kronprinzen zu sprechen, ihm seine Dienste anzubieten und seine Wünsche zur Verbesserung seiner gegenwärtigen

Lage zu vernehmen. Der Kronprinz klagte über das armselige Essen und Speisegeräth und über den Mangel an geistiger Nahrung. Für Beides wußte der Präsident bald Rath. Sein jüngster Sohn, acht Jahr alt, wurde in die weiten Kinderkleider gesteckt, die schon seit Jahren abgelegt waren, und die tiefen Taschen derselben füllte man mit Obst, Delicatessen und Aehnlichem; dem Knaben verweigerte die Wache nicht den Eingang. Dann wurde ein neuer Leibstuhl mit verborgenen Fächern angeschafft, und

so kamen dem Kronprinzen nach und nach Messer und Gabeln, Schreibegeräth, Bücher, Briefe u. s. w. zu. Die diensthabenden Offiziere untersuchten das Zimmer nur, soweit ihre Ordre reichte.

Indeß war Friedrich noch keineswegs geneigt, es einzusehen, wie große Schuld er selbst ursprünglich an dem schlimmen Zwiespalte mit seinem Vater trug und wie es seine Pflicht sei, sich dem Willen des Vaters in kindlicher Demuth zu ergeben. Vielmehr behielt er noch immer gegen die Personen, die der König zu verschiedenen Malen zu ihm schickte, seine strenge Zurückgezogenheit bei. So namentlich gegen eine Deputation, die ihn in der Mitte Septembers aufs Neue zu verhören kam. Der General Grumbkow, der sich wieder bei derselben befand, scheute sich nicht, ihm zu sagen, daß, wenn er seinen Stolz nicht bei Seite setze, schon Mittel und Wege zu finden sein dürften, ihn zu demüthigen. „Ich weiß nicht", erwiderte ihm der Prinz mit vornehmem Tone, „was Sie gegen mich zu unternehmen gedenken: so viel aber weiß ich, daß Sie mich nie dahin bringen werden, vor Ihnen zu kriechen!" Die Deputirten legten ihm nun die in jener Kiste gefundenen Papiere vor, mit der Frage, ob er nichts unter denselben vermisse. Der Prinz untersuchte sie, und da er die wichtigsten nicht vorfand, so zweifelte er nicht daran, daß sie unterdrückt worden seien. Er versicherte also, es sei der gesammte Inhalt jener Kiste. Man verlangte von ihm einen Eid über diese Angabe; diesen wußte er unter dem Vorwande, daß ihn sein Gedächtniß möglicherweise betrügen könne, von sich abzulehnen. Die Comissarien waren nicht im Stande, anderweitige Bekenntnisse von ihm zu erlangen. Auch spätere

Verhöre gaben keinen besseren Erfolg. Man ließ ihn unter dem Versprechen, daß er auf die Thronfolge Verzicht leiste, Gnade hoffen, aber auch jetzt ging er hierauf nicht ein. Eben so wenig nützten die erneuten Verhöre Katte's, jener vermeintlichen Intrigue auf die Spur zu kommen. Der König hatte sogar die Absicht, Katte auf die Folter zu spannen, doch schützte diesen hiervor die Verwendung seiner Verwandten, die im Staate hohe Stellen bekleideten.

So hatte man keine weiteren Zeugnisse gegen den Kronprinzen und gegen Katte in Händen, als was sich durch ihre beabsichtigte Flucht selbst und durch die bisherigen Aussagen des letzteren ergab. Doch war auch dies dem Könige bereits genügend, um gegen die Verschuldeten mit allem Nachdruck eines strengen Gesetzes zu verfahren. Es wurde ein Kriegsgericht zusammenberufen, welches über sie nur in militairischer Rücksicht zu erkennen hatte: der Kronprinz namentlich sollte dabei nur als desertirter Militair betrachtet werden. Am 25. October trat dieses Gericht in Köpenick zusammen und kehrte am 1. November nach Berlin zurück. Trotz jener ausdrücklichen Bestimmung des Königs erfolgte indeß kein richterlicher Spruch über den Kronprinzen; das Kriegsgericht hatte sich in diesem Punkte für incompetent erklärt. Katte war, in Betracht, daß er sich nicht vom Regimente entfernt habe und seine bösen Pläne nicht zur Ausführung gekommen seien, zu Cassirung und mehrjähriger Festungsbaustrafe verurtheilt worden. Der König nahm die ganze Erklärung des Kriegsgerichts sehr ungnädig auf; er sah darin nur eine Bemühung, sich dem künftigen Herrn des Landes, den er einmal als seinen entschiedenen Feind betrachtete, gefällig zu erweisen. Sein Zorn konnte nicht ohne ein blutiges Opfer gestillt werden; und so erklärte er zunächst, aus eigener Machtvollkommenheit, das Vergehen Katte's als ein Verbrechen der beleidigten Majestät, da dieser als Offizier der Gardegendarmerie der Person des Königs unmittelbar verpflichtet gewesen sei und solche Verpflichtung durch einen Eid erhärtet, nichtsdestoweniger jedoch zur Desertion des Kronprinzen unerlaubte Verbindungen mit fremden Ministern und Gesandten, zum Nachtheil des Königs, angeknüpft habe. Für ein solches Verbrechen habe er verdient, mit glühenden Zangen gerissen und aufgehenkt zu werden; doch solle er, in Rücksicht auf seine Familie, nur durch das Schwert gerichtet werden. Man solle dem Katte, wenn ihm dieser Ausspruch eröffnet werde, sagen, daß es dem Könige leid thue: es sei aber besser, daß er sterbe, als daß die Gerechtigkeit aus der Welt gehe. Alle Bitten und Fürsprachen gegen dies strenge Urtheil waren umsonst; vergebens flehte Katte's Großvater, der alte verdiente General-Feldmarschall Graf von Wartensleben, mit rührenden Worten um Gnade, nur damit ihm Gelegenheit bleibe, das Herz seines Enkels zur Buße und zur Demuth zurückzuführen. Der Sinn des Königs blieb unerweicht und wiederholt berief er sich darauf, es sei besser, daß ein Schuldiger nach der Gerechtigkeit sterbe, als daß die Welt oder das Reich zu Grunde gehe.

Katte selbst vernahm sein Urtheil mit großer Standhaftigkeit. So leichtfertig er sich früher betragen hatte, so würdig erschien der zweiundzwanzigjährige Jüngling in den wenigen Tagen, die ihm jetzt noch zur Vorbereitung auf den Tod vergönnt waren. Der Gram, den er seinen Eltern und seinem Großvater durch das leichtsinnig heraufbeschworene Schicksal verursachen mußte, ergriff seine Seele mit Macht; die Briefe, mit denen er von ihnen Abschied nahm, waren von innigster Reue erfüllt. Demuthsvoll bekannte er, daß er in dieses Unglück gestürzt sei, weil er des Höchsten vergessen und nur nach irdischen Ehren gestrebt habe; daß er aber hierin nur die

Liebe des ewigen Vaters erkenne, die ihn durch den dunkeln Pfad zum Lichte geführt. Am 4. November wurde er nach Cüstrin abgeführt. Es geschah auf Befehl des Königs; denn dieser wollte auch das härteste Mittel nicht unversucht lassen, das Herz

des Kronprinzen zu erweichen. Unter den Augen des letzteren, so hatte es der König ausdrücklich angeordnet, sollte die Hinrichtung des Freundes stattfinden. Der Morgen des 6. Novembers war zur Hinrichtung bestimmt. Der Kronprinz wurde genöthigt, an das Fenster zu treten, und rief, als er den Freund inmitten des militairischen Zuges zwischen zwei Predigern erblickte, hinab: „Verzeihe mir, mein theurer Katte!“ — „Der Tod für einen so liebenswürdigen Prinzen ist süß!“ erwiderte jener. Dann schritt der Zug den Wall hinauf, und Katte empfing, von christlicher Tröstung gestärkt, den tödtlichen Streich. Die starke Natur des Kronprinzen erlag; Ohnmachten ergriffen ihn, und die Schale, die sein Herz umschlossen hielt, war gesprungen.

Aber noch schwebte das Schwert, welches Katte's Leben vernichtet, über dem Haupte des Kronprinzen; noch ließen die fortgesetzten Drohungen des Königs auch für den letzteren das Schlimmste befürchten. Dringender und vielseitiger erhob sich, bei dem ungeheuren Aufsehen, welches seine Gefangennehmung in der ganzen Welt gemacht hatte, die Fürsprache für ihn. Schon im September hatte der König durch seine Gesandten ein Rundschreiben an die auswärtigen Höfe geschickt, um sie im Allgemeinen von dem geschehenen Schritte zu benachrichtigen und ihnen anzuzeigen, daß ihnen später, nach dem Schlusse der Untersuchungen, eine ausführliche Erklärung gegeben werden sollte. Kurz darauf aber und zum Theil schon vor der Abfassung

jenes Rundschreibens erschienen Vorstellungen von verschiedenen Höfen, welche die Absicht hatten, den König zu einer milderen Ansicht der Sache zu stimmen. Zuletzt und mit besonderem Nachdrucke trat der österreichische Hof auf, der nun, da die Verbindung Preußens mit England einen augenscheinlichen Bruch erlitten hatte und vom Kronprinzen in dieser Beziehung wenig mehr zu befürchten schien, auch ihn wie den Vater durch das Gewicht seiner Vermittelung an seine Interessen zu knüpfen wünschte. Von größerer Bedeutung indeß war zunächst der Einspruch, den die würdigsten und vom Könige am meisten geschätzten Führer seines Heeres gegen das Bluturtheil, mit welchem dieser drohte, erhoben. Auf die Erklärung zwar, daß der König nicht befugt sei, den „Kurprinzen von Brandenburg" ohne förmlichen Proceß vor Kaiser und Reich am Leben zu bestrafen, erwiderte er, daß Kaiser und Reich ihn nicht abhalten dürften, gegen den „Kronprinzen von Preußen" in seinem souverainen Königreiche nach Belieben zu verfahren. Aber der Major von Buddenbrock entblößte vor dem Könige seine Brust und rief heldenmüthig aus: „Wenn Ew. Majestät Blut verlangen, so nehmen Sie meines; jenes bekommen Sie nicht, solange ich noch sprechen darf!"

War die Stimme der Politik nicht ganz zu überhören, war die Stimme der Ehre für den kriegerischen König ein hochachtbarer Klang, so trat doch noch ein Drittes hinzu, welches mit ungleich größerer Gewalt sein Herz zur Gnade stimmte. Es war das Wort eines geringen Dieners, aber es brachte die so lang ersehnte Kunde von der Sinnesänderung des Sohnes. Der Feldprediger Müller, der mit Katte von Berlin nach Cüstrin gegangen war und ihn zum Tode vorbereitet hatte, war zugleich durch den König beauftragt worden, nach Möglichkeit auch auf das Gemüth des Kronprinzen zu wirken und, wenn sich dieser zur Annahme seiner geistlichen Ermahnungen willfährig zeige, längere Zeit bei ihm zu bleiben. Der Kronprinz war nach jenem furchtbaren Schlage eines höheren Trostes nur zu sehr bedürftig. Der Feldprediger hatte ihm von Katte ein theures Vermächtniß überbracht, eine Reihe schriftlich abgefaßter Vorstellungen, welche dazu dienen sollten, den fürstlichen Freund auf den gleichen Weg des Heils zu führen, als durch welchen er mit dem Leben versöhnt gestorben war. Diese Vorstellungen bestanden besonders darin, daß Katte sein Unglück als eine verdiente Strafe Gottes betrachtete, daß er den Kronprinzen beschwor, auch er möge hierin die Hand Gottes erkennen und sich dem Willen seines Vaters unterwerfen, besonders aber möge er dem Glauben an eine willkürliche Vorherbestimmung des Schicksals entsagen. Dies Letztere war der wichtigste Punkt, und auch der König hatte bereits vor Allem darauf gedrungen, daß der Prediger diese Glaubensansicht des Kronprinzen mit allem Eifer bekämpfen möge. Denn der Prinz hatte sich, besonders durch Katte dazu verleitet, — wie dies bereits früher angedeutet wurde, — jener Prädestinationslehre ergeben, welche bekanntlich durch die Calvinisten mit einer trostlosen Strenge vertreten wurde, welche die einzelnen Menschen als von

Ewigkeit her zur Seligkeit oder zur Verdammniß bestimmt darstellte und welche somit in der Sünde keine Schuld des menschlichen Herzens anerkennen konnte. So hatte auch Friedrich Alles, was er bisher gethan, nur als die Fügung eines ihm fremden Schicksals betrachtet. Jetzt war sein Gemüth einer wärmeren Ansicht geöffnet; zwar stritt er noch längere Zeit mit eifrigen Gründen zur Vertheidigung seines alten Glaubens, aber endlich siegte die bibelfeste Beredtsamkeit des Predigers. Er fühlte sich überwunden und klagte, daß ihn jetzt seine Gedanken verließen. Nachdem er seine Kräfte wieder zusammengerafft, war seine erste Aeußerung, daß er also selbst Schuld sei nicht nur an seinem eigenen Unglücke, sondern auch an dem Tode seines Freundes. Der Prediger bejahte dies; er ließ ihn absichtlich die ganze Größe seiner Schuld ins Auge fassen, aber er verwies ihn zugleich an die göttliche Gnade, welche größer sei als alle Schuld. Aber nun meinte der Kronprinz, wenn Gott ihm auch vergeben werde, so habe er doch den König in einem Maße beleidigt, daß er von diesem keine Verzeihung hoffen könne, und gewiß sei der Prediger nur in der Absicht gesandt, auch ihn, wie Katte, zum Tode vorzubereiten. Es kostete jenem große Mühe, einen solchen Verdacht abzuwenden, und er war nur im Stande, dem Kronprinzen durch ein starkes Gebet, welches sie zusammen verrichteten, seine

Fassung wiederzugeben. Der Prinz bat den Prediger, er möge seine Wohnung auf dem Schlosse nehmen, damit er ihn möglichst viel bei sich sehen könne. Müller erhielt darauf ein Zimmer über dem des Prinzen, und dieser gab ihm, oft schon des Morgens früh um sechs Uhr, das Zeichen, daß er kommen möge. Einst hatte ihm der Prediger ein geistliches Buch mitgetheilt; als er es zurückempfing, fand er darin im Deckel einen Mann gezeichnet, der unter zwei gekreuzten Schwertern kniete, und darunter die Worte des Psalmes: „Herr, wenn ich nur dich habe, so frage ich nichts nach Himmel und Erde; wenn mir gleich Leib und Seele verschmachtet, so bist du doch, Gott, alle Zeit meines Herzens Trost und mein Theil.“

Der Prediger sandte in den ersten Tagen nach Katte's Hinrichtung täglichen Bericht an den König über die Sinnesänderung des Kronprinzen. Aber er fügte auch hinzu, daß der Prinz wegen seiner anhaltenden Traurigkeit in eine Gemüthskrankheit fallen dürfte, und er bat den König, dem Sohne das Wort der Gnade nicht mehr lange vorzuenthalten. Der König verlieh dem Prediger ein geneigtes Gehör. So durfte dieser denn schon am zehnten November dem Prinzen die Mittheilung machen, daß der König ihm zwar noch nicht gänzlich verzeihen könne, daß er aber des scharfen Arrests entlassen werden und sich nur innerhalb der Festungsmauern halten solle, und daß er fortan als Rath in der neumärkischen Kammer zu Cüstrin werde beschäftigt werden. Die Erscheinung der väterlichen Gnade erschütterte den Kronprinzen so, daß er an der Wahrheit der Nachricht zweifelte und die Thränen nicht zurückzuhalten vermochte; nur erst der Anblick des königlichen Handschreibens an den Prediger konnte ihn davon überzeugen. Zugleich aber hatte der König verlangt, der Kronprinz solle vor einer besonders dazu verordneten Deputation einen Eid ablegen, daß er seinem Willen und Befehle in Zukunft den strengsten Gehorsam leisten und Alles thun werde, was einem getreuen Diener, Unterthan und Sohne zukomme; er hatte ihn nachdrücklich auf die Bedeutung eines Eides aufmerksam machen lassen und hinzugefügt, daß, wenn er den Eid je brechen sollte, er sein Recht auf die Thronfolge, vielleicht auch das Leben verlieren würde. Der Kronprinz erklärte sich zu diesem Eide bereit, ließ aber den König ersuchen, ihm denselben zuvor zukommen zu lassen, damit er seinen Schwur vollkommen in Erwägung ziehen und mit wahrer Ueberzeugung aussprechen könne. Der König gewährte die Bitte.

Bis die Einrichtungen zur Aufnahme des Prinzen in das Kammercollegium und zu seiner künftigen Wohnung fertig waren, blieb er noch im Gefängnisse und fuhr mit dem Prediger in jenen erbaulichen Betrachtungen fort. Am 17. November kam endlich die vom Könige verordnete Deputation in Cüstrin an. Nachdem Friedrich vor derselben den Eidschwur abgelegt, erhielt er Degen und Orden zurück, ging zur Kirche und nahm das Abendmahl. Der Hofprediger hatte mit Beziehung auf das Schicksal seines hohen Zuhörers zum Texte der Predigt die Worte des Psalmes gewählt: „Ich muß das leiden, die rechte Hand des Höchsten kann Alles ändern." Dann schrieb Friedrich noch einen besondern Brief an den König, in welchem er seine Unterwerfung bekannte, noch einmal um Verzeihung bat und die Versicherung gab, daß es nicht die Beraubung der Freiheit, sondern die Aenderung seines eigenen Sinnes gewesen sei, was ihm die Ueberzeugung seines Fehltrittes gegeben habe. Noch aber hatte der König nur erst dem Sohne, nicht dem Oberstlieutenant Friedrich vergeben; eine Uniform durfte er noch nicht tragen, sondern nur ein einfaches bürgerliches Kleid, hellgrau, mit schmalen silbernen Treffen. Doch ließ er den König durch den Feldprediger Müller, der jetzt wieder nach Berlin zurückkehrte, bitten, er möge ihm zu dem Degen, den er ihm zurückgegeben, doch auch ein Porte d'épée verstatten. Als der König diese Bitte des Sohnes vernahm, rief er in freudigster Ueberraschung aus: „Ist denn Fritz auch ein Soldat? Nun, das ist ja gut!"

Achtes Kapitel.

Die Versöhnung.

Allgemein war die Freude, als die Begnadigung des Kronprinzen bekannt ward; die große Furcht, die man längere Zeit für sein Schicksal gehegt, hatte ihn dem Volke nur noch werther gemacht, als er es bereits früher war. Die österreichische Partei sorgte indeß nach Kräften dafür, dem kaiserlichen Hofe das Verdienst der Begnadigung zuzuschreiben. Auch wußte der kaiserliche Gesandte, Graf Seckendorf, den König ohne sonderliche Mühe dahin zu bewegen, daß er in seiner Antwort auf des Kaisers Verwendungsschreiben es geradezu aussprach, daß der Kronprinz seine Begnadigung nur dem Kaiser zu verdanken habe und daß er nur wünsche, der Kronprinz möge sich für eine so liebevolle Verwendung stets dankbar erweisen. Zugleich wurde Friedrich selbst zu einem Dankschreiben an den Kaiser veranlaßt, worin er dieselben Ansichten aussprechen mußte. Auch war es Seckendorf, auf dessen Rath der König dem Kronprinzen jenen Eid hatte abnehmen und die Beschäftigung desselben in Cüstrin für die nächste Zukunft bestimmen lassen. In dem öffentlichen Rundschreiben jedoch, welches der König den übrigen Höfen über die Begnadigung des Kronprinzen mittheilte, führte er als den Grund der letzteren nur die eigene königliche Gnade und väterliche Milde an.

Dem Kronprinzen war in Cüstrin ein eigenes Haus zur Wohnung eingerichtet, eine kleine Dienerschaft und ein freilich beschränktes Einkommen zugewiesen worden; mit letzterem mußte möglichst sparsam gewirthschaftet und regelmäßig Rechnung abgelegt werden. An den Sitzungen der neumärkischen Kammer, in welcher er am 21. November zum ersten Male erschien und durch ein Gratulationsgedicht von Seiten der Kammerkanzelei bewillkommnet wurde, nahm er als jüngster Kriegs- und Domainenrath Theil, ohne daß ihm jedoch bei den Abstimmungen ein Votum zukam. In den einzelnen Theilen seines neuen Berufes, in den Finanz- und Polizeiangelegenheiten, ebenso in der Landwirthschaft und Verwaltung der Domainen, erhielt er besonderen theoretischen Unterricht. Im Uebrigen blieb seine Lage noch sehr beschränkt; er durfte die Stadt nicht verlassen; Lectüre, namentlich französischer Bücher, und selbst musikalische Beschäftigung blieb ihm untersagt.

Doch war der Präsident von Münchow bemüht, ihm den Aufenthalt in Cüstrin möglichst angenehm zu machen; auch fehlte es nicht an anmuthigen geselligen Beziehungen, die dem Kronprinzen die ursprüngliche Heiterkeit und Unbefangenheit seines Gemüthes bald wiedergaben. So hatte unter Anderen die verwittwete Landräthin von Manteuffel, eine geborene von Münchow, durch geistreichen Verkehr seine Zuneigung erworben. Als sie, noch vor Ende des Jahres, im Begriff war, eine Reise auf ihre Güter zu machen, sandte er ihr, sein eigenes Loos schon parodirend, eine scherzhafte Kabinetsordre zu, in welcher er aufs Feierlichste gegen ihre beabsichtigte Desertion protestirte und einem so strafbaren Unternehmen sein allerhöchstes Mißfallen bezeugte. Das Verbot gegen die Lectüre hatte man schon in dem engen Gefängnisse zu umgehen gewußt. Noch weniger ernstlich scheint man dem Verbote in Bezug auf die Musik nachgekommen zu sein, indem Friedrich sich von dem Generalmajor von Schwerin den Hautboisten Fredersdorf, einen vorzüglichen Flötenbläser, zur Unterstützung in seinen musikalischen Beschäftigungen erbitten durfte. Er hatte diesen schon früher kennen gelernt, als er einst durch Frankfurt reiste und die Studenten ihm eine Abendmusik brachten, wobei Fredersdorf sich durch sein Flötenspiel auszeichnete. Später machte ihn Friedrich zu seinem geheimen Kämmerier, und Fredersdorf ist ihm bis an sein Ende werth geblieben.

Der Kronprinz hatte sich geschmeichelt, daß seine unbedingte und aufrichtig gemeinte Unterwerfung unter den Willen des Königs ihm auch in der That das Herz des Vaters zurückführen werde. Noch aber war der König keineswegs von allem

Mißtrauen gegen den Sohn befreit; noch argwöhnte er fort und fort, daß die nothgedrungene Unterwerfung desselben nur Verstellung und daß des Sohnes Herz zur Liebe gegen ihn nicht fähig sei. Als nun der Winter verging und der Prinz noch durch kein Zeichen unmittelbarer, persönlicher Theilnahme des Vaters erfreut war, als er jener Unterrichtsgegenstände, die ihm vorgetragen wurden, sich mit einer Gewandtheit des Geistes bemächtigt hatte, die seine Lehrer in Erstaunen setzte, und doch der Kreis seiner Wirksamkeit so beschränkt blieb wie bisher, da drohte ein neuer Unmuth in ihm Wurzel zu schlagen. Schon sann er auf neue Mittel, wie er sich — zwar nicht ohne Wissen und Theilnahme des Königs — aus seiner drückenden Lage befreien könne. Er glaubte, daß jene englische Heirath noch immer an dem Mißtrauen des Königs Schuld sei; er erklärte also in einer vertraulichen Mittheilung an den General Grumbkow, daß er den Gedanken daran vollständig aufgegeben habe, daß er vielmehr sich bereitwillig der Absicht des Königs fügen werde, wenn dieser, wie man sage, eine Vermählung zwischen ihm und der ältesten Tochter des Kaisers zu Stande zu bringen gedenke. Er bemühte sich, die leichte Ausführbarkeit eines solchen Plans zu entwickeln, vorausgesetzt, daß er nicht seine Religion zu verändern brauche, und er erklärte sich hierbei auch zu der Bedingung bereit, das Recht auf die preußische Thronfolge seinem Bruder zu überlassen, indem die österreichischen Besitzungen, in Ermangelung männlicher Erben, auf die älteste Tochter des Kaisers übergehen mußten. Grumbkow vermuthete indeß, daß der Kronprinz diesen Plan nur entworfen habe, um dadurch überhaupt von den Gesinnungen des Königs unterrichtet zu werden; er entwickelte dem Prinzen die ganze Unausführbarkeit, und von der Sache wurde nicht weiter gesprochen.

Doch ließ es sich Grumbkow, im Interesse der österreichischen Partei, angelegen sein, eine wirkliche Versöhnung zwischen Vater und Sohn herbeizuführen. Der erste nähere Beweis der väterlichen Gnade war die Uebersendung geistlicher Bücher und eines ermahnenden Briefs, die im Mai erfolgte. Aber es währte noch ein paar Monate, ehe der König sich entschließen konnte, den Kronprinzen wiederzusehen. Endlich, am 15. August 1731, kam er bei Gelegenheit einer Reise zum Besuche nach Cüstrin. Er trat im Gouvernementshause ab und ließ den Kronprinzen aus seiner Wohnung zu sich berufen. Das Aeußere des Sohnes hatte sich in dem verflossenen Jahre so verändert, daß schon der bloße Anblick dem Könige günstige Gesinnungen einflößen mußte; die französische Leichtfertigkeit seines Benehmens war verschwunden und männlicher Ernst an deren Stelle getreten. Sowie der König den Kronprinzen erblickte, fiel ihm dieser zu Füßen. Der König ließ ihn aufstehen und stellte ihm nun in einer nachdrücklichen Rede noch einmal seine Vergehungen vor; er sagte ihm, wie ihn nichts so empfindlich berührt habe, als daß der Kronprinz kein Vertrauen zu ihm gehabt, da doch Alles, was er zum Besten seines Hauses und seines Staates gethan, nur für ihn geschehen sei; er habe nichts als die Freundschaft des

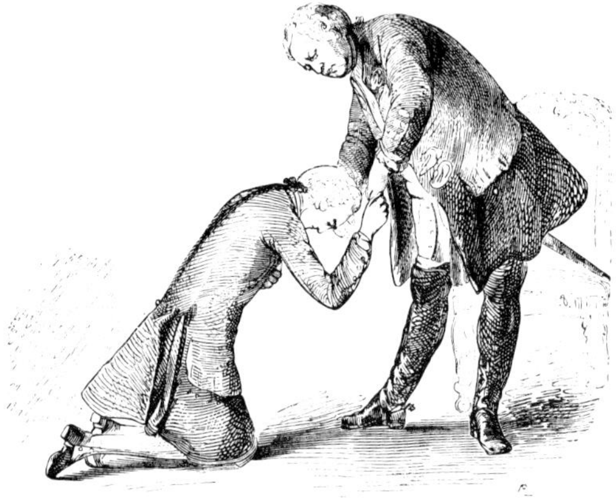

Kronprinzen gewünscht. Der letztere benahm sich bei dieser Rede und bei den Fragen, welche der König über die Geschichte seiner Flucht that und welche er mit Aufrichtigkeit beantwortete, so zur Zufriedenheit des Vaters, daß ihm dieser alles Geschehene liebevoll vergab. Als der König endlich im Begriff war, die Reise fortzusetzen, und der Kronprinz ihn an den Wagen begleitete, umarmte er ihn vor allem Volke und versicherte ihm, daß er jetzt nicht mehr an seiner Treue zweifle, vielmehr weiter für sein Bestes sorgen wolle. Friedrich war von lebhafter Freude bewegt, ebenso das ganze Volk, welches sich um das Gouvernementshaus versammelt und in banger Erwartung auf den Ausgang der Unterredung geharrt hatte.

Der nächste Erfolg dieser Versöhnung war der, daß der Kronprinz eine größere Freiheit erhielt, als ihm bisher gestattet war, obschon der König keineswegs die Absicht hatte, sofort Alles auf den alten Stand zu setzen. Vielmehr gedachte er, in weiser Rücksicht auf das wahre Wohl des Sohnes, diesen die Lehrzeit in Cüstrin möglichst gründlich vollenden zu lassen. Er mußte den Sitzungen der Kammer nach wie vor beiwohnen, doch so, daß er neben dem Präsidenten zu sitzen kam, mit diesem zugleich unterschrieb und in allen Angelegenheiten sein Votum mit abgab. Zugleich sollte er die königlichen Domainen in der Umgegend Cüstrins, in Gesellschaft eines erfahrenen Rathes, bereisen und sich praktisch in den Dingen üben, die er bisher nur theoretisch erlernt. Ebenso wurde für seine häusliche Bequemlichkeit gesorgt; er wurde mit reicher Garderobe versehen und erhielt eine Equipage zu seiner Verfügung.

Mit großem Eifer ergab sich der Kronprinz seinem erweiterten Berufe. Bei seinen Reisen nach den Aemtern ließ er es sich angelegen sein, sich über alle Einzelheiten der ökonomischen Verwaltung zu unterrichten; er gab dem Könige über Alles Rechenschaft und bemühte sich, Vorschläge zu Verbesserungen und zur Vermehrung des Ertrags, wie sie ihm zweckmäßig schienen, vorzulegen. So trug er z. B. darauf an, daß auf dem einen Amte eine wüste Stelle urbar gemacht und ein Vorwerk darauf angelegt werden möchte, worüber er den detaillirten Anschlag einsandte; daß auf einem anderen Amte die verfallenen Wirthschaftsgebäude in einer zweckmäßigeren Verbindung neu gebaut würden; daß auf einem dritten ein großer Bruch, der

zum Wildstande ungeeignet war, geräumt und für wirthschaftliche Benutzung gewonnen würde u. s. w. Der König ging mit lebhafter Freude auf solche Vorschläge ein, suchte den Kronprinzen auf alles Einzelne, was dabei zu berücksichtigen sei, aufmerksam zu machen und durch diese Theilnahme seinen Eifer rege zu erhalten. Er hatte die Genugthuung, daß bald auch von Seiten der Männer, denen er die Beaufsichtigung Friedrich's anbefohlen, die vortheilhaftesten Berichte über die erfolgreiche Thätigkeit desselben einliefen. Zugleich versäumte der Kronprinz nicht, sich in minder wichtigen Dingen den Wünschen des Königs zu bequemen. Ohne eigene Neigung zur Jagd berichtete er von dem Wildstande, den er in verschiedenen Gegenden vorgefunden, von den seltenen Thieren, die er bemerkt, von der Anzahl Sauen, die er selbst erlegt habe, u. s. w. Auch ließ er, gewiß nicht ohne Absicht, in seinen Briefen manche Bemerkungen über soldatische Angelegenheiten einfließen, denn immer noch entbehrte er des höchsten Beweises der väterlichen Verzeihung, der militairischen Uniform. Endlich fehlte es nicht an erfahrenen Freundesstimmen, die durch klugen Rath dahin einwirkten, daß der Kronprinz sein persönliches Betragen in der Gesellschaft, namentlich in seinem Verhältnisse zum Könige, immer mehr dem Wunsche und der Neigung des letzteren gemäß einrichtete. Unter diesen Rathgebern ist besonders Grumbkow, in dieser Beziehung nur ehrenvoll, zu erwähnen.

In Berlin, in der königlichen Familie selbst, hatten unterdeß die Verhältnisse ebenfalls eine Gestalt gewonnen, welche Beruhigung nach so vielen Kümmernissen erwarten ließ. Die Prinzessin Wilhelmine hatte sich, obgleich die Mutter noch immer, wenigstens in Bezug auf sie, die Verbindung mit England unterhielt, endlich entschlossen, einem der Prinzen, welche ihr vom Vater vorgeschlagen wurden, ihre Hand zu geben. Unter drei Freiwerbern wählte sie, weil ihr die beiden andern bekannt und widerwärtig waren, den einen, den sie nicht kannte, den Erbprinzen von Baireuth, und sie hatte sich in Wahrheit über das Loos, welches sie gezogen, nicht zu beklagen. Am 1. Juni war die Verlobung geschehen; die Vermählung erfolgte am 20. November desselben Jahres. Es ist zu bemerken, daß am Tage der Verlobung und am Tage der Vermählung, beide Male aber zu spät, ein englischer Courier in Berlin angekommen war, der dem Könige sehr annehmliche Anträge über eine Verbindung der Prinzessin Wilhelmine mit einem englischen Prinzen gebracht hatte. Daß der Courier beide Male zu spät kam, ließ an der Aufrichtigkeit Englands zweifeln.

Der König hatte seiner Tochter, zum Danke für ihr Eingehen in seine Wünsche, versprochen, daß die gänzliche Befreiung des Kronprinzen unmittelbar nach ihrer Hochzeit stattfinden solle. Der vierte Tag der Hochzeitsfeierlichkeiten wurde von dem Könige durch einen großen Ball in den Prunkzimmern des Schlosses gefeiert, und es wurde eben eine Menuett getanzt, als der Kronprinz eintrat. Nicht nur sein Benehmen, auch seine körperliche Erscheinung hatte sich in der langen Zeit seiner Abwesenheit geändert; er war größer und stärker geworden; in dem schlichten hechtgrauen Kleide, welches er auch jetzt noch trug, mischte er sich unbemerkt unter die Hofbedienten, die in der Nähe der Thür standen. Niemand außer dem Könige wußte um seine

Anwesenheit, und es währte geraume Zeit, ehe er erkannt wurde. Endlich ward die Königin, die beim Spiele saß, durch die Oberhofmeisterin von seiner Anwesenheit benachrichtigt; sie legte die Karten weg, ging ihm entgegen und schloß ihn in ihre

Arme. Die Prinzessin Wilhelmine war außer sich vor Freude, als sie durch Grumbkow, mit dem sie gerade im Tanze begriffen war, die Ankunft des Bruders vernahm; aber auch sie suchte lange mit den Augen, ehe sie ihn erkannte. Nachdem sie ihn mit der innigsten Zärtlichkeit bewillkommnet, warf sie sich dem Vater zu Füßen und drückte diesem die Gefühle ihrer Dankbarkeit so lebhaft aus, daß er den Thränen nicht zu widerstehen vermochte. Auffallend gegen solche Zärtlichkeit war das kühle Betragen des Bruders, so daß er selbst einer vorübergehenden Mißbilligung von Seiten des Königs nicht entging. Der Grund dieses Betragens lag eines Theils wohl darin, daß Friedrich, eben aus Rücksicht auf den Vater, den Entschluß gefaßt haben mochte, die Vertraulichkeit mit der Schwester, die früher zu so vielen Anschuldigungen Anlaß gegeben hatte, öffentlich nicht mehr in gleichem Maße fortzusetzen; sodann aber war er in der That inzwischen ein Anderer geworden, und seine Gedanken waren nicht mehr, wie in den früheren Zusammenkünften mit der Schwester, allein auf Spiele und Scherze gerichtet. Die Prinzessin empfand diese Entfremdung mit Kümmerniß, doch kehrte die alte Innigkeit zwischen Beiden bald zurück.

Einige Tage darauf erbaten die sämmtlichen höheren Offiziere, die in Berlin anwesend waren, unter Anführung des Fürsten von Dessau, die Wiederaufnahme des Kronprinzen in den Militairdienst. Am 30. November erhielt er die Uniform eines Infanterieregiments, zu dessen künftigem Befehlshaber er ernannt wurde. Für den Winter indeß mußte er die Uniform noch einmal mit seinem bürgerlichen Kleide vertauschen und in den Kreis seiner bisherigen Thätigkeit nach Cüstrin zurückkehren. Mit erneutem Eifer und zur stets wachsenden Zufriedenheit des Vaters ging er auf die ihm übertragenen Beschäftigungen ein. Die Inspectionsreisen wurden ausgedehnter, und vornehmlich waren es jetzt die in jener Gegend vorhandenen Glashütten und deren Betrieb, was ihm Gelegenheit zur Bereicherung seiner Kenntnisse darbot. Er benutzte dies sorgfältig und wußte den Ertrag, den die Glashütten brachten, ungleich vortheilhafter als bisher zu gestalten. Er entwarf auch einen Plan, wie diese Verbesserungen in der Verwaltung der Glashütten auf den sämmtlichen Domainen des Landes durchzuführen seien, und der König, dem jede Vermehrung des Einkommens sehr genehm war, befahl, daß nach dem Plane des Kronprinzen in allen Provinzen verfahren werden solle. Aber auch jetzt wurden die militairischen Angelegenheiten nicht versäumt; als besondere Gnade bat sich Friedrich vom Könige das Exercirreglement aus und suchte sich durch eifriges Studium desselben auch für den kriegerischen Dienst geschickt zu machen. Nachdem ein Fieber, welches den Kronprinzen gegen das Ende des Januar 1732 befiel, dem Könige noch besondere Gelegenheit gegeben hatte, durch sorgfältige Anordnungen für die Gesundheit des Sohnes seine zurückgekehrte väterliche Liebe zu bezeugen, wurde dieser endlich im Februar nach Berlin zurückgerufen, zum Obersten und Befehlshaber des von der Goltz'schen Regiments ernannt und ihm die Stadt Ruppin zu seinem Standquartiere angewiesen. Als Friedrich in Cüstrin von dem Präsidenten von Münchow Abschied nahm und dieser ihn bei der letzten vertraulichen Unterredung fragte, was wohl dereinst, nach seiner Thronbesteigung, Diejenigen von ihm zu erwarten haben würden, die sich in der Zeit des Zwiespalts mit dem Könige feindselig gegen ihn benommen hätten, erwiderte er: „Ich werde feurige Kohlen auf ihr Haupt sammeln!“

Neuntes Kapitel.

Die Vermählung.

Der Friede zwischen dem Könige und seinem Sohne war nunmehr geschlossen. Aber ebenso wie der Kronprinz war auch der Vater bemüht, die Gelegenheiten zu neuem Bruche zu vermeiden. Und weil er wohl erkannt hatte, daß die Natur dem Charakter seines Sohnes eine andere Richtung als dem seinigen gegeben, und daß es unmöglich sein würde, ihn ganz zu seinem Ebenbilde umzugestalten, so hielt er fortan eine Trennung des gewöhnlichen Aufenthalts, wie solche schon im verflossenen Jahre so vortheilhaft gewirkt hatte, für nothwendig. Dies war der Grund, weshalb dem Kronprinzen das neun Meilen entfernte Ruppin zum künftigen Wohnorte angewiesen war. Hier mußte ihm natürlich eine größere Freiheit in seinem Thun und Treiben verstattet sein, vorausgesetzt, daß er im Uebrigen die Anordnungen seines Vaters, namentlich seine Ausbildung für den Soldatendienst, die ihm jetzt als wichtigste Pflicht oblag, befolgte. Diese weise Maßregel bewährte sich in solchem Maße, daß von jetzt an das Vertrauen zwischen Sohn und Vater nur im Zunehmen begriffen blieb, und daß augenblickliche Mißverhältnisse, die allerdings bei so verschiedenen

Charakteren und bei der feststehenden Geistesrichtung des Königs nicht ganz ausbleiben konnten, doch ohne weitere Folgen vorübergingen.

Zunächst hatte freilich der Sohn, um seine vollkommene Unterwerfung unter den Willen des Vaters zu bezeugen, noch einen sehr schmerzlichen Kampf zu bestehen. Um einen der wichtigsten Anlässe zu weiterer Mißhelligkeit zu beseitigen, dachte der Vater sehr ernstlich auf die Verheirathung des Kronprinzen. Schon während sich der letztere in Cüstrin aufhielt, waren die ersten Einleitungen dazu getroffen. Die österreichische Partei, die den König noch immer ausschließlich beherrschte und die mit aller Macht den noch immer nicht ganz besiegten englischen Einflüssen entgegen zu arbeiten suchte, wußte es dahin zu bringen, daß eine Nichte der Kaiserin, Elisabeth Christine, eine Prinzessin von Braunschweig-Bevern, in Vorschlag gebracht wurde. Friedrich Wilhelm ging hierauf um so freudiger ein, als ihm der Vater der Prinzessin persönlich vor vielen Fürsten werth war. Der Kronprinz gab seine Zustimmung, aber mit Verzweiflung im Herzen. Man hatte ihm gesagt, die Prinzessin sei häßlich und sehr beschränkten Geistes; und er, in der ersten Blüthe der Jugend, aller Lust des Lebens um so eifriger zugethan, je entschlossener die seltene Gelegenheit erhascht werden mußte, sollte sich so früh durch ein Band fesseln lassen, das in zwiefacher Beziehung seinen Neigungen widersprach! Er suchte einen andern Ausweg. Die Prinzessin Katharine von Mecklenburg, Nichte der Kaiserin Anna von Rußland und von dieser an Kindesstatt angenommen, schien seinen Wünschen ein ungleich angemessenerer Gegenstand. Als er jedoch hierüber Mittheilungen machte und eine solche Wahl wiederum dem österreichischen Hofe sehr bedenklich erschien, so wurden die Anstrengungen von dieser Seite rücksichtlich der Prinzessin von Braunschweig verdoppelt und der Wille des Königs von Preußen unwiderruflich bestimmt.

Schon im März 1732, als der Herzog Franz Stephan von Lothringen, der künftige Schwiegersohn des Kaisers, einen Besuch am Hofe von Berlin abstattete, und zu den ehrenvollen Festlichkeiten, mit denen derselbe empfangen wurde, auch die braunschweigischen Herrschaften eingeladen waren, wurde die Verlobung des Kronprinzen mit der Prinzessin Elisabeth Christine gefeiert. Friedrich fand sich, zu seiner großen Beruhigung, durch die früheren Berichte über seine Braut getäuscht; denn sie war keineswegs häßlich, vielmehr von eigenthümlicher Anmuth in der äußeren Erscheinung, und die übergroße Schüchternheit ihres Benehmens, die sie als beschränkt erscheinen ließ, hoffte er später zu beseitigen. Doch war er klug genug, sich von dieser Veränderung seiner Gesinnungen nichts merken zu lassen, damit der Vater das Opfer, welches er ihm darbrachte, um so höher anschlagen möge. Oesterreichischer Seits that man Alles, um die Prinzessin bis zur Vermählung den Wünschen des Kronprinzen gemäß auszubilden; man sorgte für eine geschickte Hofmeisterin; man bemühte sich später sogar, einen ausgezeichneten Tanzmeister für sie zu werben, da der Kronprinz, der damals mit eben so großer Leidenschaft wie Anmuth tanzte, sich über ihren Tanz mißfällig geäußert hatte. Die Heirath war auf das nächste Jahr bestimmt; vom kaiserlichen Hofe suchte man dieselbe nach Möglichkeit zu beschleunigen, damit das bisher Gewonnene nicht wieder verloren gehe, welches Letztere der damals sehr schwankende Gesundheitszustand des Königs befürchten ließ.

Nach Beendigung der Festlichkeiten kehrte der Kronprinz nach Ruppin zurück. Die Ruhe, welche er hier genoß, that seinem Geiste innig wohl. Zwar ließ er es sich aufs Eifrigste angelegen sein, das ihm anvertraute Regiment unablässig zu üben, für dessen Wohl und Tüchtigkeit zu sorgen, besonders aber, demselben durch die Anwerbung großer Rekruten in den Augen des Königs ein möglichst stattliches Ansehen zu verschaffen; auch versäumte er nicht die ökonomischen Angelegenheiten, die ihm der König gleichzeitig aufgetragen hatte; doch waren die Mußestunden hier ohne weiteren Zwang der Bildung seines Geistes, der Lectüre und Musik gewidmet. Ernstlicher als in früherer Zeit konnte er jetzt auf eine wissenschaftliche Durchbildung bedacht sein, und die großen Männer und Thaten der Vorzeit traten im Spiegel

der Geschichte, zu gleichem Thun begeisternd, vor sein inneres Auge. Nahe bei Ruppin selbst, bei Fehrbellin, war klassischer Boden: hier hatte vor einem halben Jahrhundert des Kronprinzen Ahnherr, der große Kurfürst, die Schaaren der

Schweden wie ein Gewittersturm vernichtet und sein Land frei gemacht. Er besuchte die Wahlstatt, sich von allen Einzelheiten des denkwürdigen Vorgangs zu unterrichten, wohl ahnend, daß seine eigene Zukunft ein solches Studium nothwendig machen werde. Ein alter Bürger von Ruppin, der jener Schlacht in seiner Jugend beigewohnt, war sein Führer. Als man die Besichtigung vollendet hatte, fragte ihn der Prinz heiteren Muthes, ob er ihm nicht die Ursache jenes Krieges sagen könne. Treuherzig erwiderte der Alte, der Kurfürst und der Schwedenkönig hätten in ihrer Jugend zusammen in Utrecht studirt, hätten sich aber so wenig mit einander vertragen können, daß es endlich zu solchem Ausbruche habe kommen müssen. Er wußte nicht, daß ein ähnliches Verhältniß zwischen Friedrich's eigenem Vater und dem Könige von England fast zu gleichen Folgen geführt hatte und daß es nicht ohne wesentlichen Einfluß auf das Schicksal des Kronprinzen gewesen war.

Zu gleicher Zeit aber sollte ihm auch die Gegenwart das großartigste Beispiel zur Nacheiferung darbieten, und es mußte dasselbe um so tiefer auf sein Gemüth wirken, als es gerade der eigene Vater war, der sich hierdurch den Augen der Welt in hochwürdiger Weise darstellte. Es war das Jahr 1732, in welchem Friedrich Wilhelm den protestantischen Bewohnern von Salzburg, die in der Heimat um ihres Glaubens willen bedrückt und verfolgt wurden, seine königliche Hülfe darbot und ihnen in seinen Staaten eine neue Heimat und eine sichere Freistatt eröffnete.

In unzähligen Schaaren, mehr als 20,000, betraten die Auswanderer das gastliche Land, wo ihnen in den Provinzen Preußen und Litthauen weite fruchtbare Strecken, die durch die Pest entvölkert waren, angewiesen wurden. Viele hatten ihr Hab und Gut im Stiche lassen müssen; um so eifriger kam man ihnen in allen Orten des preußischen Staates, die sie durchzogen, mit wohlthätiger Spende entgegen, indem überall das Beispiel im Kleinen nachgeahmt ward, welches der König im Großen ausübte. Von Friedrich's Gesinnung zeugen seine Briefe aus jener Zeit. „Mein Herz treibt mich (so schreibt er aus Ruppin an Grumbkow), das traurige Loos der Ausgewanderten kennen zu lernen. Die Standhaftigkeit, welche diese braven Leute bezeugt, und die Unerschrockenheit, mit welcher sie alle Leiden der Welt ertragen haben, um nur nicht der einzigen Religion zu entsagen, die uns die wahre Lehre unsers Erlösers kennen lehrt, kann man, wie es mir scheint, nicht genug vergelten. Ich würde mich gern meines Hemdes berauben, um es mit diesen Unglücklichen zu theilen. Ich bitte Sie, verschaffen Sie mir Mittel, ihnen beizustehen; von ganzem Herzen will ich von dem geringen Vermögen, welches ich besitze, Alles hergeben, was ich ersparen kann" u. s. w. „Ich versichere Ihnen (so fährt er in einem anderen Briefe fort), je mehr ich an die Angelegenheit der Ausgewanderten denke, um so mehr zerreißt sie mir das Herz." — Wir haben keine Zeugnisse, wie viel der Kronprinz für jene Unglücklichen gethan; aber es sind Züge seines Lebens genug, auch aus jener Zeit, vorhanden, die es erkennen lassen, daß solche Aeußerungen gewiß von Thaten begleitet waren.

In der einen so eben angeführten Briefstelle bittet Friedrich den General Grumbkow, der sich sein Vertrauen zu erwerben gewußt, ihm Geldmittel zu verschaffen: — er war solcher Unterstützung nur zu sehr bedürftig. Er war vom Könige immer noch auf eine im Verhältniß zu seiner Stellung beschränkte Einnahme hingewiesen. Dabei hatte er es, trotz aller Fürsorge des Königs, noch immer nicht lernen können, sich eines sparsamen Haushaltes zu befleißigen; manche bedeutendere Ausgaben wurden ihm theils durch äußere, theils durch innere Nothwendigkeit auferlegt, und bald war die Summe seiner Schulden aufs Neue zu einer namhaften Höhe angewachsen. Die großen Rekruten, welche zur Ausstaffirung seines Regiments unumgänglich nöthig waren, konnten nur durch die Aufopferung bedeutender Mittel angeworben werden. Seine Schwester, die Gemahlin des Erbprinzen von Baireuth, befand sich in einer ebenfalls sehr unbehaglichen Lage, indem sie weder in Baireuth von ihrem Schwiegervater, noch in Berlin von ihrem Vater eine genügende Ausstattung erhalten hatte; seinem alten treuen Lehrer Duhan ging es in seiner Verbannung auch nur kümmerlich; Beide liebte er zärtlich, und er betrachtete sich als Schuld der Ungnade, welche der König auf sie geworfen hatte. Gern theilte er mit ihnen, was er aufzubringen im Stande war. Solche Verhältnisse aber waren dem österreichischen Hofe im allerhöchsten Maße erwünscht; sie gaben Gelegenheit, den Kronprinzen, den ein jeder Tag zum Herrscher machen konnte, auf eine festere Weise als durch die bisherigen Versuche an die Interessen Oesterreichs zu knüpfen. Man leistete ihm bedeutende Vorschüsse, die bald den Charakter eines förmlichen Jahrgehaltes annahmen; man gewährte dasselbe der Prinzessin von Baireuth, indem man den Einfluß wohl kannte, den gerade sie auf den Kronprinzen ausübte; man verschaffte Duhan eine kleine Stellung in Wolfenbüttel und sicherte auch ihm eine besondere Pension zu. Mit der äußersten Vorsicht wußte man alles Dies zu bewerkstelligen, so daß der König davon keine Kunde erhielt. Friedrich war wohl im Stande, die Absicht des österreichischen Hofes zu durchschauen; aber er nahm das an, wozu ihn die Nothwendigkeit zwang. Wie wenig ehrlich die österreichische Gesinnung bei solcher Theilnahme war, wie wenig sie wahrhaften Dank verdiente, zeigte sich nur zu bald.

Das Hauptinteresse, durch welches Kaiser Karl VI. in allen seinen politischen Unternehmungen geleitet ward, war jene pragmatische Sanction, welche das Erbfolgerecht seiner Töchter verbürgen sollte. Die Verbindung mit Preußen war eingeleitet worden, weil Friedrich Wilhelm der Sanction beizutreten versprochen hatte; mit England hatte man in feindlichem Verhältnisse gestanden, weil man hier Widerspruch fand. Das Verhältniß änderte sich, sobald England der Sanction beitrat. Nun suchte man dem englischen Hofe gefällig zu sein, und Preußen sollte das Mittel dazu werden. Der König von England hätte noch immer gern eine seiner Töchter zur künftigen Königin von Preußen gemacht; kaum war der Wunsch ausgesprochen, so kehrte sich auch plötzlich die österreichische Politik in Bezug auf Friedrich's Verheirathung um, und so eifrig man bisher an einer Verbindung mit der Prinzessin von Braunschweig gearbeitet hatte, mit eben so behenden Intriguen suchte man nun das angefangene Werk zu Gunsten Englands umzustürzen; dabei ward auch anderweitiger Vortheil nicht vergessen, und die Prinzessin Elisabeth Christine, die Nichte der Kaiserin, sollte nunmehr einem englischen Prinzen zu Theil werden. Man ging in diesem diplomatischen Eifer so weit, daß man noch am Vorabende von Friedrich's

Hochzeit dem Könige von Preußen die dringendsten Vorstellungen machen ließ. Diesmal aber scheiterten die Künste der Diplomatie an Friedrich Wilhelm's deutscher Ehrlichkeit; man erreichte damit nur, daß ihm die englischen Absichten aufs Neue verdächtig wurden, indem die Anträge jetzt zu spät kamen, und daß er auch sehr lebhafte Zweifel an der Aufrichtigkeit Oesterreichs gegen seine Wünsche zu schöpfen begann. Selbst Friedrich bezeigte sich den veränderten Anträgen wenig günstig, da auch er der Meinung war, daß die Verbindung seiner geliebten älteren Schwester mit einem englischen Prinzen wesentlich nur durch Englands Schuld abgebrochen worden sei.

So ging denn die Vermählung des Kronprinzen mit der Prinzessin Elisabeth Christine im Juni 1733 vor sich. Der preußische Hof war zu dem Endzweck nach Salzdahlum gereist, einem Lustschlosse des Herzogs Ludwig Rudolph von Braunschweig-Wolfenbüttel, der als Großvater der Braut die Feierlichkeiten der Hochzeit besorgte. Die Trauung ward am 12. Juni durch den berühmten Theologen Abt Mosheim verrichtet. Das Fest wurde durch die Entwickelung großer Pracht verherrlicht, aber es fehlte dabei der frohe Muth. Die Königin von Preußen war in Verzweiflung, daß nun alle ihre Pläne gescheitert waren; die Braut war ohne Willen den Bestimmungen der Ihrigen gefolgt, und ihre frühere Schüchternheit wurde durch all das äußere Gepränge nur vermehrt; Friedrich hatte zwar seinen Widerwillen abgelegt, fand es aber gut, vor den Augen der Welt seine Rolle fortzuspielen; der König schien durch das Benehmen des Sohnes nachdenklich gemacht, während zugleich jene englisch-österreichischen Anträge nur geeignet waren, seine Stimmung zu verderben. Nach einigen Tagen kehrten die sämmtlichen Herrschaften, die preußischen und die braunschweigischen, nach Berlin zurück, wo am 27. Juni, nachdem man sich durch militairische Schaustellungen zu vergnügen gesucht, der feierliche Einzug in einer langen Reihe prachtvoller Wagen gehalten wurde. Dann folgten neue Festlichkeiten, welche mit der schon früher besprochenen Vermählung der Prinzessin Philippine Charlotte, einer jüngeren Schwester Friedrich's, mit dem Erbprinzen Karl von Braunschweig beschlossen wurden.

Für Friedrich's Aufenthalt in Berlin war das frühere Gouvernementshaus (das seitherige Palais des Königs) eingerichtet und erweitert worden. Um ihm auch den Aufenthalt bei seinem Regimente in Ruppin angenehmer zu machen, kaufte der König für ihn das Schloß Rheinsberg, welches bei einem Städtchen gleiches Namens zwei Meilen von Ruppin in anmuthiger Gegend gelegen ist, als er vernommen hatte, daß er hierdurch einen Lieblingswunsch des Sohnes erfüllen könne. Für den Umbau und die Einrichtung des Schlosses wurde eine namhafte Summe ausgesetzt.

Zehntes Kapitel.

Der erste Anblick des Krieges.

Friedrich hatte bisher den militairischen Dienst nur auf dem Exercirplatze kennen gelernt; jetzt sollte ihm auch die ernste Anwendung dieses Dienstes im Kriege entgegentreten.

Den Anlaß zu einem Kriege, an welchem Preußen Theil nahm, gab eine Streitigkeit um den Besitz Polens. König August II. war am 1. Februar 1733 gestorben. Er hatte, gegen die Verfassung Polens, welche kein Erbgesetz kannte und die königliche Macht durch freie Wahl austheilte, die polnische Krone als ein erbliches Gut für seine Familie zu erwerben gesucht. Zunächst zwar ohne Erfolg; doch trat sein Sohn, nachmals August III. genannt, der ihm in Sachsen als Kurfürst gefolgt war, als Bewerber um die polnische Krone auf, indem Rußland und Oesterreich seinen Schritten einen energischen Nachdruck gaben. Ihm entgegen stand Stanislaus Lesczynski, der Schwiegervater des Königs von Frankreich, Ludwig's XV., der schon früher einige Jahre hindurch, als August II. der Macht des Schwedenkönigs, Karl's XII., hatte weichen müssen, mit dem Glanze der polnischen Krone geschmückt gewesen war; für ihn sprach das Wort seines Schwiegersohnes. Polen selbst war in Parteien zerrissen; einst ein mächtiges Reich, war es jetzt keiner Selbstständigkeit, keiner wahren Freiheit mehr fähig, und schon lange Zeit hatte es nur durch fremde

Gewalt gelenkt werden können. August III. siegte durch die kriegerische Macht seiner Verbündeten, während Frankreich es für Stanislaus fast nur bei leeren Versprechungen bewenden ließ. Aber ein sehr willkommener Anlaß war es dem französischen Hofe, für ein solches Verfahren, für solche Eingriffe in die sogenannte polnische Wahlfreiheit an Oesterreich den Krieg zu erklären, um abermals, wie es schon seit einem Jahrhundert Frankreichs Sitte war, seine Grenzen auf die Lande des deutschen Reichs hin ausdehnen zu können. Die Kriegserklärung erfolgte im October 1733.

Friedrich Wilhelm hatte sich früher der Verbindung Rußlands und Oesterreichs in Rücksicht auf Polen angeschlossen, wozu ihm vorläufig, neben anderen Vortheilen, abermals jene bergische Erbfolge zugesichert war. Da es aber auch jetzt hierüber zu keiner schließlichen Bestimmung kam, so hatte er sich nicht näher in die polnischen Händel gemischt. Als dann die französische Kriegserklärung erfolgte, verhieß er dem Kaiser die Beihülfe von 40,000 Kriegern, wenn seinen Wünschen nunmehr genügend gewillfahrt würde. Aufs Neue jedoch erhielt er ausweichende Antworten, und so gab er nur, wozu er durch sein älteres Bündniß mit dem Kaiser verpflichtet war, eine Unterstützung von 10,000 Mann, welche im Frühjahr 1734 zu dem kaiserlichen Heere abging. Den Oberbefehl über das letztere führte Prinz Eugen von Savoyen, der im kaiserlichen Dienste ergraut und dessen Name durch die Siege, welche er in seinen früheren Jahren erfochten hatte, hochberühmt war. Dem Könige von Preußen schien die Gelegenheit günstig, um den Kronprinzen unter so gefeierter Leitung in die ernste Kunst des Krieges einweihen zu lassen, und so folgte dieser, als Freiwilliger, den preußischen Regimentern. Kurze Zeit nach ihm ging auch der König selbst zum Feldlager ab.

Das französische Heer, das mit schnellen Schritten in Deutschland eingerückt war, belagerte die Reichsfestung Philippsburg am Rheine. Eugen's Heer war zum Entsatz der Festung herangezogen; das Hauptlager des letzteren war zu Wiesenthal, einem Dorfe, das von den französischen Verschanzungen nur auf die Weite eines Kanonenschusses entfernt lag. Hier traf Friedrich am 7. Juli ein. Kaum angekommen, begab er sich sogleich zum Prinzen Eugen, den einundsiebzigjährigen Helden von Angesicht zu sehen, dessen Name noch als der erste Stern des Ruhms am deutschen Himmel glänzte, sowie er auch heutiges Tages noch in den Liedern des deutschen Volkes lebt. Friedrich bat ihn um die Erlaubniß, „zuzusehen, wie ein Held sich Lorbeeren sammle." Eugen wußte auf so feine Schmeichelei Verbindliches zu erwidern; er bedauerte, daß er nicht schon früher das Glück gehabt habe, den Kronprinzen bei sich zu sehen; dann würde er Gelegenheit gefunden haben, ihm manche Dinge zu zeigen, die für einen Heerführer von Nutzen seien und in ähnlichen Fällen mit Vortheil angewandt werden könnten. „Denn“, setzte er mit dem Blicke des Kenners hinzu, „Alles an Ihnen verräth mir, daß Sie sich einst als ein tapferer Feldherr zeigen werden.“

Eugen lud den Prinzen ein, bei ihm zu speisen. Während man an der Tafel saß, ward von den Franzosen heftig geschossen; doch achtete man dessen wenig, und das Gespräch ging ungestört seinen heiteren Gang. Friedrich aber freute sich, wenn er eine Gesundheit ausbrachte und seinen Trinkspruch von dem Donner des feindlichen Geschützes begleiten hörte.

Eugen fand an dem jugendlichen Kronprinzen ein lebhaftes Wohlgefallen; sein Geist, sein Scharfsinn, sein männliches Betragen überraschten ihn und zogen ihn an. Zwei Tage nach Friedrich's Ankunft machte er ihm, in Gesellschaft des Herzogs von Württemberg, einen Gegenbesuch und verweilte geraume Zeit in seinem Zelte.

Als beide Gäste sich entfernten, ging Eugen zufällig voran, ihm folgte der Herzog von Württemberg. Friedrich, der den letzteren schon von früherer Zeit her kannte, umarmte und küßte ihn. Schnell wandte sich Eugen um und fragte: „Wollen denn Ew. Königliche Hoheit meine alten Backen nicht auch küssen?" Mit herzlicher Freude erfüllte Friedrich die Bitte des Feldherrn.

Prinz Eugen bewies dem Kronprinzen seine Zuneigung auch dadurch, daß er ihm ein Geschenk von vier ausgesuchten, großen und schön gewachsenen Rekruten machte. Zu jedem Kriegsrathe wurde Friedrich zugezogen. Dieser aber war bemüht, sich solcher Zuneigung durch eifrige Theilnahme an allen kriegerischen Angelegenheiten würdig zu machen. Er theilte die Beschwerden des Feldlagers und unterrichtete sich sorgfältig über die Behandlung der Soldaten im Felde. Täglich beritt er, solange die Belagerung anhielt, die Linien, und wo nur etwas von Bedeutung vorfiel, fehlte er nie. Von kriegerischer Unerschrockenheit gab er schon jetzt eine seltene Probe. Er war nämlich einst mit ziemlich großem Gefolge ausgeritten, die Linien von Philippsburg zu besichtigen. Als er durch ein sehr lichtes Gehölz zurückkehrte, begleitete ihn das feindliche Geschütz ohne Aufhören, so daß mehrere Bäume zu seinen Seiten zertrümmert wurden; doch behielt sein Pferd den ruhigen Schritt bei, und selbst

seine Hand, die den Zügel hielt, verrieth nicht die mindeste ungewöhnliche Bewegung. Man bemerkte vielmehr, daß er ruhig in seinem Gespräche mit den Generalen, die neben ihm ritten, fortfuhr, und man bewunderte seine Haltung in einer Gefahr, mit welcher sich vertraut zu machen er bisher noch keine Gelegenheit gehabt hatte.

So konnte Prinz Eugen, als Friedrich Wilhelm im Feldlager eintraf, das günstigste Zeugniß über den Kronprinzen ablegen; er versicherte dem Könige, daß der Prinz in Zukunft einer der größten Feldherren werden müsse. Ein solches Lob und aus dem Munde eines so ausgezeichneten Heerführers bereitete dem Könige die größte Freude; er äußerte, wie ihm dies um so lieber sei, als er immer daran gezweifelt, daß sein Sohn Neigung zum Soldatenstande habe. Fortan betrachtete er den letzteren mit immer günstigeren Augen.

Wie tief der Eindruck war, den die Erscheinung des gefeierten Helden auf Friedrich hervorbrachte, wie lebhaft dieselbe seinen Geist zur Nacheiferung anreizte, bezeugt ein Gedicht, das er im Lager geschrieben hat, das früheste unter denen, welche sich aus seiner Jugendzeit erhalten haben. Spricht sich hierin sein Gefühl auch in jener rhetorischen Umhüllung aus, welche die ganze französische Poesie seiner Zeit, nach der er sich bildete, charakterisirt, so ist es doch der zu Grunde liegenden Gesinnung wegen merkwürdig genug. Es ist eine Ode an den Ruhm, den er als den Urheber alles Großen, was durch das Schwert und durch die Kunst des Wortes hervorgerufen wurde, hinstellt. Er führt die Beispiele der Geschichte an, hebt unter diesen besonders die Thaten Eugen's hervor und schließt mit seiner eigenen Zukunft. Die bedeutungsvolle Schlußstrophe dürfte sich etwa mit folgenden Worten (denn das Gedicht ist, wie alle Schriften Friedrich's, französisch) übersetzen lassen:

O Ruhm, dem ich zum Opfer weihe
Der Freuden hold erblühten Kranz:
O Ruhm, dein bin ich! so verleihe
Du meinem Leben hellen Glanz!
Und dräuen mir des Todes Schaaren,
Du kannst noch einen Strahl bewahren
Des Geistes, welcher glüht in mir;
Schließ' auf das Thor mit deinen Händen,
Auf deinen Pfad mich hinzuwenden: —
Dir leb' ich und ich sterbe dir!

Weniger bedeutend ist ein zweites Gedicht aus derselben Zeit, in welchem Friedrich die Gräuel des Krieges zu schildern sucht und mit innerer Genugthuung hinzufügt, daß er sich hierbei sein zarteres Gefühl erhalten habe.

Indeß war dieser Feldzug wenig geeignet, den Theilnehmern einen Ruhm, wie ihn Friedrich wünschte, zu gewähren. Die österreichischen Regimenter waren schlecht disciplinirt und bildeten einen sehr auffallenden Gegensatz gegen die vortreffliche Beschaffenheit der an Zahl freilich geringeren preußischen Truppen. Friedrich selbst war, als er nach der Heimat zurückkehrte, mit Verachtung gegen die Prahlerei und das unkriegerische Benehmen der Oesterreicher erfüllt, — ein Umstand, der gewiß auf seine späteren Pläne und Entschließungen gegen Oesterreich wesentlich eingewirkt hat. Eugen hatte das Feuer seiner Jugend verloren und wagte es nicht, den wohlerworbenen Ruhm noch einmal aufs Spiel zu setzen. So geschah es, daß man, statt die ungünstige Stellung der Franzosen mit rascher Entschlossenheit zu benutzen, in Ruhe zusah, wie Philippsburg von ihnen schon am 18. Juli eingenommen wurde. Damit war die Hoffnung auf große Thaten verloren.

Die thatenlose Muße des Feldlagers zu vertreiben, gerieth Friedrich einst mit einigen gleichgestimmten jungen Freunden auf die Ausführung eines sonderbaren Planes. Ihm dünkte nämlich der Schlaf eine große Beschränkung des Lebens zu sein; die Entbehrung desselben schien dem Leben einen doppelten Werth zu verheißen. Man wagte den Versuch, indem man dem guten Willen durch den Genuß starken Kaffees nachzuhelfen bemüht war. Vier Tage lang hatte man in solcher Weise ohne Schlaf zugebracht, als die Natur ihre Rechte forderte. Man schlief über Tische ein, Friedrich war in Gefahr, krank zu werden, und man begnügte sich fortan mit dem einfachen Werthe des Lebens.

Friedrich Wilhelm verließ das Heer, mißvergnügt über die schlechten Erfolge, schon im August, wurde aber unterwegs von einer gefährlichen Krankheit befallen und kehrte im September in einem sehr bedenklichen Zustande heim. Der Kronprinz hatte den Auftrag, die preußischen Truppen in die Winterquartiere zu führen; die Krankheit des Vaters trieb ihn zur Beschleunigung seines Geschäfts, und schon in der Mitte des October war auch er wieder bei den Seinen. Der König bewies ihm jetzt, indem er selbst den ganzen Winter hindurch das Zimmer und Bett hüten mußte, das ehrenvolle Vertrauen, daß er ihn alle einlaufenden Sachen an seiner Statt unterzeichnen ließ. So drohend die Krankheit des Königs indeß gewesen war, so genas er doch im nächsten Frühjahr wieder, wenn auch die Folgen des Uebels nicht mehr ausgerottet werden konnten. Im Juni 1735 beförderte er den Sohn, ihm aufs Neue sein Wohlwollen zu bezeugen, zum Generalmajor.

Oesterreich bewies sich gegen den König von Preußen wenig dankbar für die erwiesene Hülfe. Es machte statt dessen im Gegentheil noch Nachforderungen, welche sich auf die Pflichten des Königs als Reichsstand gründeten. Auch forderte es, die redlichen Gesinnungen des Königs sehr verkennend, von ihm die Auslieferung des Stanislaus Lesczynski, welcher sich, nachdem sein Unternehmen in Polen gescheitert war, auf preußischen Boden geflüchtet und hier auf den Befehl Friedrich Wilhelm's, dem Stanislaus persönlich werth war, gastliche Aufnahme gefunden hatte. Beides verweigerte der König; ebenso wenig aber nahm er die verlockenden Anerbietungen Frankreichs an, das ihn, seine Freundschaft für Stanislaus ins Auge fassend, auf seine Seite zu ziehen strebte. Endlich ließ ihn der österreichische Hof, als er der preußischen Unterstützung entbehren zu können glaubte, ganz fallen. Man ging mit Frankreich in Friedensunterhandlungen ein, die dem Könige Stanislaus zur Entschädigung das zum deutschen Reiche gehörige Herzogthum Lothringen brachten, dessen Erledigung man nahe voraussah, das aber nach Stanislaus' Tode an Frankreich fallen sollte; der Herzog von Lothringen sollte statt dessen durch den Besitz von Toscana entschädigt werden. Dem Kaiser wurde dafür von Frankreich seine pragmatische Sanction garantirt. Das deutsche Reich war mit einer so schmachvollen Beendigung des Krieges dankbarlichst zufrieden. An Friedrich Wilhelm war dabei gar nicht gedacht worden, man gab ihm nicht einmal von den Verhandlungen Nachricht; noch viel weniger war man bemüht, ihm irgend einen Lohn für seine Aufopferungen zukommen zu lassen. Ja, man verletzte sogar die Gesetze der äußeren Schicklichkeit so weit, daß man ihm nicht einmal von der Vermählung der ältesten Tochter des Kaisers, Maria Theresia, mit dem Herzoge von Lothringen, die im Anfange des Jahres 1736 erfolgte, Nachricht gab. Nun war auch für Friedrich Wilhelm kein Grund mehr vorhanden, seinen lange verhaltenen Unwillen gegen Oesterreich zu verbergen. Bitter spottend äußerte er sich über das Benehmen des kaiserlichen Hofes; und als einst die Rede darauf kam, deutete er auf den Kronprinzen und sprach, die künftige Größe des Sohnes ahnend, im Gefühl der eigenen zunehmenden Schwäche die prophetischen Worte: „Hier steht Einer, der wird mich rächen!"

Im Anfange des Jahres 1739 aber schloß Oesterreich mit Frankreich einen Tractat, dem zufolge die von Friedrich Wilhelm in Anspruch genommenen und ihm durch die früheren Verträge zugesicherten Rechte auf Jülich und Berg auf den damaligen Prinzen von Sulzbach übergehen sollten. Der Antrag zu diesem Tractate war von Oesterreich ausgegangen, und es wurde ausdrücklich die Garantie desselben von Seiten Frankreichs gegen Preußen ausbedungen.

Elftes Kapitel.

Der Aufenthalt in Rheinsberg.

In der schweren Krankheit des Königs, welche auf die Rheincampagne vom Jahre 1734 gefolgt war, rief Friedrich einst mit Thränen in den Augen aus: „Ich möchte gern einen Arm hingeben, um das Leben des Königs um zwanzig Jahre zu verlängern, wollte auch er mich nur nach meiner Neigung leben lassen!“ Es bedurfte des Opfers nicht, um endlich eine anmuthigere Gestaltung seines Lebens zu erreichen. Der König gewährte ihm fortan vollkommene Freiheit, und es folgte bis zu Friedrich's Thronbesteigung eine Reihe so glückselig heiterer Jahre, wie solche sein späteres Leben, welches viel mehr dem Wohle seines Volkes als dem eigenen gewidmet war, nicht wieder gesehen hat.

Rheinsberg, jene anmuthige Besitzung in der Nähe von Ruppin, mit welcher der Kronprinz nach seiner Vermählung beschenkt worden war, bildete nun den Mittelpunkt seiner Freuden. Hier wurde seine Hofhaltung fürstlich, aber ohne übertriebenen Glanz eingerichtet; hier sammelten sich um ihn die Männer, die ihm vor Allen werth waren; hier widmete er die Tage, die nicht durch Dienstgeschäfte in Anspruch genommen wurden, dem ungestörten Genusse der Wissenschaften und

Künste. Das Verhältniß zu seiner Gemahlin hatte sich auf eine sehr erfreuliche Weise gestaltet; ihr Aeußeres hatte die zarteste Anmuth gewonnen, ihre Schüchternheit hatte sich zur reinsten weiblichen Milde entfaltet, ihre vollkommene Hingebung an den Gemahl erwarb ihr von dessen Seite eine herzliche Zuneigung; ohne im Mindesten danach zu streben, war sie in dieser glücklichen Zeit selbst nicht ohne Einfluß auf seine Entschließungen. Leider nur war die Ehe durch keine Kinder beglückt. Unter Friedrich's Freunden sind vornehmlich anzuführen: Baron Keyserling, ein heiterer, lebensfroher Mensch, der ihm schon in früherer Zeit vom Könige zum Gesellschafter gegeben war und mit dem sich jetzt das innigste Verhältniß entwickelte; Knobelsdorff, dem Kronprinzen seit der Zeit des Cüstriner Aufenthalts werth, damals Hauptmann, jetzt dem militairischen Treiben abgethan und nur den bildenden Künsten, namentlich der Architektur, lebend, für die er ein hochachtbares Talent auszubilden wußte; Jordan, früher Prediger, jetzt mit dem Studium der schönen Wissenschaften beschäftigt und durch gesellige Talente ausgezeichnet, u. A. m. Sodann eine Reihe ehrenwerther Offiziere, älterer und jüngerer; Künstler, unter denen besonders der Hofmaler Pesne von höherer Bedeutung ist; Musiker, wie z. B. der bekannte Kapellmeister Graun; und manche Andere, die nur vorübergehend in Rheinsberg einsprachen. Mit entfernten Freunden endlich wurde das Band durch einen eifrig fortgesetzten Briefwechsel festgehalten.

In den Briefen eines Zeitgenossen, des Baron Bielfeld, der im letzten Jahre ebenfalls unter die Zahl der Rheinsberger Freunde aufgenommen wurde, ist uns das anschaulichste Bild von Rheinsberg, von der Anmuth des Ortes, von der Heiterkeit des dortigen Lebens aufbehalten. Wir können die Schilderung desselben nicht besser wiedergeben, als indem wir seine eigenen Worte benutzen.

„Die Lage des Schlosses (so schreibt Bielfeld im October 1739) ist schön. Ein großer See bespült fast seine Mauern, und jenseit desselben zieht sich amphitheatralisch ein schöner Wald von Eichen und Buchen hin. Das ehemalige Schloß bestand nur aus dem Hauptgebäude mit einem Flügel, an dessen Ende sich ein alter Thurm befand. Dies Gebäude und seine Lage waren geeignet, das Genie und den Geschmack des Kronprinzen und das Talent Knobelsdorff's zu zeigen, welcher Aufseher über die Bauten ist. (Die erste Anlage des Umbaues war indeß nicht Knobelsdorff's Werk.) Das Hauptgebäude wurde ausgebessert und durch Bogenfenster, Statuen und allerhand Verzierungen verschönert. Man baute an der andern Seite ebenfalls einen Flügel mit einem Thurme und vereinigte diese beiden Thürme durch eine doppelte Säulenreihe, mit Vasen und Gruppen geschmückt. Durch diese Einrichtung gewann das Ganze die Gestalt eines Vierecks. Am Eingange ist eine mit Statuen, die als Laternenträger dienen, besetzte Brücke. In den Hof gelangt man durch ein schönes Portal, über welches Knobelsdorff die Worte: Friderico tranquillitatem colenti gesetzt hat. — Das Innere des Schlosses ist höchst prächtig und geschmackvoll. Ueberall sieht man vergoldete Bildhauerarbeit, doch ohne Ueberladung, vereint mit richtigem Urtheil. Der Prinz liebt blos bescheidene Farben, deshalb sind Möbel und Vorhänge hellviolett, himmelblau, hellgrün und fleischfarben, mit Silber eingefaßt. Ein Saal, welcher der Hauptschmuck des Schlosses sein wird, ist noch nicht fertig; er soll mit Marmor bekleidet und mit großen Spiegeln und Goldbronze verziert werden. Der berühmte Pesne arbeitet am Plafondgemälde, das den Aufgang der Sonne vorstellt. Auf einer Seite sieht man die Nacht, in dichte Schleier gehüllt.

von ihren traurigen Vögeln und den Horen begleitet. Sie scheint sich zu entfernen, um der Morgenröthe Platz zu machen, an deren Seite der Morgenstern in der Gestalt der Venus erscheint. Man sieht die weißen Pferde des Sonnenwagens und den Apoll, der die ersten Strahlen sendet. Ich halte dies Bild für symbolisch und auf einen Zeitpunkt deutend, der vielleicht nicht mehr fern ist. — Die Gärten in Rheinsberg haben ihre Vollendung noch nicht erreicht, denn sie sind erst seit zwei Jahren angelegt. Der Plan ist großartig, die Ausführung aber wird von der Zeit abhängen. Die Hauptallee schließt mit einem Obelisken in ägyptischem Geschmacke, mit Hieroglyphen. Ueberall sind Baumgruppen, Lauben und schattige Sitze. Zwei

Lustschiffe, die der Prinz erbauen ließ, schwimmen auf dem See und bringen den Wanderer, welcher die Wasserfahrt liebt, an das Waldufer."

Hierauf geht der Verfasser zur Schilderung der hervorragendsten Personen über, welche die Gesellschaft von Rheinsberg ausmachten und von denen ein Jeder durch das Festhalten seiner charakteristischen Eigenthümlichkeit wesentlich zur Lebendigkeit und Unbefangenheit des Verkehrs beitrug. Dann fährt er fort:

„Alle, die auf dem Schlosse wohnen, genießen die ungezwungenste Freiheit. Sie sehen den Kronprinzen und dessen Gemahlin nur bei der Tafel, beim Spiel, auf dem Ball, im Concert oder bei anderen Festen, an denen sie Theil nehmen können. Jeder denkt, liest, zeichnet, schreibt, spielt ein Instrument, ergötzt oder beschäftigt sich in seinem Zimmer bis zur Tafel. Dann kleidet man sich sauber, doch ohne Pracht und Verschwendung an und begiebt sich in den Speisesaal. Alle Beschäftigungen und Vergnügungen des Kronprinzen verrathen den Mann von Geist. Sein Gespräch bei der Tafel ist unvergleichlich; er spricht viel und gut. Es scheint, als wäre ihm kein Gegenstand fremd oder zu hoch; über jeden findet er eine Menge neuer und richtiger Bemerkungen. Sein Witz gleicht dem nie verlöschenden Feuer der Vesta. Er duldet den Widerspruch und versteht die Kunst, die guten Einfälle Anderer zu Tage zu fördern, indem er die Gelegenheit, ein sinniges Wort anzubringen, herbeiführt. Er scherzt und neckt zuweilen, doch ohne Bitterkeit und ohne eine witzige Erwiderung übel aufzunehmen.

Die Bibliothek des Prinzen ist allerliebst; sie ist in einem der Thürme, die ich erwähnte, aufgestellt und hat die Aussicht auf den See und Garten. Sie enthält eine nicht zahlreiche, aber wohlgewählte Sammlung der besten französischen Bücher in Glasschränken, die mit Gold und Schnitzwerk verziert sind Voltaire's lebensgroßes Bild ist darin aufgehängt. Er ist der Liebling des Kronprinzen, der überhaupt alle guten französischen Dichter und Prosaiker hoch hält.

Nach der Mittagstafel gehen die Herren in das Zimmer der Dame, an der die Reihe ist, die Honneurs des Kaffees zu machen. Die Oberhofmeisterin fängt an und die anderen folgen; selbst die fremden Damen sind nicht ausgeschlossen. Der ganze Hof versammelt sich um den Kaffeetisch; man spricht, man scherzt, man macht ein Spiel, man geht umher, und diese Stunde ist eine der angenehmsten des Tages. Der Prinz und die Prinzessin trinken in ihrem Zimmer. Die Abende sind der Musik gewidmet. Der Prinz hält in seinem Salon Concert, wozu man eingeladen sein muß. Eine solche Einladung ist immer eine besondere Gnadenbezeugung. Der Prinz spielt gewöhnlich die Flöte. Er behandelt das Instrument mit höchster Vollkommenheit; sein Ansatz, sowie seine Fingergeläufigkeit und sein Vortrag sind einzig. Er hat mehrere Sonaten selbst gesetzt. Ich habe öfters die Ehre gehabt, wenn er die Flöte blies, hinter ihm zu stehen, und wurde besonders von seinem Adagio bezaubert. Doch Friedrich ist in Allem ausgezeichnet. Er tanzt schön, mit Leichtigkeit und Grazie und ist ein Freund jedes anständigen Vergnügens, mit Ausnahme der Jagd, die in seinen Augen geist- und zeittödtend und, wie er sagt, nicht viel nützlicher ist als das Ausfegen eines Kamins."

Dann spricht der Verfasser mit hoher Begeisterung von der Schönheit, der liebenswürdigen Anmuth, der zarten Milde der Kronprinzessin. — „Wir hatten (so heißt es weiter) kürzlich einen allerliebsten Ball. Der Prinz, der gewöhnlich Uniform trägt, erschien in einem seladongrünen seidenen Kleide, mit breiten silbernen Brandebourgs und Quasten besetzt. Die Weste war von Silbermoor und reich gestickt. Alle Kavaliere seines Gefolges waren ähnlich, nur weniger prächtig gekleidet. Alles war reich und festlich, doch erschien die Prinzessin allein als die Sonne dieses glänzenden Sternenhimmels. — Ich verlebe hier wahrhaft entzückende Tage. Eine königliche Tafel, ein Götterwein, eine himmlische Musik, köstliche Spaziergänge sowohl im Garten als im Walde, Wasserfahrten, Zauber der Künste und Wissenschaften, angenehme Unterhaltung: Alles vereinigt sich in diesem feenhaften Palaste, um das Leben zu verschönern."

Der Verfasser hat hierbei noch eines Vergnügens zu erwähnen vergessen, das die Freuden von Rheinsberg erhöhte und den Kronprinzen wiederum in einer neuen Gestalt zu zeigen geeignet war: der Aufführung von Komödien und Trauerspielen, deren Rollen von den Personen der Rheinsberger Gesellschaft besetzt wurden. So spielte Friedrich selbst u. A. in Racine's „Mithridat" und in Voltaire's „Oedipus"; in der letztern Tragödie begnügte er sich mit der Rolle des Philoktet. Auch fehlte es an mancherlei anderweitigen Maskeraden nicht.

Noch in anderen Beziehungen wurde der poetische Hauch, der das Leben von Rheinsberg erfüllte, mit Absicht festgehalten. So erfreute man sich einer zur Sage gewordenen antiquarischen Behauptung, die schon vor mehr als hundert Jahren aufgestellt worden war, daß nämlich Rheinsberg eigentlich Remusberg heiße, weil Remus, der Mitgründer des römischen Staates, durch seinen Bruder Romulus vertrieben, hier ein neues Reich gestiftet habe und auf der Remusinsel, die sich aus dem benachbarten See erhebt, begraben worden sei. Alte auf der Insel ausgegrabene Marmorsteine sollten in früherer Zeit den Anlaß zu dieser Behauptung gegeben haben; kürzlich noch sollten italienische Mönche, durch eine neuentdeckte lateinische Handschrift dazu veranlaßt, auf der Remusinsel nach der Asche des römischen Helden gegraben haben; viele Alterthümer der Vorzeit, die in der That auf der Insel zum Vorschein kamen, schienen der Sache eine Art von Bestätigung zu geben, und so wagte man nicht, die klassische Bedeutung des schönen Asyles allzu kritisch

anzugreifen. In den aus Rheinsberg geschriebenen Briefen jener Zeit wird daher auch gewöhnlich der Ort als „Remusberg" bezeichnet. Die Freunde selbst wurden ebenfalls, theils im Scherze, theils auch im Ernst, mit besonderen Namen genannt, die das Ohr mit einem mehr poetischen Klange berührten als die Namen, welche sie im gewöhnlichen Leben führten; so hieß z. B. Keyserling gewöhnlich Cäsarion, Jordan wurde Hephästion oder Tindal genannt, u. s. w.

Bedeutsamer noch zeigte sich das poetische Streben in der Stiftung eines eigenen Ritterordens, welcher mehrere verwandte und befreundete Prinzen, sowie die nächsten militairischen Freunde des Kronprinzen umfaßte. Der Schutzpatron des Ordens war Bayard, der Held der französischen Geschichte; sein Sinnbild war ein auf einem Lorbeerkranze liegender Degen und führte als Umschrift den bekannten Wahlspruch Bayard's: „Ohne Furcht und ohne Tadel.“ Der Großmeister des Ordens war Fouqué, der nachmals unter den Helden Friedrich's eine so bedeutende Stellung einnehmen sollte; er weihte die zwölf Ritter (denn nur so viele umfaßte der Orden) durch Ritterschlag ein und empfing von ihnen die Gelübde des Ordens, die auf edle That überhaupt und insbesondere auf Vervollkommnung der Kriegsgeschichte und Heeresführung lauteten. Die Ritter trugen einen Ring, der die Gestalt eines rundgebogenen Schwertes hatte, mit der Inschrift: „Es lebe, wer sich nie ergiebt.“ Sie führten besondere Bundesnamen: Fouqué hieß der Keusche, Friedrich der Beständige; der Herzog Wilhelm von Bevern hieß der Ritter vom goldnen Köcher. Den entfernten Gliedern des Ordens wurden Briefe im altfranzösischen Ritterstyl geschrieben, und noch bis in den siebenjährigen Krieg hinein, ja noch später, finden sich Zeugnisse, daß man des Bundes in Freude gedachte und seine Formen, wie in den Zeiten unbefangener Jugend, mit Ernst beobachtete.

Wohl derselbe poetische Anreiz, verbunden mit dem lebhaften Wissensdrange, der Friedrich zu jener Zeit erfüllte, bewog ihn, sich gleichzeitig auch in die Brüderschaft der Freimaurer aufnehmen zu lassen. Das geheimnißvolle Dunkel, in welches diese Gesellschaft sich hüllte und besonders in der Zeit eines noch immer gefahrdrohenden kirchlichen Eifers sich zu hüllen für doppelt nöthig fand, die Klänge religiöser Duldung, einer freisinnigen Auffassung des Lebens, einer geläuterten Moral, die bedeutsam aus jenem Dunkel hervortönten, mußten dem jungen Prinzen, dessen Herz damals vor Allem von dem Drange nach Wahrheit beseelt war, eine Hoffnung geben, hier, was er suchte, zu finden. Seine Aufnahme geschah im Jahre 1738, als er im Gefolge seines Vaters eine Reise nach dem Rheine machte. Hier äußerte sich einst der König in öffentlicher Gesellschaft sehr mißfällig über die Freimaurerei der Graf von der Lippe-Bückeburg aber, der ein Mitglied der Brüderschaft war, nahm dieselbe mit so beredter Freimüthigkeit in Schutz, daß Friedrich ihn hernach insgeheim um die Aufnahme in eine Gesellschaft bat, welche so wahrheitsliebende

Männer zu Mitgliedern zähle. Dem Wunsche des Kronprinzen zu genügen, wurde der Besuch, den man auf der Rückkehr in Braunschweig abstattete, zur Vornahme der geheimnißvollen Handlung bestimmt und Mitglieder der Brüderschaft aus Hamburg und Hannover sammt dem benöthigten Apparate ebendahin verschrieben.

Die Aufnahme geschah zu nächtlicher Weile, da man des Königs wegen mit großer Vorsicht verfahren mußte. Friedrich verlangte, daß man ihn ganz als einen Privatmann behandeln und keine der üblichen Ceremonien aus Rücksicht auf seinen Rang abändern sollte. So wurde er ganz in gehöriger Form aufgenommen. Man bewunderte dabei seine Unerschrockenheit, seine Ruhe, seine Feinheit und Gewandtheit ebenso, wie nach der eigentlichen Eröffnung der Loge den Geist und das Geschick, mit welchem er an den maurerischen Arbeiten Theil nahm. Später wurden einige Mitglieder der Brüderschaft — unter ihnen der obengenannte Bielfeld — nach Rheinsberg eingeladen, mit welchen dort, freilich wiederum im größten Geheimniß, in den Arbeiten fortgefahren wurde.

Bewegte sich solcher Gestalt das Leben in Rheinsberg in den verschiedensten Formen eines poetisch heiteren Genusses, suchte Friedrich denselben endlich noch durch mancherlei eigene dichterische Versuche zu erhöhen und festzuhalten, so barg sich doch zugleich unter dieser anmuthsvollen Hülle ein tiefer, redlicher Ernst. Die Stunden, in welchen Friedrich nicht in der Gesellschaft zum Vorschein kam, — und diese umfaßten bei weitem die größere Zeit des dortigen Aufenthalts — waren der vielseitigsten geistigen Thätigkeit gewidmet. Denn wie ihm früher seine wissenschaftlichen Interessen mannigfach verkümmert waren, so suchte er jetzt jede freie Minute zur Gewinnung des Versäumten anzuwenden, indem er nicht wissen konnte, wie bald der Tag, der eine andere Wirksamkeit von ihm erforderte, die Ruhe von Rheinsberg beenden möchte. Dabei besaß Friedrich ein seltenes Talent, nicht blos durch das Studium der geschriebenen Wissenschaft seinen Geist zu bereichern, sondern auch einen jeden bedeutenderen Menschen, der ihm entgegentrat, nach dessen Eigenthümlichkeit zu fassen und, theils brieflich, theils mündlich, die Kenntnisse und die Erfahrungen desselben für das eigene Wissen zu gewinnen. So diente vornehmlich ein Briefwechsel mit Grumbkow dazu, ihn in das Einzelne der politischen Verhältnisse seiner Zeit und der Verwaltungsangelegenheiten des preußischen Staates einzuführen; so ließ er sich von dem alten Fürsten Leopold von Anhalt-Dessau und von anderen Kriegsführern in den Grundsätzen der Kriegskunst unterrichten; so verkehrte er, zu ähnlichen Zwecken, mit Aerzten und Naturforschern, mit Theologen, Philosophen u. dergl. m. Seine Lectüre war mannigfacher Art; einen sehr wichtigen Theil derselben bildeten die Schriftsteller, besonders die Geschichtschreiber, des klassischen Alterthums, die Friedrich in französischen Uebersetzungen las.

Mit dem größten Eifer jedoch und mit ausdauernder Beharrlichkeit war Friedrich während dieser ganzen Zeit denjenigen Forschungen ergeben, welche die wichtigsten Interessen des Menschen umfassen; das Verhältniß des Endlichen zum Unendlichen, des Vergänglichen zum Ewigen, des Menschen zu Gott strebte er mit allen Kräften sich zur Anschauung zu bringen. Jene religiöse Zerknirschung, die ihn, den ganz Gebeugten, im Gefängnisse zu Cüstrin niedergedrückt hatte, war freilich vorübergegangen, sobald er aufs Neue Kraft und Selbstbewußtsein gewonnen hatte; wohl aber war der Eindruck mächtig genug gewesen, um ihn fortan mit Ernst auf eine würdigere Lösung des großen Räthsels hinzuweisen. Die vorgeschriebenen Satzungen einer geheimnißvollen Glaubenslehre genügten ihm nicht; nicht für das Gefühl oder für das Gemüth, für seinen hellen, scharfen Verstand forderte er Ueberzeugung. So begann er mit der Lectüre der ausgezeichnetsten französischen Kirchenredner; so suchte er durch brieflichen und mündlichen Verkehr mit den vorzüglichsten französischen Predigern Berlins, denen er die bestimmtesten Fragen zur Beantwortung vorlegte, Aufschluß und Lösung seiner Zweifel zu erhalten.

Unter den eben erwähnten Predigern war es besonders der hochbetagte Beausobre, der ihn mächtig anzog. Eine Predigt, welche er von diesem im März 1736 hörte, riß ihn zu förmlicher Begeisterung hin, und er suchte seine persönliche Bekanntschaft. Beausobre war wohl geeignet, durch die edle Würde seines Aeußeren und durch die Gewandtheit seines Benehmens Eindruck auf ihn zu machen. Nach der ersten Begrüßung, mit der ihn der Prinz empfangen, fragte dieser, der in seiner raschen Weise jede weitere Einleitung verschmähte, mit welcher Lectüre der Prediger gegenwärtig beschäftigt sei. „Ach, gnädiger Herr", erwiderte Beausobre mit dem würdevollen Tone, der ihm zur Natur geworden war, „ich las in diesem Augenblicke ein bewunderungswürdiges, ein wahrhaft göttliches Stück, dessen Eindruck ich noch an dieser Stelle empfinde." — „Und das war?" — „Der Anfang von dem Evangelium St. Johannis." — Die Antwort kam dem Kronprinzen unerwartet, und schon fürchtete er, daß der biblische Redner seine Bedürfnisse wenig verstehen werde.

Aber Beausobre wußte im weiteren Verlaufe des Gesprächs den Geist des Prinzen so lebendig zu fesseln, daß dieser mit größter Zufriedenheit den Besuch beendete und dem Prediger aus freier Anregung versprach, seinen ältesten Sohn an Kindes Statt anzunehmen. Leider starb der würdige Geistliche bald darauf, zu früh für den jungen Forscher. Friedrich hielt dankbar sein Versprechen.

Was ihm auf dem Felde der Theologie unklar blieb, suchte Friedrich nun durch ein um so gründlicheres Studium der Philosophie zu erwerben. Wolff, jener berühmte Gelehrte, der durch Friedrich Wilhelm aus Halle verbannt war, behauptete zu jener Zeit den ersten Platz in der philosophischen Wissenschaft. Seine Schriften wurden von den Gebildeten mit freudigem Danke aufgenommen. Auch Friedrich wurde durch seine Freunde an diese Quelle geführt. Er ließ sich Wolff's Logik, seine Moral, seine Metaphysik ins Französische übersetzen (denn schon hatte er sich gewöhnt, seine Gedanken nur in französischer Form zu bilden) und war rastlos bemüht, sich alle Ergebnisse seiner Forschung anzueignen, auch, wo er Mängel und Ungenügendes wahrzunehmen glaubte, mit eigener Kraft auf dem Wege der Forschung durchzudringen. So bildete sich ihm eine Weltanschauung aus, die fortan, wenn auch in manchen Einzelheiten verändert, die Grundrichtung seines Geistes bestimmte. Er kehrte zu jener Lehre der Vorherbestimmung zurück, die er schon früh auf eine schroffe Weise aufgefaßt hatte; aber er suchte sie von jener trostlosen Härte zu entkleiden und mit der Kraft des Menschen in Einklang zu bringen. Nur aus einer Ueberzeugung solcher Art konnte die todverachtende Zuversicht entspringen, mit welcher er nachmals die großen Thaten seines Lebens ausgeführt hat.

Im Allgemeinen aber gelang es Friedrich nicht, auf dem Gebiete der höheren Philosophie heimisch zu werden, und so gab er auch später seine speculativen Versuche wieder auf. Die Natur hatte ihn nicht zu beschaulicher Ruhe, sondern zur That, zur Gestaltung des Lebens berufen. So waren es auch nur diejenigen Elemente der Philosophie, die unmittelbar ins Leben eingreifen, vornehmlich das Bereich der Moral, was ihn mit dieser Wissenschaft in Verbindung erhielt. Auch sind alle seine Schriften, die sich nicht auf den Kreis historischer Gegenstände beziehen, vorzugsweise nur der Betrachtung und Erörterung moralischer Zustände gewidmet. In solcher Beziehung erscheint es fast als eine besondere Ironie des Zufalls, daß, als im Januar 1737 eben eine Reinschrift von der Uebersetzung der Wolff'schen Metaphysik vollendet war, einer von den Affen, die Friedrich sich hielt, darüber kam und das schöne Manuscript ruhig in den brennenden Kamin steckte.

Das umfassendste, das durchgreifendste Interesse gewährte Friedrich der Mann, welcher damals sich an die Spitze der geistigen Bildung Frankreichs — somit der geistigen Bildung Europas — emporgeschwungen hatte: Voltaire. Freilich waren es nicht eigenthümliche Tiefe des Wissens, nicht innere Glut der Begeisterung, was Voltaire eine so glänzende Stellung verliehen: — es war der unermüdliche Kampf, den er mit allen Waffen des Ernstes und des Spottes gegen die verjährten Vorrechte im Bereiche des Glaubens und Wissens führte; es war die helle Fackel des gesunden Menschenverstandes, mit der er in das Dunkel des Aberglaubens hineinleuchtete; es war die Behendigkeit eines Geistes, welcher fast in allen Gebieten des Wissens, in der Geschichte, der Naturkunde, der Philosophie u. s. w., nicht minder in allen Gattungen poetischer Darstellungsweise die Lehren und die Forschungen der neuen Zeit zu verbreiten und sie der Fassungskraft der Menge anzubequemen wußte; es war endlich eine Kunst des Wortes, welche durch die Reinheit der äußeren Form, durch ebenso geistreich witzigen wie zierlichen Vortrag, durch das verlockende Gewand einer üppig spielenden Phantasie das Interesse des Lesers gespannt hielt. Alles, was er schrieb, hatte einen vorzugsweise praktischen Gehalt. Und eben aus diesem Grunde fand Friedrich in Voltaire den Mann, der Das, was in der eigenen Brust

ruhte, was ihn zu Thaten treiben sollte, durch das Wort aussprach, der hiermit sein inneres Wesen vollendete und ausfüllte. Friedrich hatte sich seit früher Zeit an Voltaire's Schriften auferbaut; im Jahre 1736 wandte er sich, der vierundzwanzigjährige Königssohn, an den zweiundvierzigjährigen Schriftsteller, ihm brieflich seine Verehrung zu bezeugen, seine Freundschaft anzutragen; und es entspann sich ein Briefwechsel, der trotz mancher Störungen bis an das Ende Voltaire's, zweiundvierzig Jahre lang, fortgesetzt wurde, indem beide Naturen fort und fort auf die gegenseitige Ergänzung hingewiesen blieben. Friedrich theilte dem Freunde seine philosophischen Studien und seine dichterischen Versuche mit, jene zur Erweiterung der eignen Ansicht, diese, um sich auf ihre Fehler aufmerksam machen zu lassen. Er erwies ihm eine bis an Schwärmerei grenzende Verehrung; Voltaire's Geisteswerke waren ihm der liebste Besitz; von dem Bilde des Freundes, welches den Schmuck seiner Bibliothek ausmachte und seinem Schreibtische gegenüberhing, sagte er, es sei wie das Memnonsbild, das in den Strahlen der Sonne erklinge und den Geist Dessen, der es anschaue, lebendig mache. Voltaire's Heldengedicht, die „Henriade", beabsichtigte er in einer großen Prachtausgabe mit Kupferstichen, zu denen Knobelsdorff die Zeichnungen machen sollte, der Welt zu übergeben (ein Unternehmen, das nicht zur Vollendung kam); ein einzelner Gedanke der „Henriade", so behauptete er, wiege Homer's ganze „Iliade" auf, u. s. w. Er sandte dem Freunde mancherlei sinnige Geschenke zu, ja er schickte in der Person Keyserling's einen eignen Gesandten an Voltaire, der diesem Friedrich's Portrait, von Knobelsdorff gemalt, überbringen mußte und dafür die neuen Schriften Voltaire's, namentlich diejenigen, welche zur Zeit noch aus mancherlei Gründen das Licht zu scheuen hatten, heimbrachte. Diesen Erwerb, der mit äußerster Vorsicht bewahrt wurde, nannte Friedrich sein goldnes Bließ.

So war die Zeit, welche Friedrich in Rheinsberg zubrachte, recht eigentlich die Zeit der Vorbereitung auf den hohen Beruf, der ihn erwartete. Aber auch unmittelbar schon riefen diese Jahre sehr bemerkenswerthe Früchte hervor; verschiedene Schriften, in denen er seine Ansichten und Gesinnungen aussprach, sich selbst und Andere klar zu machen. Von geringerer Bedeutung sind unter diesen zunächst seine Gedichte. Hier zeigt sich dieselbe Erscheinung wie in Friedrich's philosophischen Studien; denn auch in ihnen tritt, wenigstens in der früheren Zeit, von welcher hier die Rede ist, zumeist nur eine praktische Bezugnahme auf das Leben, zumeist nur die Darstellung moralischer Zustände hervor. Ein wahrhaft ergreifendes Gefühl athmet vornehmlich erst in denjenigen seiner Dichtungen, welche der Zeit des siebenjährigen Krieges, als die schwere Hand des Schicksals auf ihm lag und alle geistige Spannkraft zum Widerstande hervorrief, angehören. Ungleich wichtiger und merkwürdiger als seine früheren Poesien sind zwei Abhandlungen, welche er in dieser Zeit seines Aufenthalts in Rheinsberg verfaßt hat.

Die eine derselben ist bereits im Jahre 1736 geschrieben und enthält „Betrachtungen über den gegenwärtigen Zustand des europäischen Staatensystems". Friedrich faßt hier die kritische Lage Europas nach jener Verbindung zwischen Frankreich und Oesterreich mit einer Schärfe ins Auge, die bei einem vierundzwanzigjährigen Jünglinge das höchste Erstaunen hervorruft; er bezeichnet dann die Folgen, welche nach der alten Politik beider Mächte — der unaufhörlichen Vergrößerungssucht Frankreichs, dem Streben Oesterreichs nach absoluter Herrschaft über Deutschland — aus jener Verbindung zu erwarten seien, wenn sich in den anderen Mächten keine neue Kraft entwickele. Die Schrift ist in der Vorahnung der neuen Kraft, die zu entwickeln eben Friedrich selbst bestimmt war, geschrieben. Er schließt damit, den Fürsten auf eindringliche Weise ins Ohr zu rufen, daß all ihre Schwäche nur auf ihrem falschen Glauben von sich selbst beruhe, daß nicht die Völker für sie, sondern umgekehrt sie für die Völker da seien. Das war die Lehre der neuen Zeit, welche durch Friedrich in das Leben eingeführt werden sollte und der er bis an seinen Tod treu geblieben ist. Friedrich hatte übrigens die Absicht, diese Abhandlung in England drucken zu lassen; doch unterließ er es aus guten Gründen, und so ward sie erst in seinen hinterlassenen Werken bekannt.

Die zweite Abhandlung, eine Arbeit von größerem Umfange, schrieb Friedrich im Jahre 1739. Dies ist die unter dem Namen des „Antimacchiavell“ bekannte Widerlegung des Buches vom Fürsten, welches der berühmte florentinische Geschichtschreiber Niccolo Macchiavelli im Anfange des sechzehnten Jahrhunderts verfaßt hatte. Das Buch vom Fürsten, ein Meisterwerk, wenn man die Verhältnisse, für die es ausschließlich bestimmt war und in die es wirksam eingreifen sollte, ins Auge faßt, enthält die Anweisungen, wie eine Alleinherrschaft im Staate (im florentinischen Staate jener Zeit) zu erreichen und zu behaupten sei. Friedrich faßte dasselbe allgemein, als eine Lehre des Despotismus, auf; er betrachtete Macchiavelli, der den Fürsten eine solche Lehre hinstellte, geradezu als ihren frevelhaftesten Rathgeber, ja als einen Verleumder ihrer erhabenen Pflicht. Mit begeistertem Unwillen wies er es nach, indem er den Bemerkungen des Florentiners Schritt vor Schritt folgte, wie nicht despotische und verbrecherische Handlungen, sondern nur Tugend, nur Gerechtigkeit und Güte die Richtschnur der Fürsten sein dürfe, wie nur sie ihnen ein dauerndes Glück auf dem Throne versprechen könne. Seine ganze Darstellung knüpft sich an denselben Grundsatz, mit welchem er die vorerwähnte Abhandlung geschlossen hatte, daß der Fürst nämlich nicht als der uneingeschränkte Herr der Völker, die er beherrsche, daß er vielmehr nur als ihr erster Diener zu betrachten sei. Eine unbefangene, historisch-wissenschaftliche Würdigung des Werkes, welches er bekämpfte, tritt also dem Leser nicht entgegen, im Einzelnen so wenig wie im Ganzen; aber als das ausführliche Glaubensbekenntniß, welches der Erbe einer mächtigen Krone ablegte, und zwar zu einer Zeit, in welcher die Uebernahme seines Erbes nach menschlicher Berechnung schon nahe bevorstand, ist es ein höchst denkwürdiges Buch. Auch erweckte es ein allseitiges Interesse, als es, zwar ohne Friedrich's Namen, in Holland öffentlich erschien, wo Friedrich dasselbe unter Voltaire's Augen hatte drucken lassen. Der Verfasser wurde bald genug bekannt, und alle Welt war begierig, sich zu überzeugen, inwiefern seine That mit seinem Worte übereinstimmen werde. Denn schon trug er die Krone.

Zwölftes Kapitel.

Der Tod des Vaters.

Die schönen Tage in Rheinsberg waren keineswegs ohne mancherlei Störung hingeflossen. Die Dienstgeschäfte in Ruppin, Besuche am Hofe des Vaters in Berlin, Reisen in fernere Provinzen des Staates führten Friedrich nur zu häufig auf längere oder kürzere Zeit fort; aber alle diese Unterbrechungen dienten nur dazu, den Genuß, welchen Geselligkeit, Wissenschaft und Künste darboten, um so lebhafter und inniger empfinden zu lassen.

Vor Allem war Friedrich bemüht, durch genaueste Erfüllung seiner militairischen und anderweitigen Obliegenheiten die Gunst des Königs rege zu erhalten. Er sorgte dafür, daß sein Regiment bei den jährlichen Heerschauen und Musterungen sich stets als eins der schönsten und geübtesten auszeichnete; und er hatte die Genugthuung, daß der König ihm vor der versammelten Generalität seine Zufriedenheit bezeugte. Auch war solch militairischer Eifer das beste Mittel, diese und jene Aeußerung des Mißvergnügens, welches dem Könige noch immer gegen Friedrich's geselliges und wissenschaftliches Treiben von Zeit zu Zeit auftauchte, unwirksam zu machen. Ebenso wandte Friedrich alle Mittel an, um Rekruten von ausgezeichneter Größe und Schönheit an allen Enden der Welt für das Regiment, welches der König selbst führte, anwerben zu lassen. Auch suchte er durch allerlei kleine Geschenke, welche der Garten und die Ställe von Rheinsberg in die Küche des Königs lieferten, Zeugnisse seiner Aufmerksamkeit zu geben. Alles Das war ihm durch die Regeln der Klugheit geboten; zugleich aber war es viel mehr; denn sein Gefühl gegen den Vater hatte sich durch die Anerkennung seiner unleugbaren Verdienste um das Land schon lange zu einer innigen Hochachtung gesteigert.

Auch ging in dem Charakter Friedrich Wilhelm's selbst in den letzten Jahren seines Lebens eine merkliche Veränderung vor. So berichtete Friedrich u. A. selbst, im December 1738, an einen Freund, der König habe von den Wissenschaften als etwas Schätzbarem gesprochen. „Ich bin entzückt", so fährt er fort, „und außer mir vor Freude gewesen über Das, was ich gesehen und gehört habe. Alles Löbliche, was ich sehe, giebt mir eine innere Freude, die ich kaum verbergen kann. Ich fühle die Gesinnungen der kindlichen Liebe in mir sich verdoppeln, wenn ich so vernünftige, so wahre Ansichten in dem Urheber meiner Tage bemerke." — Ein Jahr später konnte er einem andern Freunde von einer noch ungleich bedeutenderen Umwandlung im Charakter des Vaters, auf die gewiß die überlegene Geisteskraft des Sohnes nicht ohne Einfluß gewesen war, Nachricht geben. „Die Neuigkeit des Tages", so schreibt er, „ist, daß der König drei Stunden lang täglich Wolff's Philosophie liest, worüber Gott gelobt sei! So sind wir endlich zum Triumph der Vernunft gelangt." Es war Wolff's Werk von der natürlichen Theologie, welches der König damals in einem Auszuge las. Auch war Friedrich Wilhelm in dieser letzten Zeit seines Lebens eifrig bemüht, seinen früheren Fehler wieder gut zu machen und den verbannten Philosophen für sein Reich zurückzugewinnen. Dies sollte aber erst seinem Nachfolger gelingen.

Zur höchsten Ehrfurcht gegen die landesväterlichen Tugenden seines Vaters wurde Friedrich hingerissen, als er diesen im Sommer 1739 auf einer Reise nach Preußen begleitete und hier den Segen wahrnahm, den der König über eine gänzlich verödete Provinz, dieselbe, in die er jene vertriebenen Salzburger aufgenommen, verbreitet hatte. Seine Gefühle werden auch hier aufs Schönste durch seine eigenen Worte bezeugt. „Hier sind wir", so schreibt er aus Litthauen an Voltaire, „in dem Lande angekommen, das ich als das Non plus ultra der civilisirten Welt ansehe. Es ist eine nur wenig gekannte Provinz von Europa, die als eine neue Schöpfung des Königs, meines Vaters, angesehen werden kann. Litthauen war durch die Pest verheert, zwölf bis fünfzehn entvölkerte Städte und vier- bis fünfhundert unbewohnte Dörfer waren das traurige Schauspiel, das sich hier darbot. Der König hat keine Kosten gespart, um seine heilsamen Absichten auszuführen. Er baute auf, traf zweckmäßige Einrichtungen, ließ einige tausend Familien von allen Seiten Europas kommen. Die Aecker wurden urbar gemacht, das Land bevölkert, der Handel blühend, und jetzt herrscht mehr als je Ueberfluß in einer Provinz, die eine der fruchtbarsten in Deutschland ist. Und Alles, was ich Ihnen sage, ist allein das Werk des Königs, der es nicht bloß anordnete, der vielmehr die Hauptperson bei der Ausführung war, der die Pläne entwarf und sie selbst vollzog, der weder Mühe und Sorge noch ungeheure Schätze, nicht Versprechungen noch Belohnungen sparte, um einer halben Million denkender Wesen Glück und Leben zuzusichern, die ihr Wohl und ihre gute Verfassung ihm allein verdanken. Ich finde in dieser großmüthigen Arbeit, durch welche der König eine Wüste bewohnt, fruchtbar und glücklich gemacht hat, ich möchte sagen: etwas Heroisches, und ich ahne, daß Sie meine Gesinnung darüber theilen werden."

Noch ein besonderes und ganz überraschendes Zeichen der väterlichen Gnade brachte dem Kronprinzen diese preußische Reise, als ihm der König seine reichen preußischen Stutereien, die ein jährliches Einkommen von zehn- bis zwölftausend Thalern brachten, schenkte. Der Kronprinz hatte hiervon um so weniger eine Ahnung gehabt, als der König einige Zeit zuvor aufs Neue gegen ihn eingenommen gewesen war und seine Gesinnung mehrfach nicht ganz glimpflich ausgedrückt hatte; nun ward er von diesem Beweise der unerwartet zurückgekehrten und vergrößerten Zärtlichkeit so gerührt, daß er in der ersten Ueberraschung vergeblich nach dem Worte des Dankes suchte. Zugleich aber war dies Geschenk für seine ökonomischen Umstände von großer Wichtigkeit; denn immer noch reichte sein gewöhnliches Einkommen für seine Bedürfnisse bei weitem nicht aus, und er sah sich fort und fort genöthigt, bedeutende Summen im Auslande aufzunehmen. Auch diesem Uebelstande war also, für eine längere Lebensdauer des Königs, abgeholfen.

Doch stand das Ende des Königs schon nahe bevor; aber aller ernstliche Zwiespalt zwischen Vater und Sohn war nun ausgeglichen und eine immer mehr erhöhte gegenseitige Anerkennung an dessen Stelle getreten. Friedrich Wilhelm konnte das

Schicksal seiner Unterthanen vertrauensvoll in die Hände des Sohnes übergeben. In Preußen war sein altes Uebel mit erneuter Kraft ausgebrochen, und eine gefahrvolle Wassersucht mit ihren schlimmsten Symptomen hatte sich ausgebildet. Den ganzen Winter über ward er von der schweren Krankheit gepeinigt; Friedrich brachte den größten Theil des Winters in seiner Nähe zu. Von der zärtlichen Theilnahme, welche der Sohn dem Vater widmete, geben die Briefe des ersteren aus dieser Zeit Kunde.

Gegen das Frühjahr, als der Zustand des Königs einige Linderung zu verheißen schien, hatte sich Friedrich nach Rheinsberg begeben. Da berief ihn eine Staffette, welche die Nachricht von der nahe bevorstehenden Auflösung des Vaters überbrachte, zurück. Friedrich eilte nach Potsdam, wo der König die größere Zeit der Krankheit zugebracht hatte. Doch war die Lebenskraft des Vaters noch einmal aufgeflackert. Friedrich fand ihn auf öffentlichem Platze neben dem Schlosse, auf seinem Rollstuhle sitzend, dessen er sich bediente, da ihm die Füße schon geraume Zeit den Dienst versagten. Er sah der Grundsteinlegung eines benachbarten Hauses zu. Sobald er den Sohn von weitem erblickte, streckte er die Arme nach ihm aus, in die der Prinz sich weinend stürzte. In dieser Stellung verharrten sie geraume Zeit, ohne zu sprechen. Der König unterbrach endlich das Schweigen. Er sei zwar immer, so sagte er zu dem Sohne, streng gegen ihn gewesen, gleichwohl habe er ihn stets mit väterlicher Zärtlichkeit geliebt; es sei für ihn ein großer Trost, daß er ihn noch einmal wiedersehe. Friedrich erwiderte mit Worten, welche den erregten Gefühlen seines Inneren angemessen waren. Der König ließ sich hierauf in sein Zimmer bringen und unterhielt sich über eine starke Stunde lang insgeheim mit dem Sohne, indem er ihm mit seltener Stärke über alle inneren und äußeren Angelegenheiten des Reichs Rechenschaft gab. An den noch übrigen Tagen setzte er diese Unterredungen fort. Als am zweiten Tage der Kronprinz und mehrere höhere Beamte um den König waren, wandte sich dieser zu jenen und sagte zu ihnen: „Aber thut mir Gott nicht viel Gnade, daß er mir einen so braven und würdigen Sohn gegeben hat?" Friedrich erhob sich bei diesen Worten und küßte gerührt die Hand des Vaters; dieser aber zog ihn an sich, hielt ihn lange fest umschlossen und rief aus: „Mein Gott, ich sterbe zufrieden, da ich einen so würdigen Sohn und Nachfolger habe."

Wenige Tage darauf ließ der König des Morgens früh sein ganzes Gefolge, die Minister, sowie die höheren Offiziere seines Regiments zu sich in das Vorzimmer bescheiden. Hier erschien er auf seinem Rollstuhle, mit dem Mantel bedeckt, schon äußerst matt, so daß er nicht mehr laut sprechen konnte. Feierlich übergab er, indem einer der anwesenden Offiziere seinen Willen öffentlich und laut bekannt machte, sein Reich und Regiment in die Hände des Kronprinzen und ermahnte seine Unterthanen, diesem fortan ebenso treu zu sein, wie sie ihm gewesen wären. Die Handlung hatte ihn jedoch so angegriffen, daß er sich in sein Zimmer und in das Bette zurückbringen ließ. Der Kronprinz und die Königin waren ihm gefolgt. Kaltblütig ertrug er die letzten Schmerzen, die sich alsbald einstellten; unter frommem Gebete gab er seinen Geist auf. Es war der 31. Mai 1740.

Der König hatte in seinem letzten Willen eine sehr einfache Bestattung angeordnet. Friedrich befolgte diese Anordnung im Allgemeinen. Doch ließ er einige Zeit darauf ein besonderes feierliches Leichenbegängniß halten; denn er fürchtete, das Publicum, das von jenem letzten Willen des Verstorbenen keine Kunde gehabt, möchte ihn ohne eine solche Feier der Mißachtung zeihen und den Grund für letztere in seinen früheren Mißhelligkeiten mit dem Vater suchen. Friedrich selbst hat sich über diese Mißhelligkeiten nachmals, als er das Leben seines Vaters schrieb, mit der edelsten kindlichen Pietät ausgesprochen, indem er dieselben nur mit den frommen Worten berührt: „Die häuslichen Verdrießlichkeiten dieses großen Fürsten haben wir mit Stillschweigen übergangen. Man muß gegen die Fehler der Kinder, in Betracht der Tugenden ihres Vaters, einige Nachsicht üben.“

Zweites Buch
Glanz!

Dreizehntes Kapitel.

Friedrich's Regierungsantritt.

Friedrich war von tiefstem Schmerze ergriffen, als er gesehen, wie das Auge des Vaters nach bitterm Todeskampfe sich schloß. Alle kindlichen Gefühle, welche die letzten Jahre in ihm aufs Neue hervorgerufen hatten, waren im innersten Grunde erregt; die Regententugenden, durch welche Friedrich Wilhelm ihm eine seltene Bahn vorbereitet, schienen das Bild des Dahingeschiedenen mit verklärendem Glanze zu umgeben. Aber nicht in müßiger Trauer blickte Friedrich diesem Bilde nach. Er brachte dem Vater den Zoll wahrhafter Verehrung dar, indem er mit rüstiger Kraft die Bahn verfolgte, die ihm jener vorgezeichnet hatte, indem er an dem Mechanismus des Staates, den jener mit großartiger Kunst aufgeführt, in gleicher Weise fortbildete und nur in denjenigen Theilen Neues hinzufügte, wo der freie Geist, der in ihm lebte, auch freisinnige Einrichtungen erforderte. Mit rastlosem Eifer, seinen Schmerz bewältigend, gab er sich gänzlich dem hohen Berufe hin, und schon die ersten Tage seiner Regierung machten es kund, wie er das Alte festhalten, wie er Neues gründen, — wie er König sein wollte.

Gar Manchem bereitete ein solches Auftreten des jungen Königs unangenehme, Manchem auch freudige Ueberraschungen. Man war auf bedeutende Veränderungen in der Einrichtung des Staates gefaßt gewesen, man hatte geglaubt, daß die Männer, die Friedrich Wilhelm besonders nahe gestanden, die einen besonderen Einfluß auf ihn ausgeübt hatten, jetzt in ein minder ehrenvolles Dunkel zurücktreten würden. Aber Friedrich war nicht gewillt, dem wahren Verdienste eine Kränkung zuzufügen, selbst in dem Falle, daß er dabei persönliche Abneigungen aus früherer Zeit zu überwinden hatte. So wird von dem alten Kriegshelden, dem Fürsten Leopold von Dessau, der früher der österreichischen Partei des Hofes angehörte, erzählt, er sei, als er sich bei Friedrich zur Condolenz gemeldet, weinend eingetreten, habe eine Rede gehalten und gebeten, ihm und seinen Söhnen ihre Stellen in der Armee und ihm seinen bisherigen Einfluß und Ansehen zu lassen. Friedrich habe hierauf erwidert, er werde ihn in seinen bisherigen Stellen auf keine Weise beeinträchtigen, da er erwarte, daß der Fürst ihm so treu dienen werde als dem Vater; er habe aber auch hinzugefügt: was das Ansehen und den Einfluß betreffe, so werde in seiner Regierung Niemand Ansehen haben als er selbst und Niemand Einfluß. Noch mehr überraschte es, als Friedrich den bisherigen Finanzminister von Boden, dem man unwürdige Dinge Schuld gab, dem er selbst früher wenig geneigt schien, dessen große Tüchtigkeit er aber wohl zu würdigen wußte, nicht nur im Amte behielt, sondern ihm auch ein prächtiges, neu erbautes und vollständig eingerichtetes Haus zum Geschenk machte.

Andere dagegen fanden sich in den glänzenden Erwartungen, zu denen sie durch Friedrich's Regierungsantritt berechtigt zu sein glaubten, auf eine zum Theil empfindliche Weise getäuscht. So setzte sich selbst der verdiente Generallieutenant von der Schulenburg scharfem Tadel von Seiten des jungen Königs aus, als er, zwar freundschaftlicher Weise, doch ohne Urlaub, sein Regiment verlassen hatte, um mündlich zur Thronbesteigung Glück zu wünschen. So fand sich schnell eine Menge von Glücksrittern ein, denen die genialere Richtung Friedrich's leichten Erwerb zu sichern schien, während er nicht im Mindesten daran dachte, ihre thörichten Hoffnungen zu erfüllen. Die Ballen der Glückwünschungsgedichte, welche dem königlichen Dichter von allen Seiten zugesandt wurden, lohnten die Mühe des Versemachens wenig. Auch manche seiner früheren Günstlinge mußten es erfahren, daß sie seinen Charakter falsch beurtheilt hatten. Einer von diesen hatte nichts Eiligeres zu thun, als unverzüglich eine Einladung an einen Freund in Paris fertig zu machen, indem er diesem versicherte, daß er jetzt gewiß sein Glück in Berlin machen könne und daß sie dem lustigsten Leben in Friedrich's Gesellschaft entgegensehen dürften. Unglücklicherweise war Friedrich unbemerkt in das Zimmer des Schreibers getreten und hatte, über dessen Schulter blickend, den Brief gelesen. Er nahm ihn dem Schreiber aus der Hand, zerriß ihn und sprach sehr ernsthaft: „Die Possen haben nun ein Ende!"

Diejenigen aber unter Friedrich's Freunden, deren wahre Treue, deren Verdienst und Fähigkeiten erprobt waren, sahen jetzt ehrenvolle Laufbahnen vor sich; Friedrich wußte einem jeden von ihnen eine Stelle anzuweisen, auf welcher er, seiner Eigenthümlichkeit gemäß, für das Wohl des Staates nach Kräften wirksam sein konnte. Die einst unverschuldet für ihn gelitten hatten, fanden sich auf eine erhebende Weise getröstet. Der Vater seines unglücklichen Katte ward zum Feldmarschall ernannt und in den Grafenstand erhoben; auch die übrigen Verwandten Katte's erfreuten sich unausgesetzt der Gnade des Königs. Der treue Duhan wurde aus der Verbannung zurückberufen, und Friedrich bereitete ihm einen behaglichen Lebensabend. Ebenso kehrte Keith nach Berlin zurück und wurde zum Stallmeister und zum Oberstlieutenant von der Armee ernannt. Der Kammerpräsident von Münchow hatte, seit Friedrich's Aufenthalt in Cüstrin zu Ende gegangen war, manche Leiden zu erdulden gehabt; dafür wurden er und seine Söhne jetzt durch mannigfache Gnadenbezeugungen schadlos gehalten.

Gleiche Sorgfalt zeigte Friedrich für seine Geschwister, namentlich für die Erziehung und angemessene Ausbildung der jüngeren Brüder. Der Mutter bewies er bis an ihren Tod eine treue kindliche Verehrung. Als sie ihn an der Leiche des Vaters mit den Worten „Ihro Majestät" anredete, unterbrach er sie und sagte: „Nennen Sie mich immer Ihren Sohn; dieser Titel ist köstlicher für mich als die Königswürde." Mit derselben Hochachtung begegnete er seiner Gemahlin, obgleich sich bald das Gerücht verbreitete, daß er sich, da seine Ehe nicht mit Kindern gesegnet war, von ihr trennen und zu einer zweiten Ehe schreiten würde. Aber Friedrich dachte an keine Ehescheidung. Es wird im Gegentheil erzählt, daß er sie kurz nach seiner Thronbesteigung dem versammelten Hofe mit den Worten: „Das ist Ihre Königin!" vorgestellt, sie auch Angesichts der Versammelten zärtlich umarmt und geküßt habe. Das anmuthige Verhältniß indeß, welches sich zwischen Friedrich und seiner Gemahlin in der glücklichen Zeit des Rheinsberger Aufenthalts gebildet hatte, kehrte nicht zurück; sie lebten bald abgesondert von einander und sahen sich zumeist nur noch bei festlichen Gelegenheiten. Die zarte weibliche Frömmigkeit, welche das innerste Seelenleben dieser seltenen Fürstin ausmachte, stimmte vielleicht zu wenig mit der Schärfe des Verstandes überein, welche Friedrich in freier Kraft als Maßstab an die heiligen Ueberlieferungen legte. Wohl aber ließ es sich Friedrich angelegen sein, sie in allen den Ehren, welche der regierenden Königin zukamen, zu erhalten, und eifersüchtig wachte er darüber, daß ihr auch von den Gesandten fremder Mächte der gebührende Zoll der Ehrfurcht dargebracht wurde. Dafür bewies sie ihm bis an seinen Tod die rührendste Theilnahme und Ergebenheit.

Ueber die Weise, in welcher Friedrich die Verwaltung seines Landes geübt wissen wollte, sprach er sich selbst unmittelbar nach seiner Thronbesteigung aus, als die Staatsminister, am 2. Juni, vor ihm zur Eidesleistung erschienen. Seine hochherzige Erklärung, welche in dieser Beziehung in der That die Richtschnur seines Lebens geworden ist, lautete also: „Ob Wir euch gleich" — so redete er die Minister an — „sehr danken wollen für die treuen Dienste, welche ihr Unseres Höchstgeliebtesten Herrn Vaters Majestät erwiesen habet; so ist doch ferner Unsere Meinung nicht, daß ihr Uns inskünftige bereichern und Unsere armen Unterthanen unterdrücken sollet, sondern ihr sollt hergegen verbunden sein, vermöge gegenwärtigen Befehls, mit ebenso vieler Sorgfalt für das Beste des Landes als für Unser Bestes zu wachen, um so viel mehr, da Wir keinen Unterschied wissen wollen zwischen Unserm eigenen besondern und des Landes Vortheil, und ihr diesen sowohl als jenen in allen Dingen

vor Augen haben müsset; ja des Landes Vortheil muß den Vorzug vor Unserm eigenen besonderen haben, wenn sich beide nicht mit einander vertragen."

Diese Gesinnungen der Treue gegen sein Volk, die bei den Fürsten jener Zeit selten geworden waren, bethätigte Friedrich zu gleicher Zeit auf eine Weise, die ihm allgemeine Liebe bereiten mußte. Der letzte Winter hatte länger als ein halbes Jahr in anhaltender Strenge über dem Lande gelegen: allgemeine Theurung, Hungersnoth an vielen Orten waren die Folge davon. Die Stimme des Elends aber hatte das Ohr des jungen Königs schnell erreicht. Schon am zweiten Tage nach seinem Regierungsantritt ließ er die reichlich gefüllten Kornspeicher öffnen und das

Getreide zu sehr wohlfeilen Preisen verkaufen. Wo die Vorräthe nicht zureichten, wurden bedeutende Summen ins Ausland geschickt, um Getreide zu gleichem Zwecke aufzukaufen. Ebenso wurden die königlichen Forstämter angewiesen, das erlegte Wild für geringe Preise auszubieten. Mehrere Abgaben, welche auf dem Erwerb der Nahrungsmittel lasteten, wurden für einige Zeit gänzlich aufgehoben. Endlich wurden größere und kleinere Summen, die man durch verschiedene Ersparnisse im Staatshaushalte gewann, baar unter die Dürftigsten vertheilt. So mochte der Jubelruf, der dem jungen Könige überall, wo er öffentlich erschien, entgegentönte, wohl aus dem Herzen des Volkes kommen. Aber auch darauf, wie der Wohlstand des Volkes durch innerlich fortwirkende Mittel zu heben sei, war Friedrich schon in den ersten Tagen seiner Regierung eifrig bedacht; über die Verbesserung und Vermehrung der Manufacturen erschienen wohlthätige Anordnungen; erfahrenen Arbeitern, welche sich aus der Fremde in die preußischen Staaten übersiedeln wollten, wurden wesentliche Vortheile zugesichert.

Nicht minder hatte es Friedrich sehr deutlich erkannt, welchen Werth für die zerstreuten Länder des preußischen Staates der Schutz eines mächtigen Kriegsheeres hatte und welche Wichtigkeit dasselbe bei veränderten politischen Umständen seiner Regierung geben konnte. So wenig seine Natur ursprünglich mit der Strenge des militairischen Dienstes übereinzustimmen schien, so eifrig sorgte er jetzt für die fortgesetzte Uebung desselben. Nur was als ein überflüssiger Luxus in den militairischen Angelegenheiten zu betrachten war, ward auf eine vortheilhafte Weise umgeändert. Dies war namentlich der Fall mit der berühmten Riesengarde, welche der verstorbene König zu seinem besonderen Vergnügen in Potsdam gehalten hatte. Aber es wird auch berichtet, daß Friedrich Wilhelm selbst, kurz vor seinem Tode, seinem Sohne von den ungeheuren Summen, welche die Unterhaltung dieses Corps gekostet, Rechenschaft gegeben und daß er ihm zur Auflösung desselben gerathen habe. So erschien dasselbe am 22. Juni zum letzten Mal, die Leichenfeier seines Stifters zu verherrlichen; unmittelbar darauf wurde es unter andere Regimenter vertheilt. Dadurch gewann Friedrich die Mittel, seine Kriegsmacht schon im Verlauf weniger Wochen um mehr als zehntausend Mann zu verstärken. Sonst ward auch für einen ehrenhaften Schmuck des kriegerischen Lebens gesorgt. Alle Fahnen und Standarten der Armee erhielten den preußischen schwarzen Adler mit Schwert und Scepter in den Klauen und mit der Beischrift: „Für Ruhm und Vaterland" (Pro Gloria et Patria).

Die wesentlichsten Veränderungen, mit denen Friedrich auftrat, betrafen diejenigen Elemente des Lebens, welche seinem Vater am fernsten gelegen hatten. Friedrich Wilhelm hatte nur das materielle Wohl seines Staates im Auge gehabt; der Geist lag in Fesseln. Friedrich gab dem Gedanken Freiheit und gewann hierdurch für die Macht seines Staates eine Stütze, die gewaltiger ist als Schwerter und Feuerschlünde. Oeffentliche Rede war unter seinem Vater nicht verstattet gewesen; die Zeitungsblätter, anfangs ganz verboten, hernach unter drückenden Einschränkungen erlaubt, hatten nur ein kümmerliches Dasein gefristet. Kurz nach Friedrich's Thronbesteigung erschienen auf seine Veranlassung zwei Zeitungen, die bald Bedeutung erlangten und für die er selbst einzelne Artikel lieferte. Für eine Akademie der Wissenschaften wurde der Grund gelegt und vorzügliche Gelehrte aus verschiedenen Ländern nach Berlin berufen. Besonders ließ es sich Friedrich angelegen sein, den Philosophen Wolff für die heimische Wissenschaft wiederzugewinnen; dem Propste Reinbeck, dem er dies Geschäft übertrug, schrieb er: ein Mensch, der die Wahrheit suche und sie liebe, müsse unter aller menschlichen Gesellschaft werth gehalten werden; er glaube, daß Reinbeck eine Eroberung im Lande der Wahrheit machen werde, wenn es ihm gelinge, Wolff zur Rückkehr zu bewegen. Wolff folgte dem Begehren seines erhabenen Schülers und kehrte nach Halle zurück, wo er ehrenvoll aufgenommen wurde. Auch erschien alsbald ein ausdrücklicher königlicher Befehl, demzufolge nur diejenigen Landeskinder, welche zwei Jahre auf einer preußischen Universität studirt, eine Anstellung im Staate zu erwarten haben sollten. Die Gesellschaft der Freimaurer wurde öffentlich anerkannt; Friedrich selbst hielt bald nach seiner Thronbesteigung eine feierliche Loge, in welcher er den Meisterstuhl einnahm.

Aus solcher Geistesrichtung entsprang endlich auch eine freisinnigere Gestaltung anderer Lebensverhältnisse. Religiöse Duldung war einer der wichtigsten Grundsätze, mit denen Friedrich seine Regierung begann und thätig alten Mißbräuchen oder einseitiger Beschränkung gegenübertrat. Ein zweiter Grundsatz war: geläuterte, vernunftmäßige Rechtspflege. Aber um eine solche in das Leben einzuführen, bedurfte es eines weise durchdachten, kunstreich aufgeführten Baues. Vorerst erschienen einige Verordnungen, welche wenigstens geeignet waren, das Licht der neuen Zeit, das in Friedrich's Hand ruhte, erkennen zu lassen. So ist namentlich anzuführen, daß schon am dritten Tage seiner Regierung das unmenschliche Gerichtsverfahren der Folter (bis auf einige außerordentliche Ausnahmen, für welche dasselbe aber einige Jahre später ebenfalls verschwand) durch königlichen Befehl aufgehoben wurde. Die übrigen Staaten sind diesem Beispiele erst viel später gefolgt.

Alles aber, was Friedrich in solcher Weise in den ersten Monaten seiner Regierung einrichtete, war sein eignes Werk; die Minister hatten nur seine Befehle auszuführen. Durch eine außerordentliche Thätigkeit, durch die strengste Eintheilung der Zeit machte er es möglich, — was bis dahin unerhört gewesen war, — daß er Alles beobachten, prüfen, leiten konnte. Und doch gebrach es ihm hierbei nicht an Zeit, um auch den Künsten, namentlich der Musik und Poesie, einige heitere Stunden widmen zu können; aber der Genuß der Kunst diente wiederum nur dazu, seinem Geiste neue Schwungkraft zu geben. Die vortheilhaftesten Zeugnisse über diese ganz außerordentliche Geschäftsführung enthalten die Berichte der damaligen, in Berlin anwesenden fremden Gesandten an ihre Regierungen. Sie klagen, daß der König sein eigner Minister sei, daß man Niemand finde, dem er sich ganz mittheile und durch dessen Hülfe man Kenntniß und Einfluß erlangen könne. Auch wird hinzugesetzt, es sei das Beste, wenn man gegen diesen jungen König — dem herkömmlichen Gebrauche sehr zuwider — ein offenes Verfahren beobachte.

In der Mitte Juli begab sich Friedrich nach Königsberg in Preußen, die Erbhuldigung der preußischen Stände zu empfangen. Dort hatte sich sein Großvater die preußische Königskrone aufgesetzt. Aber Friedrich Wilhelm schon verschmähte diese äußerliche Ceremonie, und auch Friedrich fand es nicht für nöthig, dieselbe wieder einzuführen. „Ich reise jetzt (so äußerte er sich kurze Zeit vorher in einem Schreiben an Voltaire) nach Preußen, um mir da ohne das heilige Oelfläschchen und ohne die unnützen und nichtigen Ceremonien huldigen zu lassen, welche Ignoranz eingeführt hat und die nun von der hergebrachten Gewohnheit begünstiget werden.“ Die Huldigung fand am 20. Juli statt. Ueber die dabei nöthigen Förmlichkeiten hatte er sich durch einen in solchen Dingen erfahrenen Freund, der ihn begleitete, unterrichten lassen. Nachher fragte er diesen, ob er seine Sache gut gemacht habe. — „O ja, Sire“, antwortete der Gefragte; „aber Einer machte es doch noch besser.“ — „Und der war?“ — „Ludwig der Fünfzehnte.“ — „Ich aber“, setzte Friedrich mit Laune hinzu, „kenne Einen, der es noch besser machte.“ — „Und der war?“ — „Baron!“ (Ein bekannter französischer Schauspieler.)

Uebrigens war Friedrich mit den Tagen seines Aufenthalts in Königsberg zufrieden. Die Huldigungspredigt, welche der Oberhofprediger Quandt hielt, fand seinen entschiedenen Beifall; schon früher hatte er Quandt mit Theilnahme gehört, und noch am Abend seines Lebens, in einer Schrift über deutsche Literatur, erwähnte er seiner als des vorzüglichsten Redners, den Deutschland je besessen. Besonderes Vergnügen bereitete ihm ein Fackelzug, den ihm die Königsberger Studenten unter Musikbegleitung brachten; er ließ ihnen zum Dank ein reichliches Trinkgelage veranstalten. Auch die Uebungen des Königsberger Militairs fielen zu seiner Zufriedenheit aus. Er aber bezeichnete diese Tage wiederum durch zahlreiche Wohlthaten, welche er der Stadt und der gesammten Provinz zukommen ließ, den Wahlspruch der bei der Huldigung ausgeworfenen Medaillen — „Glück des Volkes“ — durch die That bewährend.

Nachdem Friedrich aus Preußen zurückgekehrt war, erfolgte in Berlin, am 2. August, die Erbhuldigung der kurmärkischen Stände. Das Volk rief, als Friedrich nach der Ceremonie auf den Balkon des Schlosses hinaustrat, dreimal mit freudiger Seele: „Es lebe der König!“ Gegen die Gewohnheit und Etikette blieb er eine halbe Stunde auf dem Balkon, mit festem, aufmerksamem Blick auf die unermeßliche Menge vor dem Schlosse hinabschauend; er schien in tiefe Betrachtung verloren. — Die Medaillen, welche in Berlin ausgeworfen wurden, führten den Wahlspruch: „Für Wahrheit und Gerechtigkeit.“

Kurze Zeit darauf verließ Friedrich Berlin aufs Neue, um die Huldigung in den westphälischen Provinzen des Staates einzunehmen. Vorher besuchte er seine ältere Schwester, die Markgräfin von Baireuth, in ihrer Residenz. Von hier machte

er in raschem Fluge einen Abstecher nach Straßburg, um einmal französischen Boden zu betreten und französische Truppen zu sehen. Um indeß unbekannt zu bleiben, hatte er den Namen eines Grafen von Four angenommen und nur geringes Gefolge mitgeführt. Seine ganze Equipage bestand in zwei Wagen. Als die Gesellschaft in Kehl (Straßburg gegenüber, auf der deutschen Seite des Rheins) ankam, machte der dortige Wirth den Kammerdiener Friedrich's aufmerksam, daß man jenseits sogleich die Pässe vorzeigen müsse. Der Kammerdiener setzte also einen Paß auf, ließ Friedrich unterschreiben und drückte dann das königliche Siegel darunter. Dem Wirthe war ein so kurzes Verfahren selten vorgekommen; aber schnell errieth er, von wem allein dasselbe ausgehen konnte, und man hatte Mühe, den Hocherfreuten zum Stillschweigen zu verpflichten.

In Straßburg angekommen, ließ sich Friedrich sogleich, um ganz als Franzose auftreten zu können, französische Kleider nach neuestem Geschmacke anfertigen. In einem Kaffeehause machte er die Bekanntschaft französischer Offiziere, die er zu sich zur Abendtafel einlud; die geschmackvolle Bewirthung, der Geist und die Anmuth seiner Unterhaltung entzückten seine Gäste, aber vergebens bemühten sie sich, die Geheimnisse ihres Wirthes zu erforschen. Am nächsten Tage besuchte Friedrich die Parade. Hier erkannte ihn ein Soldat, der früher in preußischen Diensten gestanden hatte; augenblicklich wurde es dem Gouverneur, Marschall von Broglio, berichtet, und Friedrich war nicht im Stande, die Ehrenbezeugungen des Marschalls ganz zu beseitigen. Nun verbreitete sich die Nachricht durch die ganze Stadt; das Volk war entzückt, den jungen König, dessen Ruhm schon vor seiner Thronbesteigung durch die Welt erklungen war, in seiner Nähe zu wissen. Der Schneider, der die neuen Kleider gefertigt, wollte keine Bezahlung annehmen und sich durchaus nur mit der Ehre, für den Preußenkönig gearbeitet zu haben, begnügen. Am Abend wurden rings in den Straßen Freudenfeuer angezündet; überall hörte man den Jubelruf: „Vive le roi de Prusse!“

Von Straßburg begab sich Friedrich den Rhein abwärts nach Wesel. Diesmal wurde die Rheinreise nicht mit so bangen Gefühlen zurückgelegt als vor zehn Jahren, da Friedrich in engem Gewahrsam als ein schmachvoll Gefangener geführt ward. Doch verkümmerte ein Fieber, das sich einstellte und längere Zeit anhielt, den Genuß der schönen Fahrt. Das Fieber war auch die Ursache, daß Friedrich nicht, wie er beabsichtigt hatte, nach Brabant ging, um Voltaire aufzusuchen, der sich gegenwärtig dort aufhielt. Dafür indeß bedurfte es nur des ausgesprochenen Wunsches, und Voltaire fand sich bereitwillig vor seinem hohen Verehrer auf dem Schlosse Moyland bei Cleve ein. Friedrich war angegriffen von der Krankheit; er bedauerte, daß ihm die nöthige Spannkraft fehle, um einem so großen Geiste würdig entgegentreten zu können. Doch war er von der Persönlichkeit des Gefeierten ebenso entzückt wie früher von seinen Werken. „Voltaire ist so beredt (schrieb Friedrich kurze Zeit nach diesem Besuche an Jordan) wie Cicero, so angenehm wie Plinius, so weise wie Agrippa; mit Einem Worte: er vereinigt in sich alle Tugenden und Talente der drei größten Männer des Alterthums. Sein Geist arbeitet unaufhörlich, jeder Tropfen Tinte, der aus seiner Feder fließt, wird zu einem witzigen Einfall. Er hat uns sein herrliches Trauerspiel „Mahomet“ vordeclamirt; wir waren entzückt davon; ich konnte es nur bewundern und schweigen.“ — „Du wirst mich (fügt

Friedrich später hinzu) bei meiner Zurückkunft sehr geschwätzig finden; aber erinnere dich, daß ich zwei Gegenstände gesehen habe, die mir immer am Herzen lagen: Voltaire und französische Truppen."

Auf der Rückreise wohnte Friedrich in Salzdahlum der Verlobung seines Bruders, des Prinzen August Wilhelm, mit der Schwester seiner Gemahlin, der braunschweigischen Prinzessin Louise Amalie, bei.

Die Huldigungsreise nach Westphalen hatte Friedrich zu einer politischen Demonstration veranlaßt, welche sehr geeignet war, seinen Charakter in den Verhältnissen der Politik erkennen zu lassen. Doch auch schon früher, ehe noch die ersten drei Wochen seiner Regierung verflossen waren, hatte er ein ähnliches, wenngleich minder augenfälliges Beispiel gegeben. Der Kurfürst von Mainz hatte nämlich zum Nachtheile des Landgrafen von Hessen-Cassel und Grafen von Hanau, eines Erbverbrüderten des Hauses Brandenburg, ungegründete Ansprüche auf einen hanauischen Ort gemacht. Friedrich sandte am 19. Juni dem Kurfürsten eine ernstliche Ermahnung, von seinem Vorhaben abzustehen und die Ruhe des Reiches ungestört zu lassen. Die Folge hiervon war, daß der Kurfürst seine Truppen zurückzog.

Wichtiger, wie gesagt, war das zweite Ereigniß. Preußen war durch Erbschaft in den Besitz der Herrschaft Herstal an der Maas, im Bezirke des Bisthums Lüttich, gekommen. Herstal hatte sich unter König Friedrich Wilhelm empört und war von dem Bischof von Lüttich, den nach dem Besitze desselben gelüstete, in Schutz genommen worden. Friedrich Wilhelm hatte vergebens versucht, die Angelegenheit auf gütlichem Wege beizulegen. Jetzt weigerte sich Herstal, ebenfalls unter dem Schutze des Bischofs, Friedrich den Huldigungseid zu leisten. Friedrich schickte deshalb von Wesel aus einen seiner höheren Staatsbeamten an den Bischof und ließ diesen dringend zu einer bestimmten Erklärung über sein Benehmen auffordern, indem er ihm zugleich die Folgen andeutete, denen er sich dadurch aussetzen dürfte. Die Erklärung blieb aus, und sofort rückten 1600 Mann preußischer Truppen in das Gebiet des Bischofs ein. Dieser wandte sich in seiner Noth an alle benachbarten Fürsten, namentlich auch an den Kaiser. Der letztere schrieb nachdrücklich an Friedrich, daß er, statt sich eigenmächtig Recht zu verschaffen, seine Klage vor den Reichstag bringen solle. Aber Friedrich, der wohl wußte, wie wenig dadurch erreicht werde, rechtfertigte sich durch eine Gegenschrift und zog seine Truppen nicht zurück. Nun bequemte sich der Bischof zur Unterhandlung mit Friedrich, und schon am 20. October kam ein Vertrag zu Stande, demzufolge Friedrich dem Bischof die Herrschaft Herstal für eine bedeutende Geldsumme überließ. Die Entfernung der Lage Herstals von seinen übrigen Staaten mochte ihn vornehmlich zu diesem Verkaufe bewegen.

So hatte Friedrich im Verlauf der ersten fünf Monate die Art und Weise seiner Regierung angekündigt. Aber die freie, selbstständige Kraft, mit welcher er überall auftrat, dünkte seinen Zeitgenossen zu fremd, zu seltsam, als daß sie die Größe dieser Erscheinung schon jetzt zu würdigen vermocht hätten. Indeß hatte die Stunde bereits geschlagen, die ihm eine leuchtendere Bahn aufschließen, die sein Bild auch dem blöderen Auge deutlich erkennbar machen sollte.

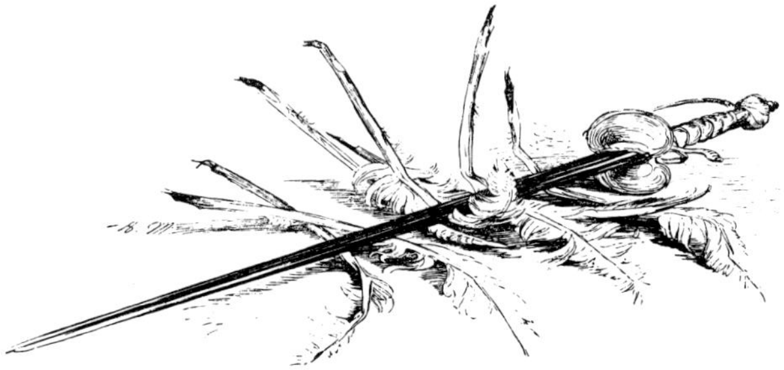

Vierzehntes Capitel.

Ausbruch des ersten schlesischen Krieges.

Unter den Aussichten auf mancherlei behaglichen Genuß hatte man den Herbst begonnen. Voltaire war auf Friedrich's Einladung nach Berlin gekommen; man konnte sich jetzt lebhafter und minder gestört als bei jenem ersten flüchtigen Zusammentreffen gegen einander aussprechen. Neben Voltaire waren noch andre geistreiche Männer um Friedrich versammelt. Auch seine beiden Schwestern, die Markgräfinnen von Baireuth und von Anspach, kamen zum Besuche. Wissenschaftlicher Verkehr, Concerte, Festlichkeiten schienen eine längere Reihe von heiteren Tagen anzukündigen.

Da brachte ein Eilbote die Nachricht, daß Kaiser Karl VI. am 20. October (1740) gestorben sei. Friedrich war eben in Rheinsberg, wo er sich von erneuten Fieberanfällen, die periodisch wiederkehrten, zu erholen suchte. Mit Gewalt schüttelte er das Fieber von sich und begann die Ausführung Dessen, was er lange schon im Innern vorbereitet hatte. „Jetzt ist die Zeit da (so schrieb er in einem Billet an

Voltaire), wo das alte politische System eine gänzliche Aenderung erleiden kann; der Stein ist losgerissen, der auf Nebukadnezar's Bild von viererlei Metallen rollen und sie alle zermalmen wird."

Das Bild, das weiland König Nebukadnezar im Traume gesehen hatte und das ihm der Prophet Daniel ausdeuten mußte, war aus Metallen stattlich erbaut, aber in den Füßen waren Eisen und Thon gemischt, so daß es dem Stoße nicht zu widerstehen vermochte. So war auch die österreichische Herrschaft beschaffen. Das große Reich war ohne innere Kraft; ein unglücklich geführter Türkenkrieg hatte in den letzten Jahren auch die letzten Hülfsmittel erschöpft. Prinz Eugen, lange Zeit die Stütze des Reiches, war gestorben, ohne daß seine Stelle durch einen Andern hätte ersetzt werden können. Karl VI. hatte es als die Aufgabe seines Lebens betrachtet, für das Erbfolgerecht seiner Tochter Maria Theresia die Gewährleistung aller bedeutenderen Mächte Europas zu erlangen; Eugen's Rath, die pragmatische Sanction lieber durch ein Heer von 180,000 Mann als durch ein flüchtiges Versprechen zu sichern, war unbeachtet geblieben. Preußen dagegen strebte in jugendlicher Frische empor. Oft zwar hatte man über König Friedrich Wilhelm gespottet, daß er unmäßige Kosten auf sein Kriegsheer verwendet und doch dasselbe seit geraumer Zeit in keine Schlacht geführt habe; aber das Dasein dieses Kriegsheeres ließ sich nicht wegleugnen, und es war geübt wie kein zweites. Zugleich waren seine Provinzen blühend, die Einkünfte verhältnißmäßig bedeutend, keine Schulden belasteten den Staat, im königlichen Schatze befanden sich baar nahe an neun Millionen Thaler. Mit solchen Mitteln konnte ein kräftiger, männlicher Geist es wagen, selbständig in das Rad der Geschichte einzugreifen und seiner Größe, seinem inneren Berufe Anerkennung zu verschaffen.

Oesterreich hatte schon seit Jahrhunderten gegen den brandenburgisch-preußischen Staat eine fast mehr als zweideutige Rolle gespielt. Von den Verhältnissen zu Friedrich Wilhelm ist in der Jugendgeschichte seines Sohnes Erwähnung geschehen; seine Ansprüche auf Jülich und Berg waren von dem Kaiser zu gleicher Zeit anerkannt und denen anderer Prätendenten nachgesetzt worden. Friedrich hätte jetzt, auf seine Militairmacht gestützt, diese Ansprüche aufs Neue geltend machen können; aber er sah die Größe der Gefahr, der er sich hierbei aussetzen mußte, zu wohl ein; er hätte zu viele Mitbewerber gegen sich gehabt und er hätte sein ganzes Reich von Truppen entblößen müssen, um alle Macht auf diesem einen entlegenen Punkte zusammenzuziehen. Ungleich wichtiger waren andere Ansprüche, die Friedrich, und zwar mit entschiedenem Rechte, erheben durfte, die ihm, unter den gegenwärtigen Umständen, einen minder gefahrvollen Erwerb, seinem Staate einen glänzenderen Gewinn zu sichern schienen. In Schlesien nämlich waren seinen früheren Vorfahren mehrere Fürstenthümer — Jägerndorf, Liegnitz, Brieg und Wohlau, in den verschiedenen Theilen des Landes belegen, — zu verschiedenen Zeiten erblich zugefallen; aber sie waren stets von dem kaiserlichen Hofe ungebührlicher Weise zurückgehalten worden. Diese Angelegenheit hatte schon früher zu manchen Streitigkeiten geführt. Unter dem großen Kurfürsten endlich, als man dessen Hülfe gegen die Türken bedurfte, hatte der österreichische Hof ein scheinbares Abkommen getroffen, indem an Brandenburg statt jener Fürstenthümer ein freilich viel kleinerer Theil, der schwiebusische Kreis, überlassen ward; zuvor aber hatte man den Sohn des Kurfürsten durch allerlei Vorspiegelungen dahin gebracht, daß dieser heimlich versprach, auch jenen Kreis nach seiner Thronbesteigung wieder an Oesterreich zurückzugeben. Als dieser nun — der nachmalige König Friedrich I. — zur Regierung kam und den Ministern sein heimliches Versprechen mittheilte, wurden ihm über die Ränke des kaiserlichen Hofes die Augen geöffnet. Zwar ward er in der That genöthigt, sein Versprechen zu halten; aber er that es mit den Worten, daß er es seinen Nachkommen überlasse, ihr Recht in Schlesien auszuführen. „Giebt es Gott und Zeit (so sprach er) nicht anders als jetzt, so müssen wir zufrieden sein; schickt es aber Gott anders, so werden meine Nachkommen schon wissen und erfahren, was sie desfalls dereinst zu thun und zu lassen haben.“

Friedrich wußte, was er zu thun habe. Der lebhafte Drang, der den jungen König zu ruhmvollen Thaten trieb, hatte ein würdiges Ziel gefunden; unendliche Dauer der Reichsprocesse konnte hier nicht zum erwünschten Erfolge führen; die günstige Gelegenheit mußte schnell gefaßt, das Recht durch die Kraft vertreten werden.

Friedrich bedurfte keiner langen Vorbereitungen, um sich zur Erwerbung seines Rechts auf einen kriegerischen Fuß zu setzen. Sein Plan ward nur wenigen Vertrauten mitgetheilt. Aber die ungewöhnlichen Bewegungen, die auch zu dieser kurzen Vorbereitung nöthig waren, die Truppenmärsche, Artilleriezüge, die Einrichtung der Magazine und dergleichen gaben es kund, daß irgend ein großes Unternehmen im Werke war. Alles ward von Staunen und von Neugier erfüllt; die verschiedensten Gerüchte brachte man in Umlauf; die Diplomaten sandten und empfingen Couriere, ohne mit Bestimmtheit den Plan des Königs errathen zu können. Absichtlich hatte dieser einige Truppenmärsche so angeordnet, daß man vorerst eher an eine Rheincampagne, wegen Jülich und Berg, als an Schlesien dachte. Die verkehrten Meinungen, die im Publicum herüber- und hinüberwogten, machten ihm große Freude. „Schreib' mir viel Possirliches (so heißt es in einem Briefe Friedrich's aus Ruppin an Jordan), was man sagt, was man denkt und was man thut. Berlin soll jetzt aussehen wie Frau Bellona in Kindesnöthen; hoffentlich wird sie ein hübsches Früchtchen zur Welt bringen und ich durch irgend einige kühne und glückliche Unternehmungen das Vertrauen des Publicums gewinnen. Da wär' ich denn endlich in einer der glücklichsten Lagen meines Lebens und in Conjuncturen, die einen sichern Grund zu meinem Ruhme legen können!"

Indeß konnte es auf die Länge nicht verborgen bleiben, daß die preußischen Truppen sich an der schlesischen Grenze zusammenzogen. Der österreichische Hof ward durch seinen Gesandten in Berlin von der Gefahr benachrichtigt; der Staatsrath Maria Theresia's schrieb aber zurück, daß er diesen Nachrichten Glauben weder beimessen wolle noch könne. Doch ward noch ein zweiter Gesandter, der Marquis Botta, von Wien nach Berlin geschickt, die preußischen Unternehmungen genauer zu erforschen. Diesem ward der Plan des Königs bald deutlich genug. Bei seiner Antrittsaudienz nahm er Gelegenheit, zu Friedrich mit Nachdruck von den Ungemächlichkeiten der Reise, die er so eben gemacht, zu sprechen, besonders von den schlechten Wegen in Schlesien, die gegenwärtig durch Ueberschwemmungen so verdorben seien, daß man nicht durchkommen könne. Friedrich durchschaute die Absicht des Gesandten, hatte indeß noch nicht Lust, sich näher zu erklären; er erwiderte trocken, das Schlimmste, was Einem auf solchen Wegen begegnen könne, sei, sich zu beschmutzen.

Im December war Alles zum Beginn des Unternehmens bereit. Der Plan, Schlesien zu besetzen, hörte jetzt auf, ein Geheimniß zu sein. Friedrich schickte einen Gesandten, den Grafen Gotter, nach Wien, um dem österreichischen Hause seine Ansprüche auf Schlesien und die Anerbietungen, zu denen er sich bei deren Gewährleistung verpflichten wolle, vorzulegen. Er selbst gab, ehe er zu seinen Truppen abging, dem Marquis Botta noch eine Abschiedsaudienz, in welcher er nunmehr auch diesen von seinem Plane unterrichtete. „Sire," rief Botta aus, „Sie werden das Haus

Oesterreich zu Grunde richten, und Sie stürzen sich selbst zugleich in den Abgrund!" Friedrich entgegnete, daß es nur von Maria Theresia abhängen werde, die ihr gemachten Vorschläge anzunehmen. Nach einer Pause fing Botta mit ironischem Tone wieder an: „Ihre Truppen sind schön, Sire, das gestehe ich. Unsere haben diesen Anschein nicht, aber sie haben vor dem Schuß gestanden. Bedenken Sie, ich beschwöre Sie, was Sie thun wollen." Der König ward ungeduldig und versetzte lebhaft: „Sie finden meine Truppen schön: bald werden Sie bekennen, daß sie auch gut sind!"

Andere Vorstellungen, welche der Gesandte noch versuchte, brach Friedrich mit dem Bemerken ab, es sei zu spät, der Schritt über den Rubicon sei schon gethan.

Ehe Friedrich aufbrach, berief er noch einmal seine Offiziere zu sich und nahm von ihnen mit folgenden Worten Abschied: „Ich unternehme einen Krieg, meine

Herren, worin ich keine anderen Bundesgenossen habe als Ihre Tapferkeit und Ihren guten Willen. Meine Sache ist gerecht, und meinen Beistand suche ich bei dem Glücke. Erinnern Sie sich beständig des Ruhms, den Ihre Vorfahren sich erwarben auf den Schlachtfeldern von Warschau, von Fehrbellin und auf dem preußischen Zuge (den berühmtesten Siegen des großen Kurfürsten). Ihr Schicksal ist in Ihren eignen Händen; Ehrenzeichen und Belohnungen warten nur darauf, daß Sie sie durch glänzende Thaten verdienen. Aber ich habe nicht nöthig, Sie zum Ruhme anzufeuern, nur er steht Ihnen vor Augen, nur er ist ein würdiger Gegenstand für Ihre Bemühungen. Wir werden Truppen angreifen, die unter dem Prinzen Eugen den größten Ruf hatten. Zwar ist dieser Prinz nicht mehr; aber unser Ruhm wird beim Siege nicht minder groß sein, da wir uns mit so braven Soldaten werden zu messen haben. Leben Sie wohl! Reisen Sie ab! Ohne Verzug folge ich Ihnen zu dem Sammelplatze des Ruhms, der unsrer wartet!"

Am 13. December war ein großer Maskenball im königlichen Schlosse. Während die Geigen und Trompeten lustige Tanzmelodien erklingen ließen und die Masken bunt durch einander wirbelten, ward Alles zur Abreise des Königs zurecht gemacht. Unbemerkt verließ er die Residenz und eilte der schlesischen Grenze zu. Am 14. traf er in Crossen, nahe an der Grenze, ein. An demselben Tage zerbrach in der Hauptkirche von Crossen der Glockenstuhl und die Glocke fiel zur Erde. Das machte die Soldaten des Königs bang, denn man hielt es für ein böses Zeichen. Friedrich aber wußte dem Vorfall eine günstigere Prophezeiung abzugewinnen; er hieß die Seinen gutes Muthes sein: das Hohe, so deutete er den Sturz der Glocke, werde erniedrigt werden. Oesterreich aber war natürlich im Verhältniß zu Preußen das Hohe, und so gewannen Die, welche eben gezagt hatten, neue Zuversicht auf siegreichen Erfolg.

Am 16. December betrat Friedrich den schlesischen Boden. An der Grenze fand er zwei Abgesandte, welche der protestantische Theil der Einwohnerschaft der festen Stadt Glogau ihm entgegengeschickt hatte. Sie baten ihn, falls er zur Belagerung von Glogau schreite, so möge er die Gnade haben, den Angriff nicht von derjenigen Seite der Stadt zu machen, auf welcher sich die protestantische Kirche befinde. Diese Kirche stand nämlich außerhalb der Festungswerke, und der Commandant von Glogau, Graf Wallis, beabsichtigte, dieselbe, sowie er es bereits mit einigen anderen Gebäuden gethan hatte, niederbrennen zu lassen, damit Friedrich nicht an sie einen Angriff stützen könne. Friedrich hatte seinen Wagen halten lassen, als die beiden Abgeordneten ihre Bitte vortrugen. „Ihr seid die ersten Schlesier", so gab er ihnen zur Antwort, „die mich ur eine Gnade bitten, sie soll Euch auch gewährt werden." Unverzüglich ward ein reitender Bote an den Grafen Wallis abgefertigt, mit dem Versprechen, ihn nicht von jener Seite anzugreifen; und die Kirche blieb verschont.

Das preußische Heer fand keine feindlichen Armeen vor sich; die schwache Besatzung des Landes reichte nur eben hin, um die wenigen Hauptfestungen zu decken. Aus Oesterreich konnte so schleunig keine bedeutendere Hülfe gesandt werden. Die Staffetten und Couriere, welche das in Breslau befindliche Oberamt bei der herannahenden Gefahr nach Wien schickte, die immer dringenderen Bitten um Hülfe waren umsonst. Die letzte Resolution, welche von Wien aus erfolgte, lautete dahin, daß man die Staffettengelder sparen und sich von der Furcht nicht allzusehr einnehmen lassen solle.

So standen dem Einmarsch und der Besitznahme von Seiten der Preußen keine sonderlichen Hindernisse weiter entgegen als das schlechte Wetter und die bösen Wege, von denen Marquis Botta dem Könige in der That nicht viel Falsches gemeldet hatte. Aber die Soldaten behielten guten Muth, und Friedrich ließ es sich durch mannigfache Belohnung angelegen sein, sie in dieser Stimmung zu bestärken. An die Bewohner Schlesiens wurden Manifeste ausgetheilt, welche den Einwohnern alle ihre Besitzungen, Rechte und Freiheiten bestätigten, die strengste Kriegszucht für das einmarschirende Heer verhießen und die Absicht des Königs, sich seiner Rechte nur gegen die etwaigen Einsprüche eines Dritten zu versichern, auseinandersetzten. Diese Erklärungen, besonders die treffliche Kriegszucht, die in der That beobachtet ward, noch mehr aber die Hoffnungen der protestantischen Bewohner Schlesiens, die in Friedrich ihren Erretter von mannigfachem Drucke sahen, machten ihm viele Herzen des Volkes geneigt. Die Protestationen, welche von Seiten der österreichischen Regierung erfolgten, fruchteten dagegen wenig.

Zu Anfange freilich konnte man in Schlesien noch nicht wissen, wie man sich zwischen der althergebrachten und der neugeforderten Unterthanenpflicht zu benehmen habe. Indeß fehlte es schon dem Bürgermeister und Rath von Grüneberg — dem ersten bedeutenderen Orte Schlesiens, auf den die preußische Armee stieß, — nicht an einem schlau ersonnenen Auskunftsmittel. Die Preußen fanden die Thore der Stadt gesperrt. Ein Offizier ward abgeschickt, sie im Namen des Königs zur

Uebergabe aufzufordern; man führte ihn auf das Rathhaus, wo Bürgermeister und Rath in feierlicher Amtstracht versammelt waren. Der Offizier verlangte von dem Bürgermeister die Schlüssel zu den Stadtthoren. Jener entschuldigte sich nachdrücklichst: er könne und dürfe die Schlüssel nicht geben. Der Offizier drohte nun, daß man die Thore sprengen und daß man mit der Stadt, wenn sie sich den gnädigen Anerbietungen des Königs widersetze, übel verfahren werde. Der Bürgermeister zuckte mit den Achseln. „Hier auf dem Rathstische“, entgegnete er, „liegen die Schlüssel; aber ich werde sie Ihnen unter keinen Umständen geben. Wollen Sie sie selbst nehmen, so kann ich's freilich nicht hindern.“ Der Offizier lachte, nahm die Schlüssel und ließ die Thore öffnen. Als die Truppen eingerückt waren, ward dem Bürgermeister von

Seiten des preußischen Generals bedeutet, er möge, dem Kriegsgebrauche gemäß, die Schlüssel wieder abholen lassen. Der Bürgermeister weigerte sich indeß ebenso wie vorhin. „Ich habe die Schlüssel nicht weggegeben", sagte er, „ich werde sie daher auch nicht holen oder annehmen. Will aber der Herr General sie wieder auf die Stelle, von der sie weggenommen worden, hinlegen oder hinlegen lassen, so kann ich freilich nichts dagegen haben." — Der General meldete diesen Vorfall dem Könige, zu dessen großem Ergötzen. Auf Friedrich's Befehl wurden die Schlüssel durch ein Commando des Regiments unter Musik und Trommelschlag nach dem Rathhause zurückgebracht.

Die erste Festung, deren Besatzung den Preußen ein Hinderniß in den Weg legte, war Glogau. Die Vertheidigungswerke waren in keinem sonderlichen Zustande, doch hatte der Commandant in der Eile einige Vorkehrungen zu seiner Sicherung getroffen. Friedrich ließ, um seine Armee in ihrem Zuge nicht aufzuhalten und da überdies die ungünstige Jahreszeit eine regelmäßige Belagerung untersagte, nur ein Corps zurück, welches die Besatzung einzuschließen hinreichte, und setzte seinen Marsch gegen Breslau fort.

Breslau erfreute sich damals einer freien, fast republikanischen Verfassung; die Stadt war von dem Besatzungsrechte ausgenommen. Als ein österreichisches Corps einrücken sollte, gerieth die Bürgerschaft in Bewegung; der Unwille erhöhte sich, als es in Vorschlag gebracht ward, die Vorstädte abzubrennen. Die Bürger beschlossen, ihre Wälle allein zu vertheidigen. Aber schon hatten sich, schneller als man es vermuthet, die Preußen der Vorstädte bemächtigt und die Stadt eingeschlossen; drinnen war man ohne hinlänglichen Vorrath von Lebensmitteln; die zugefrorenen Stadtgräben ließen einen Sturm und in Folge dessen Plünderung befürchten. So ward man zu Unterhandlungen geneigt; beschleunigt wurden dieselben durch den protestantischen Theil des Volkes, der, durch einen enthusiastischen Schuhmacher aufgewiegelt, den Magistrat zum raschen Entschlusse trieb. Friedrich bewilligte der Stadt eine Neutralität; sie mußte ihm die Thore öffnen, sollte aber von Besatzung verschont bleiben. Des österreichischen Oberamtes war jedoch in diesem Vergleiche nicht gedacht worden; Friedrich verabschiedete, sobald er die Stadt betreten hatte, alle dazu gehörigen Personen.

Am dritten Januar (1741) hielt Friedrich in Breslau seinen feierlichen Einzug. Den Zug eröffneten die königlichen Wagen und Maulthiere, letztere mit Cymbeln und mit Decken von blauem Sammet, eingefaßt von goldnen Borten und mit Adlern gestickt. Dann folgte eine Schaar von Gensdarmen und auf diese der königliche Staatswagen, der mit gelbem Sammet ausgeschlagen war und in dem als das

Symbol der königlichen Macht ein prächtiger blausammtener, mit Hermelin gefütterter Mantel lag. Hinter dem Wagen ritten die Prinzen, Markgrafen und Grafen aus Friedrich's Heer; zuletzt erschien der König selbst, mit kleinem Gefolge. Er wurde durch den Stadtmajor eingeführt. Der Zudrang des Volkes war außerordentlich; nach allen Seiten hin grüßte und dankte der König mit stetem Abnehmen des Hutes. Zu der königlichen Tafel wurden die Deputirten des Rathes und der Adel gezogen. Nach der Tafel ritt Friedrich durch die Stadt. Als er an den prächtigen Palast kam, der von den Jesuiten aufgeführt ward, bemerkte er, daß es dem Kaiser wohl habe an Geld fehlen müssen, da seine Geistlichkeit das Geld zu solchen Anlagen verbrauche.

Zwei Tage darauf war großer Ball, den Friedrich mit einer der vornehmsten Damen Schlesiens eröffnete. Bald aber verlor er sich aus den Reihen der Tanzenden und eilte unverzüglich seinen Truppen nach, die schon aufs Neue vorgedrungen waren. Ohlau und Namslau wurden rasch eingenommen; Brieg, eine Festung, wurde wie Glogau eingeschlossen, Ottmachau, in Oberschlesien, erobert. Von wichtigen Punkten war nur noch Neisse, die bedeutendste Festung Schlesiens, übrig. Hier wurden die Hauptkräfte des königlichen Heeres zusammengezogen.

Diese raschen Erfolge, die Eroberung eines reichen Landes fast ohne Schwertschlag, versetzten Friedrich in die behaglichste Stimmung; sie schienen ihm die glücklichste Zukunft zu versprechen. Die Briefe, welche er in dieser Zeit an seinen Freund Jordan schrieb, athmen eine seltene Heiterkeit und Laune, wie überhaupt sein Briefwechsel mit Jordan, der vornehmlich die Zeit des ersten schlesischen Krieges ausfüllt, zu dem Anmuthsvollsten gehört, was Friedrich geschrieben hat. Es spricht sich darin überall die innigste Zärtlichkeit aus, die aber durch eine leisere oder schärfere Ironie über die friedlichen Tugenden des Freundes stets eine eigne Würze erhält. So sandte er ihm aus Ottmachau folgendes fröhliche Schreiben:

„Mein lieber Herr Jordan, mein süßer Herr Jordan, mein sanfter Herr Jordan, mein guter, mein milder, mein friedliebender, mein allerleutseligster Herr Jordan! Ich melde Deiner Heiterkeit, daß Schlesien so gut wie erobert ist und daß Neisse schon bombardirt wird; ich bereite Dich auf wichtige Projecte vor und kündige Dir das größte Glück an, das Fortunens Schooß jemals geboren hat. Das mag Dir für jetzt genug sein. Sei mein Cicero bei der Vertheidigung meiner Sache: in ihrer Ausführung will ich Dein Cäsar sein. Leb' wohl. Du weißt selbst, daß ich mit der herzlichsten Liebe bin — Dein treuer Freund."

Ein paar Tage darauf schrieb er an denselben: „Ich habe die Ehre, Ew. Menschenfreundlichkeit zu melden, daß wir auf gut christlich Anstalten treffen, Neisse zu bombardiren, und daß wir die Stadt, wenn sie sich nicht mit gutem Willen ergiebt, nothgedrungen werden in den Grund schießen müssen. Uebrigens geht es mit uns so gut als nur immer möglich, und Du wirst bald gar nichts mehr von uns hören; denn in zehn Tagen wird Alles vorbei sein, und in vierzehn etwa werde ich das Vergnügen haben, Dich wieder zu sehen und zu sprechen." Der Schluß dieses Briefes lautet: „Leben Sie wohl, Herr Rath! Vertreiben Sie sich die Zeit mit dem Horaz, studiren Sie den Pausanias und erheitern Sie sich dann mit dem Anakreon: was mich betrifft, ich habe zu meinem Vergnügen nichts weiter als Schießscharten, Faschinen und Schanzkörbe. Uebrigens bitte ich Gott, er wolle mir bald eine angenehmere und friedlichere Beschäftigung und Ihnen Gesundheit, Vergnügen und Alles geben, was Ihr Herz nur wünscht."

Die Eroberung von Neisse erfolgte indeß für jetzt nicht. Die Festung hielt das Bombardement aus und ein Sturm war durch die umsichtigen Anstalten des Commandanten unmöglich gemacht. Die Werke waren in guten Stand gesetzt, die Vorstädte mit all ihren schönen Gebäuden und Gärten abgebrannt, die gefrorenen Gräben wurden alle Morgen aufgeeist und die Wälle mit Wasser begossen, das ihnen sofort die Gestalt einer unersteiglichen gläsernen Mauer gab. Da die Jahreszeit eine förmliche Belagerung unmöglich machte, auch die preußischen Truppen durch die anstrengenden Wintermärsche erschöpft waren, so mußte Friedrich diese Unternehmung aufgeben. Gleichzeitig aber waren die übrigen Theile seines Heeres durch ganz Oberschlesien bis Jablunka an der ungarischen Grenze vorgedrungen. Die österreichischen Truppen, die spät zur Vertheidigung des Landes erschienen waren, hatten sich, zum Widerstande zu schwach, nach Mähren zurückgezogen, und die Preußen konnten nun eine kurze Erholung in den Winterquartieren suchen. Am 26. Januar war Friedrich bereits nach Berlin zurückgekehrt.

Fünfzehntes Kapitel.

Feldzug des Jahres 1741.

Wie ein Lauffeuer war die Nachricht von dem unvermutheten Einfall in Schlesien durch ganz Europa geflogen. Alles war von Erstaunen über die Kühnheit des jungen Königs, der seine kleine Macht zum Kampfe gegen das große Oesterreich führte, ergriffen; Einige tadelten sein Unternehmen mild als eine Unbesonnenheit; Andere erklärten es für ein ganz tollkühnes Beginnen. Der englische Minister in Wien erklärte, Friedrich verdiene in den politischen Bann gethan zu werden. Denn wohl sah man ein, daß hiermit dem Frieden, dessen sich Europa seit Kurzem erfreute, auf lange Zeit Gefahr drohe, daß nun auch andere Mächte auftreten würden, Ansprüche an die Erbschaft Karl's VI. zu machen, und daß die pragmatische Sanction nur ein schwaches Band sei. Wirklich machte bereits der Kurfürst Karl Albrecht von Bayern, der übrigens jene Sanction nicht anerkannt hatte, Ansprüche auf das Erbe des Kaisers; auch strebte er selbst nach der Kaiserkrone, obgleich es ihm für jetzt an Mitteln fehlte, sich geltend zu machen. Größere Gefahr war von Frankreich zu befürchten, da man leicht voraussetzen konnte, daß dasselbe seinen alten Kampf mit Oesterreich bei günstiger Gelegenheit gern wieder aufnehmen würde.

Graf Gotter hatte indeß Friedrich's Forderungen und Anträge nach Wien gebracht. Er bot Friedrich's Freundschaft, sein Heer, seine Geldmittel zum Schutze der Kaisertochter, seine Stimme für die Wahl ihres Gemahls, des Herzogs Franz von Lothringen, zum Kaiser; aber er verlangte dagegen ganz Schlesien. Solche Forderung fand kein geneigtes Gehör; eine der besten Provinzen des Staates für zweideutige Vortheile wegzugeben, schien allzuthöricht. Die Kammerherren zu Wien bemerkten spottend, einem Fürsten, dessen Amt als Reichserzkämmerer es sei, dem Kaiser das Waschbecken vorzuhalten, komme es nicht zu, der Tochter des Kaisers Gesetze vorzuschreiben. Doch ward weiter unterhandelt. Jene Forderung von ganz Schlesien war vielleicht nur in kaufmännischem Sinne gemeint gewesen; je weiter Friedrich in Schlesien vorschritt, um so mehr ließ er in der Forderung nach; bald verlangte er sogar weniger, als ihm zufolge seiner rechtlich ausgeführten Ansprüche zukam; aber Alles war umsonst. England, gegenwärtig in nah befreundetem Verhältnisse zu Oesterreich, bemühte sich aufs Eifrigste, den österreichischen Hof zur Nachgiebigkeit zu bewegen; aber Maria Theresia sowohl als ihre Minister wollten auf keine Abtretung eingehen, solange Friedrich bewaffnet in Schlesien stehe. Wolle er das Land räumen, so bot man ihm Vergessenheit des Geschehenen und das Versprechen, nicht auf Schadenersatz zu bestehen. So zerschlugen sich die Unterhandlungen bald.

Friedrich hatte dafür gesorgt, daß für die protestantischen Bewohner Schlesiens einige dreißig Prediger angestellt wurden. Dies erweckte beim Papst ängstliche Sorge; er rief die katholischen Mächte zum Schutze gegen den ketzerischen „Markgrafen von Brandenburg" auf. Friedrich aber erließ eine Gegenerklärung, worin er Jedermann in seinen Staaten und namentlich auch in Schlesien bei seinem Glauben zu schützen versprach. Dies wirkte zur Beruhigung der besorgten Gemüther, und der Ruf des Papstes verhallte ungehört. Zugleich hatte Friedrich sich den russischen Hof günstig zu stimmen gewußt, und auch Frankreich äußerte sich gegen ihn auf eine verbindliche Weise. Nur England (Hannover) und Sachsen verbanden sich mit Oesterreich. Aber beide Staaten waren ungerüstet, und eine gegen ihre Grenzen aufgestellte Beobachtungsarmee unter dem alten Fürsten von Dessau hielt sie von ernstlichen Schritten zurück.

Gegen Ende Februar hatte sich die österreichische Heeresmacht unter dem Oberbefehl des Feldmarschalls Grafen Neipperg in Mähren gesammelt und rückte gegen Schlesien vor. Ein Theil der Truppen ward abgesandt, die Grafschaft Glatz zu decken. Die Vorbereitungen zum entscheidenden Kampfe begannen.

Gleichzeitig traf Friedrich wieder in Schlesien ein. Seine Absicht war, zunächst die Quartiere seiner Truppen zu bereisen und sich nähere Kenntniß vom Lande zu verschaffen. So besuchte er am 27. Februar die Posten, welche an dem Gebirgsrücken, der Schlesien von der Grafschaft Glatz scheidet, aufgestellt waren. Er war ohne bedeutendes Gefolge, und fast hätte seine Unvorsichtigkeit ihm ein schlimmes Schicksal bereitet. Schon öfters waren Trupps österreichischer Husaren durch die preußischen Posten geschlichen und hatten kleine Streifereien versucht. Jetzt hatten sie durch Spione die Anwesenheit des Königs erfahren; konnten sie sich seiner durch einen kühnen Schlag bemächtigen, so war der Krieg schon im Beginnen erstickt. Aber der ausgesandte Trupp verfehlte den König und stieß statt seiner auf eine Schaar von Dragonern. Die letzteren erlitten eine bedeutende Niederlage, doch mußten die Oesterreicher heimkehren, ohne ihre Absicht erfüllt zu haben. Friedrich hatte das Schießen gehört und schnell einige Truppen gesammelt, um den Dragonern zu Hülfe zu eilen; er kam indeß zu spät.

Am 9. März wurde die Festung Glogau unter Anführung des Prinzen Leopold von Dessau durch einen schnellen, wohlberechneten Sturm eingenommen. Die Besatzung wurde zu Kriegsgefangenen gemacht. Unmittelbar darauf wurde mit Verbesserung der Festungswerke begonnen.

Jetzt sollten auch die Angriffe auf die beiden andern Festungen, die noch in österreichischen Händen waren, zunächst auf Neisse in Oberschlesien, unternommen werden. Friedrich begab sich in die oberschlesischen Quartiere, wo der Feldmarschall Schwerin, einer der erfahrensten Feldherren der preußischen Armee, der in den niederländischen Kriegen unter Eugen und Marlborough seine Schule gemacht hatte, stand. In Jägerndorf, acht Meilen jenseit Neisse, erfuhr man zuerst durch Ueberläufer, daß die große österreichische Armee unter Neipperg ganz in der Nähe stand und daß Neipperg den Entsatz von Neisse beabsichtige. Augenblicklich ward nun beschlossen, die zerstreuten Truppen zusammenzuziehen. Die oberschlesischen Regimenter wurden nach Jägerndorf berufen; mit den niederschlesischen wollte man am Neissefluß zusammenstoßen. Gleichzeitig mit Friedrich und in nicht gar bedeutender Entfernung von ihm setzte sich aber auch die österreichische Armee in Bewegung; sie erreichte Neisse, ehe es von den Preußen gehindert werden konnte; sie vereitelte selbst die Verbindung des Königs mit den niederschlesischen Truppen an der bezeichneten Stelle. Friedrich sah sich also genöthigt, weiter nördlich zu rücken, um den nächsten Uebergangspunkt über den Fluß zu gewinnen. Aber wiederum waren die Oesterreicher gleichzeitig in ähnlicher Richtung zu seiner Linken vorgerückt, und Ueberläufer zeigten Friedrich an, daß es auf Ohlau abgesehen sei, wo das daselbst niedergelegte preußische Geschütz eine wichtige Beute gewesen wäre. So war Friedrich's Lage plötzlich sehr bedenklich geworden; er war von dem größeren Theile seiner Truppenmacht, von der Verbindung mit seinen Staaten abgeschnitten, wichtige Punkte Schlesiens waren theils in sicherem Besitz der Feinde, theils in der Gefahr, bald genommen zu werden. Die Verwirrung zu vermehren, fiel dichter Schnee, so daß man kaum um sich sehen und in dem überdeckten Boden nur mühsam fortschreiten konnte. Aber auch die Oesterreicher hatten ihren Marsch unternommen, ohne von des Königs Nähe zu wissen.

Eine Schlacht war jetzt für Friedrich ein dringendes Erforderniß, -- eine Schlacht, in welcher das Exercitium der preußischen Armee, die taktischen Studien ihrer Führer zum ersten Mal gründliche Anwendung finden sollten, deren Folgen zugleich für den ganzen Verlauf des Krieges von höchster Wichtigkeit sein mußten. Das Glück begünstigte den Beginn. Die Sonne ging am 10. April klar und heiter auf; der Boden, zwar noch immer hoch mit Schnee bedeckt, bot wenigstens keine weiteren Hindernisse dar. Die preußischen Truppen machten sich in kriegerischer Ordnung marschfertig, in der Richtung, in welcher die Oesterreicher vor ihnen hingezogen waren. Durch Gefangene erfuhr man, daß das Centrum der österreichischen Armee in dem Dorfe Mollwitz, unfern der Festung Brieg, cantonnire. Um Mittag hatte man Mollwitz erreicht, ohne daß die Oesterreicher die Annäherung wahrgenommen hätten. Hier stellte sich die preußische Armee nach hergebrachter Weise in Schlachtordnung auf, bis endlich der Feind aus dem Dorfe hervorrückte. Man hätte ihn überfallen können, aber noch folgte man dem alten schulmäßigen System, dessen Unzweckmäßigkeit erst erprobt werden mußte. Unter dem lebhaften Feuer der preußischen Artillerie rückten die Oesterreicher ins Feld. Der linke Flügel der trefflichen österreichischen Kavallerie, unter dem General Römer, kam zuerst an. Dieser erkannte die Gefahr, die bei längerem Zögern drohte; seine Regimenter verlangten dringend, aus dem Kugelregen, dem sie ausgesetzt waren, gegen die Preußen geführt zu werden. So warf er sich mit schnellem Angriff auf die preußische Kavallerie des rechten Flügels, die, minder beweglich und in momentan ungünstiger Stellung, dem Angriff nicht Stand zu halten vermochte. Sie stürzte zwischen die Reihen der eignen Infanterie zurück und die Oesterreicher mit ihnen. Die Verwirrung bei diesem ersten unvorhergesehenen Anfall war groß. Friedrich selbst, der sich auf dem rechten Flügel befand und die Fliehenden aufzuhalten suchte, ward in dem Getümmel fortgerissen. Es gelang ihm, einige Schwadronen zu sammeln. Mit dem Rufe: „Ihr Brüder, Preußens Ehre! eures Königs Leben!" führte er sie aufs Neue dem Feinde entgegen. Aber auch diese Schaar war bald wieder auseinandergesprengt. Alles schoß durcheinander, ohne zu wissen, ob auf Feinde oder Freunde.

Fast schien die Schlacht bereits verloren. Friedrich war zum Feldmarschall Schwerin geritten, der auf dem linken Flügel hielt. Dieser machte ihn mit Nachdruck, obgleich der Verlust der Schlacht noch so wenig wie der Gewinn entschieden sei, auf die große Gefahr aufmerksam, welcher er an diesem Orte, abgeschnitten von den übrigen Theilen seiner Armee, sein ganzes Geschick aussetze. Wolle er die Schlacht verlassen, gelinge es ihm, das jenseitige Oderufer zu gewinnen und ein bedeutenderes Corps, mit dem man sich vergebens zu vereinigen gehofft, zu erreichen, so könne er in jedem Falle den größten Nutzen herbeiführen. Er, Schwerin, werde unterdeß alles Mögliche für den Gewinn der Schlacht thun. Friedrich war unentschlossen. Aber die Oesterreicher drangen aufs Neue lebhaft vor, und so befolgte er endlich, ob auch mit schwerem Herzen, den Rath des erfahrenen Feldherrn.

Um über die Oder zu gelangen, mußte Friedrich den Weg nach dem entlegenen Oppeln einschlagen, wo er eins seiner Regimenter vermuthete. Nur mit geringer Bedeckung machte er sich auf den Weg. Ein Corps Gensdarmen folgte ihm nach, aber er ritt so scharf, daß sie ihn nicht zu erreichen vermochten. Mitten in der Nacht kam er mit seinem kleinen Gefolge an das Thor von Oppeln; man fand es verschlossen. Auf den Werdaruf der Wache gab man die Antwort: Preußischer Courier! — aber das Thor ward nicht geöffnet. Die Sache schien bedenklich. Friedrich ließ Einige absteigen, näher zu erforschen, weshalb die Stadt verschlossen bleibe. Sobald diese sich näherten, erfolgten Flintenschüsse durch das Gitterthor; — die Stadt war von einem Trupp österreichischer Husaren besetzt. Eilig wandte man nun die Pferde und jagte den Weg zurück. Mit Tagesanbruch kam Friedrich nach Löwen, einem Städtchen in der Mitte zwischen Mollwitz und Oppeln. Hier fand er die Gensdarmen, die ihm am vorigen Abende gefolgt waren; außer diesen aber auch einen Adjutanten, welcher ihm die Nachricht von der siegreichen Beendigung der Mollwitzer Schlacht brachte. Unmittelbar von Löwen begab sich

Friedrich nun auf das Schlachtfeld zurück, so daß er in Einem Ritte vierzehn Meilen zurückgelegt hatte. Die Tüchtigkeit und Präcision, der Muth, die unerschütterliche Standhaftigkeit seiner Infanterie, als diese erst Raum fand, ihre Kräfte zu entwickeln, hatte den Oesterreichern den Sieg entrissen. Neipperg hatte sich mit bedeutendem Verluste in der Richtung nach Neisse zurückgezogen; den geschlagenen Feind zu verfolgen und zu vernichten hinderte theils die einbrechende Nacht, theils konnte man nicht zu einem übereinstimmenden Entschlusse kommen.

Friedrich hat nachmals, als er die Geschichte seiner Zeit schrieb, ein strenges Urtheil über seine erste kriegerische Thätigkeit gefällt; er zählt alle Fehler auf, die er vor und während der Schlacht von Mollwitz begangen. Aber er bemerkt auch zum Schlusse seiner Kritik, daß er reifliche Ueberlegungen über alle von ihm begangenen Fehler angestellt und sie in der Folge zu vermeiden gesucht habe. Und in der That, er hat sie vermieden!

Der nächste Erfolg des Sieges war, daß man jetzt ungestört die Belagerung von Brieg unternehmen konnte. Die Besatzung capitulirte in kurzer Frist. Dann ward in Strehlen, wo die Armee ganz Niederschlesien deckte, ein Lager aufgeschlagen. Zwei Monate, die man hier in Ruhe zubrachte, benutzte Friedrich dazu, seine Armee wieder zu vervollständigen und seiner Kavallerie durch fleißige Exercitien mehr Schnelligkeit und Beweglichkeit zu geben.

Ungleich wichtiger jedoch als der äußere Gewinn, den Friedrich durch die Schlacht von Mollwitz erwarb, waren die moralischen Folgen. Man sah, daß die Truppen, welche aus der Schule Eugen's herstammten, nicht unüberwindlich seien und daß die preußische Armee, die bis dahin nur die Künste des Exercirplatzes gekannt, auch im Feuer Stand zu halten wisse. Man glaubte schon den Koloß der österreichischen Monarchie zusammenstürzen und im preußischen Staate ein neues Gestirn am politischen Horizonte aufsteigen zu sehen. In der That hatte Friedrich durch diesen einen Schlag ein bedeutendes Gewicht in den europäischen Angelegenheiten erlangt. Aus Frankreich, England und Spanien, aus Schweden und Dänemark, aus Rußland, Oesterreich, Bayern und Sachsen eilten Gesandte in sein Lager, welches nunmehr der Schauplatz eines folgereichen politischen Congresses ward. Frankreich zunächst bemühte sich, da England auf Oesterreichs Seite stand, um die Gunst des preußischen Königs. Mit Bayern hatte Frankreich bereits ein Bündniß zu Nymphenburg geschlossen, worin dem Kurfürsten Karl Albrecht Unterstützung in seinen Ansprüchen auf Oesterreich und in der Wahl zum Kaiser versprochen war; jetzt schlug man Friedrich vor, an diesem Bündnisse Theil zu nehmen, wogegen ihm Gewährleistung für den Besitz von Niederschlesien verheißen ward. Friedrich zögerte mit seinem Beitritt, indem er vielleicht hoffte, daß Oesterreich nach jener Niederlage auf seine noch immer sehr gemäßigten Forderungen eingehen würde. Aber diese Hoffnungen blieben unerfüllt; im Gegentheil schien eine mächtige Verbindung zur Vertheidigung der österreichischen Interessen zu Stande zu kommen. Zu den hannöverschen Truppen, welche schon seit dem April im Lager standen, gesellten sich, in englischem Solde, dänische und hessische Regimenter; Sachsen rüstete sich, um auch seine Truppen mit ihnen zu vereinigen; russische Truppen sammelten sich in Liefland. Jetzt schien eine längere Zögerung gefährlich, und so trat Friedrich am 5. Juli dem Nymphenburger Bündniß bei.

Das Bündniß Friedrich's mit Frankreich war geheim gehalten worden, bis die Militairmacht dieses Staates schlagfertig dastand. Dem österreichischen Hofe kam dasselbe, als es bekannt ward, gänzlich unerwartet; denn auch jetzt noch hatte man sich nicht zu überzeugen vermocht, daß Friedrich zu handeln verstehe. Der englische Gesandte in Wien, welcher dem dortigen Ministerrath beiwohnte, berichtet, daß die Minister bei der Kunde jenes Bündnisses in ihre Stühle zurückgesunken seien, als hätte sie der Schlag gerührt. Bald vernahm man auch, daß zwei französische Armeen in Deutschland eingerückt seien, — die eine im Süden zur Unterstützung des Kurfürsten von Bayern, die andere im Norden, um England in Schach zu halten, — und daß auf russische Hülfe nicht zu rechnen sei, da Rußland plötzlich in einen

Krieg mit Schweden verwickelt war. Jetzt entschloß sich Maria Theresia, die bis dahin zu keiner Nachgiebigkeit gegen Friedrich zu bewegen war, endlich zu einer Art von Unterhandlung. Der englische Gesandte in Wien ward in Friedrich's Lager geschickt und bot ihm für alle seine Ansprüche in Schlesien zwei Millionen Gulden und eine Entschädigung in dem ferngelegenen Geldern.

Friedrich stellt in der Geschichte seiner Zeit den Gang dieser letztern Unterhandlung mit großer Laune dar. Der englische Gesandte war ein Enthusiast für Maria Theresia, die freilich durch ihre persönliche Liebenswürdigkeit zu fesseln wußte; seine geringfügigen Anerbietungen wurden im größten Pathos vorgetragen; er glaubte, daß der König sich glücklich schätzen werde, so leichten Kaufes davonzukommen. Aber Friedrich hatte dazu wenig Lust, und das sonderbare Benehmen des Gesandten reizte ihn, in gleichem Style zu antworten. Seine Gegenrede überbot das Pathos des Engländers gewaltig. Er fragte ihn, wie er, der König, nach einem so schimpflichen Vergleiche seiner Armee wieder unter die Augen treten könne, wie er es verantworten dürfe, seine neuen Unterthanen, namentlich die Protestanten Schlesiens, aufs Neue der katholischen Tyrannei zu überliefern. „Wäre ich (fuhr er mit erhöhtem Tone fort) einer so niedrigen, so entehrenden Handlung fähig, so würde ich die Gräber meiner Vorfahren sich öffnen sehen; sie würden heraufsteigen und mir zurufen: Nein, du gehörst nicht mehr zu unserm Blute! Wie? Du sollst kämpfen für die Rechte, welche wir auf dich gebracht haben, und du verkaufst sie? Du befleckst die Ehre, welche wir dir, den schätzbarsten Theil unseres Erbvermächtnisses, hinterlassen haben? Unwerth des Fürstenrangs, unwerth des Königsthrons, bist du nur ein verächtlicher Krämer, der Gewinn dem Ruhme vorzieht!" Er schloß damit, daß er und sein Heer sich lieber unter den Trümmern Schlesiens würden begraben lassen, als solcher Schmach sich dahingeben. Dann nahm er schnell, ohne die weiteren Erörterungen des Gesandten abzuwarten, seinen Hut und zog sich in die inneren Theile seines Zeltes zurück. Der Gesandte blieb betäubt stehen und mußte unverrichteter Sache nach Wien heimkehren. Friedrich hatte seine Rolle so meisterlich gespielt, daß auch noch in dem Berichte, welchen der Gesandte über diese Verhandlung nach London schickte, das Entsetzen über die Donnerrede Friedrich's nachklingt.

Aber nicht bloß zu diplomatischen Unterhandlungen, nicht blos zu militairischen Uebungen dient das Lager in Strehlen; auch die Künste des Friedens, wissenschaftliche Beschäftigung, Poesie, Musik, werden hier von Friedrich geübt, als seien die heiteren Tage von Rheinsberg zurückgekehrt. Vor Allem sind es Friedrich's Briefe an Jordan, die fort und fort von seiner fröhlichen Stimmung Kunde geben. Bald genügt ihm die briefstellerische Prosa nicht mehr; Verse und Reime wechseln mit der ungebundenen Rede, um die blühende, festlich bunte Färbung hervorzubringen, die allein jetzt seinen Gedanken angemessen ist. Je glücklicher seine Erfolge sich gestalten, je mehr er die politische Bedeutsamkeit fühlt, zu der er sich rasch emporgeschwungen, um so lebhafter wachsen auch Laune und Witz; häufig gemahnen diese Briefe an den großartigen Humor des britischen Dichters. Ja, wenn man diese Briefe betrachtet, so bleibt es in der That, trotz aller ästhetischen Verhältnisse der Zeit, räthselhaft, daß Friedrich in Shakspeare nicht den verwandten Geist zu finden vermochte. Schon früher ist bemerkt, daß ihm der friedliche Sinn des Freundes oft Gelegenheit zu ironischen Aeußerungen bot; die vorzüglichste Gelegenheit aber war erst ganz neuerlich gekommen, als Jordan unmittelbar nach der Schlacht von Mollwitz in Friedrich's Lager berufen war, sich aber bei einem unvorhergesehenen Waffenlärm eilig aus dem Lager nach Breslau geflüchtet hatte. Dafür überschüttet ihn der König, trotz aller Zärtlichkeit, mit sprudelnder Satire, und ganz vergebens bemüht sich Jordan, Gründe zu seiner Rechtfertigung vorzubringen. Nach manchen Pausen noch kommt Friedrich mit unbezähmbarer Laune auf diese Begebenheit zurück. So beweist er ihm in einem Briefe, den er ihm im folgenden Jahre aus Böhmen zusandte, die vollkommene Größe seiner Tapferkeit folgendergestalt. „Die Klugheit (so heißt es in diesem Briefe), die Sie mit Ihrem Muthe unzertrennlich verbinden, ist nicht die kleinste von Ihren bewundernswerthen Eigenschaften.

Die Klugheit ist des wahren Muthes Quell
Und sichrer Halt: der Rest ist blinde Wuth,
Vor der, verführt von thierischem Instinct,
So viele Thoren in Bewundrung stehn.

Sie wissen es zu gut, daß wir niemals tapferer sein können, als wenn unsere Behutsamkeit uns lediglich nur aus Nothwendigkeit oder aus Gründen einer Gefahr aussetzt. Da Sie nun äußerst vorsichtig sind, so setzen Sie sich derselben niemals aus; und daraus muß ich denn schließen, daß Ihnen wenige Helden an Muth gleichkommen. Ihre Tapferkeit hat die Jungferschaft noch; und da alles Neue besser ist als das Alte, so muß sie folglich über und über bewunderungswerth sein. Sie ist eine Knospe, die so eben aufbrechen will und noch nichts von den glühenden Strahlen der Sonne oder von den Nordwinden gelitten hat; kurz, ein Wesen, das der Achtung so würdig ist als der Metaphysik und solcher Abhandlungen, wie die Marquise (Voltaire's Freundin, über deren physikalische Arbeiten Friedrich oft scherzt) sie über die Natur des Feuers schreibt. Es fehlt Ihnen bloß ein weißer Federhut, um die Ufer Ihrer Kühnheit zu beschatten, ein langer Säbel, große Sporen, eine etwas weniger schwache Stimme, und siehe da! mein Held wäre fertig. Ich mache

Ihnen mein Compliment darüber, göttlicher und heroischer Jordan, und bitte Sie, werfen Sie von der Höhe Ihres Ruhms einen huldreichen Blick auf Ihre Freunde, die hier mit der übrigen Menschenheerde im böhmischen Kothe kriechen."

Inzwischen war ganz in der Stille ein Unternehmen vorbereitet worden, welches leicht für Friedrich sehr nachtheilig werden konnte. In Breslau befand sich eine beträchtliche Anzahl alter Damen, die aus Oesterreich und Böhmen gebürtig und dem preußischen Regimente ebenso sehr wie dem protestantischen Glauben abhold waren. Durch Mönche unterhielten diese Damen Verbindungen mit der österreichischen Armee; in Gemeinschaft mit einigen Mitgliedern des Breslauer Rathes faßten sie den Plan, die Stadt dem Feinde in die Hände zu spielen. Der Feldmarschall Neipperg ging darauf ein; er beschloß, Friedrich durch einige kriegerische Bewegungen aus seiner günstigen Stellung zu locken und dann in Eilmärschen gegen Breslau vorzurücken. Aber Friedrich erfuhr von diesen Anschlägen; es gelang ihm, eine falsche Schwester in die politischen Zusammenkünfte, die von jenen Damen des Abends gehalten wurden, hineinzubringen. Durch diesen Kanal ward dem Könige der ganze Plan enthüllt, und er konnte nun seine Vorkehrungen treffen.

Die Neutralität Breslaus war zu gefährlich, als daß er sie länger bestehen lassen konnte. Die fremden Gesandten, die sich dort aufhielten, wurden schnell in das Lager nach Strehlen berufen, um bei etwa vorfallender Unordnung gesichert zu sein. Ein preußisches Armeecorps unter dem Erbprinzen von Dessau begehrte freien Durchzug durch die Stadt; die Stadtsoldaten waren ins Gewehr getreten, dasselbe zu geleiten. Während dies Corps jedoch in das eine Thor einrückte, erhob sich in einem zweiten eine plötzliche Verwirrung, und andere preußische Truppen drangen ein, indem sie sich schnell der Wälle bemächtigten und die Thore sperrten. Der Stadtmajor machte dem Prinzen von Dessau Vorstellungen, empfing aber den Rath, den Degen einzustecken und nach Hause zu reiten. Niemand wagte Widerstand, und in weniger als einer Stunde war die Stadt ohne Blutvergießen in den Händen der Preußen. Die Bürgerschaft mußte den Huldigungseid leisten; unter das Volk ward Geld ausgeworfen, und allgemeiner Jubel erscholl durch die Straßen.

Neipperg hatte bereits seine Bewegungen begonnen, um Friedrich von Breslau abzuschneiden. Als er die schnelle Besetzung der Stadt durch preußische Truppen vernahm, war er genöthigt, sich wieder zurückzuziehen. Doch nahm er seine Stellung so geschickt, daß er Oberschlesien deckte, während Friedrich, aus seinem Lager aufbrechend, sich gegen Neisse bewegte, das noch immer in den Händen der Oesterreicher war. Durch Märsche und Gegenmärsche hielten sich beide Armeen einige Zeit in Schach, während der kleine Krieg zwischen ihnen ohne entscheidende Erfolge fortging.

Indeß waren die Franzosen und Bayern bereits weiter vorgerückt, und auch Sachsen war dem Nymphenburger Bündniß beigetreten, wofür es die Anwartschaft auf Mähren erhielt. Der österreichische Hof sah sich dringender zur Nachgiebigkeit genöthigt. Der englische Gesandte in Wien ward aufs Neue an Friedrich abgeschickt. Er brachte eine Karte von Schlesien mit, auf welcher die Abtretung eines großen Theils von Niederschlesien durch einen Tintenstrich bezeichnet war. Aber er erhielt zur Antwort, daß, was zu einer Zeit gut sein könne, es zu einer andern nicht

mehr sei. Ebenso ward auch ein folgender Antrag, in welchem ganz Niederschlesien und Breslau geboten wurde, nicht angenommen. Aber immer höher steigerte sich die Noth Oesterreichs; schon war Linz von der bayrisch-französischen Armee eingenommen; schon flüchteten die Bewohner Wiens, und auch der Hof war im Begriff aufzubrechen. Gleichzeitig drang auch Friedrich in Schlesien vor; er bemächtigte sich der Stadt Oppeln und nöthigte Neipperg, sich von Neisse zu entfernen.

Durch englische Vermittelung ward der österreichische Hof nunmehr dahin gebracht, in die Abtretung von Niederschlesien und Neisse zu willigen, falls Friedrich unter dieser Bedingung vom Kriege abstehen wolle. Hierauf ging Friedrich ein, obschon er dem Anerbieten nicht ganz traute. Denn es lag keineswegs in seinem Plane, durch Unterdrückung Oesterreichs eine Ueberlegenheit Frankreichs zu begründen und dadurch aus einem selbständigen Verbündeten zu einem abhängigen Knechte herabzusinken. Am 9. October kam es in Schnellendorf zu einer geheimen Zusammenkunft des Königs mit Feldmarschall Neipperg, an welcher nur ein paar vertraute Offiziere und der englische Gesandte Theil nahmen. Hier ward ausgemacht, daß Neisse nur zum Scheine belagert und in vierzehn Tagen, gegen freien Abzug der Besatzung, an Friedrich übergeben werden solle; daß ein Theil der preußischen Truppen seine Winterquartiere in Oberschlesien nehmen, und daß nur des Scheines halber von Zeit zu Zeit ein kleiner Krieg geführt werden solle; daß der vollständige Vertrag bis zu Ende des Jahres abgeschlossen, daß aber über all diese vorläufigen Bedingungen das strengste Geheimniß, — dessen Friedrich natürlich im Verhältniß zu seinen Verbündeten bedurfte, — beobachtet werde. Er äußerte sich übrigens mit lebhafter Theilnahme für Maria Theresia und gab sogar zu verstehen, daß er möglichen Falls geneigt sein dürfe, auf ihre Seite zu treten.

In Folge dieses Uebereinkommens ging Neipperg mit seiner Armee nach Mähren zurück. Neisse übergab sich nach zwölf Tagen; die österreichische Besatzung war noch nicht ausgezogen, als die preußischen Ingenieurs in der Festung bereits die neu anzulegenden Werke zeichneten. Ein Theil der preußischen Armee lagerte sich in Oberschlesien, ein anderer rückte in Böhmen ein; einige Regimenter wurden zur Blokade von Glatz abgeschickt.

Am 4. November traf Friedrich in Breslau ein, wohin die sämmtlichen Fürsten und Stände des Herzogthums Niederschlesien bis an die Neisse beschieden waren, um die Erbhuldigung zu leisten. Der feierliche Einzug des Königs eröffnete eine Reihe festlicher Tage, welche die höheren und niederen Kreise der Stadt mit Jubel erfüllten. Dem Volke bereitete man ein seltenes Fest, indem man ihm einen gebratenen Ochsen überlieferte, der mit Kränzen geschmückt, mit größerem Geflügel gefüllt und mit kleineren Vögeln bespickt war; die letzteren hatte man kunstreich zu Wappengebilden, Namenszügen und dergleichen zusammengesetzt. Der 7. November war zum Huldigungstage bestimmt. Ein endloser Zug bewegte sich durch das Gedränge des Volkes nach dem Rathhause, wo in dem Fürstensaale die Ceremonie vor sich gehen sollte. Seit Jahrhunderten hatte die Stadt keinen ihrer Regenten in ihren Mauern gesehen; die Vorbereitungen zur Huldigungsfeier waren mithin eben nur so gut getroffen, als es sich in der Eile thun ließ. Ein alter Kaiserthron war für die Ceremonie neu eingerichtet worden; den österreichischen Doppeladler, der darauf gestickt war, hatte man dadurch zum preußischen umgestaltet, daß ihm der eine Kopf abgenommen und Friedrich's Namenszug auf die Brust geheftet wurde. Friedrich bestieg unter den glänzend Versammelten den Thron in seiner einfachen militairischen Uniform. Der Marschall hatte das königliche Reichsschwert, welches er zur Seite des Königs halten sollte, vergessen; Friedrich half dem Uebelstande schnell ab, indem er den Degen, der Schlesien erobert hatte, aus der Scheide zog und ihn dem Marschall hinreichte. Nun ward den Versammelten eine Rede gehalten, worauf sie den Eid ablegten und den Knopf am Degen des Königs küßten. Der laute Ruf: „Es lebe der König von Preußen, unser souverainer Herzog!" beendigte die Ceremonie. Am Abend war die Stadt glänzend erleuchtet. Neue Festlichkeiten schlossen sich dem Tage

an, aber auch mannigfache Wohlthaten. Friedrich erließ den Ständen das gebräuchliche Huldigungsgeschenk von hunderttausend Thalern und sorgte für Unterstützung der verarmten Einwohner. Auch durch Standeserhöhungen und Ordensverleihungen bewies er den neuen Unterthanen seine gnädigen Gesinnungen. Von Breslau kehrte er im Laufe des Novembers nach Berlin zurück.

Sechzehntes Kapitel.

Feldzug des Jahres 1742.

Die bayrisch-französische Armee hatte im Herbst 1741 unausgesetzt glückliche Erfolge gehabt, während gleichzeitig auch aus dem verbündeten Sachsen eine Armee in Böhmen einrückte. Durch einen kühnen Entschluß hätte Karl Albrecht sich Wiens bemächtigen können. Aber ihn gelüstete vorerst nach der böhmischen Königskrone, und die Franzosen, welche Bayern nicht auf Kosten Oesterreichs zu mächtig werden lassen wollten, bestärkten ihn in dem Entschlusse, nach Böhmen zu gehen, indem sie ihm über die Fortschritte der sächsischen Bundesgenossen Eifersucht einzuflößen wußten. So wandte sich die feindliche Armee von dem Siegeszuge ab, und Maria Theresia war gerettet. Karl Albrecht eroberte mit übermächtigen Schaaren Prag und vergeudete die Zeit in dem Rausche der Krönungsfeierlichkeiten. Von Prag ging er nach Frankfurt am Main, um hier das höchste Ziel seines Strebens, die Kaiserkrone, zu erlangen. Er erreichte, was er wünschte. Am 24. Januar 1742 wurde er unter dem Namen Karl VII. zum deutschen Kaiser erwählt. Aber indem er nach dem Scheine der Macht haschte, verlor er die Macht selbst aus den Händen.

Denn schon hatte sich für Maria Theresia im Innern ihres Reiches ein lebendiger Enthusiasmus erhoben. Das ungarische Volk vornehmlich, oft zwar von ihren Vorfahren geknechtet, ward jetzt durch ihre Jugend, ihre Schönheit, ihre Noth zu glühender Begeisterung entflammt. „Blut und Leben für unsern König Maria Theresia!" hatten die Magnaten Ungarns ausgerufen, als die junge Fürstin auf dem Reichstage zu Preßburg vor ihnen in der verehrten Tracht der ungarischen Könige, ihren Säugling Joseph auf dem Arme, erschienen war; und dem Schwure folgte schnell die That. Bald war ihr Heer mächtig angewachsen; der Theil der französisch-bayrischen Armee, welcher nicht nach Böhmen gegangen war, wurde aus Oesterreich verjagt, durch Baiern selbst verfolgt, und München, die Residenz des neuen Kaisers, erobert. Die Oesterreicher zogen an demselben Tage, dem 12. Februar, in München ein, an welchem Karl in Frankfurt gekrönt ward. In dem bayrischen Lande verübten die wilden Schaaren Ungarns die Gräuel einer fürchterlichen Rache.

Diese veränderten Begebenheiten hatten auch Friedrich zu neuen Entschlüssen genöthigt, und um so mehr, als von österreichischer Seite nicht nur nichts geschah, um jenem in Schnellendorf geschlossenen Vertrage gemäß auf den Abschluß eines wirklichen Friedens hinzuarbeiten, sondern vielmehr, dem Vertrage zuwider, das dabei zur Pflicht gemachte Geheimniß nach allen Höfen umhergetragen ward. Mit um so größerer Energie mußte Friedrich in die Unternehmungen der Verbündeten eingreifen. Dem Heere der letzteren, welches in Böhmen stand, war eine österreichische Armee in einer sehr vortheilhaften Stellung gegenübergetreten. Gegen diese Armee mußten neue Kräfte geführt werden, und dazu schien vor Allem ein Eilmarsch in Mähren vortheilhaft. Friedrich wünschte indeß seine Truppen so viel wie möglich zu schonen; und da Mähren überdies nach den früheren Verträgen dem Könige von Sachsen zugedacht war, so war es auch billig, daß Sachsen die Hauptarmee zu dieser Unternehmung stellte. Dies zu bewirken, begab sich Friedrich noch im Winter nach Dresden, nachdem er in Berlin kurze Rast genossen und so eben, am 6. Januar, die Vermählung seines Bruders, des Prinzen August Wilhelm, gefeiert hatte.

Es war indeß eine schwierige Aufgabe, den nach kriegerischen Thaten wenig lüsternen Kurfürsten von Sachsen und König von Polen, August, oder vielmehr seinen Minister, den Grafen Brühl, für jene Unternehmung zu gewinnen. Brühl hatte, wie in der Regel die kleinen Geister gegen die großen, eine natürliche Abneigung gegen Friedrich; dazu kam, daß er nicht ohne Verbindlichkeiten gegen den österreichischen Hof war und von dort aus hart bedrängt wurde. Aber Friedrich war in diplomatischen Künsten wohl erfahren. Es wurde eine Conferenz in den Gemächern des Königs August angesetzt, an welcher außer Brühl auch einige sächsische Generale Theil nahmen. Friedrich wußte den Einwendungen, die ihm gemacht wurden, geschickt zu begegnen. Als König August eingetreten war und man die nöthigen Höflichkeitsbezeugungen gewechselt hatte, suchte Brühl, der den Charakter seines Herrn sehr wohl kannte, die Unterhandlung abzubrechen; er hatte die Karte von Mähren, deren man sich eben bedient, schnell zusammengeschlagen. Friedrich indeß breitete die Karte ruhig von Neuem aus und suchte dem Könige begreiflich zu

machen, zu welchem Behufe man seine Truppen nöthig habe und wie vornehmlich ihm der Vortheil der Unternehmung zufließen werde. August konnte nicht umhin, zu Allem Ja zu sagen. Brühl indeß, gepeinigt durch diese fortgesetzte Zustimmung seines Herrn, in dessen Zügen zugleich der Ausdruck eines mehr und mehr verringerten Interesses sich deutlich genug aussprach, warf geschickt die Bemerkung dazwischen, daß die Oper anfangen werde. Diese Erinnerung war für König August zu wichtig, als daß er noch länger an der Conferenz Theil nehmen konnte. Aber auch Friedrich benutzte den Moment und ließ den armen König nicht eher los, als bis dieser schnell seine vollkommene Zustimmung zu dem Plane gegeben hatte.

So ging Friedrich an der Spitze einer sächsischen Armee durch Böhmen nach Mähren. In Olmütz traf er mit einem Corps seiner eignen Armee zusammen, welches von Schlesien aus in Mähren eingedrungen war. Die ersten Erfolge waren nicht unglücklich; die Preußen brachen in Oberösterreich ein, ihre Husaren streiften bis nahe vor die Thore von Wien und setzten die Hauptstadt aufs Neue in Schrecken. Aber Friedrich hatte den Werth der sächsischen Truppen nach dem Maßstabe seiner eignen abgeschätzt; hierin hatte er sich geirrt, und dieser Irrthum war Schuld, daß die Unternehmung nicht zum erwünschten Ausgange führte. Die Langsamkeit und der Mangel an gutem Willen von Seiten der Sachsen verdarben überall, was durch die Preußen gewonnen ward. Man unternahm die Belagerung von Brünn, und Friedrich forderte hierzu von König August das nöthige Geschütz; August lehnte die Anforderung ab, da es ihm an Geld fehle; er hatte so eben die Summe von 400,000 Thalern auf den Ankauf eines großen grünen Diamanten für sein grünes Gewölbe in Dresden verwenden müssen. Nun rückte auch die österreichische Armee aus Böhmen in Mähren ein, und während Friedrich ernstliche Anstalten zur Gegenwehr machte, zeigten sich unter den sächsischen Truppen nur Feigheit, Ungehorsam und Untreue. So blieb Friedrich nichts übrig, als die Unternehmung auf Mähren ganz aufzugeben und sich zu der preußischen Armee, welche in Böhmen stand, zurückzuziehen. Der sächsische Minister Bülow, der Friedrich nach Mähren gefolgt war, stellte ihm hierbei zwar die betrübte Frage, wer denn jetzt seinem Herrn die mährische Krone aufsetzen werde; Friedrich aber gab trocken zur Antwort, daß man Kronen in der Regel nur mit Kanonen zu erobern pflege.

Während dieser Begebenheiten war durch ein anderes preußisches Corps unter dem Erbprinzen von Dessau die Festung Glatz erobert und die Erbhuldigung der ganzen Grafschaft Glatz durch den Erbprinzen angenommen worden. Einige Zeit darauf legten auch die Stände des oberschlesischen Districts jenseits der Neisse die Erbhuldigung vor einem andern Bevollmächtigten des Königs ab.

Am 17. April traf Friedrich zu Chrudim in Böhmen mit dem Erbprinzen von Dessau zusammen und legte hier seine Truppen in Erholungsquartiere. Die Sachsen, welche Mähren ebenfalls verlassen hatten, gingen durch Böhmen und lagerten sich an der sächsischen Grenze; sich mit den Franzosen an der Moldau zu vereinigen, wodurch sie der österreichischen Macht ein neues Gegengewicht hätten geben können, waren sie nicht zu bewegen. In Chrudim fand Friedrich eine vierwöchentliche Muße, die wiederum dem Genusse der Wissenschaft und Kunst gewidmet war. Zugleich wurde diese Frist, unter englischer Vermittelung, zu neuen Unterhandlungen mit Oesterreich benutzt. Friedrich sah ein, wie wenig Vortheil ihm durch seine Verbündeten zufiel; denn auch auf die Fähigkeit der französischen Kriegsführer und auf die bayrische Armee durfte er so wenig wie auf die Willfährigkeit der Sachsen weitere Pläne bauen, und selbst für die sehr geringe Aufrichtigkeit des französischen Kabinets hatte er überzeugende Zeugnisse in Händen; England aber lag es daran, Friedrich von dem feindlichen Bündnisse abzuziehen, damit dasselbe hernach um so leichter zu zerstreuen sei. Da Friedrich aber jetzt ganz Schlesien und die Grafschaft Glatz in Anspruch nahm, und da die Oesterreicher bedeutende Vortheile erlangt zu haben meinten, so zeigten sich die letzteren weniger nachgiebig als im vergangenen Herbste.

Friedrich fand also für gut, es noch einmal auf die Entscheidung der Waffen ankommen zu lassen. Er nahm eine vorbereitende Stellung ein und ließ Verstärkungen aus Oberschlesien zu seiner Armee in Böhmen einrücken. Unterdeß verließ auch die österreichische Armee unter dem Herzog Karl von Lothringen und dem Feldmarschall Königseck Mähren und richtete ihren Marsch gegen Prag; unterwegs sollten die preußischen Truppen, von deren Stärke die Oesterreicher eine nur mangelhafte Kunde hatten, überfallen und geschlagen werden. Bei der Annäherung dieser Armee forderte Friedrich den Befehlshaber der französischen Truppen, den Marschall Broglio, auf, von der Moldau vorzurücken und sich mit ihm zu vereinigen. Er erhielt aber zur Antwort, der Marschall habe dazu keine Ordre; doch wolle er von diesem Verlangen des Königs eiligst Bericht nach Paris abstatten, und er hoffe, daß ihm die ermangelnde Ordre bald werde zugefertigt werden. Darauf konnte Friedrich freilich nicht warten.

Denn schon war ein Theil der österreichischen Armee zu seiner Seite vorgerückt und verrieth die Absicht, sich der preußischen Magazine zu bemächtigen. Dies Vorhaben zu vereiteln, setzte sich Friedrich selbst an die Spitze seiner Avantgarde und nahm schnell eine seinen Zweck begünstigende Stellung, während ihm die Hauptarmee unter dem Erbprinzen von Dessau nachfolgte. Die letztere sollte die Stadt Czaslau besetzen; aber das schwere Geschütz hatte ihren Marsch verzögert, sodaß sie nur bis zu dem unfern gelegenen Dorfe Chotusitz gelangte, während die Oesterreicher in Czaslau einrückten. So war die Schlacht vorbereitet. Am 17. Mai, in aller Frühe, kehrte Friedrich mit dem Vortrabe zu seiner Hauptarmee zurück, und kaum hatte er dieselbe erreicht, als auch bereits der Angriff von Seiten der Oesterreicher erfolgte. Der Donner des Geschützes begann. Die preußische Kavallerie des rechten Flügels, unter dem Feldmarschall Buddenbrock, benutzte die günstige Stellung, in der sie sich befand, stürzte sich mit kräftigem Ungestüm auf die Feinde und warf die Entgegenkommenden nieder; aber der ungeheure Staub, welcher sich bei diesem Angriffe erhob, brachte Verwirrung hervor, sodaß keine weiteren Vortheile erreicht wuden. Jetzt führte Königseck die Infanterie des österreichischen rechten Flügels auf den linken preußischen vor, der sich, in der Nähe von Chotusitz, in wenig günstiger Stellung befand. Zwar erwarb sich die dort befindliche preußische Reiterei durch kühne Thaten Ruhm, aber die Infanterie ward zum Weichen gebracht. Der Feind benutzte diese rückgängige Bewegung, das Dorf in Brand zu stecken; dadurch beraubte er indeß sich selbst der Früchte seines eben erlangten Gewinnes, denn das

Feuer bildete alsbald eine Scheidewand zwischen beiden Armeen. Nun aber griff Friedrich selbst mit raschem Entschlusse den linken Flügel der österreichischen Armee an; er warf ihn ungestüm auf den rechten Flügel zurück, drängte beide in einem ungünstigen Terrain zusammen, und bald wandte sich die ganze österreichische Armee zur Flucht. So war in drei Morgenstunden der Sieg erfochten, der Friedrich an das Ziel seiner Wünsche führte.

Die Unterhandlungen mit Oesterreich wurden nunmehr mit erneutem Eifer aufgenommen, und Maria Theresia willigte in Friedrich's Forderungen. Der preußische Kabinetsminister Graf Podewils und der englische Gesandte Lord Hyndfort, Beide mit genügenden Vollmachten versehen, schlossen vorläufig, am 11. Juni, in Breslau den Frieden, durch welchen in Friedrich's Besitz Schlesien, die Grafschaft Glatz und ein District von Mähren — mit Ausnahme eines Theiles von Oberschlesien, etwa hundert Quadratmeilen umfassend — übergingen. Dagegen verpflichtete er sich, eine auf Schlesien haftende Schuld an England abzutragen. Alsbald ward der Friede überall in den Staaten des Königs verkündet. Im Lager zu Kuttenberg, welches Friedrich nach der Schlacht bezogen, machte er ihn selbst zuerst bei einem Gastmahle bekannt, zu dem er die höheren Offiziere seiner Armee versammelt hatte; dabei ergriff er sein Glas und trank auf die Gesundheit der Königin von Ungarn und auf die glückliche Versöhnung mit ihr. In Berlin ward der Friede am 30. Juni durch einen Herold ausgerufen, der auf einem prächtig geschmückten Pferde, einen Scepter in der Hand tragend, durch die Straßen ritt.

Ehe Friedrich nach Berlin zurückkehrte, bereiste er noch die schlesischen Festungen. In Glatz erzählte man ihm, daß während der Belagerung dieses Ortes durch die Preußen eine vornehme Dame das Gelübde gethan habe, der heiligen Jungfrau in einer dortigen Jesuitenkirche ein schönes Kleid zu verehren, wenn die Belagerung aufgehoben würde, daß nun aber das Gelübde natürlich nicht erfüllt worden sei. Friedrich befahl sogleich, ein Kleid von dem kostbarsten Stoffe verfertigen zu lassen, und sandte dasselbe den Jesuiten mit der Aeußerung, daß die heilige Jungfrau seinethalb das versprochene Geschenk nicht entbehren solle. Die Jesuiten waren schlau genug, das Kleid anzunehmen und dem Könige in einer feierlichen Procession ihren Dank darzubringen.

In Berlin traf Friedrich am 12. Juli ein und ward mit großem Jubel empfangen. Am 28. Juli kam hier der definitive Abschluß des Friedens zu Stande. England hatte die Bürgschaft für den Frieden übernommen. Kursachsen war in denselben eingeschlossen worden, obgleich König August so wenig von seinen eigenen Angelegenheiten wußte, daß er, als ein preußischer Abgesandter ihm den Sieg von Chotusitz meldete, diesen fragte, ob seine Truppen sich gut dabei gehalten hätten. In Frankreich brachte die Nachricht von dem Friedensschlusse, der eine Reihe wohlersonnener Pläne unwillkommen zerstörte, das größte Entsetzen hervor. Der ganze Hof war wie vom Donner gerührt; Einige fielen in Ohnmacht; der alte Cardinal Fleury, der Lenker des Staates, brach in Thränen aus. Friedrich hatte Letzterem die Gründe auseinandergesetzt, die ihn zu dem Friedensschlusse bewogen; in dem wehmüthigen Antwortschreiben des Cardinals heißt es unter Anderm bedeutsam: „Ew. Majestät werden jetzt der Schiedsrichter von Europa; dies ist die glorreichste Rolle, welche Sie jemals übernehmen können!“

Maria Theresia aber hatte nur mit wundem Herzen sich in das Nothwendige gefügt. Sie klagte, daß der schönste Edelstein ihrer Krone ausgebrochen sei. So oft sie einen Schlesier erblickte, vermochte sie die Thränen nicht zurückzuhalten.

Siebenzehntes Kapitel.

Zwei Friedensjahre.

Als Friedrich den Frieden von Breslau schloß, war der königliche Schatz bereits auf die Summe von 150,000 Thalern zusammengeschmolzen. Auch dieser Umstand hatte eingewirkt, um von Seiten des Königs ungesäumt auf den Abschluß des Friedens einzugehen. Aber die Erwerbung Schlesiens vermehrte die jährlichen Einkünfte Friedrich's um mehr als viertehalb Millionen Thaler, und so sah er sich alsbald im Stande, auf die Herstellung und Vermehrung der Kräfte seines Staates mit Nachdruck hinzuarbeiten. Denn noch immer waren die politischen Verhältnisse in solcher Verwirrung, daß er über kurz oder lang aufs Neue in einen Krieg hineingerissen werden konnte; seine vorzüglichste Sorge aber war, im Falle der Noth nicht ungerüstet dazustehen.

Das nächste Augenmerk Friedrich's war auf die Ordnung der schlesischen Verhältnisse gerichtet. Die eigenthümlichen Verhältnisse der neuerworbenen Provinz sollten so viel als möglich geschont, zugleich aber diejenigen neuen Einrichtungen getreffen werden, welche erfordert wurden, wenn Schlesien an den Pflichten und an den Wohlthaten der übrigen Provinzen Theil nehmen sollte. Die Verwaltung des Landes wurde demnach von der der übrigen Provinzen des Staates gesondert geführt; die Stellen der Beamten wurden vorzugsweise durch Eingeborene besetzt. Dabei aber wurde das bisher vielfach drückende Steuerwesen nach einem zweckmäßigen Plane umgeändert und die Sicherheit des Verkehrs durch die Einführung preußischer Rechtspflege und Polizei fester begründet. Die protestantischen Bewohner erhielten freie Religionsübung, ohne daß jedoch die katholische Kirche in ihren Rechten auf irgend eine Weise gekränkt ward. In diesem Punkte der religiösen Duldung fand Friedrich einen würdigen Mitarbeiter an dem Fürstbischofe von Breslau, dem Cardinal Grafen Sinzendorf, der an der Spitze der katholischen Kirche Schlesiens stand. Friedrich ernannte ihn, mit päpstlicher Genehmigung, zum Generalvicar und obersten geistlichen Richter für alle Römischkatholischen in den preußischen Staaten; Sinzendorf aber erließ, schon im August 1742, einen Hirtenbrief, worin er die Eiferer seines Glaubens zu Frieden und Duldung ermahnte und namentlich den Gebrauch des Wortes „Ketzer" ernstlich untersagte. Dafür erfreute sich denn auch Sinzendorf mannigfach anderweitiger Gnadenbezeugungen des Königs.

Zur größeren Sicherung Schlesiens gegen künftige feindliche Anfälle wurden die dortigen Festungen ausgebessert und mit neuen Werken vermehrt. Besonders Neisse ward durch großartige Anlagen zu einem der festesten Plätze des Landes gemacht. An dem jenseitigen Ufer des Neisseflusses, auf der Anhöhe, von welcher Friedrich die Stadt im Jahre 1741 beschossen hatte, wurde ein neues starkes Fort, das den Namen Preußen erhielt, angelegt. Friedrich selbst legte am 30. März 1743 den Grundstein desselben mit silberner Kelle und Hammer; die in den Grundstein eingelegte Inschrift scheint diesen Act mit dem Großmeisterthum des Königs im Orden der Freimaurer in Verbindung zu bringen.

Ebenso ward auch Glatz durch bedeutende Arbeiten zu einer Hauptfestung des Staates erhoben. Bei der Erweiterung der Festungswerke dieses Ortes fanden sich unter Anderm zwei Heiligenstatuen, St. Nepomuk und St. Florian, der Schutzpatron gegen das Feuer, die zur österreichischen Zeit irgendwo aufgestellt gewesen waren. Man bewahrte beide, bis der König nach Glatz kam, und fragte ihn, was mit den Figuren gemacht werden solle. „Der Florian (antwortete Friedrich) ist für's Feuer gut, doch geht er mich nichts an; aber den Schutzpatron von Böhmen müssen wir in Ehren halten. Es soll auf dem Schlosse ein Thurm gebaut und der heilige Nepomuk darauf gestellt werden." So entstand in den Werken von Glatz der runde Thurm, dessen oberste Platteforme die Statue des Heiligen einnimmt. Als Friedrich wieder dorthin kam und sah, daß der Heilige sein Gesicht nach Schlesien kehrte, bemerkte er lächelnd, daß das nicht recht sei, der heilige Nepomuk müsse auf das Land schauen, das ihm eigentlich gebühre. Die Statue ward darauf umgewandt, sodaß sie das Gesicht nach Böhmen kehrte. — Ebenso wurden die Befestigungen von Glogau und Brieg verstärkt. Die Stadt Kosel in Oberschlesien, bis dahin unbefestigt, wurde gleichfalls mit starken Werken versehen und so die Grenze gegen Oesterreich hierdurch um so mehr gesichert.

Mit nicht geringerem Eifer wurde an der Vermehrung und an der vollkommeneren Durchbildung des Heeres gearbeitet; der erste Krieg hatte den Gesichtskreis erweitert und die noch mangelhaften Punkte kennen gelehrt. Friedrich begann die Reiterei, die unter dem vorigen Könige vernachlässigt worden war, aus einer wenig brauchbaren Truppengattung zu einer der furchtbarsten umzuschaffen. Aber auch für den inneren Wohlstand seiner Staaten war Friedrich unablässig bemüht. Er traf neue Einrichtungen, um Manufacturen und Handel zu bedeutenderer Höhe zu erheben; Elbe und Oder wurden durch einen Kanalbau verbunden. Die Akademie der

Wissenschaften trat neuverjüngt ins Leben und hielt ihre erste Versammlung im königlichen Schlosse zu Berlin; ausgesetzte Preise dienten dazu, die Männer der Wissenschaft zu höherem Wetteifer aufzumuntern.

Dabei ward endlich auch der Glanz und die Freude des Lebens nicht vergessen. Das königliche Schloß zu Charlottenburg wurde durch den Anbau eines prächtigen

Flügels, unter Knobelsdorff's Leitung, um ein Bedeutendes erweitert. Zum würdigen Schmuck dieses Schlosses wurde die berühmte Antikensammlung verwandt, welche Friedrich im Jahre 1742 aus dem Nachlaß des Cardinals Polignac kaufte. Berlin erhielt an dem Opernhause, welches ebenfalls von Knobelsdorff erbaut und schon im December 1742 eröffnet wurde, eine seiner vorzüglichsten Zierden.

Die Besuche fremder Fürsten gaben Gelegenheit zur Entfaltung der reichsten königlichen Pracht. Friedrich aber fand, trotz seiner vielseitigen Beschäftigung, Muße genug, den ersten Theil der Geschichte seiner Zeit, welcher die Geschichte des ersten schlesischen Krieges enthält, zu schreiben und sich darin den Historikern des classischen Alterthums, den steten Begleitern seiner Muße, würdig an die Seite zu stellen. Daneben entstanden mancherlei poetische Arbeiten. Für die Hochzeit seines Freundes Keyserling, im November 1742, dichtete Friedrich eine Komödie in drei Acten: „Die Schule der Welt." Den höchsten poetischen Genuß aber brachte wiederum Voltaire, der sich im Jahre 1743 zum Besuche einfand.

Ueber diesen Besuch des französischen Dichters berichtet der in Berlin anwesende englische Gesandte seinem Hofe, wenig erbaut, Folgendes: „Herr Voltaire ist hier wieder angekommen und stets in der Gesellschaft des Königs, welcher entschlossen scheint, ihm Stoff zu einem Gedichte über die Vergnügungen Berlins zu geben. Man spricht hier von nichts als von Voltaire: er liest den Königinnen und Prinzessinnen seine Trauerspiele vor, bis sie weinen, und überbietet den König in Satiren und übermüthigen Einfällen. Niemand gilt hier für gebildet, der nicht dieses Dichters Werke im Kopf oder in der Tasche hat, oder in Reimen spricht."

Uebrigens glaubte sich Voltaire zugleich berufen, die Rolle eines politischen Unterhändlers von Seiten des französischen Hofes zu spielen; da er aber kein Beglaubigungsschreiben vorzubringen vermochte, so betrachtete Friedrich das als eine bloße Spielerei, zu der ihn seine Eitelkeit vermocht habe. Denn schon bei dem ersten Besuche des Dichters hatte er erkannt, daß sein moralischer Charakter, trotz seiner schöngeglätteten Verse, keineswegs von Flecken frei sei. Damals war ihm der Gelddurst des Franzosen lästig geworden, ohne daß er es ihn doch persönlich besonders scharf hatte merken lassen. Jetzt führte Voltaire's Eitelkeit noch andere Ursachen zu kleinen Reibungen herbei. Er übersandte mit dichterischer Freiheit der liebenswürdigen Prinzessin Ulrike, einer jüngeren Schwester des Köngis, ein zierliches Madrigal, welches nichts weniger als eine Liebeserklärung enthielt. In der Uebersetzung dürfte dasselbe etwa also lauten:

Der gröbsten Lüge zeiget sich
Ein wenig Wahrheit oft verbunden:
Ich hatte einen Thron gefunden
Heut' Nacht, — ein Traum bethörte mich;
Ich liebte, Fürstin, Dich, ich wagte, Dir's zu sagen, —
Und ich erwachte, doch nicht all mein Glück entwich:
Nur meinem Thron mußt' ich entsagen.

Die Prinzessin antwortete mit äußerst feinen Versen, die Friedrich verfaßt hatte und in denen der Dichter auf die verbindlichste Weise über den Unterschied der Stände belehrt ward. Er, hieß es darin, habe aus eigner Kraft sich auf dem Gipfel des Helikon niedergelassen, sie verdanke Alles nur ihren Ahnen. Aber es erfolgte von Friedrich's Hand auch noch eine zweite Entgegnung, die dasselbe Thema minder verblümt behandelte. Sie lautete ungefähr so:

Der Traum, das liegt einmal im Blut,
Stimmt überein mit Dem, was man im Wachen thut.
Es träumt der Held, daß er den Rheinstrom überschreite,
Der Kaufmann, daß sich ihm Gewinn bereite,
Der Hund, daß er den Mond anbelle;
Doch wenn in Preußen sich Voltaire durch Lügenkünste
Zum König träumt und nur den Narren bringt zur Stelle:
Das heißt Mißbrauch der Traumgespinnste!

Indeß hinderten diese leichten Gefechte nicht, daß die schönen Verse Voltaire's und ebenso auch der Dichter als solcher unausgesetzt mit lebhaftem Enthusiasmus bewundert wurden. Und als er wieder von Berlin schied, blieb nur der Wunsch rege, ihn dereinst ganz am Hofe behalten zu können. —

Im Mai des Jahres 1744 wurden Friedrich's Staaten durch ein neues Gebiet, Ostfriesland, vermehrt, als der letzte Fürst des Landes ohne Erben gestorben war. Zufolge einer aus den Zeiten des großen Kurfürsten herrührenden Anwartschaft nahm Friedrich sogleich von dem Lande Besitz und empfing durch Abgeordnete die Huldigung am 23. Juni. Friedrich bestätigte die Gerechtsame und Freiheiten der Stände; Wohlstand und Zufriedenheit blühten schnell in dem Ländchen, das früher viel von inneren Fehden zu erdulden gehabt hatte, empor. Seine für den Seehandel günstige Lage machte es dem Könige besonders wichtig.

Unterdeß hatte Friedrich mit scharfem Blicke den Gang der politischen Begebenheiten verfolgt und die weiteren Maßregeln getroffen, die seine eigne Sicherheit erforderte. Nach dem Abschluß des Breslauer Friedens hatte Oesterreich seine ganze Macht gegen die in Böhmen befindlichen französischen Armeen gewandt und das Land von ihnen frei gemacht. Dann war das österreichische Heer gegen Bayern vorgerückt; es vertrieb den Kaiser, der inzwischen Gelegenheit gehabt hatte, von seiner Residenz Besitz zu nehmen, aufs Neue. Die Bayern und Franzosen wurden bis an den Rhein gedrängt. Gleichzeitig hatte sich auch der König von England gerüstet und war mit bedeutender Heeresmacht den Franzosen in Deutschland gegenübergetreten. Er schlug sie am Main. Nun machten Frankreich und der Kaiser dem österreichischen Hofe vortheilhafte Friedensanträge, aber sie wurden nicht gehört; Maria Theresia dachte nur an die Absetzung des Kaisers, an dessen Stelle ihr Gemahl, der Herzog Franz, erwählt werden sollte. Vielmehr ward zwischen Oesterreich, England, Holland und Sardinien ein Bündniß zur Vertheidigung und zum Angriff geschlossen (zu Worms, im September 1743); Sardinien war hierzu durch einige Abtretungen von Seiten Oesterreichs bewogen worden. Als sich Maria Theresia gegen den König von England beklagte, daß sie fortwährend, wie früher gegen Preußen, so jetzt wieder zu Abtretungen genöthigt werde, schrieb ihr Georg II. bedeutungsvoll zurück: „Madame, was gut zu nehmen ist, ist auch gut wiederzugeben.“ Friedrich erhielt eine Abschrift des Briefes und verstand die Warnung, die auch für ihn darin lag.

Noch deutlicher wurde ihm die Absicht der Verbündeten, als auch Sachsen dem Wormser Bündnisse beitrat und Friedrich von den zwar geheim gehaltenen Artikeln des Bundes Kunde erhielt. Darin verpflichteten sich die Theilnehmer zur wechselseitigen Gewährleistung ihrer Besitzungen auf den Grund gewisser namhaft gemachter älterer Tractate, unter denen aber der Bestimmungen des Breslauer Friedens auf keine Weise gedacht war. Die geheimen Verhandlungen aus jener Zeit zeigen es in der That klar genug, daß Friedrich jetzt nicht länger müßig zuschauen durfte, ohne sich selbst der größten Gefahr auszusetzen.

Von Seiten des Kaisers, der in Frankfurt ein kümmerliches Dasein fristete, wurde er zu gleicher Zeit dringend um Hülfe angegangen. Er beschloß, thätig einzugreifen; sein Gedanke war, eine Verbindung der kleineren deutschen Fürsten zu Stande zu bringen, um auf diese Weise gegen die österreichische Uebermacht ein Gegengewicht zu bilden. Zu dem Ende machte er im Frühjahr 1744, unter dem Vorwande, seine Schwestern in Anspach und Baireuth zu besuchen, eine Reise in das Reich und brachte in der That, am 22. Mai, die Frankfurter Union zu Stande, welche „Deutschland seine Freiheit, dem Kaiser seine Würde und Europa die Ruhe" wiedergeben sollte. Aber da Frankreich den Theilnehmern der Union keine Hülfsgelder zahlen wollte, so trat die Mehrzahl derselben wieder zurück.

So mußte Friedrich's Augenmerk vorzugsweise auf den Hauptfeind von England und Oesterreich, auf Frankreich gerichtet bleiben, ehe dieser Staat genöthigt ward, vom Waffenschauplatze abzutreten. Doch hatten sich die französischen Verhältnisse seit Kurzem wesentlich geändert. Der Cardinal Fleury war gestorben und es fehlte dem Staate jetzt an einer leitenden Idee; die Maitressenregierung Ludwig's XV. mit all ihren Intriguen und Widersprüchen hatte begonnen. Friedrich erkannte das sehr wohl und gab es auch eines Tages dem französischen Gesandten ziemlich deutlich zu verstehen. Es war in der Oper; der Bühnenvorhang erhob sich

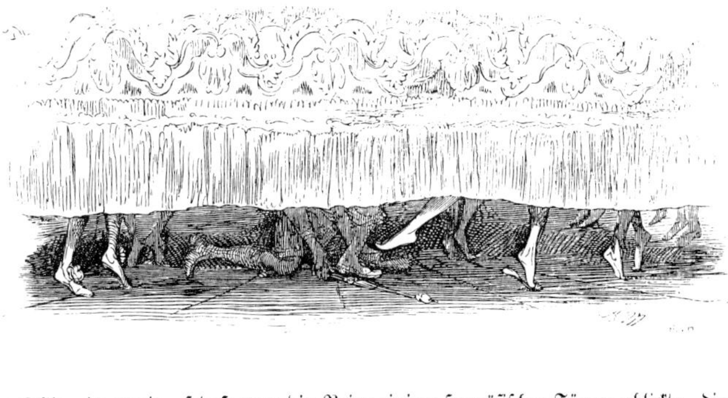

zufällig ein wenig, sodaß man die Beine einiger französischen Tänzer erblickte, die ihre Kunststücke einübten. Der König wandte sich zu dem englischen Gesandten, der neben ihm saß, und flüsterte diesem, aber so laut, daß es der französische Gesandte hören konnte, ins Ohr: „Sehen Sie da ein vollkommenes Bild des französischen Ministeriums: lauter Beine ohne Kopf!"

Mit einem solchen Ministerium erfolgreich zu unterhandeln, war nicht leicht. Friedrich entschloß sich, in der Person des Grafen Rothenburg einen neuen Gesandten nach Paris zu schicken; dieser, der früher in französischen Diensten gestanden hatte und sich bedeutender verwandtschaftlicher Verbindungen am dortigen Hofe erfreute, kannte am besten die dortigen Verhältnisse. Um sich indeß vollständig von den Fähigkeiten seines Gesandten zu überzeugen, beschloß er, diesen zuvor einer Probe zu unterwerfen. Er ließ ihn zu sich kommen, übernahm selbst die Rolle der französischen Minister und hob alle nur möglichen Schwierigkeiten und Gegengründe wider seine eigenen Anträge hervor, ohne sich selbst dabei zu schonen. Rothenburg widerlegte Alles so geschickt, daß der König zuletzt sagte: „Wenn Er so gut spricht und so gute Gründe vorbringt, wird Ihm gewiß der Erfolg nicht fehlen." — Friedrich hatte sich nicht geirrt. Rothenburg's Erfolge waren so glücklich, daß Frankreich sich aufs Neue rüstete und am 2. Juni 1744 auf den Grund der Frankfurter Union ein Angriffsbündniß mit Preußen gegen Oesterreich zum Schutze des Kaisers schloß. Frankreich versprach mit zwei Armeen, am Niederrhein und am Oberrhein, vorzurücken; Friedrich dagegen sollte in Böhmen einfallen und von den etwaigen Eroberungen das österreichische Schlesien und den an Schlesien zunächst angrenzenden Theil Böhmens erhalten.

Zu gleicher Zeit war Friedrich bemüht, sich auch gegen die nordischen Staaten sicher zu stellen. Mit Rußland hätte er gern ein Bündniß zu Stande gebracht, doch ward ein solches durch englische Guineen hintertrieben. Gleichwohl brachte er es dahin, daß die Prinzessin Sophie Auguste von Anhalt-Zerbst (die nachmalige Kaiserin Katharina II.), die in Preußen erzogen und deren Vater Feldmarschall der preußischen Armee war, dem russischen Thronfolger verlobt wurde. Hierdurch blieb Friedrich vor der Hand wenigstens nicht ganz ohne Einfluß auf Rußland.

Ein näheres Verhältniß gestaltete sich zu Schweden, indem die Prinzessin Ulrike, Friedrich's Schwester, mit dem schwedischen Thronfolger vermählt ward. Die Vermählung geschah zu Berlin am 17. Juli 1744; von Seiten des schwedischen Hofes war der Graf Tessin mit der Blüthe des schwedischen Adels zur feierlichen Werbung nach Berlin gesandt worden; die Stelle des Bräutigams vertrat hier der Prinz August Wilhelm von Preußen. Es war der letzte Glanzpunkt, mit welchem die kurzen Friedensjahre wiederum erlöschen sollten. Friedrich entwickelte bei dieser Gelegenheit die größte königliche Pracht, aber die Anmuth der Braut ward durch allen Schmuck, in dem sie erschien, nicht in Schatten gestellt. Feste drängten sich auf Feste bis zum Tage der Abreise. Man suchte den Schmerz der Trennung von einem der geliebtesten Glieder der königlichen Familie zu betäuben; noch am Tage der Abreise versammelte man sich zur Oper, Friedrich überreichte der Schwester ein Abschiedsgedicht, aber nun brachen auch auf allen Seiten die Gefühle übermächtig hervor. Friedrich selbst vermochte die Thränen nicht zurückzuhalten. Die Prinzessin bestieg den Reisewagen; der König schritt aus dem Glanz der Feste und aus den Thränen des Abschiedes aufs Neue dem Kriege entgegen.

Achtzehntes Kapitel.

Ausbruch des zweiten schlesischen Krieges. Feldzug des Jahres 1744.

Schon hatten die französischen Armeen den Doppelfeldzug begonnen. Die Nordarmee, bei der sich König Ludwig XV. selbst befand, war in die österreichischen Niederlande eingerückt und hatte in kurzer Zeit glückliche Fortschritte gemacht. Die zweite Armee am Oberrhein aber war nicht so glücklich. Ihr stand an der Spitze der österreichischen Hauptmacht ein einsichtsvoller Feldherr, Graf Traun, gegenüber. Traun war in das Elsaß eingedrungen, seine Truppen streiften bereits nach Lothringen, und es ward nöthig, die französische Nordarmee zu schwächen, um im Süden nicht wesentliche Verluste zu erleiden. Hierdurch ward Friedrich genöthigt, seine Unternehmung auf Böhmen schleuniger ins Werk zu richten, als es seine Absicht gewesen war.

Das preußische Heer machte sich marschfertig, um in drei Colonnen in Böhmen einzurücken; zwei von diesen sollten durch Sachsen, die dritte durch Schlesien gehen, während zwei Armeecorps zum Schutze der Mark Brandenburg und Oberschlesiens zurückblieben. Ein preußischer Generaladjudant brachte ein kaiserliches Requisitorialschreiben nach Dresden, worin König August durch Karl VII. aufgefordert ward, den zu seiner Hülfe bestimmten preußischen Truppen freien Durchzug durch Sachsen zu verstatten. König August war in Warschau; die sächsischen Minister protestirten, das Land setzte sich in eine Art Vertheidigungszustand; man erreichte dadurch aber nur, daß der Durchmarsch der Preußen, zum Nachtheil des Landes, langsamer von Statten ging.

Am 15. August (1744) betraten die preußischen Armeen die böhmischen Grenzen. Dem Einmarsch derselben ward ein Manifest voraufgeschickt, welches sich im Allgemeinen auf die Artikel der Frankfurter Union bezog; auch wurden Patente in Böhmen ausgegeben, in welchen die Einwohner vor allen Widersetzlichkeiten streng gewarnt wurden. Die Preußen fanden keine feindlichen Truppen von Bedeutung vor sich; die geringen Hindernisse, welche dem Einmarsch und dem Wassertransport des Proviants entgegengesetzt waren, wurden bald beseitigt. In Leitmeritz an der Elbe wurden die Magazine für die Armee angelegt, indem es an Transportmitteln fehlte, um diese zu Lande weiter zu beschaffen. Am 2. September vereinigten sich die verschiedenen Corps der preußischen Armee vor Prag.

Alsbald machte man die Anstalten zur Belagerung der böhmischen Hauptstadt, welche durch ein Corps von 12,000 Mann vertheidigt wurde. Am 10. September Abends wurden die Laufgräben an drei verschiedenen Orten eröffnet. Schwerin hatte einen Angriff auf den Ziskaberg vorbereitet. Prinz Heinrich, der Bruder des Königs, besuchte ihn dort während der Nacht. Er fragte den Feldmarschall im Laufe des Gesprächs, ob er wohl den Namen der Kapelle wisse, bei welcher der König sich gelagert habe. Jener verneinte es; der Prinz aber schwang den Hut und rief: „Sancta Victoria!“ — „Da müssen wir freilich“, entgegnete Schwerin, „Alles anwenden, um mit dieser schönen Heiligen näher bekannt zu werden.“ Am folgenden Tage geschah der Angriff, und der Ziskaberg ward genommen. Friedrich, der sich während des Angriffs in einem der anderen Laufgräben befand, trat, um denselben zu beobachten, mit vielen Offizieren ins Freie hervor. Die österreichische Besatzung aber ward durch die große Menge der vornehmen Uniformen aufmerksam gemacht, sie richtete ihre Kanonen nach dieser Stelle, und ein unglücklicher Schuß tödtete den Markgrafen Wilhelm, einen der Vettern des Königs, an der Seite des letzteren. Friedrich wurde durch den Verlust dieses Prinzen um so schmerzlicher berührt, als schon ein Bruder desselben, Markgraf Friedrich, in der Schlacht von Mollwitz den Heldentod gefunden hatte. Im Uebrigen waren die Erfolge der Belagerung so glücklich, daß die Besatzung am 16. September capituliren und sich zu Kriegsgefangenen ergeben mußte. Sie ward in die schlesischen Festungen abgeführt.

Von Prag rückte Friedrich nach Süden vor und besetzte die Städte Tabor, Budweis und Frauenberg, sodaß er bereits den österreichischen Grenzen nahe stand. Er war zu einem Unternehmen in dieser Richtung durch das Uebereinkommen bewogen worden, welches zwischen ihm und König Ludwig XV. in Rücksicht auf ein

gemeinsames Zusammenwirken getroffen war. Aber die Franzosen entsprachen ihrer Verpflichtung nicht sonderlich. Sie gestatteten der österreichischen Armee nicht nur alle mögliche Bequemlichkeit, als dieselbe auf die Nachricht von Friedrich's Einfall in Böhmen sich aus dem Elsaß zurückzog; sie folgten auch nicht einmal, wie es doch ausdrücklich verabredet war, den Oesterreichern, als diese mit schnellen Schritten gegen Friedrich heranzogen. Statt dessen begannen die Franzosen, nur auf ihr eignes nächstes Interesse bedacht, Angriffe auf die österreichischen Besitzungen im Breisgau.

Dieser Umstand machte Friedrich's Stellung in dem südlichen Böhmen bedenklich; aber es traten noch andere eigenthümlich ungünstige Verhältnisse hinzu. Friedrich befand sich in einem Lande, welches nur geringe Mittel zur Ernährung seiner Truppen und zur Fortschaffung der Magazine darbot. Den Bauern war von Seiten der österreichischen Regierung anbefohlen worden, ihre Hütten bei Annäherung der Preußen zu verlassen, ihre Getreidevorräthe zu vergraben und in die Waldungen zu flüchten. So erblickte die Armee auf ihren Wegen überall nur Wüsteneien und leere Dörfer; Niemand brachte Lebensmittel zum Verkauf ins Lager. Der Adel, die Geistlichkeit, die Beamten waren treue Anhänger des Hauses Oesterreich; religiöse Ansichten gaben ihnen einen unüberwindlichen Haß gegen die ketzerischen Preußen.

Endlich ward die preußische Armee durch ein zahlreiches Corps von Husaren umschwärmt, welches aus Ungarn eingerückt war und alle Verbindungen abschnitt, sodaß Friedrich vier Wochen hindurch nichts von Prag erfuhr, nichts von dem Orte, nach welchem die österreichische Rheinarmee unter Traun sich gewandt hatte, nichts von den Rüstungen, die in Sachsen für Oesterreich unternommen wurden. Die preußischen Reiter, die auf Kundschaft ausgeschickt wurden, fielen stets jenen überlegenen Schaaren in die Hände. Die Armee stand überall, nach Weise der Römer, verschanzt und auf den Umkreis ihres Lagers eingeschränkt da.

Der Mangel an Nahrung zwang endlich Friedrich, den Rückmarsch anzutreten. In den festen Orten, die er eingenommen hatte, ließ er Besatzungen zurück, die jedoch bald durch ungarische Truppen belagert und, da ihnen die Nahrung abgeschnitten ward, auch in kurzer Zeit zur Uebergabe gezwungen wurden.

Nach einigen Tagemärschen traf Friedrich mit der großen feindlichen Armee, welche durch ein bedeutendes Corps sächsischer Truppen verstärkt war, zusammen. Jetzt glaubte er das Ziel seiner Mühseligkeiten vor sich zu sehen; durch eine Feldschlacht hoffte er entscheidende Erfolge zu erringen und sich zum Herrn des widerwilligen Landes zu machen. Aber Traun wußte für sein Lager eine so vortheilhafte Stellung zu wählen, daß ein Angriff von Seiten der Preußen unmöglich war. Mangel an Nahrung zwang die letzteren, wiederum weiter zu rücken. Das österreichische Heer folgte ihnen nach, und immer wiederholte Traun, der überdies durch die Bereitwilligkeit der Bewohner des Landes alle Unterstützung erhielt, dasselbe Verfahren.

So verstrich einige Zeit unter Märschen und Gegenmärschen zwischen der Sassawa und der oberen Elbe, bis Friedrich, da der Mangel, die böse Jahreszeit, die Beschwerlichkeiten der Märsche eine Menge Krankheiten in seinem Heere erzeugt hatten, sich genöthigt sah, über die Elbe zurückzugehen. Er glaubte, die Oesterreicher, durch den zwiefachen Feldzug erschöpft, den sie in diesem Jahre geführt hatten, würden jetzt ihre Winterquartiere jenseit dieses Flusses nehmen. Er traf seine Anstalten, um sich diesseits zu behaupten und den Fluß zu decken. Die Feinde aber wußten auch jetzt die Kunde, die ihnen überall über die preußischen Bewegungen und Stellungen zugebracht ward, auf das Günstigste zu benutzen. Sie erzwangen am 19. November, ganz unvorhergesehen, an einer Stelle des Flusses, wo die geringste Bedeckung stand, bei Solonitz, den Uebergang. Nur ein einziges Bataillon, unter dem Oberstlieutenant Wedell, trat ihnen hier entgegen. Mit bewunderungswürdiger Standhaftigkeit trotzte dasselbe fünf Stunden lang und gegen das Feuer von fünfzig Kanonen den österreichischen Angriffen; dreimal schlug es die österreichischen Grenadiere zurück. Wedell hatte Husaren zur preußischen Armee abgeschickt; diese aber fielen den Oesterreichern in die Hände, und da keine Hülfe ankam, so zog er sich endlich, doch in vollkommener Ordnung, mit dem Ueberreste seiner tapfern Schaar zu der Armee zurück. Diese That erwarb ihm den Ehrennamen des preußischen Leonidas. Der Prinz Karl von Lothringen, der den Namen des Anführers der österreichischen Armee führte, vermochte dem kühnen Feinde seine Bewunderung nicht zu versagen. „Wie glücklich“, so sprach er zu seinen Offizieren, „wie glücklich würde die Königin sein, wenn sie in ihrem Heere Offiziere hätte, die diesem Helden glichen!“

Durch den Uebergang der österreichischen Armee war das Schicksal des diesjährigen Feldzuges entschieden. Friedrich mußte sich entschließen, Prag aufzugeben, wo er von Schlesien abgeschnitten gewesen wäre, und nach Schlesien zurückzukehren, wo allein für seine Truppen zweckmäßige Winterquartiere zu finden waren. Der Rückmarsch geschah in drei Colonnen und in so guter Ordnung, daß die Feinde keine anderweitigen besonderen Vortheile über die Preußen erlangen konnten. Der Nachtrab der Colonne, bei welcher Friedrich sich befand, wurde bei Pleß heftig von einem Corps Panduren angegriffen; als aber die letzteren, mitten im Gefechte, das Geschrei von Schweinen aus dem Dorfe vernahmen, eilten sie unverzüglich zu dieser willkommenen Beute zurück und ließen die Preußen ungestört über den Bach Metau vorrücken. Nur die Prager Besatzung war auf ihrem Rückzuge durch die Unvorsichtigkeit und Unentschlossenheit ihres Anführers, des Generals Einsiedel, größeren Unannehmlichkeiten und selbst Verlusten ausgesetzt. Friedrich gab deshalb dem General

Einsiedel den Abschied, und auch der Erbprinz von Dessau, bisher der vorzüglichste Gönner des Generals, entzog ihm seine Achtung. Schwerin aber, der schon oft der Ansicht des Erbprinzen gegenüber getreten war, sodaß der König, um unangenehme Folgen zu verhüten, seine ganze Autorität zur Versöhnung der beiden Feldherren hatte gebrauchen müssen, suchte das Benehmen des Generals zu vertheidigen. Da ihm dies nicht gelang, so nahm auch er seinen Abschied und verließ die Armee. — Am 4. December hatte der König den schlesischen Boden erreicht. Von da ging er nach Berlin zurück, um seine Vorbereitungen für die nächste Zukunft zu treffen.

Friedrich hat auch diesen Feldzug in dem zweiten Theile der Geschichte seiner Zeit einer strengen Kritik unterworfen, ohne die Fehler, die er in demselben begangen, zu verdecken. „Der ganze Vortheil dieses Feldzuges (so sagt er) war auf Seiten Oesterreichs. Herr von Traun spielte in demselben die Rolle des Sertorius, der König die Rolle des Pompejus. Traun's Benehmen ist ein vollkommenes Muster, welches jeder Krieger, der seine Kunst liebt, studiren muß, um es nachzuahmen, falls er die Fähigkeiten dazu besitzt. Der König hat es selbst gestanden, daß er diesen Feldzug als seine Schule in der Kriegskunst und Traun als seinen Lehrer betrachten muß. Das Glück hat oft für Fürsten ungleich traurigere Folgen als das Mißgeschick; jenes macht sie trunken von Eigendünkel, dieses giebt ihnen Vorsicht und Bescheidenheit."

Kaum hatte indeß Friedrich seine Armee verlassen, als auch die Oesterreicher von der preußischen Furcht, wie sie es nannten, Vortheil ziehen wollten. Zahlreiche Truppencorps rückten zu Ende des Jahres in Oberschlesien und in die Grafschaft Glatz ein; die preußischen Corps zogen sich in die festen Plätze zurück. Dabei ver=

theilten sie ein Manifest, in welchem Maria Theresia den Breslauer Friedensschluß für abgedrungen erklärte, die Schlesier ihres Gelübdes gegen Friedrich entband und sie an die glückselige Zeit erinnerte, welche sie unter der österreichischen Herrschaft genossen hatten. Doch schnell traf Friedrich seine Gegenmaßregeln. Da Schwerin abgegangen war und der Erbprinz von Dessau gefährlich krank lag, so ward der Vater des letzteren, Leopold, der alte berühmte Kriegsheld, der inzwischen das im Brandenburgischen zurückgebliebene Armeecorps befehligt hatte, nach Schlesien berufen und erhielt den Oberbefehl über die dortigen Truppen. Zugleich erschien ein königliches Patent zur Beruhigung der Schlesier, in welchem das österreichische Manifest widerlegt und namentlich auch der angebliche Segen der ehemaligen österreichischen Regierung näher beleuchtet ward. Allen Unbilden der Witterung zum Trotz griffen die Preußen die verschiedenen Corps der Oesterreicher mit Muth und Entschlossenheit an und trieben sie, indem sie ihnen zum Theil große Verluste zufügten, über die schlesischen Grenzen zurück. Am 21. Februar (1745) ward bereits in Berlin für die Befreiung Schlesiens ein feierliches Tedeum gesungen. Die Truppen bezogen nun die Winterquartiere, die indeß häufig durch die Streifereien der leichten Völker der österreichischen Armee beunruhigt wurden.

Als Friedrich nach Berlin zurückgekehrt war, hatte ihn ein hoffnungsreiches Ereigniß begrüßt. Seinem Bruder August Wilhelm war während des Feldzuges in Böhmen der erste Sohn (der nachmalige König Friedrich Wilhelm II.) geboren worden, sodaß nun die Thronfolge des königlichen Stammes durch den ersten Sprößling einer neuen Generation gesichert ward. Da Friedrich's Ehe kinderlos blieb, so hatte er, schon vor dem Ausbruch des zweiten schlesischen Krieges, seinen Bruder durch den Titel des „Prinzen von Preußen" zu seinem Nachfolger erklärt. Dem Neugeborenen hing er am zweiten Tage nach seiner Rückkehr, andeutend, wie hoch er dies günstige Zeichen des Schicksals schätze, eigenhändig den schwarzen Adlerorden um.

Aber noch war die Gegenwart von dunkeln Wetterwolken umhüllt. Im Anfange des Jahres 1745 schlossen Oesterreich, England, Holland und Sachsen in Warschau ein neues Bündniß zu gegenseitiger Vertheidigung. Sachsen machte sich anheischig, gegen englische Hülfsgelder ein bedeutendes Armeecorps zu stellen. Dafür hatte es, anfangs mit allgemeinen Worten, in einem späteren Uebereinkommen aber mit bestimmter Angabe, die Anwartschaft auf verschiedene Provinzen des preußischen Staates erhalten, während Oesterreich der Besitz von Schlesien und Glatz gewährleistet ward.

Noch bedenklicher wurden die Aussichten für Friedrich, als am 20. Januar Kaiser Karl VII. starb und Oesterreich bald darauf den Sohn des Kaisers zum Frieden bewog, indem es ihm seine Stammlande zurückgab, während er allen weiteren

Ansprüchen auf Oesterreich entsagte und die Wahl des Großherzogs Franz zum Kaiser zu unterstützen versprach. Hierdurch war die Frankfurter Union in sich zerfallen. Unmittelbar nach dem Tode des Kaisers hatte Friedrich den König von Frankreich dringend ermahnt, jetzt seinen Verpflichtungen nachzukommen und die Unternehmungen gegen Oesterreich ihrem gemeinsamen Zwecke gemäß zu beginnen. Aber König Ludwig war hierzu wenig geneigt; der Tod des Kaisers mochte ihm zur Entwirrung der Verhältnisse nicht ganz unwillkommen sein, und Friedrich war ihm, der von seinen Beichtvätern ebenso wie von seinen Maitressen regiert ward, als Haupt der Ungläubigen im Grunde seines Herzens verhaßt. Er sammelte seine ganze Macht gegen Flandern, und sein Heer erfocht hier in der That bereits am 11. Mai, bei Fontenay, einen glänzenden Sieg.

So sah sich Friedrich, mächtigen Feinden gegenüber, ganz auf seine eigenen Kräfte zurückgeführt. Alle Mittel wurden nun zur Anwendung gebracht, um den Angriffen, die man zu gewärtigen hatte, durch außerordentliche Rüstungen begegnen zu können. Mehr als sechs Millionen wurden aus dem Schatze genommen; anderthalb Millionen schossen die Landstände vor; die Mehrzahl des massiven Silbergeräthes aus dem Berliner Schlosse, wozu Friedrich Wilhelm I. einen Theil seiner Schätze umgeschmolzen hatte, die Kronleuchter, Tischplatten, Kamingeräthe, besonders aber der prunkvolle silberne Musikantenchor aus dem Rittersaale, wurden zu Gelde ausgeprägt. Friedrich's geheimer Kämmerier ließ diese Gegenstände bei Nachtzeit durch zwölf Haiducken in ein Schiff und von da insgeheim auf dem Wasser zur königlichen Münze transportiren, damit das Volk durch ein solches Zeichen der Noth nicht muthlos gemacht werde. Durch diese Mittel wurde es möglich gemacht, aufs Reichlichste für die Vermehrung und für die künftige Verpflegung der Armee zu sorgen. Als alle diese Zurüstungen vollendet waren, reiste Friedrich am 15. März wieder zur Armee ab.

Neunzehntes Kapitel.

Feldzug des Jahres 1745.

Um seine Armee nicht zum zweiten Male den Mühseligkeiten des vorjährigen Feldzuges auszusetzen, hatte sich Friedrich entschlossen, den Angriff des Feindes auf Schlesien abzuwarten und seine ganze Macht an demjenigen Punkte, auf welchem der Feind eindringen würde, zusammenzuziehen. Ein wichtiger Vortheil für ihn war es dabei, daß Traun von der österreichischen Armee nach Italien abberufen und seine Stelle durch minder umsichtige Heerführer ersetzt war. Die Vorbereitungen der Oesterreicher deuteten mit Bestimmtheit darauf hin, daß dieser Angriff von Böhmen aus geschehen würde, obgleich bald nach seiner Ankunft bei der Armee zahlreiche Schaaren leichter ungarischer Truppen in Oberschlesien einbrachen, um ihn in seinen Vermuthungen irre zu führen. Er ließ sich hierdurch nicht täuschen; die Streifereien der Ungarn hatten nur die Folge, daß die preußische Reiterei Gelegenheit fand, ihre Kräfte zu üben und sich in einzelnen kühnen Gefechten Ruhm zu erwerben. Besonders zeichnete sich Winterfeldt in diesem kleinen Kriege aus.

Nachdem Friedrich zuerst nach Neisse gegangen war, zog er im Mai seine Hauptarmee vor den Gebirgen, welche die Grafschaft Glatz von Schlesien trennen, zusammen. Sein Hauptquartier nahm er in dem Cistercienserkloster Camenz. Hier entging Friedrich, — kurz zuvor, ehe das Hauptquartier nach Camenz verlegt ward, — auf merkwürdige Weise der Gefahr der Gefangenschaft, die ihn in dieser Gegend schon einmal bedroht hatte. Die sichersten Zeugnisse stimmen dahin überein, daß die Begebenheit, von der eben die Rede ist, in diese Zeit fällt. Es scheint, daß Friedrich einen vorläufigen Besuch in dem Kloster gemacht hatte und daß dies einem österreichischen Streifcorps verrathen war. Plötzlich erscholl im Kloster die Meßglocke; alle Mönche wurden zur ungewöhnlichen Stunde, es war des Abends, in den Chor berufen. Der Abt erschien mit einem Fremden, beide im Chorkleide; es wurden Complett und Metten gehalten, was sonst zu dieser Zeit nie stattfand. Kaum hatte man den Gesang begonnen, so erhob sich im Klosterhofe großer Lärm; Kroaten drangen

in die Kirche ein, wagten aber nicht, den Gottesdienst zu stören, der unausgesetzt fortging. Endlich, nachdem der Lärm lange vorüber war, gab der Abt das Zeichen, den Gesang zu beenden; nun erfuhren die Mönche, daß die Kroaten den König von Preußen gesucht, daß sie aber nur seinen Adjutanten gefunden und diesen mit sich fortgeführt hätten. Der fremde Geistliche war Niemand anders gewesen als Friedrich selbst. Für solche Treue und Geistesgegenwart blieb Friedrich dem Abte von Camenz, Tobias Stusche, fortan äußerst gnädig gewogen. Mancherlei angenehme Geschenke wurden dem letzteren übersandt. Unter Anderm erhielt er im folgenden Jahre vom Könige ein kostbares Meßgewand zugeschickt; Tobias ließ darauf den preußischen Adler sticken und weihte dasselbe am nächsten Namensfeste Friedrich's bei einer feierlichen Messe ein. Noch wird dies seltene Meßgewand in Camenz aufbewahrt, und eine Inschrift in der Kirche erzählt den Nachkommen die Gefahr und die Rettung des Königs.

Indeß ward Friedrich durch die Bewegungen der Feinde genöthigt, sich zum Beginn des ernstlichen Krieges vollständig bereit zu machen. Noch stand ein Armeecorps unter dem Markgrafen Karl in Oberschlesien, aber das ganze Land war mit ungarischen Schaaren überschwemmt, welche alle Verbindung abschnitten und die Vereinigung des Markgrafen mit dem Könige zu verhindern suchten. Zieten, der sich bereits im ersten Kriege durch kühne Thaten ausgezeichnet hatte und schnell aus einer niederen Stelle zum Befehlshaber eines Husarenregiments emporgerückt war, erhielt den Auftrag, mit seinem Regimente zum Markgrafen zu eilen und ihm den Befehl zum ungesäumten Aufbruch zu überbringen. Der Auftrag war nicht leicht ausführbar, doch boten die eben angekommenen neuen Pelze des Regiments Gelegenheit zu einer kecken List. Die Pelze wurden angelegt, und das Regiment sah in ihnen fast einem der kaiserlichen Regimenter gleich. So zog man ruhig des Weges hin, schloß sich unerkannt einem österreichischen Trupp an und ritt mitten durch die Schaaren der Feinde. Ganz spät erst wurde Zieten erkannt, aber nun schlugen die Husaren sich glücklich durch und brachten selbst noch einige gefangene Offiziere mit. Der Marsch des Markgrafen Karl zur Hauptarmee war beschwerlicher; weit überlegene Schaaren traten ihm entgegen. Aber muthig griff er ein Regiment nach dem andern an, bahnte sich mit siegreicher Hand den Weg und führte sein Corps in das Lager des Königs, wo den Tapferen reiches Lob gespendet ward. Das ganze Heer brannte vor Begierde, sich ähnlichen Ruhm zu erwerben. Die Gelegenheit dazu war nicht mehr fern.

Die Armeen der Oesterreicher und Sachsen hatten sich zu Trautenau vereinigt und rückten von hier gegen die schlesische Grenze vor. Friedrich zog mit seiner Armee nach Schweidnitz und besetzte in vortheilhafter Stellung die Strecke zwischen Schweidnitz und Striegau. Um den Feind sicher zu machen, hatte er das Gerücht aussprengen lassen, daß er sich nach Breslau zurückziehe; auch war zu demselben Behufe an den Straßen, die nach Breslau führen, gearbeitet worden. Jetzt berief Friedrich auch den Vortrab seiner Armee aus dem Gebirge zurück und ließ dasselbe Gerücht

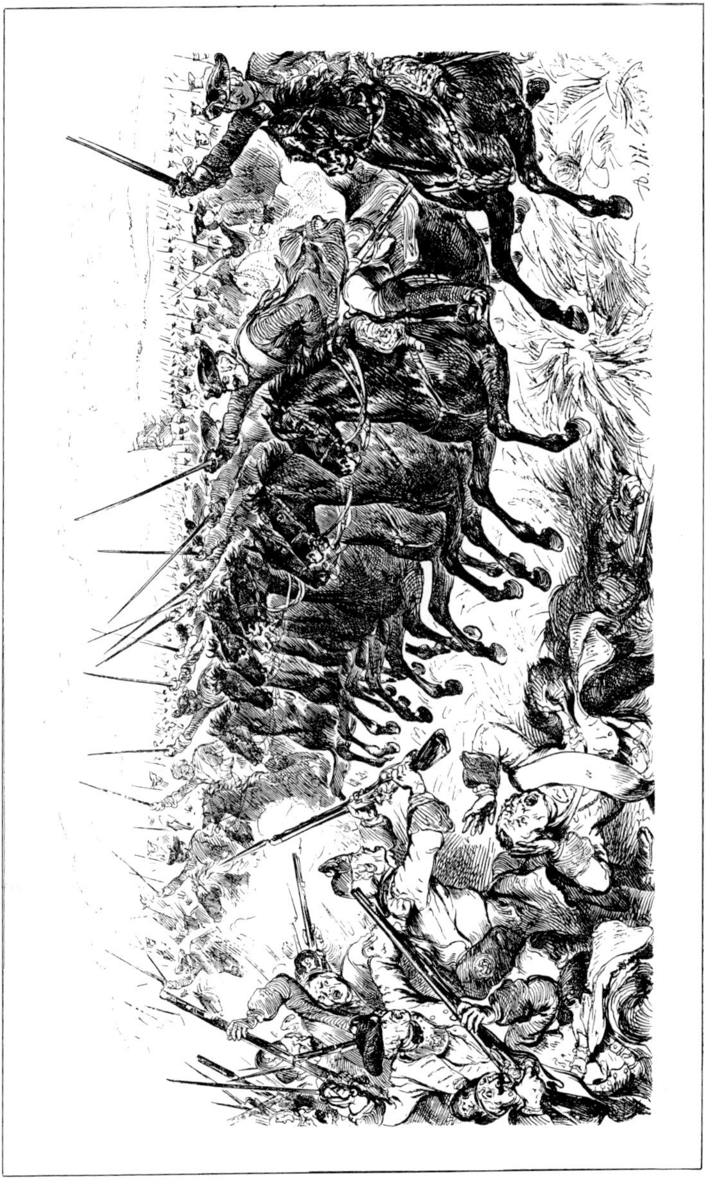

wiederholen. Der Feind ging in die Falle und traf auf keine Weise die Vorsichtsmaßregeln, deren er einer so bedeutenden Armee gegenüber bedurfte. So kamen die feindlichen Armeen bis zum Ausgang der Gebirge. Auf dem Galgenberge bei Hohenfriedberg, wo die ganze Ebene vor den Blicken ausgebreitet liegt, hielten die sächsischen und österreichischen Generale Kriegsrath; Friedrich's Truppen waren durch Gebüsche und Erdwälle so versteckt, daß nur geringe Schaaren sichtbar blieben. Dies bestärkte die Gegner in ihrem Irrthum, und schon wurden die Pläne entworfen, wie man mit geringster Beschwerde ganz Schlesien in Besitz nehmen könne. Darauf begannen ihre Truppen den weiteren Marsch.

In der darauf folgenden Nacht, vor dem 4. Juli, ließ Friedrich seine Armee in aller Stille sich bei Striegau versammeln, in einer Stellung, welche dem niederrückenden Feinde die günstigste Gegenwehr darbot. Mit Tagesanbruch stellten sich die Preußen in Schlachtordnung. Ehe diese aber noch vollendet war, kam bereits die sächsische Armee, welche den Befehl hatte, Striegau einzunehmen, die Anhöhe herabgezogen. Sie ward aufs Höchste durch die Gegenwart der Preußen überrascht. Der rechte Flügel der letzteren warf sich unverzüglich mit solchem Ungestüm auf die Sachsen, daß sie schon niedergeschmettert und in die Flucht getrieben waren, ehe noch die Oesterreicher genaue Kunde von dem Ereigniß bekamen. Der Prinz von Lothringen, der die österreichische Armee befehligte, hatte zwar das Schießen gehört; er meinte jedoch, es sei der Angriff auf Striegau. Da meldete man ihm, alle Felder seien mit Sachsen besät, und nun mußte auch er sich in Eile zum Kampfe bereit machen. Aber auch die Oesterreicher wurden mit gleicher Heldenkühnheit empfangen. Keines der preußischen Corps wich, Alles drang unaufhaltsam vor, Jeder suchte es dem Andern an Tapferkeit und Unerschrockenheit zuvorzuthun, und so ward in wenig Morgenstunden der glänzendste Sieg erfochten. Den höchsten Ruhm erwarb sich das Dragonerregiment von Baireuth unter Anführung des Generals Geßler, welches ganz allein zwanzig feindliche Bataillone in die Flucht trieb, 2500 Gefangene machte und 66 Fahnen und vier Geschütze erbeutete. Friedrich selbst hatte den Seinen das Beispiel der entschlossensten Todesverachtung gegeben, als er drei Bataillone gegen die österreichischen Feuerschlünde führte, die die Mannschaft rottenweis neben ihm niederstreckten, sodaß nur 360 Mann mit ihm die Anhöhe erreichten. Hier ließ er sie mit gefälltem Bajonett auf die Batterie eindringen. Im Ganzen hatten die Oesterreicher in dieser Schlacht, die von Hohenfriedberg oder von Striegau benannt wird, gegen 17000 Mann an Gefangenen, Todten, Verwundeten und Vermißten sammt vielen Fahnen und Kanonen verloren, während der Verlust der preußischen Armee an Mannschaft nicht die Hälfte jener Summe betrug. Dem baireuthischen Dragonerregiment wurden vom Könige, zum steten Andenken an seine kühne That, außerordentliche Ehrenzeichen verliehen. Friedrich aber sagt in der Geschichte seiner Zeit bei Gelegenheit des Sieges von Hohenfriedberg: „Die Welt ruht nicht sicherer auf den Schultern des Atlas als Preußen auf einer solchen Armee.“

Ein französischer Botschafter, der Ritter de la Tour, der an Friedrich die Nachricht von dem Siege von Fontenay überbracht hatte, war bei dem preußischen Siege gegenwärtig gewesen. Als er vorher Friedrich um die Erlaubniß bat, einige Zeit bei seinem Heere verweilen zu dürfen, fragte ihn dieser: „Sie wollen also zusehen, wer Schlesien behalten wird?“ — „Nein, Sire“, entgegnete der französische Ritter, „ich will nur davon Zeuge sein, wie Ew. Majestät Ihre Feinde züchtigen und Ihre Unterthanen vertheidigen werden.“ Jetzt erhielt er von Friedrich ein Antwortschreiben an König Ludwig XV., in dem es hieß: „Ich habe den Wechsel bei Friedberg eingelöst, den Sie bei Fontenay auf mich gezogen." Der bittere Ton dieser Bemerkung war durch Ludwig's Benehmen veranlaßt worden. Friedrich hatte es, ehe es zum Kampfe kam, nicht an neuen Bemühungen fehlen lassen, um den König von Frankreich zu entschiedeneren Schritten gegen Oesterreich zu vermögen. Man hatte sich von dort auf den Sieg von Fontenay berufen. Friedrich aber hatte darauf bemerkt, daß die Franzosen in Flandern kaum 6000 Oesterreicher in Beschäftigung hielten, daß die französischen Siege zwar höchst glorwürdig für König Ludwig seien, seinen Verbündeten aber ungefähr eben so nützlich wie ein Sieg am Ufer des Skamander oder wie die Einnahme von Peking. Darauf war eine kalte und stolze Antwort erfolgt, und so schien das freundschaftliche Verhältniß der beiden verbündeten Könige, auch was die äußerlichen Formen anbetrifft, seinem Ende entgegen zu gehen.

Die fliehenden Feinde waren bis auf die ersten Anhöhen des Gebirges verfolgt worden. Hier hatte Friedrich Halt machen lassen, da seine Truppen, durch den vorangegangenen Nachtmarsch und die Anstrengung des hitzigen Treffens erschöpft, der Ruhe bedurften. Feldgeräthe, Munition und Proviant waren in Schweidnitz zurückgeblieben und mußten vorerst der Armee nachgeführt werden. So konnte die letztere erst am nächsten Tage zur Verfolgung des Feindes aufbrechen; ihr Vortrab erreichte den Nachtrab des Feindes, griff diesen, der an der Friedberger Schlacht nicht Theil genommen hatte, an und schlug ihn in die Flucht. Die feindlichen Armeen zogen sich mit neuem Verlust in Eile nach Böhmen zurück. Als Friedrich auf diesem Zuge in Landshut eintraf, umringte ihn ein Haufe von zweitausend Bauern, die ihn um die Erlaubniß baten, Alles, was von Katholiken in jener Gegend sei, todtschlagen zu dürfen. Es war der Schrei der Rache für all jene harten Bedrückungen, welche die schlesischen Protestanten von den katholischen Priestern zu erdulden gehabt hatten. Friedrich erinnerte die empörte Menge an die Gebote der Schrift, daß sie ihre Beleidiger segnen und für ihre Verfolger beten sollten. Die Bauern wurden durch solche Aeußerungen der Milde betroffen; sie sagten, der König habe Recht, und standen von ihrem grausamen Begehren ab.

Friedrich war, wie er bereits vor der Schlacht von Hohenfriedberg den Plan gefaßt hatte, dem Feinde nach Böhmen gefolgt, um die böhmischen Grenzdistricte ihrer Nahrungsmittel zu berauben und hierdurch die Oesterreicher zu verhindern, ihre Winterquartiere wieder in der Nähe von Schlesien zu beziehen. Tiefer in Böhmen einzudringen wagte Friedrich nicht; nach den Erfahrungen des vorjährigen Feldzuges war er darauf bedacht, sich stets in Stellungen zu erhalten, welche es ihm verstatteten, die Bedürfnisse für seine Truppen aus Schlesien zu beziehen. Der Prinz von Lothringen hatte ein festes Lager zu Königingrätz eingenommen; Friedrich stand ihm in gleich sicheren Lagern, anfangs zu Jaromirz, hernach zu Chlumetz, gegenüber. Nur der kleine Krieg zwischen den leichten Truppen, die Angriffe auf die Proviantzüge und dergleichen brachten Abwechselung in das einförmige Leben und gaben Gelegenheit zu kühnen, zuweilen auch zu launigen Thaten. So hatte sich auch einst ein preußisches Detachement, welches zu Smirschitz stand, eine ergötzliche Kriegslist ausgedacht, um den Panduren die Lust an ihren fortgesetzten Angriffen auf eine dortige Schanze zu verderben. Die preußischen Grenadiere verfertigten nämlich, so gut sie es eben zu Stande bringen konnten, einen Gliedermann, costümirten diesen als

Grenadier und stellten ihn an der Stelle auf, welche gewöhnlich von dem äußersten Wachtposten eingenommen ward. Sie selbst verbargen sich hinter Gesträuchen und fingen an den Gliedermann durch Schnüre zu bewegen. Die Panduren bemerkten aus der Ferne den fröhlichen Muth der Wache, schlichen sich heran, schossen sie glücklich nieder und stürzten nun schnell näher, den Gefallenen seiner Habseligkeiten zu berauben. Jetzt aber empfing sie ein lebhaftes Feuer aus dem Gebüsch, die Verwundeten wurden gefangen gemacht und die Entfliehenden jagten ihrem Corps hinlängliche Furcht ein, sodaß ähnliche Angriffe fortan unterblieben. — Auch zu den Beweisen ritterlicher Gesinnung fand sich Gelegenheit. So äußerten einmal die Offiziere eines österreichischen Detachements, als sie mit einem preußischen Corps zusammentrafen, zu den Offizieren des letzteren verbindlicher Weise: „Es ist ein Vergnügen, mit Euch, Ihr Herren, zu fechten; man findet dabei immer etwas zu lernen.“ Die Preußen erwiderten, nicht minder höflich, die Oesterreicher seien ihre Lehrer gewesen; wenn sie gelernt hätten, sich gut zu vertheidigen, so sei dies geschehen, weil man sie allezeit gut angegriffen habe. — Zu unausgesetzter Vorsicht und Entschlossenheit wurden die preußischen Streifcorps besonders durch einen kühnen österreichischen Parteigänger, Franchini, genöthigt.

Friedrich war um so mehr veranlaßt, sich in sicheren Lagerplätzen vor einem unvorhergesehenen Angriffe der österreichischen Armee zu schützen, als er die seinige durch die Absendung einiger bedeutenden Corps hatte schwächen müssen. Als Oberschlesien von den preußischen Truppen geräumt ward, fanden die Ungarn Gelegenheit, sich dort frei und nach Bequemlichkeit auszubreiten; auch die Festung Kosel fiel, jedoch nur durch den Verrath eines der Offiziere der Besatzung, in ihre Hände. Jetzt sandte Friedrich einen Theil seiner Truppen dahin zurück, der auch in kurzer Zeit, am 6. September, Kosel wieder eroberte und sodann ganz Oberschlesien von den Ungarn frei machte. Ein zweites Corps ward zur Verstärkung der preußischen Armee geschickt, die in Halle unter dem Fürsten von Dessau stand und den Angriffen, welche man von Sachsen zu erwarten hatte, begegnen sollte. Denn in Sachsen hatten aufs Neue Rüstungen stattgefunden, die auf ein feindliches Unternehmen schließen ließen und die ein sehr ernstliches Manifest von Seiten Friedrich's veranlaßten. Der Marsch der preußischen Truppen nach Halle hatte zur Folge, daß auch der größte Theil der sächsischen Trupen, welche mit den Oesterreichern zusammen in Böhmen standen, nach Sachsen berufen wurde.

Vorerst indeß verfuhr Friedrich gegen Sachsen nicht angriffsweise, da er neue Hoffnungen zu einer friedlichen Beendigung seiner Angelegenheiten fassen durfte. Der englische Hof hatte schon seit einiger Zeit in Folge eines Ministerwechsels friedlichere Gesinnungen geäußert, und so kam jetzt, am 22. September, zu Hannover eine Convention zwischen Friedrich und dem Könige von England zu Stande, wodurch der letztere jenem aufs Neue den Besitz von Schlesien verbürgte und auch Oesterreich und Sachsen zum Frieden zu bewegen versprach, während Friedrich sich verpflichtete, die Wahl des Großherzogs Franz zum Kaiser anzuerkennen. Diese Wahl war zu Frankfurt am 13. September, trotz der Protestationen der Gesandten von Preußen und Kurpfalz, erfolgt. Aber nun war auch in Maria Theresia der ganze altkaiserliche Stolz ihrer Vorfahren erwacht; sie hielt es für unvereinbar mit ihrer Würde, wenn sie sich mit einem Fürsten, den sie als einen rebellischen Unterthan betrachtete, in Unterhandlungen einließe; sie sagte öffentlich, daß sie lieber das

Kleid vom Leibe als Schlesien missen wolle. Eben so wenig war Sachsen zum Abschlusse des Friedens geneigt. König August wünschte vor Allem die polnische Krone seinem Hause erblich zu machen, wozu ihm die Vergrößerung seiner Macht und eine Verbindung seiner sächsischen Erbländer mit Polen durch einige Provinzen des preußischen Staates allzu vortheilhaft bedünkte.

Dem Prinzen von Lothringen waren Verstärkungen zugesandt worden, auch ein paar Feldherrn, welche ihn in dem Entwurf seiner Operationen unterstützen sollten. In der That versuchten die Oesterreicher alsbald einige heftigere Angriffe, die indeß durch die Tapferkeit der preußischen Truppen zurückgeschlagen wurden. Friedrich's Lager hatte eine zu sichere Stellung, als daß es mit Erfolg anzugreifen gewesen wäre. Friedrich vergnügte sich daran, aus seinem Zelte, das auf einer Anhöhe lag, die österreichischen Generale zu beobachten, wie diese täglich zur Berathschlagung hervortraten, lange Fernröhre auseinanderschoben, um seine Stellung zu untersuchen, und dann wieder, bessern Rath von der Zukunft erwartend, zurückgingen.

Indeß sah sich Friedrich genöthigt, den Standpunkt seiner Armee zu verändern. Er ging weiter nordwärts, um nun auch den Theil des böhmischen Gebirges, welcher sich zwischen Niederschlesien und die Grafschaft Glatz hineinschiebt, von seinen Nahrungsmitteln zu entblößen und dadurch die Scheidewand, welche Schlesien während des bevorstehenden Winters vor feindlichen Einfällen schützen sollte, vollkommen zu machen. Zur Besetzung der Gebirgspässe mußte er jedoch sein Heer aufs Neue durch die Absendung einiger Corps schwächen, sodaß seine ganze versammelte Streitmacht nur aus wenig mehr als 20,000 Mann bestand, während die der Oesterreicher, die seinem Gange gefolgt waren, sich auf mehr als 30,000 Mann belief.

Er hatte sein Lager bei dem Dorfe Staudenz genommen und war im Begriff, von dort nach Trautenau vorzurücken, als unvermuthet, am 30. September frühmorgens, die österreichische Armee in Schlachtordnung gegen ihn anrückte. Seine Stellung war wenig günstig, indem es ihm an Mannschaft gebrach, um alle wichtigen Punkte des Terrains genügend zu besetzen; aber auch die Oesterreicher befanden sich in einer unvortheilhaften Stellung, da sie umgekehrt nicht Gelegenheit fanden, ihre Kräfte vollkommen auszubreiten. Friedrich benutzte diesen Umstand mit rascher Entschlossenheit. Statt, wie die Oesterreicher erwartet hatten, sich zurückzuziehen und sich so unter vielleicht noch ungünstigeren Verhältnissen angreifen zu lassen, breitete er schnell seine ganze Macht in Einer Linie aus, sodaß er von dem Feinde nicht überflügelt werden konnte. Diese Aufstellung mußte unter einem sprühenden Regen feindlicher Granaten vollzogen werden; aber kein Soldat äußerte Furcht, keiner verließ seinen Platz. Friedrich selbst ritt eine starke Viertelstunde lang unter diesem Kugelregen, ohne jedoch getroffen zu werden; eine Kugel, die ihn niedergerissen haben würde, ward durch den Kopf seines Pferdes, das sich eben scheu emporbäumte, aufgefangen. Die Oesterreicher ließen diese Aufstellung im Uebrigen ruhig geschehen. Nun brach die preußische Reiterei auf die feindliche ein; sie stürzte das erste Treffen der letzteren, dieses fiel auf das zweite, das zweite auf das dritte; 50 Schwadronen wurden so durch 12 Schwadronen in kurzem Anfall überwältigt, und das ungünstige Terrain verhinderte sie, sich aufs Neue zu sammeln. Dann stürmte der rechte Flügel der Preußen jene Batterie, mit welcher die Oesterreicher die Schlacht eröffnet hatten, während ein einzelnes Bataillon des linken Flügels eine starke Colonne der Feinde in die Flucht trieb. Unaufhaltsam schritten nun die Preußen vor. Noch war im Mittelpunkte des Treffens eine steile Anhöhe von den Oesterreichern besetzt; auch diese ward in kurzer Frist von der preußischen Garde genommen. Das Schicksal wollte es, daß hier zwei Brüder einander im Kampfe gegenüber standen; denn die Oesterreicher befehligte hier Prinz Ludwig von Braunschweig, während der jüngere Bruder desselben, Prinz Ferdinand, an der Spitze der preußischen Garde stand und hier zuerst die Proben des Heldenmuthes ablegte, der ihn später so berühmt gemacht hat. Noch suchten sich die zurückgetriebenen Oesterreicher auf den einzelnen Anhöhen des bergigen Bodens wieder zu sammeln, aber immer drangen die Preußen ihnen nach, bis sie sich endlich in vollkommener Flucht in die ausgebreiteten Waldungen retteten, die dem sogenannten Königreiche Silva angehören. Friedrich hemmte das Nachsetzen bei dem Dorfe Soor, nach welchem die Schlacht in der Regel benannt wird. Der Sieg war vollkommen. Nur einen großen Theil der Bagage hatte Friedrich verloren, indem diese einem ungarischen Corps in die Hände gefallen war. Doch hatte gerade dieser Umstand den Sieg wesentlich erleichtert; denn die Ungarn ließen die willkommene Gelegenheit zur Beute nicht vorübergehen und versäumten es dadurch, ihrer Bestimmung gemäß den Preußen in den Rücken zu fallen.

An der Verfolgung des Feindes wurden die Preußen durch den Wald gehindert, indem sie sich dort, ohne sonderlichen Vortheil zu erlangen, nur den größten Gefahren hätten aussetzen müssen. Die augenblickliche Unbequemlichkeit des Verlustes der Bagage war bei so großem Gewinne leicht zu verschmerzen. Selbst der König hatte sein ganzes Feldgeräth und seine Bedienung verloren; er konnte den Sieg nach Breslau nur durch ein paar mit Bleistift geschriebene Zeilen melden. Auch fehlte es für den Augenblick an Nahrung. Als Friedrich zu Abend speisen wollte und sich nur ein paar Flaschen Wein vorfanden, mußte ein Offizier ausgeschickt werden, um Brod beizutreiben. Nach langem Suchen fand dieser endlich einen Soldaten, der noch ein Brod übrig hatte. Er bot ihm einen Dukaten dafür, aber der Soldat wollte es nicht hergeben, auch nicht für reicheren Lohn; als er jedoch hörte, daß es für den König bestimmt sei, entschloß er sich, diesem die Hälfte zu bringen. Friedrich nahm das kostbare Geschenk mit freundlichem Danke an. In kurzer Zeit aber war der Mangel wieder ersetzt; auch statt seiner verlorenen Bücher ließ sich Friedrich schleunig andere aus Berlin zusenden, da er die Stunden der Muße nicht gut ohne wissenschaftliche Lectüre verbringen konnte.

Mit dem Gepäck des Königs war zugleich ein zierliches Windspiel, das den Namen Biche führte, verloren gegangen. Dieser einzige Verlust war Friedrich sehr empfindlich; er hatte sein besonderes Wohlgefallen an dem anmuthigen Thiere, wie er überhaupt stets von der Gesellschaft einiger zierlichen Hunde umgeben war. Die Feinde suchten indeß dem Könige gefällig zu sein und sandten Biche wieder zurück. Es wird erzählt, daß Friedrich eben am Schreibtische gesessen habe, als das Windspiel heimlich in sein Zimmer hereingelassen ward; es sprang unbemerkt auf den Tisch und legte ihm die beiden Vorderpfoten um den Hals; Friedrich war durch das unerwartete Wiedersehen so freudig überrascht, daß ihm die Thränen ins Auge traten. Aber die kleine Biche hatte sich auch schon früher als eine wahrhaft getreue Freundin erwiesen. Friedrich hatte sich einst beim Recognosciren zu weit vorgewagt; plötzlich bemerkte er einen Trupp Panduren, der ihm des Weges entgegengeritten kam; ihm blieb nichts übrig, als eilig in einen Graben hinabzuspringen und sich unter einer Brücke zu verbergen. Aber nun fürchtete er, daß Biche, die bei ihm war, bei dem Geräusch der Huftritte der Pferde bellen und ihn so verrathen würde; das Thier jedoch, als ob es die Gefahr seines Herrn ahne, schmiegte sich dicht an ihn und gab keinen Laut von sich.

Der Erfolg der Schlacht von Soor war, daß Friedrich's Absichten für die Beendigung des Feldzuges keine weiteren Hindernisse im Wege standen. Denn zu neuen Unternehmungen in Böhmen war er wenig geneigt. Ehrenhalber blieb er mit seiner Armee fünf Tage lang auf dem Schlachtfelde stehen. Dann wandte er seinen Marsch nach Trautenau, die dortige Gegend noch auszufourragiren. Von da ging er nach Schlesien zurück, dessen Boden am 19. October betreten ward. Der Marsch durch die Engpässe der Gebirge war nicht ohne Gefechte vor sich gegangen, indem die preußische Armee von leichten ungarischen Truppen umschwärmt ward; doch blieben die größeren Verluste dabei auf Seiten der letzteren. Der Hauptheil der Armee wurde in der Gegend von Schweidnitz, unter dem Oberbefehl des Erbprinzen von Dessau, in Cantonnirungsquartiere gelegt. Nachdem Friedrich erfahren hatte, daß die österreichische Armee sich in drei Haufen getrennt habe, was erwarten ließ, daß auch sie die Winterquartiere suchen würde, begab er sich nach Berlin zurück.

Zwanzigstes Kapitel.

Nachspiel des zweiten schlesischen Krieges.

In Berlin war Friedrich als Sieger eingezogen; er wünschte und hoffte, daß jetzt für die Friedensunterhandlungen ein günstiger Zeitpunkt gekommen sein würde. Aber die Oesterreicher und Sachsen theilten diese Gesinnungen nicht; im Gegentheil hatte der sächsische Minister, Graf Brühl, der sich durch Friedrich's Manifest gegen Sachsen empfindlich verletzt fühlte, einen neuen Sturm heraufbeschworen. An demselben Tage, am 8. November, an welchem die Siegeszeichen der Schlachten von Hohenfriedberg und Soor in den Kirchen aufgehängt wurden, erhielt Friedrich die geheime Nachricht, daß die sächsische und die österreichische Armee unverzüglich zusammenstoßen würden, um ihn in der Mark Brandenburg anzugreifen. Bald kamen auch andere Nachrichten zur Bestätigung dieser ersten; in der sächsischen Lausitz wurden beträchtliche Magazine zum Unterhalte der österreichischen Truppen, die man daselbst erwartete, angelegt; ein Theil der österreichischen Armee machte sich bereit, aus Böhmen in Schlesien einzufallen; ein Corps der österreichischen Rheinarmee, unter dem General Grünne, war im Anmarsch, um einen Angriff unmittelbar auf Berlin zu unternehmen.

Aber so plötzlich diese Unternehmungen auf Friedrich hereinzubrechen drohten, ebenso schnell hatte er auch schon seine Maßregeln zu ihrer Abwehr ergriffen. Der alte Fürst von Dessau erhielt aufs Neue den Oberbefehl über die Armee bei Halle, mit welcher er im Herbste den sächsischen Truppen gegenüber gestanden hatte; er sollte von dieser Seite in Sachsen einbrechen, während Friedrich sich an die Spitze der schlesischen Armee setzte, um Sachsen von der Seite der Lausitz anzugreifen. So wollte man von beiden Seiten gegen Dresden vordringen. Zur Deckung Berlins konnte man nur eine geringe Besatzung zurücklassen; aber die Bürgerschaft stellte selbst ein beträchtliches Corps, welches sich rüstig im Waffenhandwerk übte; zugleich suchte man die Residenz durch Schanzarbeiten gegen einen ersten Angriff des Feindes sicher zu machen.

Friedrich traf am 15. November bei der schlesischen Armee in Liegnitz ein. Während die Oesterreicher in die Lausitz einrückten, beobachtete er dasselbe Verfahren, welches ihm schon einmal, bei Hohenfriedberg, zum Siege verholfen hatte. Er sprengte Gerüchte aus, als ob er furchtsam nur seine Grenzen zu decken suche und seine Hauptarmee furchtsam zurückziehe; auch ließ er zu gleichem Zwecke wieder einige scheinbare Maßregeln treffen. Der Prinz von Lothringen ward glücklich aufs Neue getäuscht. Unerwartet stand Friedrich in der Lausitz und traf am 23. November, bei Katholisch-Hennersdorf, auf die sächsischen Regimenter, welche den Vortrab der

österreichischen Armee ausmachten. Diese wurden geschlagen, und ihr Verlust brachte die österreichische Hauptarmee so in Verwirrung, daß sie sich von einem Orte zum andern zurückzog. Görlitz, mit einem beträchtlichen Magazin, mußte sich Friedrich ergeben, bald auch Zittau, wo der Nachtrab der Oesterreicher geworfen und ihre

Bagage genommen ward; in kurzer Frist war die ganze Lausitz in Friedrich's Händen. Die österreichische Armee hatte sich nach Böhmen zurückgezogen. Gleichzeitig war auch der Angriff der Oesterreicher auf Schlesien glücklich abgeschlagen worden. Ganz Sachsen gerieth in Furcht und Schrecken, und das Corps des Generals Grünne, welches sich bereits den brandenburgischen Grenzen näherte, ward eilig zu der sächsischen Armee zurückberufen.

Friedrich benutzte diese ersten günstigen Erfolge, um König August die Hand zum Frieden, auf den Grund der mit England abgeschlossenen hannöverschen Convention, zu bieten. Aber August, oder vielmehr Brühl, verlangte vorerst Einstellung der Feindseligkeiten und Bezahlung aller durch den Einmarsch der Preußen verursachten Kriegsschäden. Auf diese Bedingung einzugehen hatte Friedrich natürlich keine Lust; auch weiter fortgesetzte Verhandlungen führten zu nichts. Brühl hatte seinen König klüglicher Weise, als die Gefahr sich Dresden näherte, nach Prag geführt, damit er ihm so den Anblick des Kriegselendes erspare und damit nur seine Stimme das Ohr des Königs zu erreichen vermöge.

So mußte der Krieg mit erneutem Eifer fortgesetzt werden. Friedrich rückte in Sachsen ein und trieb den Fürsten von Anhalt, der seine Anstalten aus Eigensinn oder Alter ziemlich säumig begonnen hatte, zur Eile. So brach nun auch dieser auf, besetzte Leipzig am 30. November und kam am 6. December zu Meißen an, während Friedrich sich demselben Punkte näherte. Der Prinz von Lothringen hatte indeß Böhmen aufs Neue verlassen; er vereinigte sich am 13. December mit den Sachsen bei Dresden. Das sächsische Ministerium wies seiner Armee jedoch unverständiger Weise so weitläufige Quartiere an, daß er vierundzwanzig Stunden Zeit gebraucht hätte, um sie zusammenzuziehen; seine Protestationen gegen diese Einrichtung waren vergeblich. An der Spitze der sächsischen Armee, welche Dresden zunächst gegen den Angriff der Preußen decken sollte, stand Graf Rutowski; als diesen der Prinz von Lothringen ersuchte, ihn im Fall eines Angriffs möglichst zeitig benachrichtigen zu lassen, erwiderte der Graf, er brauche keine Hülfe. So hatten die Sachsen ihr Schicksal selbst heraufbeschworen.

Am 15. December rückte der Fürst von Anhalt gegen Dresden vor. Gleichzeitig besetzte Friedrich Meißen, welches die Verbindung der beiderseitigen Elbufer ausmachte, sodaß er nach beiden Ufern hin den etwaigen Unternehmungen des Feindes begegnen konnte. Hier empfing er einen Brief, welcher von Seiten der sächsischen Regierung ein günstigeres Eingehen auf seine Anerbietungen verhieß und die Kunde brachte, daß auch Maria Theresia zum Frieden geneigt sei. Kaum aber hatte er den Brief zu Ende gelesen, als plötzlich der Himmel von einem Feuerscheine übergossen ward und das Getöse einer fürchterlichen Kanonade erscholl. Es war der Beginn der Schlacht, welche der Fürst von Dessau den Sachsen lieferte.

Bei Kesselsdorf hatte Fürst Leopold diese in einer vortrefflichen Stellung gefunden. Nur der linke Flügel der Sachsen, der sich auf Kesselsdorf stützte, war zugänglich, aber hier drohte eine starke Batterie jeden Angriff abzuschlagen. Die übrigen Theile des sächsischen Heeres standen auf hohem Felsrande, vor dem sich ein tiefer Grund hinzog und dessen mit Eis und Schnee bedeckte Abhänge unersteiglich schienen. Um so größeren Ruhm aber verhieß der Sieg: — es war der Tag gekommen, an welchem der alte Heerführer seine fünfzigjährige Kriegerbahn durch die glänzendste That krönen sollte. Kaltblütig traf er seine Anordnungen. Auf den unerschrockenen Muth seiner Soldaten konnte er sicher bauen, denn ihm, den sie für ganz kugelfest hielten, folgten sie, wohin er sie auch führen mochte. Er sprach noch ein kurzes Gebet,

das seinen Sinn zu kräftigen wohl geeignet war. „Lieber Gott", — das waren seine Worte, — „stehe mir heute gnädig bei! oder willst du nicht, so hilf wenigstens die Schurken, die Feinde nicht, sondern siehe zu, wie es kommt!" Dann gab er das Zeichen zum Angriff. Zweimal wurde der Angriff auf die Batterie durch den Hagel der feindlichen Granaten zurückgeschlagen. Da rückten die Sachsen zur Verfolgung vor, aber augenblicklich stürmte auch ein preußisches Dragonerregiment auf sie ein und schmetterte sie nieder. Schnell war das Dorf besetzt, die Batterie erobert, die feindliche Reiterei auseinander gesprengt, sodaß Alles in verwirrter Flucht sein

Heil suchte. Indeß hatte der linke Flügel der Preußen, unter Anführung des Prinzen Moritz von Dessau, kühnen Muthes jenen morastigen Grund durchschritten und den Felshang erklettert; nach kurzem Kampfe waren die Feinde auch hier zum Weichen gebracht. Der Graf Rutowski kam mit seinen Sachsen fliehend in Dresden an, wo

der Prinz von Lothringen eben beschäftigt war, die österreichische Armee zusammenzuziehen. Dieser schlug dem Grafen vor, mit ihm vereint am folgenden Tage den Preußen aufs Neue entgegen zu gehen. Aber jener war zu sehr von Furcht erfüllt, als daß er etwas Weiteres zu wagen versucht hätte. Er bewies dem Prinzen, daß sie, um ihre Truppen zu retten, sich gegen die böhmischen Grenzen zurückziehen müßten, was denn auch sogleich ins Werk gesetzt ward.

Friedrich besuchte am Tage darauf das Schlachtfeld und sah mit Bewunderung, wie sein tapferes Heer das unmöglich Scheinende möglich gemacht hatte. Der Fürst von Anhalt, der ihn führte, erhielt die schmeichelhaftesten Lobsprüche. Am 18. December zog Friedrich in Dresden ein, nachdem sich die Stadt seiner Gnade hingegeben hatte; ein Corps Landmiliz, welches man überflüssiger Weise nach dem Abmarsch der Armee in die Stadt gelegt, ward entwaffnet und nebst anderen Gefangenen zur Ergänzung der preußischen Armee verwandt. Unmittelbar nach seinem Einzuge begab sich Friedrich auf das Schloß, zu den Kindern König August's, die hier zurückgeblieben waren. Er bemühte sich, ihre Besorgnisse zu mildern; als sie den Handkuß abstatteten, umarmte er sie liebreich und sicherte ihnen alle Ehren zu, die ihrem Range gebührten. Die Wache des Schlosses blieb zu ihrer freien Disposition. Ebenso begegnete er den Ministern des Königs und den fremden Gesandten auf das Leutseligste. Am Abend besuchte er das Theater, wo man ihm die Oper „Arminio“ vorführte. Es war eine von den Opern, mit denen Brühl den Gesinnungen seines Herrn zu schmeicheln wußte. Diese enthielt eine künstlerische Anspielung auf die Verbindung König August's mit Maria Theresia. Wohlweislich aber ließen die Sänger einen Chor aus, der auf Friedrich's Benehmen zielen sollte, dessen Moral aber jetzt auf König August selbst zurückfiel; es hieß darin, daß es thörichter Stolz sei, seinen Thron auf den Ruinen einer fremden Macht zu erbauen. Am folgenden Tage wohnte Friedrich einem feierlichen Tedeum bei, welches in der Kreuzkirche gesungen ward.

Nun gediehen die Friedensverhandlungen zum schnellen Schlusse, indem auch vom österreichischen Hofe ein Gesandter zu demselben Zwecke nach Dresden geschickt war. Am 25. December wurde der Friede zu Dresden geschlossen. Es wurden darin im Wesentlichen alle Bestimmungen des Breslauer Friedens wiederholt, nur mußte Sachsen sich dazu verstehen, an Preußen die Summe von einer Million Reichsthaler zu bezahlen. Friedrich erkannte die Wahl des Großherzogs Franz zum Kaiser an.

Schon am 28. December hielt Friedrich seinen Einzug in Berlin, den der Enthusiasmus des Volkes für den jungen königlichen Helden zu einem seltenen Feste gestaltete. Feierliche Züge holten ihn ein, Frauen und Mädchen bestreuten den Weg, auf dem er hinfuhr, mit Blumen, von allen Seiten erscholl der begeisterte Ruf: „Es lebe der König, es lebe Friedrich der Große!“ Der König war ernst und tief bewegt; er grüßte nach allen Seiten, sprach mit Allen, die seinem Wagen nahe kamen, und bemühte sich sorglich, die Zudrängenden vor Schaden zu behüten. Den Abend, die ganze Nacht hindurch war die Stadt festlich beleuchtet. Tausend verschiedenartige Sinnbilder waren an den Fenstern aufgestellt, fast an allen Häusern las man die Inschrift: Vivat Fridericus Magnus! Bis zum Morgen zog das Volk jubelnd umher, Freudenschüsse erschollen rings durch die Straßen.

Friedrich war am Abend in Gesellschaft seiner Brüder in die Stadt gefahren, um noch einmal den Jubel seines Volkes in Augenschein zu nehmen. Doch hatte er

dabei ein besonderes, schmerzlich theures Geschäft im Sinne. In einem abgelegenen Gäßchen ließ er den Wagen halten, trat in ein Haus und stieg die engen Treppen empor. Dort wohnte sein alter treuer Lehrer Duhan. Der Greis hatte nicht zu ihm kommen können, denn die letzte Krankheit hielt ihn an sein Lager gefesselt. Friedrich trat an das Bett des Sterbenden. „Mein lieber Duhan", sprach er zu ihm, „wie schmerzt es mich, Sie in diesem Zustande zu finden. Wollte Gott, ich könnte etwas zu Ihrer Wiederherstellung und zur Linderung Ihrer Leiden thun: Sie sollten sehen, welche Opfer Ihnen meine Dankbarkeit mit Freuden bringen würde." — Duhan antwortete: „Ew. Majestät noch einmal gesehen zu haben, ist der süßeste Trost, der mir zu Theil werden konnte. Nun wird mir das Sterben leichter werden!" Er machte eine Bewegung, die Hand des Königs zu ergreifen und sie zu küssen. Friedrich ließ

es nicht zu, sagte ihm mit tiefstem Schmerze Lebewohl und eilte fort. Am folgenden Morgen starb Duhan. — Auch Andere waren nicht zu Friedrich's Begrüßung erschienen. Seine liebsten Freunde, Jordan und Keyserling, waren dem alten Lehrer im Laufe des verflossenen Jahres bereits vorangegangen. „Das war meine Familie", so hatte Friedrich auf die Nachricht von ihrem Tode noch an Duhan geschrieben, „und ich glaube nun verwittwet und verwaist zu sein und in einer Herzenstrauer, welche finsterer und ernster ist als die schwarzen Kleider. Erhalten Sie mir Ihre Gesundheit und bedenken Sie, daß Sie mir beinahe allein noch von allen meinen Freunden übrig sind.“ Friedrich sorgte mit Vatertreue für die Kinder der Verstorbenen.

Der Krieg zwischen Oesterreich und Frankreich währte noch geraume Zeit fort. Erst der Friede von Aachen, am 18. October 1748, brachte denselben zum Schlusse. Friedrich erhielt in diesem Frieden eine neue Gewähr für den Besitz Schlesiens. Sein Verhältniß zu dem Könige von Frankreich war so gut wie aufgelöst, obgleich das zwischen Beiden bestehende Bündniß erst im Jahre 1756 zu Ende gehen sollte. Noch einmal hatte sich Friedrich, als die letzte drohende Gefahr ihm von Sachsen und Oesterreich bereitet ward, an König Ludwig gewandt, aber er hatte nur eine Antwort erhalten, welche den abgeneigten Sinn mit leeren Höflichkeiten schlecht übertünchte. Dafür ward der Friede von Dresden nach Frankreich in ähnlichem Style gemeldet. Und als vor dem Abschlusse des Aachener Friedens ein englischer Gesandter mit Friedrich unterhandelte, so konnte dieser seinem Hofe in voller Wahrheit berichten: „Das Herz des Königs ist noch deutsch, ungeachtet der französischen Verzierungen, welche auf der Oberfläche erscheinen.“

Einundzwanzigstes Kapitel.

Friedrich's Regierung bis zum siebenjährigen Kriege.

Mit erneutem Eifer widmete sich Friedrich, nachdem er seinem Lande den Frieden zurückerkämpft, der Sorge für das Wohl seines Volkes. Im Großen wie im Kleinen strebte er fördernd, rathend, helfend einzuwirken; alle Kräfte des Staates setzte er zu fröhlichem Wetteifer in Bewegung. Elf Jahre der Ruhe, die ihm zunächst vom Schicksale vergönnt waren, bereiteten ihm das freudige Gefühl, daß sein Streben nicht vergeblich gewesen sei.

Durch die Erwerbung Schlesiens hatte er seine Staaten um ein Drittheil vergrößert; jetzt ließ er es sich angelegen sein, auch im Innern seines Reiches neue Eroberungen zu machen. Wüste Strecken wurden urbar gemacht, zahlreiche Dörfer angelegt und mit Colonisten bevölkert. Schon im Jahre 1746 begannen die großartigen Arbeiten in den Brüchen des unteren Oderthales, die vor allen durch den glücklichsten Erfolg belohnt wurden. Als Friedrich nach Vollendung dieser Arbeiten auf dem Damme des Oderbruches stand und die blühenden Fluren überblickte, die auf sein Wort hervorgetreten waren, konnte er mit innerer Befriedigung sagen: „Hier ist ein Fürstenthum erworben, worauf ich keine Soldaten zu halten nöthig habe.“ — Auch in Ostfriesland wurde durch Dämme gegen die Fluten angekämpft und Land wieder gewonnen, das schon seit Jahrhunderten von den Meereswellen überspült war.

Ebenso wurden, um die Flußschifffahrt zu begünstigen, mancherlei Kanalbauten unternommen. Zu Swinemünde, am Ausflusse der Oder in die Ostsee, wurde ein Hafen angelegt und hierdurch Stettin zu einer wichtigen Handelsstadt erhoben; verschiedene andere Einrichtungen dienten vortheilhaft zur Begünstigung des Stettiner Handels. Emden wurde zum Freihafen erklärt und dort eine asiatische und eine bengalische Handelsgesellschaft gestiftet. Mit noch größerem Eifer ward für die Verbesserung und Vermehrung der Fabriken und Manufacturen gesorgt. Durch alle diese Einrichtungen erhöhte sich die Zahl der Einwohner und die Summe der Staatseinkünfte in kurzer Zeit um ein Bedeutendes.

Vorzügliche Sorgfalt wandte Friedrich auf die Verbesserung der Rechtspflege. Die Justizverwaltung war in sehr üblem Zustande; tausend Mißbräuche waren eingerissen, in unendlichen Förmlichkeiten schleppten sich die Processe hin, die Erlangung des gebührenden Rechtes stand nur zu oft mit den aufzuwendenden Kosten in schlechtem Einklange. Friedrich hatte diesem Unwesen mit äußerstem Unwillen zugesehen; er entschloß sich jetzt, mit Macht durchzugreifen und schnell Ordnung zu schaffen. An dem Minister Cocceji fand er den Mann, der zu einem solchen Geschäfte Einsicht und Kraft besaß. Durch Cocceji wurde zunächst in der Provinz Pommern, wo vornehmlich die Justizverwaltung in der größten Verwirrung war, der Anfang gemacht; er setzte es durch, daß hier in der kurzen Zeit von acht Monaten die ungeheure Summe von 2400 Processen, welche zum Theil schon lange schwebten, zu Ende gebracht ward; kein Proceß blieb übrig, der älter als ein Jahr war. Hierauf ward eine besondere Proceßordnung für Pommern ausgearbeitet. Friedrich war mit Cocceji's Erfolgen so zufrieden, daß er ihn zu seinem Großkanzler ernannte und ihm die förmliche Justizreform in seinen gesammten Staaten übertrug. Auch dieser neuen, ungleich größeren Arbeit unterzog sich Cocceji, seinem hohen Alter zum Trotz, mit unermüdlichem Eifer, und in Einem Jahre schon brachte er es dahin, daß alle untauglichen Richter und Sachwalter aus ihren Stellen entfernt und durch brauchbare und getreue Staatsdiener ersetzt waren. Nach Friedrich's Plane entwarf er ferner eine neue Proceßordnung, derzufolge alle Processe in Einem Jahre beendet werden sollten. Endlich ging er auch an die schwierigste Arbeit, die Grundlage des Rechts auf klare und bestimmte Principien zurückzuführen, und schon im Jahre 1749 erschien sein Entwurf eines neuen preußischen Gesetzbuches unter dem Titel: „Project des Corporis juris Fridericiani.“ Friedrich ließ zum Gedächtniß dieser wohlthätigen Neuerungen, die von ganz Europa angestaunt und nachgeahmt wurden, eine Medaille prägen, auf welcher das Bild der Gerechtigkeit dargestellt war, in der Hand eine sehr ungleiche Wagschale haltend, die von dem Könige mit dem Scepter niedergedrückt und ins Gleichgewicht gebracht wird. Cocceji empfing von Friedrich

ein goldnes Exemplar dieser Medaille und andere sehr bedeutende Beweise der königlichen Gnade. Friedrich sagt von ihm, seine Tugend und Rechtschaffenheit seien der schönen Tage des römischen Freistaats würdig gewesen; seine Gelehrsamkeit und Aufklärung hätten ihn, gleich einem zweiten Tribonian, zur Gesetzgebung zum Segen der Menschheit berufen. —

Zugleich erforderte die eigenthümliche Lage Preußens eine unausgesetzte Aufmerksamkeit auf die Angelegenheiten des Heeres, in welchem vorzugsweise die Sicherheit und die ehrenhafte Stellung des Staates beruhte. Unermüdlich sorgte Friedrich für die immer mehr erhöhte Ausbildung, für die Geschicklichkeit, für die Zucht seiner Truppen. Jährlich versammelte er sie in großen Lagern, wo die mannigfaltigsten Manoeuvres ausgeführt wurden. Das Fußvolk ward in verschiedenen Auswickelungen und Stellungen, im Angriff und in der Vertheidigung verschiedenartiger Localitäten, im raschen Uebergang über die Flüsse, überhaupt in allen den Bewegungen und Schwenkungen geübt, welche man vor dem Feinde zu machen hat. Auf die Reiterei ward die vorzüglichste Sorgfalt gewandt, und unablässig arbeitete Friedrich daran, diese Truppengattung ganz auf diejenige Stufe der Bedeutung zu erheben, die von ihr im Kriege erfordert wird. Zu den von ihm selbst herangezogenen Offizieren berief er treffliche Reiterführer aus Ungarn und Polen, die mit ihm bemüht waren,

ihre Untergebenen zur ungesäumten Befolgung der Befehle, in denen Kühnheit und List Hand in Hand gehen, geschickt zu machen. Schon unmittelbar nach dem zweiten schlesischen Kriege, im Jahre 1746, ward ein großes Uebungslager solcher Art bei Potsdam gehalten. Hier setzte Friedrich u. A. gewisse Prämien für diejenigen Husaren aus, die sich durch Keckheit und Verschlagenheit im Dienste auszeichneten. Es ist uns ein besonderer Zug aus diesem kriegerischen Spiele, der zugleich einen Blick in Friedrich's Herzensgüte gestattet, aufbehalten worden.

Friedrich hatte, um Offiziere und Leute auf den Feldwachen und auf den Piquets munter zu erhalten, den Husaren den Befehl gegeben, an dem Lager umherzustreifen, die Wachen zu alarmiren und Denen, die sich überrumpeln ließen, den Hut vom Kopfe zu nehmen. Auf den Hut hatte er den Preis eines Ducatens gesetzt.

Ein alter verdienter Kürassieroffizier, Major Leopold, hatte sich nach der Hitze eines sehr anstrengenden Manoeuvres mitten unter seinen Reitern einen Feldstuhl aufgeschlagen und war darauf unversehens eingeschlafen. Das merkte ein umherschwärmender Husar, schlich leise näher, nahm dem schlummernden Greise den Hut vom Kopfe und sprengte damit zum Könige. Friedrich erkundigte sich, wenig erfreut über das Ungeschick des Offiziers, wem der Hut gehöre; bei dem Namen des braven Greises ward jedoch sein finsterer Blick wieder ruhig. Am folgenden Morgen ließ er den Major zu sich kommen, der sehr niedergeschlagen über den Vorfall eintrat. Der König kam ihm freundlich entgegen und sprach, mit dem Finger drohend: „Hör' Er, lieber Leopold, auf der Feldwacht muß man nicht schlafen! Er thut bei seinen Jahren am besten, wenn Er quittirt. Ich will Ihn mit fünfhundert Thalern Pension in Ruhe setzen. Er hat einen Sohn im Regimente, der ist Standartenjunker; nicht so?" — Der Major bejahte es. „Sein Sohn," fuhr der König fort, „hat alle Anlagen zu einem tüchtigen Offizier. Damit er aber nicht nach dem Beispiel seines Vaters auf der Feldwacht einmal schläft, nehm' ich ihn als Cornet in der Garde du Corps mit nach Potsdam."

Einen besonderen Ruf hat unter diesen militairischen Uebungen das große Feldmanoeuvre erhalten, welches im Jahre 1753 in der Gegend von Spandau ausgeführt wurde. Es waren zu demselben mehrere fürstliche Personen eingeladen und aus allen preußischen Provinzen Generale und Stabsoffiziere berufen. Doch hatten nur die ausdrücklich Berufenen Zugang zu dem Manoeuvre, allen Uebrigen war der Zutritt streng verwehrt, da Friedrich eben nicht Lust empfand, seine Erfahrungen in weiteren Kreisen mitgetheilt zu wissen. Wie im Kriege waren deshalb Vorposten ausgestellt und die Husaren patrouillirten beständig; einige Neugierige, welche sich trotz der Anordnungen des Königs näher wagten, wurden auf Befehl ein wenig geplündert, was denn die Uebrigen abschreckte. Dies Alles spannte die Neugierde des Publicums in hohem Maße; sogar auswärtige Höfe wurden auf das Unternehmen, das wirklich kriegerische Rüstungen zu verrathen schien, aufmerksam. Der Neugierde zu genügen und den kriegsgelehrten Forschungen der Fremden Raum zu unschuldigen Untersuchungen zu geben, ließ Friedrich eine angebliche Beschreibung dieses bei Spandau gehaltenen Manoeuvres im Druck erscheinen; sie enthielt aber nur die Schilderung ganz phantastischer, zum Theil verkehrter Kriegsübungen, nach dem Vorbilde jener Phantastereien, die in dem berühmten sächsischen Lustlager vom Jahre 1730, welchem Friedrich als Kronprinz selbst beigewohnt, ausgeführt waren. Nur Wenige indeß merkten den Spaß; die Meisten studirten die Beschreibung als ein Ergebniß tiefsinniger und unergründlicher Kriegserfahrung. —

Was die religiösen Angelegenheiten anbetrifft, so hielt Friedrich hierin an dem weisen Regentengrundsatze fest, den er selbst in einer seiner Schriften mit den Worten ausgesprochen hat: „Der falsche Glaubenseifer ist ein Tyrann, der die Lande entvölkert; die Duldung ist eine zarte Mutter, welche sie hegt und blühen macht."

Und in der That trug die Befolgung dieses Grundsatzes wesentlich zu der immer steigenden Blüthe seiner Staaten bei. Einer solchen Ansicht durfte Friedrich, der zu der Höhe des Gedankens sich emporgeabreitet hatte und mehr auf den Inhalt als auf die Form sah, mit Ueberzeugung sich hingeben. Daß es ihm hierbei, trotz manchen leichten Witzwortes, welches ihm ein und das andere Mal wohl über heilig gehaltene Gegenstände entschlüpfte, in innerster Seele Ernst war, dafür hat er Zeugniß genug gegeben; nur wollte er für sich eben seinen Weg gehen. Eins der erhabensten Zeugnisse ist das Kirchengebet für die Erhaltung des Königs, welches er während des zweiten schlesischen Krieges bei der Armee und nachmals auch in allen Kirchen seines Staates einführen ließ. Früher hieß das Gebet: „Insonderheit laß dir, o Gott, empfohlen sein Ihro Majestät unsern theuersten König" (wobei der Name des Königs genannt ward). Friedrich hatte schon als Kronprinz daran Anstoß gefunden; der Prunk mit der irdischen Majestät schien ihm dem höchsten Wesen gegenüber wenig schicklich und die Nennung des Namens vor dem Allwissenden sehr überflüssig. Er setzte statt dessen die Worte: „Insonderheit laß dir, o Gott, empfohlen sein deinen Knecht, unsern König."

Natürlich mußte die Erwerbung eines vorzugsweise katholischen Landes, wie Schlesien, die vorzüglichste Gelegenheit zu den Beweisen religiöser Duldung darbieten, und Friedrich fuhr fort, seinen katholischen Unterthanen sich als ein ebenso liebevoller Vater zu erweisen, wie er es den protestantischen Unterthanen war; freilich forderte er von ihnen auch den gleichen Sinn, damit alle Bewohner seiner Lande Ein Band der Liebe und Eintracht umschlinge. Der Papst war durch die glückliche Lösung der katholischen Verhältnisse Schlesiens höchlich erfreut und sorgte gern dafür, dem Könige Beweise seiner Theilnahme zu geben. So ermahnte er den Nachfolger des im Jahre 1747 verstorbenen Cardinals Sinzendorf, den Grafen Schaffgotsch, in seinem Bestätigungsbriefe ausdrücklich, er möge sich seinem gegen die katholische Kirche so wohlgesinnten Fürsten auf alle Art ergeben bezeigen. Eine besondere Freude erweckte es dem Papste, als Friedrich den Katholiken Berlins die Erlaubniß zum Bau einer eigenen prächtigen Kirche gab, auch ihnen den dazu erforderlichen Platz und einen Theil der Baumaterialien schenkte. Am 13. Juli 1747 wurde unter allem Pomp und mit allen Ceremonien, welche die katholische Kirche vorschreibt, der Grundstein zu diesem Gotteshause durch einen königlichen Bevollmächtigten gelegt.

Dabei aber vergaß Friedrich nicht den hohen Beruf, der ihm als dem mächtigsten der protestantischen Fürsten Deutschlands zum Schutze des protestantischen Glaubens oblag. Der Erbprinz von Hessen-Cassel war zur katholischen Religion übergegangen; Friedrich verbürgte den Ständen des Landes, in Gemeinschaft mit dem Könige von England, die Erhaltung der evangelischen Landesreligion. Ebenso sicherte er den Württembergern den evangelischen Glauben ihrer künftigen Landesherren, als der katholische Prinz Friedrich Eugen von Württemberg sich mit einer

Prinzessin von Brandenburg-Schwedt vermählte. Mit besonderem Eifer nahm sich Friedrich der Protestanten in Ungarn an, die ihn bereits im Jahre 1743 um sein Fürwort gegen die Bedrückungen, welche sie daheim erdulden mußten, gebeten hatten. Schon damals hatte er eine nachdrückliche Vorstellung nach Wien gesandt, in welcher er sich geradezu den Protector der Protestanten nannte, die Königin auf die möglichen Folgen ihres Verfahrens aufmerksam machte und selbst mit Repressalien drohte, die er gegen die Katholiken Schlesiens gebrauchen würde. In Wien aber hatte man diese Vorstellung nicht eben wohlwollend aufgenommen; man hatte es sogar geleugnet, daß in Ungarn Religionsbeschwerden vorhanden seien. Da solchergestalt die unmittelbaren Unterhandlungen erfolglos blieben, jene Bedrückungen aber nach dem zweiten schlesischen Kriege noch ärger wurden, auch eine Schrift des Bischofs von Vesprim erschien, welche die Kaiserin geradezu zur Vertilgung der Ketzer aufforderte, so sandte Friedrich im Jahre 1751 dem Fürstbischof von Breslau ein sehr ernstliches Schreiben zu, damit dieser von geistlicher Seite entgegenzuwirken suche. Das Schreiben ist voll des tiefsten Gefühles; Friedrich spricht es deutlich aus, wie es ihm nur um die Freiheit des Glaubens zu thun sei, indem er ja für die Ungarn, die im letzten Kriege Feindseligkeiten genug gegen ihn verübt, keine äußeren Verbindlichkeiten habe; er läßt es durchblicken, wie wenig erfreut die katholische Kirche sein dürfe, wenn einmal das Gegentheil eintrete und ein katholisches Land durch einen protestantischen Fürsten auf gleiche Weise geknechtet werde. Der Fürstbischof schickte das Schreiben an den Papst, und dieser verordnete wenigstens, für die schlesische Kirche besorgt, die Einziehung jener ärgerlichen Schrift des ungarischen Bischofs.

Durch das Verhältniß zu den ungarischen Protestanten und zu der geringen Willfährigkeit des Wiener Hofes gegen seine Bitten erklärt sich eine anziehende kleine Begebenheit, welche Friedrich herbeiführte, um wirklich einmal eine Art von Repressalie ausüben zu können; aber sie zeugt zugleich von der durchaus gemüthlichen Laune des großen Königs, die ihn vielmehr nur zu einer scherzhaften Drohung als zu einer wirklichen Bedrückung seiner Unterthanen trieb. Es war im Jahre 1750. Der König begegnete in den Gärten von Potsdam einem jungen Manne von fremdartigem Aeußeren und fragte ihn, wer er sei. Dieser nannte sich als den Candidaten Hedhessi aus Ungarn; er sei reformirter Religion, habe in Frankfurt an der Oder Theologie studirt und wünsche jetzt, ehe er in sein Vaterland heimkehre, noch die Residenzen des Königs zu sehen. Friedrich ließ sich weiter in ein Gespräch mit ihm ein; die schnellen verständigen Antworten, die er erhielt, gefielen ihm so, daß er jenem endlich den Antrag machte, in seinen Staaten zu bleiben, er wolle für sein Unterkommen sorgen. Der Candidat jedoch sah sich seiner Familienverhältnisse wegen genöthigt, diesen gnädigen Antrag abzulehnen. Friedrich sagte ihm nun, wenn er nicht bleiben könne, so möge er sich wenigstens eine andere Gnade von ihm ausbitten. Der Candidat wußte nichts, was er von dem Könige von Preußen zu bitten hätte. „Kann ich Ihm denn gar keinen Gefallen thun?" wiederholte Friedrich. „Etwas könnten Ew. Majestät", fiel jetzt der Candidat ein, „doch für mich thun, wenn Sie die Gnade haben wollten. Ich habe mir verschiedene theologische und philosophische Bücher gekauft, die meines Wissens in Wien verboten sind; die wird man mir gewiß wegnehmen. Die Jesuiten haben die Revision der Bücher, und die sind sehr streng. Wollten nun Ew. Majestät die Gnade für mich haben —" Der König unterbrach ihn schnell und sprach: „Nehm' Er seine Bücher nur in Gottes Namen mit, kauf' Er sich noch dazu, was Er denkt, daß es in Wien recht verboten ist, und was Er nur immer brauchen kann. Hört Er? Und wenn sie Ihm in Wien die Bücher wegnehmen wollen, so sag' Er nur, ich habe sie Ihm geschenkt. Darauf werden die Herren Patres wohl nicht viel achten, das schadet aber nichts. Laß' Er sich die Bücher nur nehmen, geh' Er aber dann gleich zu meinem Gesandten und meld' Er sich bei ihm: erzähl' Er dem die ganze Geschichte und was ich Ihm gesagt habe. Hernach geh' Er in den vornehmsten Gasthof und leb' Er recht kostbar. Er muß aber täglich wenigstens einen Ducaten verzehren, und bleib' Er so lange, bis sie Ihm die Bücher wieder ins Haus schicken, das will ich schon machen. Hört Er? so mach' Er's, sie sollen Ihm seine Bücher ins Haus schicken, dafür steh' ich Ihm, verlaß' Er sich auf mein Wort, aber einen Ducaten muß Er, wie gesagt, jeden Tag verzehren." Darauf befahl der König dem Candidaten zu warten, ging in das Schloß und kam kurz darauf mit einem Papiere zurück, worauf die Worte standen: „Gut, um auf Unsere Kosten in Wien zu bleiben. Friedrich." Der König befahl ihm, dies Papier dem Gesandten zu überbringen, ermahnte ihn noch einmal, in Wien nicht zu sparen, versicherte ihm auch, er solle noch die beste Pfarre in Ungarn erhalten, und wünschte ihm eine glückliche Reise. Es geschah, wie es vorauszusehen war; die Bücher des Candidaten wurden unmittelbar nach seiner Ankunft in Wien von der dortigen Censurcommission confiscirt. Hedhessi wandte sich nun an den preußischen Gesandten; dieser hatte bereits seine Instruction erhalten, ließ ihn in den besten Gasthof führen und meldete den Stand der Dinge an den König. Alsbald erging ein Befehl des Königs nach Breslau, die kostbare Bibliothek des dortigen Jesuitercollegiums zu versiegeln und durch Wachen zu besetzen. Die Jesuiten wurden im höchsten Grade bestürzt; da ihnen aber in Breslau Niemand den Grund der königlichen Ungnade entdecken konnte, so entschlossen sie sich, eine Deputation an den König nach Potsdam zu schicken. Dort angekommen, hatten sie mehrere Wochen zu warten, ehe sie vorgelassen wurden. Als sie endlich zur Audienz gelangten, verwies sie Friedrich wegen dieser Angelegenheit an seinen Gesandten in Wien und bat sie, ihn gleichzeitig ihren Collegen, den dortigen Bücher-Revisions-Commissarien, zu empfehlen. Sie gingen also unverrichteter Sache nach Breslau zurück,

und man sah sich genöthigt, eine neue Deputation nach Wien zu schicken. Der Gesandte bedauerte, daß er ebenfalls ihnen nicht Aufklärung geben könne; doch sei ein junger Mann am Orte, dem hätten die Jesuiten in Wien einen Kasten mit Büchern weggenommen. Jetzt wußten die Abgeordneten, was sie zu thun hatten; es verging kaum eine Stunde, und Hedhessi war im Besitz seiner sämmtlichen Bücher. Ehe die Abgeordneten aber Wien verließen, hatten sie vorher auch noch die Gasthofsrechnung des Candidaten zu bezahlen. Nun eilten sie wieder zurück nach Potsdam; der König empfing sie sehr gnädig und gab ihnen einen Kabinetsbefehl zur Wiedereröffnung ihrer Bibliothek. Der Pater Rector aber empfing von Friedrich ein besonderes Schreiben, des Inhalts, daß, wenn Hedhessi, oder die Seinen, oder überhaupt die Reformirten in Ungarn wegen dieser Sache beleidigt werden würden und wenn der Candidat nicht die beste Pfarre in Ungarn erhalte, das Jesuitercollegium zu Breslau dafür einstehen müsse. Es geschah jedoch Alles nach des Königs Wunsch. —

Durch die Ausführung großartiger Bauten sorgte Friedrich fort und fort für den würdigen Schmuck seiner Residenzen. Aber er hatte dabei nicht bloß den Eindruck der Pracht und der künstlerischen Größe, welchen das vollendete Gebäude auf das Auge des Beschauers hervorbringt, im Sinne; er schaffte durch diese Unternehmungen zugleich einer Menge von Unterthanen Verdienst, er sorgte durch sie für den schnelleren Umlauf des Geldes und gab den verschiedenen Handwerkern Gelegenheit zu ihrer vollkommeneren Ausbildung. Daher berührte es ihn auch, wenn etwa ein unvorhergesehenes Unglück auf diese öffentlichen Anlagen einbrach, nicht besonders tief; die Wiederherstellung schaffte ihm nur neue Gelegenheit, seinen Unterthanen die eben genannten Vortheile zufließen zu lassen. So war es, als im Jahre 1747 im Charlottenburger Schlosse ein Brand ausbrach; der ganze Hof war eben in diesem Schlosse anwesend; Alles drängte sich — es war zur Nachtzeit — in Verwirrung und Entsetzen durch einander; nur Friedrich ging ruhig gefaßt auf der Terrasse vor dem Schlosse auf und ab. „Es ist ein Unglück", äußerte er, „doch werden die Handwerker in Berlin etwas dabei verdienen." Er sorgte nur, daß Niemand bei den Rettungsanstalten Schaden nahm. — So war bereits im Jahre 1742 das Gebäude des königlichen Marstalles unter den Linden zu Berlin mit den kostbaren Sammlungen der Akademie der Künste und der Wissenschaften, die sich in demselben Locale befanden, ein Raub der Flammen geworden. An seiner Stelle erhob sich bald ein neues großes Gebäude, welches wiederum zu demselben Zwecke bestimmt ward. Auch andere Prachtbauten reihten sich in kurzer Frist diesem Neubau an.

Des Opernhauses, welches Friedrich bald nach dem Antritt seiner Regierung in Berlin ausführen ließ, ist schon früher gedacht worden. Ein anderes bedeutendes Gebäude, das bald nach dem zweiten schlesischen Kriege erstand, war ein sehr geräumiges Invalidenhaus. Dann ward, am Lustgarten zu Berlin, ein neuer Dom gebaut. Dieser wurde im September 1750 eingeweiht. Der alte Dom hatte zum Erbbegräbniß des regierenden Hauses gedient; auch der neue Dom erhielt dieselbe Bestimmung, und schon im Januar 1750 waren die Särge der entschlafenen Mitglieder des Herrscherhauses an ihre neue Ruhestätte hinübergeführt worden. Friedrich war bei dieser feierlichen Beisetzung zugegen. Als der Sarg des großen Kurfürsten gebracht ward, ließ er ihn öffnen. Der Kurfürst lag im vollen Staate da: im Kurmantel, mit der großen Perrücke, die er in der späteren Zeit seines Lebens getragen hatte, mit großer Halskrause, reichbesetzten Handschuhen und gelben Stiefeln; die Züge des Gesichts waren noch ganz kenntlich. Friedrich betrachtete die theure Leiche geraume Zeit mit tiefem Schweigen. Dann ergriff er die Hand des Kurfürsten, Thränen rollten aus seinen Augen, und begeistert rief er seinem Gefolge zu: „Messieurs, der hat viel gethan!"

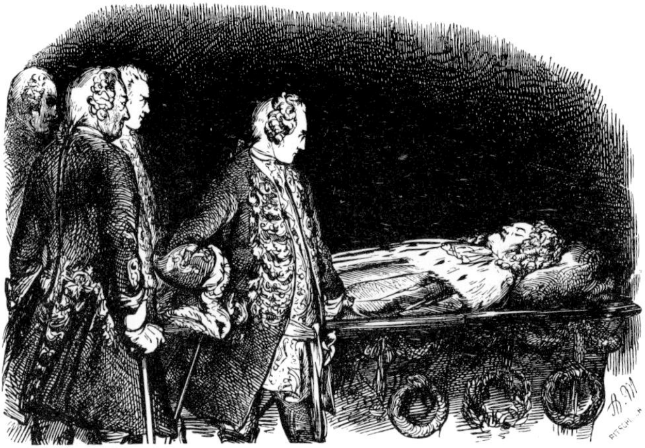

Auch außerhalb Berlins, namentlich in Potsdam, ließ Friedrich mancherlei Gebäude auf seine Kosten aufführen. Die beiden Residenzen verschönerte er zugleich durch eine ansehnliche Zahl bequemer Bürgerhäuser. Von dem Bau des Schlosses Sanssouci bei Potsdam wird im Folgenden näher berichtet werden. Friedrich hat oft die Entwürfe zu seinen Bauten selbst gefertigt, oft auch gaben ihm die Werke von Palladio, Piranesi und andern Meistern die Ideen dazu; die Architekten hatten unter dem königlichen Dilettanten keine ganz leichte Stellung.

Nicht minder eifrig war Friedrich für den Glanz der Schaubühne bemüht. Oper und Ballet wurden in höchster Vollkommenheit ausgeführt und gaben dem öffentlichen Leben Berlins ein eigen festliches Gepräge. Die vorzüglichsten Sänger, Sängerinnen und Tänzerinnen berief Friedrich zum Schmuck seiner Bühne. Unter diesen ward besonders die Tänzerin Signora Barberina, bei der sich körperliche Anmuth und feine geistige Bildung in seltenem Maße verbanden, hoch gefeiert, und auch der König unterließ es nicht, ihr seine Huldigungen darzubringen. Nach der Oper pflegte er gern, wenn sie getanzt hatte, in ihrem Kabinette den Thee einzunehmen; zuweilen auch ward sie von Friedrich selbst in vertrauter Gesellschaft zum Abendessen eingeladen. Dies war eine seltene Auszeichnung, da Friedrich schon in dieser Zeit fast ausschließlich nur im Kreise der männlichen Freunde verkehrte. Noch gegenwärtig sieht man in den königlichen Schlössern von Berlin und Potsdam das Bildniß der anmuthigen Tänzerin, von Pesne gemalt, mehrfach wiederholt; sie ist zumeist tanzend dargestellt; ein kleines Tigerfell, das sie über dem Reifrocke trägt, und die Handpauke, die sie schwingt, bezeichnen dabei die Rolle der Bacchantin. Selbst auf großen bildlichen Darstellungen, die auf Friedrich's Befehl gemalt wurden, kehren die Züge ihres Gesichtes wieder. Signora Barberina war im Jahre 1744 nach Berlin gekommen; 1749 heirathete sie den Sohn des Großkanzlers; die Ehe wurde aber wieder getrennt, und später, doch erst nach Friedrich's Tode, ward sie in den Grafenstand erhoben.

Friedrich widmete dem Theater auch eine besondere persönliche Theilnahme. In den Proben war er oft gegenwärtig und nahm Theil an der Direction. Für die Oper hat er selbst mehrere Texte geschrieben, auch verschiedene Musikstücke componirt. Dabei muß aber in Erinnerung gebracht werden, daß die Bühne wesentlich eine Hofbühne war und vorzüglich dazu diente, die Pracht, die an den Hoffesten entfaltet wurde, zu erhöhen. Mancherlei Berichte über die Anordnung dieser Hoffeste sind auf unsere Zeit gekommen und versetzen uns lebhaft in das heitere Leben jener glücklichen

Periode. Großen Ruf hat vornehmlich das Fest erlangt, welches Friedrich seiner Schwester von Baireuth zu Ehren am 25. August 1750 veranstaltete. Es war ein Carrouselreiten im Lustgarten zu Berlin bei Nacht, während der ganze Platz, der von Schaugerüsten umfaßt war, durch ein unzähliges Lampenmeer erhellt ward. Vier

Ritterschaaren, deren von Gold, Silber und Steinen funkelnde Costüme die Nationen der Römer, Karthager, Griechen und Perser vorstellten und die von vier Prinzen des königlichen Hauses geführt wurden, kamen unter Fackelschein gezogen und begannen den Wettkampf im Ringstechen; die Prinzessin Amalie, eine jüngere Schwester Friedrich's, vertheilte die Preise. Alles war von diesem glänzenden Feste entzückt; Voltaire, der sich damals in Berlin aufhielt, improvisirte auf der Stelle die elegantesten Verse zur Verherrlichung der Kämpfer und der Preisvertheilerin, und auch Friedrich fand sich so befriedigt, daß er einige Tage darauf eine Wiederholung des Festes bei Tagesbeleuchtung anordnete.

In demselben Jahre in welchem das ebengenannte Fest stattfand, erfreute sich Berlin auch noch eines andern seltenen Schauspieles. Ein tatarischer Aga erschien

als Abgesandter des Khans der krimschen Tartaren und seines Bruders, des Sultans von Budziak, dem preußischen Könige, dessen Ruhm nunmehr schon bis zu den fernen Völkerschaften gedrungen war, ein Zeugniß huldigender Erfurcht darzubringen. —

Von Allem, was unter Friedrich's Regierung in der Verwaltung des Landes, in den Angelegenheiten des Heeres, in den Elementen geistiger Bildung, in den Dingen, die zum Schmucke des öffentlichen Lebens gehören, geschah, war er die Seele, er die bewegende Ursache, die leitende Kraft. Darauf ist schon früher hingedeutet worden; hier muß das Verhältniß noch einmal näher berührt werden. Die Einrichtung seiner Regierung war streng monarchisch; so hatte er dieselbe bereits von seinem Vater überkommen, so behielt er sie bei; aber er befestigte dieselbe mit einer Energie, die allein bei einem so überlegenen Geiste gefunden werden konnte. An die Stelle der Stände, welche früher dem Regenten berathend zur Seite standen, waren jetzt Beamte getreten, die nur zur Ausführung des königlichen Willens dienten.

Jede Angelegenheit des Staates ward unmittelbar vor die Augen des Königs gebracht; einsam in seinem Kabinette faßte er den Entschluß und ertheilte auf Alles und Jedes seinen eignen selbständigen Bescheid. Die Kabinetsräthe dienten dazu, diese

Dinge dem Könige vorzulegen und seinen Willen zu vernehmen; die Minister hatten nur das Geschäft der Ausführung, je nach der besonderen Abtheilung der Staatsverwaltung, welcher sie vorstanden. Friedrich ward dabei von dem Gefühle seiner persönlichen Ueberlegenheit geleitet; aber er hatte den ernstlichen Willen, einzig und allein nur für das Wohl seines Volkes zu sorgen. Keinem, auch dem Geringsten nicht, war es versagt, sich vertrauensvoll an den Vater des Vaterlandes zu wenden; Keiner, falls nicht etwa ganz Verkehrtes vorgebracht wurde, hatte eine Mißachtung des Gesuches zu befürchten. Friedrich betrachtete den Staat als eine künstlich zusammengesetzte Maschine, in der Jeder an der Stelle, auf die ihn das Schicksal geführt, für das Wohl des Ganzen zu sorgen habe; in seiner Hand sah er die Fäden zusammenlaufen, durch welche das Ganze angemessen und im Einklange bewegt ward. Er wußte Alles, er kannte Alles, und ein ungeheueres Gedächtniß bewahrte ihn — soweit menschliches Vermögen zu bewahren ist — vor der Gefahr, Einrichtungen zu treffen, die mit dem einmal festgesetzten Organismus des Staates, wenn auch nur in untergeordneten Beziehungen, in Widerspruch gestanden hätten.

Manche charakteristische Züge sind uns erhalten geblieben, die von der Weise, wie er das Ganze im Einzelnen zu beherrschen vermochte, wie er alle einzelnen Zustände mit scharfer Aufmerksamkeit verfolgte, wie er unverrückt nur die Sorge für das Wohl seines Volkes im Auge behielt, Zeugniß geben. Statt vieler stehe hier nur ein einziger Zug, der, so unbedeutend er erscheint, doch vorzüglich geeignet ist, sein sicheres Eingehen auf die Verwaltungsangelegenheiten und die Art seiner Gesinnung zu vergegenwärtigen. Es ward ihm einst die Bestätigung der Wahl eines Landrathes zur Unterschrift vorgelegt. Bei dem Namen des Vorgeschlagenen stutzte er und verlangte den Minister zu sprechen. Er äußerte sich ungehalten über die Wahl, während der Minister dieselbe zu rechtfertigen und die löblichen Eigenschaften des Gewählten zu entwickeln suchte. Friedrich jedoch ließ sich nicht irre machen. Er befahl ein besonderes Actenstück aus dem Kammergerichte herbeizuholen und schlug eine darin enthaltene Verhandlung auf. „Seh' Er her", sprach er nun zu dem Minister; „dieser Mann hat mit seiner leiblichen Mutter um einige Hufen Ackers einen weitläufigen Proceß geführt, und sie hat um eine solche Lumperei auf ihrem letzten Krankenlager noch einen Eid schwören müssen. Wie kann ich von einem Menschen mit solchem Herzen erwarten, daß er für das Beste meiner Unterthanen sorgen wird? Daraus wird nichts, man mag einen Andern wählen!"

Eine solche ganz außerordentliche Thätigkeit aber, der sich zugleich noch die mannigfachsten künstlerischen und wissenschaftlichen Beschäftigungen anschlossen, machte Friedrich nur dadurch möglich, daß er seine Zeit mit der gewissenhaftesten Genauigkeit eintheilte, daß er für jedes Geschäft und für jede Erholung eine bestimmte Stunde hatte. Auf seinem Schreibtische lag ein Kalender, in dem alle feststehenden Geschäfte verzeichnet waren. Seine Tageseintheilung war unverrückt dieselbe. Seine Natur bedurfte nur wenig Schlaf; mit dem frühesten Morgen begann seine Arbeit. Der Vormittag war ganz dem Staatsdienste in seinen verschiedenen Arten gewidmet, während der größere Theil des Nachmittags und der Abend dem Genusse der Kunst und Wissenschaft dienten. Eigenthümlich ist es, daß er gewisse Pausen, die er zwischen den Berufsarbeiten festgesetzt hatte, in der Regel durch Flötenspiel ausfüllte. Er ging dann meist, längere oder kürzere Zeit, phantasirend im Zimmer umher. Zu einem Freunde äußerte er einst, daß er während dieses

Phantasirens oft allerlei Sachen überlege und nicht daran denke, was er blase; daß ihm während desselben schon die glücklichsten Gedanken, selbst über Geschäfte, eingefallen seien. Die Kunst war es also, die, wenn auch ihm selbst unbewußt, sein Gemüth frei machte und seinen Geist in seiner selbstständigen Kraft stärkte.

Auf gleiche Weise, wie der Tag, hatte auch das Jahr für Friedrich seine bestimmte Eintheilung. Die Hauptabschnitte machten hierin die Reisen, die er zur Besichtigung der Truppen nach den verschiedenen Provinzen unternahm. Diese Reisen verbreiteten besonderen Segen über alle Theile seines Reiches; denn nicht allein nach den Truppen sah er, sondern auch nach Allem, was die Verwaltung und das ganze Wohl des Landes anbetraf. So schnell er zu reisen pflegte, so hatte er doch Zeit genug, um an jedem Ruhepunkte die höheren oder niederen Beamten, die sich auf ausdrücklichen Befehl daselbst versammeln, ihn auch zuweilen eine Strecke lang begleiten mußten, zu sprechen, mit ihnen besondere Verabredungen zu treffen, Bittschriften entgegenzunehmen und wenn möglich auch sogleich zu beantworten. Auch Geschäftsmänner und Kaufleute sah er bei diesen Gelegenheiten gern um sich und ging mit ihnen theilnehmend in alle besonderen Verhältnisse der Provinzen ein. Im schlesischen Gebirge sagte er einst den Abgeordneten des Handelsstandes die ermuthigenden Worte: „Wenden Sie sich nur an mich: ich bin Ihr erster Minster!" — Dabei war auch die Zeit, die er im Wagen zubringen mußte, für ihn nicht verloren. War auf dem Wege nichts, was seine Aufmerksamkeit in Anspruch nahm, so hatte er Bücher bei sich, mit deren Lectüre er sich beschäftigte; und waren die Stöße des Wagens zu störend (denn Kunststraßen hat er nicht ausführen lassen), so recitirte er sich Stellen seiner Lieblingsdichter, davon er Vieles im Gedächtniß bewahrte.

Zweiundzwanzigstes Kapitel.

Der Philosoph von Sanssouci.

Bereits vor dem Ausmarsch in den zweiten schlesischen Krieg hatte Friedrich, von der Anmuth der Potsdamer Gegend gefesselt, die Anlage des sogenannten „Lustschlosses im königlichen Weinberge" bei Potsdam befohlen. Der Plan zu der ganzen Anlage war von ihm selbst entworfen; auch hat sich dieser Entwurf bis auf unsere Zeit erhalten. Der Berghang wurde zu sechs mächtigen Terrassen umgestaltet; zu dem Lustschlosse, welches die Bekrönung der Terrassen bildet, wurde im April 1745 der Grundstein gelegt und dasselbe in zwei Jahren vollendet. Knobelsdorff führte die Leitung des Baues, der einfach, nur aus einem Geschosse bestehend, aufgeführt ward. Nach der Vollendung erhielt das Gebäude den Namen „Sanssouci". Unmittelbar darauf ward es von Friedrich bezogen, und es blieb bis an seinen Tod das Asyl, in dem er sich ungestört der geselligen Erholung und der reichen Einsamkeit seines Geistes erfreuen durfte. Alles, was den Menschen in Friedrich anbetrifft, ist fortan eng mit dem Namen Sanssouci verknüpft. Alle freundschaftlichen Briefe, die er hier schrieb, sind mit diesem Namen bezeichnet, während unter den geschäftlichen Schreiben stets der Name der Stadt steht. Auf den literarischen Werken, die von ihm bei seinen Lebzeiten dem Drucke übergeben wurden, nennt er sich den „Philosophen von Sanssouci". Der Aufenthalt zu Sanssouci ward dem zu Rheinsberg ähnlich, nur mit dem Unterschiede, daß natürlich jene jugendlich unbefangene Heiterkeit nicht ganz wiederkehren konnte. Rheinsberg, das der Residenz zu entlegen war, als daß es fortan der Aufenthaltsort eines Königs sein konnte, hatte Prinz Heinrich, Friedrich's jüngerer Bruder, zum Geschenke erhalten.

Die Gegend von Potsdam mit ihren breiten, vielgebuchteten Wasserspiegeln, welche den Fuß der grünen Laubhügel netzen, bildet eine heitere Oase zwischen den eintönigen Flächen der brandenburgischen Mark. Seit Friedrich dort sein Haus gegründet, sind die Fürsten seines Geschlechtes nicht müde geworden, die Reize der Natur durch die ordnende und bildende Hand der Kunst zur lieblichsten Entfaltung zu bringen. Ein Kranz von Parkanlagen dehnt sich um die Stadt hin; Schlösser und Villen erglänzen auf den Höhen und in den Thälern; Nähe und Ferne sind von frischem, erquicklichem Lebenshauche erfüllt. Aber unangetastet steht die Wohnung des großen Königs noch heute über jenen Terrassen, und durch das Leben des Tages wehen die Schauer einer großen Erinnerung.

Friedrich verknüpfte mit dem Namen Sanssouci eine geheime, tiefere Bedeutung. Er hatte sich zur Seite des Schlosses, noch ehe dessen Grund gelegt war, eine Gruft bauen lassen, die dereinst seine irdischen Reste aufnehmen sollte. Sie ward mit Marmor überkleidet und ihr Zweck durch die Bildsäule einer Flora, welche darauf lagerte, spielend verhüllt. Diese Gruft, deren Dasein Niemand ahnen konnte, war eigentlich mit jenem Namen gemeint. Einem Freunde sprach er einst davon und sagte, auf die Gruft deutend: ,,Quand je serai là, je serai *sans souci!*" (Wenn ich dort bin, werde ich ohne Sorge sein!) Aus dem Fenster seines Studirzimmers hatte er täglich das Bild der Blumengöttin, der Hüterin seines Grabes, vor Augen.

An die Geschichte der Anlagen von Sanssouci knüpfen sich mehrere Anekdoten, die wohl geeignet sind, die Charaktergröße des seltenen Königs wiederum in eigenthümlichem Lichte zu zeigen. Bekannt ist es, daß nicht weit von der einen Seite des Schlosses eine Windmühle steht, deren Platz Friedrich gern mit in die Gartenanlagen hineingezogen hätte. Friedrich, so wird erzählt, ließ den Müller zu sich kommen und forderte ihn auf, die Mühle ihm zu verkaufen. Jener aber hatte sie von seinem Vater geerbt und wünschte sie auch auf seine Kinder zu bringen. Der König versprach ihm nun, ihm eine bessere Mühle anderwärts zu bauen, ihm Wasserlauf und Alles frei zu geben, auch noch die Summe, die er für seine Mühle fordern würde, baar auszahlen zu lassen. Aber der Müller bestand hartnäckig auf seinem Vorsatze. Jetzt ward Friedrich verdrießlich. „Weiß Er wohl", so sprach er drohend, „daß ich Ihm Seine Mühle nehmen kann, ohne einen Groschen dafür zu geben?" „Ja, Ew. Majestät", erwiderte der Müller, „wenn das Kammergericht in Berlin nicht wäre!" Auf diese Worte stand Friedrich von seinem Begehren ab und änderte den Plan seines Gartens. Noch heute erheben sich die Flügel der Mühle über das königliche Schloß, die Unterwerfung des Königs unter das Gesetz bezeugend. — Ziemlich ähnlich lauten die anderen Anekdoten.

In Sanssouci vereinigte Friedrich den Kreis der Männer um sich, denen er sein besonderes freundschaftliches Vertrauen schenkte. Denjenigen, die ihm aus der schönen Rheinsberger Zeit geblieben waren, wußte er bald neue Freunde zuzugesellen. Unter den letzteren ist besonders der Marquis d'Argens zu erwähnen, der, von provenzalischer Geburt, in der Heimath wegen seiner freien Gesinnung nur Verfolgungen erlitten hatte, hier aber ein sicheres Asyl fand; die Anmuth seines Benehmens, die feine Bildung seines Geistes, vor Allem aber die treue, anspruchslose Hingebung an den König machten ihn diesem bald so werth, daß er nachmals die Stelle in Friedrich's Herzen einnahm, die früher Jordan besessen hatte. Durch gleiche

Treue war Friedrich's literarischer Secretair Darget ausgezeichnet. Als einer der alten Freunde ist hier noch der Baron Pöllnitz zu erwähnen, der schon unter König Friedrich I. gedient und sich durch vielseitige Kenntnisse, besonders aber durch eine unerschöpfliche gesellige Laune empfohlen hatte, obgleich der Leichtsinn und die Unbeständigkeit seines Charakters ihn stets daran hinderten, Friedrich's näheres Vertrauen zu gewinnen. Im Frühjahr 1744 hatte er sich sogar durch sehr unüberlegte Handlungen den völligen Verlust der königlichen Gnade zugezogen und konnte dieselbe nur dadurch wiedergewinnen, daß er sich auf strenge Bedingungen förmlich unterwarf. Die letzteren lauteten dahin, daß er mit keinem Gesandten verkehre, daß er die Freuden der königlichen Tischgesellschaft nie wieder verderbe, und daß öffentlich in Berlin verboten würde, ihm, bei hundert Ducaten Strafe, auch nur das Geringste zu leihen. Pöllnitz war eine Art lustiger Rath; ziemlich in gleicher Eigenschaft figurirte in Sanssouci der französische Arzt de la Métrie.

Die militairischen Freunde des Königs gehören ebenfalls in diesen Kreis. Dabei ist jedoch zu bemerken, daß keiner von ihnen es je wagen durfte, seine dienstliche Stellung mit dieser freundschaftlichen zu verwechseln. Was sie im Dienste versehen hatten, wurde mit voller Strenge gerügt; aber dafür that auch eine solche Rüge dem freundschaftlichen Verhältnisse keinen Abbruch. Winterfeldt genoß das nächste Vertrauen des Königs; als dessen Generaladjudant war er indeß fast ganz dem Geschäftsleben hingegeben. Graf Rothenburg, der in der Schlacht von Czaslau schwere Wunden davongetragen hatte, ward Friedrich ein zweiter Keyserling. Aber auch er starb früh, und sein Tod machte dem Könige alle die Schmerzen lebendig, die er beim Tode des ersten Lieblings empfunden hatte. Friedrich selbst bewies ihm in der letzten Krankheit die innigste Theilnahme. Es war im December 1751, als man ihm meldete, daß der Graf im Sterben liege. Halb angekleidet eilte Friedrich über die Straße in die Wohnung des Freundes. Er fand den Arzt bei ihm; dieser zuckte mit den Achseln, dem Könige stürzten die Thränen aus den Augen, und als man als letztes Rettungsmittel dem Grafen eine Ader schlug, hielt er den Teller, um das Blut aufzufangen. Da dieser Aderlaß die gehoffte Wirkung nicht that, so verließ er den Sterbenden im tiefsten Schmerze; nach seinem Tode verschloß er sich mehrere Tage vor aller Gesellschaft.

Dem Obersten von Forcade, der in der Schlacht von Soor am Fuße verwundet ward, erwies Friedrich für seine Verdienste wiederholte Gnadenbezeigungen. Bei einer Cour auf dem Berliner Schlosse, als Forcade seinen Dank abzustatten kam und sich seines leidenden Fußes wegen an das Fenster lehnte, brachte ihm Friedrich selbst einen Stuhl und sagte: „Mein lieber Oberst von Forcade, ein so braver und würdiger Mann, als Er ist, verdient sehr wohl, daß auch der König selbst ihm einen Stuhl bringt."

Einen vorzüglichen Werth legte Friedrich auf die Erwerbung zweier Männer, die ein gleicher Gewinn für sein Herz wie für seinen Staat wurden. Dies waren die Gebrüder Keith aus Schottland, die als Anhänger der Stuarts ihr Vaterland meiden mußten. Der jüngere, Jakob Keith, kam zuerst zu Friedrich und erhielt sogleich die preußische Feldmarschallswürde. Der ältere, Georg Keith, Erbmarschall von Schottland und deshalb gewöhnlich nur Lord-Marschall genannt, kam später und war einer von den Wenigen, die das Geschick für die späteren Tage des Königs erhielt.

Auch den alten Feldmarschall Schwerin, der im zweiten schlesischen Kriege seinen Abschied genommen hatte, wußte sich Friedrich wieder zu gewinnen. Er that die ersten Schritte zur Versöhnung und lud Schwerin zu sich ein. Dieser gehorchte dem Befehle. Als er im Schlosse angekommen war und im Vorzimmer vernommen hatte, daß Friedrich wohlgelaunt sei, ließ er sich durch den Kammerhusaren, der den König bediente, melden. Der Husar erhielt jedoch keine Antwort auf seine Meldung; Friedrich ergriff statt dessen seine Flöte und ging phantasirend eine Viertelstunde im Zimmer auf und nieder. Endlich legte er die Flöte bei Seite, steckte den Degen an und befahl, den Feldmarschall vorzulassen. Dies geschah, der König empfing ihn mit gnädigem Gruß und deutete dem Diener durch einen Wink an, das Zimmer zu verlassen. Im Vorzimmer hörte der Kammerhusar nun, wie das Gespräch zwischen dem König und Schwerin immer lauter ward und endlich so heftig, daß ihm anfing bange zu werden. Bald aber legte sich der Sturm, die Unterredung ward wieder ruhiger und endlich ganz leise. Dann öffnete sich die Thür, Schwerin verneigte sich mit einer heiteren, zufriedenen Miene gegen den König, und dieser sagte mit gütigem Tone: „Ew. Excellenz essen zu Mittag bei mir." Fortan war das gute Vernehmen zwischen den beiden großen Männern wiederhergestellt. Was in jener Stunde gesprochen wurde, hat nie ein Dritter erfahren.

Mit dem größten Enthusiasmus aber wurde von Friedrich derjenige Mann aufgenommen, der ihn unablässig, wie kein Zweiter, anzog, dessen Geist allein ihm zu genügen vermochte und den er schon oft vergeblich ganz für sich zu gewinnen versucht hatte, — Voltaire. Noch im Jahre 1749 hatte Friedrich dem französischen Dichter geschrieben: „Sie sind wie der weiße Elephant, dessentwegen der Schach von Persien und der Großmogul Kriege führen, und dessen Besitz, wenn sie glücklich genug gewesen sind, ihn erlangt zu haben, einen von ihren Titeln bildet. Wenn Sie hierher kommen, so sollen Sie an der Spitze des meinigen stehen: Friedrich von Gottes

Gnaden, König von Preußen, Kurfürst von Brandenburg, Besitzer von Voltaire rc. rc." Da zerrissen plötzlich die Bande, die ihn an seine Heimath gefesselt hatten, und er folgte dem jahrelangen Andringen des Königs. Am 10. Juli 1750 traf er in Sanssouci ein, um fortan bei Friedrich zu bleiben. Er erhielt den goldnen

Schlüssel der Kammerherren, den Verdienstorden und ein bedeutendes Jahrgehalt, welches sich bald bis auf die Summe von 5000 Thalern steigerte. Friedrich bewies ihm die entschiedenste Huldigung; Prinzen, Feldmarschälle, Staatsminister beeiferten sich, ihm ihre Aufwartung zu machen.

Voltaire's Gegenwart brachte in der That einen Reiz in das Leben von Sanssouci, der Alles zu schnellerer Bewegung, zu vollerer Aeußerung der Kräfte mit fortriß. Jeder war bedacht, sich ganz zusammenzunehmen, um so der scharfen Ueberlegenheit des Dichters entgegentreten zu können. Alles beschäftigte sich mit Wissenschaft und Poesie; die Prinzen und Prinzessinnen suchten in der Darstellung der Tragödien, zu denen man jetzt unverzüglich schritt, den Anforderungen des Meisters zu genügen. Dabei blieb in dem engeren Kreise aller Zwang, alles Cermoniel verbannt. Voltaire fand vollkommene Muße zur Vollendung seiner Arbeiten, die er in Frankreich, wo das Wort nicht frei war, hatte liegen lassen müssen. Er konnte sein Leben gestalten, wie er wollte; nur die Abendmahlzeit pflegte den Kreis der Vertrauten zum heitersten Genusse zu vereinen. Hier war Alles Witz und Geist, und Voltaire und Friedrich standen einander als die Herrscher im Reiche des Geistes gegenüber.

Daß Voltaire nicht der Mann des Gemüthes, daß sein Charakter nicht frei von Flecken war, hatte Friedrich schon früher erkannt, aber er hatte ihn auch nicht berufen, um an ihm einen eigentlichen Freund zu gewinnen. Er wollte einen Gesellschafter an ihm haben, der seiner eignen geistigen Kraft genüge, einen Lehrer, der ihn in seinen wissenschaftlichen Bestrebungen unterstütze, dem er seine Arbeiten zur Kritik, zur Vollendung der Form anvertrauen könne. Dies gewährte ihm Voltaire bereitwillig, und so ward auch Friedrich durch seine unmittelbare Nähe wesentlich gefördert. Manche bedeutende literarische Arbeiten hatte Friedrich seit dem Frieden in rascher Thätigkeit verfaßt; diese wurden nun vollendet und wieder andere

reihten sich ihnen an. Den zweiten Theil der Geschichte seiner Zeit, welcher den zweiten schlesischen Krieg enthält, hatte Friedrich schon im Jahre 1746 geschrieben. Im folgenden Jahre hatte er seine Memoiren zur Geschichte des brandenburgischen

Hauses (die Geschichte seiner Vorgänger) begonnen, deren einzelne Abschnitte in der Akademie vorgelesen, auch in den Schriften der Akademie gedruckt wurden; vollendet und in einer selbstständigen Prachtausgabe erschien dies Werk im Jahre 1751. Auch verschiedene Gedächtnißreden auf seine Freunde und andere Männer von Verdienst hatte er für die Akademie verfaßt. Dann war eine Reihe von Gedichten mannigfacher Art entstanden, Oden, gereimte Briefe, ein Lehrgedicht über die Kriegskunst, ein komisches Epos unter dem Namen „Das Palladium" u. s. w. Diese wurden im Jahre 1750, unter dem Titel der „Werke des Philosophen von Sanssouci", in einer Prachtausgabe gedruckt. Voltaire leistete dabei hülfreichen Beistand. Doch waren diese Arbeiten, und ganz besonders die Gedichte, nur für die nächsten Freunde bestimmt und es wurden nur wenige Exemplare, unter sorgfältiger Controle der Empfänger, ausgegeben. Friedrich hatte dafür eine eigne Druckerei in dem Thurme des Berliner Schlosses eingerichtet; daher führen diese Werke auf ihrem Titel die Ortsangabe: „Im Schloßthurme" (Au Donjon du Château). Auf dem Titel der Gedichte steht außerdem noch: „Mit dem Privilegium Apollo's."

Neben der Literatur diente zugleich auch, wie in früherer Zeit, die Musik zur Erheiterung der Mußestunden. Die Stunde vor dem Abendessen wurde in der Regel durch Concerte ausgefüllt, in denen Friedrich sein Lieblingsinstrument, die Flöte, übte. Zur bestimmten Stunde trat er, die Noten unter dem Arme, in das Concertzimmer und vertheilte die Stimmen, legte sie auch wohl selbst auf die Pulte. Er blies übrigens nur Concerte, die Quantz, der seit seinem Regierungsantritt in seine Kapelle eingetreten war, für ihn gemacht hatte, oder Stücke seiner eignen Composition. Allgemein bewunderte man den tiefen, rührenden Ausdruck, mit welchem er das Adagio vorzutragen wußte. In seinen Compositionen fand man eine Beobachtung des strengen Satzes, die eine für einen Dilettanten seltene musikalische Bildung zu erkennen gab; doch folgte er diesen strengen Schulregeln nicht so blind, daß er dadurch den freien Ausdruck seiner Phantasie hätte verkümmern lassen. Merkwürdig und seiner Zeit fast vorgreifend ist es, daß er selbst das Recitativ in die Instrumentalcomposition auf eine Weise einzuführen wagte, welche zu ganz eigenthümlichen Erfolgen führte. Einst blies er ein solches Recitativ, worin der Ausdruck des Flehens vorzüglich gelungen war. „Ich habe mir dabei", so erklärte er seine Absicht, „Coriolan's Mutter gedacht, wie sie auf den Knieen ihren Sohn um Schonung und um den Frieden für Rom bittet."

Der alte Lehrmeister Quantz genoß bei diesen Concerten besondere Vorrechte, die er geschickt in Anwendung zu bringen wußte. Er allein durfte dem Könige sein Bravo zurufen, was sonst nicht leicht ein anderer von den Musikern wagte. Zu tadeln wagte er zwar nicht ohne besondere Aufforderung; doch sparte er in solchem Fall den Bravoruf, äußerte sich auch anderweitig vernehmbar genug. So spielte Friedrich einst ein neues Stück von seiner eignen Composition, in welchem einige fehlerhafte Stellen vorkamen. Quantz räusperte sich dabei ziemlich laut. Friedrich merkte die Absicht, schwieg jedoch still und fragte ein paar Tage darauf einen andern Musiker um seine Meinung über jene Stellen. Dieser wies ihm den Fehler nach, und Friedrich berichtigte denselben, indem er sagte: „Wir müssen doch Quantz keinen Katarrh zuziehen.“ —

So vereinigten sich in Sanssouci alle Elemente zum anmuthvollsten geistigen Genusse. Doch sollte das schöne Zusammenwirken der verschiedenartigen Kräfte für einige Zeit widerwärtig gestört werden, und es mußte diese Störung Friedrich um so empfindlicher fallen, als sie von Demjenigen ausging, der gerade als die Sonne aller geistigen Bestrebungen dastand. Voltaire war es, der durch den Glanz der Stellung, welche Friedrich ihm eingeräumt, geblendet ward und es vergaß, was er seinem königlichen Gönner und was er seiner eignen Würde schuldig sei. Was ihm in so überschwänglichem Maße zu Theil ward, reizte ihn, statt ihn zu befriedigen, nur zu immer heftigerem Durste; seine Stellung sollte ihm nur dazu dienen, um

alle Nebenbuhler im Bereich des Wissens zu unterdrücken, um seine Einkünfte auf beliebige Weise zu vergrößern, um eine politische Bedeutsamkeit zu erreichen. Er selbst hatte dem Könige früher einen jungen französischen Belletristen, d'Arnaud, zur Unterstützung in seinen literarischen Arbeiten empfohlen, und dieser war von Friedrich mit den schmeichelhaftesten Versen eingeladen worden. Diese Verse schienen Voltaire's Ruhm zu nahe zu treten, und da ihm überdies, seit er selbst nach Sanssouci gekommen, der junge Dichter im Wege war, so brachte er es dahin, daß derselbe in Kurzem weggeschickt ward. Größere Eifersucht flößte ihm der gelehrte Naturforscher Maupertuis ein, den Friedrich, gleichfalls auf seine Empfehlung, zum Präsidenten der neugegründeten Akademie berufen hatte; es entspann sich zwischen Beiden bald eine bittere Feindschaft, die nur des Anstoßes bedurfte, um öffentlich hervorzubrechen. Ein ekelhafter Proceß, in den Voltaire mit einem jüdischen Kaufmanne verwickelt ward, stellte gleichzeitig seine Rechtlichkeit in ein zweifelhaftes Licht. Der Jude verklagte Voltaire, daß er ihn mit unechten Steinen übervortheilt habe; der richterliche Spruch fiel zwar zu des Letzteren Gunsten aus, doch zog ihm die ganze Angelegenheit eine üble Nachrede zu. Noch verderblicher war es für seinen Ruf, daß er sich unterfing, gegen das ausdrückliche Edict des Königs sächsische Steuerscheine in Leipzig zu geringen Preisen aufkaufen zu lassen, um hernach als preußischer Unterthan (einem besonderen Artikel des Dresdner Friedens zufolge) volle Bezahlung dafür zu erhalten. Endlich nahm er auch keinen Anstand, mit fremden Gesandten auf eine Weise zu verkehren, die Friedrich für seinen literarischen Genossen wenig schicklich erachtete. Alles Das bemerkte Friedrich mit steigendem Unwillen; er sandte dem Dichter ernstliche Rügen über sein ganzes Benehmen zu, und das schöne Verhältniß schien in kurzer Frist seiner Auflösung nahe. Voltaire dagegen wollte sich auch im Rechte wissen; er erkannte es sehr wohl, daß Friedrich an ihm eben nichts als seine Kunst werth hielt. „Ich werde ihn höchstens noch ein Jahr nöthig haben; man drückt die Orange aus und wirft die Schale fort", — so sollte sich Friedrich gegen einen Vertrauten über ihn geäußert haben. Den Verlust von Friedrich's Gnade wollte er nur einem verleumderischen Worte Maupertuis' zuschreiben. Dieser sollte nämlich ausgesprengt haben, ein General aus Friedrich's Umgebung sei einst bei ihm (Voltaire) gewesen, um sich ein eben vollendetes Manuscript durchsehen zu lassen; da habe ein Laufer ein Gedicht des Königs gebracht, und Voltaire habe den General mit den Worten abgefertigt: „Mein Freund, ein anderes Mal! Da schickt mir der König seine schwarze Wäsche zu waschen, ich will die Ihrige nachher waschen."

Trotz aller dieser Ursachen zur Mißstimmung konnten die beiden großen Geister indeß noch immer nicht von einander lassen. Nur im Andern fand jeder sich ergänzt, und die Vorwürfe machten wieder der schmeichelhaftesten Anerkennung Platz. Für Friedrich namentlich stand der Dichter noch zu hoch, als daß er dem Menschen nicht nachsichtig seine bisherigen Thorheiten verziehen hätte. Das beweist vornehmlich eine Ode, die er ihm gerade in dieser Zeit widmete und in der er ihn über sein herannahendes Alter durch die Hinweisung auf seinen immer steigenden Dichterruhm zu trösten suchte. Die Ode schließt mit den glänzenden Worten:

Welch eine Zukunft wartet Dein, o Meister,
Wenn Deine Seele drang ins Land der Geister: —
Zu Deinen Füßen sieh die Nachwelt hier!
Die eilenden Stunden
Im Voraus bekunden
Unsterblichkeit Dir!

Aber schon war Neues hinzugetreten, um den Bruch zu erweitern und unheilbar zu machen. Maupertuis hatte in einer gelehrten Schrift ein neues Naturgesetz aufgestellt; ein anderer Gelehrter erklärte, daß dasselbe schon vor geraumer Zeit von Leibnitz ausgesprochen sei; der Streit ward lebhaft, und die Berliner Akademie nahm sehr entschieden die Partei ihres Präsidenten. Diese Gelegenheit dünkte Voltaire günstig genug, um seinem Nebenbuhler einen empfindlichen Stoß zu geben; er schrieb anonym den Brief eines Akademikers von Berlin, der sehr geeignet war, Maupertuis lächerlich zu machen. Friedrich indeß war nicht gewillt, den Präsidenten seiner Akademie verspottet zu sehen, und es erschien von seiner Hand als Gegenschrift, aber gleichfalls anonym, ein zweiter Brief eines Akademikers, in welchem der Verfasser des ersten sehr ernsthaft zurechtgewiesen wurde. Aber eine andere Schrift von Maupertuis, die bedenklichere Blößen enthielt, gab bald Gelgenheit zu einer neuen, ungleich beißenderen Satire von Voltaire's Hand, der „Geschichte des Doctor Akakia“ 2c. Friedrich hatte dies Product im Manuscripte gelesen; der beißende Witz hatte ihm Vergnügen gemacht, aber er hatte verlangt, daß das Werk ungedruckt bleibe. Voltaire versprach es, — in Kurzem jedoch erschien dasselbe, zum großen Jubel der Feinde des Präsidenten, gedruckt in Dresden. Friedrich war hierüber, obgleich Voltaire seine Schuld an diesem Ereigniß leugnete, im höchsten Grade entrüstet, und der Dichter sah sich, um nicht alle Gnade des Königs zu verlieren, schmachvoll zu der Unterschrift eines Reverses genöthigt, in welchem er fortan eine schicklichere Aufführung geloben mußte. Damit war aber die Angelegenheit nicht beendet. Aus seinem eignen Fenster, es war am 24. December 1752, mußte er es mit ansehen, wie der Akakia auf öffentlicher Straße durch die Hand des Henkers verbrannt ward.

Auf so unerhörte Schmach war Voltaire nicht gefaßt gewesen. Er packte sein Pensionspatent, den Orden, den goldnen Schlüssel zusammen und sandte sie unverzüglich an Friedrich zurück. Auf den Umschlag des Pakets hatte er die Verse geschrieben:

Die ich empfangen, zart beglückt,
Ich sende sie zurück mit Schmerzen,
Sowie ein Liebender mit tief zerriss'nem Herzen
Zurück das Bildniß der Geliebten schickt!

Ein Brief, der dem Paket bald nachfolgte, sprach unverhohlen und erschütternd die Gefühle der tiefsten Kränkung, der gänzlichen Trostlosigkeit aus. Dieser Brief verfehlte seine Wirkung nicht. Noch an demselben Tage erhielt Voltaire die Zeichen der königlichen Gnade wieder, und es ward noch einmal der Versuch gemacht, das alte Verhältniß wiederherzustellen.

Bald genug aber fühlte Voltaire deutlich, daß nach solchen Vorgängen die alte Vertraulichkeit nicht wiederkehren könne. Er bat um Urlaub zu einer Badereise nach Frankreich und erhielt ihn. Am 26. März 1753 reiste er von Potsdam ab. Kaum in Leipzig angekommen, ließ er neue beleidigende Blätter drucken. Dafür aber wartete seiner in Frankfurt, wo er am 1. Juni ankam, eine neue Schmach. Der König hatte ihm vor der Abreise befohlen, das Patent, den Orden, den Schlüssel, auch das Exemplar seiner Gedichte, welches er ihm anvertraut, zurückzulassen. Dies war nicht erfolgt, und so wurde er auf Ansuchen des preußischen Ministers zu Frankfurt so lange gefänglich eingehalten, bis nach sechzehn Tagen sein Koffer aus Leipzig hier ankam, in welchem sich die verlangten Gegenstände befanden. Manches Bittere, in Versen und in Prosa, folgte noch auf diese Vorfälle; und dennoch sahen sich beide Männer, der König und Voltaire, in kurzer Frist zum neuen Austausch ihrer

Gedanken angetrieben. Voltaire jedoch zurückzuberufen oder ihm den Orden und den goldnen Schlüssel wiederzugeben, dazu war Friedrich nicht zu bewegen.

Besser als Voltaire erkannte ein anderer französischer Gelehrter, d'Alembert, dem Friedrich ebenfalls hohe Anerkennung bewies und den er fort und fort in seine Nähe zu ziehen bemüht war, die Gefahr, die dem selbstständigen Geiste in der Nähe des Thrones droht. Im Jahre 1755, als Friedrich eine Reise in die westlichen Provinzen seines Staates machte, fand eine persönliche Zusammenkunft in Wesel statt, und dringender wiederholte Friedrich seine Anträge; aber d'Alembert wußte denselben auch jetzt eben so fein wie bestimmt auszuweichen. Doch hatte er, der von dem Geistesdruck in seiner Heimath viel leiden mußte, ein jährliches Gehalt von Friedrich dankbar angenommen. Der Briefwechsel, den Friedrich fortan mit d'Alembert führte, ist von großer Bedeutung.

Mit derselben Reise verknüpfte Friedrich noch einen weiteren Ausflug, dessen heiteres Bild die Reihe seiner friedlichen Vergnügungen, die bald durch neu hereinbrechende Stürme auf lange Zeit zerstört werden sollten, anmuthig beschließt. Er ging nach Holland, vornehmlich in der Absicht, die dortigen Kunstschätze zu besichtigen, denn er selbst hatte jetzt im Sinne, in Sanssouci eine große Gemäldegallerie anzulegen. Doch legte er, um ungestört seinem Plane folgen zu können, auch diesmal die Zeichen seiner königlichen Würde ab, und es gelang ihm besser als auf seiner ersten Incognitoreise nach Straßburg. Er nahm den Charakter eines reisenden Flötenspielers an; sein ganzes Gefolge bestand aus dem Obersten Balbi, der ein Kunstkenner war, und aus einem Pagen; er trug eine schlichte schwarze Perrücke und ein zimmtfarbenes Kleid mit goldnen Knöpfen.

Es werden manche komische Scenen erzählt, zu denen dies Incognito Anlaß gab. So im Gasthofe zu Amsterdam, wo er sich eine besondere kostbare Pastete, deren Geschmack ihm höchlichst gerühmt worden war, bestellen ließ. Die Wirthin, die von dem unscheinbaren Aeußeren ihrer Gäste auf ihren Geldbeutel schloß, fragte, ob man denn auch im Stande sein werde, das theure Gericht zu bezahlen. Sie erhielt zur Antwort, der Herr sei ein Virtuos, der mit seinem Flötenspiel in einer Stunde wohl mehr verdienen könne, als zehn Pasteten werth seien. Dies erweckte ihre Neugierde; sie eilte zu Friedrich und ruhte nicht eher, als bis er sich vor ihr auf seinem Instrumente hören ließ. Ganz fortgerissen von der Schönheit seines Vortrages, rief sie endlich aus: „Gut, mein Herr, Sie können gar schön pfeifen und wohl einige Batzen verdienen: ich werd' Ihnen die Pastete machen!"

Von Amsterdam fuhr Friedrich auf der ordinairen Barke nach Utrecht, um das Vergnügen zu haben, die schönen Landhäuser am Ufer des Flusses zu sehen. Hier machte er die Bekanntschaft eines Schweizers, le Catt, der als der Erzieher eines jungen Holländers reiste. Er lud ihn ein, an seiner Mahlzeit Theil zu nehmen. Das Gespräch, in dem der Schweizer mannigfache Kenntnisse entwickelte und, als Friedrich ein ziemlich scharfes Examen über die schweizerischen Zustände anstellte, durch geistreichen Widerspruch zu fesseln wußte, erweckte ebenso, wie le Catt's ganzes Benehmen, die besondere Theilnahme des Königs. Er bat sich seine Adresse aus, mit dem Bemerken, daß er ihm in Zukunft einmal vielleicht gute Dienste leisten könne. Nach drei Monaten empfing le Catt eine Einladung von Friedrich, die Stelle eines Vorlesers und literarischen Gesellschafters bei ihm zu übernehmen. Doch war er damals krank und konnte der Einladung nicht folgen. Nach drei Jahren ward er aufs Neue von Friedrich aufgefordert; jetzt reiste er zu ihm und blieb ihm über zwanzig Jahre ein treuer Diener.

Dreiundzwanzigstes Kapitel.

Politische Verhältnisse bis zum siebenjährigen Kriege.

Durch die Friedensschlüsse von Dresden und von Aachen war Ruhe über Europa zurückgekehrt; aber es war die Ruhe eines schwülen Sommertages. Trübe Dünste umzogen den Horizont, hier und dort stiegen drohende Wolken empor, von allen Seiten hörte man das dumpfe Gemurmel des Donners; — plötzlich hatten sich die Wolken zum finstern Knäuel zusammengeballt, und aufs Neue, aber furchtbarer als zuvor, brach der verheerende Sturm los.

Vor Allem war es die Eifersucht der übrigen Rangmächte auf Preußen, was zu einer solchen Umdüsterung der öffentlichen Verhältnisse Anlaß gab. Man konnte sich nicht darein finden, daß Friedrich, während man die Königswürde seiner beiden Vorgänger als eine unschädliche Spielerei betrachtet hatte, nun auch die ganze Bedeutung dieser Würde ins Leben einführte. Man fand es unangemessen, daß der „Markgraf von Brandenburg“, — denn immer noch liebte man es, spottweise gerade diesen Titel zu gebrauchen, — sich einen entscheidenden Einfluß auf die europäischen Angelegenheiten errungen und dadurch die Stellung der seitherigen Großmächte in manchen Beziehungen wesentlich verändert hatte. Man hielt sich für überzeugt, daß Friedrich bei dem einmal Erworbenen nicht stehen bleiben werde, sondern fort und fort, zum Nachtheil seiner Nachbarn und zum Nachtheil der bestehenden Verhältnisse, nur auf neue Vergrößerung seines Reiches sinne. Zu alle Dem kam endlich mancherlei persönlicher Widerwille, sodaß die Eifersucht und die Besorgniß sich hier und dort zu offenem Hasse steigerten.

Maria Theresia hatte Schlesien nicht vergessen können. Die steigende Blüthe des Landes unter der preußischen Regierung, die bedeutend vermehrten Einkünfte, die es Friedrich darbot, machten in ihren Augen den Verlust nur empfindlicher. Auch jetzt noch betrachtete sie ihre Verzichtleistung auf Schlesien nur als eine Handlung, zu der sie, unfreiwillig, durch den gebieterischen Drang der äußeren Umstände gezwungen worden sei. Sie dachte nur darauf, wie sie es möglich machen könne, das Verlorene dereinst mit besseren Kräften wieder zurückzufordern. Aber sie ließ es nicht bei müßigem Grübeln bewenden. Mit männlicher Energie sorgte sie dafür, daß die inneren Kräfte ihres Reiches erstarkten und daß sie durch enge Verbindung mit anderen Staaten noch eine größere Furchtbarkeit gewann. Im Haushalt des Staates wußte sie so vortreffliche Einrichtungen zu treffen, daß trotz der verschiedenen Einbußen, welche ihr Reich erlitten, ihre Einkünfte in kurzer Frist höher stiegen, als es unter ihrem Vater, Kaiser Karl VI., der Fall gewesen war. Unablässig, selbst mit persönlicher Theilnahme, war sie für die verbesserte Einrichtung, für die Ausbildung, für die gründliche Uebung ihres Heeres bemüht, sodaß dasselbe bald geeignet war, ihr ein festeres Vertrauen einzuflößen. Unter den Beamten, die sie in diesen Bestrebungen förderlich unterstützten, waren besonders der Graf von Daun, der im Jahre 1754 Generalfeldmarschall wurde, und der Graf von Kaunitz, den sie um dieselbe Zeit zu ihrem Staatskanzler ernannte, von einflußreicher Bedeutung. Kaunitz begegnete seiner Herrin in ihrem Hasse gegen Friedrich, und er wußte die sichersten Mittel anzugeben, um dem erwünschten Ziele näher zu kommen. Er leitete mit großer Kunst die wichtigsten Staatsverträge ein. Nur der Gemahl Maria Theresia's, der Kaiser selbst, war ohne Bedeutung. An der Verwaltung der eigentlich österreichischen Angelegenheiten nahm er keinen Theil. Seine Hauptthätigkeit bestand in Geldgeschäften, wozu er ein gutes Talent besaß; er ging in dieser einseitigen Thätigkeit sogar so weit, daß er, als der neue Krieg zwischen Oesterreich und Preußen ausgebrochen war, zu Anfange selbst an Friedrich Lieferungen für Geld machte.

Sachsen, besonders der Graf Brühl, war nach dem Schlusse des Dresdner Friedens ebenfalls in derselben feindlichen Stimmung wie früher gegen Friedrich geblieben. Doch ward das Kurfürstenthum durch die Gefahr seiner äußeren Lage gegen die preußischen Staaten zu behutsamen Schritten genöthigt. In Rußland war die Stimmung sowohl der Kaiserin Elisabeth als ihres allvermögenden Ministers Bestuscheff Friedrich nicht minder ungünstig. Dies war von der österreichischen Politik schnell benutzt worden, und schon im Jahre 1746 war zwischen beiden Mächten ein Vertheidigungsbündniß zu Stande gekommen; ein geheimer Artikel dieses Tractates besagte aber zugleich, daß, wenn Friedrich eine der beiden Mächte angreifen würde, er sein Recht auf Schlesien verwirkt haben solle und man unverzüglich dazu schreiten würde, dasselbe für Oesterreich wiederzugewinnen. Sachsen ward zum Beitritt zu dieser Verbindung eingeladen und bezeigte sich sehr bereit dazu; doch berief es sich dabei wiederholt auf die Gefahr seiner Stellung, und so bestand man nicht weiter auf förmlichem Beitritt; der Gesinnungen des sächsischen Hofes war man durch genügende Zeugnisse versichert. Oesterreich und Sachsen aber ließen es sich besonders angelegen sein, Rußland immer mehr gegen Preußen aufzureizen; sie fanden dafür einen sehr wohl zubereiteten Boden. Friedrich hatte über den wenig ehrenvollen Charakter der russischen Kaiserin und ihres Ministers manch ein beißendes Wort fallen lassen, das von geschäftigen Händen schnell hinübergetragen war; eine Menge von Erdichtungen und Verleumdungen kam hinzu, und endlich, im Jahre 1753, brachte man es dahin, daß es im russischen Staatsrathe förmlich ausgesprochen ward,

Preußen sei selbst in dem Falle anzugreifen, wenn einer der russischen Verbündeten den ersten Angriff mache.

Für einen solchen Entschluß hatten neben jenen Ränken auch die englischen Guineen vortheilhaft mitgewirkt. Das Verhältniß Oesterreichs zu England war zwar bereits loser geworden, da jene Macht die Schuld der Abtretungen, zu denen sie genöthigt worden war, vorzüglich auf England schob. Aber England stand seit früherer Zeit mit Rußland im Bunde, und jetzt glaubte es ebenfalls sich durch solche Verbindung gegen Preußen verstärken zu müssen, vornehmlich deshalb, weil es Preußen noch als den Bundesgenossen von Frankreich betrachtete. Zwischen Frankreich und England aber drohte wegen gewisser Streitigkeiten in Nordamerika ein Seekrieg auszubrechen, und in diesem Falle wünschte man nichts mehr, als Hannover gegen einen Angriff von preußischer Seite geschützt zu wissen.

Friedrich war nicht ohne Kunde über all diese Umtriebe geblieben. Der russische Thronfolger war sein feuriger Bewunderer und hatte ihm manche wichtige Nachricht aus Rußland mitgetheilt, ohne jedoch selbst, da er von der Kaiserin absichtlich zurückgesetzt ward, in die russischen Verhältnisse wirksam eingreifen zu können. Noch manche andere Kanäle hatte sich Friedrich geöffnet, um zur Kenntniß jener geheimen Verhandlungen zu kommen; besonders wichtig war es, daß er durch den Verrath eines sächsischen Kabinetskanzlisten Abschriften der sämmtlichen Verhandlungen, die zwischen Sachsen und den Kaiserhöfen von Wien und Petersburg stattfanden, zugesandt erhielt. So konnte er bei näherem Andringen der Gefahr seine vollständigen Maßregeln treffen. Vorerst aber schaute er noch heiteren Muthes in das verworrene Getreibe. Er schrieb, — im Jahre 1753, eben als jener phantastische Bericht über das große Manoeuvre bei Spandau erschien, — seine anonymen „Briefe an das Publicum", in welchen er die diplomatischen Umtriebe der Zeit auf ergötzliche Weise parodirte. Der Berliner Hof, so berichtete er in diesen Briefen, hätte sich geweigert, bei seinen Festen die Menuets eines Musikanten aus Aix spielen zu lassen, da er lieber nach eignen Tönen tanze; darauf hätten sich allerlei barbarische Staaten des Musikanten angenommen, es wären Bündnisse und Gegenbündnisse geschlossen worden, und es sei der fürchterlichste Krieg zu erwarten. Voltaire meinte damals in resignirter Selbstgefälligkeit, Friedrich habe die Briefe nur geschrieben, um zu beweisen, daß er seiner Hülfe entbehren könne; und allerdings sieht man sehr deutlich, daß, wer eine so überaus anmuthige, eine so klassische Satire, wie diese Briefe in der That enthalten, zu schreiben wußte, selbst eines Voltaire nicht bedurfte. Aber Friedrich hatte dabei wohl mehr im Sinne als den französischen Poeten.

Indeß sah England sehr wohl ein, daß es beim Ausbruch eines Krieges mit Frankreich ungleich vortheilhaftere Resultate gewinnen würde, wenn es den Frieden auf dem festen Lande erhalte, und daß im Gegentheil Oesterreichs Bemühungen nur dahin gingen, einen solchen Krieg gegen Friedrich zu erregen. Auch erkannte es, daß Friedrich ebenso nur den Frieden wünsche; denn in der That strebte dieser, dem der Ruhm und der Erwerb der ersten Kriege durchaus genügten, auf keine Weise, Gelegenheit zum Bruche mit seinen Nachbarn zu geben. Auch gab er davon, schon gegen Ende des Jahres 1754, an Frankreich ein hinlängliches Zeugniß, als er von dort zu einer Unternehmung gegen Hannover aufgefordert ward. „Es gibt dabei", so ward dem preußischen Gesandten in Paris gesagt, „etwas zu plündern: der Schatz des Königs von England ist gut gefüllt, der König von Preußen braucht ihn nur wegzunehmen." Friedrich hatte darauf antworten lassen, daß man dergleichen Anträge vielleicht sehr schicklich bei Anderen vorbringe, daß er aber bitte, einen Unterschied unter den Personen zu machen. Auf solche Gesinnungen versuchte England eine Annäherung an Friedrich, um ein freundschaftliches Verhältniß zu Stande zu bringen, und die beiderseitigen Interessen begegneten sich so wohl, daß am 16. Januar 1756 ein wirkliches Schutzbündniß zwischen beiden Mächten geschlossen ward. Dabei hatte man freilich sehr bestimmt darauf gerechnet, und die Cabalen am russischen Hofe hatten es zu bestätigen geschienen, daß Rußland auf Englands, somit auch auf Preußens Seite treten würde.

In den Tagen, als der Abschluß dieses Bündnisses erfolgte, war ein neuer französischer Gesandter bei Friedrich anwesend, der ihm den Antrag zur Erneuerung jenes früheren Bündnisses mit Frankreich, das eben jetzt zu Ende lief, machte und ihm als Lohn die Oberherrschaft über — die Insel Tabago in Westindien verhieß. Den letzteren, stark abenteuerlichen Vorschlag nahm Friedrich nur als einen Scherz auf; im Uebrigen sprach er seine Absicht aus, daß er entschieden nur den Frieden erhalten wolle und daß er aus diesem Grunde jenes Schutzbündniß mit England geschlossen habe. Durch diese Erklärung aber fand sich der französische Hof empfindlich gekränkt und man beklagte sich laut über die „Abtrünnigkeit" des preußischen Königs.

Dies führte schnell zu einer Verbindung zwischen Frankreich und Oesterreich. Schon lange hatte Kaunitz, die laue Stimmung Englands berücksichtigend, mit kluger Geschicklichkeit auf ein solches Ziel hingesteuert und Alles dazu vorbereitet. Schon gleich nach dem Frieden von Aachen hatte er Anträge solcher Art gemacht, die zunächst zwar von dem französischen Ministerium zurückgewiesen wurden, die aber, als man sie wiederholte, wenigstens dem Gedanken an die Möglichkeit einer solchen

Umwälzung der Politik Raum gaben. Wirksamer wurden diese Anträge, als Kaunitz die Maitresse des Königs von Frankreich, die Marquise Pompadour, dafür gewann. Sie mußte Friedrich hassen, denn er hatte es im königlichen Sinn verschmäht, sich um die Hochachtung der Buhlerin zu bewerben. Sein Gesandter war es allein, der ihr unter allen fremden Ministern nicht die Aufwartung machte. Voltaire hatte an Friedrich, als er 1750 nach Sanssouci kam, zarte Grüße von Seiten der Marquise mitgebracht; Friedrich aber hatte trocken geantwortet: „Ich kenne sie nicht." Ueberhaupt verachtete er die ganze französische Maitressenregierung, und er pflegte die Epochen derselben, je nach den verschiedenen regierenden Unterröcken, in „Cotillon 1, 2, 3" abzutheilen. Daß auch König Ludwig XV. selbst keine sonderlich

freundschaftlichen Gefühle für Friedrich hegte, ist schon früher bemerkt worden. Dagegen war von österreichischer Seite Alles geschehen, um die Gunst der Alles vermögenden Marquise zu gewinnen. Sogar Maria Theresia opferte ihren hehren Stolz der Rache gegen Friedrich in solchem Maße, daß sie es über ihr Herz gewann, die Buhlerin in freundschaftlichen Briefen als „Prinzessin", „Cousine", „theuerste Schwester" anzureden. Der letzteren aber lag persönlich Alles am Kriege, indem sie nur dadurch ihre Creaturen einflußreich genug machen konnte und die europäischen

Mächte, wenn die Politik einmal an ihre Person geknüpft war, auch dafür sorgen mußten, daß jede Nebenbuhlerin aus der Nähe des Königs entfernt blieb. So waren schon im Herbste 1755, auf einem Lustschlosse der Pompadour, förmliche Conferenzen gehalten worden, die nun, am 9. Mai 1756, zu einem Schutzbündniß zwischen Frankreich und Oesterreich führten, welches dem englisch-preußischen entgegengesetzt wurde.

In Bezug auf Rußland aber hatten England und Preußen sich einer falschen Voraussetzung hingegeben. Das Gewicht der englischen Guineen war nicht so stark wie der Haß der Kaiserin und ihres Ministers gegen Friedrich und wie die Bestechungen, die von österreichischer Seite angewandt wurden. Mit Preußen wollte es keine Verbindung; so brach es jetzt auch mit England und trat zur Gegenpartei. Endlich, um die Zahl der Feinde noch weiter zu vermehren, war in Schweden eine Staatsumwälzung ausgebrochen, welche alle Macht in die Hände des vom französischen Gelde abhängigen Reichsrathes gab. Friedrich's Schwester Ulrike, die jetzige Königin von Schweden, war hierdurch, ebenso wie ihr Gemahl, aller Macht und allen Einflusses beraubt worden.

Der Seekrieg zwischen England und Frankreich war inzwischen ausgebrochen. Gleichzeitig wurden große Rüstungen in der Nähe der preußischen Grenzen vorgenommen. In Böhmen wurden ungewöhnliche Massen von Truppen zusammengezogen, Magazine angelegt und andere Einrichtungen getroffen, die nur bei kriegerischen Unternehmungen stattfinden. In Liefland sammelte sich ein bedeutendes russisches Heer. Friedrich wußte durch jene geheimen Kanäle, daß diese Rüstungen nur ihm gelten sollten, daß sie zwar noch nicht so weit gediehen waren, um einen Angriff schon in diesem Jahre befürchten zu lassen, daß sie aber noch bedeutend, namentlich durch ein großes Heer in dem noch ungerüsteten Sachsen, vermehrt werden sollten, und daß die Feinde nichts weiter wünschten, als ihn zum Angriffe zu reizen, damit sie den Schein des Rechts auf ihrer Seite hätten. Seine eignen Anstalten waren so, daß er jeden Augenblick zum Kriege fertig sein konnte; es stand bei ihm, seinen Gegnern unverzüglich zuvorzukommen, aber er wollte wenigstens das letzte Mittel zur Erhaltung des Friedens anwenden. Er ließ also am 26. Juli 1756 die Kaiserin von Oesterreich um eine offene Erklärung über den Zweck ihrer Rüstungen ersuchen. Die Antwort, welche Kaunitz der Kaiserin in den Mund legte, lautete dahin, „daß in der starken Krisis, worin sich ganz Europa befinde, ihre Pflicht und die Würde ihrer Krone erfordere, hinreichende Maßregeln zu ihrer eignen und zu ihrer Verbündeten Sicherheit zu ergreifen". Die Erklärung war absichtlich mit so dunkeln Worten gegeben, damit man ungehindert in den Rüstungen fortfahren könne. Friedrich erbat sich nun, am 2. August, einen deutlicheren Bescheid und die ausdrückliche Zusicherung, daß er weder in diesem noch in dem nächsten Jahre werde angegriffen werden. Aber auch hierauf erfolgten nur ausweichende Redensarten und die verlangte Zusicherung ward ganz übergangen. Noch einmal fragte Friedrich in Wien an, da ward aber alle fernere Erklärung auf eine ungestüme, schnöde und stolze Art ganz abgeschlagen. Friedrich betrachtete diese dreimalige Weigerung als eine Kriegserklärung, und er beschloß, die Frist des Jahres noch schnell zu benutzen, damit die Gegner ihn nicht mit überlegener Kraft überfallen möchten.

Als der Krieg ausgebrochen war, sandte Voltaire eine poetische Epistel an Friedrich, worin er ihm dafür, daß er aufs Neue den Brand des Krieges angefacht, — denn so stellten es natürlich die Gegner dar, — den ganzen Untergang seines Ruhmes, den er als Held und als Weiser errungen, verkündete. Friedrich antwortete, ebenfalls in Versen, daß er wahrlich das Glück des Friedens dem Kriege vorziehe, daß er aber auch die Pflicht kenne, welche das Schicksal ihm auferlegt. Voltaire, so fährt er fort, möge sich in sicherer Zurückgezogenheit der Ruhe des Weisen freuen; „doch ich", so schließt er, —

„Doch ich, umdräuet von Verderben,
Muß kühn dem Sturm entgegenziehn,
Als König denken, leben, sterben!"

Drittes Buch,
Heldenthum.

Vierundzwanzigstes Kapitel.

Der erste Feldzug des siebenjährigen Krieges. 1756.

Friedrich hatte den Plan gefaßt, seine Gegner rasch anzugreifen, ehe sie mit ihren Rüstungen fertig sein würden, und solchergestalt den Krieg, mit dem sie ihn bedrohten, von den Grenzen seines eignen Staates abzuwenden. Von den Russen wußte er bestimmt, daß sie außer Stande sein würden, noch im laufenden Jahre etwas zu unternehmen; nach dieser Seite hin genügte also, für den Nothfall, eine wenig bedeutende Verstärkung der Besatzung seiner östlichen Provinzen. Die Hauptmacht der preußischen Armee sollte gegen Sachsen und Böhmen geführt werden. In Sachsen beschloß Friedrich sich vorerst sicher zu stellen, um durch dies Land die Mark

Brandenburg zu decken und eine feste Grundlage für seine Unternehmungen gegen Böhmen zu gewinnen. Alle Veranstaltungen zur Ausführung dieses Planes waren eben so verschwiegen wie schnell ins Werk gerichtet worden; nur die vertrautesten Feldherrn wußten um Friedrich's Absichten; die Brigadegenerale erfuhren erst am Tage vor dem Ausmarsche, wohin der Zug gerichtet sein sollte.

Am 29. August rückten 60,000 Mann preußischer Truppen in drei Colonnen in Sachsen ein. Niemand war hier auf so plötzlichen Ausbruch des Krieges vorbereitet. In größter Eile wurden die sächsischen Truppen, deren Zahl sich auf 17,000 belief, aus ihren Standquartieren in ein festes Lager bei Pirna zusammengezogen; König August und sein Minister Brühl, rathlos in der allgemeinen Verwirrung, verließen Dresden und suchten im Lager Schutz. Man hatte zuerst die Absicht, mit der sächsischen Armee nach Böhmen zu gehen und sich mit den Oesterreichern zu verbinden; auf den umsichtigen Rath des französischen Gesandten, des Marschalls Broglio, entschloß man sich jedoch, die günstige Stellung, welche das Lager bei Pirna darbot, zu benutzen, damit Friedrich durch dasselbe aufgehalten und der österreichischen Armee Zeit gegeben werde, die angefangenen Rüstungen zu vollenden und zum Schutze Sachsens heranzukommen. Die Sachsen besetzten nunmehr das ganze Plateau, welches sich in einem Umfange von vier Meilen zwischen Pirna und Königstein erhebt. Steile Abhänge schützten dasselbe von allen Seiten gegen feindlichen Angriff; zur Vertheidigung der wenigen Zugänge, die emporführten, wurden mannigfache Verhaue angelegt.

Friedrich hatte somit das ganze Land offen gefunden. Wittenberg, Torgau, Leipzig und viele andere Städte waren ohne Widerstand besetzt; in Dresden hielt Friedrich am 9. September seinen Einzug. In der Nähe der Residenz vereinigten sich nun die verschiedenen Corps der preußischen Armee und nahmen eine Stellung, durch welche sie dem sächsischen Lager die Gemeinschaft mit dem Lande abschnitten.

Friedrich erklärte, daß die Verhältnisse des Krieges ihn nöthigten, das sächsische Land als Unterpfand in Verwahrsam zu nehmen, und daß er dasselbe nach abgewendeter Gefahr dem Kurfürsten zurückerstatten werde. Einstweilen aber wurden die wohlversehenen Zeughäuser von Dresden, Weißenfels und Zeitz ausgeräumt und Waffen und Geschütz nach Magdeburg geführt. Torgau ward befestigt und mit preußischen Truppen besetzt. Das sächsische Ministerium ward außer Thätigkeit gesetzt; die Kanzleien wurden versiegelt, die Collegiensäle geschlossen und eine preußische Landesverwaltung in Dresden angeordnet. Im ganzen Lande endlich wurden die kurfürstlichen Kassen in Beschlag genommen. Dabei wurde jedoch mit so großer Milde als möglich verfahren. Die preußischen Truppen wurden befehligt, die genaueste Kriegszucht zu beobachten. Das Eigenthum der Unterthanen ward auf alle Weise geschont. Friedrich selbst bewies sich in Dresden äußerst zuvorkommend gegen Jedermann; er hielt täglich offene Tafel und bezeigte namentlich der Gemahlin August's und der gesammten königlichen Familie, die in Dresden zurückgeblieben war, alle irgend erforderliche Höflichkeit.

Indeß hatte diese plötzliche Besitznahme von Sachsen alle Welt aufmerksam gemacht; Friedrich's Gegner waren aufs Eifrigste bemüht, sein Unternehmen als einen Landfriedensbruch darzustellen. Der Kaiser erließ an Friedrich ein Abmahnungsschreiben, in welchem er ihn väterlichst aufforderte, „von seiner unerhörten, höchst frevelhaften und sträflichen Empörung abzulassen, dem Könige von Polen alle Kosten zu erstatten und still und ruhig nach Hause zu gehen“. Zugleich ward allen preußischen Generalen und Kriegsobersten vom Kaiser anbefohlen, „ihren gottlosen Herrn zu verlassen und seine entsetzlichen Verbrechen nicht zu theilen, wofern sie sich nicht der Ahndung des Reichsoberhauptes bloßstellen wollten". Sich gegen solche Vorwürfe, die er bereits vorausgesehen, zu rechtfertigen, hatte Friedrich beschlossen, die ganze Reihenfolge der zu seinem Verderben angesponnenen Verhandlungen, die er in Abschriften aus dem Dresdner Archiv in Händen hatte, durch den Druck zu veröffentlichen. Damit aber die Gegner außer Stand gesetzt würden, die Echtheit dieser Verhandlungen zu leugnen, war es nöthig, sich der Originalschriften zu bemächtigen. Doch hatte man sich auch sächsischer Seits auf einen solchen Fall bereits gefaßt gemacht. Das Archiv sollte nach Polen geschickt werden; bei der Nähe der Gefahr hatte man dasselbe einstweilen in die Gemächer der Königin gebracht, und sie, die eine ebenso erklärte Feindin Friedrich's war wie Brühl, bewahrte selbst die Schlüssel zu den Schränken. Sie sah sich indeß genöthigt, die Schlüssel herauszugeben; ihr Zaudern, ihre Bitten waren umsonst; die Schränke wurden geöffnet und das Archiv wanderte unverzüglich nach Berlin. In wenig Tagen erschien eine ausführliche, mit allen Urkunden belegte Darstellung jener Verhandlungen im Drucke. Von Seiten der Gegner erfolgte hierauf eine Menge von Gegenschriften, die indeß nicht die Echtheit der Urkunden, sondern nur die Schlußfolgerungen, welche Friedrich aus ihnen ziehen mußte, angriffen.

Mit König August hatte Friedrich seit seinem Einmarsche in Sachsen in unausgesetzter Correspondenz gestanden. Er verlangte von ihm entweder die thätlichen Beweise einer vollkommenen Neutralität oder, noch lieber, eine Verbindung zum gemeinsamen Wirken gegen Oesterreich. Friedrich hatte die Mittel, seinen Anforderungen einen energischen Nachdruck zu geben. Ein Sturm auf das sächsische Lager schien zwar, wenn nicht unausführbar, so doch mit allzuvielem Blutvergießen verbunden. Aber das Lager war von allen Seiten so fest durch preußische Truppen eingeschlossen, daß den Sachsen jede Gelegenheit genommen ward, sich mit Nahrungsmitteln, daran sie schon Mangel zu leiden begannen, zu versehen; nur für die Küche König August's, der von Entbehrung keinen Begriff hatte, war freier Transport verstattet worden. Zugleich lag es in der eigenthümlichen Stellung der Sachsen, daß ein Angriff von ihrer Seite auf die Preußen ihnen ebenso viel Gefahr bringen mußte, wie der umgekehrte Fall ihren Gegnern. So durfte Friedrich hoffen, daß der Hunger sie in kurzer Frist zur Ergebung zwingen würde. Doch gab August den Anträgen Friedrich's kein weiteres Gehör, als daß sich Letzterer mit dem Versprechen der Neutralität begnügen möge. Auf ein solches allgemeines Versprechen hin hatte aber Friedrich nicht Lust, sein Heer nach Böhmen zu führen; die früheren Erfahrungen in Sachsen hatten ihn hinreichend die Gefahr kennen gelehrt, der er sich aussetze, wenn er ein feindliches Heer im Rücken behalte. So blieb es bei der strengen Einschließung des sächsischen Lagers; diese nahm jedoch den größern Theil seiner Truppen in Anspruch und verhinderte ihn, mit Nachdruck gegen die österreichische Armee in Böhmen aufzutreten.

Die letztere hatte sich, zwar immer noch nicht mit allem Nöthigen ausgerüstet, in zwei Corps gegen die Grenzen von Sachsen und von Schlesien zusammengezogen. Dem einen Corps trat eine besondere preußische Armee unter Schwerin aus Schlesien entgegen. Doch bezogen die Oesterreicher hier ein so vortheilhaftes Lager, daß dadurch jede Schlacht vermieden blieb und zwischen diesen Armeen nur unbe-

deutende Gefechte vorfallen konnten. Dagegen hatte König August Gelegenheit gefunden, dem österreichischen Hofe seine täglich bedrohlichere Lage vorzustellen und um schleunigen Entsatz zu bitten. So erhielt nun das zweite Corps der Oesterreicher, welches der Feldmarschall Browne anführte, den Befehl, zur Befreiung der Sachsen entscheidende Schritte zu thun. Browne versammelte alsbald seine Armee zu Budin und schickte sich an, über den Egerfluß vorzurücken.

Zur Beobachtung dieses österreichischen Corps war von Friedrich derjenige Theil seiner Truppen, welchen er bei der Einschließung des sächsischen Lagers entbehren konnte, bereits gegen die böhmische Grenze vorausgeschickt. Sie bemächtigten sich der Engpässe, welche die Verbindung zwischen Sachsen und Böhmen vertheidigen, und benachrichtigten Friedrich von den Bewegungen des Feindes. Die Verbindung der Oesterreicher mit den Sachsen zu verhindern, mußte jetzt Friedrich's vorzüglichstes Augenmerk sein; er entschloß sich, jenen mit den vorausgesandten Truppen, einem freilich nur geringen Theile seiner Macht, sofort entgegenzugehen. Er eilte zu ihnen und führte sie aus dem Gebirge gegen die Ebenen der Elbe hinab.

Bei dem Flecken Lowositz an der Elbe, welcher am Ausgang der Berge liegt, trafen die beiden Armeen auf einander. Beiden war die gegenseitige Annäherung gerade an dieser Stelle unerwartet; Friedrich gewann den Vortheil, daß er zwischen den Bergen, welche seine Straße auf beiden Seiten einschlossen, eine feste Stellung einnehmen konnte.

Am Morgen des ersten October stellte Friedrich seine Armee in Schlachtordnung. Aber ein dichter Nebel hatte sich über die Ebene gelagert und verhinderte, die Gegenstände deutlich zu unterscheiden. Wie durch einen Flor sah man nur den Ort Lowositz vor sich und zur Seite einige Haufen feindlicher Reiterei. Der linke Flügel der preußischen Armee wurde, als er aufrückte und die Anhöhe zur Linken erstieg, durch ein verlorenes Gewehrfeuer empfangen, das aus den Weinbergen, welche sich hier zur Elbe hinabzogen, unterhalten ward. Es waren ein paar Tausend Panduren, die hinter den Mauern der Weinberge versteckt lagen. Alles Dies ließ Friedrich vermuthen, es sei nicht die ganze feindliche Armee, sondern nur ein vorausgesandter Theil derselben, was ihm gegenüberstehe. Er ließ aus seinen Geschützen auf die österreichischen Reiterhaufen feuern, und da dies fruchtlos blieb, sandte er zwanzig Schwadronen Dragoner ab, sie zu zerstreuen und den Kampf zu beenden. Diese drangen rüstig auf den Feind ein und warfen nieder, was ihnen entgegenstand. Als sie aber die Flüchtigen verfolgten, wurden sie von vorn und von der Seite durch ein lebhaftes Flinten- und Geschützfeuer empfangen und zum Rückzuge genöthigt. Friedrich erkannte jetzt erst, daß er allerdings das vollständige Corps, welches ihm um mehr als das Doppelte überlegen war, vor sich habe. Er sandte einen Adjutanten zu seinen Dragonern, um diese in eine andere Stellung zu beordern; aber schon hatten Dragoner und Kürassiere vereint sich aufs Neue der feindlichen Reiterei entgegengestürzt, diese trotz desselben Feuers und trotz des ungünstigen Terrains zurückgedrängt und bis nahe vor die Schlachtordnung der Oesterreicher verfolgt. Jetzt aber ward das Geschützfeuer der letzteren so stark, daß sie wiederum zum Rückzuge genöthigt waren, der indeß in bester Ordnung vor sich ging. So war noch immer nichts Entscheidendes geschehen. Der Nebel begann indeß zu sinken und man konnte zu angemessenen Maßregeln schreiten. Friedrich suchte nun seine Stellung, trotz der feindlichen Uebermacht, so günstig als möglich zu nehmen und sich mit Anspannung aller Kräfte das Schicksal des Tages geneigt zu machen. Das Hauptaugenmerk des Feindes war jetzt auf den linken preußischen Flügel gerichtet, den man von der Anhöhe, auf welcher er sich befand, zu vertreiben suchte. Aber die Preußen drangen unerschrocken vor, erkämpften in den Weinbergen eine Grenzmauer nach der andern, stiegen in die Ebene hinab und verfolgten die Feinde, von denen ein Theil sich in die Elbe stürzte, während ein anderer sich in Lowositz festsetzte. Neue österreichische Heerhaufen stellten sich den Preußen entgegen. Diese hatten

sich durch sechsstündiges Feuern verschossen und drohten nun, da ihnen Pulver und Blei fehlte, muthlos zu werden. Doch der Herzog von Bevern, der diesen Theil der preußischen Armee führte, rief den Seinen heiteren Muthes zu: „Bursche, seid unbekümmert! Weshalb hätte man euch gelehrt, den Feind mit gefälltem Gewehr anzugreifen?" Diese Worte weckten allen Muth seiner Schaaren, und obgleich die feindlichen Heerhaufen sich immer mehr verstärkten und namentlich an Lowositz einen festen Stützpunkt fanden, so warfen sie doch mit gefälltem Bajonett Alles vor sich nieder, drangen in Lowositz, zwischen den Häusern, die jetzt in Feuer aufloderten, hinein und trieben den ganzen Theil der österreichischen Armee, der ihnen hier entgegenstand, in die Flucht.

So war der Sieg, um 2 Uhr nach Mittag, errungen, aber nicht ohne große Opfer. Die Verluste Friedrich's waren bedeutender als die der Oesterreicher. Auch wußte Feldmarschall Browne seinen geschlagenen rechten Flügel durch den linken so geschickt zu decken, daß er sich ohne weiteren Verlust zurückziehen konnte. Der rechte Flügel der preußischen Armee, bei welchem Friedrich sich befand, hatte, mit Ausnahme der Verstärkungen, welche er dem linken zusenden mußte, gar nicht an der eigentlichen Schlacht Theil nehmen können. Es wird erzählt, daß Friedrich nach Beendigung der Schlacht — ermüdet, da er drei Tage und zwei Nächte nicht geschlafen hatte, — sich in einen Wagen gesetzt habe, um ein wenig auszuruhen. Plötzlich sei, als von österreichischer Seite der Retraiteschuß geschah und hierzu eine scharfgeladene Kanone genommen ward, die Kugel dieses Schusses durch den unteren Theil des Wagens gefahren, sodaß sie dem Könige beide Beine würde zerschmettert haben, wenn er sie nicht eben auf den Rücksitz des Wagens gelegt hätte.

Friedrich konnte die österreichische Armee nicht verfolgen, da ihn die Angelegenheit mit den Sachsen, die er jetzt zu Ende zu bringen wünschte, zurückrief und er im Augenblick zu schwache Mittel zur Hand hatte, um Entscheidenderes in Böhmen ausführen zu können. Auch hatte es ihm die Schlacht von Lowositz wohl deutlich gemacht, daß er nicht mehr die alten Oesterreicher, sondern ein ungleich besser disciplinirtes Heer wiederfinde. Zugleich aber konnte er mit gerechtem Stolz von seiner eignen Armee sagen: „Nie haben meine Truppen solche Wunder der Tapferkeit gethan, seit ich die Ehre habe, sie zu commandiren." Jedenfalls war durch den Sieg die Verbindung der österreichischen Armee mit der sächsischen unterbrochen. Friedrich ließ somit den größeren Theil seiner Truppen, die bei Lowositz gefochten hatten, in einer festen Stellung zurück und brach am 13. October mit den übrigen nach Sachsen auf.

Hier hatten indeß die Dinge eine andere Wendung genommen. Mit unerschütterlicher Treue hatten zwar die sächsischen Truppen trotz des immer drückenderen Mangels ausgeharrt. Als aber rings um die Abhänge des weiten Kerkers das Vitcoriaschießen erscholl, mit welchem die Preußen die Siegesnachricht begrüßten, und der jubelnde Donner von allen Bergen wiederhallte und durch die Thäler fortgetragen ward, da schien alle Hoffnung verloren. Das einzig übrige Rettungsmittel schien nun, die Wachsamkeit der Preußen zu täuschen und sich mit dem Degen in der Hand einen Ausweg zu eröffnen. Man sandte geheime Boten nach Böhmen an den Feldmarschall Browne; dieser setzte sich an die Spitze eines Corps von 6000 Mann und rückte am jenseitigen Elbufer, im Rücken der Preußen, heran, um durch kräftige Mitwirkung die Rettung der Sachsen zu erleichtern. Zur bestimmten Stunde, am 11. October, war er am verabredeten Orte eingetroffen; aber der erste Versuch des Ueberganges der Sachsen über die Elbe, der gleichzeitig erfolgen sollte, mißlang. In der folgenden Nacht machten die Sachsen den Uebergang möglich, während Kanonenschläge von der Höhe des Königsteins den Oesterreichern das Zeichen zum Angriff auf die preußischen Posten, welche hier noch den Sachsen entgegenstanden, geben sollten. Aber der Sturm des Himmels überschallte die Kanonenschläge. Browne blieb in seiner Stellung. Sowie die Sachsen die Höhen von Pirna verließen, waren auch die Preußen emporgedrungen und der Nachtrab und das Gepäck in ihre Hände gefallen. Nun wurden auch die preußischen Posten jenseit der Elbe verstärkt und die Sachsen aufs Neue in der unwegsamsten Gegend eingeschlossen. Bis zum 14. October harrte Browne aus; dann kehrte er, dessen eigne Stellung mit jeder Stunde gefahrvoller wurde, nach Böhmen zurück. Zweiundsiebzig bange Stunden brachten die entkräfteten Sachsen unter offenem Himmel, bei

anhaltendem Regen, ohne Nahrung und ohne Schlaf zu. Brühl und der König, die sich auf dem festen Königstein aller Bequemlichkeit und allen Genusses erfreuten, geboten verzweiflungsvollen Angriff; aber die sächsischen Generale sahen die gänzliche Unmöglichkeit ein. Sie versuchten jetzt, durch eine ehrenvolle Capitulation ihre Freiheit zu erlangen. Graf Rutowski, der Oberbefehlshaber der Sachsen, sandte einen Offizier mit seinen Bedingungen an Winterfeldt. Dieser versicherte jedoch, daß er dazu vom Könige keine Erlaubniß habe, führte jenen, damit den Sachsen auch der letzte Schimmer des Muthes genommen werde, selbst durch die ganze Kette der preußischen Posten und entließ ihn endlich mit der Anweisung, er möge dem Grafen Rutowski nur eine genaue Beschreibung der preußischen Stellung machen. So blieb der gesammten sächsischen Armee nichts übrig, als sich der Gnade des preußischen Königs zu Kriegsgefangenen zu übergeben. Sämmtliche Regimenter mußten das Gewehr strecken. Friedrich kam die Reihen heraufgeritten, hieß die

feindlichen Generale, als diese ihm mit entblößtem Haupte entgegentraten, achtungsvoll willkommen und lud sie zu seiner Tafel. Unter die halbverhungerten Soldaten wurde reichlich Brod ausgetheilt. Die sächsischen Offiziere erhielten, als sie ihr Ehrenwort gegeben hatten, daß sie während dieses Krieges nicht gegen die Preußen kämpfen wollten, die Erlaubniß, nach Hause zurückzukehren. Die Soldaten aber, über deren Unterhalt und Bewahrung man in Verlegenheit war, wurden genöthigt, zur preußischen Fahne zu schwören. Sie erhielten preußische Uniformen, preußische Offiziere und wurden zum Theil unter die preußischen Regimenter vertheilt, theils blieben sie ganz beisammen. Friedrich vermehrte durch sie sein Heer ansehnlich, aber er hatte dabei nicht auf das Nationalgefühl der Sachsen gerechnet; die Dienste, welche sie ihm leisteten, waren gering, und mehrfach gingen nachmals ganze Regimenter in voller militairischer Ordnung wieder zum Feinde über.

Hiermit war der erste Feldzug zu Ende. König August, der vom Königstein aus Zeuge der Gefangenschaft seines Heeres gewesen war, erbat sich Pässe von Friedrich und ging mit seinen jüngsten Söhnen und mit Brühl nach Warschau, wo er sich in glänzenden Hoffesten zu erholen bemühte. Doch blieb seine Gemahlin in Dresden zurück und ließ es sich fort und fort angelegen sein, insgeheim feindlich gegen Friedrich zu wirken. Die preußischen Armeen wurden aus Böhmen zurückgezogen und der Grenzcordon zur Sicherung der Winterquartiere errichtet.

Aber der erste Feldzug war nur das Vorspiel zu ungleich gewaltigeren Bestrebungen. Die Kühnheit, mit der Friedrich seinen Gegnern zuvorgekommen war, reizte ihre Eifersucht zum glühendsten Hasse. Der Kaiser machte den Kampf zu einer Angelegenheit des deutschen Reiches und der katholischen Kirche; Friedrich's Absicht sollte auf die Unterdrückung der letzteren gehen; als Reichsstand sollte er der Acht verfallen sein, und in der That kam es schon jetzt so weit, daß der Reichstag, bei dem der Kurfürst von Sachsen seine Klage eingereicht hatte, gegen ihn, im Januar 1757, eine „eilende Reichsexecutionsarmee" aufbot, zu deren Führer der Reichsfeldmarschall Prinz Joseph Maria Friedrich Wilhelm Hollandinus von Sachsen-Hildburghausen ernannt ward. Durch einen schlimmen Druckfehler in der öffentlichen Kundmachung dieses Aufgebotes war aber die „eilende" Armee bereits vorläufig als eine „elende" bezeichnet, und als solche trat sie auch nachmals, ohne sich zugleich übergroßer Eile zu befleißigen, hervor. Das deutsche Reich als solches war schon lange zu einem leeren Schattenbilde herabgesunken.

Bedeutender war die Gefahr, die von den auswärtigen Mächten drohte. Der französische Hof erklärte, daß er den Einfall Friedrich's in Sachsen als eine Verletzung des westphälischen Friedens, dessen Bürge Frankreich sei, betrachte. Zu den schon vorhandenen Gründen des Hasses waren hier neue gekommen. Die Königin von Polen war eine Mutter der Gemahlin des Dauphins von Frankreich; an ihr fand die Maitresse des Königs eine willkommene Bundesgenossin gegen Friedrich, und zugleich stimmte mit ihren Ansichten das französische Ministerium überein, dem es nur erfreulich war, wenn der Seekrieg mit England, dem Verbündeten Friedrich's, in einen Landkrieg gegen Hannover verwandelt wurde. So ward ein furchtbares Heer gerüstet, um dasselbe über den Rhein gegen Hannover und gegen Preußen zu führen. Schweden, wo die Factionen des Adels im Besitze der Herrschaft waren, mußte dem Interesse Frankreichs folgen; von dieser Seite ward der Entschluß gefaßt, den Theil von Vorpommern, den Schweden an Friedrich's Vater hatte abtreten müssen, durch Waffengewalt wieder zurückzufordern. Rußland schloß im Januar 1757 einen neuen Bund mit Oesterreich gegen Friedrich. Oesterreich lieferte Subsidiengelder, die jedoch eigentlich von Frankreich kamen, zur Unterstützung der russischen Rüstungen.

Gegen die Uebermacht dieser Feinde hatte Friedrich nur wenig Verbündete von Bedeutung. In Deutschland hielten nur einige kleinere Fürsten, die zum Theil in englischem Solde dienten, zu ihm. Sein Bündniß mit England wurde am 11. Januar 1757 fester erneut, und das Volk von England erwies ihm eine an Begeisterung grenzende Verehrung; aber die Häupter der englischen Regierung standen in feindlichem Parteienkampfe gegen einander und verloren das Interesse für den wichtigeren Kampf, der sich jetzt vorbereitete, aus den Augen. Der Hof dachte nur daran, die Grenzen von Hannover gegen feindlichen Einfall zu decken. Friedrich konnte die hannöverschen Minister nicht bewegen, den Franzosen eine Armee über den Rhein entgegenzuschicken, und da er seine eignen Kräfte nicht zersplittern durfte, so sah er sich genöthigt, Wesel, die Hauptfeste seiner westphälischen Provinzen, aufzugeben.

Zur Verstärkung seiner eignen Macht, in der somit allein sein Heil beruhen konnte, mußte ihm zunächst Sachsen, das nunmehr als erobertes Land betrachtet ward, die Mittel hergeben. Es mußte sich zu einer ansehnlichen Kriegssteuer, zur Lieferung von Rekruten und Nahrungsmitteln verstehen; die zum Theil überflüssig ausgedehnten Gehalte der Beamten wurden verringert oder ganz eingezogen; die ungeheueren Porzellanvorräthe aus der Meißner Fabrik wurden für Friedrich's Rechnung verkauft. Das königliche Schloß in Dresden, auch die Kunstschätze, welche König August mit großen Kosten gesammelt hatte, ließ Friedrich indeß unangerührt. Er besuchte während des Winters, dessen größte Zeit er in Dresden zubrachte, mehrfach die dortige Gemäldegallerie und machte in ihr seine Studien zu der Sammlung, die er in Sanssouci anzulegen gedachte; die Aufseher der Gallerie, welche die anvertrauten Schätze in Gedanken schon eingepackt und nach Berlin geführt sahen, wurden dabei reichlich beschenkt, und als sich Friedrich das Bild der heiligen Magdalena von Batoni, an dem er Wohlgefallen fand, copiren lassen wollte, unterließ er es nicht, eine besondere Genehmigung von Seiten des sächsischen Hofes einzuholen. Im Uebrigen erfreute er sich an der Oper und an den Concerten, für deren Ausführung Dresden treffliche Mittel darbot, sowie an allen denjenigen Dingen, welche daheim seine Mußestunden ausgefüllt hatten. Mit dem Hofe der Königin von Polen und ihres Sohnes, des Kurprinzen, wurden nach wie vor die nöthigen Höflichkeitsbezeugungen gewechselt. Doch duldete Friedrich nicht, daß sie sich auf irgend eine Weise in seine Verwaltung des sächsischen Landes mischten; und als er die Königin in Verdacht einer eifrigen Correspondenz mit den Oesterreichern hatte, ordnete er an den Thoren eine so strenge Controle an, daß man auch bald im Inneren einer Sendung von Würsten, welche angeblich zum Geschenk für eine Freundin der Königin bestimmt waren, die Briefschaften entdeckte. Dies hatte wenigstens zur Folge, daß man sich bei den weiteren Mittheilungen einer größeren Vorsicht befleißigte.

Fünfundzwanzigstes Kapitel.

Beginn des Feldzuges von 1757. Prag und Kollin.

So war der Winter vergangen und der ernstlichere Kampf um das Dasein der preußischen Herrschaft mußte bald beginnen. Friedrich hatte sein Heer so weit verstärkt, daß er (nach ausgedehntester Berechnung) über ungefähr 200,000 Mann zu gebieten hatte; aber er konnte auch berechnen, daß ihm die Feinde mit vereinten Kräften an 500,000 Mann entgegenzusetzen im Stande seien. Doch waren weder Frankreich, noch Rußland, noch Schweden, noch die Reichsarmee mit ihren Rüstungen fertig; nur Oesterreich stand ihm drohend gegenüber. So entschloß er sich aufs Neue, seinen Gegnern zuvorzukommen, den einen gerüsteten Feind mit aller Macht anzugreifen und sich vorerst auf der einen Seite Luft zu machen, damit er alsdann um so freier den nachfolgenden Gegnern die Stirn bieten könne.

Den Oberbefehl über die österreichische Armee führte noch der Feldmarschall Browne. Sein Plan war, Friedrich in Sachsen anzugreifen und auf diese Weise dieselben Vortheile zu erstreben, die Friedrich selbst seither bei seinen raschen Angriffen zu erreichen gewußt hatte. Er hatte demgemäß eine vortheilhafte Aufstellung seiner Truppencorps angeordnet und Magazine in der Nähe der sächsischen Grenze eingerichtet. Friedrich that, als ob er dem Gegner freies Spiel lassen wolle; er verschanzte Dresden und sprengte das Gerücht aus, daß er den Angriff der Oesterreicher abwarten werde. Plötzlich sandte das österreichische Kabinett an Browne's Stelle den Prinzen Karl von Lothringen, den Bruder des Kaisers, den nach der Stelle des Oberbefehlshabers gelüstete. Prinz Karl brachte ein anderes Operationssystem mit und machte mancherlei Veränderungen in den bisherigen Anordnungen, ohne jedoch den alten Plan durch einen neuen von gleicher Folgerichtigkeit zu ersetzen. Dies kam Friedrich höchst erwünscht; er fuhr in seinen Scheinmaßregeln fort und wiegte die Feinde in stolze Sicherheit. Ehe es sich diese versahen, drang nun, gegen Ende April, seine Armee von vier Seiten, gleich vier reißenden Bergströmen, in Böhmen ein, trieb die einzelnen Truppencorps der Oesterreicher, die noch auf weitere Verstärkungen warteten, vor sich her und nahm ihnen die Magazine weg. Nur eins der österreichischen Corps wagte Widerstand; aber es wurde von dem Herzoge von Bevern, der aus der Lausitz in Böhmen einrückte, bei Reichenberg geschlagen.

Bei Prag vereinigte sich der größere Theil der österreichischen Corps zu einer bedeutenden Macht. Dorthin gingen auch nach Friedrich's Anordnung die preußischen Truppen, um den entscheidenden Kampf zu beginnen. Am 6. Mai, in morgenlicher Frühe, traf die preußische Hauptmacht, unter Friedrich, Schwerin und dem Herzoge von Bevern, am rechten Elbufer unterhalb Prag zusammen, während ein viertes Corps, unter dem Prinzen Moritz von Dessau, den Befehl hatte, Prag auf dem linken Elbufer zu umgehen, dann über den Fluß zu setzen und dem Feinde in den Rücken zu fallen. Friedrich eröffnete Schwerin seine Absicht, die Oesterreicher unverzüglich anzugreifen und ihnen keine Zeit zur weiteren Besinnung zu lassen. In der That waren diese auf die Nähe der Preußen so wenig vorbereitet, daß sie davon erst durch einige Schüsse, welche bei der Vereinigung der preußischen Armee gegen einen Kroatenhaufen fielen, benachrichtigt wurden; sie begannen jetzt erst, zum Theil mit Hinterlassung des Gepäckes und Feldgeräthes, sich in Schlachtordnung zu stellen. Schwerin aber stellte dem Könige vor, daß die Truppen durch nächtlichen Marsch ermüdet seien, daß man dem Feinde nur auf Umwegen beikommen könne und daß man überhaupt von der Beschaffenheit des Bodens keine genaue Kenntniß habe. Als jedoch Friedrich auf seinem Willen bestand, so drückte der alte Feldmarschall, wie er es zu thun gewohnt war, seinen Hut in die Augen und rief aus: „Soll und muß denn gerade heute eine Schlacht geliefert werden, so will ich die Oesterreicher gleich hier angreifen, wo ich sie sehe.“ Das wäre freilich allzuschwer ins Werk zu richten gewesen; die Oesterreicher hatten sich sehr vortheilhaft auf einem Höhenzuge, der durch eine sumpfige Niederung geschützt war, aufgestellt. Doch ward der General Winterfeldt ausgesandt, die weitere Beschaffenheit des Bodens zu untersuchen; er brachte schnell den Bescheid, daß man den Feind sehr leicht umgehen könne, indem seitwärts eine Abflachung der Berge und grünende Saatflächen zwischen Teichen einen günstigeren Zugang darböten. So ward die preußische Armee seitwärts geführt, während die Oesterreicher ihrer Bewegung folgten.

Aber was Winterfeldt für Saatflächen angesehen hatte, waren grünüberwachsene Sümpfe, welche jetzt dem Vorrücken der Preußen, namentlich dem linken Flügel, den Schwerin führte und der dazu bestimmt war, dem Feinde zuerst in die Seite zu fallen, sehr unerwartete Hindernisse entgegensetzten. Nur ein geringer Theil der Truppen fand schmale Dämme, auf denen einzelne Rotten hinübermarschiren konnten; die übrigen waren genöthigt, durch die Sümpfe zu waten, in denen sie bei jedem Tritt einsanken; auch war es nicht möglich, die erforderliche Anzahl Kanonen dem Feinde entgegenzuführen. So geschah der Uebergang langsam und nicht ganz in Ordnung. Doch griffen die ersten Bataillone, die festen Fuß gefaßt hatten, unter Winterfeldt's Leitung den Feind rüstig an, aber ein mörderisches Kartätschenfeuer zwang sie zum Stehen; Winterfeldt ward schwer verwundet. Die Oesterreicher, von Browne geführt, der patriotisch die Stelle eines Unterbefehlshabers übernommen hatte, drängten vor, und bald wandte sich das Vordertreffen der Preußen auf dieser Seite zur Flucht. Da kam Schwerin auf dem Kampfplatze an; er riß einem Hauptmann die Fahne, welche dieser ergriffen hatte, aus der Hand und bemühte sich, die Soldaten zu sammeln und sie aufs Neue dem Feuer des Feindes entgegenzuführen; aber kaum war er ein paar Schritte vorwärts geritten, als er, von fünf Kartätschenkugeln durchbohrt, entseelt vom Pferde sank. Gleichzeitig war aber auch Browne schwer verwundet worden, sodaß er sich aus der Schlacht forttragen lassen mußte.

Ein Kavallerieangriff, zur Seite des linken Flügels der Preußen, war, obschon ebenfalls nicht ohne hartnäckigen Widerstand, glücklicher von Statten gegangen. Die feindliche Reiterei wurde hier gänzlich zerstreut. Der Prinz von Lothringen bemühte sich vergebens, seine Reiterschaaren zum Stehen zu bringen; er ward mit fortgerissen, ein Brustkrampf befiel ihn, und so ward auch er bewußtlos aus dem Getümmel fortgetragen. Indeß war der linke Flügel der Preußen verstärkt worden und drang nun, den Tod des verehrten Führers zu rächen, mit erneutem Ungestüm vor.

Bald waren die Oesterreicher zum Weichen gebracht. Von allen Seiten hatte jetzt die preußische Armee den Uebergang möglich gemacht und sich auf die Feinde geworfen. In einer Menge von einzelnen Gefechten, wie es die Natur des Bodens mit sich brachte, ward jetzt mit größtem Heldenmuthe gekämpft; überall kamen die Oesterreicher, trotz der hartnäckigsten Gegenwehr, zum Weichen; der Mangel eines oberen Befehlshabers ließ ihre Anstrengungen zu keiner übereinstimmenden Wirkung kommen. Friedrich selbst aber brachte den Kampf zur Entscheidung. Er bemerkte, daß im Mittelpunkte der österreichischen Armee eine Lücke entstanden war; hier stürzte er sich, obgleich von beiden Seiten alsbald das heftigste Feuer erfolgte und Viele neben ihm niedergeschmettert wurden, an der Spitze von drei Bataillonen hinein und sprengte die Feinde auseinander. Der Rückzug der Oesterreicher ward jetzt zur verwirrten Flucht; Alles war nur darauf bedacht, hinter den Thoren von Prag Schutz zu suchen; ein Theil der Oesterreicher, der die Stadt nicht hatte erreichen können, flüchtete ins Weite. Es würde eine gänzliche Niederlage der Feinde erfolgt sein, hätte

Prinz Moritz von Dessau, seinem Auftrage gemäß, den Uebergang über die Elbe schnell genug bewerkstelligen und die Flüchtigen in die Seite nehmen können.

Der Sieg war errungen, aber mit vielem und schwerem Blute; die Preußen hatten 18,000 Mann verloren. Von Schwerin sagte Friedrich nachmals: „Sein Tod machte die Lorbeeren des Sieges verwelken!“ Und außer ihm war noch eine bedeutende Anzahl ausgezeichneter Führer gefallen oder verwundet. Doch war der Verlust der Oesterreicher noch bedeutender; er belief sich im Ganzen auf 24,000 Mann. Auch sie verloren an Browne einen ihrer vorzüglichsten Feldherrn. Friedrich hatte Letzterem, der an seinen Wunden wenige Wochen darauf starb, sein Beileid bezeigen und ihm den Tod Schwerin's melden lassen.

Der größere Theil des österreichischen Heeres hatte sich nach Prag gerettet. Friedrich faßte den kühnen Gedanken, hier im großen Maßstabe zu wiederholen, was er im vorigen Jahre vor dem sächsischen Lager bei Pirna vollbracht hatte. Die weitläufige Stadt sollte belagert, die Armee zur Uebergabe gezwungen werden. Schon am Abend nach der Schlacht ließ er sie dazu auffordern, doch erhielt er eine abschlägliche Antwort. Nun schloß er die Stadt rings mit seinen Truppen ein, errichtete eine Reihe von Belagerungswerken und hoffte, sie in kurzer Frist durch Feuer und durch Hunger zur Uebergabe zu nöthigen. Die glühenden Kugeln, welche er in

die Stadt hineinwerfen ließ, unterhielten eine fortwährende Feuersbrunst; der zusammengedrängten Menschenmasse begann es an Nahrungsmitteln zu fehlen; Krankheiten und Tod räumten furchtbar unter der Menge auf; der Muth der österreichischen

Armee schien ganz gesunken, und einige schwache Ausfälle, zu denen sie sich entschloß, wurden ohne Mühe zurückgeschlagen. Friedrich ließ es sich angelegen sein, geheime Kundschafter in die Stadt zu senden; die Nachrichten, die sie ihm brachten, verhießen ein baldiges Ende nach seinem Wunsche. Der Hof in Wien zitterte, denn an dem Schicksal Prags schien das ganze Schicksal des Krieges zu hängen; das Reich zitterte, denn bereits war ein kühnes Freicorps aus Böhmen bis nach Bayern vorgedrungen und verbreitete den Schrecken des preußischen Namens bis an die Thore von Regensburg; schon dachte man auf Mittel, durch neue Aufopferungen den Frieden von dem bis dahin unüberwindlichen Preußenkönige zu erkaufen.

Aber die in Prag eingeschlossene Armee, auf baldigen Entsatz hoffend, hielt mit Standhaftigkeit die Schrecken der Belagerung aus. Eins der österreichischen Corps, die in Böhmen schlagfertig gestanden hatten, war später als die übrigen gegen Prag vorgerückt und am Tage der Prager Schlacht noch mehrere Meilen vom Schlachtfelde entfernt gewesen. Der Feldmarschall Daun befehligte dieses Corps. Er zog sich nun weiter, auf der Straße gegen Kollin, zurück, und zu ihm stießen die Schaaren der Oesterreicher, die in der Schlacht zersprengt und von Prag waren abgeschnitten worden. Gegen ihn hatte Friedrich zuerst den General Zieten mit seinen Husaren ausgeschickt, und da dieser die Feinde stärker fand, als man erwartet hatte, so war mit Zieten ein besonderes Beobachtungscorps unter dem Herzog von Bevern vereinigt worden. Dies Corps rückte gegen Daun vor, und er, obgleich der Stärkere, wich zurück, ließ die Preußen Kollin mit einem reichlichen Magazine wegnehmen und selbst Kuttenberg besetzen. Aber durch diesen Rückzug näherte er sich zugleich mehr und mehr den mittleren Provinzen des österreichischen Staates, zog, ohne sich zu schwächen, immer neue Unterstützungen, die ihm entgegengesandt wurden, an sich und vermehrte so nach und nach seine Armee zu einer bedeutenden Macht.

So waren mehr als fünf Wochen seit der Schlacht von Prag verflossen, ohne daß Friedrich im Stande gewesen war, eine Entscheidung herbeizuführen. Wie im vorigen Jahre durch das Lager von Pirna, so ward er jetzt durch Prag in der raschen Ausführung seiner Entschlüsse aufgehalten. Aber die Verzögerung mußte jetzt, da es sich um größere Heermassen handelte, auch größere Gefahr bereiten; und schlimmer noch als dies, auch von den anderen Seiten rückte die drohende Gefahr bereits näher. Die Franzosen waren mit einer mächtigen Armee über den Niederrhein gegangen und standen schon in Westphalen; die Russen, die Schweden, die Reichsarmee machten sich ebenfalls zum Anzuge bereit. Ein drückender Unmuth bemächtigte sich der Seele des Königs. Der Sieg von Prag hätte alle diese Hemmnisse, wie es schien, vereiteln können, wäre der Prinz von Dessau zur bestimmten Stunde auf dem Schlachtfelde erschienen; daß die Säumniß des letzteren unverschuldet war, wurde von Friedrich überhört. Der Herzog von Bevern hätte jetzt, so meinte Friedrich, mit raschem Angriff das Corps des Feldmarschalls Daun zerstreuen können; daß aber dies Corps dem preußischen bedeutend überlegen war, daß die Oesterreicher den Preußen Stand halten würden, davon wollte der König nichts wissen. Er entschloß sich, selbst auszuführen, was Bevern nicht wage; er nahm alle Truppen zu sich, die er bei der Belagerung von Prag irgend entbehren konnte, und verließ am 13. Juni das Lager, um zu Bevern zu stoßen.

Inzwischen war Daun, als er sich stark genug fühlte, wieder vorgerückt; er hatte jetzt den ausdrücklichen Befehl erhalten, zur Entsetzung von Prag Alles zu unternehmen. Auch dies wollte Friedrich, als er sich mit Bevern vereinigt hatte, nicht glauben. Alle Berichte, die ihm darüber gebracht wurden, nahm er mit Unwillen auf, sodaß es endlich Niemand mehr wagte, ihm zu widersprechen. Aber mit Kümmerniß sahen seine Getreuen die Wolke, die den hellen Sinn des Königs umdüstert hielt. Zieten, der mit seinen Husaren genaue Kundschaft eingezogen hatte, sprach es öffentlich aus, daß er das Unglück des Königs und seiner Armee vor Augen sehe. Endlich, am Mittage des 17. Juni, erblickte Friedrich selbst, als er seine Vorposten besuchte, die ganze österreichische Armee, die ihm um ein sehr Bedeutendes überlegen war, in einem festen Lager zwischen Kollin und Planian. Er entschloß sich, sie am folgenden Tage anzugreifen, da es ihm um die Entscheidung zu thun war und da er fürchtete, daß, wenn er sich der Schlacht entziehe, er genöthigt sein werde, alle jüngst errungenen Vortheile aufzugeben.

Der Morgen des 18. Juni brach an; aber die österreichische Armee war wiederum den Blicken der Preußen verschwunden. Man wußte nicht, ob Daun nur seine Stellung verändert, oder ob er sich unter dem Schutze der Nacht ganz zurückgezogen habe. Friedrich beschloß, nach Kollin zu marschiren, wo er jedenfalls feindliche Truppen erwarten durfte. Als er indeß die Höhen bei Planian erreicht hatte, sah er auf den jenseitigen Bergzügen aufs Neue die feindliche Armee vor sich, die ihn, zum Kampfe bereit, in der vortheilhaftesten Stellung erwartete. Friedrich rückte nun weiter auf der Straße gegen Kollin vor, um den Punkt ausfindig zu machen, auf welchem der Feind anzugreifen wäre. Um 10 Uhr erreichte man ein auf der Straße gelegenes Wirthshaus, dessen obere Fenster einen vollkommenen Ueberblick über die Stellung der Oesterreicher verstatteten. Hier entwarf Friedrich den Plan zur Schlacht. Der linke Flügel der Feinde war durch tiefe Abhänge geschützt, auch das Mitteltreffen schien dem Angriff bedeutende Schwierigkeiten entgegenzustellen; der

rechte Flügel aber schien durch kein Hinderniß des Bodens vertheidigt. Auf diese Stelle beschloß Friedrich alle Kräfte zu concentriren; der Feind sollte hier umgangen und dann mit voller Macht von der Seite angefallen werden. Bis Mittag ließ Friedrich seine Truppen, die durch die Hitze des Tages und den Marsch bereits angegriffen waren, rasten; dann gab er das Zeichen zum Aufbruch. Aber der österreichische Feldherr bemerkte die Absicht Friedrich's und bemühte sich, seinen schwachen rechten Flügel zu verstärken.

Der Vortrab der Preußen begann den Kampf. Die Zieten'schen Husaren, die Grenadiere, die den Vortrab ausmachten, fielen dem Feinde in die Seite und gewannen ihm, trotz der heftigsten Gegenwehr, bedeutende Vortheile ab. Plötzlich — so heißt es in einem der Berichte über die Kolliner Schlacht — änderte Friedrich selbst seinen Plan. Er befahl, daß der übrige Theil seiner Armee Halt machen, sofort aufmarschiren und daß die Infanterie des linken Flügels gerade von vorn den feindlichen Reihen entgegenrücken solle. Prinz Moritz von Dessau, der das Haupttreffen commandirte, suchte ihn auf die Gefahr, der man sich hierbei aussetzen würde, aufmerksam zu machen. Der König blieb bei seinem Befehl; aber der Prinz wiederholte seine Einwendungen und sagte endlich: ohne seine Pflicht zu verletzen und ohne die schwerste Verantwortung auf sich zu laden, könne er diesem Befehle nicht genügen. Dieser Widerspruch reizte den Zorn des Königs; mit entblößtem Degen ritt er auf den Prinzen zu und fragte ihn mit drohender Stimme, ob er gehorchen wolle oder nicht? Der Prinz fügte sich, und seine Regimenter rückten gegen den Feind. War es neuer düsterer Ungestüm, war es Trotz gegen das Schicksal, daß Friedrich von dem so weise überlegten Plane abging?

Und dennoch schien er dem Heldenmuthe und der Tapferkeit seiner Krieger nicht zu viel zugemuthet zu haben. Sie drangen trotz des schmetternden Geschützfeuers gegen die Reihen der Oesterreicher empor, sie vereinigten sich mit den Regimentern

des Vortrabes und warfen mit diesen vereint eine furchtbare feindliche Batterie. Der rechte Flügel des Feindes wankte, der Sieg schien sich auf die Seite der Preußen zu neigen; schon ließ Daun auf einem mit Bleistift geschriebenen Zettel den Befehl zum Rückzuge durch seine Armee laufen. Doch einer von seinen Oberoffizieren bemerkte zur rechten Zeit, daß die Schlacht sich wiederum günstiger gestalte, und hielt den Zettel an. Denn jetzt hatte sich das Mitteltreffen der Preußen, durch einen allzu heftigen General geführt, verleiten lassen, gegen den ausdrücklichen Befehl des Königs Theil an der Schlacht zu nehmen. Es rückte gegen ein Dorf vor, welches von Kroaten besetzt war, trieb diese hinaus und versuchte nun gegen die Oesterreicher emporzustürmen. Aber auf dem abhängigen Boden, der mit glattem, ausgedörrtem Grase bedeckt war, versagte jeder Tritt, und von dem Berge herab sprühte ihnen ein fürchterlicher Kartätschenregen entgegen. Reihenweis wurden hier die tapfern Preußen hingestreckt. Durch dies unzeitige Unternehmen war den Regimentern des linken Flügels und dem Vortrabe der Preußen die nächste nöthige Unterstützung geraubt. Friedrich sandte ihnen Kürassiere und Dragoner zu, die errungenen Vortheile festzuhalten und weiter zu verfolgen. Zweimal drangen die Reiter vor, aber sie mußten dem Geschützfeuer, das sie von der Seite empfing, weichen; zum dritten Mal setzte sich Friedrich selbst an ihre Spitze, aber auch jetzt vermochten sie nicht Stand zu halten.

Nun hatten jene siegreichen Schaaren, die seit zwei Stunden im Feuer standen, sich verschossen; von keiner Seite konnte ihnen Verstärkung zugeführt werden. Sächsische Reiterhaufen, die von Polen aus zu der österreichischen Armee gestoßen waren, drangen auf sie ein, andere Schaaren österreichischer Kavallerie folgten, ein wildes Gemetzel erhob sich. Die Sachsen, der argen Niederlage gedenkend, die sie vor zwölf Jahren erlitten, riefen bei ihren Säbelhieben triumphirend aus: „Das für

Striegau!" Verzweifelt wehrten sich die Preußen; was nicht erlag, wandte sich endlich zur Flucht. Noch einmal sucht Friedrich dem Schicksal des Tages Trotz zu bieten. Er sprengt den Flüchtigen nach, er bemüht sich, sie zu sammeln, 40 Mann folgen seinen Befehlen, seinen Bitten; er führt diese, in der Hoffnung, daß auch die Uebrigen sich anschließen werden, unter klingendem Spiel gegen eine feindliche Batterie. Umsonst! auch die wenigen Getreuen fliehen aufs Neue, sobald sie von den feindlichen Kugeln erreicht werden. Friedrich bemerkt es nicht; nur einige Adjutanten sind noch bei ihm, als er der Batterie allein entgegenreitet. Einer von diesen fragt ihn endlich: „Sire, wollen Sie denn die Batterie allein erobern?" Da hält Friedrich sein Pferd an, sieht das leere Feld um sich, zieht ein Fernrohr hervor und beobachtet die feindliche Batterie, deren Kugeln zu seinen Seiten niederschlagen. Endlich wendet er das Pferd und reitet stumm und langsam nach dem rechten Flügel seiner Armee, wo der Herzog von Bevern commandirte. Hier gibt er das Zeichen zum Rückzuge.

Der rechte Flügel hatte gar nicht an dem Kampfe Theil genommen. Jetzt sollte er dazu dienen, den Rückzug der übrigen Heerestheile zu decken. Aber während dieser Rückzug vor sich ging, ward auch er noch in ein Gefecht mit dem linken Flügel der Oesterreicher, der ihm entgegenrückte, verwickelt. Der neue Kampf ward mit nicht geringerer Erbitterung geführt als die früheren Gefechte des blutigen Tages. Die Preußen vermochten gegen das mörderische Kartätschenfeuer der Oesterreicher nicht Stand zu halten, ganze Regimenter wurden aufgerieben. Endlich, es war 8 Uhr des Abends, mußte auch dieser Theil des preußischen Heeres den Rückzug antreten. Daun aber begnügte sich, das Schlachtfeld zu behaupten. Zufrieden mit dem ersten siegreichen Erfolge über die preußischen Waffen, ließ er Friedrich's Armee ungehindert und in guter Ordnung sich über Planian nach Nimburg zurückziehen, und in edlem Stolze sandte er dem Besiegten die Verwundeten nach, die man in Planian hatte zurücklassen müssen.

Friedrich hatte sich, als er die Schlacht verloren sah, sofort unter geringer Bedeckung auf den Weg nach Nimburg gemacht. Der abendliche Ritt war sehr gefahrvoll, denn rings, in Dörfern und Gebüschen, lagen Trupps feindlicher Husaren und Kroaten zerstreut. Auch erhob sich während des Rittes plötzlich das Gerücht, es seien österreichische Husaren im Anzuge; man sah sich genöthigt, eine halbe Stunde lang mit verhängtem Zügel fortzujagen. In einem Dorfe mußte man darauf kurze Rast machen, um die erschöpften Pferde zu tränken. Ein alter verwundeter Kavallerist trat zu dem Könige und reichte ihm in seinem Hute einen kühlen Trunk, den er aus dem Pferdeeimer geschöpft hatte, mit den Worten: „Trink' Ew. Majestät doch und laß Bataille Bataille sein! Es ist nur gut, daß Sie leben; unser Herrgott lebt gewiß, der kann uns schon wieder Sieg geben!" Solche Worte mochten wohl tröstlich in das Ohr des Königs klingen, aber es waren nicht Viele in der Armee, die ebenso sprachen. — Als die übrigen Offiziere, welche zu Friedrich's Gefolge gehörten, nach Nimburg kamen, fanden sie ihn auf einer Brunnenröhre sitzend, den Blick starr auf den Boden geheftet und mit seinem Stocke Figuren in den Sand zeichnend. Niemand wagte ihn in seinen düsteren Gedanken zu stören. Endlich sprang er auf und gab mit Fassung und erzwungener Heiterkeit die nöthigen Befehle. Beim Anblick des kleinen Restes seiner geliebten Garde traten ihm Thränen in die Augen. „Kinder", sagte er, „ihr habt heute einen schlimmen Tag gehabt." Sie antworteten, sie seien leider nicht gut geführt worden. „Nun, habt nur Geduld", fuhr Friedrich fort, „ich werde Alles wieder gut machen."

Es war die erste Schlacht, die Friedrich verloren hatte. Sein Verlust belief sich auf nahe an 14,000 Mann, der der Oesterreicher nur auf wenig über 8000. Der schlimmere Verlust war das gebrochene Selbstvertrauen. Ueber das ganze Heer, das sich bis dahin für unüberwindlich gehalten, verbreitete sich eine Muthlosigkeit, welche erst neuer glänzender Siege bedurfte, um wieder der alten Zuversicht Platz zu machen. Als den Offizieren des Belagerungsheeres bei Prag die Niederlage bekannt gemacht ward, folgte eine dumpfe Stille von mehreren Minuten; der sonst so sanftmüthige Prinz Wilhelm von Preußen aber brach in lautes Wehklagen über das Benehmen des königlichen Bruders aus.

Jetzt durfte Friedrich nicht länger auf einen Angriffskrieg in Böhmen denken; die Belagerung von Prag mußte aufgehoben werden. Friedrich selbst war gleich von Nimburg dahin geeilt, die nöthigen Anordnungen zum Abzuge zu treffen. Am zweiten Tage nach der verlorenen Schlacht verließ das preußische Heer die Verschanzungen mit klingendem Spiele, ohne daß der Prinz von Lothringen, welcher die Oesterreicher in der Stadt commandirte und durch eine Marketenderin, die von Kollin aus nach Prag gekommen war, die Siegesnachricht erhalten hatte, ihnen ein besonderes Hinderniß in den Weg gelegt hätte. Erst auf die letzten Abtheilungen der preußischen Truppen, die zu lange gesäumt hatten, wagte er einen Ausfall und brachte ihnen allerdings einen obschon nicht bedeutenden Verlust bei. Noch weniger unternahm Daun zur Verfolgung der Preußen; er ließ in seinem Lager, während die beiden preußischen Heere sich vereinigten, ruhig den Ambrosianischen Lobgesang anstimmen. Dann ging er mit seiner Armee nach Prag, sich mit dem Prinzen von Lothringen zu verbinden.

Friedrich hatte die Absicht, sich so lange als möglich in Böhmen zu halten, vornehmlich, um aus dem nördlichen Theile des Landes vorerst alle Lebensmittel an sich zu ziehen und dadurch die künftigen Unternehmungen des Feindes auf Sachsen zu erschweren. Er hatte deshalb seine Armee in zwei Hauptcorps getheilt, die zu beiden Seiten der Elbe in festen Stellungen standen. Das auf der östlichen Seite, welches sich später nach der Lausitz zurückziehen sollte, führte sein Bruder, der Prinz von Preußen. Die österreichische Armee war mehrere Wochen unthätig gewesen; dann wandte sie sich mit ihrer Hauptmacht gegen das Corps des Prinzen von Preußen. Dieser, der die Gefahr drohend gegen sich heranschreiten sah, ließ Friedrich mehrfach von den Bewegungen des Feindes benachrichtigen; aber Friedrich wollte auch jetzt, wie vor der Kolliner Schlacht, den Nachrichten über die Stärke und über die Entschlossenheit der Gegner keinen Glauben beimessen. Endlich sah Prinz Wilhelm sich zu eiligem Rückzuge gegen Zittau, wo ein bedeutendes Magazin vorhanden war, genöthigt. Aber er wählte hierzu eine minder günstige, mit mannigfachen Hindernissen verknüpfte Straße durch das Gebirge, sodaß dieser Rückzug der preußischen Armee aufs Neue einen bedeutenden Verlust zufügte, während der Feind zugleich auf einer kürzeren Straße gegen Zittau vordrang. Hier trafen beide Heere gegen einander. Eine Schlacht vermied Prinz Wilhelm; aber der Prinz von Lothringen richtete gegen die Stadt Zittau, deren Magazine durch eine geringe Schaar von Preußen vertheidigt wurden, ein barbarisches Bombardement, welches die gewerbfleißige Stadt, die „Goldgrube Sachsens", in einen Trümmerhaufen verwandelte. Auf die Nachricht von dem Rückzuge seines Bruders war auch Friedrich mit seiner Armee nach Sachsen gegangen. Nachdem er hier die Grenzen versichert, führte er den Haupttheil seiner Truppen zu der Armee des Prinzen Wilhelm. In Bautzen traf er mit Letzterem zusammen. Die Begegnung war nicht freundlich. Der Prinz und sämmtliche Generale seiner Armee — mit Ausnahme Winterfeldt's, den Friedrich dem Prinzen gewissermaßen als Rathgeber beigegeben, — mußten die härtesten

Beschuldigungen über die Verluste jenes Rückzuges anhören. Friedrich ließ den Generalen ausdrücklich sagen, sie hätten insgesammt verdient, daß ihnen der Kopf vor die Füße gelegt werde. Prinz Wilhelm verließ auf solche Begegnung das Heer und ging nach Berlin zurück; hier kränkelte er bald und starb im folgenden Sommer.

Sechsundzwanzigstes Kapitel.

Fortsetzung des Feldzuges von 1757.

Indeß rückten von allen Seiten die Gefahren näher, und Friedrich wünschte nichts mehr, als den Oesterreichern, welche nun in der oberen Lausitz standen, sobald als möglich eine Schlacht zu liefern. Aber der Prinz von Lothringen hatte mit seiner Armee eine so vortreffliche Stellung genommen, daß ein Angriff auf diese eine Tollkühnheit gewesen wäre. Friedrich suchte ihn durch mehrere künstliche Märsche aus seiner Stellung zu entfernen; aber die Oesterreicher wichen nicht. Auch eine andere eigenthümliche Kriegslist, die Friedrich anwandte, blieb ohne Erfolg. Wider seine Gewohnheit speiste er eines Abends in Gesellschaft mehrerer Generale unter freiem Himmel. Hier wurde von nichts als von dem auf den folgenden Tag beschlossenen Angriffe und zwar so laut gesprochen, daß Alle, die sich um die königliche Tafel drängten, — und man durfte auch Kundschafter unter diesen vermuthen, — die Unterredung mit anhören konnten. Zugleich wurden während der Nacht alle Vorbereitungen, wie zu einer Schlacht, getroffen. Zahlreiche Ueberläufer kamen zum Prinzen von Lothringen und benachrichtigten ihn von diesen Umständen; aber er ließ sich zu keiner falschen Bewegung verleiten.

Friedrich durfte nicht länger säumen, wollte er jetzt nicht Sachsen den Angriffen der Franzosen und der Reichsvölker, die schon im vollen Anmarsch begriffen waren, preisgeben. Er ließ also den größeren Theil der Armee unter dem Oberbefehl des Herzogs von Bevern zurück, welcher die Lausitz und Schlesien gegen die Oesterreicher decken sollte, und machte sich selbst an der Spitze von 12,000 Mann auf den Weg nach Dresden, um die dortigen Truppen noch an sich zu ziehen und sodann gegen die Saale zu marschiren. Dem Herzoge von Bevern hatte er Winterfeldt zur Seite gestellt und von der Kühnheit und Erfahrung dieses Generals, der sein besonderes Wohlwollen besaß, glückliche Erfolge erwartet. Die Oesterreicher verharrten in ihrer Unthätigkeit, bis der österreichische Staatskanzler, Graf Kaunitz, in dem Lager des Prinzen von Lothringen eintraf, um diesen zu lebhafteren Unternehmungen aufzumuntern. Dem Vertrauten der Kaiserin eine Probe von der Entschlossenheit des Heeres zu geben, ward schnell ein Angriff auf ein vereinzeltes preußisches Corps — freilich mit sehr bedeutender Uebermacht — veranstaltet. Winterfeldt, welcher dies Corps befehligte, ward bei diesem Gefechte durch die Brust geschossen und starb nach

wenigen Stunden. Die Oesterreicher siegten in dem ungleichen Kampfe, ohne jedoch andere Vortheile damit zu verknüpfen. Der Herzog von Bevern fürchtete nun, die Oesterreicher möchten ihn von Schlesien abschneiden; er begab sich mit seinem Heere dahin auf den Weg; der Prinz von Lothringen ließ ihn ruhig den Uebergang über die Flüsse, welche die Lausitz von Schlesien scheiden, vollenden, und machte sich dann bereit, ihm nach Schlesien zu folgen. Als Friedrich die Nachricht von Winterfeldt's Tode erhielt, rief er schmerzergriffen aus: „Gegen die Menge meiner Feinde hoffe ich noch Rettungsmittel zu finden; aber nie werde ich einen Winterfeldt wieder bekommen!"

Doch schon waren die Erfolge der zahlreichen Feinde von solcher Art, daß jeder Andere als Friedrich an der Möglichkeit einer Rettung verzweifeln mußte. Vom Niederrhein war eine mächtige französische Armee unter dem Marschall d'Estrées in Westphalen eingerückt, wo ihr ein aus Hannoveranern, Hessen, Braunschweigern und anderen Deutschen zusammengesetztes Heer gegenüberstand. Den Oberbefehl über letzteres führte der Herzog von Cumberland, ein Sohn des Königs von England. Auch einige preußische Truppen befanden sich unter den Verbündeten; diese wurden jedoch, als die Armee des Herzogs von Cumberland, dem Willen des hannöverschen Ministeriums gemäß, sich bis an die Weser zog, von Friedrich abberufen und zur Verstärkung der Festung Magdeburg verwandt. Zu Hastenbeck, unweit Hameln, kam es am 26. Juli zur Schlacht zwischen beiden Armeen. Von beiden Seiten ward theils mit Vortheilen, theils mit Verlusten gefochten; beide Heerführer glaubten sich geschlagen und ordneten gleichzeitig den Rückzug an. Die Franzosen aber waren die Klügeren; sie bemerkten den Irrthum und besetzten schnell das Schlachtfeld, sodaß sie als Sieger erschienen. Der Herzog von Cumberland zog sich eilig zurück; die französische Armee folgte ihm, und jener hielt sich für so ganz hülflos, daß er zu Kloster Seeven, am 8. September, die Hand zu einer schimpflichen Convention bot, der zufolge die ganze Armee der Verbündeten auseinandergehen sollte; den Hannoveranern wurden Cantonnirungsquartiere bei Stade verstattet. Braunschweig wurde nun von den Franzosen besetzt; sie fielen in die preußischen Elbprovinzen ein und übten alle möglichen Gräuel und Erpressungen aus. Der Herzog von Richelieu, den man aus Paris gesandt hatte, um den Marschall d'Estrées zu ersetzen, ließ es sich aufs Eifrigste angelegen sein, durch diese Erpressungen sein eignes, bedeutend zerrüttetes Vermögen wiederherzustellen.

Etwas später war ein großes russisches Heer in Preußen eingerückt. Die wilden Schwärme asiatischer Barbaren, die mit diesem Heere kamen, verwüsteten alles Land, welches sie betraten, und bereiteten den Bewohnern namenloses Elend. Memel ward erobert, die Russen drangen bis an den Pregelfluß vor, wo ihnen die preußische Armee, wenig stärker als das Viertel der russischen Macht, unter dem Feldmarschall Lehwald entgegentrat. Am 30. August kam es bei Groß-Jägerndorf zur Schlacht. Die geregelte Tapferkeit der Preußen schien den Sieg über die unzählbaren barbarischen Horden davonzutragen, bis die errungenen Vortheile durch manche Fehler des Anführers und einige zufällige Umstände verloren gingen. Die Preußen verließen das Schlachtfeld, ohne zwar von den Russen verfolgt zu werden; auch betrug ihr Verlust nur etwa die Hälfte von dem der letzteren.

Gleichzeitig war ferner eine schwedische Armee nach Stralsund übergesetzt und machte Streifzüge nach Pommern und nach der Ukermark. Endlich war auch die Reichsexecutionsarmee, unter dem Prinzen von Hildburghausen, zusammengezogen; sie hatte sich gegen Ende August mit einem französischen Corps unter dem Prinzen Soubise, das Frankreich außer jener großen Armee, zufolge seines Vertrages mit Oesterreich, stellen mußte, in Thüringen vereinigt und bereits Erfurt besetzt.

So war Friedrich auf allen Punkten seines Reiches, ohne Ausnahme, bedroht, und fast überall schon standen die feindlichen Heere auf dem Boden seiner Provinzen. Der furchtbarsten Uebermacht hatte er nur ein kleines, schon zusammengeschmolzenes Heer entgegenzusetzen, das überdies durch die Niederlage von Kollin und durch den Rückzug aus Böhmen muthlos geworden war. Nach menschlicher Berechnung schien es unmöglich, daß er dem gänzlichen Verderben entgehen könne. Und um das Maß seines Kummers voll zu machen, so mußte ihn, während der beängstigenden Fortschritte seiner Feinde, neben dem Verluste so vieler tapferer, ihm zum Theil so nah befreundeter Männer, noch ein Unglück treffen, das sein Gemüth im Allertiefsten ergriff. Seine Mutter, die ihm ihres kräftigen, entschiedenen Charakters, ihrer ganzen Geistesrichtung wegen werth war wie nur wenige Frauen, war zehn Tage nach der

Schlacht von Kollin gestorben. Eine finstere Melancholie hatte sich seiner Seele bemächtigt; und obgleich er es mit ungeheuerer Gewalt möglich zu machen wußte, daß seine Umgebungen nur zuversichtliches Handeln, ungetrübten Muth, selbst Laune

und Heiterkeit an ihm sahen, so zitterten seine Vertrautesten doch, denn sie wußten, daß er ein schnell tödtendes Gift bei sich trug und daß er entschlossen war, den Sturz seines Reiches nicht zu überleben. In den Gedichten, welche er in dieser Zeit niederschrieb, athmet nur der Gedanke des Todes, in dem allein er Ruhe vor den Stürmen des Schicksals zu finden hoffte. Er malt es sich als ein süßes Gefühl aus, freiwillig von dem traurigen Schauplatze abzutreten. Hier sind die Bruchstücke eines von diesen Gedichten, das an seinen Freund, den Marquis d'Argens, gerichtet ist.

Nun ist das Loos geworfen, Freund!
Ermüdet von dem Schicksal, das mich quält,
Ermüdet, mich zu beugen seiner Last,
Verkürz' ich selbst das Ziel, das die Natur
In mütterlichem Sinn, verschwenderisch,
Bestimmt für meine leiderfüllten Tage.
Mit festem Herzen, unverwandtem Blick
Schreit' ich dem Ziel entgegen, welches bald
Mich vor des Schicksals Wüthen schirmen soll.
Furchtlos und mühlos, in der Parze Händen,
Zerreiß' an ihrer trägen Spindel ich
Den allzulangen Faden. Mir hilft Atropos,
Und schnell dring' ich in jenen Nachen ein,
Der Fürst und Hirten, ohne Unterschied,
Hinüberführt ins Land der ew'gen Ruhe.

Lebt wohl, ihr trügerischen Lorbeerkränze!
's ist allzutheurer Kauf, wer leben will
In der Geschichte Büchern.
Oft geben vierzig arbeitsvolle Jahre
Nicht mehr als Einen Augenblick des Ruhms
Und Haß von hundert Mitbewerbern!

Erträumte Größe, lebe wohl!
Dein flücht'ger Schimmer soll die Augen mir
Nicht fürder blenden.

— — — —

Schon lang' hat Morpheus, karg mit seinem Mohne,
Kein Korn mehr auf mein trübes Aug' gestreut.
Den Blick von Thränen schwer, sprach ich zum Morgen:
Der Tag, der bald erwachen wird, verkündet
Nur neues Unheil mir! Ich sprach zur Nacht:
Bald ist dein Schatten da, der meine Schmerzen
Zur Ewigkeit verlängert!

— — — —

Jetzt, um zu enden meine Pein,
Gleich jenen Armen, die im Kerker schmachten,
Die ihrem grausen Schicksal, ihren Henkern
Trotz bietend, kühnen Muths die Ketten brechen,
Zerreiß' auch ich, — nicht sorg' ich ob des Mittels! —
Das unglücksvolle, fein gewebte Band,
Das allzulange schon an diesen Leib,
Den gramzernagten, meinen Geist gefesselt.

Leb' wohl, d'Argens! In diesem Bilde siehst
Du meines Todes Ursach'. Denke nicht,
Ich bitte dich darum, daß aus dem Nichts
Des Grabes ich nach Götterwürde dürste.
Die Freundschaft fordert Eines nur von dir:
Solang' hienieden noch des Himmels Fackel
Die Tage dir erhellt, indeß ich ruhe,
Und wenn der Frühling neu erscheint und dir
Aus reichem Schooße holde Blumen beut,
Dann jedes Mal, mit Myrten und mit Rosen,
Sollst schmücken du mein Grab!

Aber daß es dem Könige gegeben war, seinen Gram in Worten auszusprechen, daß er ihn als ein künstlerisches Gebilde aus seinem Innern abgetrennt vor sich hinstellen konnte, das war es, was ihn befreite. Die Poesie war das Gegengift, welches er bei sich trug und welches ihn vor dem letzten furchtbaren Schritte schützte. Und bald klingt wieder in seinen Gedichten ein anderer Ton als der der gänzlichen Hoffnungslosigkeit; er wagt es, wieder muthig in die Zukunft zu schauen; er reißt sich mitten aus der Verzweiflung seiner damaligen Lage in kühner Begeisterung empor und verkündet das siegreiche Ende des schreckenvollen Kampfes. So ruft er in einer Ode, die seinem jüngeren Bruder, dem Prinzen Heinrich, gewidmet ist, seinem Volke die Worte zu:

Ihr Preußen, hört! zu euch spricht des Orakels Stimme,
Zu euch, die dem Geschick und seinem herben Grimme
Ihr wurdet unterthan:
Noch nimmer hat ein Volk, im Werden seiner Größe,
Bis an das Ziel durcheilt gar ohne dräu'nde Stöße
Des Glückes Siegerbahn!

Er verweist die Preußen auf das Beispiel des römischen Volkes, das ebenfalls unter tausend Gefahren groß und weltherrschend geworden war. Dann wendet er sich an seinen Bruder:

O du, auf den mit Lust hinblicket unsre Jugend,
Für künft'ge Thaten du, in deiner holden Tugend,
Ihr Vorbild, Schmuck und Schild:
Erhalte diesen Staat, deß Ruhm so hell gefunkelt,
Mein Bruder, und der jetzt, von Wolken rings umdunkelt,
Sich schon in Nacht verhüllt.

So wird die Zeit, die nie verarmt an Blüth' und Kränzen,
O Preußenland! auch dir, solang' die Sterne glänzen,
Neu bringen Blüth' und Kranz!
So kündet mein Gesang, der Zukunft zugewendet,
Dem Staate Glück und Heil, bis einst die Zeit sich endet, —
Und ew'gen Ruhmes Glanz!

Auch hier noch scheint der Gedanke durchzugehen, daß vielleicht nicht durch ihn, den König, diese Zukunft werde heraufgeführt werden. Aber er hatte einmal die Zuversicht des siegreichen Ausganges gefunden; und so fand er auch in dieser Zuversicht die Kraft, welche ihn die Uebermacht seiner Feinde brechen ließ. Von hier an beginnen die herrlichsten Thaten des großen Königs.

Siebenundzwanzigstes Kapitel.

Fortsetzung des Feldzuges von 1757. Roßbach.

Nach mancherlei kleinen Gefechten war Friedrich gegen Erfurt vorgerückt. Die vereinigte Armee der Reichstruppen und Franzosen hatte sich bei dem ersten Erscheinen des Vortrabes zurückgezogen und die Stadt sich den Preußen übergeben. Auch aus Gotha wurden die vereinigten Truppen vertrieben und mit Verlust bis Eisenach zurückgedrängt. Doch sah sich Friedrich wiederum genöthigt, seine kleine Armee durch Entsendung zweier Corps, das eine gegen die Franzosen unter Richelieu, das andere gegen eine neue österreichische Armee, welche in die Lausitz eingedrungen war und die Mark Brandenburg bedrohte, bedeutend zu schwächen. Dem Feinde seine Schwäche zu verbergen, wurden jetzt die einzelnen Abtheilungen der preußischen Truppen in den Dörfern vertheilt, mußten öfters ihre Quartiere ändern und jedes Regiment den neuen Ruheplatz unter neuem Namen betreten. Die Spione bemerkten getreulich die Menge dieser Namen von Regimentern, unterrichteten den Prinzen von Soubise von der bedeutenden Stärke der Preußen, und dieser wagte, trotz seiner großen Ueberlegenheit, kein entscheidendes Unternehmen.

Als Soubise jedoch hörte, daß Friedrich Gotha nur durch einige Kavallerie-regimenter unter dem General Seydlitz besetzt habe und mit der Hauptmacht nach Erfurt zurückgekehrt sei, so beschloß er, wieder auf Gotha vorzugehen. Seydlitz, der sich bereits bei Kollin durch kühne Unternehmungen hohen Ruhm erworben, verließ darauf die Stadt, hatte aber keineswegs im Sinn, dem Feinde freien Spielraum zu geben. In einiger Entfernung stellte er sich mit seiner kleinen Schaar in Schlachtordnung, in einer Weise, daß man sie von Weitem allenfalls für eine große Armee halten konnte. Ein Dragoner war in die Stadt geschickt worden; dieser gab sich für einen Deserteur aus und versicherte, der König selbst sei wieder in Anmarsch. Als nunmehr die Franzosen und Reichstruppen, nachdem sie Gotha besetzt, zur Schlacht ausrückten und die langen Linien sich gegenüber sahen, auch Infanterie zwischen den Reitern zu bemerken glaubten, — es waren einige Schwadronen Husaren, welche Seydlitz, um den Feind zu täuschen, hatte absitzen lassen, — so zweifelten sie nicht, daß sie die ganze preußische Armee vor sich hätten. Seydlitz gab das Zeichen zum Angriff, und bald wichen die Feinde zurück. Eine Schaar preußischer Husaren und Dragoner sprengte mit verhängtem Zügel nach der Stadt, wo eben Soubise und seine Generale an der herzoglichen Tafel festlich bewirthet wurden. Diese schwangen sich in Eile auf ihre Pferde, und nur mit Mühe entgingen sie der Gefangenschaft. Den Preußen fiel außer einer Schaar feindlicher Soldaten der ganze Troß und das Gepäck der Franzosen in die Hände. Die Husaren ergötzten sich an den Pomaden,

den Pudermänteln, Haarbeuteln, Schlafröcken, Sonnenschirmen und Papageien, die sie in großer Masse unter dem Gepäck der französischen Offiziere gefunden hatten; die Kammerdiener, Lakaien, Köche, Friseurs, Maitressen, Feldpatres und Komödianten aber, die den Troß ausmachten, sandten sie unentgeltlich zurück. Bis Eisenach hin hatte Seydlitz die feindliche Armee verfolgt. Friedrich spendete ihm für das kühne Unternehmen reichliches Lob. An sich zwar war dasselbe ohne erhebliche Folgen, aber es hatte den Charakter des Feindes kennen gelehrt; und die ganze Weise, wie dieser sich Friedrich's kleiner Armee gegenüber benahm, war sehr wohl geeignet, den alten preußischen Muth wieder lebendig werden zu lassen.

Doch mußte Friedrich sich wieder aus Thüringen zurückziehen. Er erhielt die Nachricht, daß jene österreichische Armee, welche in der Lausitz stand, den Marsch auf die Mark Brandenburg anzutreten im Begriff sei, daß ein Corps ungarischer Husaren unter dem General Haddik bereits nach Berlin vorgehe, und es war zu vermuthen, daß gleichzeitig auch die Schweden von Norden aus einen Angriff auf die Mark machen würden. Friedrich begab sich auf diese Nachricht nach Torgau, während Prinz Moritz von Dessau an der Spitze eines besonderen Corps den General Haddik von Berlin abzuhalten suchte. Der Letztere aber war dort einen Tag früher angekommen, während der Hof in Eile nach Spandau geflüchtet war, hatte sich eine Contribution von 200,000 Thalern auszahlen und außerdem 24 Paar feiner Damenhandschuhe, zum Geschenk für die Kaiserin, übergeben lassen. Die Handschuhe erhielt er sorgfältig eingepackt; als aber die Kiste geöffnet ward, paßten sie sämmtlich nur auf die linke Hand. Dann war er schnell vor dem herannahenden Corps des Prinzen Moritz entwichen. Die größere österreichische Armee aber blieb ruhig in dem Lager, welches sie zu Bautzen bezogen hatte.

Während so eine drohende Gefahr ohne bedeutenden Verlust vorüberging, kamen auch andere günstige Nachrichten. Die Russen hatten ihren Sieg in Preußen nicht benutzt; vielmehr war die Armee, nachdem man in Memel eine Besatzung zurückgelassen, wieder über die russischen Grenzen zurückgeführt worden. Der Grund war eine plötzliche Krankheit der Kaiserin Elisabeth; man erwartete ihren Tod, und Bestuschef, so feindlich er gegen Friedrich gesinnt war, fand es doch für gut, sich durch diese Maßregel dem Thronfolger zu empfehlen. Dafür freilich ward nachmals der allmächtige Minister, als die Kaiserin wider Erwarten genas, nach Sibirien geschickt. In Pommern hatten die Schweden einen unerwarteten Widerstand an den Landmilizen gefunden, die von dieser Provinz aus eignen Mitteln in nicht unbeträchtlicher Anzahl gestellt waren. Durch sie war Stettin, das nur eine äußerst schwache Besatzung hatte, gegen eine große schwedische Armee vertheidigt und diese in ihrem Marsche gegen Berlin aufgehalten worden. Im ganzen Verlaufe des siebenjährigen Krieges spielen diese Landmilizen, welche zu einer Zeit, da man nur stehende Heere kannte, als eine seltene, hochachtbare Erscheinung betrachtet werden müssen, eine wichtige Rolle in der Vertheidigung des Landes und seiner Festungen. Darum, sowie aus anderen Beweisen pommerscher Treue, hat aber auch Friedrich nachmals, in seinem „politischen Testamente", seinen Nachfolgern erklärt, „daß sie sich vorzüglich auf die pommersche Nation verlassen und dieselbe als die erste Stütze des preußischen Staates ansehen könnten und müßten". Nach diesem Vorbilde wurden nun auch in der Mark und im Magdeburgischen ähnliche Landmilizen eingerichtet. Als jene russische Armee sich aus Preußen zurückgezogen hatte, ließ Friedrich das dortige Corps seinen Pommern zu Hülfe kommen, sodaß die Schweden bald nach Stralsund und Rügen zurückgedrängt waren.

Zugleich hatte Friedrich mit dem Herzoge von Richelieu Unterhandlungen angeknüpft. Dieser gehörte nicht zu der Partei der Marquise Pompadour, sondern zu derjenigen kleineren Partei des französischen Hofes, welche die Fortdauer des alten Bündnisses mit Friedrich gewünscht hatte. So machten ihn die feinen Schmeicheleien in Friedrich's Briefen und das willkommene Geschenk von 100,000 Thalern bereit, auf diese Unterhandlungen einzugehen. Zwar waren die Verhältnisse nicht der Art, um dem französischen Hofe Eröffnungen hierüber zu machen; doch verstand sich Richelieu gern dazu, vor der Hand nicht weiter feindlich gegen die preußischen Provinzen zu verfahren. Auch an den König von England hatte Friedrich geschrieben, als die schmachvolle Convention von Kloster Seeven bekannt geworden war; er hatte ihn stolz aufgefordert, ihn jetzt nicht auf eine so entehrende Weise zu verlassen, wie es der Herzog von Cumberland in jener Convention eingegangen war. Friedrich traf mit diesem Begehren den wunden Fleck im Gemüthe König Georg's. Denn dieser selbst war über die Convention im höchsten Grade entrüstet; er hatte den Herzog von Cumberland öffentlich mit den Worten empfangen: „Hier ist mein Sohn, der mich zu Grunde gerichtet und sich selbst beschimpft hat!" und so bewies man sich englischer Seits für jetzt wenigstens in so fern willfährig, als man die Ratification der schimpflichen Convention durch allerlei Ausflüchte zu verzögern suchte.

Ein Feind, den man in früheren Jahrhunderten als den furchtbarsten von allen angesehen hätte, ward auf eine leichte und fast ergötzliche Weise abgewiesen. Dies war die Reichsacht, die über Friedrich zu fällen der in Regensburg versammelte Reichshofrath sich jetzt, da der König von Preußen schon erdrückt schien, nach allen Kräften angelegen sein ließ. Am 14. October erschien der Hofgerichtsadvocat Aprill in der Würde eines kaiserlichen Notars, begleitet von zwei Zeugen, in der Wohnung des preußischen Gesandten zu Regensburg, Freiherrn von Plotho, diesem „die fiscalische Citation wegen der Achtserklärung zu insinuiren". Das war eine „Vorladung des Kurfürsten und Markgrafen von Brandenburg, zu sehen und zu

hören, wie er werde in des Reiches Acht und Aberacht erkläret und aller seiner Lehen, Rechte, Gnaden, Freiheiten und Anwartschaften beraubt werden". Plotho empfing den Notar im Schlafrocke. Den Erfolg der Citation erzählt der letztere selbst in einem gerichtlich aufgesetzten Document mit folgenden Worten: „Und seind Sr. Excellenz Freiherr von Plotho in einen heftigen Zorn und Grimm gerathen, also zwar, daß Dieselben Sich nicht mehr stille zu halten vermöget, sondern mit zitternden Händen und brinnendem Angesicht beede Arme in die Höhe haltend gegen mir aufgefahren, dabei auch die fiscalische Citation annoch in seine rechte Hand haltend, in diese Formalia wider mich ausgebrochen: Was! du Flegel insinuiren? Ich antwortete hierauf: Dieses ist mein Notariat-Ambt, deme ich nachkommen muß.

Dessen aber ohngeachtet fallete mich er Freiherr von Plotho mit allem Grimme an, ergriffe mich bei denen vorderen Theilen meines Mantels, mit dem Vermelden: Willst du es zurücknehmen? Da mich nun dessen geweigert, stoßete und schube er sothane Citation vorwärts zwischen meinen Rock mit aller Gewalt hinein, und da er mich annoch bei dem Mantel haltend zum Zimmer hinausgedrucket, rufete er zu denen zweien vorhanden gewesenen Bedienten: Werfet ihn über den Gang hinunter!" — Damit hatte es für diesmal sein Bewenden; denn bald erfocht Friedrich neue Siege, die dem Reichshofrath etwas mehr Bedachtsamkeit einflößten.

Friedrich hatte jetzt die Absicht, nach Schlesien zu gehen, wo der Herzog von Bevern hart bedrängt ward, als er plötzlich die Nachricht erhielt, daß die verbündete Armee der Reichstruppen und Franzosen, verstärkt durch ein Corps von Richelieu's Armee, sich aus ihrer bisherigen Unthätigkeit emporgerafft habe, nach Sachsen vordringe und zum Theil bereits in die Nähe von Leipzig gekommen sei. Er beschloß also, sich vorerst aufs Neue gegen diesen Feind zu wenden und ihn wieder nach Thüringen zurückzudrängen, damit derselbe nicht in allzu großer Nähe von Kursachsen — der Monat October ging bereits zu Ende — seine Winterquartiere nehmen könne. In großer Schnelligkeit hatte Friedrich die verschiedenen Corps seiner Armee zusammengezogen und Leipzig gedeckt. Die feindliche Armee wich bis zur Saale zurück und besetzte, um den Uebergang der Preußen über diesen Fluß zu verhindern, die Städte Halle, Merseburg und Weißenfels. Friedrich folgte den Gegnern rasch und drang selbst an der Spitze des Vortrabes seiner Armee in Weißenfels ein, während die Feinde sich über den Fluß flüchteten; sie zündeten die dortige, zierlich überbaute Brücke an, um Friedrich vom jenseitigen Ufer abzuschneiden, lieferten dadurch aber, indem dies zu eilfertig geschah, eine bedeutende Anzahl ihrer eignen Truppen in die Hände der Preußen. Friedrich wünschte die Brücke zu retten; doch hatte man dieselbe mit leicht brennbaren Stoffen ausgefüllt, sodaß sie in einem Augenblicke ganz in Flammen stand; zugleich hinderte ein scharfes Musketenfeuer die Löschanstalten der Preußen. Als Friedrich hierauf am Ufer des Flusses recognosciren ritt, ward ihm eine drohende Gefahr bereitet, der er nur durch den Edelmuth des französischen Anführers, des Herzogs von Crillon, entging. Dieser hatte nämlich zwei Offizieren den Auftrag gegeben, von einer kleinen Insel in der Saale die Bewegungen der Preußen zu beobachten. Einer von ihnen brachte die eilige Nachricht von der Nähe des Königs und fragte um Erlaubniß, ob er, durch das Gebüsch der Insel gedeckt, auf ihn schießen dürfe. Aber der Herzog erwiderte, nicht zu diesem Zwecke habe er dem Offizier den Posten auf der Insel gegeben: die geheiligte Person eines Königs müsse stets verehrt werden.

Zwei Corps, die Friedrich von Weißenfels gegen Merseburg absandte, fanden an beiden Orten die Brücken ebenfalls bereits abgebrochen und die feindliche Armee auf dem Rückzuge begriffen, die sich nun, einige Meilen jenseit der Saale, bei Mücheln vereinigte. Sie ließ es ruhig geschehen, daß die preußische Armee Schiffbrücken schlug, gleichfalls über die Saale ging und Mücheln gegenüber ein Lager bezog. Die Stellung der verbündeten Truppen war aber so wenig geschickt gewählt,

daß die preußischen Husaren Gelegenheit fanden, in das feindliche Lager einzubrechen und Pferde und selbst Soldaten aus den Zelten zu entführen. Friedrich beschloß einen Angriff. Als er jedoch am folgenden Tage, dem 4. November, vorrückte, fand er, daß der Feind, durch die Kühnheit der preußischen Husaren gewarnt, über Nacht eine veränderte, sehr günstige Stellung eingenommen habe. So gab er den Angriff gegen den dreimal überlegenen Feind wieder auf, ging zurück und bezog ein Lager in der Nähe von Roßbach. Im Lager der Feinde aber war ob dieser vermeinten Flucht des Preußenkönigs großer Jubel; Musik und Trommelschlag tönte von ihrer Anhöhe herab weit über die Felder, als ob sie eine gewonnene Schlacht zu feiern hätten. Die französischen Offiziere wollten witzig sein und behaupteten: es geschehe dem Herrn Marquis von Brandenburg viel Ehre, daß man sich mit ihm in eine Art von Krieg einlasse; sie sandten bereits Boten nach Paris, welche dort die Gefangenschaft Friedrich's anmelden mußten. Sie dachten nicht daran, daß, so überlegen sie waren, ihrer Armee doch der Geist fehle, der, von Friedrich ausgehend, das preußische Heer belebte; daß die Eifersucht, die zwischen den deutschen und den französischen Truppen ihres Heeres und zwischen den Anführern beider herrschte, den gemeinsamen raschen Entschluß unmöglich machte; daß auf die Reichstruppen, welche buntscheckig zusammengewürfelt und ohne alle militairische Organisation waren, leider kein Verlaß sei, daß aber auch die Disciplin der französischen Truppen gar wenig Lob verdiene, und daß endlich Uebermuth in der Regel der Vorbote des Falles zu sein pflegt.

Der Morgen des 5. November brach an, und Friedrich erhielt die Nachricht, daß die Feinde ihre Stellung verließen. Sie rückten im weiten Bogen um Friedrich's Armee, während ein einzelnes Corps ihm gegenüber stehen blieb. Offenbar war es ihre Absicht, ihm den Rückzug abzuschneiden, ihn von allen Seiten einzuschließen und so zu erdrücken. Friedrich blieb den Vormittag über, als ahne er nichts von der Gefahr, welche ihm bereitet ward, ganz ruhig zu Roßbach, ließ die Mittagstafel bereiten und setzte sich mit seinen Generalen zu Tisch. Die Feinde waren entzückt über diese Ruhe der preußischen Armee; die Führer der letzteren aber, die den Plan des Königs ahnten, hatten in der Stille Alles zum Aufbruch bereit gemacht. Endlich, halb drei Uhr nach Mittag, gab Friedrich den Befehl zum Ausrücken; in weniger als einer halben Stunde war das ganze Lager abgebrochen, und die französischen Offiziere zollten selbst der Schnelligkeit, mit der dies geschah, so viele Bewunderung, daß sie es die Verwandlung einer Operndecoration nannten. Aber jetzt fürchteten sie, die preußische Armee möchte ihnen entschlüpfen, und um so eiliger setzten die Colonnen des feindlichen Heeres ihren Marsch fort. Indeß rückte Friedrich in ähnlicher Richtung vor. Die Reiterei, die von Seydlitz geführt ward, machte den Vortrab aus und verschwand den Blicken der Feinde hinter einer Hügelreihe, während die nachfolgende Infanterie zum Theil durch einen sumpfigen Boden gedeckt ward. Nun wurden auf dem bedeutendsten jener Hügel die preußischen Kanonen aufgefahren; ihr Donner begann den Kampf; ihre Stellung machte das Feuer sehr wirksam, während die feindlichen Kanonen aus der Tiefe wenig ausrichten konnten. Durch einen sonderbaren Zufall war zwischen beiden Armeen eine große Menge von Hasen eingeschlossen; diese wurden jetzt durch den Geschützdonner aufgeschreckt und machten vergebliche Versuche, nach der einen oder andern Seite durchzubrechen. Als eine der ersten französischen Kugeln einen von den Hasen vor der Front der preußischen Truppen zerschmetterte, riefen diese jubelnd aus: „Es wird Alles gut gehen, die Franzosen schießen einander selbst todt!"

Immer mehr waren die feindlichen Colonnen, die Kavallerie an ihrer Spitze, geeilt, um den Preußen ganz sicher in den Rücken zu fallen. Indeß aber hatte sie Seydlitz ungesehen bereits überflügelt. Plötzlich hält er mit seinen rüstigen Schwadronen auf der Höhe; er gewahrt den günstigen Augenblick und beschließt den Angriff, ohne die Infanterie erst abzuwarten. Seine Reihen stehen in fester Ordnung da; er reitet weit voraus, der ganzen Linie sichtbar, schleudert zum Zeichen des Angriffs seine Tabakspfeife in die Luft, und augenblicklich stürmen die Schaaren

auf die feindliche Reiterei ein, die vergebens ihre Linien aufzurollen sucht. Sie wird geworfen; einige Regimenter suchen zu widerstehen, aber umsonst. Nun wendet sich Alles zur Flucht; ein tiefer Hohlweg hemmt ihren scharfen Ritt und spielt den preußischen Reitern eine große Menge von Gefangenen in die Hände; die Uebrigen fliehen unaufhaltsam bis zur Unstrut und lassen sich nicht wieder blicken. Seydlitz aber steht im Rücken der feindlichen Infanterie. Gegen diese hat Friedrich nun auch den linken Flügel seiner Infanterie sammt dem Geschütz vorrücken lassen; es gelingt ihr ebenso wenig, wie der Kavallerie, sich in Linien aufzustellen; in ihren tiefen Reihen wüthet das preußische Kartätschenfeuer; die preußische Infanterie bedrängt sie heftig von der einen Seite, die Kavallerie im Rücken, — endlich stäubt auch hier Alles in wirrer Flucht auseinander, und in ganzen Schaaren werden die Fliehenden gefangen genommen. Nicht zwei Stunden hatte der Kampf gedauert; die früh eintretende Dunkelheit hemmte die weitere Verfolgung. Die preußische Armee, nicht

völlig 22,000 Mann stark, zählte an Getödteten nur 165, an Verwundeten nur 376 Mann, während von den 64,000 Feinden 6—700 getödtet, mehr als 2000 verwundet, mehr als 5000 gefangen und ihnen außerdem eine große Menge von Geschützen, Fahnen, Standarten, sowie der größte Theil des Gepäckes genommen

war. Dabei war bei weitem nicht die ganze preußische Armee im Feuer gewesen. Nur sieben Bataillone hatten am Kampfe Theil genommen. Zehn Bataillone hatten keinen einzigen Schuß gethan. So war bei den Preußen große Siegesfreude. Friedrich sagte seiner Armee feierlich Dank; Seydlitz, dessen Arm durch einen

Flintenschuß verwundet war, erhielt, als seltenste Auszeichnung, den schwarzen Adlerorden und wurde dann vom jüngsten Generalmajor zum Generallieutenant befördert.

Am folgenden Tage brach die preußische Armee zur Verfolgung des feindlichen Heeres auf; eine große Menge von Nachzüglern wurde noch gefangen genommen. Aber die Mehrzahl der Feinde war so schnell geflohen, daß sie nicht mehr eingeholt werden konnte. Viele der Franzosen machten erst Halt, als sie an den Rhein gekommen waren; stets glaubten sie noch die preußischen Husaren hinter sich. Um sich einigermaßen schadlos zu halten, bezeichneten sie ihren Weg durch Plünderungen und Ausschweifungen aller Art; dafür rotteten sich aber auch die thüringischen Bauern zusammen und übten ernstliche Rache.

Friedrich benahm sich gegen die französischen Gefangenen sehr gütig. Er tröstete die Verwundeten unter ihnen, die, gerührt durch solche Herablassung, ihn als den vollkommensten Eroberer begrüßten: er wisse nicht nur die Leiber seiner Feinde, sondern auch ihre Herzen zu bezwingen. Als sie Briefe unversiegelt schickten und Friedrich baten, dieselben nach Frankreich durchzulassen, antwortete er: „Ich kann mich nicht daran gewöhnen, Sie als meine Feinde zu betrachten, und ich habe kein Mißtrauen gegen Sie; also versiegeln Sie Ihre Briefe, und Sie sollen auch die Antworten ungeöffnet empfangen.“ Dem schwer verwundeten General Custine stattete er, als er sich nach Leipzig zurückbegeben hatte, persönlich einen Besuch ab und äußerte sich gegen ihn mit so vielem Interesse für die französische Nation, daß Custine, sich mühsam von seinem Lager emporrichtend, in die Worte ausbrach: „Sire, Sie gießen Oel in meine Wunden!“

In Deutschland aber, selbst bei den Gegnern Friedrich's, war fast allgemeiner Jubel über den Sieg bei Roßbach, den man nur als eine Demüthigung der wenig beliebten Franzosen betrachtete. Von jetzt an loderte das schon im Stillen genährte Feuer der Begeisterung für den deutschen Helden mächtig empor. Allenthalben sang man Siegeslieder auf die Preußen und Spottlieder auf die Gegenpartei. Der Deutsche fühlte endlich wieder den Stolz, ein Deutscher zu heißen. Viele von diesen Liedern leben noch heute im Munde des Volkes. Eins von ihnen schildert vortrefflich den kühnen Sinn von Friedrich's Truppen. Es beginnt mit den Strophen:

Ein preußischer Husar fiel in französ'sche Hände;
Soubise, der ihn sah, befragt' ihn wohl behende:
„Sag' an, mein Sohn, wie stark ist deines Königs Macht?"
„Wie Stahl und Eisen!" sprach der Preuße mit Bedacht.

„Mein Sohn, verstehst mich nicht", versetzt Soubise wieder;
„Ich meine ja die Zahl, die Menge deiner Brüder."
Drauf stutzte der Husar und schaute in die Höh'
Und sprach: „So viel wie Stern' am blauen Himmel stehn!" — u. s. w.

Bitter mußte dieser Jubel freilich Diejenigen kränken, die einmal von der Feindschaft gegen Friedrich nicht ablassen konnten. Die Königin von Polen, die in Dresden fort und fort Ränke gegen ihn angesponnen hatte, vermochte die Gefühle ihres Hasses nicht länger zu tragen. Eines Abends hatte sie ihren Hofstaat in tiefem Grame entlassen; am folgenden Morgen fand man sie todt in ihrem Bette.

Aber auch die fremden Nationen nahmen an dem Enthusiasmus der Deutschen Theil; sogar die Franzosen, welche die Niederlage als eine Demüthigung der Hofpartei betrachteten und sich in bitteren Spottliedern gegen Soubise Luft machten. In den Kaffeehäusern von Paris durfte geraume Zeit kein anderes als das preußische Interesse öffentlich laut werden. Den Prinzen Soubise suchte der Hof indeß dadurch zu trösten, daß er ihm den Marschallsstab verehrte. Vor Allem lebhaft äußerte sich die Theilnahme für Friedrich in England; das englische Volk vergötterte ihn; auf allen Straßen von London ward sein Bildniß zum Kaufe ausgeboten; seine Siege wurden durch allgemeine Illuminationen gefeiert. Hier fand zugleich, eben als die Nachricht des Sieges von Roßbach nach London kam, eine günstige Veränderung im Ministerium statt. Man verweigerte die Bestätigung der Convention von Kloster Seeven, indem man sich darauf berief, daß die Franzosen sie zuerst gebrochen hätten, und beschloß die Fortsetzung des Krieges. Da es den Engländern aber an einem guten Heerführer fehlte, so empfahl ihnen Friedrich einen der vorzüglichsten Feldherrn seiner Armee, den Herzog Ferdinand von Braunschweig. Dieser wurde in der That unmittelbar darauf berufen, trat an die Spitze der Armee der Hannoveraner und ihrer Verbündeten, die schnell wieder auf dem Kriegsschauplatze erschien, und errang noch im Anfange des Winters einige Vortheile gegen die große französische Armee. Hierdurch war denn auch die letztere von den preußischen Grenzen abgewendet und Friedrich von dieser Seite für jetzt vollkommen gesichert.

Achtundzwanzigstes Kapitel.

Schluß des Feldzuges von 1757. Leuthen.

Von dem einen Feinde hatte sich Friedrich glücklich befreit; aber noch galt es, den zweiten, ungleich gefährlicheren zurückzuschlagen. Der Herzog von Bevern hatte sich von den Grenzen der Lausitz bis nach Breslau zurückgezogen und vor der Stadt ein verschanztes Lager eingenommen; die österreichische Armee unter dem Prinzen von Lothringen war ihm mit sehr überlegener Kraft gefolgt; ein besonderes Corps hielt das neubefestigte Schweidnitz, welches Friedrich als den Schlüssel von Schlesien ansah, eingeschlossen. Nach kurzer Rast machte sich Friedrich nunmehr auf, dem Herzoge von Bevern zu Hülfe zu eilen. Jenes österreichische Corps, welches in der Lausitz stand, mußte jedoch, damit der Marsch der preußischen Armee nicht aufgehalten werde, zuvor von dort vertrieben werden. Feldmarschall Keith erhielt zu diesem Zwecke den Auftrag, mit einem kleinen Corps einen Streifzug nach Böhmen zu machen; er führte diese Expedition auch so kühn und glücklich aus, daß die Oesterreicher schnell aus der Lausitz zur Vertheidigung von Böhmen aufbrachen, während er eine Menge feindlicher Magazine zerstörte und mit reicher Beute ungefährdet zurückkehrte.

Aber schon in der Lausitz erhielt Friedrich die Nachricht, daß Schweidnitz am 14. November capitulirt hatte, wodurch den Feinden ein ganzes Truppencorps, ein Magazin, eine Menge von Kriegsmunition, eine Kriegskasse in die Hände gefallen waren und sie Meister des böhmischen Gebirges wurden. Am 25. November traf die Nachricht ein, daß der Herzog von Bevern durch die Oesterreicher angegriffen, geschlagen und selbst in die Hände der Feinde gefallen sei. Zwei Tage darauf erfuhr Friedrich, daß auch Breslau sich dem Feinde übergeben hatte und fast die ganze Besatzung, nahe an 5000 Mann, zu den Oesterreichern übergegangen war. Die Trümmer der Bevern'schen Armee, 18,000 Mann, hatte General Zieten nach Glogau geführt. Nun schien Schlesien ganz verloren, und es war nicht zu erwarten, daß Friedrich die Oesterreicher würde hindern können, ihre Winterquartiere im Mittelpunkte des Landes zu nehmen. Die österreichisch gesinnten Bewohner des Landes hoben frohlockend ihr Haupt empor; viele Beamte huldigten der Kaiserin; der Fürstbischof von Breslau, Graf Schaffgotsch, der allein dem Könige von Preußen seine Würde und die mannigfachsten Gnadenbezeugungen verdankte, vergaß sich so weit, daß er von seinem Wohlthäter mit den verächtlichsten Worten sprach und den schwarzen Adlerorden mit Füßen trat.

Aber Friedrich verzagte nicht. In Eilmärschen rückte er trotz der üblen Wege weiter auf der Straße nach Breslau vor. Schon am 28. November langte er in Parchwitz an; jenseit der Katzbach bezog er ein Lager, um seinen Truppen einige

Rast zu gönnen. Die Oesterreicher lagerten vor Breslau in einer vortrefflichen Stellung; aber Friedrich war entschlossen, sie anzugreifen, wo er sie fände, wäre es auch — wie er sich ausdrückte — auf dem Zobtenberge. Bei Parchwitz stieß Zieten mit den Ueberresten der Bevern'schen Armee zu ihm. „Diese Armee jedoch (so erzählt Friedrich) war muthlos und durch die kürzlich erlittene Niederlage gebeugt. Man faßte die Offiziere bei der Ehre, man erinnerte sie an ihre früheren Thaten, man suchte die traurigen Bilder zu verscheuchen, deren Eindruck noch neu war. Selbst der Wein ward ein Hülfsmittel, die niedergeschlagenen Gemüther zu gewinnen. Der König sprach mit den Soldaten; er ließ unentgeltlich Lebensmittel unter sie austheilen. Kurz, man that Alles, um in den Truppen dasjenige Vertrauen wieder zu erwecken, ohne welches die Hoffnung auf den Sieg vergebens ist. Schon fingen die Gesichter an, sich wieder aufzuheitern; Die, welche die Franzosen bei Roßbach geschlagen hatten, hießen ihre Kameraden gutes Muthes sein. Etwas Ruhe gab den Soldaten wieder Kraft; und die Armee war bereit, den Schimpf, welchen sie am 22. November erlitten hatte, abzuwaschen. Diese Gelegenheit suchte der König und bald fand sie sich."

Doch dünkte dies Alles dem Könige noch nicht genug; seine ganze Armee bestand nur aus 32,000 Mann, während ihm 80—90,000 Oesterreicher gegenüberstanden, welche anders disciplinirt waren als die Feinde bei Roßbach und durch ihre seitherigen Fortschritte das Gefühl des Sieges in sich trugen. Friedrich berief daher die Generale und Stabsoffiziere seiner Armee zusammen und sprach zu ihnen die folgenden Worte, welche die Geschichte uns aufbewahrt hat:

„Sie wissen, meine Herren, daß es dem Prinzen Karl von Lothringen gelungen ist, Schweidnitz zu erobern, den Herzog von Bevern zu schlagen und sich zum Meister von Breslau zu machen, während ich gezwungen war, den Fortschritten der Franzosen und Reichsvölker Einhalt zu thun. Ein Theil von Schlesien, meine Hauptstadt und die sämmtlichen Kriegsbedürfnisse, welche darin befindlich waren, sind verloren gegangen; meine Widerwärtigkeiten würden aufs Höchste gestiegen sein, setzte ich nicht ein unbegrenztes Vertrauen in den Muth, die Standhaftigkeit und die Vaterlandsliebe, welche Sie bei so vielen Gelegenheiten bewiesen haben. Ich erkenne die Dienste, die Sie dem Vaterlande und mir geleistet, mit der innigsten Rührung meines Herzens. Es ist fast keiner unter Ihnen, der sich nicht durch eine große, ehrenvolle Handlung ausgezeichnet hätte: ich schmeichle mir daher, Sie werden bei neuer Gelegenheit nichts an Dem mangeln lassen, was der Staat von Ihrer Tapferkeit zu fordern berechtigt ist. Dieser Zeitpunkt rückt heran; ich würde glauben, nichts gethan zu haben, ließe ich die Oesterreicher im Besitz Schlesiens. Lassen Sie es sich also gesagt sein: ich werde gegen alle Regeln der Kunst die beinahe dreimal stärkere Armee des Prinzen Karl angreifen, wo ich sie finde. Es ist hier nicht die Frage von der Anzahl der Feinde, noch von der Wichtigkeit ihrer Stellung; alles Dieses, hoffe ich, wird die Herzhaftigkeit meiner Truppen, wird die richtige Befolgung meiner Dispositionen zu überwinden suchen. Ich muß diesen Schritt wagen, oder es ist Alles verloren; wir müssen den Feind schlagen oder uns Alle vor seinen Batterien begraben lassen. So denke ich — so werde ich handeln. Machen Sie diesen meinen

Entschluß allen Offizieren der Armee bekannt; bereiten Sie den gemeinen Mann zu den Auftritten vor, die bald folgen werden, und kündigen Sie ihm an, daß ich mich berechtigt halte, unbedingten Gehorsam von ihm zu fordern. Im Uebrigen, wenn Sie bedenken, daß Sie Preußen sind, so werden Sie sich gewiß dieses Vorzuges nicht unwürdig machen; ist aber Einer oder der Andere unter Ihnen, der sich fürchtet, alle Gefahren mit mir zu theilen, der kann noch heute seinen Abschied erhalten, ohne von mir den geringsten Vorwurf zu leiden."

Diese Rede des Königs (so erzählt ein Augenzeuge, v. Retzow) durchströmte die Adern der anwesenden Helden, fachte ein neues Feuer in ihnen an, sich durch ausgezeichnete Tapferkeit hervorzuthun und Blut und Leben für ihren großen Monarchen aufzuopfern, der diesen Eindruck mit der innigsten Zufriedenheit bemerkte. Eine heilige Stille, die von Seiten seiner Zuhörer erfolgte, und eine gewisse Begeisterung, die er in ihren Gesichtszügen wahrnahm, bürgte ihm für die völlige Ergebenheit seiner Armee. Mit einem freundlichen Lächeln fuhr er darauf fort: „Schon im Voraus hielt ich mich überzeugt, daß Keiner von Ihnen mich verlassen würde; ich rechne also ganz auf Ihre treue Hülfe und auf den gewissen Sieg. Sollte ich bleiben und Sie für Ihre mir geleisteten Dienste nicht belohnen können, so muß es das Vaterland thun. Gehen Sie nun ins Lager und wiederholen Ihren Regimentern, was Sie jetzt von mir gehört haben."

Friedrich hielt noch einen Augenblick inne; dann fügte er mit nachdrücklichem Ernst zum Schluß der Rede die Worte hinzu: „Das Regiment Kavallerie, welches nicht gleich, wenn es befohlen wird, sich unaufhaltsam in den Feind stürzt, lasse ich nach der Schlacht absitzen und mache es zu einem Garnisonregimente. Das Bataillon Infanterie, das, es treffe, worauf es wolle, nur zu stocken anfängt, verliert die Fahnen und die Säbel, und ich lasse ihm die Borten von der Montirung abschneiden! — Nun leben Sie wohl, meine Herren; in Kurzem haben wir den Feind geschlagen, oder wir sehen uns nie wieder."

Die Begeisterung (so fährt der genannte Augenzeuge fort), welche Friedrich der Versammlung einzuflößen gewußt hatte, ergoß sich bald über alle übrigen Offiziere und Soldaten der Armee. Im preußischen Lager ertönte ein lauter Jubel. Die alten Krieger, die so manche Schlacht unter Friedrich gewonnen hatten, reichten sich wechselseitig die Hände, versprachen einander treulich beizustehen und beschworen die jungen Leute, den Feind nicht zu scheuen, vielmehr seines Widerstandes ungeachtet ihm dreist unter die Augen zu treten. Man bemerkte seitdem bei Jedem ein gewisses inneres Gefühl von Festigkeit und Zuversicht, das in der Regel der Vorbote eines nahen Sieges ist.

Am 4. December rückte die preußische Armee aus ihrem Lager vor. Auf dem Marsche nach Neumarkt erfuhr Friedrich, der sich bei der Kavallerie des Vortrabes befand, daß dieser Ort bereits von österreichischen Husaren und Kroaten besetzt sei. Da ihm daran lag, sich der jenseitigen Höhen zu versichern, so stürmte er, ohne erst die Infanterie abzuwarten, mit seinen Husaren die Thore der Stadt und nahm die Mehrzahl der Feinde gefangen. Dann besetzte er die Höhen und erwartete seine Armee. Am Abend desselben Tages hörte er, daß die österreichische Armee ihre feste Stellung verlassen habe und über das Schweidnitzer Wasser vorgerückt sei. Es hatte nämlich dem Prinzen von Lothringen nicht anständig geschienen, den Angriff der „Berliner Wachtparade" — wie die Oesterreicher spottend die kleine preußische Armee nannten — in seinen festen Verschanzungen abzuwarten. Friedrich aber nahm diesen unerwarteten und unverständigen Schritt des Gegners als eine Vorbedeutung zum Siege auf; mit lebhafter Fröhlichkeit trat er in das Zimmer, wo er die Parole ausgeben wollte, und sagte lächelnd zu einem der Anwesenden: „Der Fuchs ist aus seinem Loche gekrochen, nun will ich auch seinen Uebermuth bestrafen!" Dann ordnete er schnell Alles zu dem Angriffe, der den nächsten Tag unternommen werden sollte.

Der Morgen des verhängnißvollen 5. December brach an; das Heer zog gerüstet dem Feinde entgegen. Friedrich wußte nichts Bestimmteres über die Stellung des Prinzen von Lothringen; aber wohl wußte er, daß er den schwachen Punkt des Feindes würde finden und an die Benutzung desselben den Sieg knüpfen können. Doch war er auf Alles gefaßt. Als er sich an die Spitze seiner Armee begab, rief er einen Offizier mit 50 Husaren zu sich. Zu diesem sprach er: „Ich werde mich heute bei der Schlacht mehr aussetzen müssen als sonst. Er mit Seinen fünfzig Mann soll mir zur Deckung dienen. Er verläßt mich nicht und giebt Acht, daß ich nicht der Canaille in die Hände falle. Bleib' ich, so bedeckt Er den Körper gleich mit Seinem Mantel und läßt einen Wagen holen. Er legt den Körper in den Wagen und sagt Keinem ein Wort. Die Schlacht geht fort und der Feind — der wird geschlagen!"

Die ersten Colonnen der Armee hatten auf dem Marsche fromme Lieder mit Feldmusik angestimmt. Sie sangen:

> Gieb, daß ich thu' mit Fleiß, was mir zu thun gebühret,
> Wozu mich dein Befehl in meinem Stande führet,
> Gieb, daß ich's thue bald, zu der Zeit, da ich's soll,
> Und wenn ich's thu', so gieb, daß es gerathe wohl!

Ein Commandeur fragte bei Friedrich an, ob die Soldaten schweigen sollten. Der König erwiderte: „Nein, laß Er das: mit solchen Leuten wird Gott mir heute gewiß den Sieg verleihen!"

Jetzt war die preußische Avantgarde in die Nähe eines Dorfes gekommen, vor dem eine feindliche Kavallerielinie aufgestellt war. Anfangs glaubte man, es sei einer der Flügel des österreichischen Heeres, doch überzeugte man sich bald, daß dies weiter zurückstand. Um indeß ganz sicher zu gehen, ließ Friedrich die feindlichen Reiter angreifen; sie wurden bald geworfen und eine große Menge von ihnen gefangen genommen. Friedrich ließ die Gefangenen die Reihen seiner Armee entlang nach Neumarkt führen, um durch dies Schauspiel den Muth der Seinen aufs Neue zu erhöhen. Doch war es fast überflüssig; denn kaum gelang es ihm, die Hitze der Husaren, die jenen Angriff gemacht hatten und die nun gerades Weges auf die österreichische Armee einbrechen wollten, in Schranken zu halten.

Auf einer Höhe angekommen, erblickte Friedrich nunmehr die ganze feindliche Schlachtordnung vor sich, die sich in unermeßlichen Reihen, über eine Meile lang, seinem Marsche entgegenbreitete. Vor ihrer Mitte lag das Dorf Leuthen. Nach dem Angriff auf jenes Kavalleriecorps, das vor dem rechten Flügel der Oesterreicher gestanden hatte, glaubten sie, Friedrich würde sie von dieser Seite angreifen, und waren eiligst auf Verstärkung des rechten Flügels bedacht. Aber Friedrich fand, daß, wenn er auf den linken, schlecht angelehnten Flügel des Feindes einfiele, der weitere Erfolg ungleich größere Vortheile darbieten würde; er ließ somit seine Armee, die zum Theil durch Hügelreihen gedeckt ward, im weiten Bogen seitwärts ziehen. Die Oesterreicher bemerkten diese Bewegung, ohne doch Friedrich's Absichten einzusehen; man meinte, er suche der Schlacht auszuweichen. Feldmarschall Daun sagte zu dem Prinzen von Lothringen: „Die Leute gehen: man störe sie nicht!“

Um Mittag war die preußische Armee dem linken feindlichen Flügel in die Flanke gekommen. Um 1 Uhr begann der Angriff. Prinz Karl hatte die Unvorsichtigkeit begangen, auf diesen Punkt seiner Schlachtordnung minder zuverlässige Truppen — württembergische und bayrische Hülfsvölker — zu stellen. Diese waren bald über den Haufen geworfen; in heftiger Flucht drängten sie bis Leuthen zurück, wo sie beinahe von den eignen Alliirten mit Pelotonfeuer wären empfangen worden. Auf die Flucht der Hülfsvölker folgte bald eine gänzliche Verwirrung des linken Flügels der österreichischen Armee. Die Preußen wandten sich dem Mitteltreffen der Oesterreicher entgegen. Die Stellung des letzteren wurde durch das Dorf Leuthen gedeckt, welches breit und ohne einen Eingang darzubieten, den feindlichen Angriff schwierig machte und aus dessen geschlossenen Gehöften die Preußen ein scharfes Feuer empfing. Ein hartnäckiger Kampf entspann sich um Leuthen. Ein Bataillon des preußischen Garderegiments machte einen Angriff auf das Dorf; der Commandeur stutzte, als er die Schwierigkeit der Lage übersah, er war unentschlossen, was zu thun sei. Der älteste Hauptmann, von Möllendorf, der nachmalige berühmte

Feldmarschall, sprang vor und rief den Soldaten zu, ihm zu folgen. Es ging auf einen versperrten Thorweg los. Man stieß und riß die Flügel auf; zehn Gewehre lagen in Anschlag; aber schon war Möllendorf mit dem Bataillon durch den gefährlichen Paß eingedrungen. Andere folgten, und bald, obgleich nicht ohne fortgesetzten hartnäckigen Kampf, war das Dorf genommen. Die Oesterreicher suchten sich auf den Höhen hinter Leuthen festzusetzen, während jetzt die Preußen an dem Dorfe einen festen Halt fanden. Jene standen in dichten Massen; in ihren Reihen wüthete furchtbar das preußische Geschütz, der Kampf währte stundenlang, ohne vor- oder zurückzuweichen. Es war 4 Uhr. Jetzt kam die österreichische Kavallerie des rechten Flügels, um die preußische Armee von der Seite anzugreifen. Aber auf diesen Augenblick hatte die preußische Kavallerie des linken Flügels nur gewartet; sie stürzte jener in die Seite und in den Rücken, und in kurzer Frist waren die österreichischen Reiter vom Schlachtfelde vertrieben. Dies war das Signal zur allgemeinen Flucht.

In wilder Unordnung eilte die österreichische Armee über das Schweidnitzer Wasser, zahlreiche Massen von Gefangenen zurücklassend. Da brach die frühe Nacht herein und beendete den Kampf.

Scharfsinn, Gewandtheit und unerschütterlicher Muth hatten in vier kurzen Stunden gegen die furchtbarste Uebermacht einen der glorreichsten Siege, welche die Weltgeschichte kennt, erfochten. Friedrich's Verfahren war im vollsten Sinne künstlerisch; wie der Orgelspieler, der mit leisem Fingerdruck die rauschende Flut der Töne erklingen läßt und sie in majestätischer Harmonie führt, so hatte er alle Bewegungen seines Heeres in bewunderungswürdigem Einklange geleitet. Sein Geist war es, der in den Bewegungen seiner Truppen sichtbar ward, der in ihren Herzen wohnte, der ihre Kräfte stählte.

Noch auf dem Schlachtfelde bewies Friedrich dem Prinzen Moritz von Dessau, welcher das Haupttreffen des preußischen Heeres geführt hatte, die ehrenvollste Auszeichnung, indem er ihn zum Feldmarschall ernannte. Er that dies mit den Worten: „Ich gratulire Ihnen zur gewonnenen Bataille, Herr Feldmarschall!" Der Prinz, noch mit Dienstangelegenheiten beschäftigt, hatte auf die einzelnen Ausdrücke des Grußes nicht genau Acht gegeben. Friedrich wiederholte also mit erhobener Stimme: „Hören Sie nicht, daß ich Ihnen gratulire, Herr Feldmarschall?" Als nun der Ueberraschte sich bedankte, erwiderte der König: „Sie haben mir so bei der Bataille geholfen und Alles vollzogen, wie mir noch nie Einer geholfen hat."

Ein tiefes Dunkel hatte sich über das Schlachtfeld, auf dem sich die Preußen, so gut es sein konnte, in Ordnung stellten, gelagert. Die Nacht hatte die weitere Verfolgung des Feindes und seine gänzliche Vernichtung gehindert. Friedrich aber gedachte auch jetzt noch nicht zu rasten, sondern mit rascher Entschlossenheit die Erfolge des glorreichen Tages festzuhalten. Es lag ihm daran, sich der Brücke zu versichern, welche bei dem Orte Lissa über das Schweidnitzer Wasser führt, damit er am folgenden Tage ungehindert die Verfolgung fortsetzen könne. Er nahm zu diesem Zwecke Zieten und einen Trupp Husaren, sowie einige Kanonen mit sich und suchte die Straße nach Lissa auf. In einem an der Straße belegenen Kruge ward Licht bemerkt; man pochte und forderte eine Laterne. Der Krüger, der seine Laterne nicht einbüßen mochte, kam selbst; Friedrich gebot ihm, seinen Steigbügel zu fassen und dem Zuge zu leuchten. So erreichte man den Weidendamm vor Lissa, während Friedrich den Krüger von den hohen Gästen, die über Nacht bei ihm geherbergt, und von den stolzen Reden, welche sie über die Preußen geführt, berichten ließ. Alles horchte der treuherzig gemüthlichen Erzählung, als plötzlich fünfzig bis sechzig Flintenschüsse fielen, die gegen die Laterne gerichtet waren, doch nur einige Pferde verwundeten. Es war ein österreichischer Posten, welcher den Damm bewacht hatte und nun entlief. Man befand sich nahe vor Lissa; es schien gefährlich, mit dem kleinen Trupp weiter vorzugehen. Friedrich sandte schnell einen Adjutanten zur Armee zurück, einige der ersten Grenadierbataillone derselben herbeizuholen; bis diese Verstärkung nachkam, ließ er seinen Trupp halten und den Weg nach dem offenen Oertchen untersuchen; es ward indeß keine weitere Gefahr entdeckt. In aller Stille rückte man nun in Lissa ein; die Straßen waren leer, in den Häusern rings aber war Licht und viel geschäftiges Leben. Einige österreichische Soldaten brachten Strohbündel aus den Häusern, sie wurden ergriffen und berichteten, sie hätten Befehl, das Stroh auf die Brücke zu tragen, die abgebrannt werden sollte. Indeß war man doch des preußischen Besuchs inne geworden; ein Trupp österreichischer Soldaten hatte sich still gesammelt und fing plötzlich an, stark auf die Preußen zu feuern, sodaß mehrere Grenadiere zu Friedrich's Seiten verwundet wurden. Die Preußen aber hatten ihre Kanonen bereits schußfertig und erwiderten ungesäumt den Gruß. In demselben Augenblick kam aus allen Häusern ein starkes Feuer auf die Preußen, und wieder schossen die Grenadiere auf die Fenster, aus denen gefeuert ward. Alles schrie und commandirte durcheinander. Friedrich aber sagte gelassen zu seiner Umgebung: „Messieurs, folgen Sie mir, ich weiß hier Bescheid!" Sogleich ritt er links über die Zugbrücke, welche nach dem herrschaftlichen Schlosse von Lissa führt; seine Adjutanten folgten. Kaum war er vor dem Schloßportale angekommen, als eine Menge von hohen und niederen österreichischen Offizieren, die eben ihre Mahlzeit eingenommen hatten und nun, durch das Schießen aufgeschreckt, ihre Pferde suchten, mit Lichtern in den Händen aus den Zimmern und von den Treppen herabgestürzt kamen. Erstarrt blieben sie stehen, als Friedrich mit seinen Adjutanten ganz ruhig vom Pferde stieg und sie mit den Worten bewillkommnete: „Bon soir, Messieurs!

Gewiß werden Sie mich hier nicht vermuthen. Kann man hier auch noch mit unterkommen?" Sie waren die größere Mehrzahl und hätten sich durch einen kühnen Entschluß der Person des Königs bemächtigen können; aber daran dachte in der Verwirrung Niemand. Die österreichischen Generale und Stabsoffiziere ergriffen die Lichter und leuchteten dem Könige die Treppe hinauf in eins der ersten Zimmer. Hier präsentirte einer den andern dem Könige, der sich mit ihnen in ein freundliches Gespräch einließ. Unterdessen fanden sich auf dem Schlosse immer mehr Adjutanten und andere Offiziere ein; endlich ward die Menge derselben so bedeutend, daß Friedrich verwundert fragte, wo sie denn alle herkämen; und jetzt erst hörte er, daß seine ganze Armee auf dem Wege nach Lissa sei.

Im Eifer des Sieges nämlich war diese gefolgt, als Friedrich jene Grenadierbataillone auf den Weg nach Lissa beordert hatte. Still und ernst hatte sich die Armee aufgemacht; Jeder schritt in tiefen Gedanken über den bedeutungsvollen blutigen Tag vorwärts; der kalte Nachtwind strich schaurig über die Felder, die von dem Aechzen und Wimmern der Verwundeten erfüllt waren. Da stimmte ein alter Grenadier aus tiefer Brust das schöne Lied „Nun danket Alle Gott" an; die Feldmusik fiel ein, und sogleich sang die ganze Armee, mehr als 25,000 Mann, wie aus Einem Munde:

Nun danket Alle Gott
Mit Herze, Mund und Händen,
Der große Dinge thut
An uns und allen Enden!

Die Dunkelheit und die Stille der Nacht, die Schauer des Schlachtfeldes, wo man fast bei jedem Schritt auf eine Leiche stieß, gaben dem Gesange eine wunderbare Feierlichkeit; selbst die Verwundeten vergaßen ihre Schmerzen, um Antheil an diesem allgemeinen Opfer der Dankbarkeit zu nehmen. Eine erneute innere Festigkeit belebte die ermüdeten Krieger. Dann tönte ein lauter, hochgehaltener Jubel aus Aller Munde; und als man nun das Feuern in Lissa hörte, so wollte es einer dem andern an Geschwindigkeit zuvorthun, seinem Könige beizustehen. Alles, was von Feinden in Lissa war, wurde gefangen genommen.

Die Oesterreicher hatten an dem einen Tage 27,000 Mann, 116 Geschütze, 51 Fahnen und 4000 Wagen verloren, während sich der Verlust der Preußen nur auf 6000 Mann belief. Aber schon in der Frühe des folgenden Morgens drang die preußische Armee unaufhaltsam weiter vor, um alle Erfolge, die der Sieg gewähren konnte, festzuhalten. Nach allen Seiten setzte man den Feinden nach; zahlreiche Schaaren von Gefangenen und mannigfache Beute fielen noch ferner in die Hände der Preußen. Nach Breslau hatte sich ein österreichisches Corps von nahe an 18,000 Mann geworfen. Friedrich belagerte die Stadt mit 14,000 Mann, beschoß ihre Werke trotz der heftigsten Kälte, und schon am 21. December sahen sich die Oesterreicher genöthigt, das Gewehr zu strecken; außer der Besatzung fielen zugleich bedeutende Vorräthe und eine reiche Kriegskasse in Friedrich's Hände. Wenige Tage darauf ging auch Liegnitz, das die Oesterreicher flüchtig befestigt hatten, mit großen Vorräthen über, doch erhielt die Besatzung freien Abzug. Nr Schweidnitz blieb in den Händen der Feinde, indem hier die hartgefrorene Erde die erforderlichen weitläufigeren Belagerungsarbeiten unmöglich machte. Doch ward der Ort fest eingeschlossen. Bis auf Schweidnitz war ganz Schlesien am Ende des Jahres von den Oesterreichern geräumt. Die Preußen bezogen ihre Winterquartiere. Von der gewaltigen österreichischen Armee betraten nur 37,000 Mann die böhmischen Grenzen.

Neunundzwanzigstes Kapitel.

Beginn des Feldzuges von 1758. Der Zug nach Mähren.

Wohl durfte Friedrich hoffen, daß nach einem Jahre so blutiger Arbeit, nach dem gewaltigen Schlage, mit dem er alle Rachepläne Oesterreichs vernichtet, Maria Theresia zum Frieden geneigt sein werde. In der That schien sich eine solche Gesinnung von Seiten des kaiserlichen Hofes kund zu geben. Die Schriften der kaiserlichen Kanzlei und des Reichshofrathes, die immer noch ihren Gang fortgingen, milderten in etwas ihren beleidigenden, selbst unanständigen Ton. Auch beeiferte sich Graf Kaunitz, Friedrich von einer Verschwörung zu benachrichtigen, welche gegen sein Leben angezettelt sei. Friedrich hielt dies für eine bloße Erfindung; doch ließ er seinen Dank für die Nachricht zurückschreiben, dabei aber auch hinzusetzen: es gebe zwei Arten des Meuchelmordes, die eine durch den Dolch, die andere durch entehrende Schandschriften; die erste Art achte er wenig, gegen die zweite sei er empfindlicher. Indeß säumte er nicht, soviel an ihm lag, für den Frieden zu arbeiten. Er sandte den kriegsgefangenen Fürsten Lobkowitz nach Wien, dort die Unterhandlungen einzuleiten; er schrieb selbst in dieser

Angelegenheit an die Kaiserin. „Ohne die Schlacht vom 18. Juni (so heißt es in diesem Briefe), in der mir das Glück zuwider war, würde ich vielleicht Gelegenheit gehabt haben, Ihnen meine Aufwartung zu machen: vielleicht hätte, wider meine Natur, Ihre Schönheit und Ihr hoher Sinn den Sieger überwunden; vielleicht hätten wir ein Mittel gefunden, uns zu vergleichen. . . . . Sie hatten zwar einigen Vortheil in Schlesien; aber diese Ehre war nicht von langer Dauer, und die letzte Schlacht ist mir wegen des vielen Blutes, welches dabei vergossen ward, noch schrecklich. Ich habe mir meinen Vortheil zu Nutze gemacht . . . und ich werde im Stande sein, wieder in Böhmen und Mähren einzurücken. Ueberlegen Sie dies, meine theure Cousine; lernen Sie einsehen, wem Sie sich vertrauen! Sie werden sehen, daß Sie Ihre Lande ins Verderben stürzen, da Sie an der Vergießung so vielen Blutes Schuld sind, und daß Sie Denjenigen nicht überwinden können, der, wenn Sie ihn hätten zum Freunde haben wollen, sowie er Ihr naher Verwandter ist, mit Ihnen die ganze Welt hätte können zittern machen. Ich schreibe dieses aus dem Innersten meines Herzens, und ich wünsche, daß es den Eindruck machen möge, den ich verlange. Wollen Sie aber die Sache auf das Aeußerste treiben, so werde ich Alles versuchen, was meine Kräfte verstatten; und doch versichere ich Ihnen, daß ich ungern in Ihnen eine Fürstin untergehen sehe, welche die Bewunderung der ganzen Welt verdient. Wenn Ihre Bundesgenossen Ihnen so beistehen, wie es ihre Schuldigkeit ist, sehe ich freilich voraus, daß es um mich gethan sein wird. Aber ich werde keine Schande davon haben; vielmehr wird es mir in der Geschichte zum Ruhme gereichen, daß ich einen Mit-Kurfürsten (Hannover) von der Unterdrückung habe erretten wollen, daß ich zur Vergrößerung der Macht des Hauses Bourbon nichts beigetragen und daß ich zweien Kaiserinnen und dreien Königen Widerstand zu leisten wußte." — Ueberzeugender konnte man freilich nicht sprechen.

In Wien aber hatte man sorgfältige Vorkehrungen getroffen, daß Maria Theresia weder von dem Elend und Jammer des Krieges, noch von der Schmach, welche der österreichischen Armee am 5. December widerfahren war, genügende Kunde erhielt. Man ging so weit, daß man alle Ereignisse des Tages von Leuthen ins Mährchenhafte verkehrte, um nur die Niederlage gebührend entschuldigen zu können. Und als nun auch die französische Politik mit angelegentlicher Geschäftigkeit eintrat, um jeden Gedanken an einen friedlichen Vergleich zu hintertreiben, da loderte alsbald der ganze alte Haß und das alte Rachebegehren in Maria Theresia empor. Die Unterhandlung des Fürsten Lobkowitz wurde mit einem Stolze abgewiesen, daß man hätte glauben sollen, nicht die mächtige österreichische Armee, sondern der König von Preußen sei bei Leuthen geschlagen worden.

Die Verbindung Oesterreichs mit Frankreich und Rußland ward im Gegentheil enger geschlossen als bisher. Frankreich versprach erneute Rüstungen und fernere Subsidien an Rußland. Die russische Kaiserin aber suchte den Rückzug ihres Heeres aus Preußen, der in ihrer Krankheit wider ihren Willen geschehen war, dadurch gut zu machen, daß sie schleunig einen zweiten Einmarsch dieses Heeres in Preußen anordnete. Friedrich, der eben erst die Winterquartiere bezogen hatte, konnte dies nicht verhindern. Am 16. Januar bereits brach die russische Armee unter dem Feldmarschall Fermor von Memel auf nnd zog, da sie keinen Widerstand fand, sechs Tage darauf unter großer Feierlichkeit in Königsberg ein. Die Stadt mußte der russischen Kaiserin an Friedrich's Geburtstage huldigen; die öffentlichen Einnahmen wurden mit Beschlag belegt, die Verwaltung wurde durch russische Vorgesetzte geleitet und ganz Ostpreußen als eine russische Provinz betrachtet. Fermor wurde zum Generalgouverneur ernannt und erhielt vom Kaiser die Würde eines Reichsgrafen.

Dagegen ward nun auch die Verbindung Friedrich's mit England um so fester geknüpft. William Pitt, der englische Staatssecretair, der jetzt an der Spitze des Ministeriums stand und Friedrich's Größe mit hellem Auge erkannt hatte, nutzte die günstige Stimmung des Volkes und des Parlamentes, sodaß am 11. April 1758 ein neuer Alliance- und Subsidien-Tractat zu Stande kam, durch welchen England sich verpflichtete, die hannöversche Armee durch englische Truppen zu verstärken und an Friedrich jährlich eine Summe von 670,000 Pfund Sterling als Hülfsgelder zu zahlen. Friedrich sandte dafür einige preußische Regimenter zur Verstärkung der hannöverschen Armee. Hülfsgelder von einer fremden Nation anzunehmen, stimmte freilich nicht mit seiner hochherzigen Gesinnung überein; er hätte lieber eine englische Flotte in der Ostsee zu seinem Beistande gesehen. Dies lehnten die Engländer jedoch ab; und da sich jetzt das Herzogthum Preußen und die westphälischen Provinzen in den Händen der Feinde befanden, so war Friedrich durch die unerbittliche Nothwendigkeit dazu gezwungen, ja, er mußte sogar, um den dringenden Bedürfnissen zu begegnen, noch auf eine weitere Vermehrung jener Summe denken und sie in zehn Millionen Thaler von geringerem Gehalte umprägen lassen. Denn wenn auch Sachsen starke Contributionen zahlte, wenn Mecklenburg, dessen Herzog sich besonders feindlich erwies und vor allen deutschen Fürsten auf die Achtserklärung drang, noch härter büßen mußte, so reichte das Alles doch nicht hin, um alle diejenigen Zurüstungen fortzusetzen, welche die Uebermacht der Feinde nöthig machte.

Friedrich war den Winter über, den er zumeist in Breslau zubrachte, damit beschäftigt, sein Heer wieder in den früheren Stand zu setzen. Die großen Schlachten des vorigen Jahres, die beschwerlichen Märsche, pestartige Krankheiten in den Lazarethen hatten es auf den dritten Theil seines ursprünglichen Bestandes zurückgebracht. Jetzt sorgte man mit allen Kräften, es wieder vollzählig und die Schaaren der Neugeworbenen mit allen Regeln des preußischen Dienstes vertraut zu machen. Dabei ward auch die Ordnung der schlesischen Angelegenheiten nicht vergessen. Ueber Diejenigen, welche sich bei dem Einmarsch der Oesterreicher treulos gezeigt, ward strenge Untersuchung verhängt und das Vermögen der Entwichenen eingezogen. Auch die Einkünfte des Fürstbischofs, Grafen Schaffgotsch, der über die Grenze gegangen war, aber beim wiener Hofe seines ehrlosen Betragens halber kein Gehör fand, wurden mit Beschlag belegt.

Während die preußischen Soldaten noch von den Beschwerden des vorjährigen Feldzuges rasteten und die Rekruten eingeübt wurden, begann der Herzog Ferdinand von Braunschweig an der Spitze der hannöverschen und verbündeten Truppen bereits den Kampf gegen die Franzosen. Schon im Februar brach er aus seinen Winterquartieren auf, befreite Hannover und trieb die ganze große französische Armee vor sich her. Ohne Rast und Aufenthalt floh diese über die beschneiten Fluren Westphalens bis an den Rhein zurück und machte erst in Wesel Halt; 11,000 Feinde fielen in Ferdinand's Hände. Hier gönnte der Sieger seinen Truppen Rast und wartete die Verstärkungen aus England ab. Durch dies glänzende Unternehmen ward Friedrich von allen französischen Angriffen befreit; auch die folgenden Ereignisse hielten sie von seinen Grenzen ab. Am 1. Juni ging Ferdinand über den

Rhein und schlug die verstärkte französische Armee am 23. bei Krefeld. Nach weiteren glücklichen Erfolgen ward er zwar, als Soubise mit seiner Armee in Hessen eindrang, zum Rückzuge genöthigt; aber die Art und Weise, wie er den Uebergang über den Rhein bewerkstelligte, brachte ihm nur neuen Ruhm. Zweimal siegte Soubise's Armee über vereinzelte Corps der Verbündeten, ohne doch einen wesentlichen Vortheil für Frankreich zu gewinnen. Ferdinand's Märsche und Stellungen verhinderten vielmehr jede Verbindung der beiden französischen Armeen und nöthigten sie, gegen das Ende des Jahres ihre Winterquartiere am Rhein zu nehmen; Soubise blieb diesseit des Stromes; die große Armee suchte ihre Quartiere zwischen Rhein und Maas.

Friedrich hatte indeß den Plan gefaßt, den diesjährigen Feldzug wiederum nach seiner gewohnten Weise zu beginnen. Statt den Angriff oder gar die Verbindung der feindlichen Heere abzuwarten, gedachte er, sich schnell und unvermuthet dem Einen entgegenzuwerfen, damit er, wenn er diesen zurückgedrängt, sodann auch zur Bekämpfung des Andern freie Hand behalte. Die Russen hatte er zwar an der Besetzung Preußens nicht hindern können, aber dies Land war durch Polen von seinen übrigen Provinzen getrennt, und er konnte berechnen, daß die russische Armee ohne geregelte Verpflegungsanstalten, somit unbehülflich in ihren Bewegungen, nicht im Stande sein würde, vor dem Beginn des Sommers zu weiteren Angriffen zu schreiten. So entschloß er sich, seine Kräfte zunächst gegen Oesterreich zu wenden. Hier durfte er um so eher auf günstige Erfolge rechnen, als die österreichische Armee, durch die Verluste des vorigen Jahres und durch die Lazarethkrankheiten geschwächt, nicht ohne große Mühe und zeitraubende Anstrengungen wiederherzustellen war.

Zunächst war es nöthig, die Oesterreicher von dem einen Punkte, den sie noch in Schlesien inne hatten, von Schweidnitz zu vertreiben. Sobald es die Jahreszeit erlaubte, am 1. April, wurde die förmliche Belagerung eröffnet; am 18. April streckte die Besatzung, ein Corps von 5000 Mann, das Gewehr, nachdem eins der Forts, welche Schweidnitz umgaben, durch nächtlichen Sturm genommen war.

Jetzt erwartete die österreichische Armee, die in Böhmen stand, Friedrich's Einmarsch in dieses Land. Feldmarschall Daun führte den alleinigen Oberbefehl über die Oesterreicher. Maria Theresia hatte zwar den Prinzen von Lothringen wieder an dieser Stelle zu sehen gewünscht, allein der Prinz hatte der im Uebrigen ungünstigen Stimmung, der er wegen der erlittenen Verluste ausgesetzt war, nachgegeben und das Heer verlassen. Daun's Rüstungen waren noch auf keine Weise vollendet; dieser Umstand, sowie die übergroße Vorsicht, die alle seine Handlungen charakterisirt, veranlaßte ihn, die gewaltigsten Verschanzungen an den böhmischen Grenzen auszuführen. Ganze Wälder wurden niedergeschlagen, das Holz zu der ungeheueren Menge von Verhauen zu gewinnen. Friedrich that Alles, um den Gegner in seiner vorgefaßten Meinung zu bestärken. Dabei aber hatte er, ganz in der Stille, die Vorbereitungen zu einem anderen Unternehmen getroffen. Mit dem Beginn des Mai, ehe es Jemand ahnen konnte, stand seine Armee in Mähren und machte sich zur Belagerung von Olmütz bereit. Es lag ihm zunächst daran, die Uebereinstimmung zwischen den Operationen der Oesterreicher und ihrer Verbündeten und den hiernach entworfenen Feldzugsplan so viel als möglich zu beeinträchtigen.

So schnell aber die preußische Armee in Mähren eingerückt war, so langsam folgte der schwere Train, der das Belagerungsgeschütz herbeiführte. Daun hatte Zeit gewonnen, dem Könige nach Mähren zu folgen und eine drohende Stellung einzunehmen. Doch begnügte er sich, das kleinere preußische Heer von seinen leichten Truppen umschwärmen zu lassen, einen entschiedenen Erfolg von günstigeren Umständen abwartend. Indeß wurde die Belagerung rüstig begonnen. Aber hierbei wurden jetzt von den leitenden Offizieren manche Fehler gemacht; die ersten Batterien wurden in einer Entfernung von den feindlichen Werken aufgeführt, daß man eine große Menge von Kugeln ganz ohne Erfolg verschoß; und als man näher gerückt war, konnte man, bevor eine neue Zufuhr eingetroffen war, täglich nur eine geringe Anzahl von Schüssen thun, sodaß die Belagerten Zeit gewannen, allen Schaden fort und fort wieder auszubessern. Ueberdies reichte die preußische Armee nicht hin, die Stadt vollkommen zu umschließen, sodaß diese in Verbindung mit Daun's Armee blieb und sogar eine Verstärkung in sich aufnehmen konnte.

Alle Hoffnung eines günstigen Erfolges beruhte nun auf einem großen Transport, welcher der preußischen Armee von Schlesien aus die nöthigen Kriegsbedürfnisse zuführen sollte. Die Bedeckung desselben zu verstärken, wurde ihm Zieten mit seinem Corps entgegengesandt. Aber diesmal hatte Daun in der That die trefflichsten Maßregeln zum Verderben des Feindes ergriffen. Ein bedeutend überlegenes Corps griff den Transport in den Gebirgspässen von allen Seiten an. Man feuerte mit Kanonen auf die Wagenburg, welche die Preußen in Eile bildeten, man sprengte die Pulverwagen in die Luft, schoß die Pferde todt, und bald war Alles in der schrecklichsten Verwirrung. Die schützenden Truppen mußten der Uebermacht weichen. Es war eine bedeutende Anzahl junger Rekruten aus Pommern und aus der Mark bei dem Transport gewesen; wenige von diesen wurden gefangen, die übrigen deckten mit ihren Leibern die Wahlstatt. Zieten war genöthigt, sich unter fortwährenden Gefechten nach der schlesischen Grenze zurückzuziehen. Nur ein kleiner Theil der Wagen kam bei der preußischen Armee an.

Jetzt blieb Friedrich nichts übrig, als das ganze Unternehmen aufzugeben und seine Armee aus Mähren zurückzuziehen. Doch waren auf diesem Rückzuge die größten Schwierigkeiten zu erwarten. Darum berief Friedrich die sämmtlichen höheren Offiziere zu sich in das Hauptquartier und sprach seinen Entschluß mit folgenden Worten aus: „Messieurs! Der Feind hat Gelegenheit gefunden, den aus Schlesien angekommenen Transport zu vernichten. Durch diesen widerwärtigen Umstand bin ich genöthigt, die Belagerung von Olmütz aufzuheben. Die Herren Offiziere dürfen aber nicht denken, daß deshalb Alles verloren ist. Nein! Sie können versichert sein, daß Alles reparirt werden soll, daß der Feind daran denken wird. Die Offiziere müssen allen Burschen Muth zusprechen und es nicht leiden, wenn etwa gemurrt werden sollte. Ich besorge nicht, daß Offiziere selbst sich verzagt bezeigen werden; sollte ich, wider Vermuthen, dies bei einem oder dem andern bemerken, so werde ich's auf das Schärfste ahnden. Ich werde jetzt marschiren, und wo ich den Feind finde, ihn schlagen, er mag postirt sein, wo er will, eine oder mehrere Batterien vor sich haben, — doch" — hier hielt der König inne und rieb sich mit der Krücke seines spanischen Rohres die Stirn — „doch werde ich's nie ohne Raison und Ueberlegung thun. Ich bin aber auch versichert, daß jeder Offizier bei vorfallender Gelegenheit und jeder Gemeine ebenfalls seine Schuldigkeit thun wird, sowie sie's bisher gethan haben."

In der That hatten sich jetzt wiederum die Verhältnisse auf eine Weise gestaltet, daß es der freiesten, besonnensten Ueberlegung und des standhaftesten Muthes bedurfte, um ohne Gefährde daraus hervorzugehen. Aber wenn man die Thaten des großen Königs betrachtet, so findet man, daß er nirgends bewunderungswürdiger erscheint, als wenn die Gefahren sich zu häufen beginnen und nach gewöhnlicher

Berechnung der Untergang unvermeidlich erscheint. In diesen Fällen erhöhte sich die Spannkraft seines Geistes zu einem Grade, der eben außerhalb der Sphäre aller gewöhnlichen Berechnung lag. Jetzt sollte er mit einer kleinen Armee, deren Marsch durch die Masse des Belagerungsgeschützes und durch einen Zug von 4000 Wagen im höchsten Maße erschwert ward, aus dem Innern eines Landes zurückkehren, dessen Zugänge von bedeutend überlegenen Schaaren besetzt und dessen Bewohner von feindseliger Stimmung erfüllt waren. Alle Welt war auf die Lösung dieses schwierigen Räthsels gespannt. Aber Friedrich hatte schon die zweckmäßigsten Anordnungen getroffen. Daun vermuthete, daß er auf dem kürzesten Wege, unmittelbar nach Schlesien, zurückkehren werde, und Friedrich ließ es sich angelegen sein, den vorsichtigen Gegner aufs Neue in seiner vorgefaßten Meinung zu täuschen. So fertigte er einen Feldjäger an den Commandanten von Neisse ab, mit dem schriftlichen Befehl, Brod und Futter zur Ankunft der Armee in Bereitschaft zu halten. Der Feldjäger spielte seine Rolle so geschickt, daß er dem Feinde, der keine Kriegslist vermuthete, in die Hände fiel und sich seiner scheinbar so wichtigen Depesche berauben ließ. Nun hatte Daun nichts Eiligeres zu thun, als alle Wege und Pässe nach Schlesien zu besetzen. Friedrich aber gewann hierdurch einige Tage Vorsprung, um den Marsch nach der fast entgegengesetzten Richtung, nach Böhmen, antreten zu können. Erst als er sich hintergangen sah, eilte Daun ihm nach. In den Pässen des mährischen Gebirges suchten nun die leichten Truppen der österreichischen Armee den Marsch der preußischen Colonnen aufzuhalten; aber siegreich wurden alle Angriffe solcher Art, trotz der mannigfachsten Schwierigkeiten, zurückgeschlagen. Friedrich erreichte Böhmen und nahm sein Lager bei Königingrätz, am 12. Juli, ohne irgend einen erheblichen Verlust erlitten zu haben und ohne daß Daun, auch unter diesen Umständen, eine Hauptschlacht gewagt hätte; von hier sandte Friedrich den beschwerlichen Belagerungstrain nach Glatz. Gern hätte er nunmehr, nachdem sein Heer gerastet und sich gestärkt hatte, die ganze Expedition mit einer ernstlichen Schlacht beschlossen; allein Daun hütete sich weislich, die feste Stellung, die er den Preußen gegenüber eingenommen hatte, zu verlassen. So kehrte Friedrich Anfang August nach Schlesien zurück, von aller Welt über einen Rückzug bewundert, den man nur mit dem Rückzuge der zehntausend Griechen unter Xenophon zu vergleichen wußte. Der kaiserliche Hof aber weihte seinem Feldmarschall, welcher dem glücklichen Rückzuge der Preußen in bescheidener Ruhe zugesehen, eine Denkmünze, die ihm den Ehrennamen des „deutschen Fabius Maximus" gab und auf der die Worte standen: „Du hast durch Zaudern gesiegt: fahre fort, durch Zaudern zu siegen!"

Vielleicht während dieses Rückzuges war es, daß Friedrich durch rasche Geistesgegenwart einer persönlich drohenden Gefahr entging. Er war mit kleinem Gefolge zum Recognosciren ausgeritten; in einem Gebüsche lagen Panduren, die ihre Schüsse auf die kleine Schaar richteten. Friedrich hatte dies nicht beachtet, als ihm plötzlich ein Feldjäger zurief, daß in der Nähe, hinter einem Baume versteckt, ein Pandur auf ihn anlege. Friedrich sah sich um, erblickte den zielenden Panduren, hob den Stock, den er stets, auch zu Pferde, trug, in die Höhe und rief ihm mit drohender Stimme zu: „Du! du!" Der Pandur aber nahm erschrocken sein Gewehr vor den Fuß, entblößte sein Haupt und blieb in ehrerbietiger Stellung stehen, bis der König vorübergeritten war.

Dreißigstes Kapitel.

Fortsetzung des Feldzuges von 1758. Zorndorf.

Es gehört zu den Eigenthümlichkeiten des siebenjährigen Krieges und zu denjenigen Umständen, die Friedrich vorzugsweise Gelegenheit gaben, seine Feldherrngröße zu entfalten, daß er fort und fort von einem Unternehmen zu dem andern eilen mußte, daß er den Gegnern, die ihn auf verschiedenen Seiten bedrängten, nicht anders die Stirn bieten konnte, als indem er rastlos mit seiner Armee die weitesten Märsche machte und hierdurch die geringe Zahl seiner Truppen vielfach verdoppelte. Das vorige Jahr hatte ihn in Böhmen, in der Lausitz, in Thüringen, Sachsen und Schlesien gesehen; jetzt war er kaum aus Mähren und Böhmen zurückgekehrt, als er wiederum genöthigt war, sich unverzüglich nach der entgegengesetzten Seite zu wenden. Die Russen hatten, unter dem Commando des Feldmarschalls Fermor, ihr schwerfälliges Heer in Marsch gesetzt, waren langsam durch die nördlichen Provinzen des damaligen Polen (Westpreußen und Posen) gezogen, hatten am 2. August die Grenzen der Neumark überschritten und bedrohten nun das Innere der Staaten Friedrich's mit allen den Gräueln, welche ihre ungeregelten Kriege mit sich führten. Denn so mäßig sie sich in Preußen, das fortan als eine russische Provinz gelten sollte, betragen hatten, so wilde Bar-

bareien übten sie an denjenigen Orten aus, welche sie als feindliche Besitzung anerkannten. Brand, Blut und Elend bezeichneten ihre Schritte; die blühenden Fluren, über die sie gezogen waren, lagen als eine Wüste hinter ihnen.

Als die Russen sich den märkischen Grenzen näherten, war ihnen jenes Armeecorps entgegengezogen, welches im vorigen Jahre in Preußen gekämpft hatte und jetzt, unter dem Befehl des Grafen Dohna, die Schweden in Stralsund eingeschlossen hielt. Zu schwach jedoch, um gegen die Uebermacht der Feinde etwas Entscheidendes unternehmen zu können, lagerte sich Dohna an der Oder und begnügte sich, das linke Ufer des Flusses zu decken und die Besatzung der Festung Cüstrin zu verstärken, als Fermor mit seiner Hauptmacht gegen dieselbe vorrückte. Eine regelmäßige Belagerung dieses Ortes ließ die nächste sumpfige Umgebung nicht zu, wohl aber hoffte Fermor die Besatzung durch ein Bombardement zur Uebergabe zu zwingen und auf diese Weise einen festen Waffenplatz an der Oder zu gewinnen. Eine ungeheuere Menge von Bomben und Granaten wurde am 15. August in die Stadt geworfen, sodaß Alles in kurzer Frist in Flammen aufging. Die Einwohner der Stadt und die Menge der Bewohner des Landes, die hinter den Wällen von Cüstrin Schutz gesucht vor den barbarischen Horden, sahen alle ihre Habseligkeiten den Flammen preisgegeben und konnten nichts als ihr Leben retten, indem sie sich über die Oder flüchteten. Fermor ließ mit dem Bombardement so lange fortfahren, als Brandgeschosse in seinem Lager vorhanden waren. Doch war seine Absicht umsonst. Die Festungswerke blieben unversehrt; und als nach fünf Tagen der Commandant zur Uebergabe aufgefordert ward, mit dem Androhen, daß man, wenn die Uebergabe nicht erfolge, sofort zum Sturme schreiten und die ganze Besatzung niedermetzeln würde, so erklärte er, er gedenke, sich bis auf den letzten Mann zu vertheidigen.

Unterdeß war ein besonderes Corps der russischen Armee gegen Pommern gesandt und die schwedische Armee aufgefordert worden, in Uebereinstimmung mit den russischen Truppen vorzuschreiten. So hatte die Gefahr den höchsten Punkt erreicht. Doch verfuhren die Schweden äußerst langsam, und zwar auf den Rath des französischen Gesandten, dessen Wunsch es war, daß sie, um die französischen Armeen zu unterstützen, ihren Marsch gegen die Elbe wenden möchten. Und schon war der Retter nahe. Am 21. August traf Friedrich im Lager des Grafen Dohna, Cüstrin gegenüber, ein und brachte 14,000 Mann seiner erprobten schlesischen Armee mit, die er auf die Nachricht der drohenden Gefahr der Sommerhitze zum Trotz in fliegenden Märschen von der böhmischen Grenze hinübergeführt hatte. Gleich nach seiner Ankunft musterte er das Corps des Grafen Dohna. Der stattliche Aufzug, in welchem dasselbe an ihm vorüberzog, fiel ihm auf; er wandte sich zu Dohna und bemerkte gegen diesen laut, wohl an die vorjährige Niederlage der Truppen gedenkend: „Ihre Leute haben sich außerordentlich geputzt; ich bringe welche mit, die sehen aus wie die Grasteufel, aber sie beißen!“

Aber tiefe Trauer und heißes Rachebegehren mußten das Gemüth des Königs erfüllen, als er die rauchenden Trümmer der Stadt und all die Verwüstungen vor sich sah, welche die barbarischen Horden in seinem Lande angerichtet, und das Elend der Bewohner, die von ihm Linderung ihres grausamen Schicksals begehrten. Mildreich tröstete er die Unglücklichen auf den Brandstätten Cüstrins. „Kinder“, sagte er zu ihnen, als sie ihm treuherzig die einzelnen Umstände ihrer Leiden erzählten, —

„Kinder, ich habe nicht eher kommen können, sonst wäre das Unglück nicht geschehen! Habt nur Geduld, ich will euch Alles wieder aufbauen!“ Auch bewährte er sein Wort durch die That und ließ ihnen augenblicklich zur Bestreitung ihrer nächsten dringenden Bedürfnisse die Summe von 200,000 Thalern auszahlen. Schnell beschloß er, den Feind zur schweren Verantwortung zu ziehen. Während in der Nähe von Cüstrin auf die russischen Verschanzungen gefeuert ward, sodaß man glauben mußte, er werde hier sofort zum ernstlicheren Angriffe schreiten, ließ er mit dem Beginn der Nacht sein Heer aufbrechen, um eine Strecke unterhalb Cüstrin unbemerkt die Oder überschreiten zu können. Als die Armee sich zum Abmarsch anschickte, ritt er die Reihen entlang, begrüßte noch einmal seine Tapferen und rief ihnen freundlich zu: „Kinder, wollt ihr mit?“ Alles antwortete mit einem jubelnden Ja! Einer sagte zu ihm: „Wenn wir nur erst russische Beutepferde hätten, da sollte es noch geschwinder gehen.“ Der König antwortete mit Laune: „Die wollen wir schon bekommen!“

Am 23. August ward der Uebergang über den Fluß bewerkstelligt und der Feind nunmehr im weiten Bogen umgangen. Das ganze Heer ward über die Gräuelscenen, die sich hier überall den Augen darboten, zur leidenschaftlichsten Rache ent-

flammt. Man sah nichts als brennende oder eingeäscherte Dörfer; in den Schlupfwinkeln der Wälder lagen die elenden Bewohner, denen der Feind auch das Letzte, was sie an Nahrungsmitteln besaßen, genommen hatte. Willig gaben ihnen die menschenfreundlichen Soldaten das Brod, das sie mit sich trugen; dafür trugen ihnen die Bauern Wasser zu, ihren Durst in der brennenden Hitze zu löschen; auch fand man an vielen Orten vorsorglich große Gefäße, selbst Sturmfässer mit Wasser zu diesem Behuf auf die Straße gestellt.

Am Morgen des 25. August hatte Friedrich das russische Heer so weit umgangen, daß er dasselbe von der vortheilhaftesten Seite angreifen konnte. Eine gedehnte Ebene verstattete ihm einen freien Angriff, während im Rücken und zur Seite des Feindes sumpfige Niederungen und ein kleiner Nebenfluß der Oder befindlich waren. Die Brücken über den letzteren hatte Friedrich abbrechen lassen, da er dem Feinde allen Rückzug abschneiden wollte; er gedachte das ganze feindliche Heer zu vernichten und so mit Einem Schlage eine blutige Entscheidung zu erzwingen. Denn freilich durfte er hier nicht lange säumen, da er erwarten konnte, daß die Oesterreicher seine Abwesenheit bald zu gefährlichen Unternehmungen benutzen würden.

Darum hatte er auch die feindliche Bagage, die in einer Wagenburg abgesondert zur Seite stand und durch ihn bereits von der Hauptarmee abgeschnitten war, nicht, was ohne Mühe hätte geschehen können, angegriffen; ohne bedeutenderes Blutvergießen hätte er hierdurch den Feind nöthigen können, ein Land zu verlassen, in dem er sich nicht zu halten vermochte. Aber die Vollendung dieses Unternehmens hätte Wochen erfordert.

Die preußische Armee bestand aus 32,760 Mann, die der Russen aus ungefähr 52,000 Mann. Die letztere hatte sich, als Friedrich heranrückte, in einem ungeheueren länglichen Viereck, Reiterei, Troß und Reserve in der Mitte, aufgestellt. Eine solche Aufstellung hatte sich in den Türkenkriegen, gegen die regellosen Angriffe eines wilden Feindes, bewährt gezeigt; gegen eine europäisch disciplinirte Armee war sie wenig zweckmäßig. Friedrich entschloß sich, mit seinem linken Flügel gegen die ungefüge Last des feindlichen Heeres vorzurücken, die rechte Ecke desselben in gewaltigem Stoße zu zerschmettern und von hier aus Verwirrung und Niederlage über seine dichtgedrängten Glieder zu verbreiten. Zwischen beiden Heeren lag das Dorf Zorndorf. Umherschwärmende Kosakenschaaren hatten dasselbe in Brand gesteckt; aber der Rauch trieb den Russen entgegen und verhinderte sie, die Aufstellung des Gegners zu beobachten.

Um 9 Uhr begann der Angriff. Die Avantgarde und der linke Flügel der preußischen Armee rückten gegen die rechte Seite des russischen Heeres vor, welche durch eine sumpfige Niederung von der Hauptarmee abgetrennt war. Das Geschütz begann sein furchtbares Spiel und wüthete auf eine unerhörte Weise in den tiefen Reihen der Russen; durch Eine Kugel sollen 42 Mann niedergestreckt worden sein. Der Troß im Innern der Schaaren gerieth in Verwirrung, die Pferde mit ihren Wagen rissen aus und brachen durch die Glieder; nur mit Mühe konnte man denselben zu einer Aufstellung hinter den Truppen sammeln. Die preußische Infanterie benutzte die Verwirrung, zog eilig näher, feuerte heftig und warf das Vordertreffen der Russen. Aber der Aufmarsch der Preußen war mit mancherlei Ungeschick verbunden gewesen; ihre Schaaren waren zum Theil getrennt, zum Theil in einer schwachen Linie geführt; die feindlichen Heerführer benutzten dies, und nun brachen Fußvolk und Reiterei der Russen mit dem wilden Rufe Ara! Ara! auf die Preußen ein, deren Infanterie sich in verwirrter Flucht zurückzog. Aber die preußische Kavallerie unter Seydlitz war bis dahin ruhig zur Seite vorgerückt. Als nun die Russen in Unordnung ihren Gegnern nachsetzten, gab Seydlitz, den richtigen Moment scharf erfassend, das Zeichen zum Angriff, und augenblicklich stürmten seine Schaaren in geregelter Kraft auf die feindlichen Haufen ein. Jetzt erhob sich ein fürchterlicher

Kampf, wie die europäische Kriegsgeschichte fast kaum ähnliche kennt. Denn ob auch die ersten Reihen der Russen niedergeschmettert waren, so standen die nachfolgenden doch unerschütterlich fest. Auch diese wurden geworfen, aber immer ballten sich neue Massen zusammen, mit ihren Leibern dem Gegner einen Wall entgegensetzend, der nicht anders als durch gänzliche Niedermetzelung erstiegen werden konnte. Ob sie auch ihre Pulvervorräthe verschossen hatten, doch wichen die Russen nicht eher, als bis sie von der Klinge des Gegners durchbohrt niedersanken. Stundenlang währte dies Morden. Einige Haufen der Russen geriethen über ihre Bagage, plünderten die Marketenderwagen und öffneten die Branntweinfässer, nach dem berauschenden Tranke lechzend. Die Offiziere schlugen die Fässer in Stücke; Einige warfen sich auf den Boden, den Trank auch noch im Staube aufzulecken, Andere kehrten ihre Waffen in wilder Wuth gegen ihre Befehlshaber und mordeten die, welche ihnen den Trank verschüttet. Endlich, nachdem die Mittagsstunde bereits vorüber war, endete der Kampf auf dieser Seite. Was von den Russen nicht niedergemetzelt lag, war in die Sümpfe versprengt. Seydlitz aber zog seine tapferen Schaaren vor dem feindlichen Kanonenfeuer zurück, das nunmehr von der andern Seite auf ihn gerichtet ward.

Die übrigen Theile beider Armeen waren bis jetzt noch nicht zum Kampfe gekommen. Friedrich hatte sich auf dem rechten Flügel seiner Truppen befunden. Nun ordnete er seine Armee zum Angriff und rückte vor. Vor dem rechten Flügel befand sich eine Batterie, durch einen beträchtlichen Zwischenraum von der Truppenlinie getrennt und deshalb durch ein besonderes Bataillon gedeckt. Auf diese stürzte sich eine große Schaar feindlicher Kavallerie und nahm schnell die Batterie und jenes Bataillon gefangen. Dann sprengte sie der Armee entgegen; hier ward sie jedoch durch ein lebhaftes Feuer zurückgeworfen. Jetzt brach sich auch jenes gefangene Bataillon wieder zu den Seinigen Bahn, mit dem lauten Rufe: Victoria, es lebe der König! Friedrich aber ritt zu ihnen heran und sagte: „Kinder, ruft noch nicht Victoria; ich werde es euch schon sagen, wenn es Zeit ist!" — In dem Augenblicke stürzten neue Schaaren der russischen Reiterei auf den linken Flügel der preußischen Armee. Dieser war aus den Regimentern des Grafen Dohna gebildet; ein Theil von ihnen war es gewesen, der schon bei jenem ersten Angriff auf den rechten Flügel der Russen geflohen war. Jetzt ergriff sie insgesammt bei dem Anbrausen der feindlichen Haufen ein panischer Schreck; in schmachvoller Flucht verließen sie aufs Neue das Schlachtfeld. Und wieder war es dem Helden des Tages, Seydlitz, vorbehalten, die bedrohliche Gefahr abzuwenden. Aufs Neue stürmte er mit seinen tapferen Schaaren auf die Feinde ein, warf die russische Kavallerie in wilder Unordnung zurück und griff die noch stehenden Infanterietreffen der Russen trotz des lebhaftesten Kartätschen- und Gewehrfeuers muthig an. Bald kam auch Friedrich mit dem erprobteren Theile seiner Infanterie heran, und nun entstand wiederum ein Gemetzel, jenem gleich, welches dem rechten Flügel der Russen bereits den Untergang gebracht hatte. Mann kämpfte gegen Mann, keine Abtheilung vermochte mehr Ordnung zu erhalten, Russen und Preußen, Infanterie und Kavallerie, Alles war in dichten Knäueln durcheinandergedrängt. Friedrich selbst ward in Person auf eine Weise mit in das Gefecht verwickelt, daß seine Pagen um ihn her gefangen, verwundet und getödtet wurden. Der furchtbare Staub des heißen Tages und der Pulverdampf hatten alle Gesichter unkenntlich gemacht; der König ward von seinen Truppen nur an der Stimme erkannt. Kein Theil wich dem andern an Muth, aber die Kriegszucht der Preußen trug den Sieg davon; es gelang den Führern, sie aus dem wilden Gewühl aufs Neue in geregelten Schaaren zusammenzuziehen, und als der Abend sank, waren die Russen, die nicht niedergemetzelt lagen, vom Kampfplatze zurückgedrängt.

Während Friedrich seine Armee zur Nachtruhe ordnete, suchten die Russen in einzelnen Haufen ihr Heil in der Flucht. Da sie aber überall die Brücken abgebrochen fanden, so hinderte dies die gänzliche Auflösung ihres Heeres, dessen Führer es sich nun auf alle Weise angelegen sein ließen, die Zerstreuten zu sammeln. Eine Schaar von einigen Tausend Russen hatte sich wieder auf dem Schlachtfelde aufgestellt. Gegen sie ließ Friedrich noch einmal Truppen marschiren; doch blieb dieser letzte, übrigens unbedeutende Angriff fruchtlos, da es theils an Munition fehlte, theils auch die Hälfte der Angreifenden, aus Bataillonen des linken Flügels bestehend, zum dritten

Mal vor dem feindlichen Feuer entfloh. Indeß veranlaßte dieser kleine und für das Schicksal des Tages so ganz gleichgültige Erfolg den russischen Heerführer, prahlerische Siegesnachrichten nach Petersburg und nach den Höfen der Bundesgenossen zu senden, die sich gern auf kurze Zeit dem angenehmen Traume überließen.

Ueber Nacht hatten sich die Russen gesammelt und am folgenden Morgen sich aufs Neue in Schlachtordnung gestellt. Es schien sich eine zweite Schlacht entspinnen zu wollen; in der That begann eine Kanonade, welche vier Stunden lang dauerte. Aber auf beiden Seiten war die Erschöpfung groß; auch fehlte es an Munition, sodaß es zu keinem ernstlicheren Angriffe kam. Fermor hielt nun um einen Waffenstillstand von einigen Tagen an, unter dem Vorwande, die Todten zu begraben. Friedrich ließ ihm antworten, dies sei die Pflicht des Siegers. So benutzte Fermor die folgende Nacht, den linken Flügel des preußischen Heeres zu umgehen und seine Wagenburg wieder zu gewinnen, wo er sich vorläufig verschanzte.

Gefangene waren am Tage der Schlacht von Zorndorf auf beiden Seiten nur wenige gemacht worden. Man hatte Pardon weder gegeben noch genommen. Man sagt, Friedrich selbst habe es verboten gehabt. Erst am folgenden Tage war eine größere Anzahl der versprengten Russen in die Hände der Preußen gefallen. Die Verluste im Ganzen waren sehr bedeutend. Friedrich hatte über 11,000 Mann, die Russen das Doppelte verloren. An Trophäen hatten die Preußen 103 Kanonen und 27 Fahnen und Standarten erobert. „Der Himmel hat Ew. Majestät heute wieder einen schönen Sieg gegeben!“ so redete der englische Gesandte, Sir Mitchell, der Friedrich in den Krieg gefolgt war, Letzteren auf der Wahlstatt an. „Ohne diesen“, — erwiderte Friedrich und zeigte dabei auf Seydlitz, — „ohne diesen würde es schlecht mit uns aussehen.“ Seydlitz aber lehnte das ehrenvolle Wort bescheiden ab und sprach das ganze Verdienst der gesammten Reiterei zu. Auch fand sich Friedrich veranlaßt, dem Feldmarschall Daun den wahren Erfolg der Zorndorfer Schlacht zu melden. Ihm war nämlich ein Brief Daun's an Fermor in die Hände gefallen, worin dem russischen Heerführer gerathen ward, er möge keine Schlacht wagen mit einem listigen Feinde, den er noch nicht kenne: er möge nur zögern, bis Daun's Unternehmen auf Sachsen zu Ende gebracht sei. Friedrich schrieb nun zurück: „Sie haben Recht gehabt, dem General Fermor zu rathen, daß er vor einem feinen und listigen Feinde, den Sie besser kenneten, auf seiner Hut sei. Denn er hat Stich gehalten und ist geschlagen worden.“

Unter den Gefangenen befanden sich fünf russische Generale. Als diese, noch auf dem Schlachtfelde, dem Könige vorgestellt wurden, so bedeutete er sie, wie er bedauere, daß er kein Sibirien habe, wohin er sie schicken könne, damit sie für ihre barbarische Weise der Kriegführung bestraft und ebenso behandelt würden, wie in Rußland die preußischen Offiziere. Sie fanden darauf ihre Wohnungen in den gewölbten Kellern unter den Wällen Cüstrins. Als sie dorthin geführt wurden und gegen einen solchen unziemlichen Aufenthalt protestirten, erwiderte ihnen der Commandant, mit Rücksicht auf die Erklärung des Königs: „Sie haben, meine Herren, nicht mir, sondern der armen Stadt die Ehre angethan, sie zu beschießen, und sich selbst kein Haus übrig gelassen. Sie müssen für jetzt so vorlieb nehmen!“ Indeß

gestattete Friedrich schon nach einigen Tagen, daß die russischen Generale ihre Keller verlassen und sich in der nicht abgebrannten Neustadt von Cüstrin Wohnungen miethen durften. Ja, als darauf die Nachricht von einer milderen Behandlung der Preußen in Petersburg kam, erlaubte er ihnen, nach Berlin zu gehen und selbst an den dortigen Hoffesten Theil zu nehmen. Damals waren es Gefangene fast aus allen europäischen Nationen, welche an den Hoftagen zu Berlin der Königin ihre Aufwartung machten.

Die preußische und die russische Armee hatten indeß noch einige Tage unthätig einander gegenübergestanden, bis am 1. September Fermor sich auf Landsberg zurückzog. Friedrich folgte ihm, sah sich jedoch schon am 2. September genöthigt, mit einem Theile seiner Armee nach Sachsen aufzubrechen, wohin ihn neue Noth der Seinen berief. Ein Corps von 16,000 Mann blieb zur Beobachtung der Russen zurück. Fermor rückte nun in Pommern ein und zog jene Abtheilung seiner Truppen, die in Gemeinschaft mit den Schweden hatte operiren sollen, wieder an sich; dann sandte er ein anderes Corps nach dem Ufer der Ostsee, Colberg zu belagern. Die Besatzung dieser Festung war sehr schwach, aber Landmilizen und die gesammte

Bürgerschaft nahmen Theil an der Vertheidigung; ein mehrfach wiederholtes Bombardement blieb fruchtlos, und selbst ein Sturmangriff, nachdem die Russen bereits in den bedeckten Weg eingedrungen waren, wurde glücklich abgeschlagen. Endlich, Ende October, wurde die Belagerung aufgehoben, und die gesammte russische Armee zog sich, jenseit der Weichsel, in ihre Winterquartiere. — Den Fortschritten der Schweden war nach der Schlacht von Zorndorf durch ein besonderes preußisches Corps Einhalt gethan.

Einunddreißigstes Kapitel.

Schluß des Feldzuges von 1758. Hochkirch.

Als Friedrich die böhmischen Grenzen verließ und gegen die Russen zog, dünkte es seinen übrigen Gegnern die günstigste Zeit, nun auch ihrerseits angriffsweise gegen seine Besitzungen zu verfahren. Die preußischen Truppen, die in Sachsen und Schlesien standen, waren an Zahl nicht sonderlich bedeutend; man konnte ihnen sehr überlegene Massen entgegenstellen, und man meinte, daß vor der Hand das Genie des Königs eben nicht weiter zu fürchten sei. Die Reichsarmee, die in Franken ihre Winterquartiere genommen und sich ansehnlich verstärkt hatte, rückte nun in Böhmen ein und wandte sich gegen die sächsischen Grenzen. Daun zog mit der großen österreichischen Armee nach der Lausitz und errichtete dort seine Magazine. Hier konnte er, je nach den Umständen, mit der Reichsarmee gemeinschaftlich gegen Sachsen operiren oder nach Schlesien einrücken, oder auch den Vorschritten der Russen in die Hände arbeiten. Zu diesem Behufe ließ er ein Corps leichter Truppen unter dem General Loudon in die Niederlausitz bis nach den Gegenden der Oder vorrücken. Loudon fand bei dieser Expedition keine besonderen Hindernisse und war somit leicht im Stande, in Peitz, einer kleinen alten Festung an einem Nebenflusse der Spree, einen militairischen Posten zur Sicherung seiner weiteren Unternehmungen festzusetzen. Indeß geschah das Letztere nicht, ohne dem preußischen Namen neue Ehre zu bereiten. Peitz war nämlich durch fünfzig alte preußische Invaliden besetzt; und als die Oesterreicher ohne sonderliches Ceremoniel einzudringen suchten, wurden sie mit Verlust einiger Mann abgewiesen. Doch machte der österreichische Anführer ernsthaftere Anstalten zum Angriff; er ließ den Commandanten in aller Form zur Uebergabe auffordern, und dieser benahm sich nun, wie es ehrenhafter Krieger Sitte ist. Bevor er unterhandelte, machte er die Bedingung, daß zwei aus seiner Feste entsendete Offiziere, vom Feinde auf's Ehrenwort angenommen, sich überzeugen dürften, ob das feindliche Corps nach seiner Stärke berechtigt sei, die Räumung des Platzes zu fordern. Der Feind genügte dem Ansinnen des Commandanten; die Offiziere kehrten zurück und bezeugten die überlegene Macht desselben. Jetzt erst schritt der Commandant zur Capitulation; er bewirkte sich und seinen fünfzig Veteranen freien Abzug nach Berlin und ließ den Eroberern nichts als einige Stücke zumeist mittelalterlicher Armaturen zurück.

Prinz Heinrich, der Bruder des Königs, führte den Oberbefehl der sächsischen Armee. Durch mancherlei Streifcorps hatte er den Anmarsch der Reichsarmee verzögert; doch konnte er gegen die Hauptmacht derselben, als diese wirklich in Sachsen einrückte, nichts Entscheidendes wagen und mußte sich begnügen, sich vor der Hand in einem festen Lager in der Nähe von Dresden sicherzustellen, während die überlegene feindliche Armee das Lager von Pirna besetzte. Indeß war aber auch die schlesische Armee unter dem Markgrafen Karl aufgebrochen und hatte eine Stellung genommen, welche geeignet war, Schlesien gegen Daun's Angriffe von der Lausitz her zu decken. Zugleich war von dieser Seite der General Zieten abgesandt, um dem weiteren Vorschreiten des Loudon'schen Corps entgegenzutreten. Unter diesen Umständen, und da von Seiten der Russen kein näheres Eingreifen in das gemeinschaftliche Unternehmen stattfand, faßte Daun den schnellen Entschluß, sich gegen Sachsen zu wenden. Er rückte in kurzer Frist gegen Dresden vor und beschloß nun den Prinzen Heinrich im Rücken anzufallen, während ihn die Reichsarmee von vorn angreifen sollte, damit das kleine preußische Heer zwischen der zwiefach überlegenen Uebermacht erdrückt würde. Gleichwohl wußte sich Prinz Heinrich in einer so günstigen Stellung zu erhalten, daß kein Angriff auf ihn erfolgte; bald kam die Nachricht an, daß Friedrich sich, nachdem er bei Zorndorf gesiegt, mit raschen Schritten der sächsischen Grenze nähere. Am 10. September, nachdem er die Armee des Markgrafen Karl und das Zieten'sche Corps an sich gezogen und Loudon wieder zur rückgängigen Bewegung auf die österreichische Hauptmacht genöthigt hatte, traf Friedrich in der Gegend von Dresden ein. Hier standen nunmehr vier Armeen auf dem engen Raume von zwei Meilen einander gegenüber; jeder Tag schien eine blutige Lösung dieser eigenthümlichen Verhältnisse zu verheißen. Friedrich wünschte nichts mehr als eine entscheidende Schlacht. Aber Daun hatte jetzt die Lust dazu verloren; als ein Meister im Vertheidigungskriege wußte er schnell eine so günstige Lagerstelle zu besetzen, daß ein Angriff auf ihn die größte Verwegenheit gewesen wäre. Ebenso stand die Reichsarmee in dem Lager von Pirna vollkommen sicher. Eine geraume Frist verging auf diese Weise, ohne daß irgend eine Entscheidung erfolgt wäre. Vergebens waren die verschiedenen Manoeuvres, welche Friedrich anstellte, um den Gegner aus seiner Stellung herauszulocken. Aber jeder Tag ward peinlicher für ihn, denn in der Zwischenzeit waren andere österreichische Corps in Oberschlesien eingerückt, hatten die Festungen Oppeln und Neisse eingeschlossen, und schon kam die Nachricht, daß alle Anstalten zu einer förmlichen Belagerung von Neisse gemacht würden.

Jetzt faßte Friedrich einen schnellen Entschluß. Da er hier den Feind zu keiner Schlacht bewegen konnte, so gedachte er einen raschen Zug nach Schlesien zu unternehmen, um die Oesterreicher zu verhindern, in dieser Provinz festen Fuß zu fassen; hierdurch wurden zugleich die österreichischen Magazine in der Lausitz, aus denen Daun seinen Unterhalt bezog, bedroht. Es glückte ihm, durch ein vorgesandtes Corps Bautzen besetzen zu lassen; nach einigen Tagen folgte er selbst mit seiner Armee nach. Aber Daun hatte ebenso die Gefahr eingesehen, in welche er durch die Wegnahme seiner Magazine versetzt werden mußte. Dies und gleichzeitig auch Friedrich's Marsch nach Schlesien zu vereiteln, hatte er sich, ehe noch Friedrich's ganze Armee den beschlossenen Marsch antreten konnte, in derselben Richtung auf den Weg gemacht. Am 10. October, als Friedrich, von Bautzen aus weiter vorrückend, das Dorf Hochkirch besetzt hatte, sah er seinen Schritt aufs Neue durch die ganze österreichische Heeresmacht, die ihm gegenüber lagerte, aufgehalten.

Die Stellung, welche Daun eingenommen hatte, war wiederum überaus günstig. Er hatte eine Reihe ausgedehnter bewaldeter Bergzüge, welche das Dorf Hochkirch in einem Winkel umschlossen, besetzt. Es war so wenig möglich, hier vorzudringen, als es räthlich sein konnte, in Hochkirch zu verweilen. Friedrich indeß, der es nicht für ehrenvoll hielt, vor dem bloßen Anblick des Feindes umzuwenden, und der auch, wo es Angriff galt, dem österreichischen Heerführer durchaus keinen kühnen Entschluß zutraute, befahl das Lager bei Hochkirch aufzuschlagen. Alle preußischen Generale, die sich zur Stelle befanden, sahen die Gefahr dieses Unternehmens ein; Fürst Moritz von Dessau erlaubte sich dem Könige Vorstellungen darüber zu machen. Aber Friedrich achtete nicht darauf. Der Generalquartiermeister der Armee erhielt Befehl, das Lager abzustecken; dieser weigerte sich, zu dem Verderben der Armee beizutragen, und ward mit Arrest bestraft. Ein Ingenieurlieutenant mußte nun nach Friedrich's eigner Anordnung die Linien des Lagers

ausstecken, während seine Fourierschützen bei diesem Geschäft bereits durch die österreichischen Kanonenkugeln begrüßt wurden. Zur Sicherung des Lagers wurden indeß auf beiden Seiten Batterien angelegt; die eine von diesen kam vor Hochkirch zu stehen, auf dem Abhange, über welchem das Dorf sich erhebt. Friedrich's Macht an dieser Stelle bestand aus 30,000, die der Oesterreicher aus 65,000 Mann.

Die preußische Stellung war um so gefährlicher, als man aus dem tiefer gelegenen Lager wenig oder nichts von Dem wahrnehmen konnte, was die Oesterreicher auf und hinter ihren Höhen unternahmen, während diese Alles deutlich unterschieden, was bei den Preußen vorging. Ueberdies waren die Waldungen am Fuß der Berge rings von den leichten Truppen der Oesterreicher besetzt, sodaß den preußischen Vorposten und ihren Patrouillen auf keine Weise gestattet war, sich in eine größere Entfernung vom Lager hinauszuwagen, und den Oesterreichern alle Mittel zum unvorhergesehenen Ueberfall bereit standen. Bei dem Allem aber blieb Friedrich fest in der vorgefaßten Meinung, daß Daun sich zu keinem Angriff entschließen werde. Er unterdrückte selbst manche von den sonst nöthigen Vorsichtsmaßregeln und ließ sogar die Truppen unangekleidet in ihren Zelten ruhen. Der Feldmarschall Keith, der sich mit in der Armee befand, sagte ihm geradezu: „Wenn uns die Oesterreicher hier ruhig lassen, so verdienen sie gehangen zu werden.“ Friedrich aber antwortete gelassen: „Wir müssen hoffen, daß sich die Oesterreicher mehr vor uns als vor dem Galgen fürchten.“ In dieser Beharrlichkeit bestärkten ihn die falschen Berichte eines Spions. Er hatte nämlich, wie man erzählt, einen österreichischen Offizier erkauft, durch den er Alles erfuhr, was in der feindlichen Armee vorging. Die Briefe wurden in einem Korbe mit Eiern, von denen ein ausgeblasenes das jedesmalige Schreiben enthielt, überbracht. Zufällig aber mußte Daun selbst eines Tages dem Ueberbringer der Eier begegnen und diesem befehlen, die Waare nach seiner eigenen Küche zu bringen. Hier ward das Geheimniß entdeckt. Daun ließ unverzüglich den verrätherischen Correspondenten vor sich fordern; dieser hatte natürlich sein Leben verwirkt, doch schenkte es ihm der Feldmarschall unter der Bedingung, daß er fortan dem Könige schreibe, was er ihm in die Feder dictiren würde. So erhielt Friedrich einige Tage lang nur Nachrichten, die von nichts als von dem bevorstehenden Aufbruch der österreichischen Armee und von ihrem Rückmarsche nach Böhmen sprachen, und die ihn somit aller Gedanken an die Gefahr seiner Lage überhoben.

Da indeß dieser Aufbruch nicht so bald, als er erwartete, erfolgte, so entschloß sich Friedrich, um nicht länger unthätig liegen zu bleiben, das österreichische Heer zu umgehen. Nur bedurfte er hierzu noch einiger Vorbereitungen für die weitere Verpflegung der Armee und konnte deshalb für den Abmarsch keinen früheren Tag als den 14. October bestimmen. Aber schon hatte Daun seine Maßregeln getroffen. Es wäre allzu schmachvoll gewesen, wenn er noch länger gezaudert hätte, von der so überaus günstigen Gelegenheit einen wirksamen Gebrauch zu machen. Auch betrachtete die ganze österreichische Armee das Benehmen des Königs als eine förmliche Beleidigung; man sprach es öffentlich aus, daß die Generale sämmtlich verdienten cassirt zu werden, wenn sie eine so verwegene Herausforderung nicht annähmen. Um indeß ganz sicher zu gehen, ward ein nächtlicher Ueberfall, in der Nacht vom 13. auf den 14. October, beschlossen. Der Hauptschlag sollte gegen den wichtigsten Punkt des preußischen Lagers, gegen die Anhöhen, auf denen Hochkirch sich erhebt und die durch die Zelte des rechten Flügels besetzt waren, ausgeführt werden. Durch die bewaldeten Berghänge, welche die Oesterreicher besetzt hatten, wurden breite Wege geschlagen, um ohne alles Hinderniß die Truppen zu den verschiedenen Punkten hinabführen zu können, von denen aus der rechte Flügel der Preußen angegriffen werden sollte. Zugleich war man darauf bedacht, in den Waldungen und auf den Höhen eifrige Befestigungsarbeiten sehen zu lassen, um die Absicht des Angriffs zu verhüllen und die Preußen in ihrer vermeintlichen Sicherheit zu bestärken.

Die Nacht brach ein, und der zu diesem Unternehmen bestimmte Theil des österreichischen Heeres machte sich in größter Ordnung und Stille auf den Marsch. Auch dafür hatte man gesorgt, daß selbst der Schall der Tritte und das Rasseln der Kanonen dem Ohre der preußischen Vorposten fern blieb. Eine Menge Arbeiter war in den Waldungen angestellt, jenen Schall durch unaufhörliches Fällen von Bäumen, durch lautes Anrufen und Singen zu übertäuben. Im preußischen Lager hörte man diesen Lärm und glaubte darin eine Fortsetzung jener ängstlichen Befestigungsarbeiten zu erkennen. Unbesorgt begab man sich zur Ruhe, und als auch einzelne Offiziergesellschaften, welche sich bis drei Uhr Morgens mit Musik ergötzt hatten, verstummten, breitete sich dunkle Nacht und tiefer Schlummer über das ganze Lager aus.

Die Thurmuhr von Hochkirch schlug fünf, und plötzlich begann ein heftiges Gewehrfeuer auf die preußischen Posten, welche außerhalb des Lagers standen. Zu Anfange achtete man darauf wenig, denn in solcher Weise pflegten umherstreifende Panduren fast in jeder Nacht mit den Vorposten zu scharmutziren. Als aber das Feuer

heftiger ward, griffen die nächsten Bataillone, größtentheils ohne Stiefeletten und Tornister, zu den Waffen und eilten dem Feinde entgegen. Es glückte ihnen, den Angriff zurückzuschlagen. Doch schlichen, als sie das Lager verließen, Kroaten und andere österreichische Truppen in dasselbe und feuerten nun in den Rücken der Preußen, während diese zugleich durch immer größere Uebermacht von vorn bedrängt wurden. Ein furchtbares Gefecht erhob sich; Mann kämpfte gegen Mann, und da die Dunkelheit alles gegenseitige Erkennen verhinderte, so suchte ein Jeder sich durch blindes Umherschlagen und Stechen, gleichviel ob gegen Freund oder Feind, zu vertheidigen. Man tappte nach den Mützen der Gegner umher, und nur die Blechkappen der preußischen, die Bärenmützen der österreichischen Grenadiere gaben das Erkennungszeichen. Endlich mußten die Preußen weichen; nur mit großem Verluste konnten sie sich nach Hochkirch durchschlagen. Neue Bataillone kamen, gegen die Oesterreicher anzukämpfen; wieder drängten sie dieselben zurück, und wieder mußten sie sich, von allen Seiten angegriffen, mit Verlust zurückziehen. Die Oesterreicher eroberten die Batterie, welche vor Hochkirch stand und welche den rechten Flügel des preußischen Lagers decken sollte, wandten die Geschütze um und beschossen damit das Dorf. Furchtbar wütheten die Kanonenkugeln in den Reihen der Preußen, welche die lange Dorfgasse hinab ihnen entgegenzudringen suchten. Nur die Blitze des Geschützes hatten bis dahin die Nacht erhellt; jetzt brach der Morgen an, aber ein dichter Nebel hielt noch geraume Zeit das Dunkel fest.

Erst durch den Donner der Kanonen waren die übrigen Theile der preußischen Armee aus ihrer Ruhe aufgeschreckt worden. Friedrich hatte sein Hauptquartier zur linken Seite des Centrums, in dem Dorfe Rodewitz. Auch er ward erst jetzt erweckt und eilte sich anzukleiden. Kaum war er aus seiner Wohnung getreten, so erhielt er die Nachricht von den Verlusten des rechten Flügels, und als er zu Pferde stieg, begrüßten ihn schon die aus seinem eignen Geschütz abgeschossenen Kugeln. Noch aber war Hochkirch selbst nicht in den Händen der Feinde; noch hatte ein Bataillon die Gärten des Dorfes besetzt, ein zweites auf dem Kirchhofe eine feste Stellung genommen. Friedrich glaubte noch immer nicht an einen allgemeinen Angriff des Feindes; er beorderte einzelne Brigaden, den rechten Flügel zu unterstützen und die Oesterreicher von ihrer eingenommenen Stellung zu vertreiben. Der Feldmarschall Keith setzte sich an die Spitze einiger Bataillone; er drang zur Seite von Hochkirch vor, eroberte die preußische Batterie wieder und trieb den Feind beträchtlich zurück. Aber nun wurde er von der Uebermacht eingeschlossen; man mußte sich mit dem Bajonett einen Rückweg bahnen, und Keith sank, von einer Gewehrkugel durchbohrt, entseelt zu Boden.

Die Oesterreicher drangen in Hochkirch ein und besetzten das Dorf, das in Flammen aufging, dessen Kirchhof jedoch immer noch muthvoll durch die Preußen vertheidigt ward. Der Prinz Franz von Braunschweig rückte mit neuen Truppen den Oesterreichern entgegen; auch er hatte zu Anfange günstige Erfolge, aber auch er ward bald zur Umkehr genöthigt und ebenso wie Keith blieb auch er auf dem Platze. Nicht andere Erfolge hatte der Fürst Moritz von Dessau, der tödtlich verwundet aus dem Gefechte getragen ward. Immer neue Truppenmassen wurden von österreichischer Seite in das Dorf geführt, und endlich gelang es ihnen, auch des Kirchhofes Meister zu werden. Hier hatte sich, wie in einer kleinen Festung, jenes eine Bataillon unter dem Major von Lange mit standhafter

Beharrlichkeit gegen die Angriffe von sieben österreichischen Regimentern gewehrt. Jetzt hatten die tapferen Preußen sich verschossen; von allen Seiten eingeschlossen, suchten sie sich mit Säbel und Bajonett durchzuschlagen, aber fast alle, der Major nicht ausgeschlossen, blieben sterbend oder verwundet auf dem Boden zurück, den sie so lange vertheidigt. Noch einmal suchte Friedrich den Oesterreichern die errungenen Vortheile zu entreißen. Er selbst führte sechs Bataillone in den Kugelregen hinein; sein Pferd ward verwundet; kaltblütig bestieg er ein anderes und wich, trotz aller Bitten, mit denen ihn seine Getreuen bestürmten, nicht eher von der Stelle, als bis er sah, daß seine Anstrengungen erfolglos blieben.

Endlich war der Nebel gefallen. Ein heller Tag beleuchtete die traurigen Zeichen des blutigen Nachtkampfes. Friedrich zog nun diejenigen seiner Truppen, die bisher Theil am Gefechte gehabt, zurück und stellte sie, Hochkirch gegenüber, in einer festen Linie auf. Der linke Flügel seiner Armee hatte bis dahin am Gefechte noch keinen Theil genommen. Jetzt geschah, dem von Daun entworfenen Plane gemäß, auch auf dieser Seite ein Angriff, der durch andere Abtheilungen des österreichischen Heeres unternommen ward. Nach muthiger Gegenwehr wurden auch hier die Preußen genöthigt sich zurückzuziehen und die Batterie, welche den linken Flügel des Lagers decken sollte, ebenfalls den Feinden zu überlassen. Aber aufs Neue stellten sie sich in Schlachtordnung. In diesem Augenblicke traf ein besonderes Corps preußischer Truppen in der Nähe der Wahlstatt ein, welches einen ferner gelegenen Punkt besetzt gehabt und einige Angriffe, die von Seiten der Oesterreicher auf dasselbe geschahen, glücklich zurückgeschlagen hatte. Hierdurch wurde die Stellung der preußischen Armee in einer Weise gesichert und ausgefüllt, daß man mit Zuversicht neuen Angriffen entgegensehen konnte. Daun indeß fand es für zweckmäßiger, das Gewonnene festzuhalten, als noch einmal das Waffenglück mit einem gefährlichen Feinde zu wagen. Ueberdies hatte ihm der nächtliche Angriff den Kern seiner besten Truppen gekostet, und nur mit Mühe brachte er es jetzt dahin, seine Schaaren, die sich in bunter Unordnung durcheinander drängten, in feste Linien zusammenzuziehen. Er begnügte sich, eine Stellung anzunehmen, in welcher seine Armee, statt aufs Neue anzugreifen, vor einem Angriffe geschützt blieb, und sah in Ruhe zu, als Friedrich sich zum Rückzuge anschickte. Dieser Rückzug, den ein geschlagenes Heer, noch im Bereiche der feindlichen Kanonen, unternahm, geschah mit so viel Ruhe, Gemessenheit und systematischer Ordnung, daß man das Schauspiel eines friedlichen Exercirplatzes vor sich zu sehen glaubte und selbst die Oesterreicher zur Bewunderung hingerissen wurden.

Die Verluste, welche der leidenschaftliche Kampf herbeigeführt, waren sehr bedeutend. Die Preußen zählten etwa 9000 Mann, die sie verloren hatten; die Oesterreicher zwar nicht weniger, aber jene hatten zugleich den Tod der trefflichsten Heerführer zu beklagen und überdies waren ihnen 101 Geschütze, 28 Fahnen, 2 Standarten und der größte Theil ihrer Zelte genommen. Gleichwohl ging Friedrich nur auf eine Stunde Entfernung vom Schlachtfelde zurück und ließ hier, auf den Höhen zur Seite von Bautzen, seine Truppen ein Lager beziehen, so gut sie dasselbe eben ohne Gezelte und Gepäck aufzuschlagen im Stande waren. Auch bemühte er sich, seinen tapfern Soldaten Muth einzusprechen. Er hatte die Freude, zu sehen, daß es ihnen hieran wenigstens nicht fehle. Als die Regimenter an ihm vorüber zu

der Lagerstätte zogen und ein Trupp von Kanonieren und Grenadieren vorbeikam, rief er diesen mit Laune zu: „Kanoniers, wo habt ihr eure Kanonen gelassen?" — „Der Teufel hat sie bei Nachtzeit geholt!" war die Antwort. — „So wollen wir", erwiderte Friedrich, „sie ihm bei Tage wieder abnehmen! Nicht wahr, Grenadiers?" — „Ja", sagten diese im Vorbeigehen, „das ist recht! sie sollen uns auch Interessen dazu geben!" — Friedrich lächelte und sagte: „Ich denke auch dabei zu sein!" — Einem Offizier sagte er: „Daun hat mir heute einen glupischen Streich gespielt!" Jener antwortete, es sei eine bloße Fleischwunde, die bald zu heilen dem Könige nicht schwer fallen werde. — „Glaubt Er das?" versetzte der König. — „Nicht allein ich," fuhr der Offizier fort, „sondern die ganze Armee traut dies Ew. Majestät vollkommen zu." — „Er hat Recht!" gab nun der König zur Antwort und faßte, wie er es bei vertraulicher Unterredung pflegte, einen Knopf an der Uniform des Offiziers: „Er soll sehen, wie ich Daun fassen werde; ich bedaure einzig, daß heut' so viel brave Leute um's Leben kommen mußten." — Es sind uns noch manche ähnliche Reden dieses Tages, in denen das traurige Schicksal der Armee mit kühner Laune besprochen ward, aufbehalten.

Im Innern aber fühlte Friedrich wohl, wie bedenklich aufs Neue seine Lage geworden war, wie ihn vor Allen die Schuld dieses Mißgeschickes treffe und wie viel er namentlich an seinen Heerführern verloren hatte. Keith war überdies einer seiner vertrautesten Freunde gewesen. Und wie ihn nach der Schlacht von Kollin, die Bitterkeit seines Kummers zu vermehren, die Nachricht von dem Tode seiner Mutter traf, so jetzt die von dem Tode seiner geliebten Schwester, der Markgräfin von Baireuth. Sie war an dem Tage des Ueberfalls von Hochkirch gestorben. Diese Nachricht berührte ihn tiefer als alles übrige Leiden; an der Markgräfin hatte er die theilnehmende Freundin seiner Jugend, die innigste Genossin seiner geistigen Freuden, die Stütze seines Gemüthes unter den bedrohlichen Verhältnissen der Gegenwart verloren. Von seiner innigen Liebe zu ihr zeugt unter Anderm ein Gedicht, das er wenige Tage zuvor geschrieben hatte und in dem er sie über die Krankheit, welche ihr Leben schon bedrohte, zu trösten beabsichtigte. Die Schlußworte dieses Gedichtes, in dem er sein eignes Leben als Opfer für die Genesung der Schwester bereit stellt, lauten also:

Wenn das Geschick, unbeugsam uns beherrschend,
Ein blutig Opfer fordert, — dann, ihr Götter,
Erleuchtet seinen richterlichen Spruch,
Daß seine strenge Wahl auf mich nur falle.
Dann will gehorsam ich und ohne Murren
Erwarten, daß der unerweichte Tod,
Von meiner Schwester seinen Schritt abwendend,
Abstumpfe seiner Sichel Glanz an mir.
Doch wenn so hohe Gunst, als ich erbitte,
Nicht einem Sterblichen zu Theil kann werden, —
O meine Götter! dann gewähret mir,
Daß Beid' an Einem Tage wir hinab
Zu jenen Fluren steigen, die von Myrten
Lieblich beschattet sind und von Cypressen,
Zu jenem Aufenthalt des ew'gen Friedens, —
Und daß Ein Grab umschließe unsern Staub!

Das Gedicht war noch nicht abgesandt worden; jetzt schickte er es mit einigen Zeilen, in denen sich der tiefste Schmerz ausspricht, dem Gemahl der Verstorbenen zu. Einige Monate später schrieb er ein Gedicht an den Lord Marschall Keith, ihn über den Tod des bei Hochkirch gefallenen Bruders zu trösten. Auch hier klingt das tiefe Gefühl des Leidens bei dem Verlust der Freunde durch. Eine Stelle darin ist zu charakteristisch für die Empfindsamkeit seines Herzens, als daß sie hier übergangen werden dürfte. Sie heißt:

Oft wähnt' ich Reich und Leben zu verlieren,
Und nimmer noch vermochte das Geschick,
Das so viel Fürsten gegen mich vereint,
Zum Gegenstand des Mitleids mich zu machen.
Doch löset es der Freundschaft heilig Band,
Dann, theurer Lord, schlägt es mich grausam nieder: —
Achill auch war nicht gänzlich unverwundbar!

Auch an anderen Zeugnissen fehlt es nicht, die uns in die damalige Stimmung des gebeugten Königs blicken lassen. So wird berichtet, daß ihn sein Vorleser, le Catt, als die Nachricht von dem Tode der Markgräfin eingelaufen war, eines Abends in den Predigten des berühmten Kanzelredners Bourdaloue lesend fand.

Le Catt, den König zu erheitern, redete ihn scherzend an: „Es scheint, als wollten Ew. Majestät gar bigott werden.“ Friedrich antwortete nichts; und als der Vorleser am nächsten Tage zur gewöhnlichen Stunde wiederkam, reichte er ihm eine Rolle schwarzgeränderten Papiers, mit dem Bedeuten, die Schrift in seiner Wohnung durchzulesen. Es war eine Predigt über einen biblischen Text, die Friedrich, seinen gegenwärtigen Umständen gemäß, ausgearbeitet hatte. Le Catt hielt es für seine Pflicht, dem Könige Trost einzusprechen. Dieser dankte für die Theilnahme, versicherte, daß er Alles zur günstigen Veränderung seiner Lage versuchen werde, und schloß mit den bedeutenden Worten: „Auf allen Fall habe ich etwas, womit ich das Trauerspiel schließen kann.“ Aber nicht dies geheimnißvolle fremde Etwas, — ohne Zweifel das Gift, das er bei sich trug, — die eigne Größe seines Geistes war es, was der traurigen Katastrophe schnell eine wunderbare Wendung gab. Wie er seinen Schmerz zu bezwingen und ihm Worte — hier merkwürdiger Weise die Worte der Kanzel — zu verleihen wußte, so auch hatte er bereits alle Verhältnisse der Gefahr, die ihn äußerlich umfangen hielt, überschaut und sie seinem Glücke dienstbar gemacht; so konnte er, während Daun die günstige Zeit zu keinem erneuten Angriffe benutzte, mit Zuversicht die kühnen Worte aussprechen, die in eines jeden Anderen Munde eitel Prahlerei gewesen wären: „Daun hat uns aus dem Schach gelassen, das Spiel ist nicht verloren; wir werden uns hier einige Tage erholen, alsdann nach Schlesien gehen und Neisse befreien!“

In der That vollführte Friedrich in kurzer Frist, aller Welt zum Erstaunen, Das, was einem Andern nur als die Frucht des vollständigsten Sieges zu Theil geworden wäre. Daun hatte nach seinem Siege nichts Eiligeres zu thun gehabt, als den Ambrosianischen Lobgesang anstimmen zu lassen, die erbeuteten Trophäen kunstreich aufzubauen, Siegesfeste anzustellen, Couriere nach Wien und nach den Residenzen aller verbündeten Mächte zu entsenden und sich endlich aufs Neue in einem festen Lager mit Sorgfalt zu verschanzen. Durch alles Dies glaubte er die Erfolge seines Sieges so wohl vorbereitet, daß er dem General, welcher die Belagerung von Neisse leitete und in der That schon auf eine drohende Weise vorgerückt war, die Meldung machte: „Betreiben Sie Ihre Belagerung unbesorgt; ich halte den König fest; er ist von Schlesien abgeschnitten, und wenn er mich angreift, stehe ich Ihnen für den guten Erfolg.“

Friedrich aber hatte dem Prinzen Heinrich, der in Dresden geblieben war, den Befehl zugesandt, mit einem Theil der dortigen Armee, mit Geschützen, Munition und Proviant aufzubrechen und zu ihm zu stoßen. Ungestört vereinigten sich beide Heere bei Bautzen. Nun wurden die Verwundeten nach Glogau gesandt, und Friedrich machte noch einige andere Bewegungen, die den österreichischen Heerführer glauben ließen, er werde sich mit seiner ganzen Armee dahin zurückziehen und ihm in Sachsen freie Hand lassen. Unerwartet aber brach Friedrich am Abend des 24. October auf, umging das wohlverschanzte Lager der Oesterreicher und marschirte auf Görlitz. Erst am folgenden Tage erfuhr Daun den Abmarsch der Preußen, durch den alle seine schönen Pläne zerstört wurden; im Gegentheil mußte er jetzt wegen seiner Magazine in der Lausitz, die den Preußen offen standen, besorgt werden. Eilig folgte er Friedrich zur Seite und besetzte, während jener in Görlitz einrückte, die seitwärts gelegenen Höhen. Dem Könige von Preußen wäre wiederum eine Schlacht erwünscht gewesen, aber Daun verließ seine schützenden Höhen nicht. So rückte Friedrich denn in eiligen Märschen nach Schlesien fort, während Daun, als er seine Magazine in Sicherheit sah, sich nach Dresden umwandte und nur durch seine leichten Truppen den Marsch der Preußen, ohne weiteren Nachtheil, beunruhigen ließ. Am 7. November empfing Friedrich die frohe Nachricht, daß die Oesterreicher auf die Kunde von seiner Annäherung bereits die Belagerung von Neisse aufgehoben hätten und nach Mähren zurückgekehrt seien; hierauf war auch bald der Abmarsch sämmtlicher österreichischer Corps aus Schlesien erfolgt. Friedrich machte nun noch einen Besuch in Neisse, sich der Trefflichkeit der von ihm angelegten Werke, die dem Bombardement widerstanden hatten, zu erfreuen, sah sich aber sodann wiederum zur schnellen Rückkehr nach Sachsen genöthigt.

Um sein Vorhaben nachdrücklich ausführen zu können, hatte Friedrich in Dresden nur einen geringen Theil seiner Armee zurückgelassen; zu dessen Verstärkung waren die preußischen Corps, die den Schweden und Russen gegenüberstanden, zurückberufen. Ehe diese aber eintrafen, war Daun bereits aufs Neue vor Dresden gerückt, und auch die Reichsarmee, die bis dahin unbeweglich geblieben war, hatte schon einige Schritte vorwärts versucht. Da die preußische Armee jetzt allzu schwach, die Besatzung von Dresden, unter dem General Schmettau, aber wohl ausgerüstet war, um auf einige Zeit eine Belagerung aushalten zu können, so beschloß man, eine Schlacht zu vermeiden, die Armee von Dresden zurückzuziehen und so den österreichischen Heerführer zu einer Belagerung zu veranlassen, bis genügende Kräfte zum Entsatz vorhanden seien. Für Daun war dieser Entschluß sehr erwünscht; er hoffte durch die Eroberung von Dresden seinen Feldzug auf eine glorreiche Weise schließen zu können. Als er sich aber zur förmlichen Belagerung anschickte, ließ ihm der General Schmettau sagen, er werde sich auf den Fall einer größeren Annäherung genöthigt sehen, die Vorstädte von Dresden abzubrennen. Die Warnung blieb unbeachtet, und die Drohung ging am 10. November in Erfüllung; es brannten 180 Häuser ab. Dies Verfahren, welches durch die strenge Nothwehr gerechtfertigt ward, empörte den österreichischen Feldmarschall; er ließ Schmettau wissen: „nach solchen in einer Residenz unerhörten Maßnehmungen müsse der Commandant für sein Benehmen persönlich verantwortlich bleiben.“ Vielleicht dachte Daun in diesem Augenblicke nicht daran, daß die österreichische Armee im vorigen Jahre, als das blühende Zittau — überdies dem bundesverwandten Sachsen zugehörig — ohne alle Noth eingeäschert ward, gar ärgere Schuld auf sich geladen hatte. Schmettau gab einfach zur Antwort: „er sei beordert, die Stadt zu vertheidigen; nähere sich der Feind noch mehr, so gehe auch der Ueberrest der Vorstädte in Feuer auf, und mit noch weiterem Vordringen treffe dies Schicksal jede Straße, in der er sich vom Walle bis ins Schloß vertheidigen werde, um hier den Ausgang der Begebenheiten abzuwarten.“

Jetzt kam die Nachricht, daß Friedrich aufs Neue nach Sachsen zurückkehre. Und da nun auch noch ein paar Unternehmungen von Seiten der Reichsarmee auf Torgau und Leipzig, zum Theil durch die aus Pommern heranrückenden Corps, vereitelt wurden, so fand Daun in der Antwort, welche ihm Schmettau gegeben hatte, genügenden Grund, den ernsteren Kampf, der leicht den Werth seiner bei Hochkirch errungenen Lorbeeren herabsetzen konnte, zu unterlassen. Er ließ jenem sagen, er gebe aus Achtung vor der königlich polnischen Familie und aus Menschenliebe die Unternehmung auf Dresden auf. Er ging nunmehr nach Böhmen zurück; die Reichsarmee hatte sich schon vorher auf den Weg nach Franken gemacht, und so fand

Friedrich, als er in Dresden eintraf, keinen Feind mehr im Lande. Er sandte nun die aus Pommern berufenen Corps gegen die Schweden zurück, die inzwischen vorgedrungen waren, aber schnell wieder auf Stralsund zurückgetrieben wurden.

So war wiederum ein Feldzug beendet, ohne daß Friedrich, außer denjenigen Theilen seines Gebietes, die im fernen Westen und Osten besetzt blieben, eine Einbuße erlitten und ohne daß er von Sachsen etwas verloren hätte. In Ruhe konnte er seine Truppen die Winterquartiere beziehen lassen.

Für Daun aber war noch eine besondere Ehre aufbehalten. Nicht genug, daß ihm die Kaiserin für seinen bei Hochkirch errungenen Sieg aufs Schmeichelhafteste Dank gesagt, auch der Papst — Clemens XIII., der in diesem Jahre zur Regierung gekommen war und es vergessen zu haben schien, wie parteilos Friedrich für seine katholischen Unterthanen gesorgt, — betrachtete diesen Sieg als ein für die Kirche hochwichtiges Ereigniß. Er verehrte dem österreichischen Feldmarschall einen geweihten Degen, mit goldenem Knopf und in rothsammtener Scheide, und einen geweihten Hut von Karmoisinsammet, mit Hermelin gefüttert und mit Gold eingefaßt, vorn mit einer perlengestickten Taube, dem Symbole des heiligen Geistes, der über den gebenedeiten Waffen des Heerführers schweben sollte. Solche Auszeichnung verrieth eine fürchterliche Gesinnung gegen den König von Preußen, denn sie war bis dahin nur Denjenigen zu Theil geworden, welche die heilige Lehre des Christenthums gegen die Waffen der Ungläubigen beschirmen sollten. Aber sie war unweise gewählt, denn sie gab es klar zu erkennen, daß Preußen fortan der entschiedene Beruf obliege, gegen Fanatismus, Unduldsamkeit und Geistesdruck in die Schranken zu treten. Sie wandte nur um so mehr alle hellen Gemüther dem großen Könige zu, ohne von ihrer Seite irgend zu selbstständigen Erfolgen zu führen. Denn wenn sich auch in Folge solcher Gesinnung der Kurfürst von Köln bewogen fand, seinen protestantischen Unterthanen die Freude über preußische Siege bei schwerer Strafe verbieten zu lassen, so legte das wahrlich kein Gewicht mehr in die Schale der Feinde Friedrich's. Und Friedrich, eben so rüstig mit der Feder kämpfend wie mit dem Schwerte, ließ die Gelegenheit nicht vorübergehen, ohne eine Reihe satirischer Schriftchen als fliegende Blätter in die Welt zu senden und durch sie die ganze Lächerlichkeit eines Unternehmens bloßzustellen, welches die Gegenwart wieder in das Mittelalter zurückzuschrauben beabsichtigte.

Zweiunddreißigstes Kapitel.

Feldzug des Jahres 1759. Kunersdorf.

rei Jahre des Kampfes waren vorübergegangen. Viele schwere Schlachten waren geschlagen, in Strömen war das Blut vieler Tausende geflossen, blühende Fluren lagen verödet, Städte und Dörfer waren in Schutt und Asche gesunken, unzählige Familien einst begüterter Menschen irrten als Bettler umher; aber noch war der Haß der Gewaltigen nicht abgekühlt, noch hatten sie die Hoffnung nicht aufgegeben, den kleinen preußischen Staat, der sich unberufen, wie sie meinten, in ihre Reihen eingedrängt, von seiner Höhe herabzustürzen. Friedrich hätte gern die Waffen aus seiner Hand gelegt; er war kein unersättlicher Eroberer, er kannte keinen Haß als den gegen das Schlechte und Gemeine; er war der unausgesetzten Anstrengungen müde, zu denen ihn die übergroße Schaar seiner Feinde zwang. „In der Ferne (so schrieb er im Anfange des Jahres 1759 an seinen Freund, den Marquis d'Argens) mag meine Lage einen gewissen Glanz von sich werfen: kämen Sie ihr näher, so würden Sie nichts als einen schweren, undurchdringlichen Dunst finden. Fast weiß ich nicht mehr, ob es ein Sanssouci in der Welt gibt; der Ort sei, wie er wolle, für mich ist dieser Name („ohne Sorge") nicht mehr schicklich. Kurz, mein lieber Marquis, ich bin alt, traurig, verdrießlich. Von Zeit zu Zeit blickt noch ein Schimmer meiner ehemaligen guten Laune hervor; aber das sind Funken, die geschwind verlöschen, weil es ihnen an Glut fehlt, die ihnen Dauer geben könnte. Es sind Blitze, die aus dunkeln Wetterwolken hervorbrechen. Ich rede aufrichtig mit Ihnen: sähen Sie mich, Sie würden keine Spur mehr von Dem, was ich ehemals war, erkennen. Sie würden einen alten Mann finden, dessen Haare grau werden, der die Hälfte seiner Zähne verloren hat, ohne frohen Sinn, ohne Feuer, ohne Lebhaftigkeit, — kurz, eben so wenig den ehemaligen, als es die Ueberbleibsel von Tusculum sind, von denen die Architekten aus Mangel an Ruinen, welche die eigentliche Wohnung Cicero's andeuten könnten, so viel eingebildete Pläne entworfen haben. Das sind, mein Bester, die Wirkungen, nicht sowohl der Jahre, als der Sorgen; die traurigen Erstlinge der Hinfälligkeit, die uns der Herbst unsers Alters unausbleiblich mitbringt. Diese Betrachtungen, die mich sehr gleichgültig gegen das Leben machen, versetzen mich gerade in den Zustand, in welchem ein Mensch sein muß, der bestimmt ist, sich auf Leben und Tod zu schlagen: mit dieser Gleichgültigkeit gegen das Leben kämpft man muthiger und verläßt diesen Aufenthalt ohne Bedauern."

Friedrich hatte den Winter zu neuen Rüstungen, soweit es seine Kräfte gestatteten, benutzt; aber er war entschlossen, den neuen Feldzug nicht mehr, wie bisher, mit einem Angriffskriege zu eröffnen, sondern, seine Grenzen beschirmend und sichernd, die Unternehmungen der Feinde abzuwarten.

Indeß betraten wiederum, wie im vorigen Jahre, die Armee der Verbündeten unter Herzog Ferdinand von Braunschweig und die Armeen der Franzosen zuerst den Schauplatz des Krieges. Noch im Winter hatte Soubise wider alle Verträge die freie Reichsstadt Frankfurt am Main mit französischen Truppen besetzt. Durch den Besitz von Frankfurt war den Franzosen die Verbindung mit den Oesterreichern und mit den Reichstruppen, sowie alle nöthige Zufuhr gesichert; darum war Herzog Ferdinand vorzugsweise darauf bedacht, ihnen diesen wichtigen Punkt wieder zu entreißen. Er rückte ihnen entgegen. Am 13. April kam es bei Bergen, in der Nähe von Frankfurt, zur Schlacht; aber die Franzosen, bei denen jetzt der Herzog von Broglio an Soubise's Stelle als Oberbefehlshaber eingetreten war, behaupteten ihre Stellung. Sofort drangen beide französische Armeen wieder in Deutschland vor; Cassel, Münster und Minden mit bedeutenden Abtheilungen der verbündeten Truppen fielen in ihre Hände. Ferdinand jedoch hatte die Weser behauptet. Bei

Minden trat er der überlegenen französischen Nordarmee unter Contades entgegen und erfocht am 1. August einen glänzenden Sieg, während gleichzeitig ein besonderes französisches Corps durch seinen Neffen, den Erbprinzen von Braunschweig, vernichtet wurde. Eine Reihe anderer glücklicher Gefechte schloß sich an, und in kurzer Frist sahen sich die Franzosen genöthigt, alle glänzenden Erwerbungen dieses Jahres wiederum aufzugeben. Den Beschluß des siegreichen Feldzuges machte die Ueberrumpelung von Fulda, welches durch den Herzog von Württemberg besetzt war, der als französischer Söldner die Armee des Feindes mit 12,000 Mann verstärkt hatte. Auch er mußte sich mit großem Verluste bis an den Main zurückziehen.

Auf preußischer Seite begann das ernsthafte Spiel des Krieges erst im Sommer. Friedrich wollte diesmal, wie bemerkt, die Bewegungen der Feinde abwarten, um dann den günstigsten Augenblick zur Abwehr erspähen zu können; gleichwohl hatte auch er nicht eben müßig zugesehen. Da in jener Zeit alle Heeresbewegungen auf der Verpflegung aus Magazinen beruhen mußten, so hatten die Gegner auf den verschiedenen Seiten, wo sie die preußischen Staaten umlagerten, beträchtliche Vorrathshäuser zur Unterstützung ihrer bevorstehenden Unternehmungen angelegt. Konnte Friedrich diese zerstören, so mußten die Feinde natürlich auf eine sehr empfindliche Weise gehemmt werden. Friedrich ergriff demnach seine Maßregeln. Schon im Februar ließ er ein Corps in Polen einrücken, wo die Russen längs der Warthe ihre Magazine angelegt hatten. Hierbei galt es zunächst, die Unternehmungen eines polnischen Großen, des Fürsten Sulkowski, rückgängig zu machen, indem dieser, trotz der Parteilosigkeit, welche die polnische Republik behauptete, und trotz dem, daß seine Residenz Reisen der schlesischen Grenze ganz nahe lag, ansehnliche Lieferungen für die Russen veranstaltete und selbst Truppen für sie warb. Er ward sammt seiner Leibwache aufgehoben und nach Glogau transportirt; außerdem aber gelang es den Preußen, in Polen Vorräthe zu zerstören, aus denen 50,000 Mann auf drei Monate verpflegt werden konnten. Eine zweite Expedition der Art sollte von Oberschlesien aus nach Mähren unternommen werden; diese führte zwar an sich zu keinem Erfolge, doch bewirkte sie, daß Daun, einen Einfall des Königs in Mähren befürchtend, seine Hauptmacht nach dieser Seite zog und dadurch die böhmischeh Grenzen gegen Sachsen hin bloßgab. Nun ließ Prinz Heinrich, der die preußische Armee in Sachsen befehligte und schon die Vortruppen der Reichsarmee aus Thüringen zurückgedrängt hatte, verschiedene Corps in Böhmen einrücken, welche in der kurzen Frist von fünf Tagen alle dort befindlichen Magazine vernichteten und dem Feinde etwa das Doppelte des in Polen verübten Nachtheiles zufügten. Daun sandte eilig Verstärkungen gegen die sächsische Grenze, aber die Preußen waren bereits glücklich zurückgekehrt. Prinz Heinrich war indeß nicht gewillt, sich mit diesem einen kühnen Unternehmen zu begnügen; noch ernsthafter und mit noch glücklicherem Erfolge wiederholte er dasselbe gegen die Reichsarmee, die in Franken, zwischen Bamberg und Hof, aufgestellt war. Er rückte in verschiedenen Colonnen gegen dieselbe vor. In eiligem Laufe floh eine Abtheilung der Reichsarmee nach der andern zurück und sammelte sich erst bei Nürnberg wieder; eine große Anzahl von Gefangenen und sämmtliche Hauptmagazine fielen in die Hände der Preußen. Nachdem die letzteren in den fränkischen Städten bedeutende Contributionen eingetrieben und vergeblich versucht hatten, den Feind zum Stehen zu bringen, damit es auf solche Weise zu einer entscheidenden Schlacht komme, kehrten sie wieder nach Sachsen zurück, wo jetzt ihre Gegenwart nöthig wurde. Die Expedition fand im Laufe des Maimonates statt.

Bei Gelegenheit dieses fränkischen Zuges ward beiläufig auch gegen diejenige Klasse von Friedrich's Feinden, die, weniger geneigt zu Heldenthaten, in Schmähschriften gegen den großen König Ruhm zu erwerben suchte, ein warnendes Beispiel ausgeübt. Ein preußischer Offizier kam mit einigen Soldaten schnellen Rittes nach Erlangen, machte dort einem berüchtigten Zeitungsschreiber seinen Besuch, ließ dem Ueberraschten eine gemessene Anzahl Stockprügel geben und kehrte mit der förmlichen Quittung, welche ihm der Patient über das Empfangene ausgestellt, wieder zur Armee zurück.

Friedrich selbst hatte bisher der österreichischen Hauptarmee, die sich unter Daun bei Schurz in Böhmen lagerte, bei Landshut gegenübergestanden. Als sich diese nördlich nach Mark-Lissa zog, so rückte er ihr nach und bezog mit seiner Armee, vollkommen im Vertheidigungssysteme beharrend, ein festes Lager bei Schmottseifen.

Die Bewegung der österreichischen Armee war vorzugsweise durch die inzwischen eingetretenen Unternehmungen der Russen, in deren Operationen die ihrigen einzugreifen bestimmt waren, veranlaßt worden. Die Russen hatten bereits Ende April die Weichsel überschritten und darauf ihre Magazine erneuert. Gegen sie schickte Friedrich jetzt den größeren Theil desjenigen seiner Armeecorps, welches unter dem Grafen Dohna in Pommern stand, mit dem Auftrage, die einzelnen Colonnen der russischen Armee noch während ihres Marsches anzugreifen. Dohna wußte dies indeß nicht möglich zu machen. Der ganze Erfolg seiner Sendung bestand darin, daß er ihnen aufs Neue einige Magazine wegnahm, während ihre Corps sich vereinigten und bereits gegen die Oder vorrückten. Da Dohna keine Schlacht wagte, so glaubte Friedrich bessere Erfolge erwarten zu dürfen, wenn er an dessen Stelle einen kühneren Heerführer sende. Er wählte dazu den General v. Wedell, der sich bereits im zweiten schlesischen Kriege den Ehrennamen des preußischen Leonidas erworben und auch bei Leuthen sich aufs Rühmlichste ausgezeichnet hatte. Wedell war einer der jüngsten Generale der Armee; um daher seine älteren Genossen nicht zu kränken, wohl aber auch, um ihn durch eine ganz ungewöhnliche Ehre zur höchsten Begeisterung zu entflammen, ernannte ihn Friedrich förmlich, nach altrömischer Sitte, zum Dictator. „Bei dem Heere stellt Er nunmehr", — mit diesen Worten entließ ihn der König — „meine Person vor; was Er befiehlt, geschieht in meinem Namen, als wäre ich selbst gegenwärtig. Ich habe Ihn bei Leuthen kennen gelernt und setze in Ihn das unbegrenzte Vertrauen, Er werde ebenso, wie mancher von den Römern ernannte Dictator, auch meine Angelegenheiten an der Oder verbessern. Ich befehle ihm daher, die Russen anzugreifen, wo Er sie findet, sie tüchtig zu schlagen und dadurch ihre Vereinigung mit den Oesterreichern zu verhindern."

Wedell traf die Russen in der Gegend von Züllichau, wo sie bei dem Dorfe Kay eine sehr günstige Stellung angenommen hatten. Ohne darauf zu achten und nur an den Befehl des Königs gedenkend, griff er sie am 23. Juli mit seiner dreimal geringeren Macht an. Aber die persönliche Tapferkeit des Dictators und seiner Untergebenen fruchtete nichts gegen die Uebermacht und gegen die Ungunst der örtlichen Verhältnisse. Vergebens waren die bis zur Nacht fortgesetzten Angriffe; die Preußen mußten mit einem Verluste von mehr als 8000 Mann das Feld räumen. Die Russen rückten bis Frankfurt vor, und hier stieß ein österreichisches Corps, von Loudon geführt, zu ihnen.

Jetzt war für Friedrich die größte Gefahr im Anzuge. Schnell entschloß er sich, in eigner Person den Russen entgegenzutreten. Er berief den Prinzen Heinrich mit

dem größeren Theile seiner Armee aus Sachsen zu sich, übergab ihm das Commando in dem Lager von Schmottseifen und machte sich selbst mit einem ansehnlichen Truppencorps, welches er mit dem Wedell'schen Corps vereinigte, auf den Weg nach Frankfurt.

Die russische Armee, vom General Soltikof geführt, hatte am jenseitigen Oder-ufer eine feste Stellung eingenommen. Auf einer Hügelreihe, die sich von Frankfurt aus östlich zieht und vor der das Dorf Kunersdorf liegt, hatte sie sich gelagert und den Abfall der Hügel durch starke Batterien gesichert. Friedrich fand es für angemessen, an Frankfurt vorüberzuziehen und zwischen dieser Stadt und Cüstrin über den Strom zu setzen. So kam er in einem weiten Bogen der einen Seite des russischen Heeres gegenüber. Am 11. August hatte er diese Stellung erreicht. Die Stärke der russischen Armee, mit Einschluß des österreichischen Hülfscorps unter Loudon, betrug ungefähr 70,000 Mann; Friedrich hatte ihnen 43,000 Mann entgegenzusetzen.

Am 12. August, früh um 2 Uhr, brach die preußische Armee zum Angriff auf. Sie zog sich, da der Boden von Seen und Bächen durchschnitten war, aufs Neue in einem Bogen seitwärts und marschirte nun durch einen Kiefernwald dem linken Flügel des Feindes entgegen. Es war bereits 11 Uhr des Vormittags, als man den Saum des Waldes erreicht hatte und sich zum Angriff stellte; die Hitze war drückend, und die Armee hatte schon zwei Nächte nur wenig geruht. Kanonen waren aufgefahren, und alsbald entspann sich mit den feindlichen Batterien ein heftiges Geschützfeuer. Dann rückte die preußische Infanterie gegen die Anhöhen vor, auf denen der Feind stand. Trotz des feindlichen Kugelregens kletterte sie muthig über den Verhack, den die Russen zum Schutz ihrer Stellung angelegt hatten, erstieg die Höhen und eroberte die Batterien. Ein russisches Regiment nach dem andern wurde geworfen; bald waren die Preußen im vollkommenen Besitz der Anhöhen, welche die Stellung des linken russischen Flügels ausgemacht hatten; eine große Menge von Gefangenen und feindlichen Kanonen war in ihren Händen. Erst jenseit einer Schlucht mit steil abfallenden Seitenwänden, der Kuhgrund genannt, sammelten sich die Russen wieder und stellten den Preußen neugeordnete Schaaren entgegen. Doch war das für die Preußen kein Hinderniß; sie sprangen in die Schlucht hinab und erkletterten den steilen Rand auf der andern Seite. Vergebens bemühten sich die Russen, sie wieder hinabzustürzen; sie behaupteten sich siegreich auch auf dieser Seite und trieben wiederum ein feindliches Regiment nach dem andern zurück.

Es war 5 Uhr Nachmittags. Zwei Drittheile des Feindes waren geschlagen und aus ihrer Stellung vertrieben, 90 Kanonen waren in den Händen der Preußen, der Sieg war so gut wie entschieden, und schon flogen Couriere mit der freudigen Nachricht nach Berlin. Es war vorauszusehen, daß der Feind nach einem so gewaltigen Schlage nur auf den Rückzug bedacht sein würde. Aber Friedrich war nicht gewillt, dem Geschlagenen goldene Brücken zu bauen; da das Schicksal des Tages ihm bis dahin so günstig gewesen war, so hoffte er, daß es ihm nun auch gelingen würde, die Macht des Gegners gänzlich zu vernichten. Vergebens machte man ihm Vorstellungen, wie viel die eigne Infanterie bereits gelitten habe, wie erschöpft sie

von dem heißen Tage sei, wie gefährlich es sei, den Feind zur Verzweiflung zu bringen, und wie dessen rechter Flügel noch die vortrefflichste Stellung inne habe. In der That beherrschten die Anhöhen, auf denen der rechte feindliche Flügel stand, — die sogenannten Judenberge bei Frankfurt, — die Reihe der Hügel, welche man bis jetzt bereits gewonnen hatte; amphitheatralisch hoben sie sich über diesen empor, und noch war die feindliche Armee reichlich mit Geschütz versehen. Friedrich aber blieb bei seiner Meinung und befahl erneuten Angriff. Im heftigen Gewehrfeuer standen beide Armeen einander gegenüber; aber den Preußen fehlte es an schwerem Geschütz, das in dem sandigen Boden nicht auf die Anhöhen folgen konnte, während die feindlichen Kanonen von den Judenbergen aus furchtbar in ihren Reihen wütheten. Tief erschöpft, vermochten sie bald nicht mehr so regelmäßig zu feuern wie bisher. Sie konnten dem Feinde keinen weiteren Vortheil abgewinnen; doch behaupteten sie noch standhaft ihre Stellung. Jetzt erhielt die preußische Kavallerie, die, durch mancherlei Hindernisse des Bodens aufgehalten, bisher keinen Theil am Gefechte gehabt, den Befehl, auf die feindliche Armee vorzurücken. Aber ein Theil der preußischen Reiter stürzte in Wolfsgruben, die von den Russen angelegt waren, andere wurden von

einem wilden Kartätschenfeuer empfangen, Seydlitz, ihr Führer, fiel verwundet, und als nun auch einige feindliche Kavallerieregimenter gegen sie ausrückten, wurden sie bald gänzlich zurückgeworfen.

So war wiederum eine Stunde des Kampfes verflossen. Bisher hatten nur einzelne Regimenter des österreichischen Hülfscorps an dem Gefechte Theil genommen; jetzt gewahrte Loudon, daß für ihn der entscheidende Augenblick gekommen sei. Unverzüglich brach er mit seinen Reiterschaaren auf, durchzog, von den Preußen ungesehen, eine tiefe Schlucht, die seit jenem Tage der Loudonsgrund heißt, und fiel plötzlich der preußischen Armee, die schon in Unordnung stand, in die Seite und in den Rücken. Nun vermochte diese nicht mehr ihre Stellung zu behaupten; sie wandte sich zum Rückzuge. Friedrich that Alles, um das Schicksal des Tages festzuhalten; er ermunterte die Seinen zur standhaften Ausdauer, er führte die Bataillone aufs Neue dem Feinde entgegen, — umsonst! Schon war ein Pferd unter ihm erschossen, schon waren verschiedene Offiziere und Adjutanten an seiner Seite gefallen, schon mehrere Schüsse durch seine eigne Uniform gegangen, er wich nicht. Ein neuer Schuß traf die Brust des zweiten Pferdes, das er bestiegen hatte; ein Adjutant und ein Unteroffizier, die Einzigen, die sich in der Nähe befanden, sprangen hinzu und fingen ihn mit ihren Armen auf, als das Pferd sich eben auf die Seite werfen wollte. Kein Reservepferd war mehr da; er bestieg das des Adjutanten; eine feindliche Kugel schlug an seine Hüfte, aber sie ward durch ein goldnes Etui, welches er in der Tasche trug, in ihrem argen Laufe aufgehalten. Jetzt trafen andere Offiziere ein, dem Könige Rapport über den weiteren Verlauf des Unheiles zu bringen; sie baten ihn dringend, die gefährliche Stelle zu verlassen. Er aber rief aus: „Wir müssen Alles versuchen, um die Schlacht wieder zu gewinnen: ich muß hier, so gut wie ihr, meine Schuldigkeit thun!“ Alle seine Ausdauer fruchtete zu nichts. Aufs Neue drangen die Feinde ungestüm vor, und in wilder Unordnung flohen die Preußen vom Schlachtfelde, sich in den benachbarten Wäldern vor dem Grimm der Gegner zu bergen. Durch das Getümmel hörte man die Stimme des Königs, der in gänzlicher Verzweiflung die Worte ausrief: „Gibt es denn heute keine verwünschte Kugel für mich?“

Ein Trupp preußischer Husaren war unter den Letzten auf dem Schlachtfelde. Als auch diese, sich vor den andringenden Kosakenschwärmen zu retten, ihren Pferden die Sporen gaben, rief plötzlich ein Husar seinem Führer zu: „Herr Rittmeister, da

steht der König!“ Sich umwendend, erblickte der Offizier den König, der ganz allein, nur in Begleitung eines Pagen, welcher sein Pferd hielt, auf einem Sandhügel stand; er hatte seinen Degen vor sich in die Erde gestoßen und blickte mit verschränkten Armen dem herannahenden Verderben entgegen. Eilig sprengten die Husaren auf ihn zu. Nur mit Mühe konnte ihn der Rittmeister überreden, sich auf das Pferd zu werfen und auf seine Rettung bedacht zu sein. Endlich folgte er den Bitten des Offiziers und rief: „Nun, Herr, wenn Er meint, vorwärts!“ Aber schon waren die Kosaken ganz nahe gekommen. Der Rittmeister wandte sich und schoß den feindlichen Offizier vom Pferde. Das machte die Verfolger einen Augenblick stutzen; Friedrich gewann mit seiner kleinen Schaar einen Vorsprung, und jene vermochten ihn nicht wieder einzuholen.

Friedrich übernachtete in einem kleinen Dorfe an der Oder, in einer zertrümmerten Bauerhütte. Die Husaren hatte er ausgesandt, seine zerstreuten Truppen

so viel als möglich zu sammeln. Nur der Page und ein Livreebedienter waren bei ihm; beide hielten abwechselnd vor dem Hause Wache. Einige Verwundete, die im Dorfe lagen, hörten von der Anwesenheit des Königs und kamen, den Wachedienst zu theilen, bis endlich eine größere Truppenzahl zum Schutze des Königs anlangte. Man hatte ihn selbst bereits todt geglaubt. Friedrich aber war überzeugt, daß, wenn die Russen irgend ihren Sieg benutzten, keine Rettung für ihn möglich sei. Gefangenschaft aber und die zu erwartenden schmachvollen Bedingungen, die sich an seine Freigebung knüpfen würden, gedachte er nicht zu überleben. Darum benutzte er die Nacht, seine letzten Verfügungen zu treffen. Prinz Heinrich sollte Generalissimus seiner Armee werden und diese seinem Neffen, Friedrich Wilhelm, dem fünfzehnjährigen Thronfolger, schwören. Der Hof und die Archive sollten aus Berlin, wohin er die Feinde auf allen Seiten in Anmarsch glaubte, geflüchtet werden. Dem Staatsminister Grafen Finckenstein schrieb er: „Ich habe keine Hülfe mehr, und, um die Wahrheit zu sagen, ich glaube, daß Alles verloren ist. Ueberleben werde ich den Sturz meines Vaterlandes nicht. Leben Sie wohl auf ewig!“

So verzweifelt Friedrich's Lage war, so sehr er für seine eigne Person von jedem Augenblick das Schlimmste befürchten konnte, so fühlte sein Herz doch zugleich die innigste Theilnahme an dem Unheil, das so viele seiner Getreuen betroffen, so rüstig war er zu helfen bedacht, wo er noch helfen konnte. Zwei junge Offiziere seiner Armee waren unter Andern auf eine furchtbare Weise verwundet worden; dem einen war durch eine Kanonenkugel der größte Theil des Armes weggerissen, dem andern war eine Kartätschenladung von gehacktem Eisen ins Gesicht und in den Arm geschossen. Man hatte sie in jenes Dorf gebracht, in welchem Friedrich sein Nachtquartier nahm; hier erholten sie sich wieder, allein kein Feldchirurg wollte die schweren Wunden verbinden. Der Erfolg der Schlacht war ihnen noch unbekannt, als Friedrich unerwartet des Abends in die Stube trat, wo sie auf der Erde in ihrem Blute lagen. Seine ersten Worte waren: „Ach Kinder, ihr seid wohl schwer blessirt?" Sie erwiderten: „Ja, Ew. Majestät; allein das ist das Wenigste! Wenn wir nur wüßten, ob Sie gesiegt hätten: denn wir hatten schon zwei Redouten hinter uns und waren bei der dritten, als uns das Unglück traf." Der König sagte: „Ihr habt es bewiesen, daß ihr unüberwindlich seid, das Uebrige ist Zufall. Verliert nicht den Muth: es wird Alles, auch ihr werdet besser werden. Seid ihr schon verbunden? Hat man euch zur Ader gelassen?" — „Nein, Ew. Majestät", erwiderten sie, „kein Teufel will uns verbinden." — Auf der Stelle ward ein Arzt gerufen, dem Friedrich seinen Unwillen über die schlechten Anstalten zu erkennen gab; er befahl ihm, für diese braven Leute alle Sorgfalt zu verwenden. Der Arzt sah die Wunden, zuckte die Achseln und versicherte, hier könne kein Verbinden helfen; alle Mittel seien vergebens, wenn auch dem Einen der Arm abgenommen würde. Der König faßte die jungen Krieger bei der Hand und zeigte sie dem Arzte mit den Worten: „Hier sehe Er nur, die Leute haben noch kein Fieber! Bei solchem jungen Blute und frischem Herzen pflegt die Natur allezeit Wunder zu thun." Beide Offiziere wurden in der That gerettet, dienten bis zum Frieden und wurden dann mit guten Versorgungen bedacht. Friedrich aber, der in jenem Zimmer hatte übernachten wollen, nahm mit einer schlechteren Behausung vorlieb. — Die furchtbaren Bilder der Zukunft hatten ihn auf seinem kümmerlichen Strohlager nicht schlafen lassen. Als ihm am folgenden Morgen ein Offizier berichtete, daß man noch einiges Geschütz gerettet habe, rief er diesem wild entgegen: „Herr, Er lügt! ich habe keine Kanonen mehr!" Niemand wagte sich ihm zu nähern. Nur dem alten Obersten Moller klagte er vertraulich sein Leid. Diesen fragte er, wie es doch komme, daß seine Armee nicht mehr so viel leiste wie früher. Moller, vielleicht des Tages von Leuthen und der damaligen frommen Stimmung des Heeres gedenkend, antwortete, daß seit geraumer Zeit schon keine Betstunde mehr in der Armee gehalten sei. Friedrich gab am folgenden Tage den Befehl, daß der Feldgottesdienst fortan wieder in strenger Regelmäßigkeit abgehalten werde.

Die Russen hatt n es versäumt, die Früchte ihres Sieges zu pflücken. Ihre Generalität versammelte sich am Abend nach der Schlacht in einem Bauerhause, zu berathschlagen, ob den besiegten Preußen nachzusetzen sei oder nicht. Erschöpft von der Hitze des Tages, ließ man vorerst erfrischendes Getränk kommen, und bald waren darüber die Gedanken an alle weiteren Anstrengungen verschwunden. Friedrich ward in der Nacht nicht weiter beunruhigt; schon am folgenden Morgen sammelte sich ein Corps von 18,000 Mann seiner zerstreuten Truppen um ihn; mit diesen ging er ungestört über die Oder, brach die Brücken ab und lagerte sich zwischen Frankfurt und Cüstrin. Er sah jetzt, daß der Feind ihm doch noch Hoffnung übrig lasse. Kurz vor der Schlacht hatte er durch einen Adjutanten des Herzogs Ferdinand von Braunschweig die Nachricht von dem glorreichen Siege bei Minden erhalten; er hatte den Botschafter gebeten, bis nach der Schlacht zu verweilen, damit er ihm das Gegencompliment an den Herzog mitgeben könne. Jetzt entließ er ihn mit den Worten: „Es thut mir leid, daß die Antwort auf eine so gute Botschaft nicht besser hat gerathen wollen. Wenn Sie aber auf Ihrem Rückwege noch gut durchkommen und Daun nicht schon in Berlin und Contades in Magdeburg finden, so können Sie Herzog Ferdinand von mir versichern, daß noch nicht viel verloren ist!" — Allmälig erst konnte man die Größe des Verlustes ermessen; über 18,000 Mann, 172 Geschütze, 26 Fahnen und 2 Standarten, außerdem alles eroberte Geschütz, hatten die Preußen verloren. Viele der ersten Offiziere der Armee waren schwer verwundet. Traurig war das Schicksal eines Dichters, den die eben aufblühende deutsche Poesie zu ihren Lieblingen zählte und der tapfer in den Reihen der Preußen mitgekämpft hatte, des Majors Christian Ewald von Kleist. Ein Kartätschenschuß hatte

ihm das Bein zerschmettert; Kosaken hatten ihn seiner Kleider beraubt und in einen Sumpf geworfen; russische Husaren hatten ihm darauf einige Pflege angedeihen lassen, aber aufs Neue war er von Kosaken ausgeplündert worden. Erst am folgenden Mittage fand ihn ein russischer Offizier, der ihn nach Frankfurt bringen ließ, wo er trotz der eifrigsten Pflege am 24. August starb. Im feierlichen Zuge, an dem die Russen ebenso wie die Mitglieder der Frankfurter Universität Theil nahmen, ward er begraben; ein russischer Stabsoffizier legte ihm den eignen Degen auf den Sarg, „damit ein so würdiger Offizier nicht ohne dies Ehrenzeichen begraben werde".

Aber auch der Verlust der feindlichen Armee war nicht gering; er belief sich auf mehr als 16,000 Mann. Darum schrieb Soltikof an seine Kaiserin: „Der König von Preußen pflegt seine Niederlagen theuer zu verkaufen; noch einen solchen Sieg, und ich werde die Nachricht davon mit einem Stabe in der Hand allein zu überbringen haben."

Friedrich war der festen Ueberzeugung, die Feinde würden jetzt ihren Sieg wenigstens dazu benutzen, in die Mark und nach der wehrlosen Residenz vorzudringen. Genügende Veranlassung gab ihm zu solcher Meinung der Uebergang der Russen über die Oder und die Annäherung der österreichischen Hauptmacht unter Daun nach der Niederlausitz. Er zog somit Alles, was nur von militairischen Kräften zusammenzubringen war, an sich, ließ neue Geschütze aus seinen Zeughäusern zur Armee kommen und lagerte sich, den Weg nach Berlin vertheidigend, bei Fürstenwalde an der Spree. Indeß, was Jedermann erwarten mußte, geschah nicht. Die Feinde blieben geraume Zeit in ihren Stellungen, ohne etwas zu unternehmen. Daun wünschte den Zug nach Berlin den Russen aufzubürden; Soltikof aber, empfindlich über die bisherige Ruhe der österreichischen Hauptmacht, entgegnete, daß er jetzt zwei Schlachten gewonnen habe und, bevor er seine Truppen aufs Neue opfere, erst auf die Nachricht zweier österreichischen Siege warten wolle. So entspann sich ein Zwiespalt zwischen den feindlichen Heerführern, der wesentlich dazu diente, Friedrich's Schicksal zu erleichtern.

Doppelt erwünscht kam dem Könige diese Stockung in den feindlichen Unternehmungen, da sich unterdessen in Sachsen die drohendste Gefahr bereitet hatte. Die Reichsarmee war in das von Truppen fast ganz entblößte Land eingerückt, hatte in kurzer Frist Leipzig, Torgau und Wittenberg erobert und schritt zur Belagerung von Dresden. Schmettau, der die preußische Besatzung in Dresden commandirte, schickte sich zu einer ebenso hartnäckigen Vertheidigung wie im vorigen Jahre an; da empfing er einen Befehl, den Friedrich unmittelbar nach der Niederlage von Kunersdorf, in seiner größten Bedrängniß, geschrieben hatte, daß er es nicht auf das Aeußerste ankommen lassen und vornehmlich nur darauf bedacht sein solle, die königlichen Kassen zu retten. Dieser Befehl nahm ihm plötzlich den Muth zur weiteren Vertheidigung; er ahnte nicht, daß Friedrich sofort zwei Corps zum Entsatze gesandt hatte und daß diese schon in der Nähe waren; er capitulirte, und auch Dresden ging in die Hände der Feinde über.

Prinz Heinrich hatte ruhig in seinem Lager bei Schmottseifen an der schlesischen Grenze gestanden und bis dahin für seine Ruhe nur den Spott der Oesterreicher eingeerntet. Jetzt brach er plötzlich im Rücken des österreichischen Heeres auf, schlug einzelne Abtheilungen desselben, vernichtete die Magazine, aus denen Daun seinen Unterhalt bezog, und nöthigte diesen, sich gegen ihn zu wenden. Daun gedachte, nach so unangenehmer Veränderung der Dinge, den Prinzen nur von Sachsen abzuhalten; aber dieser kam ihm zuvor. Schon hatten jene von Friedrich abgesandten Corps glückliche Fortschritte gemacht, und Heinrich konnte sich nun mit ihnen vereinigen. Daun aber, der um Alles nicht Sachsen, das wichtigste Ziel der österreichischen Operationen, aufgeben wollte, verließ hierauf ganz die Stellung in der Nähe der russischen Armee; er wandte sich gegen Prinz Heinrich, und nun begann zwischen Beiden eine Reihe künstlicher Manoeuvres, die es, außer manchen einzelnen, für die Preußen glücklichen Gefechten, endlich dahin brachten, daß die Oesterreicher und die mit ihnen verbundene Reichsarmee den größten Theil ihrer sächsischen Eroberungen verloren und daß vornehmlich nur Dresden allein in ihren Händen blieb.

Die Russen hatten indeß ihr Lager in der Nähe von Frankfurt verlassen und sich südlich gegen die schlesischen Grenzen gewandt. Friedrich war ihnen zur Seite gefolgt. Als aber Soltikof hörte, daß Daun sich, statt der russischen Armee eine versprochene neue Verstärkung (das Loudon'sche Corps befand sich noch bei den Russen) zuzuschicken, mit seiner ganzen Macht nach Sachsen gewandt habe, als es auch an dem versprochenen Proviant gebrach, da entschloß er sich nach Polen zurückzukehren. Daun ließ ihm statt des Proviants eine Unterstützung an Geld anbieten, aber Soltikof antwortete, die Russen äßen kein Geld. Daun jedoch wünschte dringend, Friedrich's Armee von Sachsen abzuhalten; und so ließ sich Soltikof noch einmal bewegen, in seinem Marsche nach Schlesien fortzufahren. Er machte sich bereit, Glogau zu belagern; als er sich aber dieser Festung näherte, hatte ihn Friedrich bereits umgangen und ihm durch eine feste Stellung den Weg verlegt. Nach mancherlei vergeblichen Versuchen ging Soltikof nun wirklich gegen Ende Octobers nach Polen zurück. Gerade um diese Zeit war Friedrich aufs Heftigste vom Podagra befallen worden; er konnte weder reiten noch fahren und mußte sich von seinen Soldaten tragen lassen. Gleichwohl ließ er sich auch durch diesen neuen und unerwarteten Feind nicht in den Pflichten seines königlichen Berufes stören. Standhaft trotzte er den Schmerzen des Körpers und hielt seinen Geist frei, um, wie in den Tagen der Gesundheit, Alles überschauen und leiten zu können. Es war in Köben, einem schlesischen Städtchen an der Oder, wo er die Generale seiner Armee nach dem Abmarsche der Russen zu sich rufen ließ. Sie fanden ihn in einem ärmlichen

Zimmer liegen, äußerst blaß, um das Haupt ein Tuch gebunden und mit einem Zobelpelze bedeckt. Trotz der heftigen Schmerzen, die ihn quälten, redete er sie mit Heiterkeit an. „Ich habe Sie, Messieurs," — so sprach er, — „hierher berufen lassen, um Ihnen meine Dispositionen bekannt zu machen und Sie zugleich zu überzeugen, daß die Heftigkeit meiner Krankheit mir nicht gestattet, mich der Armee persönlich zu zeigen. Versichern Sie also meinen braven Soldaten, daß es nicht eine gemachte Krankheit ist; sagen Sie ihnen, daß, ungeachtet ich diese Campagne hindurch viel Unglück gehabt habe, ich doch nicht eher ruhen werde, als bis Alles wiederhergestellt ist; daß ich mich auf ihre Bravour verlasse und daß mich nichts als der Tod von meiner Armee trennen soll." Nun gab er mit bewunderungswürdiger Ruhe alle Anordnungen, welche die veränderten Verhältnisse erforderten. Ein Theil seiner Armee ward zur Deckung von Schlesien bestimmt; ein anderer Theil ward zur Unterstützung des Prinzen Heinrich nach Sachsen gesandt.

Die Muße, zu der Friedrich theils durch die Bewegungen der Russen, theils durch seine Krankheit genöthigt war, trug Früchte eigenthümlicher Art, die eben nur bei einem Friedrich zur Erscheinung kommen konnten. Wie er jeden freien Augenblick auszukaufen wußte, wie er im Lager überall seine kleine Handbibliothek mit sich führte und stets wissenschaftliche Genossen zur Seite hatte, wie e· durch Lectüre und eigne schriftstellerische Thätigkeit seinen Geist unablässig erfrischte und stärkte, so auch in dieser trüben Zeit. Er hatte die Geschichte Karl's XII., jenes genial abenteuerlichen Schwedenkönigs, vorgenommen und fand sich dadurch zu der Abfassung einer sehr interessanten kleinen Schrift: „Betrachtungen über den Charakter und die Talente Karl's XII.", veranlaßt. Er schrieb darüber an den Marquis d'Argens: „Da ich unaufhörlich mit militairischen Ideen beschäftigt bin, so wendet sich mein Geist, den ich gern zerstreuen möchte, diesen Gegenständen in einem solchen Maße zu, daß ich ihn für jetzt auf keine andern Dinge zu richten vermag." Im folgenden Winter ließ er die Schrift drucken, doch nur zwölf Exemplare davon abziehen, die er unter seine Freunde vertheilte.

Kaum aber war die Krankheit gewichen, so eilte auch Friedrich nach Sachsen, wo die Verhältnisse sich inzwischen äußerst günstig gestellt hatten Die feindliche Armee war bis gegen Dresden zurückgedrängt. Am 14. November traf Friedrich bei den Seinen ein und konnte dem Bruder, dessen glückliche Maßregeln in der Lausitz und in Sachsen vor Allem dazu gedient hatten, dem ganzen Feldzuge eine glückliche Wendung zu geben, die gerechtesten Lobsprüche bringen. „Heinrich", so sagte er, „ist der einzige General, welcher in diesem Feldzuge keine Fehler gemacht hat." Aber die glücklichen Erfolge sollten jetzt auch mit dem größten Nachdrucke zu Ende geführt werden. Friedrich setzte sich selbst an die Spitze seiner Armee, verfolgte den zurückweichenden Feind und lieferte ihm bei dem Dorfe Krögis ein verderbliches Gefecht. Dann sandte er verschiedene Corps in den Rücken des Gegners, der sich hinter dem Plauenschen Grunde in eine feste Stellung zurückgezogen hatte. Eins dieser Corps brach in Böhmen ein und kehrte mit reichlichen Contributionen und einer Menge von Gefangenen zurück. Ein zweites, größeres Corps unter dem General Finck ward nach Maxen gesandt, Daun den Rückzug abzuschneiden oder zu erschweren. Aber dies war eine gefährliche Aufgabe; Finck machte Gegenvorstellungen, doch antwortete Friedrich: „Er weiß, daß ich keine Difficultäten leiden kann: mach' Er, daß Er fortkommt.“ Finck ergab sich in trüber Ahnung in sein Schicksal. In der That sah er sich bald von der feindlichen Uebermacht eingeschlossen; vergebens suchte er sich am 21. November durch muthigen Kampf aus seiner ungünstigen Stellung zu erretten. Er ward genöthigt, sich mit seinem ganzen Corps, 12,000 Mann stark,

zu Kriegsgefangenen zu ergeben. Diesem plötzlichen Unglück folgte bald noch ein zweites. Ein preußisches Corps unter dem General Dierecke, welches am jenseitigen Elbufer stand, sollte auf gleiche Weise von den Oesterreichern aufgehoben werden. Dierecke versuchte, über Nacht sich über den Strom zurückzuziehen; aber schon hatte ein heftiger Eisgang begonnen, sodaß das Unternehmen nur mit großer Schwierigkeit von Statten ging; nur ein Theil der Preußen entkam, die übrigen, 1500 Mann an der Zahl, fielen ebenfalls in die Hände des Feindes.

So hatten noch zum Schlusse des Jahres die Verhältnisse in Sachsen wiederum eine sehr üble Wendung genommen. Daun hatte jetzt nicht mehr Lust, sich nach Böhmen zurückzuziehen; Friedrich's Armee war durch diese Unglücksfälle wieder bis auf die geringe Zahl von 24,000 Mann zurückgekommen; alle Welt erwartete, daß er nun auch die zuletzt errungenen Vortheile wieder einbüßen werde. Aber Friedrich wich keinen Schritt. Dem Feinde gegenüber blieb er, trotz der furchtbaren Kälte, die jetzt eintrat, in seinem kleinen Lager bei Wilsdruf. Seine Armee lieferte, täglich abwechselnd, vier Bataillone, welche das Lager beziehen mußten, dessen Zelte eingefroren und hart wie Bretter waren. Die Soldaten legten sich in den Zelten übereinander, um sich gegenseitig gegen die grimmige Kälte Schutz zu geben. Die übrigen Theile der Armee cantonnirten umher in den Dörfern. Die Offiziere suchten sich hier in den Stuben und Kammern zu erwärmen, die Gemeinen bauten sich Brandhütten und lagen Tag und Nacht am Feuer. Die Kälte forderte eine große Anzahl von Opfern. Aber dem Feinde war durch dies kühne Unternehmen jede Gelegenheit zum Vorrücken genommen; Daun sah sich genöthigt, auch seine Truppen denselben Unbequemlichkeiten und Leiden auszusetzen, ohne doch etwas gewinnen zu können. Endlich traf bei Friedrich's Armee eine Verstärkung ein, welche ihm der Erbprinz von Braunschweig zuführte. Jetzt erst, im Januar, ließ er seine Truppen regelmäßige Winterquartiere beziehen; das Hauptquartier wurde nach Freiberg verlegt, wo Friedrich die übrigen Wintermonate zubrachte.

So ward endlich ein Feldzug zum Schlusse gebracht, der den Preußen Unheil zugefügt hatte, wie noch keiner der früheren. Und doch hatte Friedrich von Allem, was er vor dem Beginn desselben besessen, nichts weiter verloren als Dresden und einen Theil der Umgegend, wie einige wenig bedeutende Besitzungen in Pommern, die von den Schweden, bei dem Abmarsch des größten Theiles der preußischen Truppen aus jener Gegend, eingenommen waren. Zu weiteren Erfolgen hatten es die vereinten Anstrengungen seiner übergewaltigen Gegner nicht gebracht!

Dreiunddreißigstes Kapitel.

Beginn des Feldzuges von 1760. Dresden und Liegnitz.

ei den unausgesetzten Anstrengungen, zu denen sich Friedrich seit vier Jahren genöthigt gesehen, bei den geringen Mitteln, die ihm, im Vergleich mit der überwiegenden Macht seiner Gegner, zu Gebote standen, mußte die Fortsetzung des Krieges, auch wenn das neue Jahr nicht eben so verderbliche Früchte tragen sollte wie das vergangene, doch seine Kräfte allmälig aufreiben, mußten doch endlich die empörten Wogen über dem gebrechlichen Schifflein, welches er führte, zusammenschlagen. Friedrich fühlte das nur zu deutlich, und darum ließ er wenigstens nichts unversucht, den wilden Sturm zu beschwören oder ihm eine andere Richtung zu geben. Der König von Spanien war im vergangenen Jahre gestorben; Oesterreich hatte Ansprüche auf das spanische Erbe in Italien; Sardinien ebenfalls. Friedrich schickte einen Abgesandten nach Turin, einen andern nach Madrid, beide Höfe zum Kriege zu erregen; aber er fand kein sonderlich geneigtes Gehör. Maria Theresia selbst ließ ihre italienischen Ansprüche vor der Hand auf sich beruhen, da ihr noch immer keine Erwerbung so am Herzen lag, als die von Schlesien. Eben so vergeblich waren die Versuche, Friedensunterhandlungen mit Frankreich ins Werk zu richten. Zwar hatte der Krieg, neben den übrigen Ausschweifungen des Hofes, die Finanzen des französischen Staates bereits im höchsten Grad zerrüttet, zwar bezeigte sich in der That der Hof von Versailles den Anerbietungen, welche England machte, nicht abgeneigt; als aber England erklärte, daß Preußens Integrität die unerläßliche Bedingung eines jeden Friedensschlusses sei, da ward Alles wiederum abgebrochen. Noch spielte die Maitresse des Königs, welche der fortgesetzten Verachtung von Seiten Friedrich's eben nur immer glühenderen Haß entgegenzusetzen wußte, frechen Muthes mit dem Glücke des französischen Volkes, noch gab sie auf alle warnenden Stimmen jene Antwort zurück, die in wahnsinnigem Uebermuth das Schicksal herausforderte und dereinst so furchtbar in Erfüllung gehen sollte: „Nach uns die Sündflut!“ — So konnte es nicht fehlen, daß, statt des ersehnten Friedens, das kriegerische Bündniß zwischen Frankreich, Oesterreich und Rußland, oder richtiger — denn es handelte sich ja nicht um die Interessen der Völker, sondern nur um die Befriedigung persönlicher Leidenschaften, — das Bündniß zwischen der Pompadour, Maria Theresia und Elisabeth nur fester geschlossen ward.

Für Friedrich aber blieb somit, außer der Hülfe, die England ihm gewährte, keine weitere Hoffnung übrig, als die in der Ueberlegenheit seines eignen Geistes, in dem unerschrockenen Muthe, den er seinen Schaaren einzuflößen wußte, und in dem Umstande beruhte, daß er schon seither in den Unternehmungen der Gegner nicht eben allzugroße Uebereinstimmung bemerkt hatte. Alle Mittel, welche ihm zu Gebote standen, wurden zu neuen Rüstungen angewandt. Doch konnte er sich nicht entschließen, seinen eignen Unterthanen, die schon genug durch den Krieg zu leiden hatten, besondere Abgaben zu diesem Zwecke aufzubürden; dagegen mußten Sachsen, Mecklenburg, auch die anhaltischen Fürstenthümer außerordentliche Lieferungen machen und starke Contributionen zahlen. Sie mußten zugleich Rekruten stellen; diese, auch die neuen Mannschaften, welche aus dem eignen Lande zur Armee stießen, reichten indeß lange nicht hin, um das zusammengeschmolzene Heer wieder vollzählig zu machen; über das ganze deutsche Reich ward zugleich ein förmliches Werbesystem für die preußischen Armeen ausgebreitet; auch die kriegsgefangenen Oesterreicher mußten sich zum preußischen Dienste bequemen. Zu der letztern Maßregel schritt Friedrich, seit das Wiener Kabinet sich ermüßigt gesehen, die Auswechselung der Gefangenen zu verbieten. Bei alle Dem aber hatte er bei der Eröffnung des neuen Feldzuges kaum 90,000 Mann zusammengebracht, während seine unmittelbaren Gegner ihm mehr als 200,000 Mann entgegensetzen konnten. Zugleich waren es nicht mehr Truppen wie die, mit denen Friedrich den Krieg begonnen hatte; junge Bursche, die noch keinen Feind gesehen, waren aus dem Inlande, unzuverlässige Mannschaften aus dem Auslande herbeigekommen. Doch brachten jene eine nationale Begeisterung mit, wurden diese durch die strenge Zucht des preußischen Dienstes, wurden beide durch den eigenthümlichen Glanz gefesselt, der trotz der Verluste des vorigen Jahres noch immer fest an dem Namen der Armee des großen Friedrich haftete. Die ganze Zeit der Winterruhe wurde mit rastloser Einübung der Neugeworbenen ausgefüllt.

Inmitten all dieser Sorgen blieben auch jetzt Wissenschaft und Kunst Friedrich's treue Trösterinnen. Auch jetzt suchte er den Schmerz über die arge Zerrissenheit seiner Zeit mit den Worten der Dichtung auszusprechen, und rührend und ergreifend wirkt das Gefühl, welches in diesen Gedichten athmet, noch heute auf den Leser. Merkwürdig ist besonders die große „Ode an die Deutschen", welche Friedrich im März 1760 schrieb. Mit eindringlichen Worten hält er hier den deutschen Völkern, „den Söhnen einer gemeinsamen Mutter", ihren Wahnsinn vor, sich gegenseitig zu zerfleischen, Fremde zum Brudermorde in die schöne Heimat hereinzuführen und ihnen so den Zugang zum Herzen des Vaterlandes zu eröffnen; dann weist er sie auf die Bahnen, wo ein ehrenhafter Ruhm für sie zu erkämpfen sei; am Schlusse des Gedichtes ermahnt er sein Preußenvolk aufs Neue zu standhafter Ausdauer. Auch sah sich Friedrich in dieser Zeit zu einer neuen, öffentlichen Herausgabe seiner früheren Gedichte genöthigt, als in Frankreich ein Nachdruck derselben erschien, welcher sämmtliche satirische Ausfälle auf politische Personen der Zeit, die nur den vertrauten Freunden mitgetheilt waren, enthielt. Man hat überzeugende Gründe, die Herausgabe dieses Nachdrucks Voltaire zuzuschreiben, der die Feinde des Königs noch mehr aufzureizen und seiner noch ungestillten Rachbegier einige Befriedigung zu gewähren bemüht war.

Dasselbe Gefühl, wie in den Gedichten dieser Zeit, spricht sich auch in den Briefen aus, in denen Friedrich den Freunden seine Lage und seine Gedanken ohne weiteren Rückhalt mittheilt. So schreibt er im März 1760 an Algarotti, den er ebenfalls zu seinen Vertrautesten zählte: „Der irrende Jude, wenn er jemals existirt hat, hat kein so irrendes Leben geführt, wie das meine ist. Man wird am Ende wie die Dorfkomödianten, die keinen Heerd und keine Heimat haben; wir laufen durch die Welt, um unsere blutigen Tragödien da aufzuführen, wo unsere Feinde uns eben erlauben, unser Theater aufzuschlagen . . . . Der letzte Feldzug hat Sachsen an den Rand des Abgrundes geführt. So lange es mir das Glück verstattete, habe ich dies schöne Land geschont: jetzt ist Verwüstung überall. Und ohne von dem moralischen Uebel zu sprechen, welches dieser Krieg bringen wird: das physische Uebel wird nicht das kleinere sein, und wir können uns Glück wünschen, wenn die Pest nicht noch darauf folgt. Wir armen Thoren, die wir nur einen Augenblick zu leben haben! wir machen uns diesen Augenblick so hart, als wir nur vermögen, wir gefallen uns darin, die schönsten Werke, welche Fleiß und Zeit hervorgebracht haben, zu zertrümmern und nichts als ein hassenswerthes Andenken an unsere Zerstörungen und an das Elend, das sie verursacht haben, zu hinterlassen!"

Friedrich sah sich wiederum nach dem Schlusse der Winterruhe, wie im vorigen Jahre, genöthigt, seine Armeen in ihren vertheidigenden Stellungen verharren zu lassen; zu einem Angriffskriege reichten seine Kräfte nicht hin. Doch verging geraume Zeit, ehe die Feinde mit entschiedenen Maßregeln gegen ihn auftraten. Sie konnten sich über den Plan, welchem gemäß man den Feldzug eröffnen wollte, nicht vereinigen. Der russische Hof machte auf Soltikof's Rath den Vorschlag, mit der Eroberung Colbergs zu beginnen und dann, unter Begünstigung der Flotte, zu deren Absendung sich Rußland verpflichtet hatte, den Krieg längs der pommerschen Küste zu führen. Dieser Plan lag in Rußlands nächstem Interesse und Soltikof hatte dabei die Absicht, sich der unbequemen Gemeinschaft mit den Oesterreichern zu überheben. Frankreich hatte ähnliche Vorschläge gemacht. Der König von Polen aber bat aufs Dringendste, ihm zunächst sein Kurfürstenthum wieder zu erobern. Maria Theresia schlug vor, daß Soltikof mit Loudon gemeinschaftlich auf die Eroberung Schlesiens bedacht sein sollte, während Daun die Armee Friedrich's in Sachsen festhalte. Der letztere Plan behielt die Oberhand; Soltikof aber ward dadurch seines Mißtrauens gegen die Oesterreicher nicht überhoben und fand sich im Gegentheil durch die Verwerfung seines Planes nur gekränkt.

Friedrich stand indeß der Daun'schen Armee in Sachsen gerüstet gegenüber, während Prinz Heinrich an der Oder sich bereit machte, dem Einmarsch der Russen zu begegnen, General Fouqué die Grenzen Schlesiens gegen Böhmen deckte und ein kleines Corps in Pommern den Schweden gegenüber aufgestellt war.

Das Vorspiel und die Eröffnung des Kampfes fanden in Schlesien statt. Schon im März machte Loudon einen Einfall in Oberschlesien, das nur durch wenige Truppen geschützt war. General Golz, der mit dem pommerschen Infanterieregiment von Manteuffel an der Grenze in Neustadt stand, sah sich genöthigt, sich auf Neisse zurückzuziehen. Kaum aber hatte das Regiment, zu den Seiten eines Transports von 100 Wagen, sich auf den Marsch gemacht, als Loudon's Kavallerie sich mit überlegener Gewalt auf dasselbe stürzte. Doch wehrten die tapfern Pommern den

Angriff durch ein wohlunterhaltenes Feuer ab. Nun sandte Loudon einen Trompeter an den General Golz, mit der Aufforderung, sich zu ergeben, da das Regiment von allen Seiten umringt sei; im Fall der Weigerung sollte Alles niedergemetzelt werden. Der General führte den Trompeter vor die Fronte des Regiments und machte den Seinen die feindliche Aufforderung bekannt; einstimmig erfolgte indeß

nichts als eine sehr derbe pommersche Antwort, die wenig geneigten Willen zu verrathen schien. Jetzt wurden die Angriffe der Oesterreicher mit erneutem Ungestüm wiederholt, aber ebenso nachdrücklich abgeschlagen. Das Regiment erreichte eine sichere Stellung und hatte nur 140 Mann sowie einige Wagen verloren, während von den Oesterreichern 300 Mann gefallen waren. Loudon selbst konnte den tapfern Pommern seine Anerkennung nicht versagen.

Ernsthaftere Unternehmungen bereiteten sich einige Monate später, im Juni, vor. Loudon hatte sich gegen Böhmen gezogen und drang mit ungefähr 50,000 Mann in die Grafschaft Glatz und von da in das offene Schlesien ein, während Fouqué den festen Grenzposten von Landshut nur mit etwa 14,000 Mann besetzt hielt. Da seine Macht zur Behauptung dieses Postens nicht genügend war und ihm die Vertheidigung des flachen Landes größere Vortheile gegen den überlegenen Feind zu versprechen schien, so zog sich Fouqué aus dem Gebirge bis unter die Kanonen von Schweidnitz. Loudon aber hatte nur auf diese Entfernung des Gegners gewartet, um die Belagerung der Festung Glatz unternehmen und hierdurch festen Fuß in Schlesien gewinnen zu können. Friedrich war über alles Dieses äußerst ungehalten.

Er schrieb seinem vieljährigen Freunde, — dem Großmeister des Bayardordens, der in der schönen Rheinsberger Zeit gestiftet war und noch immer seine Geltung hatte, — die harten Worte: „Ich dank's Euch mit dem Teufel, daß Ihr meine Berge verlassen habt! Schafft mir meine Berge wieder, es koste, was es wolle!" Fouqué ging nun in seine frühere Stellung zurück; aber er faßte den Entschluß, sich bis auf den letzten Mann zu behaupten und die Berge den Oesterreichern nur mit seinem Blute zu verkaufen.

Friedrich indeß war nicht gewillt, den treuen Genossen aufzuopfern; er wünschte nur, daß Fouqué den Feind so lange aufhalten möge, bis er selbst mit seiner Armee zur Unterstützung herbeieile. Doch war dies Unternehmen nicht leicht, wenn Sachsen nicht der Daun'schen Armee überlassen werden sollte: Friedrich faßte den kühnen Plan, den österreichischen Feldmarschall durch künstliche Manoeuvres zu veranlassen, ihm nach Schlesien zu folgen. Schon mehrfach war ihm ein solcher Entwurf geglückt; diesmal jedoch bezog Daun ein festes Lager unfern von Dresden, aus dem ihn Friedrich nicht herauslocken konnte. So vergingen mehrere Tage, bis plötzlich, am 25. Juni, im österreichischen Lager ein allgemeines Victoriaschießen erfolgte. Durch die feindlichen Vorposten erhielt Friedrich die Nachricht von dem Siege Loudon's über Fouqué. Der Letztere hatte sein Wort gehalten. Loudon hatte ihn am 23. Juni

mit großer Uebermacht bei Landshut angegriffen und fast sein ganzes Corps aufgerieben. Fouqué selbst war, mehrfach verwundet, vom Pferde gestürzt und nur durch seinen Reitknecht gerettet worden, der sich über ihn geworfen und die Hiebe der feindlichen Dragoner mit dem eignen Leibe aufgefangen hatte. Er ward dann gefangen genommen und blieb bis an das Ende des Krieges in feindlichem Gewahrsam. Die offene betriebsame Stadt Landshut war von der kaiserlichen Armee übel zugerichtet worden. Die Soldaten waren betrunken, und Loudon selbst vermochte kaum die zügellose Wuth der Seinen zu bändigen und dem Plündern und Morden Einhalt zu thun.

Es scheint, als habe die Nachricht von Fouqué's Niederlage, statt Friedrich aus der Fassung zu bringen, vielmehr den Entschluß in ihm rege gemacht, gerade jetzt etwas Außergewöhnliches und vom Gegner durchaus nicht Erwartetes zu unternehmen, als das sicherste Mittel, die Pläne seiner Feinde zu verwirren. Nichts schien ihm hierzu geeigneter als ein Streich gegen Dresden selbst. Er versuchte aufs Neue, Daun durch allerhand Manoeuvres aus seiner Stellung herauszuziehen, doch blieb es auch jetzt noch umsonst. Da entschloß er sich zum förmlichen Abmarsch seiner Armee auf der Straße nach Schlesien. Dies Mittel weckte endlich Daun aus seiner Ruhe; er eilte dem Könige vor und vereinigte sich mit dem Loudon'schen Corps, ihm auf diese Weise den Weg zu verlegen. Bei dieser Gelegenheit kam es, bei Gödau, zwischen einigen Kavallerieregimentern des preußischen Vortrabes, welche Friedrich selbst führte, und dem Nachtrab der österreichischen Armee zu einem Gefechte. Friedrich hatte die Gegner angegriffen, ohne die Verstärkung seiner Infanterie abzuwarten. Jetzt sah er, daß er dem überlegenen Feinde keinen Nachtheil zufügen konnte; er war im Begriff, sich gegen seine Infanterie zurückzuwenden, als plötzlich feindliche Uhlanen in seine Schaaren einbrachen und sie in die Flucht trieben. Er selbst war in höchster Gefahr, denn zwei Uhlanen stürmten gegen ihn, der nicht ebenso eilig floh wie die Uebrigen, mit eingelegten Spießen vor. Nur die Geistesgegenwart seines Pagen rettete ihm das Leben. Dieser war gestürzt, rief aber den Uhlanen auf Polnisch zu, wo sie der Teufel hinführen wolle? Da er als Page keine Militairuniform trug, so hielten sie ihn für einen Oesterreicher, entschuldigten sich, daß ihre Pferde mit ihnen durchgegangen seien, und kehrten um. Inzwischen war ein preußisches Grenadierbataillon zur Stelle gekommen und machte durch sein Feuer dem ungleichen Scharmützel ein Ende.

Sobald Daun genügend aus Sachsen entfernt war, wandte sich Friedrich plötzlich nach Dresden um. Ein Corps der österreichischen Armee, welches noch in seinem Rücken gestanden hatte, wich jetzt vor seiner Annäherung eilig zurück, ging bei Dresden über die Elbe und zog mit der ganzen Reichsarmee, welche bis dahin müßig am linken Elbufer gestanden hatte, von Dresden fort bis gegen Pirna. So konnte Friedrich ohne größere Schwierigkeit, als die ihm die Besatzung von Dresden zufügte, die Belagerung beginnen, zu der er durch Eilboten das nöthige Geschütz aus Magdeburg beordert hatte. Er hoffte, daß die Besorgnisse für die Familie des Königs von Polen und die zu erwartende Einäscherung der prachtvollen Residenz den Commandanten zur baldigen Uebergabe veranlassen würden. Am 14. Juli begann die Beschießung der unglücklichen Stadt, auf welche bald ein förmliches Bombardement folgte. Viele der schönsten Paläste wurden zerstört, ganze Straßen gingen nach ein-

ander in Feuer auf, das Elend der Einwohner war grenzenlos. In Schaaren flüchteten sie sich aus der brennenden Stadt; ihre Schätze, die sie in bombenfesten Kellern verwahrt, wurden von den zügellosen Soldaten der österreichischen Besatzung geraubt. Auf dem Thurm der Kreuzkirche standen einige Kanonen, die man an besonderen Festtagen abzufeuern pflegte; diese hatte man jetzt gegen die Belagerer benutzt und so betrachteten die letzteren die Kirche als eine Batterie, richteten ihre Mörser gegen dieselbe, und bald brach das mächtige Gebäude in Flammen zusammen. Dasselbe

Schicksal hatten mehrere andere Kirchen. Die alte Pracht der schönen Residenz ward größtentheils vernichtet.

Aber der Commandant hielt rüstig Stand; obgleich die Reichsarmee es nicht für angemessen fand, sich aus ihrer sicheren Stellung zu rühren, so hoffte er doch auf einen Entsatz von Seiten Daun's. Dieser zwar hatte sich ebenfalls nicht übereilt; er hatte geglaubt, Friedrich's Rückzug sei nur ein neues Manoeuvre, um ihm eine Falle zu legen. Endlich traf er vor Dresden ein, und nun wurde der Erfolg von Friedrich's Unternehmen zweifelhaft. Daun verschaffte sich eine Verbindung mit den Belagerten, welche Friedrich nicht zu hindern vermochte. Manche Ausfälle wurden jetzt unternommen, manche kleine Gefechte fanden statt, in denen die Preußen wenigstens nicht immer siegreich waren. Bei einem hartnäckigen Ausfall gegen die Laufgräben ward das preußische Infanterieregiment Bernburg zum Weichen gebracht. Friedrich bestrafte diesen Mangel an Tapferkeit, — wenigstens hielt er es dafür, — auf eine Weise, die bis dahin in der preußischen Kriegsgeschichte ohne Beispiel war. Die Offiziere verloren ihre Huttressen, die Soldaten ihre Bandlitzen auf der Uniform und ihre Pallasche; die Tambours durften den Grenadiermarsch nicht mehr schlagen. Das ganze Regiment, stolz darauf, daß es von dem alten Dessauer selbst gebildet war, ward das Gespötte der Armee: bald sollte indeß die Gelegenheit kommen, die Schmach wieder auszuwetzen.

Von einem Tage zum andern verzögerte sich der Erfolg der Belagerung. Ein bedeutender Transport, der zur Unterstützung der preußischen Armee aus Magdeburg kam, fiel in die Hände der Oesterreicher; ein feindliches Corps zog sich in den Rücken der Preußen; endlich kam die betrübende Nachricht, daß auch Glatz erobert sei, und so sah sich Friedrich, nach fruchtloser Anstrengung, genöthigt, das Unternehmen aufzugeben. Am Abend des 29. Juli zog er seine Armee von Dresden zurück. Glatz war durch ein einzelnes Corps der Loudon'schen Armee belagert und am 26. mit so schmachvoller Schnelligkeit übergeben worden, daß man sich zu der Meinung berechtigt fand, es sei Verrath mit im Spiele gewesen. Doch gab Friedrich, trotz dieses bedeutenden Verlustes, die Hoffnung nicht auf, Schlesien zu retten; nur mußte er bedacht sein, die Verbindung der österreichischen Armee mit der russischen, welche im Anmarsch gegen Schlesien begriffen war, zu hintertreiben. Ungesäumt machte er sich auf den Marsch nach Schlesien. Daun brach gleichzeitig auf und zog wie sein Schatten neben ihm hin, ohne ihm doch wesentliche Hindernisse in den Weg zu legen und ohne eine Schlacht zu wagen.

Indeß hatte sich Loudon gegen Breslau gewandt und begann die Belagerung der Stadt. Er führte 50,000 Mann, und die Besatzung bestand nur aus 3000, zum Theil nicht sonderlich zuverlässigen Truppen. Dazu kam, daß im Innern der Stadt 9000 österreichische Kriegsgefangene lagen und daß man selbst Mittel gefunden hatte, die Bürgerschaft aufsäßig zu machen. Nur auf die aus ungefähr 1000 Mann bestehende Leibgarde des Königs, welche seit der Schlacht von Kollin in Breslau gestanden hatte, durfte der Commandant, General von Tauentzien, sich ver-

lassen. Dennoch beschloß er standhafte Gegenwehr. Loudon ließ ihn zur Uebergabe auffordern, aber er erhielt eine entschieden abschlägige Antwort. Jetzt begann das Bombardement; ein Quartier der Stadt und der königliche Palast gingen in Feuer auf. Aber Tauentzien begegnete eben so muthig wie umsichtig allen Gefahren, welche außen und innen drohten. Auf eine zweite Aufforderung zur Uebergabe, die mit der Drohung schloß, „es solle das Kind im Mutterleibe nicht verschont werden", erwiderte Tauentzien nur, daß so wenig er wie seine Soldaten das Wochenbett zu beziehen gedächten. Dem kühnen Muthe folgte baldige Erlösung. Prinz Heinrich, der die Bewegungen der Russen beobachtet hatte, kam jetzt, da die Russen sich gegen Breslau zogen, in die Nähe der Stadt. Loudon hob die Belagerung auf und Heinrich nahm seine Stellung in der Nähe von Breslau.

Unmittelbar darauf rückte die russische Armee heran. Soltikof war nicht wenig erstaunt, als er statt der Oesterreicher, die er mit Bestimmtheit erwartete, eine preußische Armee vor sich sah. Er fand seinen Verdacht über die Unzuverlässigkeit seiner Bundesgenossen nur zu sehr bestätigt. Und als nun auch die Nachricht eintraf, daß Friedrich in Schlesien eingerückt sei und daß Loudon sich, Daun's Unternehmungen zu unterstützen, gegen diesen zurückgezogen habe, so erklärte er aufs Bestimmteste, daß er unverzüglich den Rückzug antreten werde, wenn man Friedrich die Oder erreichen lasse, ohne die russische Armee durch das Loudon'sche Corps verstärkt zu haben.

Durch diese ernstliche Erklärung fand sich Daun endlich veranlaßt, sein allzuvorsichtiges Zaudern zu brechen und dem Gegner eine Schlacht zu liefern. Beide Armeen standen an der Katzbach, in der Gegend von Liegnitz, einander gegenüber.

Es war derselbe Boden, welcher seit der furchtbaren Mongolenschlacht im dreizehnten Jahrhundert schon mehrfach Ströme Blutes getrunken hatte; auf ihm sollte Friedrich einen der Siege erkämpfen, ohne die seine Rettung unmöglich schien; auf ihm sollte 53 Jahre später noch einmal siegreich um Preußens und um Deutschlands Rettung gestritten werden. Daun konnte jetzt sein Vorhaben mit um so größerer Zuversicht wagen, als Friedrich's Lage in der That höchst bedenklich war. Die österreichische Armee war nach der Vereinigung Loudon's mit Daun 95,000 Mann stark; die preußische zählte nur 30,000 Mann, ihr Proviant ging zu Ende, von Breslau war sie abgeschnitten, und vergeblich hatte Friedrich durch verschiedene Manoeuvres bereits versucht, dem Feinde einige Vortheile abzugewinnen.

Daun gedachte das Spiel von Hochkirch zu wiederholen; in der Frühe des Morgens, am 15. August, sollte Friedrich's Lager von allen Seiten überfallen werden. Der Plan war geheim gehalten worden, doch konnte Friedrich aus gewissen Bewegungen der Feinde schließen, daß es auf einen baldigen Angriff abgesehen sei. Da seine Stellung, oberhalb Liegnitz, nicht vorzüglich gesichert war, so beschloß er, die Armee auf die andere Seite der Stadt hinüberzuziehen, wo die Beschaffenheit des Bodens bessere Vortheile versprach; zugleich unterstützte diese Stellung seine Absicht, sich nach der Oder durchzuschlagen. Zur Ausführung dieser Veränderung war die Nacht vom 14. auf den 15. bestimmt. Am Nachmittage vorher ward ein feindlicher desertirter Offizier eingebracht, der von wichtigen Geheimnissen sprach, welche er zu eröffnen habe; er war aber auf eine Weise betrunken, daß man erst zu allerhand Maßregeln mit kaltem und warmem Wasser schreiten mußte, ehe man anderweitige Nachrichten von ihm erhalten konnte. Jetzt bestätigten seine Aussagen den zu erwartenden Angriff; da er indeß von den Einzelheiten des feindlichen Planes keine Kunde hatte, so ließ es Friedrich bei den einmal bestimmten Maßregeln.

Die Umstellung der Armee war in nächtlicher Stille vor sich gegangen. Es war 3 Uhr des Morgens. Friedrich befand sich auf dem linken Flügel, dessen sämmtliche Truppen theils mit Ungeduld den Tag erwarteten, theils unter den Waffen schliefen. Friedrich selbst hatte sich, in seinen Mantel gehüllt, zur Seite eines kleinen Wachtfeuers hingelegt und schlief. Ein General saß neben ihm und schürte das Feuer. In dem Augenblick kam der Husarenmajor Hundt, der vor dem linken Flügel der Armee patrouillirt hatte, mit verhängtem Zügel zurückgesprengt und rief laut nach dem Könige. Man bedeutete ihn, den Schlafenden nicht zu stören.

Aber Friedrich hatte schon den Ruf gehört; auf seine Frage berichtete der Major, daß feindliche Colonnen herannahten und nicht mehr vierhundert Schritt entfernt seien. Augenblicklich gab Friedrich den Befehl, sich in Schlachtordnung zu stellen. Da er aber einsah, daß dies nicht der einzige Angriff auf seine Stellung sein würde, so befahl er, daß General Zieten mit dem rechten Flügel nach der andern Seite sich dem Feinde entgegensetze, während er selbst mit dem linken den schon beginnenden Angriff abschlage. Unter den ersten feindlichen Kugeln ordneten sich seine Truppen in größter Schnelligkeit.

Es war Loudon, der den Angriff auf den linken Flügel der Preußen machte. Doch hatte man österreichischer Seits von der Umstellung der preußischen Armee nichts geahnt. Loudon's Absicht war es, sich mit plötzlichem Angriff des preußischen Gepäckes zu bemächtigen; absichtlich hatte er sich, um nicht zu früh verrathen zu werden, ohne Vortrab auf den Marsch gemacht. Jetzt sah er sich selbst auf eine unvorhergesehene Weise überrascht. Schnell suchte auch er seine Truppen in Reihen zu ordnen, doch hinderte das ungünstige Terrain eine genügende Ausbreitung. Der Donner des Geschützes eröffnete nun die Schlacht. Die österreichische Kavallerie drang auf die preußische ein, aber sie wurde wieder zurückgeworfen. Dann rückten die Infanterieregimenter gegen einander. Die preußische hielt muthig im Feuer Stand, die österreichische begann zu weichen, preußische Kavallerie drang in ihre Reihen und nahm eine große Anzahl gefangen. Aber Loudon war dem Könige bedeutend überlegen; er führte 35,000 Mann mit sich, während der linke preußische Flügel nur 14,000 Mann zählte. Immer neue Truppen der österreichischen Armee rückten zur Verstärkung vor; doch warfen die Preußen, ob auch fort und fort ihre Reihen gelichtet wurden, jeden neuen Angriff zurück. Noch einmal drang Loudon's Kavallerie in die preußischen Infanterieregimenter ein; diese wichen nicht. Hier war es, wo das Regiment Bernburg seine verlorene Ehre wieder erkämpfte; mit gefälltem Bajonett ging es den österreichischen Reitern entgegen, stach viele von ihnen vom Pferde, trieb die andern in wilder Flucht vor sich her, und diese rissen nun auch, was sonst noch von österreichischen Regimentern stand, mit sich fort. Es war 6 Uhr, als schon der vollständige Sieg auf dieser Seite erfochten war.

Jetzt eilte Friedrich nach dem rechten Flügel seiner Armee, auf den um diese Zeit erst einige leichte Angriffe gemacht wurden. Daun war nämlich in aller Frühe an der richtigen Stelle angekommen, auf welcher am vorigen Abend das preußische Lager gestanden hatte. Da er es leer fand, beschloß er den Flüchtlingen — so betrachtete er die preußische Armee — nachzusetzen. Hierzu war ein Uebergang über das sumpfige Schwarze Wasser nöthig, welches sich bei Liegnitz in die Katzbach ergießt

und die preußische Stellung auf dieser Seite deckte. Da aber nur eine Brücke den Uebergang gestattete, so hatte Zieten seine Maßregeln danach getroffen. Als ungefähr so viel Oesterreicher herüber waren, als man mit Leichtigkeit zu zwingen gedachte, ließ er die Kanonen auf diesen Theil der Feinde richten, die nun in Eile zurückflohen und eine Anzahl Gefangener zurücklassen mußten. Einige Versuche der feindlichen Artillerie wurden durch die günstig gestellte preußische bald zum Schweigen gebracht. Noch hielt Daun an der Stelle still, unentschlossen, was weiter für ihn zu unternehmen sei. Von Loudon hatte er keine Nachricht; der Wind hatte alles Getöse der Schlacht auf jener Seite abwärts geweht; nur ein dicker Rauch, der sich erhob, ließ ihn einen ernsten Vorfall vermuthen. Da erscholl ihm gegenüber ein freudiges Victoriaschießen, und er wußte nun, woran er war. Kaum begann bei den Preußen das zweite Lauffeuer, so kehrte die feindliche Macht um und ging über die Katzbach zurück, die sie beim Anbruch des Tages überschritten hatte.

Der Sieg war nicht ohne theure Opfer erkauft worden. Der Gesammtverlust der Preußen belief sich auf 3500 Mann. Dagegen hatten die Oesterreicher 10,000 Mann und außerdem 82 Kanonen nebst 23 Fahnen und Standarten eingebüßt. Besondere Freude war dem Regiment Bernburg aufbehalten. Der König befahl, nachdem die Schlacht beendet war, daß die ganze Armee sich in Einer Linie aufstellen solle; hier ritt er die Fronte von einem Flügel bis zum andern entlang, zu sehen, was für Lücken die Schlacht gerissen hatte. Die ganze Armee hatte das Gewehr beim Fuß, das Regiment Bernburg stand an der Spitze des einen Flügels. Als Friedrich an dasselbe herankam, rief er den Soldaten freundlich zu: „Kinder, ich dank' euch, ihr habt eure Sache brav gemacht, sehr brav! Ihr sollt Alles wieder haben, Alles!" Der Flügelmann der Leibcompagnie des Regiments, ein alter Graukopf, trat bei diesen Worten aus dem Gliede gegen den König vor und sagte: „Ich danke Ew. Majestät im Namen meiner Kameraden, daß Sie uns unser Recht zukommen lassen: Ew. Majestät sind doch nun wieder unser gnädiger König?" Friedrich klopfte dem Sprecher gerührt auf die Schulter und antwortete, indem ihm die Thränen in die Augen traten: „Es ist Alles vergeben und vergessen, aber den heutigen Tag werde ich euch gewiß nicht vergessen!" Nun war die Heerschau zu Ende. Friedrich bestimmte, daß der alte Flügelmann, der eben gesprochen, Sergent sein solle. Als dieser sich bedankte, drängten sich noch mehrere Soldaten des Regiments um den König und

vertheidigten ihre Aufführung bei Dresden damit, daß der Fehler nicht an ihnen, sondern an der Anführung gelegen habe. Friedrich wollte das nicht geradezu gelten lassen, und nun ging es von Seiten der Soldaten um die Wette an ein Demonstriren, mit einer Vertraulichkeit und einem Lärm, daß der Commandeur, den Unwillen des Königs befürchtend, die Leute zurücktreiben wollte. Friedrich ließ es aber nicht zu; er beendete den Streit mit der nochmaligen Versicherung, daß sie brave Leute seien und sich des preußischen Ruhmes vorzüglich werth bezeigt hätten.

Friedrich's Gewalt über die Gemüther seiner Soldaten beruhte vor Allem darin, daß er sich mit vollkommenster Vertraulichkeit zu ihnen herabließ und oft an all ihren kleinen Interessen Theil nahm. Die Anekdoten, welche man von seinem Leben erzählt, sind gerade an solchen Zügen besonders reich. Dafür redeten ihn aber auch die Soldaten gern mit seinem bloßen Vornamen an, in dessen zutraulicher Abkürzung „Fritz," oder auch mit Hinzufügung jenes Beiwortes, das für unser deutsches Gefühl auf so eigene Weise Ehrerbietung, Liebkosung und Vertraulichkeit verbindet: „Alter Fritz."

Der Sieg bei Liegnitz war der erste Strahl des Glückes, der den preußischen Waffen seit geraumer Zeit wiederum leuchtete. Doch wäre damit, außer der erneuten Zuversicht der Armee, nur wenig gewonnen gewesen, wenn die Feinde sich ihrer noch immer sehr bedeutenden Uebermacht erinnert und schnelle Maßregeln getroffen hätten, um Friedrich aufs Neue in seinem Marsche aufzuhalten. Denn das hatte die Erfahrung schon oft genug gelehrt, daß Friedrich nicht gewohnt war, etwas halb zu thun. Auch jetzt machte er sich rasch die Verwirrung der Feinde zu Nutze. Noch an demselben Tage legte er mit seiner Armee drei Meilen zurück. In wenig Tagen war er mit der Armee des Prinzen Heinrich bei Breslau vereinigt. Daun zog sich furchtsam gegen die Gebirge hin, die böhmische Grenze zu decken; Soltikof folgte verdrossen dem Beispiel seines Bundesgenossen und ging mit seiner Armee bis an die Grenze von Polen. Der große Entwurf der Vereinigung beider gewaltigen feindlichen Armeen war zerstört.

Vierunddreißigstes Kapitel.

Schluß des Feldzuges von 1760. Torgau.

Nach mancherlei weitläufigen Verhandlungen, die, außer dem gegenseitigen Mißtrauen, noch durch eine plötzlich eintretende Krankheit des russischen Heerführers verzögert wurden, kam endlich ein neuer Operationsplan zwischen den Armeen der Oesterreicher und Russen zu Stande. Die Russen sollten einen Einfall in die Mark Brandenburg machen, die Oesterreicher zu neuen Unternehmungen in Schlesien schreiten, damit durch diesen Doppelangriff die preußische Macht wieder getrennt würde und ihre einzelnen Corps um so leichter geschlagen werden könnten. Daun hatte jetzt nichts Geringeres im Sinne, als sofort zur Belagerung von Schweidnitz zu schreiten. Friedrich, von der russischen Armee nicht eben große Eile befürchtend, entschloß sich, seine Hauptmacht zunächst gegen Daun — der ihm immer noch um das Doppelte überlegen war — zu führen und ihn wo möglich zur Räumung Schlesiens zu zwingen. In der That begegnete er ihm alsbald mit so geschickten Manoeuvres, daß Daun von seinem Vorhaben abstehen mußte und sich, seiner großen Ueberlegenheit zum Trotz, bald auf einen bloßen Vertheidigungskrieg zurückgeführt sah. Doch wußte wiederum Daun in den Gebirgen so sichere Stellungen zu nehmen, daß auch Friedrich seinen Plan, ihn ganz nach Böhmen hinauszudrängen, nicht zur Ausführung bringen konnte. So war aufs Neue geraume Zeit vergangen, ohne daß irgend etwas Entscheidendes vorfiel. Und als nun die Nachricht kam, daß die Russen bereits ihren Marsch nach Berlin angetreten hätten, als auch von Daun ein Corps unter dem General Lascy eben dahin entsandt ward, mußte sich Friedrich entschließen, sein Unternehmen gegen die österreichische Hauptmacht aufzugeben, um seiner bedrängten Residenz Hülfe zu bringen. Am 6. October brach er mit seiner Armee auf.

Der Marsch wurde durch keine besonderen Zufälle gefährdet. Ein eignes Interesse bietet er durch mancherlei kleine Charakterzüge dar, welche uns aufbehalten und vorzugsweise geeignet sind, das gemüthliche Verhältniß des Königs zu den Seinen erkennen zu lassen.

So wird erzählt, wie die Armee einst an den Grenzen der Lausitz vor einem Morast Halt machte, um die Aufführung eines Dammes, der für das schwere Geschütz nöthig war, abzuwarten. Es war ein kalter und nebliger Herbstmorgen. Schnell wurden Holzstöße zusammengetragen und Feuer angemacht, zu deren Seiten die Soldaten sich lagerten. Neben dem einen Feuer stand Friedrich und lehnte sich,

in seinen Mantel gehüllt, an einen Baum. Zieten kam zu demselben Feuer und setzte sich auf einen Holzblock nieder; vom Marsche ermüdet, schlief er bald ein. Ein Grenadier schob dem General ein Bündel Holz unter den Kopf; Friedrich bemerkte es wohlgefällig. Ein Offizier kam herbei, dem Könige eine Meldung zu bringen, und trat nahe an Zieten; jener winkte ihn von der Stelle fort und sagte leise: „Weck' Er mir den Zieten nicht: er ist müde!" — Hernach kam ein Soldatenweib und stellte, ohne den König zu bemerken, einen Topf mit Kartoffeln an das Feuer. Sie kniete nieder und blies so eifrig in die Glut, daß die Asche Friedrich ins Gesicht flog. Er sagte nichts und zog nur den Mantel ein wenig vor. Zufällig ging ein Soldat vorbei, der den König erkannte; dieser machte das Weib auf die Nähe desselben aufmerksam; im höchsten Schreck ergriff sie ihren Topf und lief davon. Friedrich ließ sie zurückholen und die Kartoffeln in Ruhe an seinem Feuer gar kochen. Die Soldaten jubelten laut über ihren gnädigen König.

Während des Marsches rief Friedrich öfters seinen Leuten, wenn sie ermüdet waren und sich einem nachlässigen Gange überließen, die Worte zu: „Gerade, Kinder, gerade!" Sie antworteten nicht selten: „Fritz auch gerade!" Ein Husar, der einst denselben Zuruf empfing, erwiderte mit dreister Laune, den Anzug des Königs musternd: „Fritz auch gerade, und die Stiefeln in die Höhe gezogen!" Friedrich nahm solche Antworten jederzeit mit bester Stimmung auf; dafür folgten ihm die Soldaten mit unbedingter Hingebung. Sein steter Morgengruß war: „Guten Tag, Kinder!" und stets tönte es zurück: „Guten Tag, Fritz!"

Gegen das Ende des Marsches — so wird weiter berichtet — stieg einst ein Husarenweib, das alle Züge der Armee mitgemacht hatte, vom Pferde, ging in eine offene Scheune und genas dort ohne weitere Unterstützung eines derben Knaben. Dann raffte sie ihr Geräth nebst dem Kinde wieder zusammen, schwang sich ohne Sorgen auf ihr Pferd und ritt zum Könige heran. „Majestät", rief sie ihm entgegen, „hier ist ein junger Fritz, ich hab' ihn eben in einer Scheune geboren!" Friedrich fragte, ob das Kind schon getauft sei. „Nein", antwortete sie, „aber Fritz soll er heißen!" — „Gut", entgegnete der König, „habt Sorge für ihn, und wenn es Friede wird, so meldet Euch bei mir: ich will für den Jungen sorgen!" —

Friedrich durfte vielleicht um so mehr hoffen, daß der Zug der Russen gegen die Mark nicht mit genügender Entschlossenheit würde ausgeführt werden, als schon vor seinem Aufbruch aus Schlesien ein Unternehmen, das sie mit außerordentlicher Zurüstung eingeleitet, auf eine überraschend glückliche Weise abgeschlagen war. Es lag den Russen daran, auch in Pommern festen Fuß zu fassen und, soviel es irgend möglich war, im Besitz der Ostseeküsten vorzudringen. So erschien gegen Ende August eine gewaltige russische Flotte vor Colberg und begann, nachdem sie ein großes Kriegsheer ausgeschifft hatte, die Belagerung der Festung. Die Besatzung von Colberg war wenig bedeutend; aber der Commandant, Oberst von der Heyde, wußte alle hartnäckigen Angriffe, alles Feuer der Belagerungsgeschütze mit so großer

Besonnenheit und Standhaftigkeit abzuwehren, daß mehrere Wochen vergingen, ohne daß die Feinde wesentliche Vortheile erreicht hätten. Schon war noch eine kleine schwedische Flotte zur Verstärkung der russischen gekommen. Plötzlich aber und unerwartet nahte sich der bedrängten Festung der sehnlich erwartete Entsatz. Es war ein kleines Corps preußischer Truppen, das aus Niederschlesien aufgebrochen und in so eiligen Märschen herangezogen war, daß es aus dem Boden hervorgewachsen schien.

Der Vortrab dieses Corps, eine Schaar von 300 Husaren, warf sich ungestüm auf die feindliche Infanterie, welche schon die ganze preußische Armee vor sich zu sehen glaubte; ein großer Theil ward niedergehauen und gefangen; die Uebrigen flüchteten auf die Schiffe, zum Theil auch suchten sie eilig, den Seestrand hinab, das Weite. Die schwedische Flotte hatte sich bei dem Anfall der preußischen Husaren schleunig auf die hohe See hinaus begeben, als ob jene auch die Fähigkeit hätten, ihr ins Wasser zu folgen. Am 23. September hatte sodann auch die russische Flotte die Segel gelichtet. Das preußische Corps aber war hierauf nach Schwedisch-Pommern gesandt worden, den dortigen Feind im Zaume zu halten.

Doch war die Hoffnung, die Friedrich aus diesem Ereigniß schöpfen konnte, vergeblich gewesen. Kaum war er, am 15. October, in die Nähe der märkischen Grenze gekommen, so hörte er, daß seine prachtvolle Residenz bereits die Beute der Feinde geworden sei. Nach den vielfachen Berathungen zwischen den Oesterreichern und Russen hatten sich die letzteren endlich schnell gegen die Mark gewandt. Der Vortrab der russischen Armee unter dem General Tottleben erreichte schon am 3. October Berlin. Zunächst zwar leistete die schwache Besatzung nachdrücklichen Widerstand, wobei sich zugleich einige der ersten Generale der preußischen Armee, die hier ihre Heilung von ehrenhaften Wunden erwarteten, — unter ihnen Seydlitz, — rühmlichst auszeichneten. Auch waren schnell einige preußische Truppencorps herangezogen und machten wirksame Anstalten zur Vertheidigung. Als dann aber das Corps des Generals Tottleben bedeutend verstärkt ward, als auch jenes österreichische Corps unter General Lascy, welches Daun entsandt, gegen Berlin herangezogen kam, sahen sich die preußischen Truppen, wollten sie nicht die Stadt der Gefahr eines Sturmes preisgeben, zum Rückzuge genöthigt. Der Hof hatte schon seit längerer Zeit einen sicheren Aufenthalt in Magdeburg genommen. Die Besatzung Berlins capitulirte und Tottleben hielt am 9. October seinen Einzug. Indeß war

das Schicksal der preußischen Residenz minder hart, als man es bei den bisherigen Gräueln, welche die Russen überall verübt, erwarten zu dürfen glaubte. Der russische Befehlshaber ließ sich die Zahlung einer allerdings sehr starken Contribution verbürgen; seinen Truppen ward strenge Mannszucht anbefohlen. Die Contribution betrug zwei Millionen; doch auch hieraus erwuchs den Bürgern keine Last, indem Friedrich es war, der dieselbe nachmals, zwar im allergrößten Geheimniß, ganz aus eignen Mitteln bezahlte. Nur von den Oesterreichern, welche Tottleben gern ganz von dem Besitze Berlins ausgeschlossen hätte, wurden mancherlei Ausschweifungen verübt und vorzüglich bedeutend war der Verlust an Kriegsmaterial, das theils mitgenommen, theils vernichtet wurde. Hohes Verdienst erwarb sich ein edler Bürger Berlins, der Kaufmann Gotzkowsky, der überall begütigend und lindernd zur Hand

war. Auch Potsdam, namentlich Sanssouci, erfuhr eine glimpfliche Behandlung; hier commandirte ein österreichischer General, Fürst Esterhazy, der sorgsam für die Sicherung alles königlichen Privateigenthums wachte und sich, zum Andenken, nur ein Bild aus dem Schlosse mitnahm. Um so ärger aber wütheten die Feinde auf den übrigen Schlössern und auf den Dörfern außerhalb Berlins. Vornehmlich traf Charlottenburg ein trauriges Schicksal. Hier ward Alles im königlichen Schlosse zerstört: die Mobilien und Gefäße wurden zertrümmert, die Tapeten zerrissen, die Gemälde zerschnitten, die Kapelle geplündert und die schöne Orgel, die in derselben stand, zerbrochen. Die meiste Wuth äußerte sich gegen die kostbaren Antiken, welche Friedrich aus dem Nachlaß des Cardinals Polignac erstanden und zum Schmuck dieses Schlosses und seines Gartens verwandt hatte; alle Statuen und Büsten wurden zerschlagen, ja, damit ihre künftige Wiederherstellung unmöglich sei, mit barbarischer Lust vollständig zermalmt. Und diese Gräuel wurden nicht von den uncivilisirten asiatischen Horden ausgeübt: es waren namentlich sächsische Regimenter, — von jenen, die bei Pirna gefangen und nachmals wieder zum Feinde übergegangen waren, — die auf so unwürdige Weise ihrem Hasse gegen den Preußenkönig Luft machten.

Aber nur wenige Tage dauerte die feindliche Besitznahme der preußischen Residenz. Schon am 11. October traf die Nachricht ein, daß Friedrich zur Befreiung der Seinen heranziehe, und das bloße Wort: „Der König kommt!" verscheuchte wie

ein rascher Windstoß die Schaaren der Feinde. Am 12. zog Alles in großer Eile davon; die Russen gingen über die Oder zurück; General Lascy wandte sich nach Sachsen; auch Daun, der von Schlesien aus Friedrich nachgezogen war, rückte in Sachsen ein. Friedrich erhielt die Nachricht von dem Abmarsch der Feinde, unmittelbar nachdem ihm ihre Ankunft gemeldet war. Er hatte somit nicht nöthig, weiter in die Mark vorzurücken; dagegen ward nun seine Anwesenheit in Sachsen dringendes Erforderniß. Er machte sich, nachem er das Wichtigste wegen einer Entschädigung der großen Verluste, welche die Mark erlitten, angeordnet hatte, aufs Neue auf den Weg, um den entscheidenden Kampf aufzusuchen.

Wohl war es ein glänzendes Zeichen seiner Feldherrngröße, daß der bloße Klang seines Namens im Stande gewesen war, die übermächtigen Feinde auseinanderzustäuben. Doch war der Gewinn nur gering, und nach der Weise, wie sich die Verhältnisse gegenwärtig gestellt hatten, war in der That noch das Schlimmste zu befürchten. Ganz Sachsen war in den Händen des Feindes. Als Friedrich hier im Sommer von Dresden abgezogen war, hatte er nur ein geringes Corps der großen Reichsarmee gegenüber zurücklassen können. Anfangs hatte dies Corps einige glückliche Erfolge gehabt. Dann aber war die Reichsarmee vorgeschritten; das preußische Corps mußte zum Schutze Berlins nach der Mark eilen, und nun fanden die Feinde keinen Widerstand mehr, ganz Sachsen zu besetzen. Alle festen Städte fielen in ihre Hände. Glückte es jetzt Daun, Friedrich in Sachsen festzuhalten oder gar zu schlagen, so stand die Mark aufs Neue den Russen offen; auch warteten diese nur auf solche Kunde, um unverzüglich wieder hervorzubrechen und ihre Winterquartiere im Brandenburgischen zu nehmen. Friedrich erkannte die ganze Größe der Gefahr; aber die Reihe aller der Leiden, die er seither schon ertragen, hatte seinen Muth gestählt. Er war entschlossen, das Aeußerste zu wagen. „Nie werde ich (so schrieb er an d'Argens) den Augenblick sehen, der mich nöthigen wird, einen nachtheiligen Frieden zu schließen; kein Beweggrund, keine Beredtsamkeit werden im Stande sein, mich dahin zu bringen, daß ich meine Schande unterschreibe. Entweder lasse ich mich unter den Ruinen meines Vaterlandes begraben, oder wenn dem Geschick, das mich verfolgt, dieser Trost noch zu süß scheinen sollte, so werde ich mein Unglück zu endigen wissen, wenn es nicht mehr möglich ist, dasselbe zu tragen. Stets handelte ich der inneren Ueberzeugung und jenem Gefühle von Ehre gemäß, welches alle meine Schritte leiten wird. Nachdem ich meine Jugend meinem Vater, meine männlichen Jahre meinem Vaterlande aufgeopfert habe, glaube ich berechtigt zu sein, über mein Alter zu gebieten. Ich habe es Ihnen gesagt und wiederhole es nochmals: nie wird meine Hand einen schimpflichen Frieden unterzeichnen. Ich bin fest entschlossen, in diesem Feldzuge Alles zu wagen und die verzweifeltsten Dinge zu unternehmen, um zu siegen oder ein ehrenvolles Ende zu finden."

Das Glück begünstigte den Beginn. Wittenberg und Leipzig wurden wieder mit preußischen Truppen besetzt; die Reichsarmee zog sich, ohne sich mit den Oesterreichern vereinigt zu haben, gegen Thüringen zurück. Daun lagerte bei Torgau; mit ihm mußte nun der entscheidende Kampf gekämpft werden.

Daun's Armee zählte über 64,000 Mann. Die Stellung, welche er auf den Höhen bei Torgau eingenommen hatte, war fast jener gleich, in der einst die Russen bei Kunersdorf standen; auf der vorderen Seite war das Lager durch steileren Abfall des Bodens, durch Bäche und Sümpfe, auf der hinteren Seite durch einen starken Verhack geschützt. Friedrich führte ihm 44,000 Mann entgegen. Der Localität gemäß beschloß Friedrich, mit dem Haupttheil seiner Armee die Stellung des Feindes zu umgehen und ihn von hinten anzufallen, während ein besonderes Corps unter Zieten's Leitung auf der vorderen Seite gegen ihn rücke, ihn hier in Schach halte, um sodann, wenn Friedrich die Macht der Oesterreicher geworfen, ihnen in den Rücken zu fallen und eine gänzliche Vernichtung herbeizuführen.

Am 3. November, in früher Morgenstunde, machte sich Friedrich auf den Marsch; seine Armee ging in drei von einander getrennten Colonnen durch den großen Wald, der sich bis an die eine Seite der feindlichen Stellung heranzog. Ein österreichisches Regiment, das als Vorposten im Walde stand, gerieth hierbei ganz unerwartet zwischen die beiden ersten Colonnen der preußischen Armee und wurde fast gänzlich gefangen genommen. Man hatte indeß, um an das bestimmte Ziel zu gelangen, mehrere Meilen Weges zurückzulegen; Mittag war bereits vorüber, als Friedrich den Saum des Waldes erreichte und sich endlich der feindlichen Stellung gegenüber befand. Jetzt hörte man von jenseit eine Kanonade beginnen, die immer heftiger ward. Zieten war nämlich auf einen vorgeschobenen Posten der österreichischen Armee gestoßen, der ihm die Annäherung streitig machte, sodaß er sich genöthigt fand, Kanonen aufzufahren. Dies hielt Friedrich für das Zeichen einer förmlichen Schlacht, die bereits auf jener Seite beginne, und so entschloß er sich rasch zum Angriffe, obgleich er noch nicht seine ganze Armee beisammen hatte und namentlich die Kavallerie noch im Walde zurückgeblieben war. Es war 2 Uhr, als seine ersten Regimenter dem Feinde entgegenrückten. Aber Daun war schon früher von Friedrich's Bewegungen unterrichtet worden und hatte danach seine Maßregeln getroffen. Ein furchtbares Kanonenfeuer empfing die preußischen Grenadiere, daß sie reihenweise zu Boden geschmettert wurden. Ein Theil der preußischen Armee mußte im Saume des Waldes marschiren; auch dahin flog der Regen der feindlichen Kugeln.

Die Bäume stürzten zerschmettert zusammen und schlugen die Soldaten zu Boden; ein ungeheuerer Eichenast brach unmittelbar vor dem Könige nieder und erschlug zwei Mann, die vor ihm gingen. Er mußte vom Pferde steigen und seine Truppen zu Fuß in die Ebene hinausführen. Der erste Angriff war umsonst, zwei Drittheile der Grenadierbataillone lagen zerschmettert auf dem Boden, die übrigen mußten sich zurückziehen. Neue Truppen waren unterdeß herangekommen und drangen wiederum gegen die Anhöhen vor. Aufs Neue brüllte der Donner des Geschützes, die Erde

erbebte, die grauen Regenwolken, die den Himmel bedeckt hielten, zerrissen. „Hat Er je", — so wandte sich Friedrich an einen Adjutanten, — „eine stärkere Kanonade gehört? Ich niemals!" Wieder stürzten in Schaaren die Preußen zu Boden, aber unerschrocken schritten die Uebrigen vor, überstiegen den Verhack und gewannen die Höhen; hier behaupteten sie sich standhaft gegen die heftigsten Angriffe der Oesterreicher, auf beiden Seiten wurden die Reihen licht, bis endlich österreichische Kavallerie in die Preußen einbrach und sie abermals von den Höhen hinabtrieb.

Ein dritter Angriff begann. Die preußische Kavallerie hatte endlich den Kampfplatz erreicht und hieb nun mit frischem Muthe in die österreichischen Schaaren ein. Beide Armeen standen mitten im Gewehrfeuer einander gegenüber; hin und her schwankte Gewinn und Verlust. Friedrich theilte redlich die Arbeit der Seinen. Schon waren zwei Pferde ihm unter dem Leibe erschossen, da traf eine Kugel seine Brust; er sank ohne einen Laut vom Pferde, die Adjutanten unterstützten ihn, sie rissen ihm entsetzt die Kleider von der Brust, — die Kugel hatte ihn nicht gefährlich verletzt, durch den Pelz und das Sammtkleid, welche der König trug, war ihre Kraft gehemmt worden; sie hatte ihm nur den Athem genommen. Auch kam ihm gleich die Besinnung wieder. „Es ist nichts!" so rief er den besorgten Dienern zu, stieg wieder zu Pferde und gab erneute Befehle für den Kampf. Aber wieder drang die österreichische Reiterei vor, die Preußen mußten aufs Neue weichen. Jetzt brach die frühe Novembernacht herein, die Fortsetzung des Kampfes hemmend.

Die preußische Armee zog sich vom Schlachtfelde zurück und stellte sich in einiger Entfernung aufs Neue, die Ereignisse des nächsten Tages abzuwarten, in Ordnung. Friedrich begab sich in ein benachbartes Dorf. Alle Häuser lagen voll Verwundeter, er nahm sein Nachtquartier in der Kirche. Hier ließ er sich verbinden und ertheilte die nöthigen Befehle für die Aufstellung der Armee; der Feind, so fügte er hinzu, habe wohl nicht geringeren Verlust erlitten als das eigne Heer, und da ihm Zieten noch im Rücken stehe, so werde er es nicht wagen, in seiner Stellung zu bleiben; dann sei die Schlacht doch gewonnen. Gleichwohl konnten sich die Offiziere, die ihm, zum Theil ebenfalls verwundet, gefolgt waren, nicht so tröstlicher Hoffnung hingeben. In bangem Schweigen gingen mehrere Stunden hin. Schon hatte es 9 Uhr geschlagen, da ward plötzlich eine unerwartete Freudenbotschaft gebracht: Zieten hatte noch spät den Kampf begonnen und hatte gesiegt! Jetzt verwandelte sich die bange Stille in lauten Jubel und frohes Dankgebet. Friedrich aber setzte sich auf die Stufen des Altares nieder, schrieb einige Depeschen, gab neue Befehle und legte sich dann auf das dürftige Strohlager, das man ihm bereitet hatte, zur Ruhe nieder.

Zieten hatte nämlich, nachdem er jenen ersten Posten der Oesterreicher geworfen, bis gegen Abend, der Anordnung des Königs gemäß, unthätig dem Feinde gegenüber gestanden. Erst als er die Ueberzeugung erhielt, daß Friedrich's Unternehmen abgeschlagen sei, entschloß er sich zum Angriff. Vor ihm lag ein Dorf, welches von Feinden besetzt war; er griff es an, die Feinde wurden hinausgeschlagen, aber sie steckten das Dorf in Brand, die Verfolgung zu verhindern. Der Feuerschein jedoch wurde die Leuchte, die sein weiteres Beginnen bei der einbrechenden Nacht begünstigte. Er entdeckte, daß die österreichische Armee auf den Höhen sich nach der Mitte hin zusammengezogen und die Seite unbesetzt gelassen habe. Nun drang er hier mit seinen rüstigen Schaaren empor und gewann, den Feinden gegenüber, eine feste Stellung. Ein hartnäckiger Kampf entspann sich, ohne zu einer baldigen Entscheidung zu führen. Indeß hatten einige der Regimenter, welche von Friedrich's Seite bereits an dem früheren Kampfe Theil genommen, die Erneuung des Gefechtes bemerkt. Sie eilten, zur Entscheidung beizutragen; der Feuerschein diente auch ihnen zur Leuchte, während sie, in der Tiefe, ungesehen herannahen konnten. Sie fielen den Reihen der Oesterreicher in die Seite, und schnell war das Geschick des Tages entschieden. Die Oesterreicher zogen sich von dem Schlachtfelde, das sie bereits als ein Siegesfeld betrachtet

hatten, zurück. Daun war schon vorher verwundet worden und hatte sich nach Torgau bringen lassen; jetzt gab er den Befehl, daß noch in derselben Nacht seine Armee sich auf das andere Ufer der Elbe begeben und Torgau verlassen solle.

Die Nacht war wild und unruhig. Von beiden Armeen war eine bedeutende Menge Soldaten versprengt, die nun, ohne Kenntniß von dem Ausgange der Schlacht, truppweise umherirrten und sich zu den Ihrigen zurückzufinden suchten. Der Brand des brennenden Dorfes war erloschen, die Feuer, welche in großer Anzahl zum Schutz gegen die Kälte der Nacht angezündet waren, dienten nur dazu, die Suchenden irre zu führen. Die Oesterreicher richteten ihre Schritte nach dem Rauschen des Elbstroms, doch fielen ganze Bataillone von ihnen in die Hände der Preußen. Preußische Trupps trafen aufeinander; unvermögend, sich zu erkennen, beschossen sie sich gegenseitig. An den Feuern lagen häufig Gesunde und Verwundete von beiden Heeren nebeneinander; des Mordens müde, hatten sie das Uebereinkommen getroffen, daß derjenige Theil von ihnen am nächsten Morgen als gefangen betrachtet werden sollte, dessen Armee gesiegt habe. Zugleich aber schwärmten wilde Rotten auf dem Leichenfelde umher und beraubten die Todten und die Verwundeten. Endlich brach der Morgen an. Friedrich erschien auf der blutigen Wahlstatt, für die Pflege der Verwundeten zu sorgen; allgemein war die Freude, ihn, von dessen Verwundung man gehört, gesund wiederzusehen. Ein Grenadier, schon mit dem Tode ringend, rief freudig aus: „Nun will ich gern sterben, da ich weiß, daß wir gesiegt haben und der König lebt!“ Als Friedrich und Zieten einander begegneten, fielen sie sich tiefbewegt in die Arme; Friedrich weinte laut und war unvermögend, dem treuen Diener seinen Dank auszusprechen.

Der Verlust auf beiden Seiten war sehr bedeutend gewesen. Die Preußen hatten 12 bis 13,000, die Oesterreicher über 16,000 Mann verloren. Doch waren diese noch immer bedeutend stärker als die Preußen; mit kühner Entschlossenheit hätten sie Friedrich den weiteren Gewinn des Sieges streitig machen können. Aber die plötzliche Niederlage nach dem gewissen Siege, den man schon durch eilige Couriere nach Wien gemeldet, hatte sie muthlos gemacht. Sie zogen nach Dresden und suchten sich nur im Besitz dieser Stadt zu halten. Friedrich machte einige Versuche, sie auch noch von hier zu vertreiben und ganz nach Böhmen zurückzudrängen; doch war die winterliche Jahreszeit solchem Unternehmen nicht mehr günstig. Von beiden Seiten wurden die Armeen nun in die Winterquartiere geführt. Die Russen gingen nach Polen zurück, die Reichsarmee nach Franken. Durch eins der österreichischen Corps waren einige Versuche auf Oberschlesien gemacht worden, aber ebenfalls ohne Erfolg. Mit gewaltig überlegenen Kräften war dieser Feldzug gleich den früheren von Seiten der Gegner begonnen, und doch behielten sie von all ihren Erwerbungen am Schlusse desselben nichts als das einzige Glatz.

Zwischen den französischen Armeen und denen der verbündeten Truppen unter dem Herzog Ferdinand von Braunschweig war in dem verflossenen Jahre mit wechselndem Erfolge gekämpft worden. Die Franzosen hatten ein ungeheueres Heer ausgerüstet, aber theils die geringe Tauglichkeit der Führer, theils der Zwiespalt unter diesen hatte ihre große Ueberlegenheit unwirksam gemacht. Bald schritt man von der einen, bald von der andern Seite vor, ohne daß entscheidende Ereignisse herbeigeführt wurden. Im Beginn des nächsten Jahres, im Februar, erfocht zwar der Herzog Ferdinand durch plötzlichen Angriff sehr bedeutende Vortheile, aber auch diese gingen im folgenden Monate wieder verloren. Die Truppen wurden beiderseits in die eben verlassenen Winterquartiere zurückgeführt, ohne daß die gegenseitigen Verhältnisse der feindlichen Mächte im Wesentlichen eine veränderte Gestalt gewonnen hätten.

Fünfunddreißigstes Kapitel.

Beginn des Feldzuges von 1761. Das Lager zu Bunzelwitz.

Im Verlauf des Winters geschahen einige Schritte zur friedlichen Ausgleichung all der Wirrnisse, in denen sich Europa nun schon seit so langer Zeit befand. Die Anträge dazu gingen zunächst von Frankreich aus, das verhältnißmäßig die meisten Kräfte, ohne einen eigentlichen Zweck im Auge zu haben, vergeudete. Der Landkrieg, der in Westphalen geführt ward, hatte bereits ungeheuere Summen verschlungen; viel größer noch waren die Verluste, welche dieser Staat in dem gleichzeitig geführten Seekriege mit England erleiden mußte. Für den Friedenscongreß ward Augsburg bestimmt. Aber noch immer waren die Leidenschaften, die den Krieg angefacht hatten, nicht abgekühlt; Friedrich wünschte wohl von ganzem Herzen den Frieden, aber er gedachte auch, auf keine Weise in unbillige Forderungen zu willigen. Die Verhandlungen hatten somit wenig günstigen Fortgang und wurden bald wieder eingestellt.

Um so eifriger war man von allen Seiten auf fortgesetzte Rüstungen bedacht; aber schon begannen trotz aller Anstrengungen die Kräfte mehr und mehr nachzulassen. Härtere Maßregeln als bisher mußte Friedrich ergreifen, um sich die Mittel zum erneuten Widerstande zu verschaffen. Das arme Sachsenland, das durch den unseligen Krieg schon so viel gelitten hatte, ward mit den stärksten Contributionen belastet, die Münze wurde aufs Neue in bedeutend geringerem Werthe ausgeprägt. Rekruten wurden aller Orten für das preußische Heer geworben; der Ackerbau lag allenthalben, wo feindliche Armeen gehaust hatten, darnieder, und gern vertauschten die Bauerburschen den Pflug mit der Muskete. Dabei mußte freilich alle mögliche Dressur angewandt werden, um die auf solche Weise zusammengerafften Truppen nur einigermaßen den Soldaten ähnlich zu machen, mit denen Friedrich den Krieg begonnen hatte. Oesterreich dagegen fand in seinen volkreichen Provinzen fortwährend Menschenschätze, welche das Heer auf eine vortheilhafte Weise zu vervollständigen dienten, ja, man hat bemerkt, daß in demselben Grade, in dem die preußische Armee sich verschlechterte, die österreichische an Tüchtigkeit und Gewandtheit zunahm. Doch war wiederum, während Friedrich sich durch seine Finanzoperationen im Stande sah, alle übrigen Kriegsbedürfnisse in genügendem Maße zu beschaffen, in den österreichischen Kassen bereits drückender Geldmangel. Sämmtliche Stabsoffiziere mußten sich bequemen, ihre Besoldung in Papieren entgegenzunehmen, die erst nach geendigtem Kriege in Geld umgetauscht werden sollten. Wer nicht so lange warten konnte, fand nur vor einer besonders dazu errichteten Bank Gelegenheit, das Papier gegen Geld, aber mit beträchtlichem Verluste, auszuwechseln. Diese Bank hatte Kaiser Franz, der Gemahl der Maria Theresia, dessen ganze Thätigkeit nur in Geldspeculationen bestand, aus seinem Privatvermögen — wenig patriotischen Sinnes — errichtet.

Und wie die Anstrengungen bei dem allmäligen Sinken der Kräfte nur immer heftiger werden mußten, wie man sich genöthigt sah, zu härteren Maßregeln zu schreiten, so konnten auch andere Erscheinungen, welche die Verbitterung eines langen Krieges mit sich zu führen pflegt, nicht ausbleiben. Sorgfältig hatte Friedrich bis jetzt für den Schutz der königlichen Schlösser in Sachsen gewacht; nichts von den Kunstschätzen, mit denen sie geschmückt waren, war angetastet worden. Nur einigen Unternehmungen gegen Besitzungen des Grafen Brühl, der Friedrich jederzeit den feindschaftlichsten Haß bewiesen, hatte er, nicht unwillig, zugesehen. Jetzt aber hatte ihn die Plünderung des Charlottenburger Schlosses, vor Allem die barbarische Zerstörung der Schätze des Alterthums, die durch keine Geldsummen wiederzubringen waren, aufs Tiefste empört. Und da sich gerade sächsische Truppen hierbei ausgezeichnet, so mußte es auch Sachsen entgelten. Doch wartete Friedrich mehrere Monate, nachdem er öffentliche Klage über dies Benehmen geführt, er drohte mit Repressalien, — kein Wort der Entschuldigung kam über die Lippen König August's. So gab Friedrich den Befehl, das Jagdschloß Hubertusburg, welches „das Herzblatt des Königs von Polen" genannt ward, zu plündern. „Der Kopf der großen Herren", so sagte er, „fühlt es nicht, wenn den Unterthanen die Haare ausgerauft werden: man muß sie da angreifen, wo es ihnen selbst weh thut." Gleichwohl war zu solchem Unternehmen in der preußischen Armee der Mann nicht ganz leicht zu finden. Der General von Saldern, dem es der König zuerst auftrug, weigerte sich wiederholt, da solch eine Handlung wider Ehre, Eid und Pflicht sei; er fiel darüber in Ungnade. Das Freicorps des Majors Quintus Icilius führte es darauf aus.

Bei alle Dem aber ließ Friedrich auch diesmal die Ruhe des Winterquartiers, das er in Leipzig genommen hatte, nicht ohne alle diejenigen aufheiternden Genüsse vorübergehen, die einmal einen Theil seines Lebens ausmachten. Leipzig galt zu jener Zeit als der Mittelpunkt deutscher Wissenschaft und Poesie; so fand sich mehrfache Gelegenheit, hiervon Kenntniß zu nehmen, so wenig Friedrich auch im Allgemeinen von den Bestrebungen der Deutschen im Bereiche des Geistes ein günstiges Vorurtheil hatte. Gottsched hatte Friedrich schon bei früheren Besuchen Leipzigs kennen gelernt; damals hatte der Dichter, dem freilich auch Voltaire Aufmerksamkeiten erwies,

Eindruck auf ihn gemacht. Friedrich hatte ihm ein Gedicht gewidmet, welches ihn den „sächsischen Schwan“ nannte und mit den schmeichelhaften Worten schloß:

Durch deine Lieder füge du.
Dem Siegeslorbeer, der den Deutschen schmücket,
Apollo's schönern Lorbeer zu!

Jetzt ward Gottsched aufs Neue vor den König berufen; indeß hinterließ das nicht allzu liebenswürdige Benehmen des Poeten keinen sonderlich günstigen Eindruck. Mehr Wohlgefallen fand Friedrich an dem bescheidenen Gellert. Er ließ sich durch ihn eine von seinen sinnvollen Fabeln vordeclamiren und fand, daß hier in der That fließende Poesie sei. Auch äußerte er sich hernach: „Gellert sei der vernünftigste von allen deutschen Gelehrten; er sei der einzige Deutsche, der zur Nachwelt gelangen werde.“ Solch ein ungemessenes Lob konnte freilich nur ausgesprochen werden, wenn man, wie es bei Friedrich der Fall war, die deutsche Wissenschaft einzig nach Dem beurtheilte, was sie zu Anfang des Jahrhunderts gewesen war; wenn man die Namen eines Klopstock, eines Lessing und anderer Geister, auf welche die Nation mit erhebendem Stolze zurückblickt, gar nicht kannte. Auch ward Gellert nicht zum zweiten Male berufen. Vielleicht, daß seine wenig überdachte Bitte, Friedrich möge Deutschland den Frieden geben, — worauf dieser einfach antwortete, daß das leider nicht in seiner Macht stehe, — und noch mehr Gellert's Entschuldigung: er bekümmere sich mehr um die alte als um die neue Geschichte, nicht eben geeignet waren, ein persönliches Interesse bei Friedrich hervorzurufen.

Des Abends ward, wie in der heitern Friedenszeit, Musik gemacht; Friedrich hatte dazu die Mitglieder seiner Kapelle nach Leipzig kommen lassen. Doch nahm er selbst schon weniger thätigen Antheil an der Musik. Das Flöteblasen griff ihn bereits an.

Auch der Marquis d'Argens, nach dessen freundschaftlicher Theilnahme den König herzlich verlangte, war nach Leipzig gekommen. Mit ihm verplauderte Friedrich die Abendstunden nach dem Concert. Als d'Argens eines Abends in Friedrich's Zimmer trat, fand er ihn am Boden sitzen, vor ihm eine Schüssel mit Fricassée, aus welcher die Windspiele des Königs ihr Abendessen hielten. Er hatte ein kleines Stöckchen in der Hand, mit dem er unter den Hunden Ordnung hielt und der kleinen Favorite die besten Bissen zuschob. Der Marquis blieb verwundert stehen und rief aus: „Wie werden sich doch die fünf großen Mächte von Europa, die sich wider den Markgrafen von Brandenburg verschworen haben, den Kopf zerbrechen, was er jetzt thut! Sie werden etwa glauben, er macht einen gefährlichen Plan zum nächsten Feldzuge, er sammelt die Fonds, um dazu Geld genug zu haben, oder besorgt die Magazine für Mann und Pferd, oder knüpft Unterhandlungen an, um seine Feinde zu trennen und sich Alliirte zu verschaffen: — Nichts von alle Dem! Er sitzt ruhig in seinem Zimmer und füttert seine Hunde." —

Der Feldzug des Jahres 1761 begann ziemlich spät, und erst am Schluß des Jahres kam es zu entscheidenden Unternehmungen. Friedrich sollte wiederum mit mehrfach überlegenen Feinden seine Kräfte messen, in einer Lage, wo es ihm schon im höchsten Grade schwer ward, etwa eintretende Verluste zu ersetzen, wo selbst ein Sieg wie der von Torgau ihm die empfindlichste Schwäche, somit den empfindlichsten Nachtheil bereiten mußte. Er sah sich also genöthigt, noch entschiedener als bisher das System der Vertheidigung zu befolgen, den Angriff der Gegner abzuwarten, auf die Blößen zu lauschen, die sie geben würden, und seine Kräfte nur für den Punkt der höchsten Entscheidung aufzusparen. Das Vorspiel des Kampfes geschah im Ausgange des Winters, da ein Streifzug gegen die Reichsarmee unter-

nommen und so glücklich ausgeführt ward, daß diese ihre Stellungen mit mannigfachem Verlust verlassen und auf längere Zeit unthätig bleiben mußte. Dann regte es sich in Schlesien. Auf diese Provinz war wiederum das Hauptaugenmerk des Feindes gerichtet. Hier sollte sich eine österreichische Armee unter Loudon, 75,000 Mann stark, mit einer russischen von 60,000 Mann, deren Oberbefehl jetzt der Feldmarschall Butturlin führte, vereinigen. Friedrich brach, diese Vereinigung zu hintertreiben, im Mai nach Schlesien auf; aber er konnte gegen beide feindliche Armeen nur 55,000 Mann aufbrin'gen. Zum Schutze Sachsens ließ er den Prinzen Heinrich zurück.

Das Vierteljahr bis zur Mitte August ging unter verschiedenartigen Manoeuvres, Märschen und Gegenmärschen hin. Die Vereinigung der feindlichen Armeen sollte, wie es hieß, in Oberschlesien erfolgen. Friedrich begab sich dahin; Loudon aber wußte seine Operationen so geschickt einzurichten, daß Friedrich ihm keine Vortheile abgewinnen konnte. Unterdeß rückten die Russen in Niederschlesien ein, gingen zwischen Glogau und Breslau über die Oder, Loudon wandte sich rasch aus Oberschlesien nach Böhmen zurück, besetzte die Pässe des Riesengebirges und brachte von hier aus die schon seit Jahren vorbereitete Vereinigung beider Armeen zu Stande, ehe Friedrich zur Verhinderung derselben hatte heranrücken können. Beide feindliche Heere standen jetzt in der Gegend von Striegau. Friedrich war ihnen entgegengezogen; da er seine Absicht vereitelt sah, so machte er den Versuch, durch ein anderes Mittel die gefahrdrohende Verbindung wiederum aufzuheben. Er wandte sich gegen den nächsten bedeutenden Posten des Gebirges, den die Oesterreicher bei dem Anmarsch der Russen verlassen hatten, um hierdurch den Gegnern die Zufuhr aus Böhmen, ohne die sie sich in ihrer Stellung nicht zu erhalten vermochten, abzuschneiden. Aber auch hier war ihm Loudon bereits mit schneller Uebersicht zuvorgekommen; als Friedrich sich dem Gebirge näherte, fand er dasselbe so stark besetzt, daß ein Angriff unmöglich war.

Die feindliche Uebermacht im Herzen Schlesiens schien alle Wünsche, die zur Erniedrigung Friedrich's so lange genährt waren, vollständig erfüllt zu haben. Friedrich war nicht vermögend, ihrem Angriff in offener Schlacht zu widerstehen; die wenigen Festungen Schlesiens konnten ihnen eben so wenig auf die Dauer Widerstand leisten. Alles, was Friedrich zu thun vermochte, bestand darin, daß er, jede fruchtlose Aufopferung vermeidend, die Feinde so lange in Unthätigkeit hielt, bis der Mangel an Nahrungsmitteln für eine so gewaltige Masse von Menschen und Pferden sie von selbst zur Trennung nöthigte. Dies führte er in der That auf eine Weise aus, die wiederum sein Feldherrntalent in der seltensten Größe darstellte. Er bezog am 20. August ein Lager bei Bunzelwitz, wodurch er Schweidnitz, die zunächst gelegene Festung, deckte, die Verbindung mit Breslau erhielt und nach keiner Seite für etwa erforderliche Unternehmungen beschränkt blieb. Freilich hatte die Natur nicht eben viel gethan, um dies Lager gegen feindlichen Angriff zu sichern; aber es vergingen mehrere Tage, ehe die feindlichen Heerführer sich über alle erforderlichen Maßregeln der Verpflegung und Stellung der Truppen, sowie über die weiteren Operationen vereinigt hatten; und als sie nun die Stellung, welche Friedrich eingenommen, näher zu untersuchen kamen, da fanden sie kein Lager mehr, sondern eine förmliche Festung, welche in so kurzer Frist aus der Erde hervorgewachsen war. Die ganze preußische Armee hatte, unaufhörlich abwechselnd, Tag und Nacht an diesen Verschanzungen gearbeitet. Eine Kette von Schanzen, Gräben und starken Batterien zog sich um das Lager her; vor den Linien waren Palissaden eingerammt oder spanische Reiter gesteckt, vor diesen waren drei Reihen tiefer Wolfsgruben; vor

den Batterien hatte man sogenannte Flatterminen, Gruben, die mit Pulver, Kugeln und Haubitzgranaten gefüllt waren, angelegt. Man konnte jetzt schon einem feindlichen Unternehmen gelassener entgegensehen, und die Gegner fanden sich durch diese ganz unerwartete Erscheinung genöthigt, die eben gefaßten Pläne aufzugeben und neue Maßregeln auszusinnen.

Indeß standen die feindlichen Armeen im weiten Bogen um das Lager, und man konnte zu jeder Stunde des Angriffs gewärtig sein. Es war somit unausgesetzte Aufmerksamkeit auf die Bewegungen derselben nöthig. Die Truppen innerhalb des Lagers wurden stets gewechselt, damit der Feind nie wissen könne, welche Regimenter er an dieser oder jener Stelle vor sich finden werde. Da keine hinreichende Anzahl von Kanonen, den ganzen Umfang des Lagers zu vertheidigen, vorhanden war, so wurden abwechselnd auch hier und dort Baumstämme in die Schießscharten gelegt. Besonders vor nächtlichem Ueberfall mußte man auf seiner Hut sein. Daher ließ Friedrich die Truppen bei Tage zumeist rasten; des Abends wurden die Zelte abgebrochen, und die Soldaten standen die Nacht unter dem Gewehr. Friedrich selbst nahm an allen diesen Anstrengungen und Entbehrungen der Seinen getreulich Theil. Er brachte die Nächte stets in einer der wichtigsten Batterien unter freiem Himmel zu. Oft setzte er sich zum Feuer seiner

Gemeinen, die ihm dann ein paar Wachtmäntel auf die Erde zu breiten pflegten und ihm einen zusammengerollten Rock unter den Kopf legten, damit er wenigstens ein Stündchen ruhen könnte. Dann hörte man die Soldaten wohl sagen: „Wenn Fritz bei uns schläft, ist's so gut, als wenn unserer Fünfzigtausend wachen. Nun mag der Feind kommen; ist Fritz bei uns, so fürchten wir den Teufel nicht, aber der Teufel muß sich vor ihm und vor uns fürchten. Denn Gott ist mächtiger als der Teufel und der König klüger als unsere Feinde!“ Auch ließ Friedrich wohl ein Bund Stroh in die Batterie bringen, in welcher er übernachten wollte; darauf nahm er dann sein Lager, während die gekrönten Häupter, die sein Verderben sannen, auf weichen Flaumen ruhten.

So vergingen mehrere Wochen. Schon waren die Soldaten von den unausgesetzten Anstrengungen erschöpft, schon machte sich in dem Lager, dessen Verbindung mit dem Lande die Feinde abgeschnitten hatten, ein dringender Mangel bemerklich; schon rissen Krankheiten, endlich auch eine lähmende Muthlosigkeit unter den tapferen Preußen ein. Friedrich that Alles, um die Seinen zur standhaften Ausdauer anzu-

spornen; der Klang seiner Stimme, die Gewalt seines Auges waren es allein, was ihre Sinne noch frisch, ihr Gemüth noch kräftig erhielt. Aber er selbst erkannte die Gefahr seiner Lage nur zu gut; er sah es ein, daß seine Truppen einem ernstlichen Angriffe der übermächtigen Feinde nicht mehr würden widerstehen können. Den Vertrautesten offenbarte er wohl zuweilen seine Stimmung; besonders bei dem alten Zieten, der mit seinen Schaaren die Pein des Lagers theilte, suchte er gern Trost. Zieten war ungebeugt und sprach mit Ueberzeugung seine Hoffnung aus, daß man doch noch einst Alles zum guten Ende bringen werde. Friedrich aber, der seine ganze Lage besser überschaute als jener, mochte auf eine so freudige Zukunft kaum noch hinblicken. Einst fragte er Zieten ironisch, ob er sich etwa einen neuen Alliirten verschafft habe. „Nein", antwortete Zieten, „nur den alten da oben, und der verläßt uns nicht." — „Ach", seufzte der König, „der thut keine Wunder mehr!" — „Deren braucht's auch nicht", erwiderte Zieten, „er streitet dennoch für uns und läßt uns nicht sinken." — Nur wenige schwere Monden sollten noch vorübergehen und Zieten's Wort sich auf eine unerwartete Weise erfüllen.

Die kühne Entschlossenheit, mit der Friedrich seine Stellung im Angesicht der Feinde behauptete, hatte deren Entschlüsse wankend gemacht, sodaß sie sich nicht über den Angriff vereinigen konnten. Dazu kam, daß die alte Mißstimmung zwischen Russen und Oesterreichern aufs Neue hemmend hervortrat. Schon war Butturlin empfindlich darüber, daß sich Loudon nicht eher mit ihm vereinigt, daß er ihn bis dahin der Gefahr bloßgestellt hatte, allein von den Preußen angegriffen zu werden; auch mochte er wohl, da die Kaiserin krank lag, dem preußisch gesinnten Thronfolger zu Gefallen entscheidende Unternehmungen gegen Friedrich vermeiden. Vergebens bemühte sich Loudon, ihn zu einem gemeinschaftlichen Angriffe auf das feste Lager der Preußen zu bewegen. Es wird erzählt, daß es ihm nur einmal, bei der Tafel, als der Wein die Gemüther erhitzt hatte, gelungen sei, den russischen Heerführer zum Entschlusse zu bewegen, daß derselbe aber auch diesmal, nachdem er den Rausch ausgeschlafen, alle Befehle zum Angriff widerrufen habe. Aber schon machte sich im feindlichen Heere der Mangel an Nahrungsmitteln, ebenso wie im preußischen Lager, auf eine drückende Weise bemerklich. Noch einmal versuchte Loudon einen entscheidenden Entschluß von seinem Bundesgenossen zu erzwingen; er entwarf eigenmächtig einen Plan zum Angriff und theilte den Russen die nöthigen Rollen darin zu. Dies aber verletzte Butturlin's Empfindlichkeit im höchsten Maße; er benutzte den Vorwand, den ihm der ausgebrochene Mangel an die Hand geben mußte, und ging am 10. September mit seiner Armee nach der Oder ab. Nur ein Corps von 12,000 Mann, unter dem General Tschernitschef, ließ er bei Loudon's Armee zurück. Nun bezog auch Loudon, entfernt vom preußischen Lager, eine feste Stellung auf den Abhängen des Gebirges. Bei den Preußen aber war großer Jubel über die Errettung aus so drohender Gefahr; vierzehn Tage gönnte Friedrich den Seinen die nöthige Rast nach all den Anstrengungen, denen sie sich hatten unterziehen müssen; dann ließ er das Lager abbrechen.

Sechsunddreißigstes Kapitel.

Schluß des Feldzuges von 1761. Das Lager zu Strehlen.

as Jahr neigte sich seinem Ende entgegen, und der Feldzug in Schlesien schien einen glücklicheren Schluß gewonnen zu haben, als man sich zu Anfang des Jahres versprechen durfte. Friedrich gedachte jetzt nur noch die beiden feindlichen Armeen, ehe sie sich zu einem neuen Unternehmen entschließen könnten, ganz aus dem Lande hinauszudrängen. Zu dem Zweck sandte er gleich nach dem Abmarsche der Russen ein besonderes Corps nach Polen, die dortigen russischen Vorräthe zu vernichten; diesem gelang es, einen sehr bedeutenden Transport von Nahrungsmitteln aufzufangen, zu zerstören und die zahlreiche Bedeckung des Transportes zu zerstreuen oder gefangen zu nehmen. Hierdurch wurde der Abmarsch der Russen aus Schlesien in der That bedeutend beschleunigt. Friedrich selbst suchte Loudon unschädlich zu machen. Er wünschte nichts mehr, als ihn vorerst aus seiner festen Gebirgsstellung herauszulocken, und begann mit seiner Armee einige künstliche Manoeuvres, die einen Plan gegen die von den Oesterreichern besetzte Grafschaft Glatz oder gegen Mähren verrathen sollten. Aber Loudon ging nicht in die Falle. Er besetzte nur die Pässe, welche nach der Grafschaft führen, und benutzte den Umstand, daß Friedrich sich bereits auf zwei Tagemärsche von Schweidnitz entfernt hatte, zu einem kühnen, gänzlich unerwarteten Unternehmen. In der Nacht vom 30. September auf den 1. October erschien er plötzlich mit seiner Armee vor Schweidnitz, dessen Besatzung nicht eben eine große Anzahl zuverlässiger Truppen zählte, und eroberte die Festung mit stürmender Hand.

Durch diesen einen raschen Schlag, der dem Feinde festen Fuß in Schlesien gab, der es ihm verstatten mußte, seine Winterquartiere hier im Lande zu nehmen und die Operationen des nächsten Jahres mit ungleich entschiedenerem Nachdruck zu beginnen, hatte in der That Friedrich's Schicksal die traurigste Wendung genommen. Dennoch ließ er auch jetzt den Muth nicht sinken. Der Niedergeschlagenheit, die sich seines Heeres bei der Nachricht des Geschehenen bemächtigte, wußte er alsbald durch eine Rede, welche nur unbeugsamen Muth athmete, zu wehren und seine Truppen auch jetzt aufs Neue zu glühender Begeisterung zu entflammen. Gern hätte er es zu einer offenen Schlacht mit Loudon gebracht, aber vorsichtig verharrte dieser in seiner sicheren Stellung. Friedrich entschloß sich nun, sein Quartier in Strehlen zu nehmen, von wo aus er feindlichen Unternehmungen auf Breslau oder auf Neisse gleich rasch entgegentreten konnte. Die Truppen wurden in den Dörfern um Strehlen in Cantonnirungsquartiere gelegt. Loudon benutzte bei solcher Stellung des Gegners seinen glücklichen Gewinn zu keinen weiteren Fortschritten.

Das Lager zu Strehlen sollte durch verschiedene Vorfälle historische Merkwürdigkeit gewinnen. Hier erschien, im Verlaufe des Octobers, eine Gesandtschaft des Tatarenkhans, Kerim Geray, der als ein entschiedener Gegner der Russen dem Preußenkönige seine Freundschaftsversicherungen und das Anerbieten, Truppen gegen Geldvergütung zu stellen, überbringen ließ. Der Gesandte, Mustapha Aga, — eigentlich der Bartputzer des Khans, ein Amt, das jedoch seiner gegenwärtigen Würde keinen Eintrag that, — wurde mit aller Zuvorkommenheit aufgenommen. Es kam in der That ein Bündniß zu Stande, demzufolge im nächsten Jahre ein Corps von 16,000 Tataren in Oberschlesien eintreffen sollte, während gleichzeitig der Khan einen Einfall in Rußland zu machen versprach. Auch mit dem türkischen Sultan war in diesem Jahre nach langen vergeblichen Versuchen ein

Freundschafts- und Handelsvertrag zu Stande gekommen, und der Sultan zog bereits bei Belgrad ein drohendes Heer gegen Friedrich's Feinde zusammen. Beide Bündnisse mußten Friedrich sehr erwünscht sein, um die Macht seiner Gegner zu brechen; nur die große Veränderung in der bisherigen europäischen Politik, die im nächsten Jahre vor sich ging, verhinderte die Ausführung der gefaßten Entschlüsse.

Ein zweites Ereigniß, das in Strehlen vorfiel, war der verrätherische Versuch, den König lebendig oder todt in die Hände seiner Feinde zu liefern. Ein Vasall Friedrich's, Baron Warkotsch, dessen Besitzungen in der Nähe von Strehlen lagen und der es unbequem fand, daß ihm die preußische Regierung keine willkürliche Behandlung seiner Unterthanen verstattete, hatte den Plan dazu in Gemeinschaft mit einem österreichischen Offizier, dem Obersten Wallis, entworfen. Er hatte dem Könige öfters in Strehlen aufgewartet und alle Gelegenheit ausgekundschaftet. Friedrich wohnte außerhalb der Stadt, in dem daneben gelegenen Dorfe Woiselwitz;

die Wache vor seinem Hause bestand aus 13 Mann Garde; sonst waren wenig Militairs im Dorfe, und auch in der Stadt befand sich, da die Armee schon zum Theil in die Winterquartiere entsandt war, keine bedeutende Truppenmacht. Der Zwischenträger zwischen Warkotsch und Wallis war ein katholischer Geistlicher, Franz Schmidt. Die Briefe an diesen, auch an Wallis, überbrachte ein Jäger in des Barons Diensten, Matthias Kappel. Der letztere hatte aus dem sehr geheim gehaltenen Briefwechsel, auch aus manchen Reden seines Herrn und andern Umständen Verdacht geschöpft. Am 29. November war er mit dem Baron wieder in Strehlen gewesen. Als er mitten in der Nacht darauf abermals Befehl erhielt, einen Brief mit der Adresse des Obersten Wallis an Schmidt zu überbringen, wuchs sein Verdacht; er öffnete den Brief und fand in dessen Inhalt den ganzen Verrath ausgesprochen. Schleunig ließ er sich nun durch einen evangelischen Geistlichen, der am Orte war, eine Abschrift des Briefes anfertigen, den er an Schmidt sandte, während er mit dem Originalschreiben unverzüglich in das Hauptquartier des Königs jagte. Friedrich empfing den verhängnißvollen Brief. „Ihr seid", so sprach er zu dem Jäger, „ein Werkzeug, das eine höhere Hand für mich bestimmt und abgeschickt hat." Alle Anstalten wurden nun getroffen, um der Verräther habhaft zu werden. Beide, der Baron und der katholische Geistliche, wurden ergriffen, während sie sich nichts Arges versahen; aber beide entkamen durch List. Der Baron, den ein preußischer Offizier in seinem Schlosse überraschte, erhielt von diesem die Erlaubniß, sich umzukleiden; aus seinem Schlafzimmer entkam er nach dem Stalle; hier warf er sich auf ein Pferd und gewann einen so bedeutenden Vor-

sprung vor den nachsetzenden Preußen, daß man ihn nicht mehr einholen konnte. Der Geistliche befand sich bei einem benachbarten Edelmann zu Tische; er erhielt die Erlaubniß, ehe man ihn fortführte, noch erst das heimliche Gemach besuchen zu dürfen; hier ließ er sich an einer Stange hinab und entging ebenfalls seinen Verfolgern.

Dem Könige war es im Grunde nicht unangenehm, daß die beiden Verräther entkommen waren. Das Gericht erkannte auf strenge Todesstrafe: Warkotsch sollte geviertheilt, Schmidt enthauptet und dann ebenfalls geviertheilt werden. Friedrich war kein Freund von Blutgerichten und konnte es nun in Ruhe unterschreiben, daß das Urtheil an ihren Bildnissen vollstreckt würde. „Das mag immer geschehen", sagte er, „denn die Portraits werden vermuthlich ebenso wenig taugen als die Originale selbst." So wurde das Urtheil im Mai des folgenden Jahres an den beiden Bildnissen auf einem dazu erbauten Schaffot in Breslau vollzogen.

Allen Ergebnissen der gerichtlichen Untersuchung zufolge war übrigens dieser Verrath nur das Werk weniger einzelnen Personen. Bei den österreichischen Heerführern fand er gerechten Abscheu. Die gräfliche Familie von Wallis machte öffentlich bekannt, das der gleichnamige Oberst nicht mit ihr verwandt sei. Auch die katholische Kirche hatte daran keinen weiteren Antheil, als daß einer ihrer Diener auf unwürdige Weise die Hand zu dem frevelhaften Beginnen geboten. Zwar wollte man bei mehreren Vorfällen wissen, daß die katholische Geistlichkeit Schlesiens sich während des Krieges feindselig gegen Friedrich benommen habe, und das Benehmen des Papstes nach der Schlacht von Hochkirch war wohl geeignet, solchem Argwohn größeren Nachdruck zu geben. Indeß bezieht sich Alles, was zu jener Zeit von Unternehmungen der Art erzählt ward, wie bei dem Verrath des Barons Warkotsch, nur auf das Beginnen Einzelner, ohne der ganzen Genossenschaft einen Vorwurf zu bereiten. Eine dieser Erzählungen trägt ein eigenthümlich launiges Gepräge. Gegen die preußische Regierung einer schlesischen Stadt wurde einst, wie man berichtet, ein Anschlag gemacht; sie sollte zu nächtlicher Weile von österreichischen Truppen überfallen werden, während es die Pfaffen in der Stadt übernommen hatten, die Wachen von ihren Posten zu vertreiben. Zu letzterem Vorhaben hatte einer von ihnen sich in das Costüm des Teufels gesteckt und trat so zu nächtlicher Weile, Phosphor funkelnd, einer Schildwacht entgegen. Diese jedoch, ihrer Dienstpflicht eingedenk, schlug das Gewehr auf den Teufel an, der nun sein Heil in der Flucht suchen wollte, aber von dem rüstigen Gegner ergriffen und in die Hauptwache abgeliefert wurde. Am nächsten Tage ward er der ganzen Armee zur Schau und zum Gespötte ihre Reihen entlang geführt, und der feindliche Anschlag unterblieb.

Bald nachdem die Gefahr in Strehlen vom Haupte des Königs abgewandt war, ward ein anderer Anschlag geschmiedet, dessen Ausführung ihm nicht minder das größte Verderben bereiten mußte. Magdeburg, die Hauptfestung des preußischen Reiches, der Sitz des Hofes, der Aufbewahrungsort des königlichen Schatzes, der Archive, der zahllosen Kriegsbedürfnisse, sollte den Feinden in die Hände gespielt werden. Den Plan dazu faßte ein Mann, der in den Kerkern Magdeburgs in Ketten und Banden saß, der Baron von der Trenck, auf dem Hochverrath und andere

schwere Schuld haftete. Schon früher war er in Glatz gefangen gewesen, aber auf gewaltsame Weise entkommen. In Magdeburg wurde er, nachdem er manche Versuche gemacht, aufs Neue durchzubrechen, sehr streng gehalten. Gleichwohl gelang es ihm, eine Verschwörung unter den zahlreichen Gefangenen, welche in dieser Festung eingeschlossen waren, anzustiften. Schon war das Verderben nahe, als man die Verschwörung entdeckte und Trenck's Schicksal nur noch furchtbarer steigerte.

Doch sollte den König, während so drohende Gefahren erfolglos vorübergingen, noch ein Schlag treffen, der in Verbindung mit dem Fall von Schweidnitz sein nahes Verderben zu verkünden schien. In Pommern war eine russische Armee eingerückt; eine russische Flotte, mit einer schwedischen vereinigt, war vor Colberg erschienen. Vor der Festung indeß lagerte ein preußisches Armeecorps unter dem Prinzen von Württemberg, welches sich fest verschanzt hatte und erst besiegt werden mußte, wenn die Feinde zur eigentlichen Belagerung Colbergs schreiten wollten. Die Festung und das preußische Lager wurden nun von der feindlichen Uebermacht umschlossen, doch wehrten sie standhaft mehrere Monate hindurch jeden Angriff ab. Aber nun begann es an Nahrungsmitteln zu fehlen, und noch drückender wurde die Lage der Eingeschlossenen, als auch die russische Hauptarmee nach ihrem Abzuge aus Schlesien in Pommern einrückte und alle Zufuhr abschnitt. Endlich sah sich der Prinz von Württemberg genöthigt, sich durch die Feinde durchzuschlagen; dies glückte, aber vergeblich waren seine Versuche, im Rücken der russischen Heere für den Entsatz Colbergs zu wirken. Nach der standhaftesten Vertheidigung ward der tapfere Commandant dieser Festung, der im vorigen Jahre so hohen Ruhm erworben, endlich durch Hunger genöthigt, sich zu ergeben. Die Festung ging am 16. December in die Hände der Russen über, die hierdurch in Pommern, wie die Oesterreicher in Schlesien, festen Fuß für ihre künftigen Unternehmungen gefaßt hatten.

Und doch war hiermit das Maß des Unglücks noch nicht gefüllt. Zwar waren die schwachen Versuche der Schweden, wie gewöhnlich, ohne Erfolg geblieben; zwar hatte Prinz Heinrich Sachsen gegen die Oesterreicher unter Daun und gegen die Reichsarmee so erfolgreich beschirmt, daß diese nicht bedeutende Vortheile erlangen konnten; zwar hatte Friedrich's Mitkämpfer, der Herzog Ferdinand von Braunschweig, glücklich gegen die Franzosen gestritten, sodaß auch von dieser Seite vor der Hand nichts zu befürchten war: der eine Bundesgenoß, den Friedrich hatte, fiel in diesem Jahre von ihm ab und er stand nun, ganz auf seine eigenen Kräfte zurückgeführt, den Feinden ganz allein gegenüber. Die Subsidien aus England, die ihm zur Bestreitung all seiner Kriegsbedürfnisse so dringend nöthig waren, blieben aus. Der Tod des Königs von England und die Thronbesteigung seines Enkels, Georg's III., die im vorigen Jahre erfolgt war, brachte allmälig eine bedeutende Veränderung in der englischen Politik hervor. Pitt sah sich genöthigt, dem Günstling des neuen Königs, Lord Bute, Platz zu machen; und so dringend sich auch das Parlament für die fernere Unterstützung Friedrich's, den man in England nur „den Großen und Unermüdlichen“ nannte, verwandt hatte, so wußte es Bute, dem trotz aller Vortheile Englands ein möglichst schleuniger Friede am Herzen lag, doch bald dahin zu bringen, daß der Subsidientractat zwischen England und Preußen nicht erneut und die Hülfsgelder nicht weiter bezahlt wurden.

So schloß das Jahr 1761. Preußen und die westphälischen Provinzen schon seit dem Beginn des Krieges vom Feinde besetzt, jetzt auch Glatz und Schweidnitz, sowie Colberg und ein großer Theil Pommerns in ihren Händen; hierdurch ihnen der günstigste Weg zu weiteren Fortschritten gebahnt; die Besitzungen, die Friedrich noch übrig blieben, zum Theil verödet und zerstört; Sachsen, das bisher so reichliche Mittel zur Fortsetzung des Krieges geliefert hatte, völlig ausgesogen; die wichtige Unterstützung Englands zur Bestreitung der Kriegskosten verloren; England überdies geneigt, mit Frankreich Frieden zu schließen, wodurch Friedrich auch die Heere dieses Feindes mit eigner Kraft bekämpfen mußte; — und für alles Das nichts als das Versprechen einer verhältnißmäßig geringen Hülfe von Seiten der Tataren und einer noch immer zweideutigen von Seiten der Türkei! Wahrlich, daß die gewaltig überlegenen Feinde im Verlauf von sechs Jahren nicht größere Vortheile über die kleine Macht, die Friedrich aufstellen konnte, errungen hatten, das ist das Zeugniß einer Feldherrngröße, wie sie in den Jahrbüchern der Geschichte nur selten erscheint; aber wie sollte Friedrich jetzt, mit hinschwindenden Kräften, noch ferner gegen die Uebermacht Stand halten? Alle früheren Unfälle bestanden nur in augenblicklich dringenden Verlegenheiten, aus denen ein schneller, kühner Entschluß retten konnte: — jetzt blieb für Friedrich nach menschlicher Berechnung nichts übrig, als schmachvoll auf die Stufe hinabzusteigen, die ihm vielleicht die Gnade seiner Feinde als ein kümmerliches Almosen lassen würde, oder mit Ehren unterzugehen.

Wohl Keiner, der mit kalter Besonnenheit den Stand der Verhältnisse prüfte, mochte eine andere Ansicht der Dinge gewinnen. Die Feinde frohlockten; Maria Theresia war der Erfolge des nächsten Jahres so gewiß, daß sie keinen falschen Schritt zu begehen glaubte, als sie, dem drückenden Geldmangel einigermaßen zu begegnen, 20,000 Mann ihres Heeres entließ. Friedrich auch hatte keine andere Ueberzeugung; aber mit ruhigem Muthe blickte er der Zukunft entgegen, nicht gewillt, der Würde seines Geistes etwas zu vergeben. Sein Entschluß war lange gefaßt; er hatte zu oft dem Tode ins Auge geschaut, hatte zu oft das Verderben nahe über seinem Haupte dahinschweben sehen, als daß er sich jetzt kleinmüthigem Verzagen oder müßiger Verzweiflung hätte hingeben sollen. Seinen Trost, seine Stärkung fand er in sich selber, in den dichterischen Gebilden, in die er auch zu dieser Zeit die Stimmung seines Gemüthes ergoß. Und hochmerkwürdig sind die Gedichte, die er im Lager zu Strehlen und im Winterquartier zu Breslau niederschrieb. Nicht schwärmt er mehr, wie einst nach der Schlacht von Kollin, daß ihm der Freund sein Grab mit Rosen und Myrten bestreuen möge; nicht will er mehr aus dem Leben hinausgehen, weil es ihm zur Last geworden, — er hatte sich schon an das Leiden gewöhnt und war unter den wiederholten Schlägen des Schicksals nur immer neu erstarkt! Er gedenkt des freiwilligen Todes nur aus dem Grunde, weil die Fortsetzung des Lebens nichts als Schmach zu verkünden scheint. Bei dieser erhabenen Ruhe gelingt es ihm, dem echten Dichter gleich, seinen Geist aus der beengenden Gegenwart frei zu machen und die Größe verwandter Geister, deren Gedächtniß die Geschichte bewahrt, in hehrer Gestalt zur belebten Erscheinung zu bringen. Er dichtet den Kaiser Otho, der sich selbst aufopferte, damit seine Getreuen nicht durch das Schwert des Siegers vernichtet würden; den Cato von Utica, der als ein freier Bürger Roms das Leben verließ, damit er nicht zur Untreue gegen sich selbst genöthigt und an den Wagen des triumphirenden Tyrannen gekettet würde; — an solchen Bildern stählt er seine Kraft, um bis zum letzten, entscheidenden Augenblick auszuharren.

Aber sein ausdauernder Muth sollte nicht des Lohnes entbehren.

Siebenunddreißigstes Kapitel.

Feldzug des Jahres 1762. — Burkersdorf und Schweidnitz. — Friede.

Der über den Wolken thront, der die Mächtigen stürzt und die Rathschläge der Klugen verwirrt, der die Welt ohne Aufenthalt dem Ziele ihrer Entwickelung entgegenführt, hatte es anders beschlossen, als menschliche Voraussicht ahnen konnte. Einst war sein Sturmesathem dahergebraust, und die unüberwindliche Flotte des Königs, in dessen Landen die Sonne nicht unterging, sank in den Abgrund des Meeres, und das Land der Freiheit blieb frei. Jetzt gesellte er den zahllosen Opfern, welche der Todesengel seit sechs Jahren hinweggerafft, ein einziges neues Opfer zu, und die stolzen Pläne der Widersacher zerrissen, und der König, der dem Geiste der neuen Zeit mit mächtiger Hand Bahn gebrochen, war vom Verderben gerettet.

Am 5. Januar 1762 starb Elisabeth von Rußland; ihr Neffe, Peter III., bestieg den erledigten Thron. So erbittert Elisabeth sich fort und fort gegen Friedrich bezeigt hatte, einen so innigen Verehrer fand dieser an dem neuen Kaiser. Schon als Großfürst war Peter nie im russischen Staatsrath erschienen, wenn Beschlüsse gegen Friedrich gefaßt werden sollten. Er trug Friedrich's Bildniß im Ringe am Finger; er kannte alle einzelnen Umstände aus den Feldzügen des Königs, alle Einrichtungen und Verhältnisse der preußischen Armee; er betrachtete Friedrich nur als das Vorbild, dem er in allen Stücken nachzueifern habe. Von Friedrich zu Peter und von diesem zu Friedrich flogen alsbald Gesandte, welche Glückwünsche und Freundschaftsversicherungen überbrachten. Die preußischen Gefangenen im ganzen russischen Reiche wurden nach der Hauptstadt berufen und, nachdem man sie dort ehrenvoll aufgenommen, zu ihrer Armee zurückgesandt. Ein Waffenstillstand ward geschlossen. Auf diesen folgte bald, am 5. Mai, ein förmlicher Friede, demgemäß Peter Alles, was unter seiner Vorgängerin erobert war, ohne weitere Entschädigung zurückgab; die Provinz Preußen ward ihres Treueides entlassen; die russischen Truppen erhielten Befehl, Pommern, die Neumark und Preußen zu räumen; Tschernitschef's Corps, welches noch mit den Oesterreichern vereint war und in der Grafschaft Glatz Winterquartiere genommen hatte, ward ebenfalls zurückberufen. Endlich folgte auf den Frieden ein gegenseitiges Schutzbündniß, und nun ward Tschernitschef, der unterdeß nach Polen gegangen war, beauftragt, mit seinem Corps zu Friedrich's Armee zu stoßen.

Eine so außerordentliche, so plötzliche Veränderung der politischen Verhältnisse machte alle Welt erstaunen; man konnte sich auf keine Weise in die fast mährchenhaften Berichte finden, die dem Unerwarteten fort und fort Unerwartetes hinzufügten. Lord Bute, der englische Minister, der nichts als einen allgemeinen Frieden im Sinne hatte und dem dabei wenig an Friedrich's Ehre gelegen war, griff in solchem Maße fehl, daß er dem russischen Kaiser, eben als dessen Friedensverhandlungen mit Friedrich ihrem Schluß nahe waren, die besten Anerbietungen machen ließ, falls er den Krieg in gleicher Weise wie bisher fortsetze; ihm ward Alles zugesichert, was er sich dabei von Friedrich's Besitzungen aussuchen wolle. Peter aber war hierüber so entrüstet, daß er die Anträge nicht nur mit Verachtung zurückwies, sondern sie auch an Friedrich mittheilte, damit dieser den Verrath seines bisherigen Bundesgenossen einsehen möge. Schweden, dem die neue Freundschaft zwischen Rußland und Preußen am meisten Gefahr drohte, faßte sich zuerst; die Königin, Friedrich's Schwester, war sehr gern bereit, Friedensunterhandlungen einzuleiten, und so kam schnell, am 22. Mai, auch mit dieser Krone ein Friede zu Stande, der alle Verhältnisse auf den Fuß zurückführte, wie sie vor dem Ausbruch des Krieges gewesen waren. Vor Allen aber war Maria Theresia bestürzt, als sie sich so plötzlich von all den glänzenden Hoffnungen, zu denen sie der Schluß des vorigen Jahres berechtigt hatte, herabgestürzt sah. Durch die 20,000 Mann, welche sie in sicherem Vertrauen auf die Zukunft ihres Dienstes entlassen hatte, und durch den Abzug des Tschernitschef'schen Corps war ihre Macht um 40,000 Mann geschwächt und Friedrich's um 20,000 Mann vermehrt, was einen Unterschied von 60,000 Mann in die Wagschale des Krieges legte; Friedrich sagte, daß ihm drei gewonnene Schlachten keine größeren Vortheile hätten gewähren können. Dazu kamen ansteckende Krankheiten, welche gerade in dieser Zeit große Verheerungen in der österreichischen Armee hervorbrachten. Die Vereinigung des Tschernitschef'schen Corps mit der preußischen Armee war den Oesterreichern anfangs so unglaublich, daß sie dieselbe für ein von Friedrich erfundenes Blendwerk hielten; sie meinten, es seien unbedenklich preußische Soldaten, die man in russische Uniformen gesteckt habe.

Bei Friedrich aber, bei seiner Armee und seinem Volke brachten diese glücklichen Ereignisse die freudigste Stimmung hervor; die alte Zuversicht des Sieges kehrte zurück und man sah einer ehrenvollen und schnellen Beendigung des langen Krieges entgegen. Die Hauptmacht des preußischen Heeres ward nach Schlesien zusammengezogen, den Oesterreichern wieder zu entreißen, was sie im vorigen Jahre gewonnen hatten. Doch verzögerte sich durch all jene Verhandlungen mit Rußland der Beginn der Feindseligkeiten bis zum Sommer; auch gedachte Friedrich nichts Entscheidendes vor der Ankunft des russischen Hülfscorps vorzunehmen. Die Oesterreicher hatten unter den veränderten Verhältnissen ebenfalls keine Lust, den Krieg vorzeitig zu beginnen; sie benutzten die Zwischenzeit aufs Beste, um alle Einrichtungen zur Vertheidigung ihrer Erwerbungen zu treffen. Die Befestigungen von Schweidnitz wurden soviel wie möglich verstärkt; zum Schutz der Festung hatte sich auf den benachbarten Abhängen des Gebirges die österreichische Hauptarmee, bei der jetzt wiederum Daun den Oberbefehl führte, gelagert; die Pässe des Gebirges waren durch starke Schanzarbeiten zu einer fast unangreifbaren Festung umgewandelt worden. Friedrich machte verschiedene Versuche, den Feind in eine minder vortheilhafte Stellung zu bringen, damit er ungestört zur Belagerung von Schweidnitz schreiten könne, doch ließ sich Daun in seinen gewohnten Maßregeln nicht irre machen. Selbst als Friedrich im Rücken Daun's einen Streifzug tief in Böhmen hinein veranstaltete, blieb dieser unbeweglich in seiner sicheren Stellung. Zu diesem Streifzuge war neben andern Truppen auch der Vortrab des Tschernitschef'schen Corps, eine Schaar von 2000 Kosaken, benutzt worden.

Indeß war Friedrich die Ehre aufbehalten, den Kampf, den er so lange allein geführt hatte, auch ohne fremde Beihülfe zu beenden. Wenige Tage erst waren vorübergegangen, seit Tschernitschef zu seiner Armee gestoßen, als plötzlich, am 19. Juli, eine Nachricht von Petersburg kam, die alle hoffnungsvollen Pläne wiederum zu vernichten und den alten Stand der Dinge aufs Neue herzustellen drohte. Peter III. hatte sich durch eine Menge sehr unüberlegter Neuerungen allen Klassen des Volkes verhaßt gemacht; er hatte seine Gemahlin Katharina in einer Weise behandelt, daß diese das Schlimmste befürchten zu müssen glaubte; eine Verschwörung war gegen ihn angestiftet worden, die eine schnelle Revolution, die Entsetzung des Kaisers und bald darauf auch seine Ermordung zur Folge hatte. Katharina war an seine Stelle getreten. Jetzt ward der Friede mit Preußen als ein

Schimpf, der Rußland widerfahren sei, angesehen; Tschernitschef erhielt den Befehl, augenblicklich mit seinem Corps die preußische Armee zu verlassen; aus Pommern und Preußen kam die Nachricht, daß alle russischen Truppen sich zu neuen Feindseligkeiten anschickten.

Die erste Kunde all dieses neuen Unheils war wohl geeignet, Friedrich gänzlich zu betäuben; nie hatte man ihn so niedergeschlagen gesehen als in diesem Augenblick. Durch Tschernitschef's Hülfe hatte er geglaubt, Daun von den Abhängen des Gebirges vertreiben zu können, ohne welches Unternehmen die Belagerung von Schweidnitz nicht ausführbar war; nun sollte er nicht bloß diese Hülfe verlieren, sondern wiederum neue Armeen beschaffen, um den neuen Angriffen der Russen zu begegnen. Aber ebenso schnell, wie jene Kunde ihn niedergeschlagen hatte, erhielt auch sein Geist die nöthige Spannkraft wieder. Er faßte einen raschen, kühnen Entschluß. Noch war die Nachricht nicht weiter verbreitet, noch konnten namentlich die Oesterreicher davon nichts erfahren haben. Er sandte augenblicklich einen Adjutanten zu Tschernitschef, damit dieser auf der Stelle zu ihm komme. Tschernitschef war eben damit beschäftigt, seine Truppen der neuen Kaiserin schwören zu lassen, er wollte eben einen Boten an Daun senden, diesem seinen Abzug von der preußischen Armee zu melden; er verhieß dem Adjutanten, daß er am nächsten Tage vor dem Könige erscheinen werde. Aber dieser bat so dringend, daß sich Tschernitschef entschließen mußte, ihm zu folgen. Friedrich forderte nichts weiter von Tschernitschef, als daß er den Befehl zum Abzuge noch drei Tage verheimlichen, sein Corps so lange ruhig im preußischen Lager stehen und dasselbe am Tage der Schlacht, zu der er sich entschlossen habe, nur zum Schein ausrücken lassen möge, ohne selbst Antheil am Gefechte zu nehmen. Tschernitschef sah sehr wohl ein, daß ein solcher, wenn auch scheinbar geringer Ungehorsam gegen die Befehle der Kaiserin die schlimmsten Folgen für ihn haben könne; aber noch nie hatte Einer der siegenden Beredtsamkeit Friedrich's, dem strahlenden Glanze seines Auges widerstanden. Der russische General mußte der Forderung des Königs nachgeben. „Machen Sie mit mir", so rief er am Ende des Gespräches aus, „was Sie wollen, Sire! Das, was ich Ihnen zu thun versprochen habe, kostet mir wahrscheinlich das Leben; aber hätte ich deren zehn zu verlieren, ich gäbe sie gern hin, um Ihnen zu zeigen, wie sehr ich Sie liebe!"

Die drei Tage, welche ihm Tschernitschef bewilligt, benutzte Friedrich auf eine meisterhafte Weise, um den Feind von seiner drohenden Verbindung mit Schweidnitz abzuschneiden. Er traf alle Anstalten, sich der verschanzten Gebirgsposten bei Burkersdorf und Leutmannsdorf, die von österreichischen Truppen besetzt waren, durch einen kühnen Gewaltstreich zu bemächtigen. Seine Armee ward so vertheilt, daß Daun eher Angriffe auf seine Hauptmacht als auf seine schwierigen Posten zu gewärtigen hatte; dabei figurirten auch die Russen, welche Daun nach wie vor für Feinde hielt und denen er eine genügende Truppenmacht gegenüber zu stellen genöthigt war. Am 21. Juli wurden die Gebirgsposten durch plötzlich ungestümen Angriff überrascht. Eine starke Batterie, die über Nacht vor den feindlichen Verschanzungen aufgeworfen war, trieb die leichten Truppen, die einen ersten Angriff abhalten sollten, durch rasches Feuer in die Berge. Dann begannen die preußischen Regimenter von allen Seiten den Sturm. Weder die senkrechten Berghänge mit ihren Wällen und Wolfsgruben, noch die Palissaden und Kanonen, die aus jeder

einzelnen Anhöhe ein Fort bildeten, vermochten den Muth der Stürmenden aufzuhalten. Von einem Absatz der Berge zum andern drangen sie empor; wo die Pferde nicht fußen konnten, wurden die Kanonen mit den Händen emporgetragen, immer tiefer in die Berge zogen sich die Oesterreicher zurück, bis auch die Palissaden ihrer letzten Befestigung in Feuer aufgingen und sie sich nun in aufgelöster Flucht auf die Hauptarmee zurückwarfen. Eine große Menge von Gefangenen fiel in die Hände der Preußen.

Friedrich hatte seine Absicht erreicht und konnte nun den russischen Heerführer mit Dank entlassen. Bewundernd hatten die russischen Offiziere den verwegenen Plan des Königs und die hingebende Tapferkeit seiner Truppen, welche allein die Ausführung desselben möglich machte, mit angesehen. Tschernitschef war zur Seite des Königs, als dieser gegen das Ende der Schlacht einem verwundeten Soldaten begegnete. Der König fragte ihn, wie es gehe. „Gottlob", antwortete der Soldat,

„es geht Alles gut, die Feinde laufen und wir siegen!“ — „Du bist verwundet, mein Sohn“, fuhr der König fort und reichte ihm sein Taschentuch, „verbinde dich damit.“ — „Nun wundere ich mich nicht mehr“, sagte Tschernitschef, „daß man Ew. Majestät mit solchem Eifer dient, da Sie Ihren Soldaten so liebreich begegnen.“ — Als Tschernitschef von Friedrich ein kostbares Geschenk zum Abschiede erhielt, bat er den Ueberbringer, seinem Herrn zu sagen: er habe ihn nun für die ganze Welt unbrauchbar gemacht, denn nie werde er Jemand finden, den er so lieben und hochschätzen könne als ihn.

Indeß verschwand schnell die neue Gefahr, welche von russischer Seite zu besorgen war. Katharina hatte vermuthet, daß Peter III. durch Friedrich's Rath sowohl in seinen unbesonnenen Neuerungen als auch in seinem feindlichen Betragen gegen sie wesentlich bestärkt worden sei. Als sie aber, unmittelbar nach der Bekanntmachung ihrer Entschlüsse gegen Preußen, die Papiere ihres verstorbenen Gemahls untersuchte, fand sie von alle Dem das entschiedene Gegentheil. Friedrich hatte dem Kaiser nicht nur auf dringende Weise Mäßigung in seinen Reformen angerathen, sondern ihn auch beschworen, seine Gemahlin, wenn nicht mit Zärtlichkeit, so doch mit Hochachtung zu behandeln. Vielleicht war es Katharina schon ursprünglich mit ihren Absichten gegen Preußen nicht völlig Ernst gewesen; aller Haß gegen Friedrich wurde jetzt durch diese untrüglichen Zeugnisse ausgelöscht, die Kriegsbefehle wurden widerrufen, der frühere Friede in allen seinen Bedingungen bestätigt und nur das abberufene Hülfscorps kehrte nicht wieder zurück. So konnte sich Friedrich der neuaufgewachten Sorgen entschlagen und seine Kräfte ungetheilt den Oesterreichern entgegensetzen.

Daun hatte sich nach dem Verluste der Posten von Burkersdorf und Leutmannsdorf tiefer ins Gebirge gezogen und war nun von Schweidnitz völlig abgeschnitten. Friedrich besetzte die Pässe und machte seine Anstalten zur Belagerung. Am 4. August wurde die Festung eingeschlossen, am 7. begann man die Laufgräben zu ziehen. Zwei preußische Armeen sicherten den Fortgang der Belagerung gegen etwaigen Entsatz. Bei der einen führte Friedrich den Oberbefehl, bei der andern, die bis dahin in Oberschlesien gestanden hatte, der Herzog von Bevern. Daun aber gedachte den Preußen nicht gutwillig alle Vortheile zu überlassen; er bereitete sich zu einem schnellen Angriff auf die Armee des Herzogs vor, um hierdurch den Entsatz von Schweidnitz zu bewerkstelligen. Der größere Theil seiner Armee umging jetzt die von den Preußen besetzten Gebirgspässe und fiel am 16. August in vier Corps auf die bedeutend geringere Macht des Herzogs, welche bei Reichenbach stand. Doch hielt der Herzog, obgleich von allen Seiten angefallen, muthig Stand, bis Friedrich selbst bedeutende Truppencorps zu seiner Unterstützung herbeiführte. Unter großem Verlust sahen sich die Oesterreicher genöthigt, wieder in ihre Berge zurückzukehren. Daun gab nun alle Hoffnung zum Entsatz von Schweidnitz auf; er zog sich mit seiner Armee nach der Grafschaft Glatz zurück und blieb dort, ohne während des ganzen Feldzuges noch ein weiteres Lebenszeichen von sich zu geben.

Die Belagerung von Schweidnitz schritt indeß nur langsam vorwärts. Innerhalb der Festung leitete die Vertheidigungsarbeiten ein berühmter Ingenieur, Gribauval, die Belagerungsarbeiten außerhalb der Stadt ein anderer, Le Fevre. Beide hatten sich in der Wissenschaft des Festungskrieges erfolgreich hervorgethan, hatten bisher in verschiedenen gelehrten Schriften gegen einander gekämpft und strebten nun, ihre von einander abweichenden Theorien durch glänzende Thaten zu rechtfertigen. Während über der Erde das Geschützfeuer Tag für Tag donnerte, entspann sich gleichzeitig ein eigenthümlicher unterirdischer Krieg. Verschlungene Minengänge, nach allen Regeln der Kunst angelegt, wurden gegen einander geführt; der Eine strebte den Andern zu überraschen und seine Arbeiten erfolglos zu machen; oft kamen die Gegner in ihren Höhlen an einander und machten sich auch hier die paar Zolle des Bodens, den sie soeben zur Beschreitung zugerichtet, durch Feuer und Dampf streitig. Le Fevre, preußischer Seits, hatte der neuen Erfindung der Druckkugeln, welche dazu dienen sollten, die feindlichen Minen einzustürzen, großen Beifall geschenkt. Mehrere solcher Kugeln wurden mit großer Sorgfalt zubereitet, mißglückten aber zum Theil durch die zweckmäßigen Maßregeln des Gegners. Ueberhaupt hielt die eine Kunst der andern so geschickt die Wage, daß keine Fortschritte erreicht werden konnten. Le Fevre gerieth in Verzweiflung; er wünschte nichts als den Tod und suchte ihn, indem er sich selbst an die gefährlichsten Stellen begab. Friedrich ward endlich dieser erfolglosen Experimente überdrüssig. Er übernahm selbst die Leitung der Belagerungsarbeiten und brachte mit weniger künstlichen Zurichtungen, aber mit mehr Geschick, bald einen rascheren Gang der Dinge zuwege. Der feindliche Commandant war bereit, die Festung zu übergeben, wenn der Besatzung freier Abzug verstattet würde. Da Friedrich hierauf nicht eingehen wollte, so fand aufs Neue die hartnäckigste Gegenwehr statt.

Wenige Tage, nachdem Friedrich die Belagerung selbst zu leiten begonnen hatte, ritt er beim Recognosciren den feindlichen Werken so nahe, daß die Kugeln zu seinen Seiten einschlugen. Seinem Pagen ward das Pferd unter dem Leibe erschossen; er fiel mit den Rippen auf das Gefäß des Degens und bog dasselbe ganz krumm. Er raffte sich auf und wollte eilig von der gefährlichen Stelle entfliehen; Friedrich aber rief ihm sehr ernsthaft zu, er solle den Sattel seines Pferdes mit-

nehmen. Der Page sah sich genöthigt, den Sattel mitten unter den Kugeln abzuschnallen. Zu Friedrich's Seite ritt sein Neffe Friedrich Wilhelm, der achtzehnjährige Thronfolger, der in diesem Jahre zum Heere berufen war; der König hatte das Vergnügen, ihn unerschrocken unter den umherfliegenden Kugeln halten zu sehen. Friedrich selbst hatte einst, als man ihn bat, eine gefährliche Stelle zu verlassen, die inhaltschweren Worte erwidert: „Die Kugel, die mich treffen soll, kommt von oben!"

Allmälig begannen den Belagerten die Mittel zum Widerstande zu fehlen; doch wandten sie unausgesetzt alle Kunst an, um die letzte Entscheidung von sich abzuhalten. Eine glücklich geleitete preußische Granate beendete die Belagerung. Sie fand ihren Weg in die Pulverkammer eines der Forts, welche Schweidnitz umgaben, und augenblicklich flog die Hälfte des Forts mit aller Mannschaft, welche darauf stand, in die Luft. Der Donner dieser furchtbaren Explosion war so heftig, daß die benachbarten Berge davon in ihren Gründen erbebten. Jetzt war den Preußen der Zugang zur Festung geöffnet. Doch wartete der österreichische Commandant den Sturm nicht ab; er ergab sich mit der gesammten Besatzung am 9. October zu Kriegsgefangenen, und Schweidnitz ward wiederum von preußischen Truppen besetzt.

Hiermit endete der Feldzug in Schlesien. Die Truppen wurden in die Cantonnirungsquartiere gelegt. Ein Theil derselben wurde nach Sachsen geschickt, wohin eben auch ein Theil der Daun'schen Armee entsandt war. Friedrich selbst begab sich gleichfalls dahin.

In Sachsen hatte sich Prinz Heinrich wiederum sehr glücklich gegen die Angriffe der Oesterreicher und der Reichstruppen behauptet. In vielen kleineren und größeren Gefechten hatte er gesiegt und dem Feinde mancherlei Abbruch gethan. Die Reichsarmee war ganz aus Sachsen vertrieben und bedurfte eines weiten Umweges durch Böhmen, um sich wieder mit den Oesterreichern zu vereinigen. Noch einmal versuchten die verbündeten Armeen mit entschiedener Uebermacht die Preußen zurückzudrängen. Heinrich nahm die Schlacht am 29. October bei Freiberg an und erfocht aufs

Neue einen glänzenden Sieg, an dessen Gewinn, wie bei den früheren Gefechten in Sachsen, Seydlitz einen wesentlichen Antheil hatte. Es war die letzte Schlacht des siebenjährigen Krieges. Die Reichstruppen verließen Sachsen aufs Neue, die Oesterreicher zogen sich um Dresden zusammen. Erst nach der Schlacht kamen von beiden Seiten die Verstärkungen aus Schlesien an. Ein Waffenstillstand für Sachsen und Schlesien folgte auf diese Ereignisse, und die Preußen wie die Oesterreicher bezogen ihre Winterquartiere.

Maria Theresia hatte nunmehr zu wenig günstige Aussichten auf die Erfüllung ihrer seit Jahren gehegten Pläne, als daß sie nicht ernstlich hätte Friedensgedanken fassen sollen. Sie mußte darin um so mehr bestärkt werden, als es auch auf der Seite zwischen Frankreich und England zu gleichem Schlusse kam. Die Armee der Verbündeten unter dem Herzog Ferdinand von Braunschweig hatte in der ersten Hälfte des Jahres mehrere Siege über die französischen Armeen erfochten, obgleich Lord Bute wenig für ihre Verstärkung besorgt war. Bei Bute's großer Neigung zum Frieden kam es bald zu gegenseitigen Unterhandlungen; doch setzte Herzog Ferdinand den Krieg fort, anfangs mit minder glücklichem Erfolge, dann aber krönte er die Reihe seiner ruhmvollen Thaten durch die Eroberung des von den Franzosen besetzten Cassel, welche am 1. November erfolgte. Zwei Tage darauf wurden die Präliminarien des Friedens unterzeichnet, in dem Lord Bute schmachvoller Weise fast alle Eroberungen preisgab, welche die englische Flotte in den Colonien errungen hatte. Die beiderseitigen Bundesgenossen sollten ihrem Schicksal überlassen bleiben.

Schon hatte Friedrich, im Anfange des November, durch Vermittelung des Kurprinzen von Sachsen Friedensanträge von österreichischer Seite erhalten; er war gern darauf eingegangen. Doch beschloß er, zumal da die Bedingungen des englisch-französischen Friedens für sein Interesse zweideutig genug lauteten, noch einmal mit Nachdruck aufzutreten und durch ein kühnes Unternehmen das Verlangen nach Frieden ganz allgemein zu machen. Da der abgeschlossene Waffenstillstand nur Sachsen und Schlesien galt, so ordnete er einen raschen Streifzug gegen die Stände des deutschen Reiches, die feindlich gegen ihn aufgetreten waren, an. Ein ansehnliches Corps drang in Franken ein und durchstreifte fast das ganze Reich, allenthalben, namentlich von Nürnberg, bedeutende Contributionen beitreibend. Ein allgemeiner Schreck ging vor diesen Schaaren her. Es wird erzählt, daß, als 25 preußische Husaren der freien Reichsstadt Rotenburg an der Tauber mit Sturm drohten, diese sich willig dazu verstanden habe, die fürchterlich ausgesprochene Gefahr mit einer außerordentlichen Brandschatzung abzukaufen. Auch bis nahe vor Regensburg kamen die preußischen Schaaren; die Herren des Reichstages sahen sich ermüßigt, den dortigen preußischen Gesandten, den sie bis dahin mit bitter feindlichem Sinne verfolgt, um Rettung anzuflehen, die er ihnen auch gewährte. Ungefährdet und mit reicher Beute beladen, zog das ganze preußische Corps nach Sachsen zurück. Der Erfolg war, wie ihn Friedrich gewünscht hatte. Die Reichsstände verloren die Lust, sich noch ferner für Oesterreichs Privatinteresse aufzuopfern. Sie erklärten sich einer nach dem andern für neutral, zogen ihre Contingente ohne Weiteres von der Reichsarmee zurück und suchten sich mit Friedrich auszusöhnen. Auch Mecklenburg schloß noch im December einen besonderen Frieden mit Preußen. — Ein zweiter Streifzug ward gegen die französischen Truppen angeordnet, die noch Friedrich's rheinische Besitzungen inne hatten. Auch dieser Zug hatte den günstigen Erfolg, daß jene Besitzungen alsbald geräumt und an Friedrich zurückgegeben wurden.

Für Oesterreich war übrigens jener erste Streifzug mit seinen Folgen nicht ganz unangenehm. Der Wiener Hof hatte dem Reich die feierliche Zusage gegeben: den Krieg nicht zu beendigen, ohne dasselbe für alle seine Anstrengungen und Kosten schadlos zu halten. Durch das freiwillige Zurücktreten der Reichsstände glaubte man der Erfüllung dieses Versprechens überhoben zu sein.

Jetzt stand dem Wunsche nach Frieden, der bei der gegenseitigen Erschöpfung vollkommen aufrichtig war, kein weiteres Hinderniß mehr entgegen. Bald kam man über die nöthigsten Vorbereitungen überein. Auf dem sächsischen Jagdschlosse Hubertusburg trafen die drei bevollmächtigten Abgeordneten Preußens, Oesterreichs und Sachsens — von Hertzberg, von Collenbach und von Fritsch — zusammen und begannen am 31. December die Verhandlungen. Am 15. Februar 1763 ward der Friede geschlossen, vollkommen auf den Grund der früheren Friedensschlüsse, sodaß alle Eroberungen herausgegeben wurden. Das deutsche Reich ward in den Frieden mit einbegriffen und von Seiten Preußens dem ältesten Sohne der Kaiserin, dem Erzherzog Joseph, die Kurstimme zur römischen Königswahl versprochen. Oesterreich hatte zwar zu Anfang einige verfängliche Bedingungen gemacht, namentlich, daß Glatz sein Eigenthum verbleibe. Aber Friedrich hatte durchaus darauf bestanden, daß Alles auf den Punkt zurückgeführt werde, auf dem es vor dem Ausbruch des Krieges gestanden. Man sah sich genöthigt nachzugeben, und um so mehr, als der immer dringender gefühlte Mangel an baarem Gelde und die Nähe des türkischen Heeres an der österreichischen Grenze kein langes Säumniß verstatteten.

So hatten sieben Jahre voll unsäglicher Anstrengungen, voll Blutes und Elendes zu keinen weiteren Erfolgen geführt als zu der einfachen Erkenntniß, daß alle Mühen und alle Leiden hätten gespart werden können, wenn man geneigt gewesen wäre, den Grimm der Leidenschaften zu unterdrücken und die Waffen unblutig zu erhalten. Wohl möchte man bei solcher Betrachtung lächeln über die Eitelkeit menschlicher Pläne und Berechnungen. Aber dennoch war durch diesen Krieg Großes, unendlich Großes erreicht. In einer matten Zeit war den Augen des Menschen eine Kraft des Geistes, eine Standhaftigkeit des Gemüthes, ein ausdauerndes Heldenthum offenbart worden, wie die Welt lange mehr kein ähnliches Beispiel gesehen hatte. Der preußische Staat, zum Vorkämpfer für die Entwickelung des freien Geistes berufen, hatte sich in der herben Prüfung glorreich bewährt. Das

deutsche Volk, in seinen politischen Verhältnissen schier ohne Würde, herabgesunken von der Höhe geistiger Klarheit und Bildung, vermochte an Dem, was Preußen, was Friedrich gethan, sich wiederum aufzuerbauen und in dem Schwunge einer lebhaften Begeisterung für das Hohe, dessen Zeuge es gewesen war, aufs Neue die Blüthen eines frischen, freudigen Lebens zu entwickeln. Der dreißigjährige Krieg bezeichnet in der Geschichte Deutschlands den Verfall der alten Herrlichkeit, der siebenjährige Krieg den jugendlichen Aufschwung einer neuen. Darum sind alle die zahllosen Opfer, die ihm dargebracht wurden, nicht vergeblich gewesen.

Friedrich aber, wenn er auch diese Bedeutung des Krieges in seinem Innern ahnen mochte, konnte doch nicht mit derselben Freudigkeit wie nach den Kriegen seiner jüngeren Zeit heimkehren. Die sieben Jahre voll rastloser Anspannung, voll Noth und Mühe hatten ihn vor der Zeit alt gemacht und zu Viele von seinen Theuren waren in diesen Jahren dahingegangen. „Ich armer alter Mann" — so schrieb er einige Wochen vor seiner Ankunft in Berlin an den Marquis d'Argens, — „ich kehre nach einer Stadt zurück, wo ich nur noch die Mauern kenne, wo ich Niemand von meinen Bekannten antreffe, wo unzählige Arbeiten mich erwarten und wo ich in Kurzem meine alten Knochen in einer Freistätte lassen werde, die weder durch Krieg noch durch Trübsale oder Bosheit beunruhigt werden wird."

Am 30. März traf Friedrich, nachdem er noch eine Reise durch Schlesien gemacht, in Berlin ein. Die Bürger hatten dem geliebten Landesvater einen festlichen Einzug zugedacht. Aber Friedrich kam erst spät am Abend; er hatte an diesem Tage noch das Schlachtfeld von Kunersdorf besucht und mochte dadurch wohl aufs Neue im Innersten seines Gemüthes erregt sein. In seinem Wagen saßen der Herzog Ferdinand von Braunschweig und einer von seinen Generalen. Vom Morgen bis in

die Nacht hatte ihn die Bürgerschaft am Thore und in den Gassen erwartet. Jetzt empfing ihn der tausendstimmige Ruf: „Es lebe der König!" und heller Fackelschein leuchtete rings zu den Seiten seines Wagens. Aber der Jubel war nicht in Einklang mit der trüben Stimmung seines Gemüthes. Er wich in der Stadt aus, sobald er konnte, und fuhr durch einen Umweg nach dem Schlosse.

Es wird erzählt, daß sich Friedrich bald nach seiner Ankunft nach Charlottenburg begeben und Musiker und Sänger ebenfalls dahin bestellt habe, mit dem Befehl, das Tedeum von Graun in der Schloßkapelle aufzuführen. Auf solche Anordnung habe man dem Erscheinen des gesammten Hofes entgegengesehen. Aber der König sei ohne Begleitung in die Kapelle eingetreten, habe sich niedergesetzt und das Zeichen zum Anfang gegeben. Als die Singstimmen mit den Worten des Lobgesanges eintraten, habe er das Haupt in die Hand gestützt und geweint.

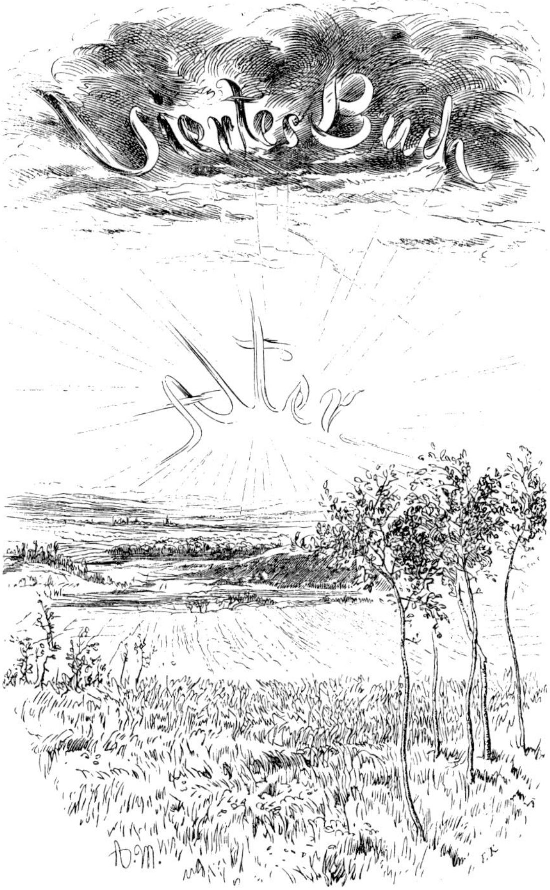
Viertes Buch
Alter

Achtunddreißigstes Kapitel.

Wiederherstellung der heimischen Verhältnisse im Frieden.

Friedrich hatte während des ganzen Krieges — und in den letzten Jahren mit nicht geringerem Eifer als in den ersten — dafür gesorgt, daß jederzeit die Mittel zur Bestreitung der Kriegsbedürfnisse, mindestens auf den Zeitraum eines Jahres, vorräthig seien. Dies war einer der wichtigsten Umstände, die es möglich machten, daß er mit seiner kleinen Macht so lange Zeit hindurch den höchst überlegenen Feinden widerstehen konnte. Auf gleiche Weise hatte er auch am Schluß des Jahres 1762, um auf alle Fälle nicht ungerüstet dazustehen, die nöthigen Summen zusammengebracht; und als nun der Friede eintrat, so konnte er diese Schätze alsbald mit rüstiger Hand auf die Pflege all der Wunden verwenden, welche der Krieg seinem

Lande geschlagen. Unablässig fuhr er in diesem edlen Bestreben fort; er hatte die Freude, zu sehen, wie sein Volk sich ungleich schneller von seinen vielfachen Leiden erholte, als dies in den meisten Ländern seiner Gegner der Fall war. Ja, damit er der Welt zeige, wie kräftig er sich, trotz all des Uebels, welches er erduldet, noch fühle, damit Niemand, auf seine etwaige Erschöpfung bauend, neue Pläne wider ihn zu schmieden geneigt sein möge, begann er unmittelbar nach dem Abschluß des Friedens einen Prachtbau, den des sogenannten Neuen Palais bei Sanssouci, auf den er im Verlauf von sechs Jahren viele Millionen verwandte und der noch jetzt durch die kostbaren Stoffe, aus denen er aufgeführt ward, und durch den außerordentlichen Reichthum an bildnerischem Schmucke den Beschauer staunen macht. Doch war mit diesem Bau zugleich, wie bei allen seinen Unternehmungen solcher Art, die weise Absicht verbunden, der Menge geschäftsloser Hände, welche der Krieg hervorgebracht, Verdienst zu geben und große Geldsummen in Umlauf zu bringen; denn Stoff und Arbeit sind fast durchweg nur aus dem Inlande beschafft worden. — Einer der Haupträume im Innern des Neuen Palais ist der kolossale „Marmorsaal“. An der Decke desselben hatte der Maler Vanloo im Auftrage des Königs eine Götterversammlung gemalt; dabei hatte er unter andern auch ein paar Göttinnen des Ruhmes angebracht, welche den Namen des Königs zum Himmel emportrugen. Friedrich sah das Gemälde erst nach der Vollendung; es gefiel ihm überhaupt nicht sonderlich, der Prunk mit dem Namenszuge aber entrüstete ihn lebhaft; er befahl, ihn unverzüglich wieder wegzulöschen. Man mußte also das kostbare Gerüst von Neuem aufschlagen; und da der Maler nicht füglich das ganze kolossale Bild umändern konnte, so begnügte er sich, eine grüne Decke über den Namenszug zu malen. So tragen die Göttinnen des Ruhmes noch heute das verhüllte Räthsel in ihren Händen.

Aber auch mit unmittelbarer Hülfe griff Friedrich überall ein, um den stockenden Betrieb in Land und Stadt wiederum in Bewegung zu setzen. Da die Felder ungebaut lagen, da es an Saatkorn, an Vieh, an Händen zur Bestellung der Aecker fehlte, so vertheilte er in die verschiedenen Provinzen von den vorhandenen Kriegsvorräthen 42,000 Scheffel an Getreide und Mehl, sowie 35,000 Armeepferde; nahe an 40,000 Inländer entließ er aus seiner Armee und sandte sie in ihre Heimat zurück. An baaren Geldern erhielten die Provinzen unmittelbar nach dem Friedensschluß bedeutende Summen zur Tilgung der empfindlichsten Schäden: Schlesien 3,000,000 Thaler, Pommern und die Neumark 1,400,000 Thaler, Preußen 800,000 Thaler, die Kurmark ebenso viel, Cleve 100,000 Thaler; an andern Orten wurden die Abgaben zur Hälfte erlassen. Aber lange Jahre hindurch, bis an sein

Ende, war Friedrich darauf bedacht, die Erinnerungen an die Gräuel des Krieges auszulöschen und neuen Segen über sein Land heraufzuführen. Im Jahre 1766 schrieb er über diesen Gegenstand an Voltaire: „Der Fanatismus und die Wuth des Ehrgeizes haben blühende Gegenden meines Landes verwüstet. Wenn Sie die Summe der geschehenen Verwüstungen erfahren wollen, so mögen Sie wissen, daß ich im Ganzen in Schlesien habe 8000 Häuser, in Pommern und der Neumark 6500 Häuser wieder aufbauen lassen, was, nach Newton und d'Alembert, 14,500 Wohnungen ausmacht. Der größte Theil ist durch die Russen abgebrannt worden. Wir haben nicht auf eine so abscheuliche Art Krieg geführt; von unserer Seite sind nur einige Häuser in den Städten zerstört worden, die wir belagert haben; ihre Zahl beläuft sich gewiß nicht auf 1000. Das böse Beispiel hat uns nicht verführt, und mein Gewissen ist von dieser Seite frei von allem Vorwurf."

Es ist schon früher bemerkt worden, daß Friedrich sich im Verlauf des Krieges, um die genügenden Mittel zur Bestreitung der Kosten herbeizuführen, zu eigenthümlichen Finanzkünsten genöthigt sah. Diese bestanden eines Theils in einer immer steigenden Verminderung des Geldwerthes, andern Theils in der Besoldung der Civilbeamten durch Kassenscheine, welche erst nach dem Kriege im vollen Geldwerthe ausgezahlt wurden. Beides waren große Uebel, und der Ruin vieler Familien war die Folge davon. Dennoch war dies das Mittel gewesen, wodurch Friedrich sein Land von den drückenden Schuldenlasten, die sich in dieser Zeit über andern Ländern furchtbar zusammenhäuften, befreit hielt. Mit größter Sorgfalt und Schonung wurde auch diese Angelegenheit nach dem Schlusse des Friedens allmälig wieder zu ihrer alten Ordnung zurückgeführt; und man hat neuerlich berechnet, daß, so mannigfachen Schaden auch der Einzelne bei diesen nothgedrungenen Einrichtungen davongetragen, der Verlust der Unterthanen im Ganzen in der That nur gering gewesen ist. Bei dem Golde und dem Courant hatte das Volk nur wenige Procente, bei der schlechtesten Scheidemünze nicht mehr als 22 Procent auf sich genommen, um den ganzen Krieg ohne Schulden beendet zu sehen.

Mit nicht geringerer Treue war Friedrich bemüht, den Helden, die mit ihm den siebenjährigen Kampf gekämpft, reiche Anerkennung zu gewähren. Die Generale und Offiziere, nicht minder auch die Gemeinen, die sich durch lange Erfüllung ihrer Dienstpflicht oder durch kühne That ausgezeichnet hatten, wurden auf die verschiedenartigste Weise belohnt; Friedrich's außerordentliches Gedächtniß behielt das Verdienst eines jeden Einzelnen, soweit ihm nur Kunde davon zugekommen war, unverrückt im Auge. Die Geschichte bewahrt eine Menge von Zügen, wie die Gnade des Königs, je nachdem sich die Gelegenheit darbot, oft ganz unerwartet, dem Verdienten zu Theil ward. Ebenso dankbar und väterlich sorgte er für die Wittwen und Waisen der gefallenen Helden.

Da Friedrich aber sehr wohl wußte, wie die Sicherheit seines Staates wesentlich darauf beruhe, daß er jederzeit zum Kriege gerüstet dastehe, so unterließ er, trotz des so lange ersehnten Friedens, gleichwohl nichts von alle Dem, was zur gesammten Einrichtung des Kriegswesens nothwendig war. Vielmehr wurden unmittelbar nach dem Friedensschlusse die Rüstungen mit einem Eifer erneut, als ob noch in demselben Jahre der Krieg aufs Neue beginnen solle. Sämmtliche Festungen wurden ausgebessert und den vorhandenen noch eine neue bei Silberberg in Schlesien hinzugefügt. Die Vorrathshäuser wurden aufs Reichlichste gefüllt; Geschütz, Pulver, alles Geräth des Krieges wurde in genügender Menge herbeigeschafft oder wiederhergestellt. Die Armee ward wieder vollzählig gemacht, wozu sich, da man so viele Inländer hatte auf das Land entsenden müssen, dienstlose Ausländer in hinlänglicher Anzahl einfanden; und da die gesammte Disciplin gegen das Ende des Krieges bereits bedeutend gelitten hatte, so wurde nun mit größter Anstrengung dafür gesorgt, die alte Tüchtigkeit und Zucht wieder zurückzuführen. Ja noch mehr als früher wurde jetzt der Stand des Kriegers zum bevorrechteten Stande im Staate erhoben und ihm vor Allen ein Gut zugesprochen, das die Leidenschaft des Menschen am Heftigsten zu erregen pflegt: — die Ehre. Friedrich wollte jetzt ausschließlich, den militairischen Verhältnissen jener Zeit gemäß, nur Offiziere von adeliger Geburt in seiner Armee sehen; die bürgerlichen Offiziere, die während des Krieges emporgerückt waren, wurden — nicht ohne Härte — entfernt; der Adel sollte durch den ehrenvollen Dienst, die Ehre durch die Auszeichnung der Geburt zur kühnsten Hingebung für das Vaterland entflammt werden. Einst war ein Rangstreit zwischen dem

Legationsrathe Grafen von Schwerin, einem Neffen des großen Feldmarschalls, und einem Fähnrich entstanden. Schwerin klagte beim König und wurde beschieden: die Sache sei gar nicht streitig, es verstehe sich von selbst, daß die Fähnriche den Rang vor allen Legationsräthen hätten. Schwerin verließ den Civildienst und wurde Fähnrich.

Die strenge Zucht, die Friedrich bei seiner Armee fortan eingeführt wissen wollte, erregte übrigens mancherlei Unwillen, und es ging die Festsetzung der neuen Einrichtungen nicht vorüber, ohne daß mehrfach die Strenge der Gesetze gegen Unruhestifter eingreifen mußte. Mehr aber wirkte Friedrich's persönliches Auftreten, um solche Fälle augenblicklich niederzudrücken. So hatten sich unter der Potsdamer Garde einige unruhige Köpfe vereinigt, um Vergünstigungen, auf die sie keine Ansprüche machen durften, zu ertrotzen. Ohne zu erwägen, welchen strengen Ahndungen sie sich nach den Kriegsartikeln aussetzten, gingen sie nach Sanssouci. Friedrich wurde sie von fern gewahr; er steckte seinen Degen an, setzte seinen Hut auf und trat ihnen auf der Terrasse vor dem Schloß entgegen; ehe noch der Rädelsführer ein Wort sprechen konnte, commandirte er: „Halt!“ Die ganze Rotte stand plötzlich still. „Richtet euch!“ — „Linksum kehrt!“ — „Marsch!“ — Sie hatten die Commandos pünktlich befolgt und marschirten die Terrasse hinab, eingeschüchtert von dem Blick und der Stimme des Königs und hoch erfreut, daß sie ohne Strafe davongekommen waren.

Ein ander Mal erwies sich Friedrich noch nachsichtiger. Ein Soldat in einer schlesischen Garnison, dem bis dahin der Krieg manche willkommene Beute zugeführt hatte, fand bei seinem geringen Tractament wenig Behagen; er suchte sich, seiner alten Gewohnheit treu, auf andere Weise zu helfen. Bald ward er überführt, daß er Mehreres von den silbernen Opferspenden auf einem Muttergottesaltar entwendet habe. Er leugnete indeß den Diebstahl hartnäckig und behauptete, die Mutter Gottes, der er seine Noth geklagt, habe ihn geheißen, dies oder jenes Stück vom Altar zu nehmen. Das Kriegsgericht fand die Entschuldigung nicht zulässig und verurtheilte ihn zu zwölfmaligem Gassenlaufen. Friedrich erhielt das Urtheil zur Bestätigung, fand aber — um dem Aberglauben eine kleine Lehre zu geben — für gut, zuvor bei einigen katholischen Geistlichen anzufragen, ob ein solcher Fall möglich sei. Die guten Geistlichen sahen sich, um den Mirakelglauben nicht ganz zu verleugnen, zu der Erklärung genöthigt, daß allerdings ein solcher Fall, wie unwahrscheinlich und unglaublich das Vorgeben des Soldaten auch sei, doch wohl geschehen könne. Friedrich schrieb somit zurück, der vorgebliche Dieb solle aus diesen Gründen von seiner Strafe freigesprochen sein: er verbiete ihm aber aufs Nachdrücklichste, in Zukunft je wieder ein Geschenk, sei es von der heiligen Jungfrau oder sei es von sonst irgend einem Heiligen, anzunehmen.

Für die Befreiung von all jenen Uebeln, welche der Krieg hinterlassen, für die Ausführung der mannigfachen Pläne zum Wohl seines Landes, die Friedrich im Sinn hatte, für die Erhaltung des zahlreichen Kriegsheeres, endlich auch, um neben dem letzteren die nöthigen baaren Geldmittel auf den Fall eines neuen Krieges stets vorräthig zu haben, waren größere Einkünfte erforderlich als diejenigen, aus denen Friedrich seither seine Unternehmungen bestritten hatte. Er wünschte dringend, seine Einkünfte um zwei Millionen Thaler zu erhöhen; da aber im Ministerrathe die Ansicht ausgesprochen ward, das Land sei zu erschöpft, um mit erhöhten Abgaben belastet zu werden, so entschloß er sich zu der Einführung neuer Einrichtungen, deren Folgen er sich vielleicht nicht in ihrer ganzen Ausdehnung klar gemacht hatte, die aber leider nicht geeignet waren, neue Liebe für ihn und Freude bei seinen Unterthanen hervorzurufen. Friedrich hatte sich überzeugt, daß die aus den Zöllen fließende Einnahme vorzüglich geeignet sei, einen höheren Ertrag zu gewähren, und daß durch dieselbe in andern Ländern der Krone in der That ein Gewinn von ungleich größerer Bedeutung zu Theil werde. In Frankreich namentlich hatte man damals die Zollkünste zu einer hohen Vollendung gebracht. Dies Beispiel schien zu guten Erfolg zu versprechen, als daß Friedrich sich nicht hätte entschließen sollen, etwas Aehnliches zu versuchen. Da es aber im eignen Lande an geübten Leuten für die

Einrichtung und Ausführung eines solchen Vorhabens fehlte, so wurden einige Meister dieser Kunst aus Frankreich verschrieben; in ihrem Gefolge kam sodann eine ganze Schaar anderer Franzosen, die zu den unteren Stellen des neuen Geschäftes bestimmt werden sollten. Doch konnte sich Friedrich, hochherzigen Sinnes, nicht dazu entschließen, das ganze Zollwesen, wie es in Frankreich Sitte war, den Franzosen zu verpachten und somit seine Unterthanen ganz der Willkür der Fremden zu übergeben. Die Anstalt ward unter dem Titel einer „Generaladministration der königlichen Gefälle", im gemeinen Leben „Regie" genannt, als eine besondere Behörde des Staates eingerichtet. Die einzelnen Gegenstände wurden nicht eben hoch verzollt, aber es wurde der Zoll auf alle möglichen Bedürfnisse des Lebens ausgedehnt und eben hierdurch fort und fort drückend. Ungleich drückender aber war es, daß den Zollbedienten, um dem Schleichhandel zu begegnen, jede beliebige Nachsuchung nicht blos an den Thoren der Städte, sondern auch bei den Reisenden auf freiem Felde, sowie in den Häusern der Bürger verstattet war. Nichtsdestoweniger

hob der Schleichhandel immer verwegener und gewaltthätiger sein Haupt empor. Unzähliger Verdruß und Aerger, widerwärtige Processe, Auflehnung gegen die obrigkeitlichen Befehle, Verderbniß der Sitten waren die Folgen der neuen Zolleinrichtungen. Und bei alle Dem brachten sie die Vortheile nicht, welche Friedrich von ihnen erwartet hatte und welche auf minder beschwerlichem Wege vielleicht sicherer und ohne den Widerwillen der Unterthanen zu erreichen gewesen wären.

Außer dieser Vermehrung der Zölle suchte Friedrich seine Einkünfte auch dadurch zu erhöhen, daß er den Verkauf oder auch sogar die Production gewisser Gegenstände, die zum Theil ein unentbehrliches Bedürfniß waren, sich selbst vorbehielt oder, was Dasselbe ist, das Vorrecht des Handels mit denselben nur gegen starke Abgaben ertheilte. Tabak und Kaffee waren die wichtigsten Gegenstände dieses königlichen Alleinhandels. Abgesehen davon, daß hierdurch der freie Verkehr und somit die freie Entwickelung wesentlich gehemmt ward, so förderte auch diese Einrichtung den Schleichhandel auf eine nur zu verderbliche Weise.

Noch an den Vortheilen einer andern Kunst — der geheimen Polizei, — die zu jener Zeit in Frankreich ebenfalls schon mit außerordentlichen Erfolgen geübt ward, wünschte Friedrich Antheil zu nehmen. Mancherlei Sittenverderbniß, die als Folge des Krieges zurückgeblieben war, schien eine solche Anstalt wünschenswerth zu machen. Friedrich sandte deshalb einen in diesem Fache vorzüglich geübten Geschäftsmann, Philippi, nach Paris und machte ihn hernach zum Polizeipräsidenten von Berlin. Als aber einige Jahre darauf verschiedene Verbrechen verübt wurden, ohne daß man die Urheber entdecken konnte, stellte Friedrich den Polizeipräsidenten zur Rede. Dieser erwiderte, daß er mit großem Fleiß alle vom Könige genehmigten Maßregeln zur Ausführung bringe, daß er indeß mehr zu leisten sich ohne ausdrücklichen Befehl nicht für befugt halte. Er entwickelte dem Könige darauf das ganze Wesen der geheimen Polizei, wodurch er ohne Zweifel jedem Verbrechen auf die Spur kommen könne, wodurch aber auch der sittliche Charakter des Volkes durchaus müsse verdorben werden. Er fügte hinzu, daß überdies in Berlin die Wirkung der geheimen Polizei erst allmälig eintreten könne, indem die Brandenburger für solche Einrichtung vor der Hand noch viel zu treuherzig und zu ehrlich seien. Durch diese Vorstellungen ward Friedrich sehr gerührt; er erwiderte ohne langes Bedenken, daß er kein größeres Uebel an die Stelle des kleineren setzen und die Ruhe und das Vertrauen seiner guten Unterthanen nicht gestört wissen wolle. Dabei hatte es denn auch sein Bewenden.

Daß Friedrich, — der Held, der durch siebenjähriges unablässiges Ringen, durch die Aufopferung so mannigfacher Lebensfreuden die Würde seines Staates erhalten, — von seinem Volke hochverehrt ward, erscheint nicht eben wunderbar; daß man ihm aber auch trotz jener empfindlichen Neuerungen, und obgleich er, um dem königlichen Ansehen nichts zu vergeben, auf seinen Anordnungen bestand oder doch nur sehr allmälig davon abging, diese Verehrung erhielt, das bezeugt, wie tiefe Wurzeln die letztere in den Gemüthern des Volkes geschlagen hatte. Man fügte sich allmälig in das Unabänderliche; man sah es ein, daß Friedrich jener Einnahmen nicht bedurfte, um sie in üppigen Festen, an Günstlinge oder Buhlerinnen zu vergeuden oder um heißhungrig über dem Glanze des Goldes zu wachen; man empfand die Wohlthaten, in denen er sie wieder auf sein Volk ausströmte; man sah ihn eben so leutselig, eben so zutraulich, eben so theilnehmend wie sonst, und kein Riegel, kein ängstliches Verbot hemmte die freie Rede, auch wenn sie sich mißbilligend, selbst in minder schicklicher Weise, über des Königs Einrichtungen zu äußern wagte. Die Soldaten des siebenjährigen Krieges erzählten von ihrem getreuen Kameraden, dem

alten Fritz, und wo Friedrich mit dem Volke verkehrte, da fand man in ihm dieselben Züge wieder. Man hielt sein Bild im Herzen rein und wandte allen Groll und Haß gegen die lästigen Neuerungen nur den Fremden zu, bis auch diese allmälig aus ihren Stellen verschwanden und Eingeborenen Platz machten.

Es sind uns manche Berichte aufbehalten, die das Verhältniß des Königs zu seinem Volke, unter Umständen, wie die ebengenannten, vor Augen stellen. Kaum dürfte einer unter diesen bezeichnender sein als der folgende, der in die Zeit gehört, da wegen des königlichen Alleinhandels mit dem Kaffee die sogenannte „Kaffee-regie" soeben eingeführt war und das Volk den französischen „Kaffeeriechern", welche überall den eingeschmuggelten Kaffee aufzuspüren wußten, den bittersten Haß widmete. Friedrich kam eines Tages die Jägerstraße von Berlin hinabgeritten und fand in der Nähe des sogenannten Fürstenhauses einen großen Volksauflauf. Er schickte seinen einzigen Begleiter, einen Haiducken, näher, um zu erfahren, was es da gebe. „Sie haben etwas auf Ew. Majestät angeschlagen", war die Antwort des Boten, und Friedrich, der nun näher hinangeritten war, sah sich selbst auf dem Bilde, wie er in höchst kläglicher Gestalt auf einem Fußschemel saß und, eine Kaffeemühle zwischen den Beinen, emsig mit der einen Hand mahlte, während er mit der andern die herausgefallenen Bohnen auflas. Sobald der König dies gesehen, winkte er mit der Hand und rief: „Hängt es doch niedriger, daß die Leute sich den Hals nicht ausrecken müssen!" Kaum aber hatte er die Worte gesprochen, als ein allgemeiner Jubel ausbrach. Man riß das Bild in tausend Stücken herunter und ein lautes Lebehoch begleitete den König, als er langsam seines Weges weiter ritt.

Die Gemüthlichkeit aber und die Gewöhnung des Königs, sich auch in die Lage eines Geringeren theilnehmend zu versetzen, — was ihm fort und fort so viele Herzen gewann, — stellt wohl keine von den zahlreichen Anekdoten seines Lebens anschaulicher dar, als die Geschichte eines thüringischen Candidaten, der nach Berlin kam, um hier Versorgung zu suchen, aber durch die übertriebene Strenge der Zollbeamten unangenehmen Verlegenheiten ausgesetzt ward. Die Erzählung trägt so ganz das Gepräge der einfachen Wahrheit, sie führt uns den König, seine Weise, sich in dergleichen Fällen zu benehmen, den ganzen Charakter der Zeit so lebendig entgegen, daß wir nicht umhin können, den vollständigen Bericht mit allen seinen kleinen Zügen, wie ihn jener Candidat selbst handschriftlich hinterlassen hat, im nächsten Kapitel mitzutheilen.

Neununddreißigstes Kapitel.

Die Erzählung des thüringischen Candidaten.

ls ich zum ersten Mal im Jahre 1766 nach Berlin kam, wurden mir bei Visitirung meiner Sachen auf dem Packhofe 400 Reichsthaler Nürnberger ganze Batzen weggenommen. Der König, sagte man mir, hätte schon etliche Jahre die Batzen ganz und gar verschlagen lassen, sie sollten in seinem Lande nichts gelten, und ich wäre so kühn und brächte die Batzen hierher, in die königliche Residenz, — auf den — Packhof! — Contrebande! — Contrebande! — Das war ein schöner Willkommen! Ich entschuldigte mich mit der Unwissenheit: käme aus Thüringen, viele Meilen Weges her, hätte mithin ja unmöglich wissen können, was Seine Majestät in Dero Ländern verbieten lassen.

Der Packhofsinspector: Das ist keine Entschuldigung. Wenn man in eine solche Residenz reisen und daselbst verbleiben will, so muß man sich nach Allem genau erkundigen und wissen, was für Geldsorten im Schwange gehen, damit man nicht durch Einbringung verrufener Münze Gefahr laufe.

Ich: Was soll ich denn anfangen? Sie nehmen mir ja sogar unschuldig die Gelder weg! Wie und wovon soll ich denn leben?

Packhofsinspector: Da muß Er zusehen, und ich will Ihm sogleich bedeuten: wenn die Sachen auf dem Packhofe visitirt worden, so müssen solche von der Stelle geschafft werden.

Es wurde ein Schiebkärrner herbeigerufen, meine Effecten fortzufahren; dieser brachte mich in die Jüdenstraße in den weißen Schwan, warf meine Sachen ab und forderte vier Groschen Lohn. Die hatte ich nicht. Der Wirth kam herbei, und als er sah, daß ich ein gemachtes Federbett, einen Koffer voll Wäsche, einen Sack voll Bücher und andere Kleinigkeiten hatte, so bezahlte er den Träger und wies mir eine kleine Stube im Hofe an. Da könnte ich wohnen, Essen und Trinken wolle er mir geben; — und so lebte ich denn in diesem Gasthofe acht Wochen lang ohne einen blutigen Heller, in lauter Furcht und Angst. In dem weißen Schwan spannen Fuhrleute aus und logiren da, und so kam denn öfters ein gewisser Advocat B. dahin und hatte sein Werk mit den Fuhrleuten; mit diesem wurde ich bekannt und klagte ihm meine unglücklichen Fata. Er verobligirte sich, meine Gelder wieder herbeizuschaffen, und ich versprach ihm für seine Bemühung einen Louisdor. Den Augenblick mußte ich mit ihm fortgehen, und so kamen wir in ein großes Haus; da ließ B. durch einen Bedienten sich anmelden, und wir kamen in Continenti vor den Minister. Der Advocat trug die Sache vor und sagte unter Anderm: „Wahr ist es, daß der König die Batzen ganz und gar verschlagen lassen; sie sollen in seinem Lande nicht gelten; aber das weiß der Fremde nicht. Ohnehin extendirt sich das Edict nicht so weit, daß man den Leuten ihre Batzen wegnehmen soll“ ꝛc. — Hierauf fing der Minister an zu reden: „Monsieur, seid Ihr der Mann, der meines Königs Mandate durchlöchern will? Ich höre, Ihr habt Lust auf die Hausvogtei! Redet weiter, Ihr sollt zu der Ehre gelangen“ ꝛc. — Was thut mein Advocat? Er submittirte sich und ging zum Tempel hinaus; ich hinter ihm her, und als ich auf die Straße kam, so war B. über alle Berge; und so hatte er denn meine Sache ausgemacht bis auf die streitigen Punkte.

Endlich wurde mir der Rath gegeben, den König supplicando anzutreten, das Memorial aber müsse ganz kurz, gleichwohl aber die contenta darinnen sein. Ich concipirte eins, mundirte es und ging damit mit dem Aufschluß des Thores, ohne nur einen Pfennig Geld in der Tasche zu haben (o der Verwegenheit!), in Gottes Namen nach Potsdam, und da war ich auch so glücklich, sogleich den König zum ersten Male zu sehen. Er war auf dem Schloßplatze beim Exerciren seiner Soldaten. Als dieses vorbei war, ging er in den Garten und die Soldaten aus einander; vier Offiziere aber blieben auf dem Platze und spazierten auf und nieder. Ich wußte vor Angst nicht, was ich machen sollte, und holte die Papiere aus der Tasche. Das war das Memorial, zwei Testimonia und ein gedruckter thüringischer Paß. Das sahen die Offiziere, kamen gerade auf mich zu und fragten, was ich da für Briefe hätte. Ich communicirte solche willig und gern. Da sie gelesen hatten, so sagten sie: „Wir wollen Ihm einen guten Rath geben. Der König ist heute extragnädig und ganz allein in den Garten gegangen. Gehe Er ihm auf dem Fuße nach, Er wird glücklich sein.“ Das wollte ich nicht; die Ehrfurcht war zu groß; da griffen sie zu. Einer nahm mich beim rechten, der andere beim linken Arm. Fort, fort in den Garten!

Als wir nun dahin kamen, so suchten sie den König auf. Er war bei einem Gewächse mit den Gärtnern, bückte sich und hatte uns den Rücken zugewendet. Hier mußte ich stehen, und die Offiziere fingen an in der Stille zu commandiren: „Den Hut unter den linken Arm. — Den rechten Fuß vor! — Die Brust heraus! — Den Kopf in die Höhe! — Die Briefe aus der Tasche! — Mit der rechten Hand hochgehalten! — So steht!“ — Sie gingen fort und sahen sich immer um, ob ich auch so würde stehen bleiben. Ich merkte wohl, daß sie beliebten ihren Spaß mit mir zu treiben, stand aber wie eine Mauer, voller Frucht.

Die Offiziere waren kaum aus dem Garten hinaus, so richtete sich der König auf und sah die Maschine in ungewöhnlicher Positur dastehen. Er that einen Blick auf mich; es war, als wenn mich die Sonne durchstrahlte; er schickte einen Gärtner, die Briefe abzuholen, und als er solche in die Hände bekam, ging er in einen andren Gang, wo ich ihn nicht sehen konnte. Kurz darauf kam er wieder zurück zu dem Gewächse, hatte die Papiere in der linken Hand aufgeschlagen und winkte damit, näher zu kommen. Ich hatte das Herz und ging grade auf ihn zu. O wie allerhuldreichst redete mich der große Monarch an: „Lieber Thüringer! Er hat zu Berlin durch fleißiges Informiren der Kinder das Brod gesucht, und sie haben Ihm beim Visitiren der Sachen auf dem Packhofe Sein mitgebrachtes thüringer Brod weggenommen. Wahr ist es, die Batzen sollen in meinem Lande nichts gelten; aber sie hätten auf dem Packhofe sagen sollen: „„Ihr seid ein Fremder und wisset das Verbot nicht. Wohlan, wir wollen den Beutel mit den Batzen versiegeln; gebt solche wieder zurück nach Thüringen und lasset Euch andere Sorten schicken““, aber nicht wegnehmen. Gebe Er sich zufrieden: Er soll sein Geld cum Interesse zurückerhalten. Aber, lieber Mann, Berlin ist schon ein heißes Pflaster; sie verschenken da nichts; Er ist ein fremder Mensch; ehe Er bekannt wird und Information bekommt, so ist das bischen Geld verzehrt; was dann?“ — Ich verstand die Sprache recht gut; die Ehrfurcht war aber zu groß, daß ich hätte sagen können: Ew. Majestät haben die Allerhöchste Gnade und versorgen mich. — Weil ich aber so einfältig war und um nichts bat, so wollte er mir auch nichts anbieten. — Und so ging er denn von mir weg, war aber kaum sechs bis acht Schritte gegangen, so sah er sich nach mir um und gab ein Zeichen, daß ich mit ihm gehen solle. — Und so ging denn das Examen an:

Der König: Wo hat Er studirt?

Ich: Ew. Majestät, in Jena.

Der König: Unter welchem Prorector ist Er inscribirt worden?

Ich: Unter dem Professor Theologiae Dr. Förtsch.

Der König: Was waren denn sonst noch für Professoren in der theologischen Facultät?

Ich: Buddäus, Danz, Weissenborn, Walch.

Der König: Hat Er denn auch fleißig Biblica gehört?

Ich: Beim Buddäo.

Der König: Das ist der, der mit Wolffen so viel Krieg hatte?

Ich: Ja, Ew. Majestät. Es war —

Der König: Was hat Er denn sonst noch für nützliche Collegia gehört?

Ich: Ethica et Exegetica beim Dr. Förtsch, Hermenevtica et Polemica beim Dr. Walch, Hebraica beim Dr. Danz, Homiletica beim Dr. Weissenborn, Pastorale et Morale beim Dr. Buddäo.

Der König: Ging es denn zu Seiner Zeit noch so toll in Jena her, wie ehedem die Studenten sich ohne Unterlaß mit einander katzbalgten, daher der bekannte Vers kommt:

Wer von Jena kommt ungeschlagen,
Der hat von großem Glück zu sagen.

Ich: Diese Unsinnigkeit ist ganz aus der Mode gekommen, und man kann dort anjetzt sowohl, als auf andern Universitäten, ein stilles und ruhiges Leben führen, wenn man nur das dic cur hic? observiren will. Bei meinem Anzuge schafften die Durchl. Nutritores Academiae (Ernestinischer Linie) die sogenannten Renommisten aus dem Wege und ließen sie zu Eisenach auf die Wartburg in Verwahrung setzen; da haben sie gelernt ruhig sein.

Und da schlug die Glocke Eins. „Nun muß ich fort", sagte der König, „sie warten auf die Suppe." — Und da wir aus dem Garten kamen, waren die vier Offiziere noch gegenwärtig und auf dem Schloßplatze, die gingen mit dem Könige ins Schloß hinein und kam keiner wieder zurück. Ich blieb auf dem Schloßplatze

stehen, hatte in 27 Stunden nichts genossen, nicht einen Dreier in bonis zu Brode und war in einer vehementen Hitze vier Meilen im Sande gewatet. Da war's wohl eine Kunst, das Heulen zu verbeißen.

In dieser Bangigkeit meines Herzens kam ein Kammerhusar aus dem Schlosse und fragte: „Wo ist der Mann, der mit meinem Könige in dem Garten gewesen?" Ich antwortete: „Hier!" Dieser führte mich ins Schloß in ein großes Gemach, wo Pagen, Lakaien und Husaren waren. Der Husar brachte mich an einen kleinen Tisch, der war gedeckt, und stand darauf: eine Suppe, ein Gericht Rindfleisch, eine Portion Karpfen mit einem Gartensalat, eine Portion Wildpret mit einem Gurkensalat. Brod, Messer, Gabel, Löffel, Salz war Alles da. Der Husar präsentirte mir einen Stuhl und sagte: „Die Essen, die hier auf dem Tische stehen, hat Ihm der König auftragen lassen und befohlen, Er soll sich satt essen, sich an Niemand kehren und ich soll serviren. Nun also frisch daran!" Ich war sehr betreten und wußte nicht, was zu thun sei, am wenigsten wollte mir's in den Sinn, daß des Königs Kammerhusar auch mich bedienen sollte. — Ich nöthigte ihn, sich zu mir zu setzen; als er sich weigerte, that ich, wie er gesagt hatte, und ging frisch daran, nahm den Löffel und fuhr tapfer ein. Der Husar nahm das Fleisch vom Tische und setzte es auf die Kohlenpfanne; ebenso continuirte er mit Fisch und Braten

und schenkte Wein und Bier ein. Ich aß und trank mich recht satt. Den Confect, dito einen Teller voll großer schwarzer Kirschen und einen Teller voll Birnen packte mein Bedienter ins Papier und senkte mir solche in die Tasche, auf dem Rückwege eine Erfrischung zu haben. Und so stand ich denn von meiner königlichen Tafel auf, dankte Gott und dem Könige von Herzen, daß ich so herrlich gespeiset worden. Der Husar räumte auf. Den Augenblick trat ein Secretarius herein und brachte ein verschlossenes Rescript an den Packhof nebst meinen Testimoniis und dem Passe zurück, zählte auf den Tisch fünf Schwanzducaten und einen Friedrichsdor: „Das schicke mir der König, daß ich wieder zurück nach Berlin kommen könnte.“ Hatte mich nun der Husar ins Schloß hineingeführt, so brachte mich der Secretarius wieder bis vor das Schloß hinaus. Und da hielt ein königlicher Proviantwagen mit sechs Pferden bespannt; zu dem brachte er mich hin und sagte: „Ihr Leute, der König hat befohlen, ihr sollt diesen Fremden mit nach Berlin fahren, aber kein Trinkgeld von ihm nehmen.“ Ich ließ mich durch den Secretarium noch einmal unterthänigst bedanken für alle königliche Gnade, setzte mich auf und fuhr davon.

Als wir nach Berlin kamen, ging ich sogleich auf den Packhof, gerade in die Expeditionsstube, und überreichte das königliche Rescript. Der Oberste erbrach es; bei Lesung desselben verfärbte er sich, bald bleich, bald roth, schwieg still und gab es dem zweiten. Dieser nahm eine Prise Schnupftabak, räusperte und schneuzte sich, setzte eine Brille auf, las es, schwieg still und gab es weiter. Der letzte endlich regte sich, ich sollte näher kommen und eine Quittung schreiben: daß ich für meine 400 Reichsthaler ganze Batzen so viel an brandenburger Münzsorten, ohne den mindesten Abzug, erhalten. Meine Summe wurde mir sogleich richtig zugezählt. Darauf wurde der Schaffner gerufen, mit der Ordre: er sollte mit mir auf die Jüdenstraße in den weißen Schwan gehen und bezahlen, was ich schuldig wäre und verzehrt hätte. Dazu gaben sie ihm 24 Thaler, und wenn das nicht zureichte, solle er kommen und mehr holen. Das war es, daß der König sagte: „Er soll seine Gelder cum Interesse wiederbekommen“, daß der Packhof meine Schulden bezahlen mußte. Es waren aber nur 10 Thaler 4 Groschen 6 Pfennig, die ich in acht Wochen verzehrt hatte, und so hatte denn die betrübte Historie ihr erwünschtes Ende. —

Vierzigstes Kapitel.

Freundschaftliche Verhältnisse zu Rußland und Oesterreich. — Die Erwerbung von Westpreußen.

Als Friedrich den Hubertusburger Frieden schloß, stand er ohne einen eigentlichen Bundesgenossen da, durch dessen Beihülfe er seinem Staate ein entschiedeneres Gewicht in den europäischen Angelegenheiten hätte erhalten können. England war von ihm abgefallen, auf eine Weise, daß er nie wieder zu der Regierung dieses Staates Vertrauen fassen konnte; der Bund mit Rußland war seit dem schnellen Sturze Peter's III. zerrissen. Nur mit den Tataren und Türken bestand noch seit den letzten Jahren des siebenjährigen Krieges ein gewisses freundschaftliches Verhältniß. Auch erschien in Folge des letzteren schon im Spätherbst des Jahres 1763 eine zahlreiche türkische Gesandtschaft zu Berlin, welche daselbst im vollen orientalischen Pomp, zum großen Ergötzen der Einwohner, am 9. November ihren Einzug hielt und dem Könige kostbare Gewandstoffe, Waffen und prächtige Pferde zum Geschenk überbrachte. Es wird erzählt, der Sultan habe

Friedrich durch seinen Gesandten Achmet Effendi bitten lassen, ihm drei der Astrologen zu übersenden, durch deren Gelehrsamkeit der König, wie er meinte, all jene wunderwürdigen Erfolge des siebenjährigen Krieges erreicht habe; Friedrich aber habe geantwortet: die drei Astrologen wären seine Kenntniß von politischen Dingen, seine Armee und sein Schatz. Die Gesandtschaft blieb den Winter über in der preußischen Residenz und ersetzte den Berlinern einigermaßen den Mangel an Schauspielen und sonstigen Lustbarkeiten, an die man so schnell nach dem verheerenden Kriege noch nicht denken konnte. Als die Türken im nächsten Frühjahr wieder abzogen, hatte sich eine ziemliche Anzahl junger Mädchen eingefunden, welche die Reise nach Konstantinopel mitzumachen gedachten und schon auf den türkischen Rüstwagen versteckt waren. Die Polizei aber hatte von diesem Vorhaben Kunde erhalten und wußte die zierlichen Flüchtlinge noch zur rechten Zeit zu fassen.

Indeß waren Verhältnisse solcher Art zu wenig genügend, als daß Friedrich nicht hätte einen wichtigeren Bundesgenossen zur Sicherung seiner Macht suchen sollen. Eine Verbindung mit Rußland schien die besten Vortheile zu gewähren, und obgleich man österreichischer Seits eifrig dagegen arbeitete, so fand sich doch bald Gelegenheit, eine solche zu Stande zu bringen. Die politischen Verhältnisse Polens gaben dazu den Anlaß. König August III. war im October 1763, sein Sohn zwei Monate nach ihm gestorben, und es blieb nur ein unmündiger Enkel übrig, der an eine so schwierige Bewerbung, wie die polnische Krone damals war, nicht denken konnte. Rußland hatte bisher ein entschiedenes Uebergewicht über Polen behauptet und das Land fast wie eine abhängige Provinz behandelt; es schien der Kaiserin höchst wünschenswerth, auch fortan diesen Einfluß auszuüben. Polnische Patrioten, welche das allerdings selbst verschuldete Elend ihres Vaterlandes fühlten, wandten sich an Friedrich, damit er ihnen seinen Bruder, den Prinzen Heinrich, der aus dem siebenjährigen Kriege mit hohem Ruhme zurückgekehrt war, zum Könige gebe; wenn Einer, so mochte dieser die Fähigkeiten besitzen, das polnische Reich wieder stark und blühend zu machen. Aber Friedrich sah zu wohl ein, welche Folgen ein solcher Schritt für ihn haben konnte; er schlug die Bitte ab. Jetzt fand die russische Kaiserin in Friedrich eine gleiche Stimmung rücksichtlich Polens, und schnell, im April 1764, kam das von Friedrich erwünschte Bündniß zu Stande. Man verbürgte sich gegenseitig den gegenwärtigen Besitz beider Staaten, versprach sich im Kriege eine Unterstützung von 12,000 Mann oder 480,000 Thaler Subsidien und machte es in einem geheimen Artikel aus, daß man alle Mittel, selbst Kriegsgewalt anwenden wolle, die Grundverfassung der polnischen Republik, namentlich das unbeschränkte freie Wahlrecht — den wesentlichsten Grund der Anarchie, welche Polen schwach und für die Nachbarländer ungefährlich machte! — zu erhalten. Gleichzeitig hatte man den polnischen Grafen Stanislaus August Poniatowski als Bewerber der polnischen Krone ausersehen; unter dem Schutze russischer Waffen wurde dieser am 7. September desselben Jahres zum König gewählt.

Polen aber war von inneren Gährungen erfüllt. Religiöser Fanatismus hatte das Volk furchtbar entzweit; Diejenigen, die nicht zur römisch-katholischen Kirche gehörten — sie führten den Namen der Dissidenten — wurden in jeder Weise unterdrückt. Nun verlangte die russische Kaiserin für die letzteren durchaus gleiche Rechte. Dies regte die Zwietracht immer heftiger auf. Um die Sache kurz zu beenden, entschloß sich Katharina zu einem Gewaltstreich: die Häupter der katholischen Partei wurden zu nächtlicher Weile überfallen und nach Sibirien abgeführt. Aber so schrankenlose Gewalt trieb das polnische Volk zur Verzweiflung; in den südlichen Gegenden, nahe an der türkischen Grenze, bildete sich im Jahre 1768 ein Aufstand, der alle Fremdherrschaft abschütteln und den Thron Stanislaus August's umstürzen wollte. Doch schon waren aufs Neue russische Truppen in Polen eingerückt; die Verbündeten wurden auseinandergesprengt; sie flüchteten sich auf türkisches Gebiet; die Russen eilten ihnen unbedachtsam nach und legten eine türkische Stadt in Asche.

Dieser Friedensbruch fachte urplötzlich das alte Feuer der Eifersucht zwischen der Pforte und Rußland zur lodernden Flamme an. Der russische Gesandte in Konstantinopel ward ohne Weiteres ins Gefängniß abgeführt; der Divan des Sultans erklärte dem Petersburger Hofe den Krieg. Friedrich, der sich höchst ungern mit in den Krieg verwickelt sah, suchte den Frieden zu erhalten, doch waren seine Unterhandlungen umsonst; er zahlte somit an Rußland die bundesmäßige Geldhülfe. Aber die Pforte hatte sich im höchsten Maße übereilt; sie war noch auf keine Weise gerüstet. Rußland erfocht glänzende Siege und besetzte bedeutende Landstrecken des türkischen Gebiets.

Die schnellen Fortschritte seines Bundesgenossen konnte Friedrich indeß nicht ohne Besorgnisse ansehen; es stand wohl zu befürchten, daß er aus einem Verbündeten zum Diener herabgedrückt werden könne. Er sah sich somit nach einer andern Seite um, das verlorene Gleichgewicht wiederherzustellen; und nun begegneten sich die Staaten, die so lange einander feindselig gegenüber gestanden hatten, in gleichem Interesse. Oesterreich konnte die russischen Fortschritte ebenso wenig gleichgültig ansehen wie Preußen.

Joseph II., geboren im Jahre 1741, war seinem Vater im Jahre 1765 als Kaiser und als Mitregent der österreichischen Erblande gefolgt. Ihn hatten die Thaten Friedrich's mit hoher Bewunderung erfüllt; ihm schien kein Loos ruhmvoller, als ebenso — oder vielleicht noch gewaltiger — der Freiheit des menschlichen Geistes Bahn zu brechen, als seinen Namen mit ebenso unvergänglicher Schrift in die Tafeln der Geschichte einzugraben. Hätte er Friedrich's kalte Besonnenheit und Charakterstärke besessen, hätte ihn das Geschick nicht zu früh von seiner dornenvollen Bahn abgerufen, er würde das Größte vollbracht haben. Schon im Jahre 1766, als

Joseph Böhmen und Sachsen bereiste, um sich mit dem Schauplatz des großen Krieges bekannt zu machen, hatte er Friedrich seinen Wunsch kund gethan, ihn von Angesicht zu sehen und persönlich kennen zu lernen; damals hatten jedoch Maria Theresia und ihr Kanzler, Fürst Kaunitz, eine solche Zusammenkunft wenig passend gefunden, und Joseph hatte, sich entschuldigend, gegen Friedrich geäußert, er werde schon Mittel finden, um die Unhöflichkeit wieder gut zu machen, zu der seine Pädagogen ihn zwängen. Unter den gegenwärtigen Verhältnissen aber war das Begehren des jungen Kaisers seiner Mutter ganz erwünscht. Die Vorbereitungen dazu konnten um so schneller beseitigt werden, als Joseph, der seine Reisen stets unter dem

Namen eines Grafen von Falkenstein machte, sich alles Ceremoniel verbeten hatte. Neisse in Oberschlesien war zum Ort der Zusammenkunft ausersehen worden. Am 25. August 1769 traf Joseph daselbst ein; er fuhr geraden Weges nach dem bischöflichen Schlosse, wo Friedrich seine Wohnung genommen hatte. Friedrich eilte ihm mit den Prinzen, welche bei ihm waren, entgegen, aber kaum war er einige Stufen der Treppe hinabgestiegen, als der Kaiser ihm schon in den Armen lag. Der König führte seinen erhabenen Freund an der Hand in den Saal. Joseph sagte: „Nun sehe ich meine Wünsche erfüllt, da ich die Ehre habe, den größten König und Feldherrn zu umarmen.“ Friedrich entgegnete, er sehe diesen Tag als den schönsten seines Lebens an, denn er werde die Epoche der Vereinigung zweier Häuser ausmachen, die zu lange Feinde gewesen seien und deren gegenseitiges Interesse es erfordere, sich einander eher beizustehen, als aufzureiben. Der Kaiser fügte hinzu: für Oesterreich gebe es kein Schlesien mehr. Er bemerkte sodann, daß er zwar für jetzt noch keinen bedeutenden Einfluß habe, daß aber so wenig er wie seine Mutter es zugeben würden, daß die Russen im Besitz der Moldau und Walachei, welche sie bereits großentheils erobert hatten, blieben. Es kam schließlich eine schriftliche Uebereinkunft zwischen ihm und Friedrich zu Stande, wodurch sie sich bei einem zu erwartenden Kriege zwischen England und Frankreich, sowie bei andern unvorhergesehenen Unruhen zu völliger Parteilosigkeit verpflichteten. — Die Tage des Besuchs gingen unter militärischen Uebungen und traulichen Gesprächen hin; beim Ausgehen sah man die beiden Häupter des deutschen Reiches nur Arm in Arm.

Eine zweite, wichtigere Zusammenkunft zwischen Friedrich und dem jungen Kaiser wurde im September des folgenden Jahres zu Neustadt in Mähren veranstaltet. Auf der Reise dahin stattete Friedrich einem Bekannten früherer Zeit, dem Grafen Hoditz, auf dessen mährischem Landgut Roßwalde einen Besuch ab. Hoditz hatte unter den Gartenkünstlern des vorigen Jahrhunderts einen Ruf erworben, der an das Wunderbare grenzte; er hatte es möglich gemacht, alle Phantasien der bildenden Kunst in seiner Besitzung lebendig auszuführen. Die gesammte Schaar seiner Untergebenen hatte er zu diesem Endzwecke künstlerisch ausgebildet. Jetzt ließ er es sich eifrigst angelegen sein, vor seinem königlichen Gaste den ganzen Zauber seines elyseischen Aufenthaltes zu entfalten. Da waren die Felder und Wiesen von arkadischen Schäfern und Schäferinnen belebt; im Wald und in den Gewässern bewegten sich, wie im heitersten Spiele, die Götter und Göttinnen der alten Fabelwelt. Die Gebäulichkeiten und ihre Umgebungen versetzten in die verschiedensten Zonen der Erde; selbst die kleine Stadt der Lilliputer, von denen Gulliver erzählt, fehlte nicht; ihre Thürme reichten nicht bis an die Stirn der Lustwandelnden empor.

Schauspiele, Wasserkünste, Feuerwerke, tausend Ueberraschungen waren angewandt, um einen jeden Gedanken an die prosaische Wirklichkeit des Lebens fern zu halten.

Friedrich war sehr zufrieden aus den Zaubergärten von Roßwalde geschieden und traf am 3. September in Neustadt ein. Am Thor der Stadt stieg er aus seinem Wagen, um den Kaiser zu Fuße zu begrüßen; dieser aber hatte seine Ankunft bereits wahrgenommen und eilte ihm mit seinem Gefolge entgegen. Auf offenem Platze umarmten die Monarchen einander. Diesmal befand sich auch Fürst Kaunitz im Gefolge des Kaisers, und es kam zu näheren diplomatischen Verhandlungen. Kaunitz bemühte sich, den König zu einer unmittelbaren Verbindung zu gewinnen; er stellte ein Bündniß Oesterreichs und Preußens als die einzige Schutzwehr wider den ausgetretenen Strom dar, welcher ganz Europa zu überschwemmen drohe. Friedrich indeß war nicht geneigt, mit Rußland zu brechen; doch versicherte er, er wolle Alles thun, um zu verhindern, daß aus dem gegenwärtigen Türkenkriege ein allgemeiner Brand entstehe; er versprach seine Vermittelung und erwies sich auch in andern Dingen entgegenkommend. Zur Bestätigung dessen, wie eifrig er schon gegenwärtig für die Ruhe Europas unterhandelt hatte, traf gerade in diesen Tagen ein Courier aus Konstantinopel mit dem Antrage des Sultans an die beiden Höfe von Berlin und Wien ein, die Vermittelung zwischen Rußland und der Pforte, welche letztere neuerdings wiederum bedeutende Verluste erlitten hatte, zu übernehmen. Joseph und Kaunitz waren hierüber sehr erfreut und bezeigten sich dankbar.

Der Besuch in Neustadt bot zugleich mancherlei anmuthige Unterhaltung dar. Der geistreiche Prinz von Ligne, der sich in Joseph's Gefolge befand, hat uns darüber und über die Weise, wie Friedrich durch lebendiges und witziges Gespräch zu fesseln verstand, anziehende Berichte hinterlassen. „Wissen Sie", sagte Friedrich eines Tages zu dem Prinzen von Ligne, „daß ich in Ihrem Dienst gestanden habe? Meine ersten Waffen habe ich für das Haus Oesterreich geführt. Mein Gott, wie die Zeit vergeht!" Er legte (fügt der Prinz hinzu) bei den Worten „Mein Gott" die Hände auf eine Weise zusammen, daß es ihm ein mildes Ansehen gab. „Wissen

Sie", fuhr Friedrich fort, „daß ich die letzten Strahlen von dem Genie des Prinzen Eugen habe leuchten sehen?" — „Vielleicht entzündete sich das Genie Ew. Majestät an diesen Strahlen." — „Ach, mein Gott, wer dürfte sich dem Prinzen Eugen gleichstellen!" — „Der", sagte der Prinz, „der mehr gilt: Derjenige zum Beispiel, der dreizehn Schlachten gewonnen hat."

Ueber den Feldmarschall Traun äußerte Friedrich: „Dies war mein Meister; er lehrte mich die Fehler kennen, die ich machte." — „Ew. Majestät", erwiderte der Prinz von Ligne, „waren sehr undankbar, Sie bezahlten ihm die Unterrichtsstunden nicht. Sie hätten sich dafür wenigstens von ihm sollen schlagen lassen, aber ich erinnere mich nicht, daß dies geschehen ist." — „Ich bin nicht geschlagen worden", entgegnete Friedrich, „weil ich mich nicht geschlagen habe."

Besondere Auszeichnung erwies Friedrich dem General Loudon, der sich mit in Neustadt befand. Er nannte ihn fortwährend nur „Herr Feldmarschall", obgleich Loudon erst acht Jahre später diese Würde, welche er, der gefährlichste Feind Friedrich's im siebenjährigen Kriege, schon lange verdient hatte, erhielt. Als man sich eines Tages zur Tafel setzen wollte, bemerkte man, daß Loudon sich noch nicht eingefunden habe. „Das ist gegen seine Gewohnheit", sagte Friedrich, „sonst pflegte er vor mir auf dem Platze zu sein." Er bat darauf, daß Loudon sich neben ihn setzen möge: er liebe es mehr, ihn zur Seite, als sich gegenüber zu sehen.

Friedrich, sowie sein Gefolge, trug während dieses ganzen Besuches die österreichischen Farben, weiß, mit Silber gestickt, damit er den Augen der Oesterreicher nicht die wenig beliebten preußischen Blauröcke vorführe und um den Anschein zu haben, als gehöre er zu ihrer Armee und zum Gefolge des Kaisers. Da Friedrich aber, seiner Gewohnheit nach, viel spanischen Tabak schnupfte, so blieben die Spuren davon auf der weißen Kleidung sehr bemerklich. „Ich bin für Euch, Ihr Herren", bemerkte er zu dem Prinzen von Ligne, „nicht sauber genug, ich bin nicht werth, Ihre Farben zu tragen."

Ueber Joseph äußerte sich Friedrich, kurz nachdem er aus Mähren zurückgekehrt war, mit hoher Anerkennung. „Ich bin", so schrieb er an Voltaire, „in Mähren gewesen und habe da den Kaiser gesehen, der sich in Bereitschaft setzt, eine große Rolle in Europa zu spielen. Er ist an einem bigotten Hofe geboren und hat den Aberglauben verworfen; ist in Prunk erzogen und hat einfache Sitten angenommen; wird mit Weihrauch genährt und ist bescheiden; glüht von Ruhmbegierde und opfert seinen Ehrgeiz der kindlichen Pflicht auf, die er in der That äußerst gewissenhaft erfüllt; hat nur Pedanten zu Lehrern gehabt und doch Geschmack genug, Voltaire's Werke zu lesen und Ihr Verdienst zu schätzen." —

Indeß wollten die Vermittelungen zwischen den feindlichen Mächten vor der Hand zu keinen erwünschten Erfolgen führen. Rußland hatte zu wichtige Vortheile über die Türken erkämpft, als daß es sich zu billigen Friedensbedingungen hätte willig zeigen können; die Pforte wollte auf die russischen Forderungen nicht eingehen; Oesterreich bestand darauf, daß Rußland nicht der Nachbar seiner östlichen Provinzen werden dürfe, und rüstete seine Kriegsmacht, um solcher Erklärung Nachdruck zu verschaffen. Mit vermehrter Heftigkeit drohte der Krieg auszubrechen; es war dringend zu befürchten, daß die Polen so günstige Gelegenheit nicht ungenützt würden vorübergehen lassen, daß sich auch noch andere Mächte in diese Händel mischen würden und daß aufs Neue die Fackel des Krieges ganz Europa entzünden dürfe. Friedrich aber wünschte nichts mehr, als den Frieden zu erhalten und sein Land in ungestörter Muße erstarken zu lassen. Da zeigte sich plötzlich ein ganz unvermutheter Ausweg, um alle die widerstrebenden Gemüther zufrieden zu stellen.

Prinz Heinrich, der Bruder Friedrich's, befand sich in Petersburg zum Besuche und hatte sich das besondere Vertrauen der Kaiserin Katharina zu erwerben gewußt, als dort die Nachricht eintraf, Oesterreich habe einen Theil des polnischen Grenzlandes besetzt, um alte Ansprüche an dasselbe geltend zu machen. Auf diese Kunde sprach Katharina zu Heinrich das berühmte Wort: „Es scheint, daß man sich in Polen nur zu bücken braucht, um nach Belieben zu nehmen: — wenn der Hof von Wien dies Königreich zerstückeln will, so würden die übrigen Nachbarn desselben das Recht haben, ein Gleiches zu thun.“ Diese Aeußerung faßte Heinrich auf; er entwickelte der Kaiserin, wie sie sich auf diese Weise für eine gewisse, den übrigen Mächten so wünschenswerthe Nachgiebigkeit gegen die Pforte vollkommen schadlos halten könne, und Katharina ging bereitwillig darauf ein; die Ausführung konnte bei der inneren Zerrissenheit Polens keine Schwierigkeit haben. Als Friedrich die Nachricht von dieser Verhandlung erhielt, zögerte auch er nicht, seine Zustimmung zu geben.

Preußen und Rußland vereinigten sich bald über die zu ergreifenden Maßregeln und forderten Oesterreich auf, an dieser eigenthümlichen Verbindung gegen Polen Theil zu nehmen. Das österreichische Cabinet, obgleich es den ersten Anstoß dazu gegeben hatte, nahm jetzt den Anschein, als ob es die ganze Angelegenheit mißbillige, — vielleicht der Kaiserin Maria Theresia zu Gefallen, die sich darein allerdings nur äußerst schwer finden konnte. Als es aber seine Zustimmung gegeben hatte, machte es plötzlich so ausgedehnte Forderungen, daß der ganze Theilungsplan fast aufs Neue gescheitert wäre. Endlich, nach mancherlei schwierigen Unterhandlungen, kam man dahin überein, daß ein jeder der drei Staaten die seinen Grenzen zunächst gelegenen Landstriche Polens, welche zu seiner vollkommeneren Abrundung dienlich waren, in Besitz nehmen sollte. Die Ausführung geschah im Herbst des Jahres 1772, ohne daß Polen fähig gewesen wäre, etwas dagegen zu unternehmen. Friedrich ließ Pomerellen und die übrigen, zwischen Pommern und Ostpreußen gelegenen Districte (mit Ausnahme von Danzig und Thorn) besetzen und sich huldigen. Jede der drei Mächte stellte Beweise zur Gültigkeit ihrer Forderungen auf. Friedrich's Erklärung betraf vornehmlich Pomerellen, das von dem Herzogthum Pommern durch die Polen im dreizehnten Jahrhunderte abgerissen war und auf das somit Kurbrandenburg, als Erbe von Pommern, gerechte Ansprüche habe. Friedrich's Erwerbung war die geringste an Flächenraum, Einwohnerzahl und Werth des Bodens; aber sie war für ihn von allergrößter Wichtigkeit, sofern sie die naturgemäße Verbindung zwischen seinen Staaten herstellte und ihn durch den Besitz der Weichselmündung zum Herrn des polnischen Handels machte. Die neue Provinz erhielt den Namen Westpreußen; und da Friedrich jetzt im Besitz des ganzen altpreußischen Landes war, so nannte er sich nicht mehr, wie bisher, König „in“ Preußen, sondern König „von“ Preußen.

Der polnische Reichstag war zur Anerkennung der Abtretungen, trotz des Widerspruches der polnischen Patrioten, gezwungen worden. Thaddäus Reyten,

der eifrigste Gegner der Theilung seines Vaterlandes, ward wahnsinnig, als er all seine Anstrengungen vergeblich sah. Maria Theresia hatte den Plänen ihres Cabinets nur mit äußerstem Widerwillen beigestimmt. Sie schrieb darüber an Kaunitz den merkwürdigen Brief: „Als alle meine Länder angefochten wurden und gar nit mehr wußte, wo ruhig niederkommen sollte, steiffete ich mich auf mein gutes Recht und den Beistand Gottes. Aber in dieser Sach, wo nit allein das offenbare Recht himmelschreiend wider uns, sondern auch alle Billigkeit und die gesunde Vernunft wider uns ist, muß bekennen, daß zeitlebens nit so beängstigt mich befunden und mich sehen zu lassen schäme. Bedenk der Fürst, was wir aller Welt für ein Exempel geben, wenn wir um ein elendes Stuck von Polen oder von der Moldau und Walachei unser Ehr und Reputation in die Schanz schlagen. Ich merk wohl, daß ich allein bin und nit mehr en vigueur, darum laß ich die Sachen, jedoch nit ohne meinen größten Gram, ihren Weg gehen.“ Auf den Entwurf des Theilungsprojects aber schrieb die hehre Frau eigenhändig die Worte: „Placet, weil so viele große und gelehrte Männer es wollen; wenn ich aber schon längst todt bin, wird man erfahren, was aus dieser Verletzung von Allem, was bisher heilig und gerecht war, hervorgehen wird.“ — Alle Welt war von dumpfem Erstaunen erfüllt, als das Ereigniß vor sich ging, das bis dahin ohne Beispiel in der Geschichte war. Doch schritt keine der übrigen Großmächte dagegen ein; die Vorbereitungen zu dem Freiheitskampfe der Nordamerikaner und die Aufhebung des Jesuitenordens hatten die Interessen nach andern Seiten hin abgezogen.

Indem wir dem beginnenden Untergange eines Volkes, das herrlich begabt und einst groß und mächtig war, gerechte Trauer widmen, ist es der Hinblick auf den steten Fortschritt der Geschichte, der für solche Betrachtung Trost gewähren muß. Die Geschichte lehrt uns, wie fort und fort über den Gräbern ein neues Leben emporsprießt. Polen fiel, weil es hinter der Entwickelung der Zeit gänzlich zurückgeblieben war, weil man im Lande selbst nur Willkür und Knechtschaft kannte, weil kein volksthümlicher Geist die Glieder des ausgedehnten Reiches mehr zusammenhielt. Der siebenjährige Krieg war die Zeit gewesen, in welcher sich für Polen die günstigste Gelegenheit darbot, zwischen den streitenden Mächten eine selbständige Stellung einzunehmen und sich somit aufs Neue Einfluß und Bedeutung innerhalb des europäischen Staatensystems zu erwerben; aber in unbegreiflicher Trägheit hatte es diese Jahre, die nicht wiederkehren sollten, vorübergehen lassen, ohne sich zu irgend einer That zu entschließen. Preußen ward, indem es vom polnischen Reiche einen Landstrich nahm, der — beiläufig bemerkt — nicht der ursprüngliche Sitz polnischer Volksthümlichkeit war, in welchem sich im Gegentheil ein germanisches Volksleben bereits entwickelt und den das polnische Volk nur durch Waffengewalt unterworfen hatte, auf eine Weise innerlich ausgerundet, die beim Fortschritt seiner politischen Entwickelung mit Nothwendigkeit erfolgen mußte. Und was von dem ehemaligen Polen unter preußische Hoheit kam, ward sofort, wenn natürlich auch nur in allmäligem Fortschritt, aus der tief eingerissenen Barbarei befreit und all derjenigen höheren Güter des Lebens theilhaftig gemacht, die in den übrigen Provinzen des preußischen Staates im regen Wetteifer der Kräfte gediehen. Zagt unser Herz, dem Schritte beizustimmen, an welchem Friedrich Theil nahm, so müssen wir ihm in den neuen landesväterlichen Sorgen, denen er sich hingab, um mehr als eine halbe Million Menschen glücklich zu machen, wiederum die lauterste Bewunderung zollen. Er selbst war schon im Sommer 1772 nach Westpreußen geeilt, um die nöthigsten Vorkehrungen zu treffen. Wo bisher nur Verwirrung und Rechtlosigkeit geherrscht hatten, ward eine geregelte Rechtspflege, welche Sicherheit des Lebens und Eigenthums gab, eingeführt; die Schmach der Leibeigenschaft und das barbarische Strandrecht wurden aufgehoben; zahlreiche Schulen wurden gestiftet, um das Volk aus seiner stumpfen Gefühllosigkeit zu menschlichem Adel zu entwickeln; vortreffliche Einrichtungen wurden getroffen, um den ansteckenden Krankheiten zu wehren, die so oft Verheerungen unter Menschen und Vieh angerichtet hatten. Endlich ward nichts verabsäumt, um Thätigkeit und Verkehr zu befördern; Colonisten wurden in entvölkerten Landstrecken angesetzt; an der Posteinrichtung erhielt die Landschaft ein ganz neues Gut.

Die Verbindung zwischen Preußen und Rußland, die bei den Verhandlungen über die zu besetzenden Landstriche Polens in etwas gestört war, was sodann die geschäftige Diplomatie feindlich Gesinnter schnell zu benutzen gesucht hatte, ward bald noch fester geknüpft. Prinz Heinrich befand sich im Frühjahr 1776 zum zweiten Male in Petersburg, als die junge Gemahlin des Großfürsten Paul plötzlich starb. Er wußte sich bei diesem Trauerfall durch zarte Theilnahme das Vertrauen des ganzen kaiserlichen Hofes zu erwerben; und als die Kaiserin eine baldige Wiedervermählung des Großfürsten wünschte, brachte er eine Prinzessin von Württemberg, deren Mutter eine Prinzessin von Brandenburg-Schwedt war, in Vorschlag. Die Wahl fand Beifall; es ward bestimmt, daß der Großfürst in Berlin mit der Prinzessin zusammentreffen und dort die Verlobung feiern solle.

Friedrich machte zum Empfang des hohen Gastes außerordentliche Anstalten. Eine besondere Gesandtschaft ward ihm bis an die russische Grenze entgegengeschickt; unterdessen traf man alle Vorkehrungen, um den königlichen Residenzen ein festliches Gepräge zu geben. Da der Hofstaat Friedrich's äußerst einfach war, so wurde für diesen Zweck auch die Zahl der Pagen und Lakaien ansehnlich vermehrt. Am 21. Juli hielt der Großfürst, in dessen Gefolge sich der Graf Romanzow, der Besieger der Türken, befand, einen glänzenden Einzug in Berlin; Friedrich ging ihm bis vor seine Wohnung entgegen. Paul Petrowitsch sagte: „Sire, die Beweggründe, welche

mich von dem äußersten Norden bis in diese glücklichen Gegenden führen, sind das Verlangen, Sie der Freundschaft zu versichern, welche für immer Rußland und Preußen vereinigen soll, und die Sehnsucht, eine Prinzessin zu sehen, welche auf den Thron der Moskowiter zu steigen bestimmt ist. Indem ich sie aus Ihren Händen empfange, wage ich es, Ihnen zu versprechen, daß diese Fürstin mir und der Nation, über welche sie regieren wird, um so theurer ist. Endlich erlange ich, was ich so lange gewünscht habe: ich kann den größten Helden, die Bewunderung unserer Zeit und das Staunen der Nachwelt, betrachten." — Friedrich erwiderte: „Ich verdiene so große Lobeserhebungen nicht, mein Prinz; Sie sehen in mir nur einen alten kränklichen Mann mit weißen Haaren; aber glauben Sie, daß ich mich schon glücklich schätze, in diesen Mauern den würdigen Erben eines mächtigen Reiches, den einzigen Sohn meiner besten Freundin, der großen Katharina, zu empfangen." — Die Verlobung des Großfürsten wurde zwei Tage nach seiner Ankunft gefeiert. Jeder Tag seiner Anwesenheit war durch die glänzendsten Feste gefeiert.

Einundvierzigstes Kapitel.

Friedrich's Sorgen für Deutschland. — Der bayrische Erbfolgekrieg und der deutsche Fürstenbund.

Rastlos hatte Friedrich unterdeß für das Wohl seines Volkes gewirkt; gern hätte er diese schöne Thätigkeit ohne Unterbrechung bis an das Ende seines Lebens fortgeführt. Aber er ließ nicht nach, mit scharfem Blicke die politischen Angelegenheiten zu verfolgen; und als die Gefahr emporstieg, die früher oder später die bedeutsame Stellung, welche er seinem Staate gegeben, beeinträchtigen konnte, war er schnell, wie in den Zeiten der Jugend, gerüstet, dem drohenden Uebel vorzubeugen.

Seit Jahrhunderten hatte man das österreichische Kaiserhaus im Verdacht, daß es dahin strebe, mit dem Schatten der Kaiserwürde eine Macht zu verbinden, welche die unabhängigen Fürsten des Reiches dem Oberhaupte des letzteren wieder dienstbar zu machen bestimmt sei. Man hielt sich für überzeugt, daß es keine Gelegenheit zur Ausführung solcher Pläne würde ungenützt vorübergehen lassen. Auch Friedrich theilte diese Ansicht; der leidenschaftlich emporstrebende Sinn des jungen Kaisers war allerdings hinlänglich geeignet, solche Besorgnisse rege zu halten. Darum äußerte er einst zu einem seiner Generale, indem er ihm das Bild des Kaisers zeigte, das in seinem Zimmer auf einem Stuhle stand: „Den stelle ich mir unter die Augen; das ist ein junger Mann, den ich nicht vergessen darf. Der Kaiser Joseph hat Kopf, er könnte viel ausrichten; schade für ihn, daß er immer den zweiten Schritt thut, ehe er den ersten gethan hat." — In diesen wenigen Worten ist zugleich der Grund des ganzen tragischen Geschickes, das den Kaiser traf, ausgesprochen.

Schon hatte es nicht an Gelegenheit gefehlt, die Rechte der deutschen Fürsten gegen Oesterreich zu vertreten, und Friedrich war dabei nicht unthätig geblieben. Doch war es bisher bei einfachen Verhandlungen geblieben. Als aber der kaiserliche Hof mit Ansprüchen hervortrat, welche die bestehenden Verhältnisse durchaus zu untergraben drohten, sah sich auch Friedrich zu entschiedeneren Maßregeln genöthigt.

Der Kurfürst von Bayern, Maximilian Joseph, war am 30. December 1777 plötzlich gestorben. Mit ihm erlosch der eine pfalzbayrische Regentenstamm; die Nachfolge gebührte nach unzweifelhaftem Rechte dem Kurfürsten von der Pfalz, Karl Theodor; dieser hatte keine ehelichen Kinder, und sein nächster Lehnserbe war somit der Herzog Karl von Pfalz-Zweibrücken. Dem österreichischen Hofe aber war schon seit längerer Zeit der Erwerb von Bayern erwünscht gewesen. Jetzt wurden schnell einige wenig begründete Ansprüche hervorgesucht, österreichische Truppen rückten unverzüglich in Niederbayern und in die Oberpfalz ein, und Karl Theodor, eingeschüchtert und für das künftige Fortkommen seiner zahlreichen außerehelichen Kinder besorgt, vollzog einen Vergleich mit dem Kaiser, durch welchen er an den letztern die bessere Hälfte seiner Erbschaft abtrat. Den Herzog Karl von Zweibrücken, dessen Stimme natürlich nicht übergangen werden durfte, hoffte man zur Bestätigung der Abtretung zu nöthigen.

Solch ein eigenmächtiges Verfahren war gegen die Grundgesetze des Reiches; blieb dasselbe unangefochten, so war fortan kein Stand des Reiches mehr vor den Eingriffen des Kaisers sicher. Friedrich beschloß, die Gerechtsame der deutschen Fürsten zu vertreten. Er erklärte dem Kurfürsten, daß er als Glied des Reiches und als Bürge des zu Hubertusburg bekräftigten westphälischen Friedens bei solcher Zerstückelung eines Kurstaates wesentlich beeinträchtigt sei. Der Herzog Karl, der, anfangs ohne Unterstützung, schon entschlossen war, sich dem Willen des Kaisers zu fügen, ward durch Friedrich zu einer Protestation veranlaßt und empfing von ihm das Versprechen, das pfälzische Haus bei seinen Rechten auf die bayrische Erbschaft gegen die ungerechten Ansprüche des Hauses Oesterreich mit aller Macht zu schützen. Neben dem Herzog Karl waren auch Sachsen und Mecklenburg bei dieser Angelegenheit betheiligt, indem auch sie einige untergeordnete, aber ebenfalls rechtskräftige Ansprüche auf das bayrische Erbe hatten. Frankreich und Rußland erwiesen sich den Plänen Friedrich's geneigt, waren indeß beide nicht im Stande, eine weitere Unterstützung zu gewähren.

Diplomatische Verhandlungen mit dem Kaiser führten zu nichts. Der österreichische Hof war auf keine Weise gewillt, von Dem, was er in Besitz genommen, irgend etwas aufzuopfern; vielmehr wurden bereits Truppen in Böhmen zusammengezogen, um den Einsprüchen Preußens mit gewaffneter Hand entgegenzutreten. Da gedachte auch Friedrich, obgleich er das sechsundsechzigste Jahr bereits überschritten hatte und körperlich leidend war, nicht länger zu säumen und, wenn es einmal so sein müsse, Gewalt mit Gewalt zu vertreiben. Er versammelte seine Armee, von der ein Corps durch Schlesien, das andere durch Sachsen den Oesterreichern entgegentreten sollte, und machte sich bereit, noch einmal die Anstrengungen des Krieges zu ertragen. Nachdem er seine Truppen bei Berlin gemustert, sprach er zu den versammelten Generalen: „Meine Herren! Die Meisten unter uns haben von ihren frühesten Jahren an zusammen gedient und sind im Dienste des Vaterlandes grau

geworden: wir kennen einander also vollkommen wohl. Wir haben die Unruhen und Beschwerlichkeiten des Krieges schon redlich mit einander getheilt, und ich bin überzeugt, daß Sie ebenso ungern Blut vergießen als ich. Aber mein Reich ist jetzt in Gefahr. Mir liegt als König die Pflicht ob, meine Unterthanen zu beschützen, auch die kräftigsten und schleunigsten Mittel anzuwenden, um das über ihnen schwebende Ungewitter wo möglich zu zerstreuen. Diesen wichtigen Vorsatz zu bewerkstelligen; rechne ich auf Ihren Diensteifer und Ihre Neigung zu meiner Person, welche Sie noch allemal gezeigt haben und die auch bisher nie ohne Wirkung war. Uebrigens können Sie versichert sein, daß ich die Dienste, die Sie Ihrem Könige und Vaterlande leisten, stets mit warmem Herzen und wahrer Dankbarkeit erkennen werde. Nur darum will ich Sie bitten, daß Sie die Menschlichkeit nicht aus den Augen setzen, wenn auch der Feind in Ihrer Gewalt ist, und daß Sie die unter Ihren Befehlen stehenden Truppen die strengste Mannszucht beobachten lassen. Ich reise jetzt ab; aber ich verlange nicht als König zu reisen; reiche und schöne Equipagen haben keinen Reiz für mich; doch erlaubt mir mein schwächliches Alter nicht, so zu reisen, wie ich in der feurigen Jugend that. Ich werde mich einer Postkutsche bedienen müssen, und Sie haben die Freiheit, eben dergleichen zu thun; aber am Tage einer Schlacht werden Sie mich zu Pferde sehen, und da hoffe ich, werden meine Generale meinem Beispiele folgen."

Am 5. April 1778 ging Friedrich nach Breslau ab, indem er den Oberbefehl über die schlesische Armee übernehmen wollte; das zweite Armeecorps sollte Prinz Heinrich commandiren. Friedrich hatte den Plan, in Mähren einzubrechen, und er hätte durch dessen schleunige Ausführung bedeutende Vortheile über die Oesterreicher, deren Rüstungen noch nicht vollendet waren, erringen können. Aber es entspannen sich neue Unterhandlungen zwischen ihm und Joseph, die indeß wiederum kein Resultat gewährten und nur Gelegenheit gaben, daß die österreichische Macht vollständig zusammengezogen werden konnte. Jetzt ließ Friedrich den Plan auf Mähren fahren und rückte durch die Grafschaft Glatz in Böhmen ein. Am 5. Juli betrat er mit dem Vortrabe seines Heeres den böhmischen Boden. Man hatte in Wien nicht daran geglaubt, daß es dem alten Könige mit seinen kriegerischen Unternehmungen Ernst sei; die Kunde seines Anmarsches erregte dort die größte Bestürzung. Maria Theresia hatte wenig Lust, den verderblichen siebenjährigen Krieg noch einmal erneut zu sehen; sie zitterte für das Leben ihres Sohnes, der nur nach kriegerischem Ruhme dürstete, und sandte somit unverzüglich und insgeheim einen neuen Unterhändler zu Friedrich. Sie ließ Letzterem ausdrücklich sagen, daß es ihm gewiß ebenso leid thun würde wie ihr, sich einander die Haare auszuraufen, die schon das Alter gebleicht habe. Aber auch diesmal blieben die österreichischen Anforderungen von der Art, daß Friedrich nicht darauf eingehen konnte, und so wurden sie nach einigen Wochen wiederum abgebrochen.

Unterdeß war auch Prinz Heinrich, durch ein sächsisches Corps verstärkt, aus Sachsen in Böhmen eingedrungen und hatte dem Feinde einige wichtige Magazine weggenommen. 400,000 Mann, aufs Gewaltigste gerüstet, beide Armeen ungewöhnlich reich mit schwerem Geschütz versehen, standen sich nunmehr auf böhmischem Boden gegenüber. Alles drohte einen unerhörten Kampf. Aber — es kam zu keiner einzigen großen Schlacht. Der Name Friedrich's klang zu drohend in die Ohren der Oesterreicher, als daß sie es gewagt hätten, die Kette der unangreiflichen Verschanzungen, hinter denen sie aufgestellt waren, zu verlassen und sich anders als in leichten Scharmützeln mit dem Gegner einzulassen. Und auch Friedrich, gerade in dieser Zeit hinfälliger als sonst und von körperlichen Leiden gedrückt, war nicht Willens, den wohlerworbenen Ruhm durch ein kühnes Wagniß auf das Spiel zu setzen. Er begnügte sich, die böhmischen Grenzstriche, in die er eingerückt war, ihrer Lebensmittel zu entblößen, um dadurch eine Scheidewand zwischen Böhmen und Schlesien zu ziehen. Persönlich indeß bewies er ganz den früheren Muth und setzte sich wie ein junger Offizier den größten Gefahren aus. Ein besonderer Zug, der uns aus dieser Zeit aufbehalten ist, gibt einen Beleg seiner alten Unerschrockenheit. Er hatte eines Tages zur Ader lassen müssen. An demselben Tage fiel eine Kanonade mit dem Feinde vor, die so stark ward, daß er für nöthig fand, selbst dahin zu reiten. Bei der Bewegung sprang ihm die Ader auf. Er stieg vom Pferde und ließ sich durch einen Compagniechirurgus, der sich zufällig an der Stelle befand, die Ader wieder zubinden. In dem Augenblicke schlug eine Kanonenkugel hart neben ihm nieder. Der Chirurg erschrak und zitterte. Friedrich aber sagte lächelnd zu den Umstehenden: "Der muß noch nicht viel Kanonenkugeln gesehen haben!"

Bald aber brach unter den preußischen Truppen Mangel an Nahrungsmitteln aus, und verderbliche Krankheiten und häufige Desertion waren die Folge davon. Die Regimenter wurden hierdurch mehr gelichtet, als wenn es zu blutigen Schlachten gekommen wäre. Friedrich sah sich zum Rückzuge aus Böhmen genöthigt, den seine beiden Armeen in der Mitte Septembers antraten. Die meisterhafte Umkehr aus dem verderblichen Aufenthalt war der vorzüglichste Ruhm, den Friedrich in militairischer Beziehung aus diesem Kriege davontrug. Die österreichische Hauptarmee wagte ihn auch hierbei nicht zu stören; einzelne Corps, welche von der schwierigen Lage der Preußen Nutzen zu ziehen suchten, wurden überall erfolgreich zurückgeschlagen. Besonders zeichnete sich bei diesem Rückzuge der preußische Thronfolger Friedrich Wilhelm aus, indem derselbe die ihm anvertrauten Truppen ebenso geschickt

auf den gefahrvollsten Wegen zu führen, wie den wiederholten Angriffen der Feinde mit standhafter Tapferkeit zu begegnen wußte. Friedrich hörte die Berichte über die Thaten seines Neffen mit freudiger Genugthuung an. Als Beide hernach zusammentrafen, ging er ihm mit der heitersten Miene entgegen und sagte: „Ich betrachte Sie von heute an nicht mehr als meinen Neffen, — ich sehe Sie als meinen Sohn an. Sie haben Alles gethan, was ich hätte thun können, Alles, was man von dem erfahrensten Generale erwarten konnte.“ Dann umarmte er den Prinzen mit vieler Zärtlichkeit. Dies Ergebniß erweckte überall um so größere Freude, als man wußte, daß zwischen Friedrich und dem Thronfolger nicht eben ein innigeres Verhältniß obwaltete.

Friedrich hatte sein Hauptquartier noch auf böhmischem Boden, in Schatzlar, genommen, während die Quartiere, die er seine Truppen beziehen ließ, sich nach Schlesien hinein erstreckten. Hier blieb er bis Mitte October und lebte, den widerwärtigen Eindruck des thatenlosen und doch so beschwerlichen Krieges von sich abschüttelnd, der edelsten literarischen Beschäftigung. Voltaire war im Frühling dieses Jahres gestorben. Friedrich hatte ihm lange verziehen und stand seit dem siebenjährigen Kriege wiederum mit ihm im lebhaftesten Briefwechsel. Jetzt schrieb er eine Gedächtnißrede auf den Hingeschiedenen, die den ganzen Enthusiasmus seiner Jugendzeit athmet. Er ließ sie noch im November desselben Jahres in der Akademie von Berlin vorlesen.

Von Schatzlar begab sich Friedrich nach Oberschlesien und trieb die Oesterreicher zurück, welche hier die Grenze beunruhigten. Er besetzte einige Städte des österreichischen Schlesien und ging dann nach Breslau, wo er den Winter über blieb. Einige Gefechte, die während des Winters an der Grenze vorfielen, blieben ohne entscheidenden Erfolg. Jetzt traten auch Frankreich und Rußland mit größerem Nachdrucke gegen den kaiserlichen Hof auf, indem sie Abstellung der Beschwerden der Reichsfürsten forderten. Und da nun auch die Türken, durch welche man Rußland zu beschäftigen gesucht, mit dieser Macht Frieden geschlossen und man somit russische Waffenhülfe zu befürchten hatte, so fand man sich endlich zur Nachgiebigkeit geneigt. Im März 1779 wurde ein Waffenstillstand und am 13. Mai zu Teschen der

Friede geschlossen. Der Vergleich zwischen Oesterreich und dem Kurfürsten Karl Theodor wurde aufgehoben, Bayern — bis auf einen District zunächst an der österreichischen Grenze — seinen rechtmäßigen Besitzern zurückgegeben und Sachsen sowie Mecklenburg auf andere Weise befriedigt.

Friedrich, der für den Krieg 29 Millionen Thaler geopfert und eine große Anzahl seiner Truppen verloren hatte, verlangte im Frieden keine Entschädigung. Gleichwohl trug er einen Vortheil davon, der alle die Vortheile weit überstieg, welche er vielleicht erworben hätte, wenn er den Bestrebungen des Kaisers die Hand geboten. Er gewann durch seinen uneigennützigen Kampf das Vertrauen und die Zuneigung seiner deutschen Mitstände in einem höheren Grade, als er sie je gehabt hatte. Auch Diejenigen, welche bisher die steigende Macht seines Hauses nur mit Eifersucht angeschaut, erblickten jetzt in diesem Hause einen Schutzgeist der bestehenden Verfassung des deutschen Reiches. Ueberall nannte man Friedrich „den Großen“, ja, um ihn von den Andern, denen die Geschichte einen solchen Beinamen ertheilt, zu unterscheiden, „den Einzigen“. Das bayrische Volk vornehmlich verehrte ihn als den Begründer seiner Selbständigkeit. In den bayrischen Bauerhäusern sah man fortan sein Bildniß neben dem des heiligen Corbinian, des Schutzheiligen von Bayern; oft brannte unter beiden Bildern eine Lampe. So fand es einst ein österreichischer Offizier in einem bayrischen Dorfe; er fragte, was das bedeute. Der Wirth gab zur Antwort: „Dieser da ist der Bayern Schutzpatron im Himmel, und dieser hier, Friedrich, der Preußenkönig, ist unser Schutzpatron auf Erden. Beide sind unsere Heiligen, und vor Heiligen brennen wir als gute Katholiken Lichter."

Und noch ein schöner Zug schließt sich dem bayrischen Erbfolgekriege an. Als Friedrich im Frühjahr 1779 erfuhr, daß die Einwohner des Strichs von Böhmen, den seine Armee im vorigen Jahre besetzt und verheert hatte, in äußerster Verlegenheit seien, da es ihnen durchaus an Saatkorn mangle, so öffnete er ihnen seine an der Grenze befindlichen Magazine. Sie konnten aus denselben, wie es ihnen am gelegensten war, entweder für sehr mäßigen Preis Getreide kaufen oder auch geborgt erhalten, um es nach der Ernte durch neue Frucht zu ersetzen. —

Nach solchen Vorgängen erscheinen die letzten Jahre von Friedrich's politischer Thätigkeit, trotz all der neuen, mannigfach verschiedenen Lebens- und Entwickelungsmomente, die er um sich her emporsprießen sah, von eigenthümlichem Glanze verklärt. Ehrerbietig horcht man überall den weisen Lehren, den Worten der Mäßigung und Billigkeit, die er in das lebhafte, sich lösende oder neu verwirrende Getriebe des Völkerverkehrs hinaussendet; begierig strebt man, den eignen Entschlüssen durch das Gewicht seines Namens größeren Nachdruck zu geben. So ließ es sich Rußland, obgleich dessen Interesse von dem preußischen schon wiederum abgewendet war und obgleich Friedrich keine Flotte zur Disposition hatte, sehr angelegen sein, ihn zum Beitritt zu der bewaffneten Seeneutralität zu vermögen, nur damit durch seine bloße Erklärung die Verbindung einen um so größeren Einfluß erhalte. Er trat im Jahre 1781 bei. — Bei den Irrungen, die in Holland zwischen dem Statthalter (dem Gemahl seiner Nichte) und den sogenannten Patrioten entstanden waren, suchte er nach beiden Seiten hin begütigend zu wirken, ohne aber anders als durch das Wort sich in die Angelegenheiten des fremden Volkes zu mischen. Dem Statthalter schrieb Friedrich, er möge sich vor Allem die Achtung und das Vertrauen der Nation zu erwerben suchen. „Mit diesen", setzte er hinzu, „werden Sie, gleich Ihren großen Vorfahren, von denen abzustammen auch ich mir zur Ehre rechne, Ansehen und Einfluß in alle Geschäfte genug haben." — Die ehrenvollste Anerkennung ward Friedrich von Seiten der nordamerikanischen Freistaaten zu Theil, die im Jahre 1783 in die Reihe der unabhängigen Staaten eingetreten waren. Sie wünschten möglichst ausgebreitete Handelsverbindungen mit Europa zu unterhalten und mit den verschiedenen Mächten Tractate abzuschließen, durch welche den Grundsätzen der Seeneutralität möglichst weite Ausdehnung gegeben und den unseligen Folgen unvermeidlicher Kriege möglichst enge Schranken gesetzt würden. Friedrich ward von ihnen zu solcher Verbindung aufgefordert: „als derjenige Regent, welcher dazu gemacht sei, hierin allen andern ein Beispiel zu geben." Friedrich stimmte dem Antrage unver-

züglich bei, und Franklin, Adams und Jefferson schlossen mit dem preußischen Gesandten im Haag, von Thulemeyer, im Jahre 1785 das Bündniß, dessen auf geläuterte Humanität gegründete Bestimmungen eins der ruhmwürdigsten Denkmäler der Geschichte sind.

In demselben Jahre endlich stiftete Friedrich den deutschen Fürstenbund, der Dasjenige, was er durch den bayrischen Erbfolgekrieg erstrebt, auf eine umfassende Weise vollendete. Joseph, seit dem Jahre 1780, da seine Mutter gestorben war, Alleinherrscher von Oesterreich, hatte nicht aufgehört, die Furcht der deutschen Reichsstände, daß er nach einer allmäligen Umwandlung der Reichsverfassung strebe, rege zu erhalten. Das Schlimmste glaubte man befürchten zu müssen, als er aufs Neue Anstalten machte, den Erwerb Bayerns, den er im Frieden von Teschen aufgegeben, auf eine zwar minder gewaltthätige Weise zu erringen, und als sowohl Rußland wie Frankreich jetzt ihre Zustimmung zu dem neuen Plane gaben. Karl Theodor, der Kurfürst von Pfalzbayern, erhielt den Antrag, die bayrischen Lande gegen die österreichischen Niederlande, mit Ausschluß von Luxemburg und Namur, und gegen eine Summe von drei Millionen für ihn und seine Lehnserben an den Kaiser zu vertauschen. Die Nachricht hiervon ward dem Herzog von Zweibrücken im Januar 1785 durch einen russischen Abgeordneten mit dem Bedeuten überbracht, daß Rußland und Frankreich den Tausch gebilligt hätten und daß derselbe, auch wenn der Herzog sich weigere, gleichwohl vor sich gehen würde. Die Sache erregte sofort das größte Aufsehen; nicht nur war der Tausch für das bayrische Haus allzu unvortheilhaft, man hielt sich auch für überzeugt, daß Oesterreich nach solchem Schritte immer weiter um sich greifen werde; man sprach davon, daß auch dem Herzoge von Würtemberg ein ähnlicher Antrag gemacht sei, indem ihm Modena für sein väterliches Erbe sei geboten worden; man sah im Geiste schon alle kleinen Fürsten Süddeutschlands der österreichischen Oberhoheit unterworfen. Der Herzog von Zweibrücken protestirte; er wandte sich wiederum an Friedrich, der alsbald dem russischen Hofe nachdrückliche Vorstellungen über das ungesetzmäßige Verfahren des Kaisers machte, und Katharina sah sich nun zu der Erklärung bewogen, sie habe den ganzen Plan nur gebilligt, sofern von einem freiwilligen Tausche die Rede gewesen sei. Von Frankreich erfolgte dieselbe Erklärung. So sah sich denn auch Joseph genöthigt, die Sache fallen zu lassen und gleichfalls die Erklärung abzugeben, daß er an einen erzwungenen Tausch nie gedacht habe.

Aber die Gemüther waren einmal im höchsten Grade erregt, und es schienen fortan entschiedenere Maßregeln nöthig, um die kleineren Fürsten des Reiches gegen Oesterreichs Uebermacht zu schützen. Friedrich hatte dies in weiser Uebersicht der

Verhältnisse bereits vorausbedacht. Schon im vorigen Jahre hatte er seinen Ministern den Plan vorgelegt, eine engere Verbindung der deutschen Reichsstände, ähnlich wie dergleichen schon in früheren Jahrhunderten geschehen war, zu Stande zu bringen. Der bayrische Tausch beschleunigte jetzt die Ausführung dieser Idee. Sachsen und Hannover wurden zunächst zu einer Verbindung aufgefordert, welche dazu dienen sollte, die Gerechtsame der Stände des deutschen Reiches und überhaupt die Verfassung desselben unverletzt zu erhalten. Schon am 23. Juli kam diese Verbindung zu Stande, und sehr schnell, zum Theil unaufgefordert, schloß sich nun auch der bei weitem größere Theil der übrigen Regenten Deutschlands an.

So hatte Friedrich, kurz vor dem Ziele seiner irdischen Bahn, seinem Staate und dem gesammten deutschen Vaterlande durch den deutschen Fürstenbund das edelste Vermächtniß, die Bürgschaft innerer Kraft und fortdauernden Friedens, gestiftet, — soweit menschliche Voraussicht für die Schicksale der Völker Bürgschaft leisten kann! Daß mit seinem Leben wiederum eine Periode geschichtlicher Entwickelung abgelaufen war, daß in wenig Jahren die ungeheuerste Erschütterung aller europäischen Staaten erfolgen, daß die Verhältnisse der Fürsten und der Völker eine ganz neue Gestalt annehmen sollten, konnte damals Keiner ahnen. Friedrich hatte sein irdisches Thun zum schönsten Schlusse gebracht; er durfte mit Ruhe und Zufriedenheit sein Auge schließen.

Aber ehe wir uns seinen letzten Augenblicken zuwenden, haben wir noch sein Wirken im Inneren seines Staates, seit er die Wunden des siebenjährigen Krieges zu heilen begonnen, und den stillen Verkehr seines Hauses zu betrachten.

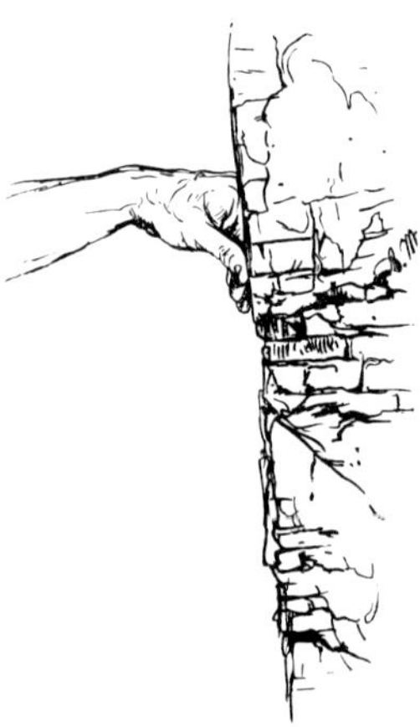

Zweiunddvierzigstes Kapitel.

Friedrich's innere Regierung seit dem siebenjährigen Kriege.

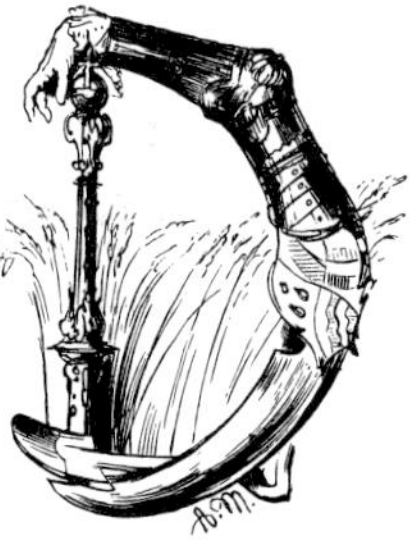

Die Verwaltung seines Staates führte Friedrich in den letzten Jahrzehnten seines Lebens, seit der glorreichen Beendigung des siebenjährigen Krieges, in derselben Weise fort, wie er sie in den glücklichen Jahren vor dem verheerenden Kriege begonnen hatte. Die Stunden des Tages waren fortan mit derselben Pünktlichkeit zwischen den Pflichten des höchsten Berufes und zwischen der Muße des Weisen getheilt; das Jahr verfloß nach denselben Abschnitten, indem er theils von seinem stillen Landhause aus den allgemeinen Gang der Dinge lenkte, theils an Ort und

Stelle alles Einzelne mit scharfem Blicke prüfte. Bis zur Stunde seines Todes war sein Geist es, der den Organismus seines vielgegliederten Staates belebte, war seine Hand es, die alle Fäden der Regierung zusammenhielt und lenkte.

Indeß tritt uns, indem wir den allgemeinen Charakter dieser fortgesetzten landesväterlichen Thätigkeit des großen Königs betrachten, zunächst eine Anschauungsweise entgegen, die unserer Zeit bereits fremd geworden ist, die wir uns jedoch klar machen müssen, um ein unbefangenes Urtheil zu bewahren. Friedrich steht an der Schwelle der neuen Zeit. Er gab dem Gedanken des Menschen eine Freiheit, die zu jener Zeit ohne Beispiel gewesen war; er gewährte jedem seiner Unterthanen eine unbedingt gleiche Geltung vor dem Stuhle des Rechts. Aber es sind im Wesentlichen eben nur diese allgemeineren Verhältnisse, durch welche er dem neuen Geiste Bahn brach; in der Gestaltung des Einzelnen fand er es für gut, noch die gemessenen Schranken bestehen zu lassen, die er vorgefunden hatte, ihre Linien sogar noch fester zu ziehen und der Thätigkeit seiner Unterthanen die Richtungen vorzuzeichnen, in denen sie sich bewegen sollte. Hierin mag ihn vornehmlich der Umstand bestärkt haben, daß bereits durch die Bemühungen seines Vaters ein Mechanismus in dem ganzen Körper des Staates ausgebildet war, dessen Vorzüge vielleicht schwer durch eine andere Gestaltung der Dinge zu ersetzen waren, und daß gerade ein solcher Mechanismus günstig schien, um der Ueberlegenheit seines eignen Geistes freien Spielraum zu gewähren. In solcher Weise konnte er eine großartige Selbstherrschaft üben, wie die Geschichte kein zweites Beispiel kennt. In den späteren Jahren seines Lebens trat, wie es einmal in der Natur des Menschen begründet ist, diese Richtung schärfer hervor als früher; aber wenn auch manche Hemmnisse in der freieren Entwickelung der Kräfte seines Volkes dadurch bedingt waren, so hat er diesem Uebelstande gleichwohl durch den hohen Sinn, mit dem er fort und fort seine Regierung führte, durch die außerordentlichen Unterstützungen, die er nach allen Seiten hin spendete, um das Begonnene zu fördern, durch den reinen Willen, der nur das Gedeihen des Staates im Auge hatte, aufs Glücklichste entgegengearbeitet.

So erklärt es sich zunächst, daß er den Unterschied der Stände entschieden festhielt und daß er über demselben, als die veränderten Verhältnisse in der späteren Zeit seiner Regierung manche Lösung des Althergebrachten wünschenswerth erscheinen ließen, nur mit vermehrter Sorge wachte. Adel, Bürger und Bauern sollten, ein jeder in seinem abgeschlossenen Berufe, für das Beste des Staates arbeiten; keiner von ihnen sollte in die Gerechtsame des andern eingreifen. Der Adel sollte seine Stellung als erster Stand behaupten; er sollte ausschließlich dazu dienen, die ehrenvollsten Aemter des Staates und besonders die Offizierstellen der Armee zu

besetzen; diesem höheren Berufe zu genügen, sollte er seine Gedanken von der Richtung auf gemeinen Erwerb unentweiht erhalten, sollte seine Kraft allein durch den großen Grundbesitz getragen werden. Da aber der Adel schon gar sehr in Verfall gerathen war und Vielen ein einträgliches Gewerbe behaglicher gewesen wäre, als der Besitz von Ländereien, mit denen sie nichts anzufangen wußten, so ward Alles gethan, um sie, selbst wider ihren Willen, in solchem Besitze zu erhalten und zu einer zweckmäßigen Bewirthschaftung desselben zu vermögen. Dem Verkauf der Rittergüter an Bürgerliche ward alle mögliche Schwierigkeit in den Weg gelegt, endlich ward er ganz verboten. Auf die Verbesserung der adeligen Güter wurden ansehnliche Summen verwandt, die der König bereitwillig hergab; von der größten Bedeutung aber und von besonders günstigem Einflusse auf die wankenden Umstände des Adels war die Stiftung der landschaftlichen Creditsysteme, die Friedrich in dieser späteren Zeit ins Leben rief und durch welche für die Gelder, die auf die Güter einer besonderen Provinz erhoben wurden, fortan die ganze Landschaft bürgte, sodaß der gesunkene Credit rasch und lebendig emporgebracht wurde. Noch mancherlei andere Anstalten, unter denen besonders Cadettenhäuser und Ritterakademien anzuführen sind, richtete Friedrich zum Besten des Adels ein.

Bei solcher Gesinnung mußte ihm natürlich die Verbesserung des Ackerbaues sehr am Herzen liegen, und er hat auch dafür nach Kräften und mit reifer Einsicht gewirkt. Hierbei ließ er sich mit ganz besonderer Theilnahme auf die persönlichen Verhältnisse der letzten seiner Unterthanen, des Bauernstandes, ein, indem er der Meinung war, daß die Entfernung dieses Standes vom Throne, wie sie eben in jenen kastenartigen Unterschieden begründet war, nur durch das eigne Auge des Landesvaters ausgeglichen werden könne. Doch wagte er es nicht, obgleich er keine wirkliche Leibeigenschaft in seinen Staaten duldete, die Bauern aus den mannigfach abhängigen Verhältnissen zu ihren adeligen Gutsherren zu lösen, indem er hierdurch die vorhandenen Vorrechte der letzteren hätte antasten müssen. So konnte denn auch der Ackerbau nicht zu der erwünschten Blüthe emporgeführt werden. Was in dieser Beziehung mangelhaft blieb, suchte Friedrich durch die Einführung zahlreicher Colonisten aus der Fremde, denen die wüst liegenden Ländereien übergeben wurden und die sich der mannigfachsten Unterstützung erfreuten, zu bewirken. Fast nichts gab seinem Geiste eine solche Befriedigung, als wenn er Wüsten in blühende Gegenden umgewandelt hatte und nun auf diesen ein reges Leben entfaltet sah. Unermeßliche Summen hat er hierauf im Laufe seiner Regierung verwandt. In allen Provinzen seines Staates ließ er, wie er es bereits vor dem siebenjährigen Kriege im Oderbruch begonnen, Moräste und Seen entwässern, durch Dammbauten gegen die Gewalt der Fluten beschützen, Sandschollen befestigen und zur Erzeugung von Pflanzen geschickt machen. Um alle, auch die geringfügigsten Einzelheiten kümmerte er sich bei diesen neuen Anlagen; manche Gespräche, die er darüber auf seinen Reisen mit den Beamten geführt und die man aufgezeichnet hat, geben hierüber interessante Zeugnisse. Noch heute danken ihm viele reiche Fluren des preußischen Staates ihr Dasein. Ein sehr tüchtiger Mann, von Brenckenhoff, dessen Verdienste er in dem kleinen dessauischen Lande kennen gelernt hatte, stand ihm in diesen großartigen Bemühungen erfolgreich zur Seite.

Ebenso, wie Adel und Bauern, blieb auch der Bürgerstand in sich abgeschlossen und durch die mittelalterlichen Zunftverhältnisse beengt. Auch ihm ward die bestimmte Richtung und Thätigkeit, mit welcher er in den Organismus des Staates einzugreifen habe, vorgeschrieben. Besonders ließ es sich Friedrich angelegen sein, das Fabrikwesen zu begünstigen, damit auf solche Weise die Bedürfnisse des Volkes im eignen Lande erzeugt, das Erworbene im Lande behalten, zugleich auch die Einwohnerzahl soviel als möglich vermehrt würde. In jeder Weise und mit Aufopferung der größten Summen, sowie durch hohe Besteuerung der fremden Waaren suchte er neue Unternehmungen solcher Art zu unterstützen, und er hatte sich, wenigstens im Einzelnen, manches glücklichen Erfolges zu erfreuen. Vorzügliches Gedeihen hatte die große Porzellanfabrik von Berlin, deren Erzeugnisse bald denen der sächsischen Fabriken zur Seite standen. Friedrich hatte für diese Porzellanarbeiten eine besondere Liebhaberei; die Fabrik in Aufnahme zu bringen, ließ er in ihr große Tischservice anfertigen und bediente sich dieser zu Geschenken. Ehe die Fabrik in Aufnahme kam, machte er, um den Juwelieren Beschäftigung zu geben, die meisten Geschenke mit Dosen und Ringen. Wenn er zum Carneval nach Berlin ging, nahm er eine ziemliche Anzahl seiner kostbaren Dosen in zwei Kasten mit, welche durch den langen Sandweg gewöhnlich von einem der beiden Dromedare getragen wurden, die ihm der General Tschernitschef überbracht hatte, als er im siebenjährigen Kriege mit seinem Armeecorps zu den Preußen gestoßen war. — Ebenso war Friedrich fort und fort bemüht, auch den Handel, wie alle Zweige des Erwerbes, durch verschiedene Einrichtungen in Aufnahme zu bringen, namentlich durch die vermehrte Anlage bedeutender Wasserstraßen, unter denen besonders der Bromberger Kanal, welcher die Oder mit der Weichsel verbindet, von Bedeutung ist.

Nach allen Richtungen hin suchte der unermüdliche König, ob auch die Last der Jahre allgemach schwer zu tragen ward, Betriebsamkeit und eifrige Regung der Kräfte zu verbreiten, allenthalben suchte er, wo Elend und Verfall drohte, zu steuern und die sinkenden Kräfte emporzuhalten. Von seinem hohen Wohlthätigkeitssinne und von der Weisheit, durch welche derselbe begleitet ward, bewahrt die Geschichte eine Reihe von Zeugnissen, die auch das stumpfste Gemüth zur Bewunderung und Verehrung hinreißen. Er sammelte in den fruchtbaren Jahren mit umsichtiger Sorgfalt ein, um in den Jahren des Mangels sein Volk vor dem Hunger zu bewahren. So waren im Jahre 1770 und zunächst vorher die Ernten überall äußerst ergiebig gewesen, an manchen Orten so bedeutend, daß man das Getreide nicht aufzuspeichern vermochte und auf dem Felde verderben ließ. Friedrich aber hatte seine großen Magazine reichlich gefüllt; und als nun auf diese Zeit, in den Jahren 1771 und 1772, furchtbarer Mißwachs folgte, da konnte er seine Kornspeicher öffnen, das Gesammelte zu wohlfeilen Preisen verkaufen und den Dürftigsten umsonst geben. Viele Tausende starben in den Nachbarländern des entsetzlichsten Hungertodes; in Preußen erlag Keiner dem Hunger oder dessen Folgen; vielmehr konnte auch noch den großen Schaaren der Fremden, die in Preußen Hülfe suchten, Unterstützung gereicht werden. Von dieser Zeit an erkannte man es, daß Friedrich ebenso weise als Regent, wie groß als Feldherr sei.

Als die Stadt Greiffenberg in Schlesien, durch ihren Leinwandhandel ausgezeichnet, im Jahre 1783 abgebrannt war, gab Friedrich ansehnliche Baugelder, sodaß die unglückliche Stadt schnell wieder aufgebaut werden konnte. Die Bürger sandten ihm im folgenden Jahre, als er auf seiner schlesischen Reise sich in Hirschberg aufhielt, eine Deputation, ihm ihren Dank auszusprechen. Friedrich saß mit dem Prinzen von Preußen und zwei Adjutanten an der Tafel, als die Deputirten eintraten. Der Sprecher sagte zu ihm: „Ew. Königlichen Majestät statten wir im Namen der abgebrannten Greiffenberger den allersubmissesten Dank ab für das zur Aufbauung unserer Häuser allergnädigst verliehene Gnadengeschenk. Freilich ist der Dank eines Staubes, wie wir sind, ganz unbedeutend und ein Nichts. Wir werden aber Gott bitten, daß er Ew. Majestät für dieses königliche Geschenk göttlich belohne." Hier stiegen dem alten Könige Thränen ins Auge und er sagte die ewig denkwürdigen Worte: „Ihr habt nicht nöthig, euch dafür bei mir zu bedanken. Es ist meine Schuldigkeit, meinen verunglückten Unterthanen wieder aufzuhelfen: dafür bin ich da!"

Auch fuhr Friedrich fort, durch verschiedene Bauten sowohl müßige Hände zu beschäftigen, als seinen Residenzen ein immer würdevolleres Ansehen zu geben. Zu den Prachtbauten seiner späteren Zeit gehören das Bibliothekgebäude und die kolossalen Gensdarmenthürme zu Berlin. Der Bau der letzteren wurde 1780 begonnen und schnell emporgeführt. Der eine dieser Thürme, der zu der sogenannten deutschen Kirche gehörige, stürzte bereits im nächsten Jahre bei nächtlicher Weile zusammen; aber ebenso rüstig wurde der Bau von Neuem begonnen und das mächtige Werk im Jahre 1785 vollendet.

Für die Bildung des Volkes durch Schulen hat Friedrich wenig Umfassendes und Durchgreifendes gethan, und man hat dies als einen Hauptmangel seiner Regierung herausgestellt. In der That ist es so; aber indem Friedrich zugleich alle Beschränkung des Gedankens und allen Gewissenszwang aus seinen Landen fern hielt, ward gleichwohl dem wissenschaftlichen Bestreben eine Bahn eröffnet, welche in kurzer Frist zu den schönsten Erfolgen führte und welche, wenn auch erst allmälig und in späterer Zeit, schon von selbst einen höheren Bildungsgrad über die Gesammtmasse des Volkes verbreiten mußte. Dieselben Grundsätze der kirchlichen Duldung, wie in seinen früheren Jahren, übte Friedrich auch in der späteren Zeit seines Lebens aus. Wie frei er selber denken mochte, so störte er Keinen in seiner religiösen Ueberzeugung. Selbst unter seinen nächsten Freunden befanden sich mehrere von streng kirchlicher Gesinnung, den verschiedenen Confessionen zugethan; Friedrich ließ sie ruhig gewähren und wußte sie nur wegen der festen Ueberzeugung, die sie einmal gewonnen hatten, zu beneiden. Unschuldigen Schwärmern, solange sie von ihrer Seite nicht das Gebot der Toleranz überschritten, legte er keine Hindernisse in den Weg. Die zahlreichen Katholiken Westpreußens fanden dieselbe Anerkennung wie die Katholiken in Schlesien. Ja Friedrich ging mit diesen Maßregeln so weit, daß er selbst den Jesuitenorden, nachdem derselbe durch päpstlichen Befehl aufgehoben war, in Schlesien noch mehrere Jahre fortbestehen ließ, indem er den Werth dieses Ordens für die Bildung der katholischen Geistlichen, die er vor der Hand durch kein besseres Mittel zu ersetzen wußte, wohl anerkannte. So wurde auch die Büchercensur im Allgemeinen mit größter Milde gehandhabt. Besonders gegen Satiren auf seine eigne Person erwies sich Friedrich, königlichen Sinnes, äußerst nachsichtig. Als die Wiener es mißdeuteten, daß man einem Berliner Kalender mit Darstellungen aus dem „Don Quichote" das Bildniß Kaiser Joseph's vorgesetzt hatte, befahl Friedrich, man möge für den nächsten Kalender noch lächerlichere Gegenstände ersinnen und sein eignes Bildniß voranstellen; dies geschah auch, und man wählte dazu den „Rasenden Roland".

Mit höchstem Eifer aber sorgte Friedrich bis an den Abend seines Lebens für eine umfassende und parteilose Rechtspflege. Darüber schrieb er einst, im Jahre 1780, an d'Alembert: „Ursprünglich sind die Regenten die Richter des Staates; nur die Menge der Geschäfte hat sie gezwungen, dieses Amt Leuten zu übertragen, denen sie das Fach der Gesetzgebung anvertrauen. Aber dennoch müssen sie diesen Theil der Staatsverwaltung nicht zu sehr vernachlässigen, oder wohl gar dulden, daß man ihren Namen und ihr Ansehen dazu mißbraucht, um Ungerechtigkeiten zu begehen. Aus diesem Grunde bin ich benöthigt, über Diejenigen zu wachen, denen die Handhabung der Gerechtigkeit übertragen ist; denn ein ungerechter Richter ist ärger als ein Straßenräuber. Allen Bürgern ihr Eigenthum sichern und sie so glücklich machen, als es die Natur des Menschen gestattet, diese Pflicht hat ein Jeder, der das Oberhaupt einer Gesellschaft ist, und ich bestrebe mich, diese Pflicht aufs Beste zu erfüllen. Wozu nützte es mir auch sonst, den Plato, Aristoteles, die Gesetze des Lykurg und Solon gelesen zu haben? Ausübung der guten Lehren der Philosophen, das ist wahre Philosophie.“ — Friedrich war in diesem Bestreben um so eifriger, als die frühere Justizreform bei der Schnelligkeit, mit der sie ausgeführt war, noch mancherlei Uebelstände zurückgelassen hatte und er die Abstufungen der verschiedenen Stände keineswegs bis auf den Spruch des Rechtes ausgedehnt wissen wollte. Im Gegentheil trieb ihn seine landesväterliche Sorgfalt, sich gerade seiner niedrig gestellten Unterthanen gegen die höheren, bei denen möglicher Weise mancherlei Einfluß auf das richterliche Urtheil vorausgesetzt werden konnte, vorzugsweise anzunehmen; jedem seiner Unterthanen hatte er es frei gestellt, sich unmittelbar an ihn zu wenden. Dies gab ihm das innigste Zutrauen von Seiten des Volkes. Aber auch mancher unbegründete Einspruch gegen die Urtheile des Gerichts kam auf diese Weise vor ihn; und da überhaupt im Lauf der Jahre alte und neue Mißbräuche in den Rechtsangelegenheiten sichtbar geworden waren, so dienten jene Klagen der Niederen oft nur dazu,

ihn gelegentlich gegen die Richter mit Mißtrauen zu erfüllen. Eine kleine Begebenheit gab den Anlaß, daß dieses Mißtrauen auf eine unerwartet heftige Weise hervorbrach; aber sie bewirkte zugleich eine neue, äußerst wohlthätige Reform.

Ein Müller, Namens Arnold, besaß in der Neumark eine Mühle, für welche er dem Grafen von Schmettau einen jährlichen Erbpacht zu bezahlen hatte. Hiermit blieb er im Rückstande unter dem Vorwande, daß ihm durch die Anlage eines Teiches, den ein anderer Gutsherr, der Landrat, [illegible] Gersdorff, oberhalb der Mühle graben lassen, das nöthige Wasser genommen sei. Graf Schmettau klagte endlich den Säumigen aus und die Mühle wurde auf gerichtlichem Wege verkauft. Der Müller führte nun vielfache Beschwerde, wurde aber stets, weil seine Klage, den besonderen Verhältnissen gemäß, ganz unstatthaft sei, abgewiesen. Er wandte sich nunmehr zu wiederholten Malen unmittelbar an den König, bis dieser die Sache durch einen Offizier untersuchen ließ, den er für unparteiisch hielt, der aber, die Verhältnisse nicht eben genau untersuchend, die Angelegenheit zu Gunsten des Müllers darstellte. Es erfolgten noch weitere gerichtliche Untersuchungen, welche wiederum bei dem bisherigen Urtheil stehen blieben. Friedrich, eingenommen durch den Bericht jenes Offiziers und unwillig, daß dem Armen sein Recht so lange vorenthalten bleibe, übergab endlich die Sache dem Kammergericht zu Berlin, mit dem Befehl, den Proceß schleunig zu beenden. Doch auch das Kammergericht fand nur, daß das Urtheil zu bestätigen sei. Nun glaubte Friedrich, daß man nur den Adeligen zu Gunsten Recht gesprochen habe und daß man die vermeinte Unabhängigkeit der richterlichen Würde auch gegen ihn zu behaupten suche; er beschloß, gewaltig durchzugreifen und ein Beispiel der Warnung für gewissenlose Richter aufzustellen. Es war im December 1779. Der Großkanzler von Fürst und drei Räthe des Kammergerichts erhielten Befehl, vor ihm zu erscheinen. Sie fanden ihn in seinem Zimmer, am Chiragra leidend. Hier hielt er ihnen mit heftigen Worten ihr Benehmen vor, so wie es ihm erschienen war.

Sie müßten wissen, sagte er, daß der geringste Bauer und Bettler ebenso wohl ein Mensch sei, wie der König. „Ein Justizcollegium", fügte er hinzu, „das Ungerechtigkeiten ausübt, ist gefährlicher und schlimmer wie eine Diebesbande: vor der kann man sich schützen; aber vor Schelmen, die den Mantel der Justiz gebrauchen, um ihre übeln Passionen auszuführen, vor denen kann sich kein Mensch hüten; die sind ärger wie die größten Spitzbuben, die in der Welt sind, und meritiren eine doppelte Bestrafung." Den Großkanzler entließ er mit harten Ausdrücken und mit der Erklärung, daß er seines Dienstes nicht weiter bedürfe und seine Stelle schon wieder besetzt sei; die drei Räthe wurden in das Stadtgefängniß gebracht. Sodann ward dem Criminalsenate des Kammergerichts eine Untersuchung über die verschiedenen richterlichen Collegien, welche bisher in dieser Sache geurtheilt hatten, übertragen; doch der Senat erkannte auf ihre Unschuld. Friedrich aber bestimmte aus eigner Machtvollkommenheit, daß jene Räthe des Kammergerichts und mehrere andere Justizbeamte cassirt, mit einjähriger Festungsstrafe belegt werden und allen Schaden des Müllers ersetzen sollten.

Der ganze Vorfall, besonders aber das durch königlichen Machtspruch erfolgte Urtheil, erregte außerordentliches Aufsehen. In fernen Ländern pries man die unnachsichtige Rechtspflege des Königs, die sorgsam auch über dem Wohl des geringsten seiner Unterthanen wache. In der Nähe hatte das unerwartete Ereigniß zwar viele Gemüther aufs Tiefste erschüttert; man mußte die unglücklichen Opfer innig bedauern, aber man erkannte zugleich die hehre Absicht und durfte sich der freudigen Zuversicht hingeben, daß aus so edlem Willen kein weiteres Uebel hervorgehen könne. Auch war man der Gesinnung des Königs zu gewiß, als daß man in sklavischer Furcht seine Meinung über das Ereigniß unterdrückt hätte. Alles eilte, dem abgesetzten Großkanzler sein Beileid zu bezeigen; die Wagenreihen der Besucher waren so aufgefahren, daß sie geradezu aus den Fenstern des königlichen Schlosses gesehen werden mußten. Wenige Tage zuvor war ein neuer österreichischer Gesandter angekommen und hatte eine Wohnung in der Nähe des abgesetzten Großkanzlers bezogen; als er das Gedränge der Besucher wahrnahm, äußerte er: „In andern Ländern eilt man zu den Ministern, die neu angestellt sind; hier, wie ich sehe, zu Dem, der ungnädig entlassen worden." Ebenso wurde auch den nach der Festung abgeführten Räthen von allen Seiten Theilnahme bezeigt und mannigfach für die Erleichterung ihres Schicksals gesorgt. Friedrich hinderte das Alles auf keine Weise; und so dürften in der That nur wenig Züge zu finden sein, die, — rücksichtlich der Begeisterung, welche das Volk für seinen König hegte, — für die Würde dieses Verhältnisses ein ehrenvolleres Zeugniß geben könnten.

An die Stelle des verabschiedeten Großkanzlers hatte Friedrich den bisherigen schlesischen Justizminister von Carmer berufen. Er hatte in diesem schon früher den Mann erkannt, der fähig war, die erwünschte neue Justizreform zu Stande zu bringen. Jetzt erhielt Carmer den Auftrag, ein dem Geiste der Nation und dem Standpunkte der bürgerlichen Verfassung angemessenes Gesetzbuch und eine neue Proceßordnung zu besorgen. Carmer machte sich an das Werk; er wählte sich ausgezeichnete Gehülfen zu dieser Arbeit, ernannte eine besondere Gesetzcommission, erweiterte den Antheil an dem großen Geschäfte durch ausgesetzte Prämien und brachte endlich, nach jahrelanger rastloser Mühe, in dem „Allgemeinen Landrecht" und der „Allgemeinen Gerichtsordnung für die preußischen Staaten" ein Gesetzbuch zu Stande, dessen Gleichen das neuere Europa noch nicht gekannt hatte. Friedrich erlebte die Vollendung dieses Werkes nicht; aber ihm bleibt die Ehre, von dem Beginn seiner Regierung bis in die letzten Jahre seines Lebens mit höchstem und erfolgreichstem Eifer für eine Angelegenheit gewirkt zu haben, welche die erhabenste Pflicht des Herrschers und die Grundbedingung all des Glückes ist, welches der Mensch im gesellschaftlichen Verbande sucht.

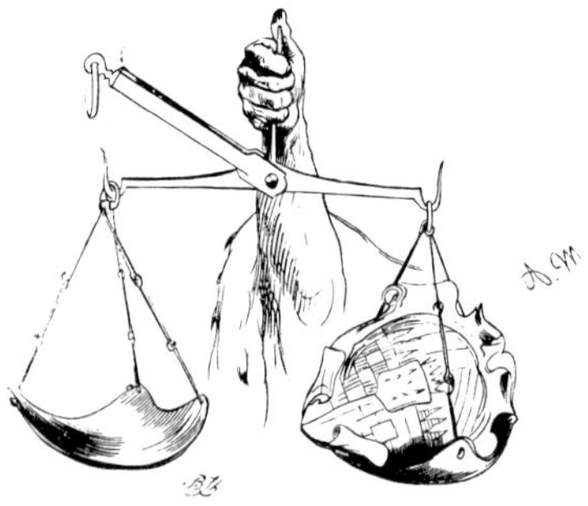

Dreiundvierzigstes Kapitel.

Friedrich's häusliches Leben im Alter.

Von dem heiteren Kreise, der sich in früheren Jahren in Sanssouci bewegt und die Muße des großen Königs verschönert hatte, war im Verlaufe des siebenjährigen Krieges manch Einer geschieden. Ein großer Theil von Friedrich's Freuden lag bereits, als er nach den Stürmen des Krieges in sein stilles Asyl zurückzog, im fernen Reiche der Erinnerung. Aber gern gedachte er der glücklichen Zeiten und gern ließ er ihren Abglanz in die stets einsamer werdende Gegenwart herüberleuchten. Seiner verehrten Schwester, der Markgräfin von Baireuth, weihte er ein eigenthümliches Denkmal. „Mag es Schwachheit oder übertriebene Verehrung sein", — so schrieb er im Jahre 1773 an Voltaire, — „genug, ich habe für diese Schwester Das ausgeführt, worauf Cicero für seine Tullia dachte, und ihr zu Ehren einen Tempel der Freundschaft errichten lassen. Im Hintergrunde steht ihre Statue, und an jeder Säule ist ein Medaillon von einem solchen Helden befindlich, der sich durch Freundschaft berühmt gemacht hat. Der Tempel liegt in einem Bosquet meines Gartens, und ich gehe oft dahin, um an so manchen Verlust und an das Glück zu denken, das ich einst genoß." — Noch heute gibt der zierliche Marmorbau dieses Freundschaftstempels den schönen landschaftlichen Bildern, welche sich in dem Garten von Sanssouci aneinanderreihen, mehrfach einen charakteristischen Reiz.

In gleicher Weise gab Friedrich auch der Erinnerung an die abgeschiedenen Helden, die unter ihm für das Vaterland gekämpft, durch eine Reihe von Denkmälern eine feste Stätte. Das marmorne Standbild Schwerin's hatte er schon während des siebenjährigen Krieges beginnen lassen; im April 1769 wurde dasselbe auf dem Wilhelmsplatze zu Berlin aufgestellt. In späteren Jahren folgten, auf derselben Stelle, die Statuen von Seydlitz, Keith (dem Feldmarschall, der bei Hochkirch gefallen war) und Winterfeldt. Zieten, der wenig Monate vor Friedrich starb, erhielt sein Denkmal erst unter dem folgenden Könige, und noch später ward diesen Fünfen das Standbild des Siegers von Kesselsdorf, des Fürsten Leopold von Dessau, hinzugefügt. So gemahnen die Marmorbilder, die unter den Linden des Wilhelmsplatzes stehen, die Nachkommen fort und fort an jene unvergeßliche Zeit.

Bis zur Zeit des bayrischen Erbfolgekrieges blieben Friedrich indeß noch einige nähere Freunde erhalten, mit denen er der Vergangenheit gedenken und sich auch noch so mancher anmuthigen Blüthe, welche der Herbst des Lebens aufs Neue emporsprießen machte, erfreuen konnte. Marquis d'Argens zwar, der während des siebenjährigen Krieges so treu an dem Könige gehalten und mit der Schärfe seiner Feder für ihn gekämpft hatte, fand sich, als das gebrechlichere Alter sich einstellte, in der rauhen Luft des Nordens nicht mehr behaglich und sehnte sich bald nach seiner warmen Heimat, nach der schönen Provence zurück. Friedrich mußte ihn schon im Jahre 1764 zu einem Besuche dorthin entlassen; da ihm aber der Freund zu lange ausblieb, so sann er auf ein eignes Mittel, seine Rückkehr zu beschleunigen. Er setzte im Namen des Erzbischofs von Aix einen förmlichen Hirtenbrief gegen die Freigeister auf, unter denen der Marquis namentlich angeführt ward, und sandte diesen in einigen Exemplaren an Personen von d'Argens' Bekanntschaft. D'Argens, nicht gewohnt, mit persönlicher Gefahr zu scherzen, meinte, das könne ihm von Seiten fanatischer Landsleute eine bedenkliche Begegnung bereiten; nothgedrungen entschloß er sich zur Rückreise. Doch blieb die Sehnsucht nach der Heimat wach, und aufs Neue bat er Friedrich, ihn zu entlassen. Da der König sich entschieden weigerte, seine Zustimmung zu geben, so glaubte d'Argens endlich, Friedrich halte ihn nur deshalb fest, weil er so viele vertraute Briefe, die leicht zu Mißbrauch Anlaß geben konnten, von seiner Hand besitze. Er packte sie zusammen und sandte sie an Friedrich zurück, mit innig ausgesprochenem Dank für alle die Gnade, welche er bei ihm genossen, und mit der erneuten Bitte um seinen Abschied. Jetzt gewährte Friedrich, tief gerührt, die Bitte des Freundes. D'Argens erhielt das Paket Briefe uneröffnet wieder; gleichwohl nahm er sie nicht mit, als er im Jahre 1769 den gastlichen Boden verließ. Bald nachdem er seine Heimat erreicht hatte, starb er.

Zwei Andere, Fouqué und der Lord-Marschall Keith, Beide hochbetagt, blieben bis an ihren Tod getreu zur Seite des Königs und erfreuten sich der theilnehmendsten Sorgfalt, mit der Friedrich, selbst schon die Beschwerden des Alters fühlend, ihre letzten Tage zu erheitern suchte. Fouqué hatte, nachdem er aus der österreichischen Gefangenschaft zurückgekehrt war, dem Kriegsdienste entsagt, zu dessen Erfüllung seine Kräfte nicht mehr hinreichten; zum Dompropste in Brandenburg ernannt, nahm er fortan dort seine Wohnung, aber mehrfach besuchte er den König in Sanssouci oder empfing, als er nicht mehr reisen konnte, dessen Besuche in seiner stillen Zurückgezogenheit. Friedrich sandte ihm Alles zu, was ihm das Leben noch ange-

nehm und behaglich machen konnte: hundertjährige Weine, die ausgesuchtesten Früchte seines Gartens und andere Dinge für seinen häuslichen Bedarf. Um seine Spaziergänge in des Freundes Gesellschaft zu genießen, ließ Friedrich ihn, den seine Füße nicht mehr tragen wollten, in einem Sessel die Treppen herabtragen, in einen eigens dazu verfertigten Wagen setzen und durch die Alleen von Sanssouci fahren, während er zu Fuße nebenher ging. Als sein Gehör schwach ward, sandte er ihm mancherlei Röhren zur Verstärkung des Schalles. Als ihm selbst das Sprechen schwer ward, erfand man eine Maschine, durch Zusammensetzung der Buchstaben die Worte zu ergänzen, die er nicht aussprechen konnte, und auch Friedrich bediente sich dieser Methode, um sich mit ihm zu unterhalten. Im Jahre 1774 starb Fouqué.

Noch näher gestaltete sich das Verhältniß mit dem Lord-Marschall Keith, der während des siebenjährigen Krieges in wichtigen diplomatischen Sendungen beschäftigt gewesen war. Zwar hatte auch diesen, nach Beendigung des Krieges, das Heimweh nach Schottland gezogen; aber der Siebenzigjährige hatte sich dort gar vereinsamt gefühlt, und so führte ihn schon im Jahre 1764 ein stärkeres Heimweh nach Sanssouci zurück. Friedrich ließ ihm neben Sanssouci ein Haus bauen und einrichten, über dessen Eingang Keith die Worte setzte: Fridericus II. nobis haec otia fecit. Täglich konnte er, ganz nach seinem Belieben, um Friedrich sein und alle Bequemlichkeiten genießen. Er fühlte sich in dem Landhause des großen Königs, das scherzweise unter den Freunden oft „das Kloster“ genannt ward, sehr glücklich.

„Unser Pater Abt", pflegte er zu sagen, „ist der umgänglichste Mensch von der Welt." — „Indeß (fügte er hinzu), wenn ich in Spanien wäre, so würde ich mich in meinem Gewissen verpflichtet achten, ihn bei der heiligen Inquisition als der Zauberei schuldig anzugeben. Denn würde ich wohl, wenn er mich nicht bezaubert hätte, hier verbleiben, wo ich nur das Bild der Sonne sehe, während ich in dem schönen Klima von Valencia leben und sterben könnte?" — In Valencia hatte Keith früher glückliche Tage verlebt und dort, wie er sagte, „viele gute Freunde gefunden, besonders die liebe Sonne". Er blieb Friedrich in unwandelbarer Treue und Offenheit ergeben und hieß allgemein nur „der Freund des Königs". Er starb, 88 Jahre alt, während des bayrischen Erbfolgekrieges.

Ebenso erfreute sich auch der alte Zieten mannigfacher Huld und Theilnahme. Zieten wohnte in Berlin und der König besuchte ihn allemal, wenn er dahin kam. Einst war Zieten an Friedrich's Tafel eingeschlummert; einer der Mitspeisenden

wollte ihn wecken, aber Friedrich sagte: „Laßt ihn schlafen, er hat lange genug für uns gewacht.“ Im Jahre 1784, als Friedrich zur Carnevalszeit Berlin besuchte, erschien Zieten, schon 85 Jahre alt, im Parolesaal des Schlosses. Sowie ihn Friedrich bemerkte, trat er auf ihn zu, begrüßte ihn und sagte: „Es thut mir leid, daß Er sich die Mühe gegeben hat, die vielen Treppen zu steigen; ich wäre gern zu Ihm gekommen. Wie steht's mit der Gesundheit?“ — „Die ist gut, Ew. Majestät, mir schmeckt noch Essen und Trinken, aber ich fühl's, daß die Kräfte abnehmen.“ — „Das Erste hör' ich gern; aber das Stehen muß Ihm sauer werden.“ Friedrich befahl einen Stuhl herbeizubringen. Zieten weigerte sich, davon Gebrauch zu machen, versichernd, er sei nicht müde; der König aber bestand darauf, mit den mehrmals wiederholten Worten: „Setz' Er sich, alter Vater! setz' Er sich, sonst geh' ich fort, denn ich will ihm durchaus nicht zur Last fallen.“ Zieten gehorchte endlich und Friedrich unterhielt sich stehend noch geraume Zeit mit ihm.

Mit den Entfernten setzte Friedrich, wie in früheren Zeiten, einen lebhaften Briefwechsel fort, unablässig bemüht, seine Gedanken über die wichtigsten Interessen des Menschen auszutauschen. Vorzüglich ist unter diesem Briefwechsel der mit Voltaire und mit d'Alembert ausgezeichnet. Doch auch hier riß der Tod bald neue Lücken. Voltaire starb, wie bereits bemerkt, während des bayrischen Erbfolgekrieges, gleichzeitig mit dem Lord-Marschall Keith. D'Alembert's vertrauliche Worte blieben dem Könige bis zum Jahre 1783.

Neben dem Genuß, den die Freunde aus der alten Zeit gewährten, tauchten nach dem siebenjährigen Kriege indeß auch noch einige eigenthümliche Freuden geselligen Verkehrs für den alternden König auf. So ward der Sylvesterabend an sogenannter „Confidenztafel“ mit einigen Damen, die Friedrich aus jener alten Zeit werth waren, unter dem Vorsitz seiner Schwester, der unvermählten Prinzessin Amalie, gefeiert. Da nach althergebrachter Sitte den Frauen am letzten Tage des Jahres die Herrschaft gebührt, so fand eine jede von ihnen unter ihrer Serviette Krone und Scepter von Zucker, die Süßigkeit ihres Regimentes anzudeuten. Wirth und Gäste boten an diesem Abend allen Witz und alle Laune auf, um das Fest mit Fröhlichkeit zu schmücken. Aber auch hier trat nur zu bald der Tod störend hinein. — Noch heiterer entfaltete sich auf kurze Zeit das Leben um Friedrich, als der Prinz von Preußen, Friedrich Wilhelm, sich im Jahre 1765 mit der anmuthigen Prinzessin Elisabeth von Braunschweig vermählte. Fast täglich wurden jetzt einige Offiziere, oft schon des Nachmittags, zum Könige eingeladen, auch wenn er auf Sanssouci war; zur Unterhaltung dienten theatralische Vorstellungen, jede Woche war einigemal Tanz nebst kleinen gesellschaftlichen Spielen. Der König selbst nahm an diesen

Vergnügungen stets lebhaften Antheil. Aber die Ehe war unglücklich; sie mußte nach einigen Jahren schon aufgelöst und die Prinzessin vom Hofe entfernt werden. Neue Einsamkeit, durch bittern Unmuth verdüstert, trat schnell an die Stelle des fröhlichen Verkehrs. — Die Prinzessin Elisabeth starb im höchsten Alter erst am 18. Februar 1840 zu Stettin, die Einzige, die von den Tagen des alten Glanzes von Sanssouci noch aus eigner Theilnahme Kunde zu geben vermochte.

Die Zeit des bayrischen Erbfolgekrieges, von der ab der Tod mit rascher Hand die letzten Umgebungen Friedrich's lichtete, bezeichnet auch die Periode, bis zu welcher die musikalischen Genüsse, die so wesentlich zur Erfrischung seines Geistes beitrugen, andauerten. Bis gegen diese Jahre war des Abends regelmäßig, nach alter Sitte, im Zimmer des Königs Concert. Als ein besonders merkwürdiges Concert hat man jenes aufgezeichnet, welches im September 1770, als Friedrich in Pots=

dam den Besuch der verwittweten Kurfürstin Antonie von Sachsen empfing, angeordnet wurde: die Kurfürstin spielte den Flügel und sang; Friedrich, von Quantz begleitet, blies die erste Flöte, der Erbprinz von Braunschweig spielte die erste Violine und der Prinz von Preußen das Violoncell. Aber Quantz starb im Jahre 1773, mangelnde Vorderzähne verhinderten Friedrich am Flöteblasen und so fand er, da er die eigene Thätigkeit aufgeben mußte, bald auch im Anhören der Concerte keine Freude mehr.

Allmälig wird es immer einsamer um den König her. Auch von den Gliedern seiner Familie verläßt eines nach dem andern, manches in blühender Jugend, seinen Platz. Aufs Tiefste hatte ihn besonders der Tod eines geliebten hoffnungsvollen Neffen erschüttert, des Prinzen Heinrich, jüngern Bruders des Prinzen von Preußen, der im Jahre 1767, zwanzig Jahre alt, starb. Er schrieb auf ihn eine Gedächtnißrede, die all seine Zärtlichkeit für diesen Prinzen und alle Trauer über seinen Verlust athmet, und ließ dieselbe in der Akademie vorlesen. Ueberhaupt hatte er mit seiner Familie allmälig immer weniger vertrauten Verkehr. Seine Gemahlin lebte in ihrer stillen Zurückgezogenheit, ihre Tage nur durch Wohlthun, wissenschaftliche Beschäftigung und kindliche Frömmigkeit bezeichnend, ohne Sanssouci je gesehen zu haben.

Zuweilen pflegte er des Winters bei ihr im Schlosse von Berlin zu speisen, ohne doch jemals mit ihr zu sprechen. Das seltene Fest des goldnen Ehejubiläums, das im Jahre 1783 erschien, wurde nicht öffentlich gefeiert. Doch sorgte er nach wie vor, sie in den gebührenden Ehren zu erhalten. Sie starb elf Jahre nach ihm.

Auch zu dem Thronfolger, dem Prinzen von Preußen, gestaltete sich kein näheres Verhältniß. Manche Gründe hatten eine gegenseitige Kälte veranlaßt. Indeß äußerte

Friedrich eine lebhafte Freude, als dem Prinzen, nachdem dieser zur zweiten Ehe geschritten, der erste Sohn, der nachmalige König Friedrich Wilhelm III., am 3. August 1770 geboren und hierdurch der weiteren Thronfolge eine Bürgschaft gegeben ward. „Ich wünsche", — so schrieb er über dies Ereigniß prophetischen Sinnes an Voltaire, — „daß dies Kind die Eigenschaften habe, welche es haben muß, und daß es, fern davon, die Geißel des menschlichen Geschlechtes zu sein, vielmehr dessen Wohlthäter werde." Und an einen andern Freund schrieb er: „Ein Ereigniß, das für mich und für mein ganzes königliches Haus so wichtig ist, hat mich mit der lebhaftesten Freude erfüllt; und was mir diese Freude noch inniger macht, ist, daß sie das ganze Vaterland mit mir theilt. Könnte es einst auch mit mir die Freude theilen, diesen jungen Prinzen auf den ruhmvollen Bahnen seiner Vorfahren schreiten zu sehen!" — In solcher Weise knüpft sich die schicksalsvolle Zukunft unmittelbar an die Tage Friedrich's; und wie er selbst einst, am Tage seiner Taufe, von seinem Großvater in das Leben eingeführt ward, so trägt er jetzt das nachfolgende Geschlecht den Worten der Weihe für das Leben entgegen. Ein Bericht über die Taufe des Prinzen Wilhelm, jüngsten Sohnes des Thronfolgers, des nachmaligen Siegers von Laon, gibt uns das Bild einer solchen Scene, die freilich im Gegensatz gegen die prunkvollen Ceremonien König Friedrich's I. den Charakter einer wesentlich verschiedenen Zeit offenbart. Es war der 10. Juli 1783, an welchem Prinz Wilhelm zu Potsdam getauft werden sollte. Das Corps der höheren Offiziere von der Garde hatte sich vor dem Palais des Prinzen versammelt und erwartete hier den König. Als dieser in Begleitung des Prinzen Friedrich von Braunschweig angekommen war, ward er durch den Thronfolger hinaufgeleitet, während die übrige Versammlung nachfolgte. Vor dem Zimmer der Prinzessin befanden sich die Kinder des Prinzen, den König zu empfangen. Hier stand auch ein Tisch mit einem silbernen Taufbecken, zur Seite ein rothes Paradebett, auf welchem der Täufling lag. Dabei standen der Hofprediger, die Amme und ein paar Kammermädchen. Nachdem der König sich hier etwa eine Minute aufgehalten hatte, ging er in das folgende Zimmer, in welchem die Prinzessin von Preußen auf dem Bette saß. Nach kurzer Beglückwünschung kehrte Friedrich wieder in das Taufzimmer zurück; eine der Hofdamen hatte unterdeß den Prinzen von dem Paradebett aufgenommen und legte ihn dem Könige, sobald er an den Tauftisch trat, in die Arme. Der Geistliche verrichtete die Handlung mit wenigen Worten, unter denen der Wunsch, daß der Prinz zur Zierde des königlichen Hauses aufwachsen möge, die Hauptsache war. Hierauf ging der König wieder zu der Prinzessin, um sich zu empfehlen. Als er wegging, standen die kleinen Prinzen noch im Taufzimmer; sie küßten ihm die Hand; der zweite, zehnjährige Prinz, — Ludwig, gestorben 1796,

— sah seinen großen Oheim beweglich an. „Was fehlt Ihm?“ fragte ihn der König. „Sein Rock steht Ihm wohl nicht mehr an? Nun, so ziehe Er nur einen Soldatenrock, wie Sein Bruder, an!“ Der kleine Prinz war über diese Erlaub-

niß außerordentlich erfreut, bedankte sich und Friedrich ging, von dem Prinzen von Preußen begleitet, hinunter und stieg wieder zu Pferde. Das Alles geschah in sieben Minuten.

Besondere Anregung in das Leben von Sanssouci bringen fortan fast nur noch die freilich nicht seltenen Besuche ausgezeichneter Reisenden, welche den Mann des Jahrhunderts zu sehen und ihm ihre Huldigung auszusprechen kommen. Viele ausgezeichnete Namen sind unter diesen Besuchern aufbewahrt. Wir nennen nur zwei von ihnen: Lafayette und Mirabeau. Der Letztere wurde dem Könige am 25. Januar 1786 vorgestellt. So knüpft sich auch hier alte und neue Zeit zusammen.

Friedrich's Dienerschaft bestand nur aus wenigen Personen, indem bei seiner einfachen Lebensweise seine Bedürfnisse leicht befriedigt waren. Ueber seinen Verkehr mit diesen Leuten wird eine Menge von Anekdoten erzählt; sie stellen den König meist als einen sehr strengen, oft aber auch als einen ungemein nachsichtigen Herrn dar. Unter diesen Anekdoten ist eine, die seinen eigenthümlichen Charakter auf sehr liebenswürdige Weise hervortreten läßt. An einem Tage, so erzählt man, schellte der König in seinem Zimmer. Da Niemand kam, öffnete er das Vorzimmer und fand seinen Leibpagen auf einem Stuhle eingeschlafen. Er ging auf ihn zu und wollte ihn aufwecken; doch bemerkte er in dem Augenblick in der Rocktasche des Pagen ein beschriebenes Papier. Dies erregte seine Aufmerksamkeit und Neugier; er zog es hervor und las es. Es war ein Brief von der Mutter des Pagen und enthielt ungefähr Folgendes: Sie danke ihrem Sohne für die Unterstützung, die er ihr übersandt und sich von seinem Gehalt erspart habe. Gott werde ihn dafür belohnen; und diesem solle er so getreu, wie seinem Könige stets ergeben sein, dann werde er Segen haben, und sein irdisches Glück werde ihm gewiß nicht fehlen. Der König ging leise in sein Zimmer zurück, holte eine Rolle Ducaten und steckte sie mit dem Briefe dem Pagen wieder in die Tasche. Bald darauf schellte er so stark, daß der Page erwachte. „Du hast wohl geschlafen?" fragte der König. Der Page stammelte eine halbe Entschuldigung und eine halbe Bejahung her, fuhr in der Verwirrung mit einer Hand in die Tasche und ergriff mit Erstaunen die Rolle Dukaten. Er zog sie hervor, ward blaß und sah den König mit Thränen in den Augen an, ohne ein Wort reden zu können. „Was ist Dir?" fragte der König. „Ach, Ew. Majestät", erwiderte der Page, indem er vor ihm auf die Kniee fiel, „man will mich unglücklich machen; ich weiß von diesem Gelde nichts!" — „Ei", sagte der König, „wem es Gott gibt, dem gibt er's im Schlafe. Schick's nur Deiner Mutter, grüße sie und versichere ihr, daß ich für Dich und sie sorgen werde."

Endlich gehören zu der täglichen Umgebung Friedrich's auch noch die zierlichen Windspiele, deren berührige Lebendigkeit die Stille um ihn unterbrach und an denen er bis zu seinen letzten Augenblicken seine Freude hatte. Drei oder vier Hunde waren beständig um ihn; der eine war der Liebling, diesem dienten die andern zur Gesellschaft. Er lag stets an der Seite seines Herrn auf einem besonderen Stuhle, im Winter mit Kissen bedeckt, und schlief des Nachts in dem Bette des Königs. Alle möglichen Unarten waren diesen Hunden verstattet; sie durften sich die kostbarsten Kanapees nach Gefallen aussuchen. Zu ihrem Zeitvertreibe fanden sie in den Zimmern lederne Bälle zum Spielen. Wenn der König die Bildergallerie von Sanssouci, wo er sich gern aufhielt, oder die Gärten besuchte, waren sie seine beständigen Begleiter. Auch zum Carneval folgten sie ihm nach Berlin, in einer sechsspännigen Kutsche, unter der Aufsicht eines besonderen Lakaien. Man versichert, der letztere habe sich in der Kutsche auf den Rücksitz gesetzt, da die Windspiele den Vordersitz einnahmen, habe auch die Hunde stets mit Sie angeredet, z. B.: „Biche, sein Sie

doch artig! Alkmene, bellen Sie nicht so!" — Einst ließ sich Friedrich aus Bayle's Wörterbuch einen Artikel über die Thierseelen vorlesen; er hatte eben seinen damaligen Lieblingshund Arsinoe auf dem Schooße und sagte dabei zu diesem: „Hörst du, mein Liebling? von dir ist die Rede. Sie sagen, du hättest keinen Geist; aber du hast doch Geist, mein kleiner Liebling!" — Neben der Flora von Sanssouci, unter der Friedrich sein Grab sich hatte bereiten lassen, — auch noch in seinem letzten Willen bestimmte er diese Stelle zu seiner Ruhestätte, — sind seine Lieblingshunde nach einander begraben worden; Steinplatten mit ihren Namen bedecken ihre Gräber.

Auch für seine Leibpferde hatte Friedrich eine eigenthümliche Zuneigung. Er sorgte für ihre beste Pflege und gab ihnen oft, ihrem besonderen Charakter gemäß, die Namen historischer Zeitgenossen. So gehörten der Brühl, Choiseul, Kaunitz, Pitt u. a. zu seinen vorzüglichsten Pferden. Eins hieß Lord Bute; dies mußte aber die Schuld seines Namensvetters abbüßen und mit den Mauleseln Orangenbäume ziehen, als England im Jahre 1762, bundbrüchig gegen Preußen, mit Frankreich Frieden schloß. Besonderer Zuneigung erfreute sich der Rothschimmel Cäsar; als er alt ward, durfte er frei im Lustgarten des Potsdamer Schlosses umhergehen, auch äußerte das Thier stets große Freude, wenn Friedrich von Sanssouci zur Parade nach

Potsdam kam. Oft mußte die Wachtparade eine andere Wendung machen, wenn Cäsar im Wege stand. Die höchste Gunst aber ward dem Fliegenschimmel Condé, der sich durch ebenso große Schönheit wie durch Tüchtigkeit und munteres Wesen auszeichnete, zu Theil. Friedrich hatte für ihn zwei kostbare Reitzeuge von blauem Sammet mit reicher Silberstickerei machen lassen und brauchte ihn fast nur zu Spazierritten. Fast täglich ließ er sich ihn vorführen und fütterte ihn mit Zucker, Melonen und Feigen. Auch kannte der Condé ebenfalls seinen Wohlthäter so gut, daß er, wenn man ihn frei gehen ließ, gerade auf ihn zulief, um sich die gewohnten Delicatessen zu holen; er verfolgte dabei den König oft bis an die Zimmer, selbst bis in den Saal des Schlosses von Sanssouci.

Immer stiller ist es in Sanssouci geworden. Das heitere Gespräch, das einst von Geist und Laune übersprudelte, ist allgemach verhallt; Flöte und Saitenspiel erklingen schon geraume Zeit nicht mehr in den Räumen, die ihnen gewidmet waren. Aber Eins schwindet nicht; Eins ist es, was diesen unbesieglichen Geist trotz aller Entbehrungen, trotz all der Last, mit welcher Alter und Krankheit den Körper drücken, immer aufs Neue frisch und jugendlich macht: es ist die unausgesetzte Beschäftigung mit der Wissenschaft. Fort und fort saugt er, wie in den Zeiten des jugendlichen Wissensdranges, neue, lebenskräftige Nahrung aus den Schriftwerken des griechischen und römischen Alterthums und aus denen, welche die Heroen der französischen Literatur hinterlassen haben. Seine Begeisterung bleibt immer neu, mit immer wiederkehrender Liebe erfreut und erwärmt er sich an den Schönheiten, durch die ihm einst das Auge geöffnet ward. Auch die eigne geistige Thätigkeit rastet nicht; eine große Anzahl von den Erzeugnissen seiner Feder gehört dieser späteren Periode seit dem Ende des siebenjährigen Krieges an. Schon unmittelbar nach dem Kriege hatte er die Geschichte desselben gearbeitet; dann hatte die Geschichte der Theilung von Polen und die des bayrischen Erbfolgekrieges ebenfalls Anlaß zu historischer Darstellung gegeben, sodaß wir, neben der Geschichte von Friedrich's Vorgängern, zugleich fast die ganze lange Reihe der politischen Ereignisse, an denen er selbst seit dem Beginn des ersten schlesischen Krieges Theil gehabt, von seiner eignen Hand und nach seiner eignen Anschauung aufgezeichnet besitzen, — eine Reihe historischer Werke, wie in ähnlicher Beziehung keine zweite vorhanden ist. Auch waltet in Allem, was Friedrich über die Geschichte seines eignen Lebens schrieb, die strengste Unparteilichkeit ob; nichts davon ist bei seinen Lebzeiten gedruckt worden, nichts wissentlich der Zuneigung oder Abneigung wegen in falschem Lichte dargestellt; diese Arbeiten waren nur für die Nachwelt bestimmt. Neben diesen Werken ist eine große Anzahl verschiedener Abhandlungen, meist moralischen und staatswissenschaftlichen Inhalts, zu nennen. Mehrere derselben, wie z. B. die „Abhandlung über die Regierungsformen und die Pflichten der Regenten", vom Jahr 1777, und die „Briefe über die Liebe zum Vaterlande", vom Jahre 1779, schließen sich, in merkwürdiger Uebereinstimmung der Gesinnungen, dem berühmten Werke seiner Jugend, dem „Antimachiavell", an. Auch in Gedichten spricht er wiederholt den Drang seines Inneren aus, und wie er in seiner frühen Zeit nach der Erforschung ewiger Wahrheit gerungen, so strömt er in dichterischer Form auch noch kurz vor seinem Tode — in seinem „Unde? Ubi? Quo?" — alle bangen Zweifel und alle tröstende Sehnsucht nach dem klaren Lichte des Jenseits aus.

In einer Beziehung aber tritt auch bei dieser wissenschaftlichen Beschäftigung ein eigenthümlich tragisches Verhältniß hervor, und es hält schwer, sich der tiefsten Wehmuth zu erwehren, wenn man auf dasselbe zurückblickt. Friedrich hatte ein langes Leben mit treuer Gewissenhaftigkeit dem Dienste des Vaterlandes gewidmet; er hatte unermüdlich für dasselbe gewacht und gekämpft; er hatte die Freude, am Abend seines Lebens nicht blos seinen eignen Staat geehrt, blühend und reich zu sehen:

auch das gesammte deutsche Land hatte an seiner Größe sich auferbaut, aus seinem Heldenstreben hohe Kräftigung in sich gesogen, an der Weisheit seines Regiments sich erwärmt und entzündet. Das war der schönste Lohn seiner Mühen; aber um diesen Lohn vollständig zu genießen, um sich zu überzeugen, daß er Alles erreicht habe, was er erstrebt, verlangte er auch noch den Anblick derjenigen Blüthen, die das einzige Kennzeichen der höheren Entwickelung sind, den Anblick einer frischen, schöpferischen Thätigkeit im Bereiche der Wissenschaft und Poesie. Ihm stand das Leben des Geistes zu hoch, als daß er sich nicht innig gesehnt hätte, sein Volk auch darin unter den ersten hervorleuchten zu sehen. Und auch dieses Glückes, dieser edelsten Befriedigung seiner Wünsche hätte er theilhaftig werden können. Seit er dem deutschen Volke seine alte Würde zurückgegeben, war schnell eine Schaar der regsamsten, gediegensten Geister erwacht, die in Schrift und Rede den Preis der deutschen Wissenschaft verkündeten, und Lieder klangen durch das deutsche Land, wie sie seit den schönen Zeiten der Minnesinger nicht gehört waren. Den Namen eines Klopstock, eines Lessing hatten sich bereits die eines Winckelmann, Herder, Wieland, Goethe und vieler Anderer angereiht, welche keinem der gefeiertsten Namen der Fremde nachstehen. Aber Friedrich kannte sie nicht und, was trauriger ist, er hatte nicht den Sinn, ihre Sprache zu verstehen. Er, der für einen Gedanken von Voltaire's „Henriade" die ganze „Iliade" Homer's herzugeben geneigt war, vermochte nicht über die Schranken hinauszublicken, welche die höfische Etikette der französischen Poesie um sich und um ihn gezogen. Er ahnte so wenig, in welchem Boden die Kraft und die Schönheit unserer Sprache und Poesie wurzle, daß er, als der Professor Müller in Berlin ihm die große Sammlung der schönen Gedichte des deutschen Mittelalters widmete, die er mit sorgenvoller Mühe zu Stande gebracht, nichts weiter zu antworten wußte, als: die Gedichte seien keinen Schuß Pulver werth. So mußte er, weil er dem deutschen Sinne sich abgewandt, darben mitten im Ueberflusse; so vereinsamte er mitten unter den Zeugnissen eines reichen heitern Lebens, welche vorzugsweise durch die großen Thaten seines Lebens hervorgerufen waren; so ging der tröstende, der erhebende Zuspruch der deutschen Muse an seinem Ohre unvernommen vorüber. Und dennoch, obgleich er sein Volk noch in all der Rohheit befangen glaubte, die in den Zeiten seiner Jugend vorherrschend war, dennoch hielt er die freudige Zuversicht aufrecht, daß der Geist des deutschen Volkes sich dereinst in glänzender Herrlichkeit offenbaren müsse und daß die Aeußerung seiner Kraft sich über alle Lande ausbreiten werde. Er schrieb im Jahre 1780 eine ausführliche Abhandlung „Über die deutsche Literatur, über die Fehler, die man ihr vorwerfen kann, über deren Ursachen und über die Mittel, durch welche sie zu verbessern sind". Die

Abhandlung ist insofern mangelhaft und werthlos, als Friedrich sich nur auf die schlechtesten Erscheinungen, welche die deutsche Literatur in seiner Jugend hervorgebracht hatte, bezieht; aber der Sinn, in welchem die Abhandlung geschrieben ist, versöhnt mit all diesen Mängeln und gibt das lauterste, das rührendste Zeugniß der Liebe und Treue, mit der er bis an das Ende seiner Tage am Vaterlande festhielt. Denn mit den folgenden prophetischen Worten, die freilich noch Bedeutenderes verkünden, als die deutsche Literatur damals erreicht hatte, beschließt er diese Schrift: „Wir werden unsere klassischen Schriftsteller haben; Jeder wird sie lesen, um sich an ihnen zu erfreuen; unsere Nachbarn werden die deutsche Sprache lernen, an den Höfen wird man sie mit Vergnügen sprechen; und es kann geschehen, daß unsere Sprache, ausgebildet und vollendet, sich zu Gunsten unserer guten Schriftsteller von einem Ende Europas bis zum andern ausbreitet. Diese schönen Tage unserer Literatur sind noch nicht gekommen, aber sie nahen heran. Ich sage es euch, sie werden erscheinen: ich werde sie nicht sehen, mein Alter gestattet mir dazu keine Hoffnung. Ich bin wie Moses; ich sehe von fern das gelobte Land, aber ich werde es nicht betreten."

Vierundvierzigstes Kapitel.

Friedrich's Ende.

Friedrich hatte bereits das siebente Jahrzehnt seines Lebens überschritten. Neue Geschlechter waren um ihn her aufgewachsen; sie kannten die Leiden und die Freuden seiner früheren Zeit nicht; aber innig war ihr Leben durchwebt von dem Ruhme seines Namens, und kindliche Verehrung brachten sie Dem entgegen, der mit Vatertreue unablässig für das Wohl seines Volkes sorgte. Wahrlich, wenn Friedrich unter seinen Unterthanen erschien, es war, als ob der Vater zu seinen Kindern komme. Darum ruhte er sicher in der Liebe seines Volkes, und sein Haus bedurfte, während andere Monarchen sich durch bewaffnete Miethlinge und Kanonen vor den Ihrigen zu schützen suchten, keiner Wache. Wohl lautet es rührend, wenn ein Zeitgenosse erzählt: „Ich bestieg diesen Hügel (Sanssouci) zum ersten Mal im Winter in der Abenddämmerung. Als ich dieses Welterschütterers kleines Haus vor mir erblickte, schon nahe war an seinem Zimmer, sah ich zwar Licht, aber keine Wache vor des Helden Thür, keinen Menschen, der mich gefragt hätte, wer ich sei und was ich wolle. Ich sah nichts und ging frei und froh umher vor diesem kleinen stillen Hause.“ Ein Anderer berichtet, wie er eines Abends in Gesellschaft eines königlichen Pagen nach Sanssouci gekommen sei und dort im zweiten Zimmer durch die halbgeöffnete Thür Friedrich gesehen habe, auf einem Ruhebette schlummernd, nur leicht bedeckt und bloß von einem schlafenden Kammerdiener bewacht.

Wenn Friedrich in die Stadt geritten kam, war es stets ein festliches Ereigniß für das Volk. Die Bürger traten aus den Thüren und grüßten ihn ehrerbietig; er erwiderte jeden Gruß, indem er den Hut abzog. Viele folgten ihm zu den Seiten, den alten König recht lange und deutlich anzusehen. Stets lief eine Menge von

Kindern und Buben vor und neben ihm; sie riefen dem Landesvater ihr Lebehoch zu, warfen ihre Mützen jubelnd empor, wischten ihm auch wohl den Staub von den Stiefeln und trieben sonst allerlei Possen. Friedrich ließ sie nie in ihrer Freude stören; nur wenn sie gar zu weit gingen und das Pferd neckten, daß es scheu ward, stieß er wohl einige rasche Drohungen aus und ritt dann wieder ruhig weiter. Auch wird erzählt, wie er einst, als die Buben es zu arg machten, seinen Krückstock erhoben und ihnen drohend geboten habe, in die Schule zu gehen, wie die Buben aber jubelnd ausgerufen hätten: „Ach, der will ein König sein und weiß nicht, daß Mittwoch Nachmittags keine Schule ist!"

Ebenso drängten sich die höheren Stände, denen der Zutritt zur Oper verstattet war, ihn zu sehen, wenn er in das Theater trat. „Mir schlägt immer das Herz", so sagt ein Augenzeuge, „wenn Pauken und Trompeten seinen Eintritt verkündigen, die Leute sich fast erdrücken, ihn zu sehen, und die alten Soldaten unten nur Augen für ihn haben."

Und wie in der nächsten Umgebung seines Volkes, so zollte man ihm überall, selbst in fern entlegenen Ländern, Ehrfurcht und Bewunderung. Es war im Jahre 1780, als ein aus Amsterdam gebürtiger Schiffscapitain Klock, der in Emden das Bürgerrecht erworben, sein Schiff auf der marokkanischen Küste durch einen Sturm verlor. Er, sammt der Mannschaft, wurde in die schrecklichste Gefangenschaft nach Mogador geführt. Als aber der Kaiser Muley Ismael erfahren, daß ihre Flagge und sie selbst dem großen Könige angehörten, ließ er die Unglücklichen nach Marokko kommen, befragte sie nach Friedrich und sagte: „Von eurem Monarchen sind so viele Wunderdinge zu meinen Ohren gekommen, daß es mich mit Liebe und Bewunderung zu ihm erfüllt hat. Die Welt hat keinen größeren Mann aufzuweisen als ihn; als Freund und Bruder habe ich ihn in mein Herz geschlossen. Ich will darum auch nicht, daß ihr, die ihr ihm angehört, in meinen Staaten als Gefangene angesehen werdet; vielmehr habe ich beschlossen, euch frank und frei in euer Vaterland heim zu schicken, auch meinen Kreuzern anbefohlen, wo sie preußische Schiffe in See antreffen, ihren Flaggen Achtung zu erweisen und sie selbst nach Möglichkeit zu beschützen." Klock mit seinem Gefolge ward darauf neu gekleidet, sehr anständig bewirthet und unentgeltlich nach Lissabon eingeschifft.

Mit einem schwächlichen Körper war Friedrich in die Welt getreten; mehrfach hatte man in jüngeren Jahren für sein Leben gefürchtet. Dann war die Zeit der Arbeit und Mühe gekommen, deren Last ihm schon in den männlichen Jahren das Gepräge eines höheren Alters gegeben hatte. Gleichwohl war durch die mannigfachen Anstrengungen im Felde sein Körper abgehärtet worden, und mit bewunderungswürdiger Kraft, die freilich nur durch einen so starken Geist erzeugt werden konnte, ertrug er die folgenden Mühen und so manche Krankheitsleiden, welche fast regelmäßig wiederkehrten. Sein Körper war von der Zeit gebeugt worden, sein Geist war es nicht. So schildert ihn noch wenig Monate vor seinem Tode ein Zeitgenosse: „Mit lebendiger Neugierde", sagt er, „betrachtete ich diesen Mann, der, groß von Genie, klein von Statur, gekrümmt und gleichsam unter der Last seiner Lorbeern und seiner langen Mühen gebeugt war. Sein blauer Rock, abgenutzt wie sein Körper, seine bis über die Kniee hinaufreichenden langen Stiefeln, seine mit Schnupftabak bedeckte Weste bildeten ein wunderliches und doch imponirendes Ganzes. An dem Feuer seiner Blicke erkannte man, daß er nicht gealtert hatte. Ungeachtet er sich wie ein Invalide hielt, fühlte man doch, daß er sich noch wie ein junger Soldat schlagen könne; trotz seines kleinen Wuchses erblickte ihn der Geist doch größer als alle andern Menschen."

Aber die wiederkehrenden Krankheitsanfälle wurden mit den steigenden Jahren immer beschwerlicher und drohten die Kraft des Körpers immer mehr zu untergraben. „Was meine Gesundheit betrifft", schrieb Friedrich schon im Jahre 1780 an einen Freund, „so werden Sie natürlicher Weise selbst vermuthen, daß ich bei 68 Jahren die Schwachheiten des Alters empfinde. Bald belustigt sich das Podagra, bald das

Hüftweh und bald ein eintägiges Fieber auf Kosten meines Daseins, und sie bereiten mich vor, das abgenutzte Futteral meiner Seele zu verlassen." — Unausgesetzt aber erfüllte er alle, auch die beschwerlichsten Pflichten seines königlichen Amtes, ebenso, wie er dieselben seit dem Antritt seiner Regierung übernommen. Nicht bloß die täglichen Geschäfte seines Kabinets und die tägliche Soldatenschau, auch die Reisen in die Provinzen und die Abhaltung der militairischen Revüen litten keine Unterbrechung. Noch im August 1785 hatte er bei der schlesischen Revue sechs Stunden

lang in einem kalten und heftigen Regen zu Pferde gesessen und alles Ungemach der Witterung ruhig ertragen. Nur eine schnell vorübergehende Unpäßlichkeit war die Folge davon gewesen.

Mit dem Herbste desselben Jahres trat ein ernstlicher und anhaltender Krankheitszustand ein; bald äußerten sich die bedrohlichen Vorboten der Wassersucht. Aber wie beängstigend und quälend auch diese Leiden waren, doch litt die ganze Regententhätigkeit des großen Königs keine Unterbrechung. Alle Kabinetsgeschäfte wurden abgemacht wie in den Tagen rüstiger Gesundheit. Wie Friedrich in dem letzten Jahre den deutschen Fürstenbund zu Stande gebracht, den denkwürdigen Vertrag mit Nordamerika abgeschlossen hatte, so sorgte er unermüdet auch für das Innere seines Reiches. Er wollte auch hier sein Werk getreu abschließen. Alle entworfenen und beschlossenen Unternehmungen zur Landeswohlfahrt wurden ausgeführt und vollendet. Drei Millionen Thaler waren für diese Zwecke bestimmt. Und da im vorigen Frühjahr die Niederungen in den Ostseeprovinzen durch große Ueberschwemmungen gelitten hatten, so wurden unverzüglich die nöthigen Anstalten zur Wiederherstellung der

Dämme getroffen, auch eine halbe Million Thaler unter die Nothleidenden vertheilt. Ebenso ergriff Friedrich die nöthigen Maßregeln, um den Folgen eines in demselben Jahre erfolgten Mißwachses vorzubeugen.

Am 26. Januar 1786 war der alte Zieten gestorben. Als Friedrich seinen Tod erfuhr, war er den ganzen Morgen sehr ernst, aber gefaßt. Einige Generale kamen zu ihm; absichtlich vermieden sie es, von Zieten's Tod zu sprechen. Friedrich selbst fing davon an. „Unser alter Zieten", sagte er, „hat auch bei seinem Tode noch sich als General gezeigt. Im Kriege commandirte er immer die Avantgarde, auch mit dem Tode hat er den Anfang gemacht. Ich führte die Hauptarmee, ich werd' ihm folgen."

Der April brachte die ersten warmen Tage, und Friedrich hoffte, obgleich die Krankheit immer mehr vorgeschritten war, von der Verjüngung der Natur auch eine neue Belebung seiner Kräfte. Die Strahlen der Sonne, die milde Frühlingsluft thaten ihm wohl und gern genoß er diese Erquickung, indem er sich auf die sogenannte grüne Treppe vor dem Potsdamer Schlosse, wo er den Winter zugebracht, einen Stuhl hinausbringen ließ und sich dort ruhte. Einst bemerkte er, daß die beiden Grenadiere, die an jener Treppe Schildwache standen, das Gewehr scharf beim Fuß behielten, während er sich der Ruhe überließ. Er winkte einen von ihnen zu sich heran und sagte mit gütigem Tone: „Geht ihr nur immer auf und nieder. Ihr könnt nicht so lange stehen, als ich hier sitzen kann!"

Noch im April zog er auf sein geliebtes Landhaus hinaus. Mehrmals versuchte er hier auf seinem getreuen Condé einen kurzen Spazierritt, aber die Kräfte ließen immer mehr nach. Die Aerzte wußten keine Hülfe mehr. Auch die Ankunft des berühmten hannöverschen Leibarztes Zimmermann, der zwar angenehme Unterhaltung und Zerstreuung zu bringen im Stande war, blieb im Uebrigen ohne Erfolg. Im Anfang des Sommers hatte sich die Wassersucht vollständig ausgebildet. Friedrich litt unendlich; liegen konnte er gar nicht mehr, Tag und Nacht mußte er auf dem Stuhle sitzend zubringen. Und dennoch zeigte er auch jetzt nur Heiterkeit und Zufriedenheit, dennoch ließ er kein Zeichen von Schmerz blicken, kam keine Klage über seine Lippen. Trat ihn über Nacht bisweilen die Engbrüstigkeit zu heftig an, so rief er ganz leise, um die im Nebenzimmer schlafende Bedienung nicht zu wecken, einen der beiden Lakaien, welche bei ihm wachten, zu sich und bat ihn in den freundlichsten Ausdrücken, ihm eine Weile den Kopf zu halten. Eines Morgens fragte er einen Laufer, der die Wache hatte, welche Zeit es sei; als dieser sagte, daß es eben 2 Uhr geschlagen habe, antwortete er: „Es ist noch zu früh, wollen sie (die Kammerdiener) noch schlafen lassen." Dem Herzoge von Kurland, der ihn in dieser schweren Zeit besuchte, sagte er scherzend: wenn er einen guten Nachtwächter brauche, so bitte er sich dieses Amt aus, er könne des Nachts vortrefflich wachen. Und bei alle Dem gingen auch jetzt noch die Regierungsgeschäfte unausgesetzt ihren Gang fort. Die Kabinetsräthe, die sonst gewöhnlich um 6 oder 7 Uhr erschienen, wurden jetzt bereits um 4 oder 5 Uhr Morgens vor ihn berufen. „Mein Zustand (so kündigte er ihnen diese freilich unbequeme Neuerung an) nöthigt mich, Ihnen diese Mühe zu machen, die für Sie nicht lange dauern wird. Mein Leben ist auf der Neige; die Zeit, die ich noch habe, muß ich benutzen. Sie gehört nicht mir, sondern dem Staate."

In warmen Nachmittagsstunden ließ er sich auch in seinen letzten Tagen gern an die Sonne hinaustragen. Einst hörte man ihn, als er seinen Blick auf die Sonne gewandt hatte, die Worte sagen: „Bald werde ich dir näher kommen!“

Gegen die Mitte des August bemerkte man eine Wendung der Krankheit, welche die nahe Auflösung zu verkünden schien. Am 15. August schlummerte er wider seine Gewohnheit bis 11 Uhr, besorgte darauf aber, wenn auch mit schwacher Stimme, seine Kabinetsgeschäfte mit derselben Geistesgegenwart und mit derselben Frische wie in den Tagen rüstiger Kraft. Auch dictirte er an diesem Tage noch so richtig durchdachte Depeschen, daß sie dem erfahrensten Minister würden Ehre gemacht haben. Zugleich ertheilte er dem Commandanten von Potsdam, Generallieutenant von Rohdich, die Disposition zu einem Manoeuvre der Potsdamer Garnison für den folgenden Tag mit vollkommen richtiger und zweckmäßiger Anordnung in Bezug auf das Terrain.

Am folgenden Morgen verschlimmerte sich der Zustand auf bedenkliche Weise, die Sprache stockte, das Bewußtsein schien aufzuhören. Die Kabinetsräthe wurden nicht zum Vortrage gerufen. Rohdich trat vor den leidenden Herrn; man bemerkte deutlich, wie dieser bemüht war, sich zu sammeln, um einen Theil seines Lieblingsgeschäftes zu verrichten. Er arbeitete daran, aus dem Winkel des Stuhles sein Haupt emporzuheben, das matte Auge mehr zu öffnen, die Sprechorgane in Bewegung zu setzen. Alle Anstrengung war vergebens. Er gab durch einen

klagenden Blick beim Drehen des Kopfes zu verstehen, daß es ihm nicht mehr möglich sei. Rohdich drückte sein Taschentuch vor die Augen und verließ schweigend das Zimmer.

Auch dieser Tag verging, ohne daß die beginnende Auflösung des Körpers das starke Leben überwältigen konnte. Die Nacht war gekommen, es schlug 11 Uhr. Vernehmlich fragte der König, was die Glocke sei. Als man es ihm gesagt, erwiderte er: „Um 4 Uhr will ich aufstehen." Ein trockener Husten beklemmte ihn und raubte ihm die Luft. Der eine von den anwesenden Dienern, der Kammerlakai Strützki, faßte ihm, indem er niederkniete, unter den Arm und hielt ihn aufrecht, um ihm Erleichterung zu gewähren. Allmälig veränderten sich die Gesichtszüge, das Auge ward matter und gebrochener; dann wurde der Körper ruhig, und nach und nach schwand der Athem. Einige Stunden nach Mitternacht starb Friedrich in des Lakaien Armen. Außer diesem waren nur der Arzt und zwei Kammerdiener die Zeugen seines Todes. Es war der 17. August 1786.

Am Morgen erschien der neue König, Friedrich Wilhelm II., dem Dahingeschiedenen das Opfer des Schmerzes darzubringen. Mit der Uniform des ersten Gardebataillons angethan, lag Friedrich auf einer schwarzbehängten Feldbettstelle, als die Offiziere der Garnison, die um 11 Uhr zur Parole nach Sanssouci beschieden waren, die Erlaubniß erhielten, das Trauerzimmer zu betreten. Sie vergossen tausend schmerzliche Thränen, als sie die schwache, entseelte Hülle dieses mächtigen Geistes vor sich sahen. Ihre Stimmung theilten die Söhne des neuen Königs, der Kronprinz Friedrich Wilhelm und der Prinz Ludwig, als auch sie an die Bahre traten.

Abends 8 Uhr wurde der Leichnam von zwölf Unteroffizieren des ersten Gardebataillons in den Sarg gelegt und auf einem achtspännigen Leichenwagen nach dem Schlosse in der Stadt gebracht. Vorauf ritt der Adjutant des ersten Gardebataillons, zu beiden Seiten des Wagens gingen die zwölf Unteroffiziere, drei Wagen folgten. Der stille Zug ging zum Brandenburger Thore von Potsdam hinein, wo sich viele Offiziere anschlossen, die sich hier versammelt hatten und dem großen Todten gesenkten Blickes das Geleit gaben. Alle Straßen von Potsdam waren mit Menschenhaufen überfüllt; aber Stille der Mitternacht lag auf dem Volke; nur hier und da hörte man ein schwerverhaltenes Schluchzen und den Seufzer: „Ach der gute König!" Am Eingang des Schlosses wurde der Sarg von vier Obersten empfangen und in dem Audienzzimmer die Nacht hindurch bewacht. Am andern Tage war hier, unter dem daselbst befindlichen Baldachin, der Leichnam in Parade ausgestellt, einfach, ganz wie im Leben bei festlicher Gelegenheit angethan, das

dünne, eisgraue Haar etwas gepudert und in kunstlose Locken gelegt. Ruhig sinnender Ernst sprach aus den erbleichten Zügen des Gesichtes. Krückstock, Degen und Schärpe lagen auf einem Taburet neben ihm. So war er den ganzen Tag zu sehen. Tausende waren auf die Trauerkunde aus Berlin, aus den kleinen Städten, vom Lande herbeigeströmt, den einzigen Landesvater einmal noch im Sarge zu betrachten.

Die Gruft auf den Terrassen von Sanssouci, die Friedrich selbst zu seiner Ruhestätte bestimmt hatte, schien eines so großen Königs nicht würdig zu sein. Der neue Herrscher wählte dafür den Platz neben der Gruft Friedrich Wilhelm's I., unter der Kanzel in der Garnisonskirche zu Potsdam. Dahin setzte sich der Zug am Abend des 18. August in Bewegung, begleitet von den Generalen und Offizieren, von dem Magistrate der Stadt und von des verstorbenen Königs Hofstaat. Zwei Prediger gingen der Leiche entgegen und begleiteten sie bis zum Eingange des Gewölbes, indem die Orgel das Lied „Dein sind wir, Gott, in Ewigkeit" mit gedämpften Tönen spielte. Der üblichen Gedächtnißpredigt wurde in der ganzen Monarchie die Stelle aus dem ersten Buche der Chronik zum Grunde gelegt: „Ich habe dir einen Namen gemacht, wie die Großen auf Erden Namen haben." Das feierliche Leichenbegängniß fand am 8. September in der Garnisonskirche zu Potsdam statt. Es wurde dieses Ehrenfest gerade so eingerichtet, wie es bei dem Tode Friedrich Wilhelm's I. war gehalten worden.

Was die Welt bei der Nachricht von dem Tode des Königs, den sie vor allen übrigen den Großen, den Einzigen nannte, empfunden habe? wer möchte dies heute nachsprechen können! Besser wissen wir es nicht zu sagen, als mit den schlichten Worten jenes schwäbischen Bauern: „Wer wird nun die Welt regieren?"

SUUM CUIQUE

Schluss.

Das Testament des großen Königs.

Friedrich's letzter Wille lautet in seinen bedeutsamsten Theilen folgendergestalt:

„Unser Leben ist ein flüchtiger Uebergang von dem Augenblicke der Geburt zu dem des Todes. Die Bestimmung des Menschen während dieses kurzen Zeitraumes ist, für das Wohl der Gesellschaft, deren Mitglied er ist, zu arbeiten. Seitdem ich zur Handhabung der öffentlichen Geschäfte gelangt bin, habe ich mich mit allen Kräften, welche die Natur mir verliehen hat, und nach Maßgabe meiner geringen Einsichten bestrebt, den Staat, welchen ich die Ehre gehabt habe zu regieren, glücklich und blühend zu machen. Ich habe Gesetze und Gerechtigkeit herrschen lassen; ich habe Ordnung und Pünktlichkeit in die Finanzen gebracht; ich habe in die Armee jene Mannszucht eingeführt, wodurch sie vor allen übrigen Truppen Europas den Vorrang erhalten hat. Nachdem ich so meine Pflichten gegen den Staat erfüllt habe, würde ich mir unablässig einen Vorwurf machen müssen, wenn ich meine Familienangelegenheiten vernachlässigte. Um also allen Streitigkeiten, die unter meinen nächsten Verwandten über meinen Nachlaß sich erheben könnten, vorzubeugen, erkläre ich durch diese feierliche Urkunde meinen letzten Willen."

„Ich gebe gern und ohne Bedauern diesen Lebenshauch, der mich beseelt, der wohlthätigen Natur, die mir ihn geliehen hat, meinen Körper aber den Elementen, aus welchen er zusammengesetzt ist, zurück. Ich habe als Philosoph gelebt und will auch als solcher begraben werden, ohne Prunk, ohne Pracht, ohne Pomp. Ich mag weder geöffnet noch einbalsamirt werden. Man setze mich in Sanssouci oben auf den Terrassen in eine Gruft, die ich mir habe bereiten lassen. Sollte ich im Kriege oder auf der Reise sterben, so begrabe man mich an dem ersten besten Orte und lasse mich hernach zur Winterszeit nach Sanssouci an den bezeichneten Ort bringen."

„Ich überlasse meinem lieben Neffen, Friedrich Wilhelm, als erstem Thronfolger, das Königreich Preußen, die Provinzen, Städte, Schlösser, Forts, Festungen, alle Munition, Arsenale, die von mir eroberten oder ererbten Länder, alle Edelgesteine der Krone, die Gold- und Silberservice, die in Berlin sind, meine Landhäuser, Bibliothek, Münzkabinet, Bildergallerie, Gärten u. s. w. Auch überlasse ich ihm außerdem den Schatz, in dem Zustande, in welchem er sich an meinem Sterbetage befinden wird, als ein dem Staate zugehöriges Gut, das nur zur Vertheidigung oder zur Unterstützung des Volkes angewandt werden darf."

„Sollte es sich nach meinem Tode zeigen, daß ich einige kleine Schulden hinterlasse, an deren Zahlung mich der Tod gehindert, so soll mein Neffe sie entrichten. Das ist mein Wille."

„Der Königin, meiner Gemahlin, vermache ich zu den Einkünften, die sie schon bezieht, noch jährlich 10,000 Thaler als Zulage, zwei Faß Wein jährlich, freies Holz und Wildpret für ihre Tafel. So hat die Königin versprochen, meinen Neffen zu ihrem Erben einzusetzen. Da sich übrigens kein schicklicher Ort findet, ihr denselben zur Residenz anzuweisen, so mag es Stettin dem Namen nach sein. Doch fordere ich zugleich von meinem Neffen, ihr eine standesmäßige Wohnung im Berliner Schlosse frei zu lassen; auch wird er ihr seine Hochachtung beweisen, die ihr als der Wittwe seines Oheims und als einer Fürstin, die nie vom Tugendpfade abgewichen ist, gebühret."

„Nun zur Allodialverlassenschaft. Ich bin nie weder geizig noch reich gewesen und habe folglich auch nicht viel eignes Vermögen, worüber ich disponiren kann. Ich habe die Einkünfte des Staates immer als die Bundeslade betrachtet, welche keine unheilige Hand berühren durfte. Ich habe die öffentlichen Einkünfte nie zu meinem besonderen Nutzen verwendet. Meine Ausgaben haben nie in einem Jahre 220,000 Thaler überstiegen. Auch läßt mir meine Staatsverwaltung ein ruhiges Gewissen, und ich scheue mich nicht, öffentlich Rechenschaft davon abzulegen."

„Mein Neffe Friedrich Wilhelm soll Universalerbe meines Vermögens sein."

Hierauf folgen die besonderen Bedingungen für die letztere Bestimmung und die Legate, welche der Nachfolger bezahlen solle. Dann heißt es weiter:

„Ich empfehle meinem Thronerben mit aller Wärme der Zuneigung, deren ich fähig bin, jene braven Offiziere, welche unter meiner Anführung den Krieg mitgemacht haben. Ich bitte ihn, auch besonders für diejenigen Offiziere Sorge zu tragen, die in meinem Gefolge gewesen sind; daß er keinen derselben verabschiede, daß keiner von ihnen, mit Krankheit beladen, im Elende umkomme. Er wird geschickte Kriegsmänner und überhaupt Leute an ihnen finden, welche Beweise von ihren Einsichten, von ihrer Tapferkeit, Ergebenheit und Treue abgelegt haben."

Auf gleiche Weise werden dem Nachfolger die geheimen Secretaire und die Bedienten Friedrich's empfohlen. Nach einigen ferneren Bestimmungen schließt das Testament mit den Worten:

„Ich empfehle meinem Nachfolger ferner, sein Geblüt auch in den Personen seiner Oheime, Tanten und übrigen Anverwandten zu ehren. Das Ungefähr, welches bei der Bestimmung der Menschen obwaltet, bestimmt auch die Erstgeburt, und darum, daß man König ist, ist man nicht mehr werth als die übrigen. Ich empfehle allen meinen Verwandten, in gutem Einverständnisse zu leben und nicht zu vergessen, im Nothfall ihr persönliches Interesse dem Wohl des Vaterlandes und dem Vortheil des Staates aufzuopfern."

„Meine letzten Wünsche in dem Augenblicke, wo ich den letzten Hauch von mir gebe, werden für die Glückseligkeit meines Reiches sein. Möge es stets mit Gerechtigkeit, Weisheit und Nachdruck regiert werden, möge es durch die Milde seiner Gesetze der glücklichste, möge es in Rücksicht auf die Finanzen der am besten verwaltete, möge es durch ein Heer, das nur nach Ehre und edlem Ruhme strebt, der am tapfersten vertheidigte Staat sein! O möge es in höchster Blüthe bis an das Ende der Zeit fortdauern!"

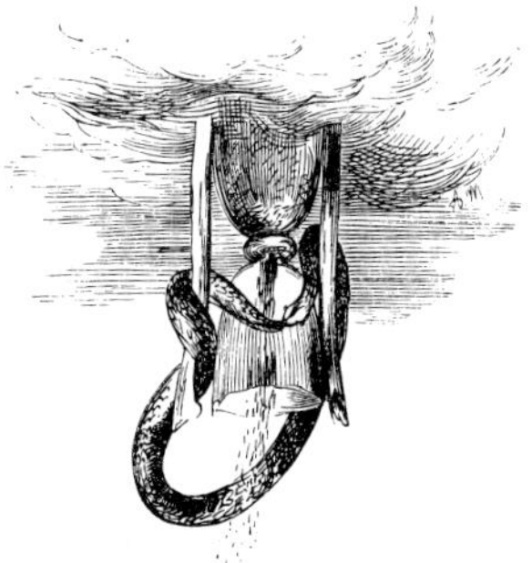

Druck von Breitkopf und Härtel in Leipzig.